문제회피

Be the Solver

프로세스
설계 방법론

문제회피

Be the Solver

프로세스
설계 방법론

송인식 지음

이담 Books

'문제 해결 방법론(PSM)'[1]의 재발견!

오랜 기간 기업의 경영 혁신을 지배해온 「6시그마」의 핵심은 무엇일까? 필자의 과제 수행 경험과 강의, 멘토링, 바이블 시리즈 집필 등 20년 넘게 연구를 지속해오면서 6시그마를 지배하는 가장 중요한 요소가 무엇인지 깨닫게 되었다. 그것은 바로 **'문제 처리(Problem Handling)', '문제 해결(Problem Solving)', '문제 회피(Problem Avoiding)'**이다. 이에 그동안 유지해온 타이틀 『6시그마 바이블』 시리즈와 『Quality Bible』 Series를 이들 세 영역에 초점을 맞춘 『**Be the Solver**』 시리즈로 통합하고, 관련 내용들의 체계를 재정립한 뒤 개정판을 내놓게 되었다.

기업에서 도입한 경영 혁신의 핵심은 대부분 '문제 처리/문제 해결/문제 회피(이하 '3대 문제 유형')'를 위해 사전 활동으로 '과제 선정'이 요구되고, '3대 문제 유형'을 통해 사후 활동인 '성과 평가'가 이루어진다. 또 '3대 문제 유형'을 책임지고 담당할 '리더'가 정해지고, 그들의 '3대 문제 유형' 능력을 키우기 위해 체계적인 '전문 학습'이 기업으로부터 제공된다. 이들을 하나로 엮으면 다음의 개요도가 완성된다.[2]

---

1) Problem Solving Methodology.
2) 송인식(2016), 『The Solver』, 이담북스, p.38 편집.

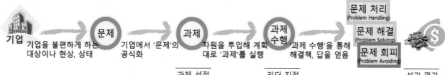

상기 개요도에서 화살표로 연결된 내용들은 '용어 정의'를, 아래 밑줄 친 내용들은 '활동(Activity)'을 각각 나타낸다. 기업에는 모든 형태의 문제(공식화될 경우 '과제')들이 존재하고 이들을 해결하기 위해 세계적인 석학들이 다양한 방법론들을 제시했는데, 이같이 문제들을 해결하기 위한 접근법을 통틀어 '**문제 해결 방법론(PSM, Problem Solving Methodology)**'이라고 한다.

필자의 연구에 따르면 앞서 피력한 대로 문제들 유형은 '문제 처리 영역', '문제 해결 영역' 그리고 '문제 회피 영역'으로 나뉜다. '문제 처리 영역'은 '사소한 다수(Trivial Many)'의 문제들이, '문제 해결 영역'은 고질적이고 만성적인 문제들이, 또 '문제 회피 영역'은 신상품 개발처럼 '콘셉트 설계(Conceptual Design)'가 필요한 문제 유형들이 포함된다. '문제 회피(Problem Avoiding)'의 의미는 설계 프로세스가 아직 고객에게 서비스를 개시하기 전 '향후 예상되는 문제들을 미리 회피시키기 위해 추가적인 설계 노력을 강구함'이 담긴 용어이다. 이들 '3대 문제 유형'과 시리즈에 포함돼 있는 '문제 해결 방법론(PSM)'을 연결시켜 정리하면 다음과 같다.

[**총서**]: 문제 해결 역량을 높이기 위한 이론과 전체 시리즈 활용법 소개.
- The Solver → 시리즈 전체를 아우르며 문제 해결 전문가가 되기 위한 가이드라인 제시.

[**문제 처리 영역**]: '사소한 다수(Trivial Many)'의 문제들이 속함.

- 빠른 해결 방법론 → 전문가 간 협의를 통해 해결할 수 있는 문제에 적합. '실험 계획(DOE)'[3]을 위주로 진행되는 과제도 본 방법론에 포함됨(로드맵: 21 – 세부 로드맵).
- 원가 절감 방법론 → 원가 절감형 개발 과제에 적합. 'VE'[4]를 로드맵화한 방법론(로드맵: 12 – 세부 로드맵).
- 단순 분석 방법론 → 분석 양이 한두 건으로 적고 과제 전체를 5장 정도로 마무리할 수 있는 문제 해결에 적합.
- 즉 실천(개선) 방법론 → 분석 없이 바로 처리되며, 1장으로 완료가 가능한 문제 해결에 적합.
- 실험 계획(DOE) → '요인 설계'와 '강건 설계(다구치 방법)'로 구성됨(로드맵: PDCA Cycle).

[문제 해결 영역]: 고질적이고 만성적인 문제들이 속함.
- 프로세스 개선 방법론 → 고질적이고 만성적인 문제 해결에 적합(로드맵: 40 – 세부 로드맵).
- 통계적 품질 관리(SQC) → 생산 중 문제 해결 방법론. '통계적 품질 관리'의 핵심 도구인 '관리도'와 '프로세스 능력'을 중심으로 전개.
- 영업 수주 방법론 → 영업 수주 활동에 적합. 영업·마케팅 부문(로드맵: 12 – 세부 로드맵).
- 시리즈에 포함되지 않은 동일 영역의 기존 방법론들 → TPM, TQC, SQC, CEDAC, RCA(Root Cause Analysis) 등.[5]

---

3) Design of Experiment.
4) Value Engineering(가치 공학).
5) TPM(Total Productive Maintenance), TQC(Total Quality Control), SQC(Statistical Quality Control), CEDAC(Cause and Effect Diagram with Additional Cards).

[문제 회피 영역]: '콘셉트 설계(Conceptual Design)'가 포함된 문제들이 속함.

- 제품 설계 방법론 → 제품의 설계·개발에 적합. 연구 개발(R&D) 부문(로드맵: 50 – 세부 로드맵).
- 프로세스 설계 방법론 → 프로세스, 신상품 설계·개발에 적합. 금융/서비스 부문(로드맵: 50 – 세부 로드맵).
- FMEA → 설계의 잠재 문제를 적출해 해결하는 데 쓰임. Design FMEA 와 Process FMEA로 구성됨. 'DFQ(Design for Quality) Process'로 전개.
- 신뢰성(Reliability) 분석 → 제품의 미래 품질을 확보하기 위해 수명을 확률적으로 분석·해석하는 데 적합.
- 시리즈에 포함되지 않은 동일 영역의 기존 방법론들 → TRIZ, NPI 등.[6]

본문은 **'[문제 회피 영역]'**을 다루고 있으며 특히 '프로세스 설계 방법론'을 상세히 소개한다. 이해를 돕기 위해 개요도로 나타내면 다음과 같다.

개요도에서 본문은 '문제 회피 영역'을 위해 개발된 기존 여러 방법론들 중 **'프로세스 설계 방법론'**을 다루고, 다시 '프로세스 설계 방법론'은 **'50 – 세부 로드맵'**과 **'도구(Tools)'**로 구성돼 있음을 알 수 있다. 본문은 둘 모두를 자세

---

6) TRIZ(Teoriya Resheniya Izobretatelskikh Zadach), DFQ Process(Design for Quality Process), NPI(New Product Introduction).

히 설명한다.

다음은 지금까지의 내용을 요약한 표로, 굵게 표시한 항목이 본문의 주제이다. 『**Be the Solver**』 시리즈에 포함된 다른 방법론들도 동일한 구조로 표현되므로 각 책의 본문에 들어가기 전 반드시 정독해주기 바란다.

분류	『Be the Solver』 시리즈
총서	The Solver
문제 해결 방법론 (PSM)	[문제 처리 영역] 빠른 해결 방법론, 원가 절감 방법론, 단순 분석 방법론, 즉 실천(개선) 방법론 [문제 해결 영역] 프로세스 개선 방법론, 영업 수주 방법론 [문제 회피 영역] 제품 설계 방법론, 프로세스 설계 방법론
데이터 분석 방법론	확증적 자료 분석(CDA), 탐색적 자료 분석(EDA), R분석(빅 데이터 분석), 정성적 자료 분석(QDA)
혁신 방법론	혁신 운영법, 과제 선정법, 과제 성과 평가법, 문제 해결 역량 학습법
품질 향상 방법론	[문제 처리 영역] 실험 계획(DOE) [문제 해결 영역] 통계적 품질 관리(SQC)―관리도/프로세스 능력 중심 [문제 회피 영역] FMEA, 신뢰성 분석

'프로세스 설계 방법론'은 6시그마의 'DFSS_c'로부터 로드맵을 가져와 구축한 문제 회피 방법론이다. 이때 'DFSS'는 'Design for Six Sigma'이고, 특히 'c'는 'Commercial'의 약자로 번역은 '상업상의, 영리적인'이다. 일반 사전에서 '상업, 교역' 등으로 해석하지만, '네이버 백과사전'에는 다음과 같이 정의한다.

> · **상업**(商業, Commerce) 상업의 의미는 경제의 발전과 함께 변화해왔다. <u>넓은 뜻의</u>
> <u>상업</u>은 생산에서부터 소비자에게 상품의 사회적 배급활동, 생산 및 소비의 지도, 가격
> 의 조정, 배급활동을 효율화하기 위한 촉진적 보조 활동 등을 포함한다. 또한 생산·유
> 통·소비라는 경제순환의 한 과정인 사회경제현상을 일컫는다. <u>좁은 뜻의 상업</u>은 물품
> 매매업에만 한정하여, 개개 상인의 영리목적에 의해서 행해지는 경제활동으로서 개별
> 경제적으로 상업을 파악한다. 일상용어로서의 상업은 좁은 뜻으로 사용되는 경우가 많
> 으나, 상업학이나 경제학과 같은 학문상으로는 오히려 넓은 뜻의 상업이 일반적이다.

'넓은 뜻의 상업'을 의역해서 '프로세스 설계 방법론'과 엮으면 '생산 이후
부터 고객에게 전달되는 중간 과정상의 품질을 향상시키는 방법론' 정도 된다.
'과정상의 품질'이란 곧 '프로세스'이며, 구체적으론 '기능이 상실된 소위
Broken Process' 또는 새로운 사업 확장을 위한 '**New Process**'가 해당한다.
금융업 경우 '**Process** 설계' 속엔 '금융 상품의 설계'도 포함한다.

사실 '설계 방법론'은 기술 분야를 염두에 두고 탄생했으므로 내용대로라면
'제품'이 아닌 '프로세스'를 대상으로 하는 점이 낯설고 심하게는 거부감마저
든다. '프로세스'를 다루는데 '기계적 강도'나 '수명', '신뢰성' 등을 논할 순
없기 때문이다. 그러나 다른 점이 아닌 공통된 부분에 집중하면 느낌이 약간
달라진다. '프로세스 설계' 역시 기존에 없던 "새로운 것을 만들어낸다"는 점
에선 '제품'의 그것과 별반 차이가 없다. 따라서 '일의 흐름', 즉 '로드맵'은
동일하고 사용하는 '도구(Tools)'들에만 차이가 있을 뿐이다.

필자는 20년 가까이 기업 대상의 품질 강의와 과제 멘토링을 해오고 있다.
그들 중에는 연구 부문과 생산 같은 직접 부문과 지원 업무를 담당하는 간접
부문이 있었으며, 또 교보생명, 동부화재, 현대해상 같은 금융업을 대상으로
한 컨설팅 실적도 상당 기간 포함돼 있다. 오랜 기간 다양한 분야를 섭렵하며
매우 중요한 특징을 발견했는데, 그것은 '프로세스 설계 방법론'의 '로드맵'

및 '도구'들이 간접 부문이나 금융 서비스 부문에 매우 잘 들어맞는다는 점이다. 그 이유는 이들 부문에서 이루어지는 개선이 눈에 보이지 않는 프로세스를 대상으로 하기 때문이며, 이는 마치 '프로세스 설계 방법론'에서의 '콘셉트 설계'처럼 눈에 보이지 않는 대상을 구체화하는 과정과 유사하기 때문이다.

본문은 다양한 출처로부터 얻은 정보 및 그동안 필자가 습득한 지식과 경험을 토대로 구성한 것이며, 로드맵은 필자가 국내외 수행 과제 2,000여 건의 분석을 통해 정립한 '세부 로드맵'을 중심으로 펼쳐진다. '프로세스 설계'의 다소 낯선 영역이 제품 설계 이외의 모든 영역에서 필요성을 느끼는 그날까지 지속적 발전이 이루어질 수 있도록 최선을 다할 것이다. 아무쪼록 본문의 내용이 국내 기업의 혁신 활동과 발전에 큰 도움이 되기를 기원하는 바이다.

 문제 해결을 위한 가장 대표적 접근법에 '프로세스 개선 방법론'이 있다. 프로세스가 존재하는 상황에서 비효율적 부분을 찾아 개선시키는 방법론이다. 반면에 본문은 **프로세스를 설계하는 방법론**을 다룬다. 결국 두 방법론은 분명히 다르나 로드맵 탄생 배경과 과정엔 큰 차이가 없다. 이에 본문 초두에 전개되는 '로드맵 탄생 배경'은 동일하며, 시리즈 내 모든 방법론들에도 같은 내용이 적용된다. 또 본문의 '개요'와 각 '세부 로드맵'의 정의 역시 성격이 같은 '제품 설계 방법론'과 동일한 내용을 담고 있다.

 기존 6시그마 로드맵 관점에선 Phase들인 'DMADV'와 토착화된 '15 - Step'이 있으나 본문은 필자가 국내외 2,000여 건의 수행 과제를 분석해 얻은 '50 - 세부 로드맵'을 중심으로 펼쳐진다. 이는 기존 '6시그마 시리즈'의 'DFSS_c편'과 구성상 차이는 없으나 '세부 로드맵'의 중요성을 강조하는 측면에선 개념적으로 완전히 새로운 영역을 다룬다. 이에 기존 '6시그마'를 추진하던 리더는 그대로 본문을 참고해도 좋으나, '6시그마'와 관련 없이 처음 'PSM 분야'에 입문하는 독자는 'Be the Solver'를 지향하는 관점, 즉 '문제 회피' 시각에서 탐독하기 바란다. 본문 전개의 특징은 다음과 같다.

 1. '세부 로드맵'은 'Step - 1.1., Step - 1.2., … Step - 15.1., Step - 15.2.'

등과 같이 구분해서 현재 어느 위치에 있으며, 무엇을 해야 하는지 명확히 하였다. 이 같은 흐름의 세분화는 팀원 쌍방 간 의사소통을 원활히 하고 각 '세부 로드맵'별 완성도를 높이는 데 큰 도움을 줄 것이다.

2. 각 '세부 로드맵'별 결과들을 어떻게 표현하는지 알려주기 위해 파워포인트 장표를 이용, 직접 구성한 뒤 상세한 설명까지 달아놓았다. 이것은 기존 리더들이 과제 수행 중간 결과물들을 표현하는 데 매우 서투른 경향을 보이고 있고, 로드맵 맥이 자주 끊기는 현상을 줄이기 위한 배려이다. 또 본 템플릿은 독자들에게 공개해서 활용토록 유도하고 있다. 혹자는 템플릿 제공이 과제 수행의 독창성을 깰 것이라 주장하지만 필자의 의견은 정반대이다. 화가가 캔버스가 같다고 모두 동일한 그림을 그려내는 것은 아니기 때문이다. 화가가 그림을 그릴 때마다 캔버스(템플릿에 대응)를 준비하는 데 많은 시간을 소요한다면 오히려 그것이 비효율적이다. 템플릿 활용은 학습의 핵심인 '세부 로드맵'을 빠르게 익히는 데 큰 몫을 할 것이다 (로드맵의 '횡적 개념'). 원활한 로드맵 학습을 통해 리더들은 각 '세부 로드맵'에 위치했을 때 그곳에서 요구하는 바에 깊이 있게 고민하고 많은 역량을 발휘(명작을 만들어냄)할 수 있다(로드맵의 '종적 개념'). 이들은 「문제 회피 개요」에서 상세히 다룬다.

3. '세부 로드맵'을 설명하면서 '라면 판매 프로세스 설계를 통한 매출 30% 향상'이라는 가상의 주제를 전개해 나갈 것이다. 이것은 과제 수행이 어떻게 이루어지고 실체화돼 가는지를 이해하는 데 큰 도움을 줄 것이다. 그러나 실제 매출 향상을 목표로 하기보다 내용을 이해시키는 데 목적이 있으므로 아이디어 도출 세부 항목이나 '상세 설계' 내용들에 대해서는 필요한 몇몇을 제외하고 가급적 생략할 것이다. 이에 대한 오해가 없길 바란다.

4. 본문 중 '프로세스 개선 방법론', 특히 '제품 설계 방법론'과 동일한 내용

들, 예를 들면 개요, Define, Measure와 Analyze Phase 일부 및 Control Phase 후반부, Design, Verify Phase 등은 가급적 그들의 본문을 그대로 옮긴 뒤 상황에 맞게 재편집하였다. 이것은 동일 내용을 다른 모습으로 표현할 하등의 이유가 없기 때문인데, 만일 '프로세스 개선 방법론'이나 '제품 설계 방법론'을 함께 학습하는 리더면 차이 나는 부분만 읽어 나 갈 것을 권장한다. 또 동일한 절차가 다른 방법론 시리즈에도 그대로 적 용된다.

아무쪼록 국내에서 '프로세스 설계 방법론'에 대해 본 책자만큼 상세하게 기술한 출판물이 없음을 인지한다면 그 자체로도 의미가 클 것이라 생각된다. 리더들이 본문을 기반으로 훨씬 더 높은 수준의 내재화된 방법론을 만들어주 길 기대하는 바이다.

저자 송 인 식

차례

프로세스 설계 방법론 개요

'프로세스 설계 방법론'의 탄생 배경과 '로드맵' 종류에 대해 알아보고, 가장 기본적인 '프로세스 개선 로드맵'과의 비교를 통해 거시적으로는 '프로세스 설계 로드맵'이 '프로세스 개선 로드맵'의 아류 중 하나임을 확인한다. 이로부터 어느 문제 유형을 접하더라도 로드맵을 자유자재로 활용할 수 있는 능력을 스스로 배양한다.

1. The Solver의 탄생

지금까지 6시그마 경영 혁신이 국내 기업들의 저변에까지 상당 기간 확산됐지만 운영의 묘를 살리지 못한 점은 해결해야 할 숙제로 남게 됐다. 운영의 긍정적인 면은 살리고 부정적인 면은 줄이거나 없애는 노력이 필요한 시점이다. 그러기 위해선 기업에서 선호되는 경영 혁신 방법론들 모두에 대해서도 전면적인 고찰이 필요하다.

기업에서 오랜 기간 선호되는 대표적 경영 혁신 도구들에 'TQC', 'TPM', 'TPI'와 같이 전사를 대상으로 한 접근법들이 있다. 'T'는 'Total'의 첫 자로 '전사'를 지칭한다. 최근엔 'TRIZ'나 'Moonshot Thinking'들도 거론된다. 주로 국내외 선진 기업들에 도입된 방식들이 벤치마킹 대상이 되는 공통점이 있다. 선진 기업에서 도입한 방식이고 또 계속 유지하고 있으니 검증됐다고 판단하는 모양새다. 6시그마도 같은 맥락에서 크게 확산된 바 있다.

그런데 이들 방식엔 공통점이 있다. 회사 관점에서 도입하다 보니 전체가 내용을 공감하며 함께 학습해 나가야 하므로 낮은 단계부터 기반을 하나씩 쌓아가야 하고 운영을 위한 규칙도 마련해야 한다. 예를 들어 사전 학습이 필요한 경우 교육 일정 마련, 커리큘럼 결정, 인증 제도나 과제 관리 체계 정립을 통해 모두가 한 방향으로 하나의 제도 안에서 움직이도록 유도한다. 그런데 바로 이 부분에 약간의 불가피한 독이 숨어 있다. 전체를 위한 '운영'을 강조하다 보면 경영 혁신 방법들을 도입한 애초의 배경, 또는 본질이 흐려지는 사태가 발생하곤 한다. 본말이 전도되는 사항으로 쉽게 말해 부작용이 생길 수 있는 환경이 조성된다.

부작용은 저항 세력을 양산하고 이들은 기회가 있을 때마다 혁신 추진 동력을 약화시킨다. 이 같은 마찰이 자연스럽게 동력으로 재연소하면 더 큰 추진력을 얻지만 충분히 설득하지 못할 경우 뒷다리를 잡는 일부터 시작해 상황이

나빠질 경우 전체를 와해시키는 압력 집단으로 성장한다. 저항 세력에 의한 압력은 곧 해왔던 모든 것들이 "오랫동안 쌓이고 쌓인 폐단", 즉 요즘 흔히 도는 '적폐(積弊)'가 되며 순식간에 청산 대상이 된다. 주로 대표이사가 바뀌는 시점에 소위 '적폐 청산'이 이루어진다.

그렇다면 기업이 여러 경영 혁신 방법들을 도입한 배경인 본질은 무엇일까? 앞으로 이 부분에 집중할 경우 그동안 운영에서 야기됐던 부작용을 줄이면서 소기의 목적을 달성할 수 있지 않을까? '본질'은 "본디부터 갖고 있는 모습" 이므로 본질을 이해하는 일은 곧 모든 활동의 정상화의 지름길이다. 이제 '본질'에 대해 알아보자.

1.1. "6시그마를 한다?"에서 "문제를 해결한다!"로

기업에서 추진하는 경영 혁신 활동은 목적이나 처한 상황이 다르므로 어느 방식을 택할 것인지 특정 짓긴 어렵다. 또 방식을 바꿔가며 점차 발전해 나가기도 하므로 현재 어느 방식을 도입하고 있는지 관찰하는 것만으로 잘하고 있는지 그렇지 않은지의 평은 의미가 없다. 그러나 기업에서 경영 혁신을 도입하는 목적은 체질 강화를 통한 수익 실현에 있으며 수익은 곧 기업 내 존재하는 해결할 사안들, 또는 해야 할 일들이 원하는 목표 수준에 도달돼야 창출된다. 이때 "해결할 사안들"과 "해야 할 일들"을 묶어 당면한 기업의 '문제(Problem)'로 정의하면 결국 기업은 '문제 해결(Problem Solving)'이 경영 혁신 활동을 수행하는 주된 이유로 작용한다. 물론 경영 혁신 활동이 체질 강화를 목적으로 이용된다지만 이 역시 궁극적으로 수익 창출을 위한 체질 강화적 차원에서 이해돼야 한다.

기업 내에서 관찰되는 '문제'들은 사소한 일상적인 문제부터 아주 복잡하고 어려운 문제에 이르기까지 다양한 형태로 존재한다. 예를 들어 전표를 찍는 정상적인 활동은 단순하지만 수행하는 담당자는 반복적인 업무에 문제의식을 갖고 자동화하는 방안을 고려할 수 있다. 반면, 생산에 종사하는 엔지니어는 상위 5대 불량들의 해결을 위해 노력하지만 근본 원인을 찾지 못해 골머리를 앓을 수도 있다. 이들 사이에도 다양한 형태의 문제들이 존재하는데 고객을 대면할 때의 설득 문제, ERP 검색 시 컴퓨터 작동이 느린 문제, 설비 작동 시 소음 문제, 소모품 구매 후 경비 처리가 불편한 문제, 보고서 작성 때 문서 레이아웃이 불편했던 문제 등등 수없이 많은 문제들이 기술될 수 있다.

그러나 이들 모든 문제를 다 해결하려고 나서지 않는 이유는 그냥 둬도 자연히 무마되거나 굳이 시간을 들여 처리할 필요가 없는 소소한 일상적 문제들이 상당수 포함돼 있기 때문이다. 결국 현 문제들의 우선순위화가 중요하고 이때 순위가 높다고 판단되는 '문제'들은 공식화 과정을 밟는다. '공식화'란 문제해결의 중요도를 감안해 특별히 적합한 인력을 리더로 지정하고, 활동에 필요한 지원도 결정해주며 해결에 요구되는 적절한 시간적 범위도 주어지는 일종의 승인 과정이다. 따라서 리더는 책임 의식을 갖고 몰두할 수 있는 환경을 제공받는다. 이와 같이 기업에서 일련의 과정을 거쳐 우선순위를 정한 뒤 모든 임직원들 앞에서 **최종 공식화한 '문제'를 '과제(Project)'**라고 부른다. 다음 [그림 O-1]은 기업에서 '과제'와 관련된 용어 정의를 표현한 개요도이다.[7]

[그림 O-1] 용어들 정의와 서로 간 관계

기업 → 기업을 불편하게 하는 대상이나 현상, 상태 → 문제 → 기업에서 '문제'의 공식화 → 과제 → 자원을 투입해 계획대로 '과제'를 실행 → 과제 수행 → '과제 수행'을 통해 해결책, 답을 얻음 → 문제해결

---

7) 송인식(2016), 『The Solver』, 이담북스, p.38.

[그림 O-1]에서 화살표 아래 글을 차례로 읽어 나가면 원 안의 용어 정의를 이해할 수 있다. 예를 들어 "기업을 불편하게 하는 대상이나 현상, 상태를 '문제'라 하며, 기업에서 '문제'의 공식화를 '과제'라고 한다. 또 자원을 투입해 계획대로 '과제'를 실행하면 '과제 수행'이라 하고 '과제 수행'을 통해 해결책, 답을 얻으면 이를 '문제 처리/문제 해결/문제 회피'라고 한다"이다.

정리하면 지금껏 많은 기업에서 추진했던 '6시그마 경영 혁신'의 사실상 본질은 기업에서 겪고 있는 난제들을 해결점으로써 수익 향상과 성장을 꾀하려는 것이며, 따라서 **"6시그마를 하고 있는가?"**의 표현에서 **"문제 해결을 잘하고 있는가?"**처럼 '문제'에 초점을 맞추는 노력이 필요하다.

1.2. '문제(Problem)'의 유형

기업에는 수익 창출이란 공동의 목표를 달성하기 위해 여러 기능 부서들이 하나의 큰 흐름을 형성하며 상호작용한다. 만일 이들을 분리해 독립적으로 관찰하면 각 기능 부서별로 각자의 목표가 있음을 알 수 있다. 각기 역할이 다르기 때문에 나타나는 현상이다. 예를 들어 구매팀은 아이템 단가 절감을, 생산은 생산 원가나 불량률 저감, 기획팀은 미래 회사 먹을거리 아이템 결정 여부가 중요하다. 또 연구소는 매출에 기여할 신상품 개발이, 영업은 당연히 매출이나 영업 이익 증대가 주요 목표다.

기업 관점에서 반드시 이행해 목표를 달성해야 하는 우선순위가 높은 문제들, 즉 공식화될 경우의 '과제'들은 이들 기능 부서에 배분되며 해당 부서원들은 본인들의 업무 특성에 맞는 본인들만의 시각에서 배분된 문제(과제)들을 바라본다. 그러나 **해결이 필요한 '문제'의 속성은 기능 부서의 업무 프로세스나 특성에 맞춰 결정되기보다 이미 탄생 시점부터 고유한 모습으로 존재하며,**

따라서 문제의 속성을 구분할 경우 가장 효율적인 접근법 결정이 가능하다. 다음 [그림 O-2]는 기업에서 발생하는 모든 문제들을 수용할 수 있는 '문제 유형'의 영역 구분도이다.[8]

[그림 O-2] '문제 유형'의 영역 구분도

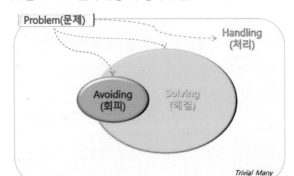

    [그림 O-2]에서 '**[문제 처리(Problem Handling) 영역]**'은 빠른 문제 해결을 요하는 '사소한 다수(Trivial Many)'의 문제(과제)들이 대상이다. 이 영역에는 담당자들이 모여 협의를 통해 전개하는 '빠른 해결 방법론', 원가 절감형 과제에 적용하는 '원가 절감 방법론', 단순 분석이 요구되며 5장 정도로 정리하는 '단순 분석 방법론', 분석이 필요치 않거나 별 고려 없이 바로 실행하는 '즉실천(개선) 방법론' 및 실험으로만 전개되는 '실험 계획(DOE)'이 포함된다.

    반면에 '**[문제 해결(Problem Solving) 영역]**'은 심도 깊은 원인 분석 과정이 요구되는 과제들이 포함되며, 이때 '분석'은 주로 '데이터 분석(Data Analysis)'과 '사실 분석'이 주를 이룬다. '데이터 분석'은 다시 통계적 가설 검정인 '확증적 자료 분석(CDA)'과 그래프나 차트를 통해 원인을 규명하는 '탐색적 자

---

8) 송인식(2016), 『The Solver』, 이담북스, pp.72~80.

료 분석(EDA)'이 있다. 그 외에 정성적으로 이루어지는 '정성적 자료 분석 (QDA)'이 포함된다. 그에 반해 '사실 분석'은 '데이터 분석'을 토대로 실제 자료의 변동을 유발시킨 프로세스 내 문제들을 물리적으로 확인하는 절차이다. 따라서 '데이터 분석 → 사실 분석 → 원이 규명 및 개선'의 활동으로 이어진다.

끝으로 '[문제 회피(Problem Avoiding) 영역]'은 개발 중인 프로세스의 향후 발생 가능한 문제를 미리 회피시키는 유형들로 이 영역의 대표 방법론에 '제품 설계 방법론'과 '프로세스 설계 방법론', 'FMEA'가 있다. 본문은 '문제 회피'에 대해서만 설명하고 있으며 다른 유형들에 대해서는 관련 서적을 참고하기 바란다.9)

1.3. '프로세스 설계 방법론'은?

앞서 [그림 O-2]의 '문제 유형' 영역들 중 '문제 회피(Problem Avoiding)'에 대해 좀 더 알아보자. 빠른 해결이 가능한 '문제 처리', 원인 규명을 위해 심도 있는 분석이 필요한 '문제 해결'과 달리 '문제 회피'는 '연구 개발 (R&D)' 부문과 밀접한 관계에 있다.

'연구 개발'은 금융 분야 등 서비스 부문에서의 신상품이나 기존에 없던 프로세스를 창조하는 일, 또는 현재의 프로세스나 상품에 새로운 서비스 기능의 추가 및 변경 업무가 일상이다. 현재 판매 중인 상품에 변경이 발생하면 고객 요구를 충족하는지에 대한 새로운 고민이 필요하다. 변경된 기능이 기대 수익에 미치지 못하거나 예상치 못한 문제를 양산할 수도 있다. 결국 '연구 개발'

---

9) 송인식(2016), 『The Solver』, 이담북스, pp.72~80.

은 좋은 의도이긴 하나 상품에 '변경점'이 생기므로, 출시 후 미래 시장 환경에서 가능한 한 원치 않는 문제들이 발생하지 않도록 회피시키려는 노력이 매우 중요하다.

그러나 '문제 회피'는 매우 어려운 영역이다. 미래의 사건을 예상하기도 어렵거니와 고객의 모든 사용 환경을 고려해 상품이나 프로세스를 튼실하게 만드는 일 역시 쉽지 않기 때문이다. 따라서 다음의 고려가 매우 중요하다.

1) 연구 개발 과정 중 꼭 해야 할 중요한 활동들을 빠트려선 안 된다. 이를 위해 전 개발 과정을 세분해놓은 '프로세스 설계 50 - 세부 로드맵'의 이해와 학습이 필요하다.

2) 프로세스나 상품의 부적합은 예상치 못한 고객 환경의 '잡음 인자'에 기인한다. 따라서 개발 환경하에서 '잡음 인자'에 둔감토록 무결점 설계를 실시한다.

3) 충족시킨 상품의 무결점이 고객 만족과 기대 목표에 이를 수 있도록 신뢰성을 확보한다. 이를 위해 충분한 사전 검증과 추세 분석 능력이 요구된다.

4) 완전히 새로운 프로세스나 상품을 창출하는 연구 개발보다 기존 제품의 기능 향상 연구 빈도가 매우 높다. 따라서 개발 중인 프로세스 또는 상품과 유사한 자매품들의 시장 데이터 분석을 통해 현 수준 파악, 문제 유형 또는 원인 규명 등의 정보 확보가 중요하다. 이를 위해 '빅 데이터 분석' 능력이 요구된다.

앞서 기술한 네 가지 활동 또는 능력은 '프로세스 설계 방법론'의 핵심이다. 그러나 언제 어느 상황에서 이들을 구분해 활용할 것인지 크게 고민할 필요는 없다. 왜냐하면 첫 번째 언급한 '프로세스 설계 50 - 세부 로드맵'을 차근차근

밟아 나가면 네 경우 모두를 이행할 시점에 저절로 이르기 때문이다. 다음 [그림 O-3]은 지금까지의 설명을 요약한 개요도이다.[10]

[그림 O-3] '문제 회피'를 위한 연구 개발 삼각 구조(Triangle)

[그림 O-3]은 '문제 회피 방법론'으로서의 길을 안내할 '프로세스 설계 50-세부 로드맵', 미래의 잠재 문제를 정성적으로 찾아 미리 해결토록 하는 'FMEA' 및 프로세스나 상품의 안정성 확보를 위한 평가들이 삼각 구조를 이룬다. 이들에 '시장 빅 데이터 분석', 또는 CRM(Customer Relationship Management; 고객 관계 관리) 분석을 통해 '현 수준 정보'를 제공함으로써 전체 '프로세스 설계 방법론'이 완성된다.

---

10) 송인식(2016), 『The Solver』, 이담북스, p.165.

2. 로드맵에 대한 고찰

            '문제 해결'과 '문제 회피' 목적의 로드맵엔 무엇이 있고, 어떤 배경으로 탄생했는지 알아본다. 또 국내에서 토착화된 '15 -Step'과, 저자가 주장하는 '세부 로드맵' 탄생에 대해서도 알아볼 것이다. 이하 내용은 '제품 설계 방법론'의 '개요' 상당 부분과도 일치한다.

2.1. '로드맵'의 탄생 배경(DMAIC, DMADV, DIDOV)

본 시리즈에서 제공하는 기본 '로드맵'들은 '6시그마 방법론'에서 유래하며, 따라서 6시그마 속에서의 '로드맵 탄생 배경'을 먼저 소개한다. 본문은 국내 컨설팅회사인 '네모 파트너즈'의 민철희 파트너가 조사해서 직원들과 공유한 내용을 그대로 옮겨놓았다. 다음은 그 전문이다.

"제가 아는 내용과 첨부한 GE의 DFSS 총괄 담당자인 Roger Hoerl의 회고에 따르면, 1996년에 전면적으로 6시그마를 추진하면서 GE Capital에서 Define Phase가 추가돼 'DMAIC'가 완성되었고 이것이 GE 전체에 표준화됐습니다. 1997년부터 'CQ(Commercial Quality)', 'GB', 'DFSS'라는 Initiative가 시작되었는데, 'CQ'는 GE Capital같이 GE 내에 40%의 매출을 차지했던 Finance 영역에의 방법론 적용 필요성, 또 GE Aircraft Engines이나 Power Systems와 같이 일반 제조(Manufacturing)와 성격이 다른 Engineering사업, 또는 제조업 경우 매출 전표 처리 업무 등에서의 방법론 적용 필요성을 충족시키는 활동으로 시작되었습니다. 그러나 'DMAIC'는 여전히 기본으로 사용된 것으로 보입니다. 다만, 일반 제조 회사의 생산 및 기술 분야에만 적용될 것으로 보였던 6시그마 방법론을 모든 영역에 확장할 수 있다는 가능성을 확인한 것이 'CQ' 활동의 시사점입니다.

당시 함께 시작된 DFSS는 신상품 개발 영역에서 '6시그마 수준' 확보를 위한 로드맵으로 외부 컨설턴트들의 도움을 받아 DMAIC와 균형을 맞추고 통합해 사용하도록 'DMADV'라는 5단계로 구성됐습니다. 이는 얼마 안 가 'CQ'의 Business Process Design의 DFSS 표준 로드맵으로도 사용되기 시작합니다.

한편 GE 내에 'CRD(Corporate Research & Development)'를 비롯한 특정 연구소들에서는 'IDOV'라는 로드맵을 만들어 특허로 등록했습니다. 2001년에 GE CRD 홈페이지에서 다운로드했던 자료들에 의하면 'IDOV' 로드맵을 사용한 프로젝트는 2001년에 보고된 것이 처음이고, 'DMADV' 로드맵을 사용한 프로젝트는 1998년에 처음 보고되었습니다. 또한 'IDOV'의 특허 등록도 2001년입니다. 이러한 사실을 통해 짐작하기에는 초기에 'DMADV'를 DFSS 로드맵으로 표준화하면서 이를 Technology 영역과 CQ 영역 모두 사용하다, Technology 영역에 대해 다시 특화한 'IDOV' 로드맵을 개발한 것 같습니다. 또한 제가 가진 자료로 볼 때, 2000년에 GE가 발표했던 자료에 'IDOV'와 'DMADV'가 표현된 이후 발표된 어떤 GE DFSS 관련 소개 자료에도 IDOV 로드맵이 출현하지 않습니다. 따라서 이들 자료는 모두 'CQ'에 해당한다고 볼 수 있습니다.

'IDOV' 로드맵을 사용한 프로젝트는 워낙 중요한 기술 개발에 사용되어 외부 공개를 하지 않는 원칙이 적용돼 더 이상 찾아보기 어렵고, 'CQ'에 대한 GE 외부의 관심이 증대되면서 'DMADV' 로드맵과 사례들의 소개가 빈번해진 것이 아닌가 생각됩니다."

이상과 같이 마이클 해리의 'MAIC' 정립, 이후 과제 선정 배경 및 수행 당위성의 기술 필요로 'Define'이 추가되었고, 계속 'CQ'를 거쳐 'DMADV'와 연구소 CRD의 'IDOV 로드맵'이 탄생했음을 알았다. 국내는 어땠을까?

2.2. 한국형 로드맵 '15-Step'

국내에서 공식적으로 6시그마를 처음 도입한 회사는 '96년부터 '97년 사이 한국중공업, LG전자 창원 공장, 삼성SDI(당시 '삼성전관')로 알려져 있다. 한국중공업과 LG전자는 미국 GE사와 밀접한 사업 관계로 국내 여타 기업들에 비해 6시그마 도입이 용이했던 것으로 알려져 있다. LG전자는 '96년 창원 공장을 시작으로 '98년 LG전자 전 사업 부문과 전 그룹 계열사로 확대되기 시작했으며, 로드맵은 'DMAIC'가 주축이 되고, 자체 'DFSS 연구회' 운영하에 서적 출판 등 '제품 설계 로드맵'에 대해서도 활발한 응용 연구를 수행하였다. 삼성 그룹은 초기 삼성 SDI의 자체 로드맵인 'CSI(Chart-Solve-Implement)' 에서 '99년 미국 SBTI사 컨설팅을 기점으로 'DMAIC'와 'DIDOV' 등 GE가 정립한 결과물들이 정착되기 시작했다. 그러나 삼성전자, 삼성전기 등 계열사별로 미국 내 다른 컨설팅사로부터 6시그마가 도입돼 특징들이 생겨났고, 2000년 초부터 6시그마가 그룹 차원의 경영 혁신 도구로 자리매김하면서, '02 년도에 각 계열사 MBB를 뽑아 그들의 축적된 경험과 정보를 통합, 그룹 공통 교재를 만들었다. 이때부터 'DMAIC'를 15개의 Step으로 구분해 설명하는 시도가 이루어졌다. 이것이 '03년도부터 각 계열사에 공통 교재로 배포되었으며 이후 삼성 MBB(BB)들이 퇴직해 컨설턴트로 활동하면서 국내 많은 회사에 15-Step이 전파 또는 정착되는 계기가 되었다. 물론 그 이전 미국으로부터 '12-Step'이나 '21-Step' 등 다양한 유형이 유입됐지만 삼성그룹의 핵심 인력들이 여러 출처로부터 수집한 자료를 중심으로 장기간 개발 과정을 거쳐 정립하였으므로 그만큼 실무적으로 유용한 결과물이 되었음을 인정하지 않을 수 없다. 그 이후 '제품 설계 로드맵'도 개발했는데 역시 15개로 구분했으며, 특허 등록된 'DIDOV'는 지적재산권 침해 우려 등으로 'DMAD(O)V'가 정착되었다. 물론 'DMAD(O)V'는 기술 분야인 '_t(Technical)'뿐 아니라 간접, 서비스의 '_c(Commercial)'도 함께 개발되었다. 특히, '삼성경제연구소(SERI)'가 서비스 부문의 'DMAD(O)V'를 개발해 그룹 내 관련 분야 컨설팅을 수행하기도 하였다. 현재 국내에는 회사별, 업종별 차이는 있으나 로드맵은 기존 프로세스를 개선하는 개념이면 'DMAIC'의 15 - Step을, 새로운 프로세스 정립이나 제품 개발이면 'DMAD(O)V'의 15 - Step을 사용한다. 로드맵의 통합화나 체계화 관점에서 6시그마 발상지인 미국보다 한발 앞선 것이 아닌가 생각된다. 다음 [그림 O - 4]는 일반적인 로드맵의 분류도이다.

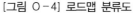

[그림 O - 4] 로드맵 분류도

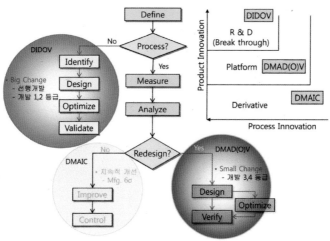

[그림 O - 4]에서 'Process'가 존재하면 'MAIC'로 가되, 만일 '분석'에서

'Xs'를 파악한 결과 현 체계에서 최적화할 수 있는 대안이 없으면 'Small Change'의 필요성 때문에 'DOV'로 빠진다. 그러나 초기 'Process' 자체가 없어 신규로 개발해야 할 필요성이 있으면 'IDOV'로 들어가는 'Big Change' 과정이 전개된다. 새롭게 개발되는 대상(프로세스든 상품이든)이 규모가 크든 작든 사실 접근법은 유사하므로 'DIDOV'와 'DMAD(O)V'의 흐름 역시 유사하나 약간의 차이를 보이는 부분은 일반적으로 'DIDOV'의 다루는 범위가 훨씬 더 넓다. 예를 들면 새롭게 설계해야 하는 영역이므로 초기 시장성부터 고려가 필요하고, 따라서 깊이 있는 마케팅 기법의 도입이라든가, 'Design Phase'에서의 '상위 수준 설계(High Level Design)' 시 생산 프로세스, 신뢰성 등의 폭넓은 고려가 있어야 하는 부담 등이다.

국내에서 지금까지 알려진 로드맵은 'DMAIC', 'DMAD(O)V', 'DIDOV' 외에 문제의 사안이 단순하거나 시간적으로 4~12개월이 아닌 1~3개월 내에 처리가 가능한 과제들도 통합, 운영되는 모델이 구축되기 시작했다. 따라서 로드맵도 이런 상황에 발맞춰 기업별 특성에 맞게 단순화하거나 약간씩의 변형이 이뤄지기도 하는데 이들은 하나의 응용적 과정으로 이해된다. 대표적인 예로 'Easy 6시그마', 'Quick Win', 'Lean 6시그마' 등인데, 로드맵은 대체로 'DMAIC', 'DMAD(O)V'를 단순화하거나 'Work-out' 등을 도입해 문제를 바로 해결하는 'DMwC(Define, Measure, Work-out, Control)'11) 등이 그것이다. 이들에 대해서는 많은 기업 수만큼이나 그 다양성의 존재를 인정하면 될 것이나 역시 그 원조는 'DMAIC', 'DMAD(O)V', 'DIDOV'에 근거하고 있음을 인식해야 한다. GE가 왜 그렇게 벤치마킹이 돼야 하는지를 엿볼 수 있는 대목이다. 이제부터 로드맵을 좀 더 알아보는 시간을 가져보자. 그러나 'DMADV' 하나하나의 목표나 기법, 산출물 등이 아닌 꼭 필요하고 가슴 깊이 새겨놔야 할 개념적 내용에 초점을 맞출 것이다.

---

11) PS-Lab에서 개발. '[문제 처리 영역] 방법론' 참조.

국내에서 20여 년에 걸쳐 기업 혁신 문화를 지배해온 '6시그마'는 '일하는 방법'에 관한 한 큰 변화를 일으켰다. 그러나 '일하는 방법'은 표현 자체가 너무 추상적이고 모호한 면이 있다. 당연히 "'일하는 방법'이 뭔데요?" 하는 의구심이 생겨난다. **'일하는 방법'을 구체적으로 표현하면 바로 '로드맵'이다. 즉, '로드맵'이 '일하는 방법'의 실체인 셈이다.** 누군가 필자에게 '6시그마'가 국내 기업에 제공한 가장 큰 선물들 중 하나를 고르라면 주저 없이 '로드맵'을 꼽는다.

개발 과제를 수행하는 리더들이 'DMADV'보다 더 세분화된 '15 - Step'을 접하면서 과제 수행 질이 크게 향상됐으며, 따라서 실무자에게 '15 - Step'은 꼭 필요한 사전 지식으로 자리 잡았다. 반면에 임원은 Phase인 'DMADV'의 흐름만으로 충분했는데 이것은 과제를 직접적으로 수행하기보다 리더들의 과제 수행 과정을 파악하고 조언하는 정도면 충분했기 때문이다.

그러나 리더 개개인이 '문제 해결/문제 회피' 역량을 높이고 체질화까지 감당해야 할 현재의 상황은 좀 다르다. 기존의 학습이 주로 '도구'들 용법에 치중했다면, 2002년도의 '15 - Step' 탄생으로 '로드맵' 학습에 집중한 시기가 도래했으며, 이제는 그보다 더 세분화된 '세부 로드맵'을 이해해야 하는 시기로 발전하였다. **'세부 로드맵'이란 필자가 부여한 명칭으로 국내외 2,000여 건의 수행 과제를 분석한 후 목표 달성을 위한 15개의 돌다리를 더욱 세분화함으로써 그동안 수면에 잠겨 있어 밟아야 하나 말아야 하나 고민하던 로드맵의 실체를 완전히 드러낸 결과물이다.**

"일하는 방법의 실체는 로드맵"이며, 로드맵은 강 이쪽에서 저쪽 편으로 건너가기 위해 밟아야 할 징검다리로 상상한다. 이론적으로 강을 건너 반대편으로 갈 수 있는 징검다리 수는 무한하다. 그 많은 경로들 중 가장 **빠르고** 효율적으로 건널 수 있는 최적의 루트가 바로 잘 알려진 'DMADV'이다. 이들은

'Phase'이며, 리더가 어느 분야에서 어떤 문제를 해결할지에 관계없이 강 건너 반대편의 불빛('목표'에 해당)을 향해 위험을 최소화해서 건너갈 경우 이들 '5개 Phase' 돌다리를 밟고 가면 최선이다. 그리고 각 'D-M-A-D-V'의 돌다리를 밟았을 때 각 Phase에서 무엇을 해야 하고 어느 산출물을 내야 하는지도 다 알려주므로 그대로 이행한다. **여기서 고려해야 할 중요한 요소는 '어느 분야, 어떤 목적을 갖든지 모두 동일한 돌다리를 밟고 갈 수 있다'는 데 그 효용성이 있다.** 그런데 최초의 돌다리인 'DMADV'는 너무 띄엄띄엄 위치해 초보자가 밟고 가기에 다소 어려움이 있었다. 따라서 초보자들을 더 쉽고 빠르게 적응시키기 위해 각 Phase를 3개로 분할해 15개로 구분했는데 이것이 '15-Step'의 탄생 배경이다. 즉, 돌다리를 15개로 쪼개 조밀하게 놓았으므로 강 반대편으로 가기가 훨씬 수월해진다. 이제 각 돌다리를 밟고 그곳에서 해야 할 일과 산출물을 만들어가되, 만일 목표인 강 건너 불빛에서 멀어지는 것으로 판단되면 밟고 왔던 돌다리를 빨리 되돌아보고 어디서부터 잘못 밟았는지 신속히 파악한다. 그리고 잘못이 시작된 위치로 다시 돌아가 올바른 판단을 재시도한다. 이전과 다른 차이는 잘못 가고 있다고 판단한 최초 위치까지 다시 오는 데 소요되는 시간과 노력은 크게 줄어든다는 점이다.

그러나 과제 수행 노하우가 쌓이면서 '15-Step'을 통해 '문제 해결/문제 회피'에 이르는 접근법보다 훨씬 더 높은 수준의 방법론 요구가 생겨나기 시작했다. 이에 각 Step에서의 활동과 산출물을 보다 정밀하게 요구하는 시점에 이르렀으며, '로드맵'은 기존에 정립한 체계보다 훨씬 더 섬세해지게 되었다. '15-Step'보다 명확하게 세분화된 최종의 로드맵을 '세부 로드맵'이라고 했다. 예를 들어, '15-Step' 관점에서 Define Phase는 3개 Step의 활동과 산출물만 정의하는 대신, '세부 로드맵' 관점에선 '과제 선정 배경기술-전략 방향 도출-전략과의 연계-문제 기술-목표 기술-효과 기술-범위 기술-팀원 기술-일정 기술', 즉 "과제를 왜 하는지에 대한 대외적인 경향을 3C 관점에서 설명하고(과제 선정 배경기술), 대외 환경을 쫓아가지 못하는 우리의 문제가 무엇인지 기술하며(문제 기술), 그를 극복하면 목표가 달성될 것이고(목표 기술), 달성된 차이만큼의 양에 단가를 곱하면 수익이 생긴다(효과 기술). 여기까지가 과제를 해야 하는 당위성을 설명하는 것이며, 이후는 과제를 어떻게 할 것인지에 대한 '과제 관리' 차원의 기술이 필요한데, 우선 과제의 범위(프로세스, 공간적, 시간적, 유형적, 기술적)가 어디이며(범위 기술), 그 범위 속의 전문가와 함께 과제를 해야 성공 확률이 높아질 것이므로 팀 구성을 언급하고(팀원 기술), 이들과 함께 어느 일정으로 수행할 것인지를 간트 차트화한다(일정 기술)"와 같이 **하나의 명확한 이야기 구성(Story Line)을 완성**한다. 이것은 마치 강 이쪽에서 반대편으로 건너갈 때 밟고 가는 로드맵을 기존의 겅둥겅둥 정신없이 뛰어가는 데만 바빠 한 대신 이제는 조밀하게 밟고 감으로써 앞뒤 간의 연계성이 명료해지고 따라서 동화를 읽는 듯한 이야기 구성이 가능해진다. 필자가 멘토링할 때는 "과제의 품질이 떨어지는 것은 이야기 구성의 맥이 끊기는 바로 그곳으로부터 시작됩니다. 과제의 첫 장을 들어 올리면 Verify Phase 마지막 장이 쭉 끌려오는 마치 물이 흘러가는 듯한 흐름을 유지해야 과제의 성공 가능성이 높아집니다"라고 강조한다. **리더들에게는 바로 '세부 로드맵'의 학습이 필요**하며, 지금까지 설명한 특징을 두 가지로 요약하면 다음과 같다.

- **'세부 로드맵'은 로드맵의 온전한 전체 모습이다.** 기업에서 '일하는 방법'의 실체는 바로 '로드맵'이다. '로드맵'은 목적지로 가기 위한 돌다리이며, 기존에는 'DMADV'처럼 밟아야 할 돌다리 간 거리가 멀어 접근성이 떨어졌으나 15 - Step의 출현으로 이런 문제는 대부분 해소되었다. 그러나 20여 년의 적용 기간 동안 더욱 심화된 학습의 필요성이 대두됐으며, 이에 따라 그동안 존재하고는 있었으나 수면 위로 드러나지 않았던 '세부 로드맵'을 부상시킴으로써 로드맵의 완전한 실체를 드러냈다. 이제 15 - Step은 기본이고 적어도 과제를 수행해야 할 리더이면 '세부 로드맵'을 학습해야 한다.

- '세부 로드맵'의 활용은 이야기로 구성(Story Line)되도록 하는 것이다. 밟고 가야 할 돌다리 간 간격이 더욱 짧아짐으로써 접근성이 매우 높아진 한편 앞뒤 간의 연계성도 명료해져 이 문제를 해결하기 위해 왜 이 돌다리를 밟았고, 또 다음 저 돌다리를 왜 밟아야 하는지에 대한 설명이 명확해졌다. 과제 수행은 목표를 달성했을 때 어떻게 그 일을 이루어냈는지 인과성이 설명돼야 한다. 그 인과성은 활동의 앞뒤 간 연계성을 갖는 것이 기본이며, 따라서 하나의 긴 소설 같은 구성이 필요하다. 이것은 성과를 이룬 결과가 우연히 일어난 것이 아니라 누군가에 의해 재현될 수 있는 결과임을 암시한다. 소설을 재미있게 읽고 결론에 공감하는 것도 이전 상황 전개에 대해 그 인과성을 분명히 받아들이기 때문이 아니겠는가? 이제 과제 수행은 소설과 같은 예술의 경지로 가야 할 때가 아닌가 싶다. 다음 [그림 O-5]는 '세부 로드맵'의 구성이다(15-Step 내에 전체 50개 '세부 로드맵'으로 이루어져 있다).

[그림 O-5] '프로세스 설계 방법론'의 '50-세부 로드맵'

Define	Measure	Analyze	Design	Verify
01 과제 선정배경	**04 고객 정의**	**07 아이디어 도출**	**10 전이함수 개발**	**13 관리계획 수립**
Step-1.1. 과제 선정 배경 기술	Step-4.1. 고객 조사	Step-7.1. 기능 분석	Step-10.1. 전이 함수 확정	Step-13.1. 잠재 문제 분석
Step-1.2. 과제CTQ 도출	Step-4.2. 고객세분화	Step-7.2. 핵심 기능 선정	Step-10.2. 핵심 설계 요소 보완	Step-13.2. 실수방지
Step-1.3. 전략과의 연계	Step-4.3. 고객 선정	Step-7.3. 기능 대안 도출		Step-13.3. 관리계획 작성
		Step-7.4. 기능 대안 확정		Step-13.4. 표준화
02 과제정의	**05 VOC 조사**	**08 컨셉 개발**	**11 상세 설계**	**14 실효성 검증**
Step-2.1. 문제기술	Step-5.1. VOC 조사 방법 선정	Step-8.1. 컨셉 후보 도출	Step-11.1. 상세 설계 계획 수립	Step-14.1. 실효성 검증_Do
Step-2.2. 목표기술	Step-5.2. VOC 수집 계획 수립	Step-8.2. 최적 컨셉 평가/선정	Step-11.2. 상세 설계 수행	Step-14.2. 실효성 검증_Check
Step-2.3. 효과기술	Step-5.3. VOC 수집			Step-14.3. 실효성 검증_Act/장기능력평가
Step-2.4. 범위기술	Step-5.4. VOC 분석			
Step-2.5. 팀원기술	Step-5.5. VOC 체계화			
Step-2.6. 일정기술				
03 과제승인	**06 Ys 파악**	**09 상위수준 설계**	**12 설계 검증**	**15 이관/승인**
Step-3.1. 과제기술서	Step-6.1. CCR 도출	Step-9.1. 설계 요소 발굴	Step-12.1. 설계 검증_Plan	Step-15.1. 가치/효과 평가
	Step-6.2. CTQ 선정	Step-9.2. 설계 요소 분석	Step-12.2. 설계 검증_Do/Check	Step-15.2. 실행 계획서 작성
	Step-6.3. Ys 결정	Step-9.3. 설계 요소 별 산출물 실현	Step-12.3. 설계 검증_Act	Step-15.3. 과제 이관
	Step-6.4. Scorecard 작성	Step-9.4. 상위 수준 설계 검토		Step-15.4. 마무리/승인

이어 다음 [그림 O-6]처럼 로드맵의 '종적 개념'과 '횡적 개념'에 대해 알아보자.

[그림 O-6] 로드맵의 '종적 개념', '횡적 개념' 개요도

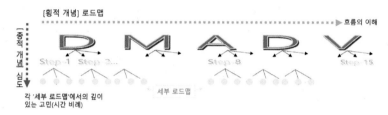

연구원들이 '문제 회피' 분야에 처음 입문한다고 가정해보자. 이들이 가장 먼저 접하는 일은 짧게는 3~5일에서 길게는 4주간의 교육 프로그램이다. 커리큘럼은 각종 도구들과 로드맵 학습을 포함하며, 이때 도구보다 '로드맵' 이해에 좀 더 많은 노력을 기울일 필요가 있다. '문제 해결/문제 회피'를 위해 가장 중요한 내용이 '로드맵'이기 때문이다. 앞서 설명한 대로 로드맵 교육도 'DMADV → 15-Step → 세부 로드맵'으로 세분화해 가며 그들 간 관계뿐만 아니라 내용에 대해서도 깊이 있는 학습이 요구된다. 이것이 바로 리더들이 받아들여야 할 '문제 회피'의 '횡적 개념'이다. 즉, **'횡적 개념'**이란 리더들이 '세부 로드맵'의 정의와 흐름을 명확히 이해하는 데서 출발한다. 그러나 교육의 현실을 되돌아보자. '흐름의 학습'보다 교육 시간의 대부분이 '도구의 학습'에 치중한다. '도구(Tools)'란 다음 [그림 O-7]과 같이 해당 Step(또는 돌다리)에 올라섰을 때 '문제 회피'를 위해 활용하는 툴들이다.

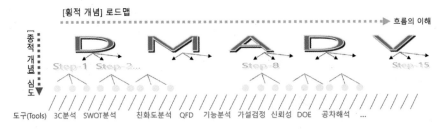

[그림 O-7] '로드맵'의 필요 위치에 형성된 '도구'들 개념도

　　'프로세스 설계 방법론'의 가장 큰 장점 중 하나가 바로 도구들이 각 Phase 별로 잘 배열돼 있다는 점이다. 도구들은 과거부터 필요에 의해 독립적 또는 관련성을 갖고 제각기 개발돼 방법론 속 로드맵 어디 필요한 구석에 정교하게 붙어 있다. 'QFD'와 Y의 '운영적 정의'에 이은 '기능 분석'이 그렇고, '개념 조합 표'와 '콘셉트 후보 도출'에 이은 'Pugh Matrix'의 사용도 그렇다. 또 'Deming Cycle'로 불리는 'PDCA Cycle'이 Design Phase 'Step-12. 설계 검 증'과 Verify Phase 'Step-13' 및 'Step-14'에서 도구로 활용되는 점도 매우 의미 있는 일이다. 즉, 도구가 새롭게 발굴되거나 개발되면 로드맵의 필요한 구석에 그냥 턱턱 붙어버린다. 리더들이 '문제 회피' 분야의 최초 입문 교육을 받을 때 로드맵 자체보다 도구들이 어렵다는 이유로 이들 학습에 많은 시간을 할애하는 현실이 안타깝다.

　　이제 수많은 도구들 중 Measure Phase부터 쏟아지는 '확률 통계'에 대해 생 각해보자. 고등학교부터 대학에 이르기까지 또 사회 각계 분야에 몸담고 있으 면서 사실 '확률 통계'는 모두에게 그리 편하게 들리는 단어가 아니다. 가급적 대면하지 않기 위해 노력할뿐더러 설령 맞닥트리면 바로 신체와 사고가 딱 굳 어버리는 증후군에 시달리는 게 일반적 현상이다. 또 한번 마음먹고 이해하려 시도하면 그 순간 더 이상 접근하지 못하도록 갖은 어려운 용어와 원리로 도

배하는 바람에 조금 가다 그냥 포기해버리는 것도 폐단 중의 하나다. 그런데 이런 두려운(?) '확률 통계'가 기업 내 경영 혁신 도입으로 전사에 적용되면서 직원 한 명 한 명에게 이젠 피할 수 없는 현실이 되고 말았다. 또 '문제 회피' 중 강조되는 '통계적 측정'으로 인해 교육 초기부터 '기초 통계'는 기본이고, '미니탭 교육'과 함께 Measure Phase부터 정신없이 쏟아지는 내용들에 그나마 학교를 벗어나 '확률 통계'의 늪에서 벗어났다고 안심하고 있던 대부분의 기업인들에게 아우성이 일기 시작했다. 리더 후보들은 '확률 통계'의 어려움을 호소하기 시작했고, '문제 회피'의 실체인 로드맵은 이런 목소리에 깊이깊이 잠기면서 '확률 통계'가 리더들의 전면에 부상해버리고 말았다. 급기야 리더들의 VOC를 접한 임원들은 '문제 회피＝통계'라는 공식으로까지 인식하게 되었고, 그런 인식을 불식시킨다는 미명 아래 컨설팅 회사들은 교재와 교육 모두에 '확률 통계'의 비중을 더욱더 확대하는 계기가 되었다. 실로 악순환의 연속이다.

일상 업무 중에도 '확률 통계'를 알면 훨씬 효율적으로 문제 해결에 임할 수 있음은 자명하다. 그러나 '문제 회피＝확률 통계'로 인식되는 것엔 전적으로 동의할 수 없다. 과거 운전면허 시험장에서 실기를 통과할 수 있는 다양한 운전 요령을 체득한 경험이 있다. 실제로 자동차의 기계적 작동 메커니즘을 잘 알지 못해도 목적지까지 운전해 갈 수 있듯이 '확률 통계'적 접근 또한 잘 만들어진 안내서를 참고해 얻고자 하는 결론을 유도해낼 수 있다. '확률 통계' 역시 목표 달성을 위해 쓰이는 많은 도구들 중 하나에 지나지 않음을 명심하자. 따라서 교육을 운영하는 측은 물론 교육을 받는 리더 후보들 역시 **로드맵인 '횡적 개념'을 이해하는 데 정해진 교육 시간의 많은 비중을 할애해야** 하고 스스로도 해당 학습을 위해 전념해야 한다.

'확률 통계'의 어려움 호소로 이들의 관심이 고조됨에 따라
'문제 회피'의 실체인 '로드맵'이 가려 아예 잘 보이지 않는 현실이 돼버렸다.

[그림 O-8]은 '확률 통계'의 어려움 호소로 관심이 비이상적으로 고조됨에 따라 '문제 회피'의 실체인 '로드맵'이 가려 아예 잘 보이지 않는 현실을 표현한 것이다. 다음은 '종적 개념'에 대해 알아보자.

'종적 개념'은 [그림 O-6] 또는 [그림 O-7]과 같이 리더들이 과제 목표를 달성하기 위해 로드맵, 즉 돌다리를 밟고 섰을 때, 그 위에서 얼마나 많은 고민을 거쳐 요구하는 산출물을 만들어내느냐를 나타내는 개념이다. '50-세부 로드맵' 모두는 각 위치에서 반드시 얻어내야 하는 '산출물'을 정하고 있으며, 그 결과를 만들기 위해 리더 본인이 갖고 있는 모든 역량을 발휘하는 정도가 전적으로 과제 수행 품질을 좌우한다. 멘토링을 하다 보면 매 위치에 리더가 얼마나 심사숙고했는지가 PPT 장표상에 바로 나타난다. 예를 들어, '가설 검정'에서 한 요인의 통계적 검정을 수행할 때 '유의함'으로 결론을 내린 경우를 들 수 있다. 이때 유의하면 왜 유의한지 또는 유의하므로 프로세스의 어느 부분을 어떻게 '상세 설계'할 것인지 방향을 잡기 위해 '분석의 심도'를 높여야 함에도 단지 'p-값'을 통한 '유의성 검정'으로 모든 분석을 끝내버리는 경우가 많다. 또 데이터 수집이 되었음에도 그로부터 프로세스의 왜곡된 면이 무엇인지 찾기 위해 필요하다면 수일에 걸쳐 여러 방면으로 데이터를 해부하는 노력을 기울여야 함에도 마치 로드맵만 따르면 유용한 결과가 쉽사리 얻어진다고 믿고 있든가 아니면 아예 시도조차 하지 않는 경우도 비일비재하다. 또 정성적 분석에서 흔히 접하는 상황으로, 관련 전문가들의 협의로부터 결론을 내야 함에도 대부분 리더 혼자 평가하고 선정해버리는 빈도도 부지기수다. 이런 경험을 한 리더들은 여지없이 '문제 회피' 과정을 'Paper Work'로 치부해버리기 일쑤고 부질없는 활동에 본인들이 해야 할 업무의 상당한 시간을 방해받으며, 'Two Job'의 현실을 비관하거나 과정 전체를 부정하기에 이른다. 모든 혁신 활동들이 임직원 모두에 의해 전폭적으로 지지되는 상황을 기대하긴 어렵다. 그러나 필자가 역설하는 바는 적어도 'Two Job'이라는 의미가 제한된 시간 내에 담당 업무와 과제 수행의 중복으로 보기보다, 처음 입문하는 리더들 경우 '횡적 개념'의 '로드맵'을 이해해야 하는 데 들어가는 수고와, 동시에 과제를 수행할 때 각 돌다리 위에서 깊이 있게 고민해야 하는 '종적 개념'의 두 경우를 'Two Job'으로 인식해야 한다는 점이다. 만일 '로드맵'을 완벽히 소화했다면 과제 수행 중 매 위치에서 좋은 결과를 얻기 위해 깊이 있는 고민, 즉 '종적 개념'에만 몰두한다. **초기 '문제 회피' 분야에 입문하는 리더들 경우 바로 '횡적 개념'과 '종적 개념'을 동시에 수행해야 하는 부담 때문에 어려움을 겪는다고 해석해야 옳다.** 그 외에 불필요한 'Paper Work'라든가 PPT만 멋있게 꾸미면 'OK'라는 인식을 통해 'Two Job'이라고 생각하는 것은 선정된 과제가 4개월에 걸쳐 수행할 정도의 분량이 아니든가, 아니면 실현 가능한 과제를 정치적 의도로 뽑은 것은 아닌지 스스로 자문해야 할 것이다. 일상 업무와 과제의 합치야말로 로드맵, 즉 '횡적 개념'을 완벽히 소화하는 데서 가능하며, 그제야 '문제 회피' 분야를 잘 이해하고 있으며 기업 문화로 정착되었다는 판단이 가능하다. 그리고 각 위치에서 깊이 있는 고민을 할 수 있을 정도(즉, '종적 개념'의 도입이 가능할 정도)의 과제를 선정하는 것도 중요한 활동으로 인식돼야 한다.

3. 로드맵 'DMADV'의 이해

"시작이 반이다"라는 속담이 있다. 그러나 '일 하는 방법'의 실체인 '로드맵'을 이해하면 '반'이 아니라 '전부 다'를 알게 된다. 개발에서 중요한 '문제 회피'의 실체는 '로드맵'에 모두 녹아 있기 때문이다. 그 외의 것들은 '도구(Tools)'들이다. '로드맵+도구'는 '방법론(Methodology)'의 핵심 구성 요소들이다. 따라서 본격적인 내용 전개에 앞서 15 - Step 관점에서의 로드맵 'DMADV 구조'를 이해하는 것이 매우 중요하다. 숲을 보고 나무들을 파악해야 '세부 로드맵' 흐름이 눈에 들어온다. 우선 'DMADV와 DMAIC 로드맵'을 비교함으로써 사실은 그들이 동일한 순서로 짜여 있음을 확인한다. 즉, 과제 수행에 필요한 대표적인 두 개의 '로드맵'이 결국은 'DMAIC' 하나이며, **'DMADV'는 'DMAIC'의 특별한 경우로 해석됨**을 학습한다. 이어 'DMADV' 자체에 대한 특징들을 몇몇 소개할 것이다.

3.1. 로드맵 'DMAIC'와의 비교-Measure Phase

'DMAIC'는 프로세스가 존재한다는 전제하에 쓰이는 '프로세스 개선 방법론'이고, 'DMADV'는 연결이 잘 안 되는 프로세스(Broken Process)의 보완이나 신규 프로세스(New Process), 또는 신상품을 설계할 때 유용한 '프로세스 설계 방법론'이다. 따라서 용도가 다른 만큼 전개 역시 큰 차이를 보인다. 그러나 외형적으로 차이가 있을지언정 자세히 뜯어보면 'DMADV'가 'DMAIC'로부터 유도된다는 것을 발견한다. 다음 [그림 O - 9]를 보자.

[그림 O-9] 'DMAIC 로드맵'과 'DMADV 로드맵'의 비교

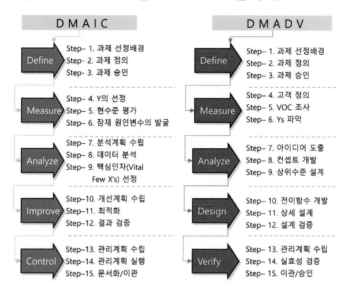

우선 'Define Phase' 경우 세 개의 Step 명칭들이 모두 동일하다. 물론 '프로세스 설계 방법론'은 '목표 기술'이나 '효과 기술' 측면에서 '프로세스 개선 방법론'보다 다양한 종류의 사전 조사가 요구된다. '프로세스 개선 방법론'이 통상 하나의 'Y'를 개선하는 데 비해 프로세스(또는 '금융 상품' 등) 개발은 여러 'Y'들을 동시에 만족시켜야 하기 때문이다. 따라서 본문은 'Step-2. 과제 정의'를 차별성 있게 다룰 예정이나 15-Step 관점에서 보면 '프로세스 개선 방법론'과 별반 차이가 없다.

'Measure Phase'는 각 Step 명칭들에 큰 차이를 보인다. 그러나 각각의 '세부 로드맵'으로 펼치면 다음 [그림 O-10]과 같은 공통점을 발견한다. 이하 본문은 로드맵들 간 관계 해석에 매우 중요한 내용임을 명심하자.

[그림 O-10] 'DMAIC'와 'DMADV' 로드맵의 비교 - Measure vs. Measure

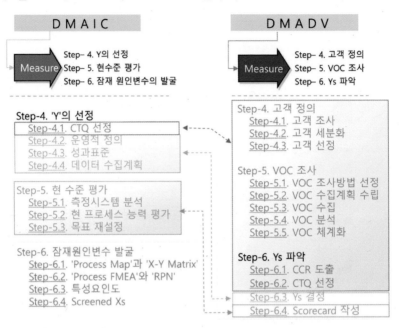

우선 'DMAIC_Measure Phase' 경우 'Step-4.1. CTQ 선정'은 과제 'Y'를 찾기 위한 과정으로, 파워포인트 장표는 '(VOC, VOB)~(CCR, CBR)~(CTQ, CTP)'의 단순 전개를 통해 최종 'CTQ'를 선정한다. 물론 전개상 '고객 정의'가 필요하면 그 앞장에 '고객'을 간단히 세분화한 뒤 과제에 맞는 '핵심 고객'을 선정한다. 그러나 'DMAIC' 경우 프로세스가 다년간 운영 중인 상황에서 '고객'이 누군지 거의 확실시돼 있고, 또 그들이 요구하는 '소리(VOC)'도 유사한 만큼 'CTQ 선정'은 단순히 'Y'를 정의하기 위한 수순쯤으로 여겨진다. 그러나 'DMADV_Measure Phase' 경우는 상황이 좀 다른데 '프로세스(또는 금융 상품 등)'를 하나 만들려면 수혜를 보는 고객층이 명확해야 하고 또 그들의 다양한 요구가 반영되도록 설계가 이루어져야 하므로 처음부터 '고객이 누군지', '그들은 무슨 요구를 하는지', 또 '다양한 소리를 어떻게 수집하고 담아 올 것인지' 등 절차는 'DMAIC'와 동일(그림에서 Measure Phase '세부 로드맵'을 묶은 색이 'DMAIC'와 'DMADV'가 동일한 순서로 위치)하지만, 규모에 있어서는 확실한 차이가 있다('DMADV' 경우 'CTQ 선정' 과정이 훨씬 많은 '세부 로드맵'으로 구성됨). Measure Phase에서 두 로드맵 간 차이를 가장 잘 대변하는 도구(Tools)가 있는데 바로 개발 초기에 쓰이는 'QFD(Quality Function Deployment)'이다. 그림에서 **'DMAIC' 경우 'CTQ 선정'이 'Step - 4.1.'의 한 개 '세부 로드맵'만으로 설명되는 반면, 'DMADV'는 규모의 차이로 인해 'Step - 4.1. 고객 조사'부터 'Step - 6.2. CTQ 선정'에 이르기까지 10개 '세부 로드맵'으로 'QFD' 내에서 전개된다.**

또, 'DMAIC'는 선정된 'CTQ'로부터 'Y'를 정하고, 'Step - 4.2. 운영적 정의'와 'Step - 4.3. 성과 표준'을 구분해 각각 기술하도록 강조하는 반면, 'DMADV' 경우 'Step - 6.3. Ys 결정'에 이 과정들이 모두 포함된다. 'DMAIC'는 운영 중인 프로세스에서 개선할 대상(Y)이 무엇인지가 가장 중요한 반면, 'DMADV'는 프로세스를 이용할 고객의 의견, 요구 사항 조사가 매우 중요하기 때문이다. 일단 조사가 완벽히 이루어지면 그로부터 'Ys'를 정하는 일은 상대적으로 수월하다. 그러나 'Step - 6.3. Ys 결정' 한 개 '세부 로드맵'으로 표현했어도 그 안에서는 'DMAIC 로드맵' 수준의 구분된 세부 전개가 펼쳐진다.

끝으로 'DMAIC'의 'Step - 5. 현 수준 평가' 전체는 'DMADV'의 'Step - 6.4. Scorecard 작성' 한 개 '세부 로드맵'에 대응한다. 이 역시 'Step - 6.4. Scorecard 작성' 안에 'DMAIC'의 'Step - 5.1. 측정 시스템 분석'부터 'Step - 5.3. 목표 재설정'까지 'Y'별로 조목조목 기술된다. '프로세스 설계 방법론' 경우 신규 설정이 많아 '프로세스 개선 방법론'처럼 다수의 데이터로 현 수준을 평가하기보다 몇몇 데이터 또는 한두 개의 정보로 '현 수준'을 가늠하는 빈도가 꽤 높다. 이에 'Ys'의 '현 수준'을 표기하는 'Scorecard'는 데이터의 많고 적음을 모두 포괄하고 '세부 로드맵'별 완성도를 점검하는 데 매우 유용한 양식이다.

의문이 생긴다. [그림 O-10]의 'DMAIC 로드맵' 경우 'Step-6. 잠재 원인 변수의 발굴'은 뭘까? 비교 대상이 없다? 프로세스가 운영 중이면 '현 프로세스 능력'이 '6시그마 수준'에 미치지 못하게 할 '원인 변수'들이 존재할 것이므로 이들을 사전에 찾는 활동이 가능하나, '프로세스 설계' 과제는 'Xs'를 찾을 대상(프로세스, 또는 상품)이 없으므로 현 단계에서 '원인 변수'를 발굴할 수 없다. 따라서 '변수 발굴' 활동은 Analyze Phase 전반부에서 그 실체인 '프로세스(또는 금융 상품 등)'가 완성된 후 가능하며, 따라서 'Step-9.1. 설계 요소 발굴' 과정은 Analyze Phase 후반부에 위치한다. 관련 내용은 Analyze Phase 비교 때 다시 자세히 논하게 될 것이다.

3.2. 로드맵 'DMAIC'와의 비교-Analyze Phase

'DMADV'의 'Analyze Phase'는 초반부에 설계 대상인 '프로세스'의 실체를 만들고(콘셉트 설계), 그다음에 최적화를 위한 '설계 요소의 발굴('DMAIC'의 '잠재 원인 변수의 발굴'에 대응)'이 이어진다. 이런 이유로 'DMAIC'의 전개와 큰 차이점이 생기는데 다음 [그림 O-11]에 잘 나타나 있다.

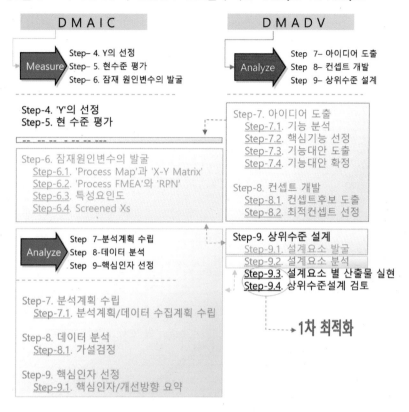

[그림 O – 11] 'DMAIC'와 'DMADV' 로드맵의 비교 - Analyze vs. Analyze

잘 표현하려 노력했는데 오히려 복잡해 보인다. 쉽게 설명하려는 의도만큼은 알아줬으면 한다. [그림 O – 11]에서 'DMAIC' 경우 'Step – 5'와 'Step – 6' 사이에 'DMADV'의 'Step – 7' 및 'Step – 8'이 끼어들어 간 모습이다. 프로세스의 '모양'이 만들어져야 그를 최적화하기 위한 'Xs', 즉 '설계 요소 발굴'이 가능하기 때문이다. 따라서 'DMAIC'의 'Step – 6. 잠재 원인 변수의 발굴'은 'DMADV'의 'Step – 9.1. 설계 요소 발굴'과, 'DMAIC'의 'Analyze' 전체는

'DMADV'의 'Step-9.2. 설계 요소 분석'에 각각 대응한다. 'DMADV'의 나머지 'Step-9.3.'과 'Step-9.4.'는 'Step-9.2. 설계 요소 분석'에서 나온 '설계 방향'을 토대로 '1차 최적화'를 수행하는 활동이다. 물론 '2차 최적화'는 'Design Phase'의 '상세 설계'에서 진행한다.

3.3. 로드맵 'DMAIC'와의 비교-Design Phase

DMADV의 'Design Phase'는 DMAIC의 'Improve Phase'에 대응한다. 그러나 구조적으로 'Step-9. 상위 수준 설계'에서 '세부 로드맵'인 '설계 요소 발굴', '설계 요소 분석'을 거쳐 'Step-9.3.', 'Step-9.4.'를 '1차 최적화'로 설명한 바와 같이, '상세 설계' 영역인 Design Phase는 '2차 최적화' 과정에 해당한다.

[그림 O-12] 'Analyze'의 '1차 최적화'와 'Design'의 '2차 최적화' 설명도

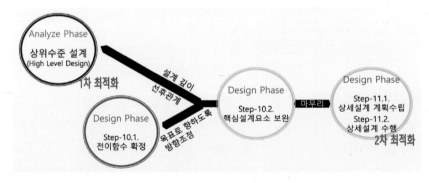

[그림 O-12]와 같이 'Step-10.1. 전이 함수 확정'에서 과제 전체를 아우

르는 관계식을 정립하고, 그 과정에 추가된 '설계 요소'들을 'Step‒10.2. 핵심 설계 요소 보완'에서 재정립하며, 그 결과를 토대로 'Step‒11.1.'과 'Step‒11.2.'의 '상세 설계(Detail Design)'를 진행한다. 이 과정은 마치 'Step‒9. 상위 수준 설계'에서의 '1차 최적화'와 매우 유사하다. 따라서 편의상 '2차 최적화'로 명명한다. Analyze Phase에서의 '상위 수준 설계'와 Design Phase에서의 '상세 설계'는 일의 '선후 관계'나 '설계 깊이'의 차이가 있을 뿐 과제에 따라 구분이 분명치 않을 수 있다. 좀 극단적으로 표현하면 '상위 수준 설계'에서 구체적인 접근이 이루어지면 '상세 설계'의 역할은 매우 작아지거나 건너뛰는 사례도 발생한다.

[그림 O‒13] 'DMAIC'와 'DMADV' 로드맵의 비교 - Improve vs. Design

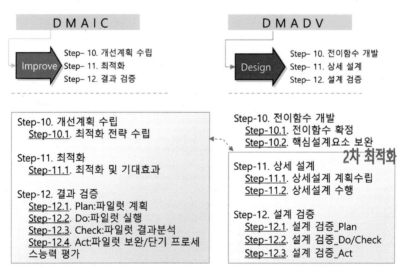

'DMAIC'의 'Improve'와, 'DMADV'의 'Design'은 '최적화 구현'이란 측면

에선 매우 흡사하며, 단지 'DMADV' 경우 'Step-10. 전이 함수 개발'의 존재가 차이라면 차이다. 이것은 과제 전체의 윤곽을 '함수'화함으로써 직전까지 이루어낸 실적과 직후부터 전개될 마무리 과정 간 흐름을 통제한다. '전이 함수'는 실험 계획, 시뮬레이션, 선형 계획법, 정수 계획법, 할당 모형 등 의사결정 도구나 통계 도구들이 사용된다. 적용 예들은 'Step-10'에서 자세히 논할 것이다.

3.4. 로드맵 'DMAIC'와의 비교-Verify Phase

'DMAIC'의 'Control'과 'DMADV'의 'Verify'는 동일한 구조를 갖는다.

[그림 O-14] 'DMAIC'와 'DMADV' 로드맵의 비교 - Control vs. Verify

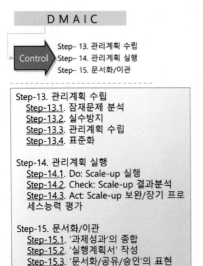
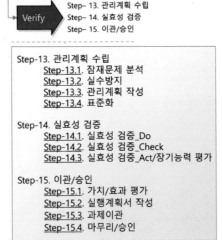

두 로드맵은 동일하되, 'Step – 14' 경우 'DMAIC'는 '관리 계획 실행'인 데 반해, 'DMADV'는 '실효성 검증'으로 표현돼 있으며, 이것은 설계한 프로세스를 현업에 적용했을 때 정말 '쓸 만한지' 검증하는 개념이 강한 데 따른 표기다. 'Step – 15'의 용어도 유사한데, '프로세스 설계 방법론'은 설계된 결과를 'P/O(Process Owner)'에게 넘겨주는 과정이 훨씬 더 중요하리란 판단에서 'Step – 15. 이관/승인'처럼 '이관'이 강조돼 있다. 물론 '이관' 절차도 까다롭고 고려 사항이 많으리란 것쯤은 쉽사리 짐작할 수 있다.

지금까지 '프로세스 설계 방법론'의 실체인 '로드맵(DMADV)'의 구조를 '프로세스 개선 방법론 로드맵'과 비교했으며, 그 이유는 'DMAIC 로드맵'이 가장 일반적이고 주변에서 쉽게 접할 수 있는 방법론이므로 둘 간의 차이점만 알면 '프로세스 설계 방법론 로드맵' 또한 쉽게 이해하리란 기대가 있었기 때문이다. 결론만 간단히 요약하면 'DMADV' 역시 'DMAIC'와 거시적으로는 같은 골격으로 이루어졌으며, 단지 '개선 대상을 보면서 최적화할 것인지' 아니면 '만들어놓고 최적화할 것인지 – 그래서 콘셉트 설계가 추가돼 있다'의 차이점만 있을 뿐 결국 **'DMADV 로드맵'이 'DMAIC 로드맵'의 아류 중 하나**임을 알 수 있었다. 사실 'DMAIC 로드맵'의 아류에는 'DMADV 로드맵' 외에 '빠른 해결 방법론(DMwC 로드맵)', '즉 실천(Quick Fix Solution)', '원가 절감 방법론', 영업 활동에 접목할 '영업 수주 방법론' 등 다양한 유형이 포함된다.

'프로세스 설계 로드맵' 구조를 논하면서 정작 기준이 되는 'DMAIC 로드맵 구조'에 대해서는 설명이 없었는데, 이것은 『Be the Solve_프로세스 개선 방법론』편의 본문 중 '개요'에 상세히 기술해놓았다. 관심 있는 독자는 참고하기 바란다. 이제 본론인 'Define Phase'로 들어가 보자.

Define

왜 이 과제를 선정했고, 얼마나 효과가 있을 것이며, 성공적인 완수를 위해 어떤 계획과 관리를 실행해 나갈 것인지 기술한다. 이 과정이 볼 품없게 표현되면 사업부장에 의해 재검토하라는 지시를 받거나, 또는 엄청난 질문 공세에 시달릴 수 있다. Define Phase의 '세부 로드맵' 이 해를 통해 물이 흘러가는 듯한 구조를 학습해보자.

모든 로드맵의 첫 단에 포함돼 있는 'Define'
은 '정의(定義)'로 해석하며, 사전적 의미로는 "어떤 말이나 사물의 뜻을 명확
히 밝혀 규정함"이다. 과제 수행 전 과제가 탄생한 배경, 추진에 대한 당위성,
추진에 필요한 자원이나 일정 등을 명확히 <u>밝히고 규정하는 과정</u>이다. 만일
과제 탄생 배경이 충분한 근거를 갖추지 못하는 경우 또는 문제에 대한 공감
대 형성이 미흡한 경우나 예상 목표가 회사에 이익을 주지 못하는 등의 결과
를 보이면 과제 추진은 시작도 못 해보고 당연히 사장된다.

'프로세스 설계 방법론'에서의 로드맵 DMADV는 각 Phase별 3개씩 총 15
개의 'Step'으로 구성되고, 'Step'들은 또 수 개로 나뉘는데 이를 <u>**세부 로드**</u>
<u>**맵**</u>으로 정의한 바 있다. 본문에서는 'DMADV' 또는 '15 - Step'보다 '세부
로드맵'에 충실해서 내용이 전개된다. 따라서 '세부 로드맵' 이전의 'DMADV'
나 '15 - Step'은 이해를 돕기 위해 명목상 유지되는 것으로 간주한다.

교육 중 필자는 '세부 로드맵'을 강을 건너기 위한 '징검다리'에 종종 비유
한다. '개발 과제 수행'은 '콘셉트 설계'와 '문제 회피'가 활동의 대부분을 차
지한다. 따라서 개발 대상이 결정되면 고민할 필요 없이 Define Phase의 첫
'세부 로드맵' 위에 발을 올려놓는다. 그 이후부터는 이미 마련된 정해진 징검
다리를 계속 밟고 가면 될 일이다. 이때, 과제 리더와 팀원들은 목표인 강 건
너편으로의 안전한 이동을 위해 주어진 돌다리 위에서 얼마나 깊이 있는 고민
을 할 것인가가 중요하다.

이제 Define Phase에서의 '세부 로드맵'은 무엇이며, 어떻게 구성돼 있는지
알아보자. 설계 대상이 '프로세스'이므로 '제품 설계 방법론'과는 본문의 내용
에 상당한 차이가 있다.

Step - 0. 과제 개요

이 단계는 본격적인 Define Phase를 시작하기에 앞서 과제의 전체적인 개요를 조망하는 과정으로 활용한다. 통상 DMADV를 정상으로 끝내게 되면 전체 PPT 장표가 80~100여 장을 훌쩍 넘는 경우가 부지기수다. 따라서 제3자에게 자료 내용을 전달하기 위해 일일이 보여줄 수 없는 것이 현실이다. 특히 임원들을 대상으로 발표할 때, 과제 시작 전 또는 완료 후 전체 개요를 한 장으로 요약해 보여주면 이해를 높이는 데 크게 기여할 수 있다. 본 내용은 초창기 미국 컨설팅社들이 국내에 진입하면서 'Project Team Charter'라는 제목으로 과제 수행 전 개요를 파악할 목적에서 작성해줄 것을 요구한 것이 그 시초이다.

필자의 경험으로 과제 수행 초기엔 과제에 대해 상황 파악도 잘 안 된 상태여서 영문으로 무지막지하게 작성해줄 것을 요구하는 바람에 불만도 많았고, 또 이해하기 어려운 단어와 정확히 무얼 요구하는지 모르는 문맥 등을 일일이 해석하느라 연수원에서 날밤 보내는 일도 비일비재했었다. 예를 들면 'NPV(Net Present Value)', 'IRR(Internal Rate of Return)', 'Market Share', 'Cost' 등이 포함되는데 도대체 모든 과제가 이 많은 항목들을 다 메울 수 있는 것인지 의심이 들기도 하였다. 그것도 모자라 향후 3개년 자료까지 적도록 하였으니… 초기 교육생들 입장에서 당연히 채워 넣는 일 외엔 다른 여유를 부릴 생각은 꿈도 꿔보지 않은지라 날밤 새운다는 얘기 나올 법도 했다.

다음 [그림 D-1]은 과제 수행을 위해 당시에 입력하도록 제공받았던 'Project Team Charter' 중 일부만을 떼어 옮겨놓은 것이다. 한눈에 보기에도 작성이 만만치 않다는 생각이 든다.

[그림 D-1] 프로젝트 팀 차터(Project Team Charter)

· SIX SIGMA TEAM CHARTER

Project Name			New growth	
Project Leader		DBB		
Telephone Number		Telephone Number		
Champion		SBU / Location		
Project Start Date		Targeted Commercial Introduction Date		
Development Stage		Charter Revision Date		

Element	Description	Team Charter				
1. New Process	Describe the new Processt.					
2. Process Description	Describe the functional requirements for the process.					
3. Project Description	Describe the purpose, scope and key objectives of the Six Sigma project (which critical parameters of the design are you addressing?)					
4. Market Segment	What is the targeted market segment?					
5. Benefit to External Customers	Who are the targeted customers and what benefits will they see relative to competitive options?					
6. Competitive Issues	What are the key competitive issues?					
7. Killer Variables	What are the potential show stoppers that could kill this project?					
8. Key project sign-off requirements	What key deliverables are required for the completion of this six sigma project.					
9. Business Returns	What are the business returns anticipated and when?	NPV			M$	
		IRR			%	
			1999	2000	2001	2002	units
		Mkt Share	30%				%
		Volume	10K / year				M units
		Cost	$490				$/unit

그림과 같이 단어도 어렵거니와 매번 과제 진행초기에 메우는 작업을 한다
고 생각해보라. 가뜩이나 처음 입문하는 리더들에겐 범접하기 어려운 방법론
으로 여겨질 만하다. 그러나 제시된 모든 항목들을 채우기보다 핵심 내용을

중심으로 간단히 요약하는 방법에 대해 알아보자. 다음 [그림 D-2]는 그 예이다.

[그림 D-2] 'Step-0. 프로젝트 팀 차터(Project Team Charter)' 작성 예

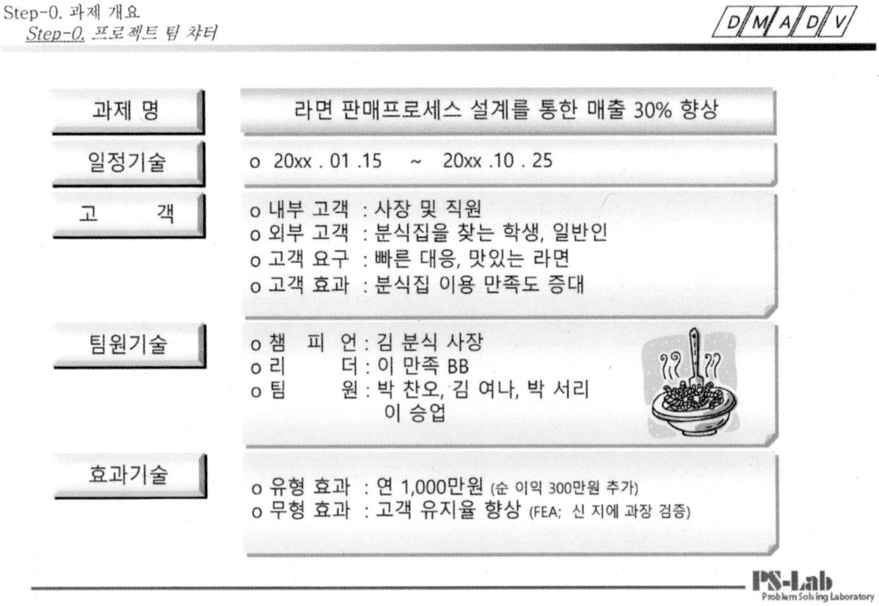

Step-0. 과제 개요
  Step-0. 프로젝트 팀 차터   D M A D V

과제 명	라면 판매프로세스 설계를 통한 매출 30% 향상
일정기술	o 20xx . 01 . 15 ~ 20xx . 10 . 25
고　　객	o 내부 고객 : 사장 및 직원 o 외부 고객 : 분식집을 찾는 학생, 일반인 o 고객 요구 : 빠른 대응, 맛있는 라면 o 고객 효과 : 분식집 이용 만족도 증대
팀원기술	o 챔 피 언 : 김 분식 사장 o 리 　　더 : 이 만족 BB o 팀 　　원 : 박 찬오, 김 여나, 박 서리 　　　　　　 이 승업
효과기술	o 유형 효과 : 연 1,000만원 (순 이익 300만원 추가) o 무형 효과 : 고객 유지율 향상 (FEA: 신 지에 과장 검증)

PS-Lab
Problem Solving Laboratory

　구성은 '과제명', '일정 기술', '고객', '팀원 기술', '효과 기술' 등 핵심 항목으로 이루어지며, 특히 '팀원 기술'과 '효과 기술'은 매우 중요하므로 본 장표에서 강조할 대목이다.

Step-1. 과제 선정 배경

　　　　　　　국내에 보편화된 15-Step의 발원지인 삼성그룹 경우 Define Phase의 첫 번째 하부 활동을 'Step-1. 프로젝트 선정'으로 분류한다. 과제 수행을 위해 가장 먼저 맞닥트려야 하는 부분이 과제를 '선정'하는 일이다. 사실 '과제 선정'은 선정 자체도 어렵거니와 표현하는 방법에 있어서도 항상 숙제로 남아 있는 영역이다. 많은 기업에서 '과제 선정' 과정이 매끄럽지 않아 정형화된 로드맵과 각종 툴들의 지원 속에 필요할 때마다 뚝뚝 떨어져주기를 내심 기대하는 경우가 많았던 것도 사실이다. 그러나 과제 선정을 주제로 여기서 일일이 열거하는 것은 범위를 많이 벗어나므로 '과제 선정 일반론'을 제시한 뒤 항목별로 설명하는 선에서 정리할 것이다. 자세한 내용이 필요한 독자는 필자가 정립한 『Be the Solver_과제 선정법』편을 참고하기 바란다.

　　앞으로 본문은 'Step-1.1.'을 '과제 선정'이 아닌 선정된 과제를 기록하는 '과제 선정 배경기술'로 정할 것이다. 실제 여러 컨설팅 회사와 업체들에서 'Step-1.'을 '과제 선정'이 아닌 '과제 선정 배경'으로 설정하고 있다. 참고로 '과제 선정 배경'은 삼성그룹 경우 'Step-2. 과제 정의'에서 첫 번째 기술하는 과정으로 포함돼 있으며, 특히 이 영역은 '추진 배경' 또는 'Business Case' 등 여러 용어로도 불린다. 원활한 의사소통을 위해 쓰이는 용어들에 있어 이왕이면 표준화된 하나의 방식으로 통일할 것을 권장한다.

1.1.1. 과제 선정 일반론

‘과제 수행’을 위해서는 그 앞단에 반드시 ‘과제 선정’ 활동이, 또 ‘과제 수행’을 통해 성과가 창출되므로 후단엔 ‘성과 평가’ 활동이 이어진다. 따라서 성과 극대화를 위한 의미 있는 ‘과제의 선정’은 기업의 중대 관심사이다. 그러나 ‘문제 해결/문제 회피’를 위해 제공되는 방법론들이 체계적인 로드맵과 필요 도구들을 잘 제시하고 있다는 점에서 ‘과제 선정’ 역시 마치 어떤 특정 기법을 통해 쉽사리 얻어질 것이라는 기대 심리가 팽배한 것도 사실이다. 또 이런 요구를 반영하듯 여러 컨설팅사에서 다양한 ‘과제 선정 방법론’을 독자적인 모델로 소개한다. 과연 기업 특성에 맞는 최적의 과제 선정 방법론이 존재할까? 기업의 많은 과제 선정을 수행해온 필자로서는 ‘있다’라고 일단 단언하고 싶다. 그러나 전제 조건이 붙는다. 반드시 몇몇의 특정 방법론으로 대변할 수는 없다는 것이다. 다음 두 회사의 과제 선정 사례로부터 바람직한 방법에 대해 한번 생각해보자.[12]

A사는 경영 혁신 활동을 2년 정도 수행해왔으며, 그동안 각 부서별로 중요하다고 생각되는 문제들을 과제화했으나(Bottom-up), 3년 차에 들면서 이제는 경영 전략과 연계된 ‘과제 선정(Top-down)’을 하기로 결정하였다. 물론 경영 혁신 활동을 시작했던 초창기에도 이를 몰랐던 것은 아니었으나 시간적 제약과 임직원의 인식 부족으로 일단 쉬운 방법을 선택했었다. 이에 여러 컨설팅 업체에 문의한 결과 ‘외부 환경 분석 → 내부 능력 분석 → 산업 동향 분석 → 전략 과제 도출’이라고 하는 큰 흐름의 과

---

12) 이하는 ‘『Be the Solver』 시리즈’의 ‘프로세스 개선 방법론’과 ‘제품 설계 방법론’에 공통으로 포함돼 있다.

제 선정 방법론을 채택하였다. 물론 이 작업을 수행하기 위해 전사의 임원들과 각 기능부서장들이 일정 기간 동안 인터뷰 대상이 된다거나 막대한 분량의 회사 운영 지표들을 검토하는 과정이 정신없이 이뤄졌다. 약 한 달여 기간의 수행 결과가 사장과 임직원들이 모두 모인 강당에서 발표되었으며, 보름 뒤 최종적으로 요약된 과제들이 트리 구조로 정리돼 다시 발표되었고 이를 바탕으로 3년 차 과제 수행이 시작되었다.

　다음은 5년 차에 들어가는 B사의 예이다. 사장의 강력한 리더십으로 경영 혁신을 시작한 이래 지속적으로 수준 향상을 꾀하려 노력했던 이 회사는 그동안의 과제 선정 방법에 회의를 느끼고 있었다. 실로 좋다고 하는 방법론을 모두 끌어다 운영해보았으나 최종 선정된 과제들이 대부분 염두에 두고 있던 내용들의 다듬어진 결과임을 느끼던 차였다. 그러나 기존의 방법들이 과제 선정을 위해 다소 부족했다고는 얘기하지 않았다. 너무 큰 노력과 많은 임직원들이 과정에 투입되었고 시간도 만만치 않게 소요되었던 터라 공식적으로 비판하는 문제에 있어서는 누구도 선뜻 나서지 못하는 상황이었다. 또 방법이 잘못되었다기보다 그에 참여하는 임직원들의 적극성이 떨어지거나 성공 가능한 수준에 요령껏 대응했단 것도 암암리에 인지하고 있었다. 이런 상황을 너무나도 잘 알고 있던 B사의 혁신팀 부서장은 다음과 같은 과제 선정 방법을 공식화하였다. 즉, 기존에 운영돼온 프로세스 수준 향상 과제는 팀장 주관하에 운영토록 하고, 사업부장 과제만큼은 기존 사업 계획의 목표를 초과할 수 있는 창조적이고 혁신적인 유형으로 도출하라고 지시한 것이다. 약 2주간의 혼란한 분위기가 이어졌다. "뭘 하라는 거지? 기존 사업 계획 목표도 죽죽 늘려 잡는 상황에서 그건 기본으로 하고 혁신적인 과제를 추가로 창조하라니!" 의견이 분분하였으나 급기야 사업부장에 따라 의미 있는 변화가 일어나기 시작했다. 기존의 임원, 기능별 부서장, 관련 담당자를 대상으로 개별 인터뷰를 통해 상황 파악을 하던 패턴에서, 사업부장이 부서장, 과장 및 말단 사원까지 모두 회의실에 모이게 한 뒤, 취지를 설명하고 사업 계획 추가 목표를 달성하기 위한 내부 토론회를 개최한 것이다. 처음엔 말을 아끼던 직원들이 사업부장의 추가 목표 달성을 위한 과제를 생각한 대로 제시하자 너무 과도하다고 이의 제기를 하고 나서기 시작했다. 거기서 결정되면 과도한 과제를 직접 수행할 당사자가 바로 회의에 참석한 본인들이었기 때문이다. 시간이 갈수록 분위기가 험악(?)해지기도 했다. 그러나 어느 순간 정말 혁신적인 추가 목표 달성을 위한 과제가 도출돼야 한다는 피할 수 없는 현실을 절실히 인식하게 된 부서장과 직원들이 머리를 맞대고 고민하기 시작했다. 결국 5시간의 마라톤 회의를 거치면서 "그거 한번 해볼 만하다!" 하는 공감대가 형성된 사업부 과제가 탄생했고, 이후 몇 번의 수정 작업을 거쳐 급기야 간접 부문임에도 10개월 뒤 20여 억 원의 순수 재무성과를 창출하는 BP사례가 되는 영광을 안았다.

위의 A사와 B사의 예에서처럼 규격화된 방법론을 통해 과제를 선정하려는 접근과, 그와는 대조적으로 임직원이 모두 모여 머리를 맞대고 혁신성 있는 과제를 뽑기 위해 몰두하는 방식 중 어느 것이 더 현실적이고 실질적인 성과를 낼지 우열을 가릴 수 있지 않을까? 일단 B사의 차별화된 운영에 대해 경영 혁신을 주관하던 혁신팀 부서장이 상황을 정확히 인지하고 있었다는 점, 두 번째로 그를 바탕으로 다소 무리가 있지만 과제 선정을 위한 가이드라인을 명확하게 제시했다는 점에 큰 의미가 있다. 즉, 그 가이드라인이 모호하지 않았다. 이미 마무리된 사업 계획을 제외한, 말 그대로 '혁신적인' 과제의 선정을 주문했던 것이다. 물론 회사 전체 사업부장들이 그에 동조해서 모두 혁신적인 과제를 도출했다고는 볼 수 없다. 그러나 기존과 분명히 차별화된 난이도 높으면서 성과에 기여할 수 있는 혁신 과제들이 늘어났으며, 기존 사업 계획의 목표를 추가 달성하는 등 경영 혁신의 변곡점이 됐다는 점은 부인할 수 없다.

또 과제 난이도가 높아진 것과 비례해 리더들의 접근 방식도 한층 업그레이드되는 계기가 되었다. 기존의 '프로세스 개선 방법론' 각 Phase별로 한 달씩 정해지던 방식에서 철저한 시간 계획과 활동의 세분화를 적시하고 문제 발생 시 진지하게 모여 토론하는 분위기 등 진정한 경영 혁신 활동이 무엇인지를 보여주는 듯했다. 결론적으로 질 높은 과제를 선정하는 규격화된 방법을 찾고 그것을 기업 성향에 맞게 개발해서 활용하는 것도 중요하지만 그보다는 B사와 같은 사례를 벤치마킹해서 확실한 Top‐down의 면모와 성과를 기대하는 전략도 고려해봄 직하다. 다음 [그림 D‐3]은 경영 혁신 활동에서 일반적으로 얘기하는 과제 도출 방법, 수행 및 관리 사이클의 개요도이다.

과제도출 일반론

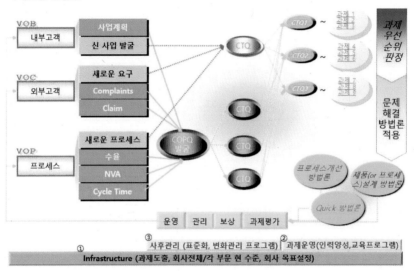

[그림 D‐3]을 보자. 경영 혁신의 핵심 전략을 '고객 만족'에 둘 수 있다. 이때 과제 선정의 출발점은 '고객'이다. 고객은 그림 왼편에 나열된 '내부 고객, 외부 고객, 프로세스'로 구분된다. 통상 고객 유형은 '내부 고객, 외부 고객, 이해 관계자'로 분류하나 '이해 관계자' 대신 과제 선정에 직접 관계되는 '프로세스'를 넣었다. '고객'이 만들어내는 것은 오직 하나다. 즉, '소리(VOC, Voice of Customer)'다. 따라서 '내부 고객 → VOB(Voice of Business)', '외부 고객 → VOC', '프로세스 → VOP(Voice of Process)'에 각각 대응한다.

또 각 고객의 소리에서 분홍색 글틀인 "신사업 발굴, 새로운 요구, 새로운 프로세스"는 모두 기존에 없던 것을 찾아내거나 만들어내는 활동이므로 고객의 핵심 요구 사항을 특성화시킨 'CTQ'를 끄집어내야 한다. 반면에 파란색 글틀인 "사업 계획, Complaints, Claim, 수율, NVA(Non Value-added), Cycle Time" 등은 현재 운영되는 체계이다. 이들은 비효율적인 문제를 찾아 개선하는 것이 주요하므로 비효율적인 활동을 금액 단위로 환산한 'COPQ(Cost of Poor Quality)'를 구한 뒤 금액을 줄이기 위한 'CTQ'를 도출한다. 이어 'CTQ'들을 다시 세분화한 뒤(CTQ Flow down), 'CTQ'의 특성에 서술어를 붙여 '과제'를 탄생시킨다. 물론 적합한지에 대한 평가와, 긴급성 및 재무성과가 큰 과제별로 우선순위를 매겨 최종 확정 단계에 이른다. 수행 방법론 선택은 과제의 탄생 배경이 '사업 계획', 'Complaints' 등 현 운영 체계에서 나온 것이면 '프로세스 개선 방법론'을, '신사업 발굴'이나 '새로운 요구' 등 새롭게 창출하는 체계로부터 유래했으면 '제품(또는 프로세스) 설계 방법론', 그 외에 단기간에 처리가 가능하면 '빠른 해결 방법론'을 적용한다.

과제를 선정하는 다양한 방법론과 세부적으로 '고객의 소리'를 듣는 방법인 '인터뷰'나 '설문' 또는 현재 운영되고 있는 각종 지표를 조사하는 등의 접근법들이 추가적으로 필요하겠지만 이들에 대해서 논하는 것은 분량과 본 책자의 목적을 고려할 때 적합하지 않을 것으로 판단되어 이쯤에서 마무리한다. 다음에는 컨설팅 경험을 바탕으로 정립한 표현법에 대해 알아보도록 하자.

1.1.2. '과제 선정 배경기술' 전개 방법

'과제 선정 배경'을 기술하는 방법은 그동안의 멘토링 경험을 고려할 때 다음과 같이 크게 3가지 유형으로 접근할 수 있다.

① 원가 절감을 목적으로 프로세스를 변경하는 경우(원가 절감형 과제)

원가 절감을 목적으로 하고 활동도 프로세스의 보조 기능을 축소하는 방향이므로 수행 배경이 명확하다. 이 경우 '과제 선정 배경'은 간단한 양식한 장으로 기술한다. 예를 들어 'Step - 3. 과제 승인'에서 쓰이는 양식만으로 Define Phase 전체를 대신한다. 작성법에 대해서는 'Step - 3. 과제 승인'을 참고하기 바란다. <사용 도구> → '과제 기술서' 양식

② 기존 프로세스에 새로운 기능을 부가하는 경우(프로세스 개발형 과제)

대부분의 프로세스 개발 과제가 이 유형에 속한다. 과제 선정 배경은 그 내용적 측면에서 크게 3가지로 분류된다. 즉, '3C 분석'이 그것인데 이는 '고객(Customer), 경쟁사(Competitor), 자사(Corporation/Company)'를 뜻한다. 만일 본인이 멘토 자격으로 지도를 하거나 또는 리더로서 직접 표현하려면 우선 과제의 선정 배경을 위의 3가지 관점에서 고려해본다. 경험적으로 '프로세스 개선 과제'는 위의 3개 중 한 개만으로 배경 설명이 가능하며, '프로세스 설계 과제' 경우 3개 모두를 기술하는 것이 바람직하다. 뭔가 하나를 만들어낸다는 것은 내부의 필요성에 의해서도 추진될 수 있지만, '고객'이나 '경쟁사'의 동향도 파악해야 투입될 비용과 실패의 위험을 최소화시킬 수 있기 때문이다. '3C'를 부연하면, 고객(Customer)'은 "고객의 선호도가 어떻게 변해왔고 앞으로 어떻게 변해갈 것인가?", "M/S가 최근 수년간 또는 앞으로 어떻게 변해갈 것인가?", "시장 수요가 또 얼마에서 향후 얼마로 변해갈 것인가"에 따라 우리가 대응해야 할 필요성이 생기며, 이런 환경 변화가 '과제 선정 배경'이 될 수 있다. '경쟁사(Competitor)' 관점은 '경쟁사가 최근 무엇을 하고 있는가?', 또 '어느 전략을 구사하고 있는가?', '어떤 방침을 세웠는가?' 등등의 경쟁사 동향 정보를 수집한 결과, 우리도 해야 한다면 이 역시 하나의 선정 배경으로 볼 수 있다. 또 '자사

(Corporation)' 관점에서 "대표이사가 어떤 내용을 하라"고 했다든가, "어느 팀에서 문제점을 발견해 추진할 수밖에 없는 상황이 되었다", "자체 분석 결과 점유율이 높아 개선이 불가피하게 되었다" 등이 과제가 선정된 배경 이 될 수 있다. 과제 선정 배경을 위와 같이 구분해봄으로써 향후 추진 과 정을 경쟁사에 맞출 것인지, 고객에 맞출 것인지 아니면 회사의 프로세스 최적화에 맞출 것인지 등 방향성을 짐작할 수 있고, 또 막연한 배경 기술 보다 과제의 유형을 명확히 가늠할 수 있다는 취지에서 '3C 분석'은 매우 필요한 전개 방법이라 할 수 있다. 사용 빈도가 높아 [그림 D - 5]~[그림 D - 7]에 사례를 포함시켰다. <사용 도구> → 3C 분석

③ 현재를 뛰어넘거나 기존에 없는 프로세스의 개발 경우(신규형 과제)

신개념의 프로세스 개발은 통상 긴 시간과 많은 자원 투입이 필요하므로 초기에 과제 수행 당위성을 명확히 하기 위한 조사는 필수적이다. 이때 '고 객', '경쟁사', '자사' 관점의 전개가 가능하면 '3C 분석'을 통해 배경을 기 술한다. 또 고객이 불특정 다수인 경우 최종 소비자 성향 파악을 위해 조 사원이나 패널 투입으로 깊이 있는 시장 조사 등이 이루어지지만 이 역시 '고객', '경쟁사', '자사' 관점의 전개가 가능하면 '3C 분석'을 수행한다(아 마 장표가 상당히 늘어날 것이다). 실제 불특정 다수를 대상으로 설계가 이 루어지는 과제 경우 '고객'이나 '경쟁사'의 환경 분석 용량이 매우 큰 게 특징인데 이것은 강한 경쟁 구도 속에서 시장의 미세한 변화를 감지하기 위한 노력의 일환이다. 그러나 어느 개발 과제를 해야 하는지 윤곽조차 없 는 경우라면(조금 과장된 표현이지만) 원론적인 환경 분석부터 들어간다. 이에 대한 과정은 다음 [그림 D - 4]에 나타내었다.

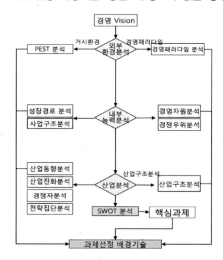

[그림 D-4]에서 가운데 노란 마름모는 분석의 순서이고 그 좌우에 붙은 항목들은 도구를 나타낸다. '외부 환경 분석 → 기회/위협', '내부 능력 분석 → 강점/약점', '산업 분석 → 기회/위협, 강점/약점'을 얻게 되며, 이들 산출물은 'SWOT 분석'의 '입력'이 되어 최종 핵심 과제(수행하고자 하는 개발 과제)가 유도된다. 결국 이 과정은 그대로 '과제 선정 배경기술'이 된다. 멘토링 중에는 소위 "맨땅에 헤딩하는 과제"로 표현하는데 뭘 해야 할지 모르는 새로운 유형의 과제라면 소개된 절차는 매우 유용하다. 그러나 분량 역시 상당하므로 호기심으로 어설프게 진행하는 것은 금물이다. 대부분은 '3C 분석'으로 충분하다. <사용 도구> → 3C 분석, 또는 [그림 D-4]의 방법

'과제 선정 배경기술' 방법에 대해서는 이 정도로 마무리하고 사용 빈도가 매우 높은 '②'의 경우에 대해 보완 설명과 표현 예를 살펴보자. 말보다는 '百聞이 不如一見'이므로 '라면 판매 프로세스 설계'라고 하는 간단한 과제를 통

해 '과제 선정 배경'을 좀 더 밀도 있게 학습해보자.

과제를 수행해봤거나 내공을 많이 쌓은 리더라도 다양한 형태로 작성된 배경을 동일한 잣대로 처리해내기는 쉽지 않다. 따라서 접근 방법을 약간 표준화한다는 개념에서 '<u>D Phase 5대 작성 원칙</u>'을 마련하였다. 이것은 멘토링할 때 파악해야 할 기본 사항이며, 과제를 수행 중인 리더라면 꼭 염두에 둬야 할 내용이기도 하다. 이 과정은 다음에 이어질 '문제 기술'에도 적용된다.

① 리더가 표현할 '과제 선정 배경'의 핵심 '단어'나 '구어'를 찾아낸다.

멘토링할 과제를 검토하거나 리더가 과제를 직접 수행할 때, 중점적으로 생각하고 있는 핵심 '단어'나 '구' 등을 끄집어낸다. 필요하면 질문을 던져도 좋다. '토이 박스 개발' 경우 '고객 관점'에서 '토이 박스가 포함된 완구의 시장 동향', '경쟁사 관점'에서 '유사 모델을 생산하는 회사들의 최근 움직임', '자사 관점'에서 '매출 동향' 등이 그 예이다.

② 핵심 '단어'나 '구'에 대해 시각화시킬 수 있는 도구를 생각한다.

자료는 반드시 시각화해야 한다. 만일 '그래프'나 '사진'으로 표현이 안 되면, '표'를 활용하는 것도 고려해볼 만하다. 또 시각화 도구가 두 개 이상이면 왼쪽에서 오른쪽으로 '큰 규모 → 작은 규모'로의 흐름 전개가 이루어지도록 한다. 예를 들면, '회사 매출 전체의 연도별 변화 → 해당 과제가 목표로 하는 제품의 매출'을 보이거나, '전체 국내 시장의 흐름 → 자사 제품의 흐름'을 보이는 식이다. [그림 D-5], [그림 D-6], [그림 D-7]은 '고객', '경쟁사', '자사' 관점에서 각각의 핵심 '단어'나 '구'를 참고하여 시각화시킨 예를 보여준다.

③ 시각화된 도구에 대해 '6하원칙'에 근거한 설명을 기술한다.

그래프를 설명하면서 '원인'이나 '해결책'이 거론되지 않게 하는 방법은 시각화된 도구의 내용을 '6하원칙' 그대로 표현하는 것이다. 전달도 잘될 뿐 아니라 장표도 훨씬 단순화할 수 있다. 예를 들면, "20xx년 12월 현재, '지역 분식업 연합회' 조사 자료에 따르면, 구역 내 분식 업소 수가 3년 전 8개에서 직전 연도 4개로 연평균 1.3개씩 줄어드는 추세로 파악됨" 등으로 표현하는 식이다.

④ '6하원칙'의 내용을 바탕으로 설명하고 싶은 '시사점'을 이끌어낸다.

'프로세스 개선 과제' 경우 기존 체계가 존재하는 상황에서 문제시되는 부분을 개선한다고 할 때 과제의 '선정 배경'은 '3C' 중 하나에 대부분 속한다. 그러나 '프로세스 설계 과제' 경우는 이전에도 언급한 바와 같이 '3C 관점' 모두가 포함되는 경우가 대부분이고, 이때 주어진 환경 속에서 우리가(또는 내가) 무었을 해야 하는지 방향(시사점)을 설정할 필요가 있으며, 이들 시사점을 바탕으로 '과제 CTQ'를 도출한다([그림 D - 3]에서 CTQ Flow Down 참조). '시사점'은 [그림 D - 5], [그림 D - 6], [그림 D - 7]에서, '과제 CTQ'는 [그림 D - 8]에 정리돼 있다.

⑤ 장표 구성을 '여백', '통일', '균형', '강조' 관점에서 표현한다.

장표를 예쁘게 또는 있어 보이게 하자는 게 아니라 내용을 정확하고 쉽게 전달하는 것이 목적이므로 '여백', '통일', '균형', '강조'를 토대로 기술한다. 자료는 본인이 보려고 작성한다기보다 제3자나 미래를 위한 보관이 주된 목적이다. 따라서 자료로서 가치가 있으려면 기본적 사양을 갖추는 게 필수적이며, 이는 임원에게 프레젠테이션을 하거나 팀원들과 의견 교환을 위해서라도 간과해서는 안 될 주요 사항 중 하나다. 기업에서 멘토링을 하다 보면 이 부분을 소홀히 해서 보는 사람도 이해가 어렵고, 정작 본인도 정리가 안 돼 'Paper Work'로 인식하는 바람에 과제 품질을 저하시키는 요인이 된다. 로드맵이 많이 진전된 상황에서 편집을 시도하면 작업량이 크게 증가하므로 아예 초기부터 잡아주는 것도 중요하다. 우선 '여백'을 본다. **'여백'**은 장표 상하 좌우의 여백이 일정하게 유지되고 있는지를 보는 것이다. 매 장표에 여백의 불균형은 성의가 없어 보이기 일쑤다. 두 번째 **'통일'**은 글자체나 각 장표마다 반복되는 제목, 장표 우측 상단의 로고 등 공통으로 가져갈 것들에 대한 통일화이다. 세 번째 '균형'은 장표 내용들의 무게중심을 나타낸다. 내용들이 위나 아래 또는 좌우 등 한쪽으로 쏠림이 있으면 심리적으로 불안정하게 느껴진다. 끝으로 **'강조'**는 매 장표가 뭔가 의미를 전달할 목적으로 작성되는 것이므로, 본인이 정확히 설명하려는 것이 무엇인지 강조한다. 프레젠테이션을 할 때 통상 사람들은 장표 전체를 파악하기보다 그래프나 색으로 강조된 부분을 주시한다. 또 발표자가 각 장표의 핵심 사항을 표현해놓지 않으면 말수가 많아져 발표 시간이 길어지는 원인이 된다.

[그림 D-5] 'Step-1.1. 과제 선정 배경기술(고객 관점)' 예

Step-1. 과제 선정배경
  Step-1.1. 과제선정 배경기술(고객 관점)

♦ '0X년 12월 말 현재, '지역 분식업 연합회' 조사자료에 따르면, 3년 전에 비해 대형 마트
   내 분식코너 고객선호도(YES vs. No 비율)는 2:8 에서 9:1로 절대적인 우위로 파악됨.

♦ 대형 마트 분식코너를 선호하는 이유는 '음식 신뢰>쾌적한 환경>편리성>늦은 시간까지
   영업' 순으로 나타남.

   ➡ *고객이탈을 방지하고, 지역 분식업소로 유도하기 위한 구체적인 조치 마련이 시급함.*

대형 마트 분식코너 선호도 조사

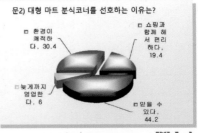

<출처> '0X년 지역 분식업 연합회 고객 선호도 조사자료   **PS-Lab**
                                                              Problem Solving Laboratory

앞서 기술한 지도법 'D Phase 5대 작성 원칙'을 전개 사례인 '라면 판매 프로세스 설계를 통한 매출 30% 향상' 과제에 적용하면 [그림 D‑5]~[그림 D‑8]과 같다.

우선 [그림 D‑5]의 제목을 보면 'Step‑1.1. 과제 선정 배경기술(고객 관점)'로 돼 있고, 대형 마트의 등장으로 고객 이탈 상황 및 대형 마트 분식 코너 선호 이유에 대한 조사 결과를 보여주고 있다. 기술한 내용 아래쪽의 화살표와 빨간색 문장은 '시사점'을 나타낸 것으로, 리더가 말하고 싶은 내용(또는 함축된 의미)을 간추린다. 이 '시사점'을 모으면 과제의 나아갈 방향이 설정되는데 관련 내용은 'Step‑1.2. 과제 CTQ 도출'에 포함돼 있다. 다음 [그림 D‑6]은 '경쟁사 관점'의 배경을 나타낸다.

[그림 D‑6] 'Step‑1.1. 과제 선정 배경기술(경쟁사 관점)' 예

Step‑1. 과제 선정배경
 Step‑1.1. 과제선정 배경기술(경쟁사 관점)

♦ 'OX년 12월 말 현재, '지역 분식업 연합회' 조사자료에 따르면, 구역 내 분식업소 수가 3년 전 8개 → 직전 년도 4개로 연 평균 1.3개씩 줄어드는 추세로 파악됨.

♦ 반면, 업소 당 연 평균 투자액은 3년 전 15만원 → 직전연도 136만원으로 약 9배 가량 급격히 증가함.

➥ 남은 업소끼리 생존경쟁이 치열해지고 있으며, 내부 인테리어 등 고객유치를 위한 새로운 변화가 일어나고 있음.

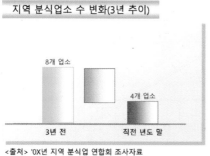

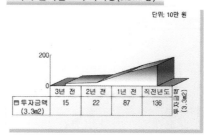

<출처> 'OX년 지역 분식업 연합회 조사자료   **PS-Lab**
                                                       Problem Solving Laboratory

[그림 D-6]은 지난 3년간 대형 마트 등의 출현으로 구역 내 분식 업소가 급속하게 감소하고 있음을, 그에 반해 남은 업소들은 살아남기 위해 투자비용의 급격한 상승이 초래됐음을 알려준다. 역시 '시사점'으로 경쟁 체제가 심화되고 있어 당 업소도 뭔가 새로운 시도가 필요함을 역설하고 있다. 다음 [그림 D-7]은 '자사 관점'의 조사 내용이다.

[그림 D-7] 'Step-1.1. 과제 선정 배경기술(자사 관점)' 예

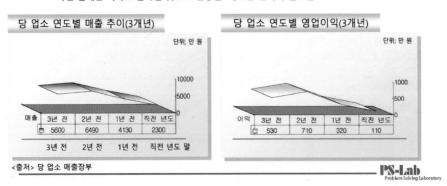

Step-1. 과제 선정배경
  Step-1.1. 과제선정 배경기술(자사 관점)

◆ 'OX년 12월 말 현재, 당 업소 연도별 매출 추이는 <u>3년 전 5,600만 → 당해 2,300만</u>으로 연평균 약1,100 만원의 급격한 감소추세.

◆ 이에 따른 영업이익은 <u>3년 전 530만원 → 직전연도 말 110만원</u>으로 1/5 수준으로 급격히 감소함.

　　➡ 경쟁사 투자규모 확대로 당 업소의 매출규모가 급격히 감소하고 있으며, 이 상태로 가면 올해는 적자로 돌아설 것으로 전망됨. 새로운 전략이 필요함.

당 업소 연도별 매출 추이(3개년)

단위; 만 원

매출	3년 전	2년 전	1년 전	직전 년도
	5600	6490	4130	2300

3년 전　　2년 전　　1년 전　 직전 년도 말

당 업소 연도별 영업이익(3개년)

단위; 만 원

이익	3년 전	2년 전	1년 전	직전 년도
	530	710	320	110

<출처> 당 업소 매출장부

[그림 D-7]에서는 자사의 '매출' 및 '순이익(오른쪽 그래프에서 3개년 '영업 이익'으로 표현)'이 급감하고 있으며, 따라서 이를 타개하기 위한 '새로운 전략의 필요성'을 '시사점(중간 파란색 화살표 부분)'에서 강조하고 있다. 이들을 종합한 결과가 다음에 이어질 '과제 CTQ 도출' 단계이다.

Step-1.2. 과제 CTQ 도출

'과제 CTQ'는 과제 전체를 대변할 '특성'이며, Measure Phase 중 QFD(Quality Function Deployment)로부터 도출되는 'CTQ'들과는 구별된다.[13] 다음 [그림 D-8]은 'Step-1.1. 과제 선정 배경기술'의 '3C 분석' 결과를 종합하여 그로부터 '과제 CTQ'를 도출한 예이다.

[그림 D-8] 'Step-1.2. 과제 CTQ 도출' 예

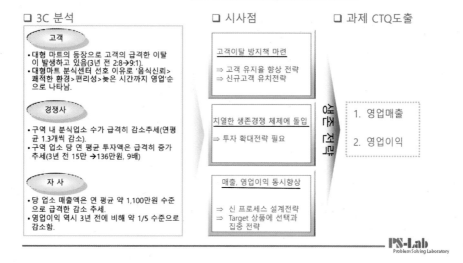

---

13) QFD로부터 도출된 'CTQ' 및 그들을 'Y'로 전환하는 과정 등은 Measure Phase에서 상세하게 설명할 것이다.

[그림 D-8]은 앞서 수행된 환경 분석 결과를 토대로 리더가 나아갈 과제의 방향을 설정한다. 현재로서는 '영업 매출'과 '영업 이익'으로 잡혀 있으나 '3C 분석'이나 '시사점' 등을 고려한 개선 방향이 들어올 수 있다. 방향 설정을 위한 '과제 CTQ'는 회사의 전략과 일치하는지를 최종 확인해야 하며 이를 위해 그 연계성을 따져보는 다음 '세부 로드맵'으로 연결된다.

Step-1.3. 전략과의 연계

과제는 Top-down의 모습일 때 그 효과가 배가되며 따라서 회사의 전략적 방향과 일치해야 한다. 'Step-1.1. 과제 선정 배경기술'에서 3C 관점의 환경 분석이 정리됐으면 그를 바탕으로 수행 과제가 회사의 전략 어디에 매달려 있는지 시각적으로 표현한다. 물론 본인의 과제 윤곽이 명료하지 않거나 또는 내부 발의로 형성된 과제 경우 회사 전략 어디에 연결시켜야 할지 난감할 수도 있다. 아무리 'Top-down'이라 해도 자체적으로 생산한 과제 하나하나까지 모두 연결시키기는 어렵다. 그러나 회사와 무관한 업무 활동은 존재할 수 없으며 따라서 독립적으로 수행하는 과제 역시 상상하기 어렵다. 가장 좋은 접근은 사업부 워크숍 등을 통해 정리하는 것도 한 방법이다. 운영이 잘 이루어지는 기업 경우 매년 말 'CTQ-Tree'를 사업부 단위까지 전개해 방향과 목표 수준을 설정하고, 각 사업부에서는 그 결과를 바탕으로 연계 과제를 발굴한다. 어느 경로를 거치든 'Step-1.1. 과제 선정 배경기술'이 완료된 다음에는 그를 바탕으로 'Step-1.3. 전략과의 연계'를 포함시키도록 한다. 다음 [그림 D-9]에 그 작성 예를 나타내었다.

[그림 D-9] 'Step-1.3. 전략과의 연계' 작성 예

- 올해 당 업소의 매출 30% 향상(순 이익 300만원 추가 달성)을 위해,
- 전략 과제 중 '라면 판매프로세스 설계를 통한 매출 30% 향상'을 핵심 개발 과제로 선정

[그림 D-9]를 통해 '라면 판매 프로세스 개발' 과제는 사업부의 "매출액 30% 향상", 회사와는 "매출 20% 향상"이라는 전략적 방향과 연결돼 있다. 한 마디로 "회사에서 인정한 과제"라는 뜻이다. 여기까지가 우리를 제외한 바깥 세상의 환경 변화로 무엇을 해야 하는지 알아보는 과정이었으면 이어지는 '세부 로드맵'은 그런 환경을 쫓아가지 못한 우리 내부의 문제에 대해 기술하는 'Step-2. 과제 정의'로 들어간다.

Step-2. 과제 정의

　　　　　　　　'Step-2'는 크게 두 개의 활동으로 구분되는
데 하나는 과제를 왜 해야만 하는지에 대한 당위성을 설명하는 과정(과제 정
의)과, 다른 하나는 향후 과제를 어떻게 꾸려 나갈 것인지를 언급하는 과정(과
제 관리)으로, 통상 이 둘을 합쳐 '과제 정의'라고 총칭한다. '세부 로드맵'상
전자는 '문제 기술', '목표 기술', '효과 기술'을, 후자는 '범위 기술', '팀원 기
술', '일정 기술'이 각각 대응한다. 리더가 확실하게 알아두어야 할 사항은 이
들을 각각 독립된 '세부 로드맵'으로 간주해서는 안 된다는 점이다. '세부 로
드맵' 흐름을 자세히 관찰하면 **이야기식으로 전개된다는 것**을 아는 사람은 그
리 많지 않은 것 같다.

　좀 더 부연하면, 'Step-1. 과제 선정 배경'처럼 **세상 밖에서는** 경쟁 업소가
증가하고 있고 또 매출도 감소하는 상황에서 그런 환경적 변화에 대응 못 하
는, 또는 쫓아가지 못하는 **우리의 문제**는 무엇인지를 생각해야 한다. 따라서
우리의 문제를 논하는 단계인 '<u>문제 기술</u>'이 오게 되고, 그 문제를 극복하면
목표가 달성될 것이므로 바로 '<u>목표 기술</u>'이 온다. 다시 목표를 달성하면 '향
상시킨 정도×단가' 개념의 수익이 생기므로('재무성과'와 운영의 효율이 높아
지는 '비재무성과'가 생겨남) '<u>효과 기술</u>'이 연결된다. 여기까지 이르면 과제를
왜 해야 하는지가 표면으로 드러난다. 리더가 이 부분에서 사업부장을 설득시
키지 못하면 과제는 당위성을 잃어버리고 사장되고 말 것이다. 만일 사업부장
이 내용을 수용하면 다음은 과제를 어느 프로세스에서 집중적으로 수행할 것
인지 알리는 '<u>범위 기술</u>'이, 또 이 범위 내에서 활동하는 전문가와 함께 추진
해야 성공 가능성이 높을 것이므로 좋은 팀을 구성하기 위한 노력이 필요한데
이는 '<u>팀원 기술</u>'에서, 끝으로 팀원들과 함께 언제 무엇을 수행해 나갈 것인지
계획하는 '<u>일정 기술</u>'이 연이어 이어진다. 이렇게 본다면 과제 첫 장부터 여기
까지 마치 물이 흘러가는 듯한 매끄러운 연결이 있어야 함은 두말할 나위도

없다. 모름지기 진행 중이거나 완료된 과제의 면모를 보면 이와 같은 흐름이 관찰되지 않고 맥이 끊긴 채로 Define Phase를 완료하는 경우를 흔히 본다. Define Phase에서 과제의 당위성과 앞으로의 전개 모습이 관찰되지 않으면 과제 자체로서도 존재가치가 퇴색하거나 또는 아예 사라질 수 있음은 명백하다. 지금부터 '라면 판매 프로세스 설계' 과제 예로 돌아가 이 부분들에 대해 상세히 알아보도록 하자.

Step - 2.1. 문제 기술

이해를 돕기 위해 한 리더가 작성해온 'Step - 2. 과제 정의'의 '문제 기술' 내용이 다음 [그림 D - 10]과 같다고 하자.

[그림 D - 10] 'Step - 2.1. 문제 기술' 예(수정 전)

Step-2. 과제 정의
    Step-2.1. 문제 기술

♦ 당 업소 경우 주변 타 분식집에 비해 인테리어가 세련돼있지 못하며, 이것이 고객이탈의 한 요인으로 작용함.

♦ 근접한 여고 학생들이 야간학습 휴식시간에 라면을 먹으로 많이 방문하지만 모두를 짧은 시간에 수용하지 못해 돌려 보내기 일쑤임.

♦ 매출을 향상시키기 위해서는 인테리어 구축과 빠른 대응의 체계가 구축될 필요성 있으나 전반적인 사업구조의 개편에 필요한 전문지식이 부족한 실정임.

○ 내부 인테리어 현대화
○ 빠른 대응
○ 사업구조 개편

고객만족, 매출증대

일단 'D단계 5대 작성 원칙'에 따라 ① '핵심 단어나 구어'를 찾으면 '인테리어'나 '여고생 돌려보냄' 정도가 될 것이다. 다음으로 ② '시각화할 수 있는 도구'를 연상해보면 '인테리어'에 대해서는 당 업소 내 낡고 현대적 감각에 뒤떨어진 부분을 사진과 함께 언급한 뒤 문제점을 지적하는 방법, 또는 자체 점검을 통해 도표화하는 방법 등이 유효하고, 대응을 못 해 돌려보내는 여고생 수는 1주일간 요일별로 관찰해 자료화하는 방법도 권장할 만하다. ③ "시각화 된 도구에 대해 '6하원칙'에 근거한 내용 설명"은 자체 점검 결과와 요일별 돌려보낸 여고생 수를 요약 설명하는 것으로 정리한다. ④ 기술된 내용으로부터 함축된 '시사점을 찾는 작업'은 이 문제들을 극복하기 위해 무엇을 해야 할지와 그를 통해 이루고자 하는 바가 무엇인지 표현한다. 본 예는 전면적인

[그림 D – 11] 'Step – 2.1. 문제 기술' 예(수정 후)

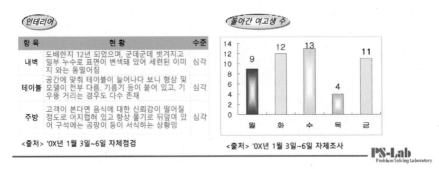

Step-2. 과제 정의
  Step-2.1. 문제 기술

♦ 'OX년 1월 현재, 1주일간 당 업소 자체 점검결과 내벽, 테이블, 주방의 상태가 주변 업소에 비해 너무 낡고 기준에 미달하는 '심각'한 수준으로 파악됨. .

♦ 요일 별, 여고 야간 학습 휴식 시간 동안 대응하지 못해 돌려보낸 여고생 수가 일 평균 약 9.8명으로 상당한 매출기회를 잃고 있는 실정임.

➡ 전체적인 업소 구조혁신으로 매출향상의 기회를 만들어야 함. 이를 위해 '프로세스 설계'적 접근이 유효할 것으로 판단됨.

인테리어

항 목	현 황	수준
내벽	도배한지 12년 되었으며, 군데군데 벗겨지고 일부 누수로 표면이 변색돼 있어 세련된 이미지 와는 동떨어짐	심각
테이블	공간에 맞춰 테이블이 늘어나다 보니 형상 및 모델이 전부 다름. 기름기 등이 붙어 있고, 기 우동 거리는 경우도 다수 존재	심각
주방	고객이 본다면 음식에 대한 신뢰감이 떨어질 정도로 어지럽혀 있고 항상 물기로 뒤덮여 있 어 구석에는 곰팡이 등이 서식하는 상황임	심각

<출처> 'OX년 1월 3일~6일 자체점검

돌아간 여고생 수

요일	월	화	수	목	금
수	9	12	13	4	11

<출처> 'OX년 1월 3일~6일 자체조사

PS-Lab
Problem Solving Laboratory

구조 개편이 요구되며, 이를 통해 매출 향상의 기회를 확보하는 것으로 요약할 수 있다. 따라서 '프로세스 설계 방법론'이 적절하다(고 가정한다). ⑤ 자료 작성의 기본인 '여백', '통일', '균형', '강조'는 현재 리더가 작성해온 장표를 관찰해서 판단한다. [그림 D-11]은 'D단계 5대 작성 원칙'에 따라 재구성한 결과이다.

[그림 D-11]을 보자. 우선 현 업소의 상황을 명확하게 전달할 수 있는 '자체 점검 및 조사 자료'를 통해 시각화 도구(표와 그래프)와 '6하원칙'으로 기술하고 있으며, 문제의 심각성을 한눈에 파악할 수 있다. 또 기술된 내용도 주관적 언급 없이(해결책이나 원인 등도 제시되지 않음) 조사된 내용 그대로를 표현하고 있다. 추가로 자료 작성의 좀 더 객관적 측면을 강조하기 위해서는 시각화 도구 바로 밑에 '출처'를 기록하는 것도 잊어서는 안 될 사항이다. 빨간색으로 강조한 내용은 기술된 '6하원칙'을 바탕으로 리더 자신의 생각을 표현한 '시사점'으로, 주로 다음에 이어질 '목표 기술'에 영향을 준다.

보통 Define Phase에서 '과제 선정 배경(또는 추진 배경)'과 '문제 기술'이 정리되면 80%는 완료된 것으로 볼 수 있다. 왜냐하면 그만큼 이 부분의 정리가 어수선하고 내용 간의 중복이 많으며 흐름의 맥도 끊어지는 경우가 과제 수행에서 자주 발견되기 때문이다.

Step-2.2. 목표 기술

'문제 기술'이 완료되면, 이제 "문제를 극복하면 어떻게 될까?"를 생각해보자. 당연히 목표가 달성돼야 한다. 따라서 '문제 기술' 다음에는 '목표 기술'이 나오기 마련이다.

멘토링을 하다 보면 '목표(Goal) 정의' 자체에 혼선을 갖고 기술하는 경우를 참 많이 접한다. '목표'를 설정하기 위해서는 기본적으로 세 가지 용어를 이해하고 있어야 한다. 즉, '절대 수준(Entitlement)', '목표(Goal)', '현 수준(Baseline)'이 그것이다. 다음은 용어들에 대한 정의 및 해석이다.

· **절대 수준(Entitlement)** 영어사전에는 동사형 'Entitle', 즉 '~의 칭호를 주다', '권리를 주다'의 명사형이라고만 나와 있다. 다만 'Entitlement' 명사형은 '영영사전'에는 포함돼 있다. 그러나 해석상 '절대 수준'이란 표현은 찾을 수 없다. '절대 수준'은 삼성그룹에서 정의한 용어며 가장 적절한 것 같아 인용하였다. 'Entitlement'는 '97년도 혁신프로그램이 미국으로부터 국내에 본격 도입될 당시 교재에 있었던 단어로, 정의는 "부가가치가 있고 필수적인 작업 및 활동만 할 경우 나타나는 기존 프로세스의 성과 수준"으로 설명한다. 그 바로 상위 개념이 '분야 최고(Best-In-Class)-한 산업 분야에서 특정 프로세스의 최고 성과 수준'이고, 또 그 위가 '세계 최고(World Class)-특정 프로세스의 최고 성과 수준'의 위계로 설명하고 있다. 따라서 굳이 'Entitlement'를 풀어서 설명하면 "'프로세스 맵'을 그린 뒤 '비부가가치 활동(Non Value-added)'으로 규정된 활동을 제외하면 '고객에게 필요한 가치를 부여하는 활동(Value-added)'만 남게 되고, 이때 평가한 '수율'이나 '특성'이 해당 프로세스가 최고로 올릴 수 있는 수준"으로 볼 수 있다.

[그림 D-12] '현 수준', '목표', '절대 수준' 간 관계 개요도

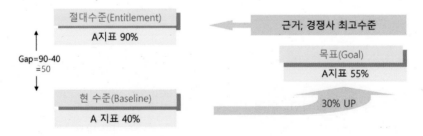

(계속)

'절대 수준'은 통상 '불량률/결점률 등은 0, 수율/만족도 등은 100'을, 앞서가는 경쟁사가 존재할 경우 '경쟁사 최고 수준'을, 또는 최고 수준이 없을 경우 '경쟁사를 밟고 올라설 수 있는 수준', '회사의 정책상 요구되는 수치', 'Process 분석을 통해 NVA를 제거한 상태에서의 측정된 특성의 양' 등을 참고해서 정의한다. 그림에서 '절대 수준'은 '90%'로, 그 근거는 '경쟁사 최고 수준'을 조사해서 설정된 것으로 가정하고 있다.

· **현 수준(Baseline)** 영어 사전에서는 '기준선'으로 쓰여 있다. 과제 수행에서는 '현 수준'으로 해석한다. 이는 '프로세스 능력(또는 'Process Capability') 등으로도 불리며, 데이터를 수집해서 평가하는 상세 과정은 Measure Phase에서 진행되므로 Define Phase에서는 보통 현재 관리하고 있는 값 또는 간단한 표집을 통해 얻어진 값들을 사용한다. 기술적인 특성이 아닌 경우 대부분 '%' 단위가 많은데 이는 과제의 'Y'가 아직 명확하게 확정되지 않은 상태여서 가장 손쉬운 지표를 활용하다 보니 생기는 현상이다. [그림 D-12]에서 'A'라는 지표의 '현 수준'이 '40%'임을 알 수 있다. 이 프로세스에서 최고로 올릴 수 있는 수준인 '절대 수준'과는 그 Gap이 '50' 정도가 된다는 것도 그림에서 파악할 수 있다.

· **목표(Goal)** '목표'에 대한 정의는 확실하게 알아둘 필요가 있는데, 교육이나 멘토링 시 대부분의 리더들이 잘못된 이해로 부적절하게 표현하는 경우가 많기 때문이다. 즉, **'목표'는 '절대 수준'과 '현 수준'의 사이 어딘가에 정해지는 값**이며, 사업부장의 영향력이 가장 많이 작용하는 항목이기도 하다. 과제를 발표하다 보면 사업부장들은 거의 십중팔구 목표에 질문을 던지는데 다른 내용보다는 가장 손쉽게 읽는 대목이기도 하려니와 과제의 중요한 점검 항목이기 때문이다. [그림 D-12]에서는 '30% up'으로 표현하고 있는데, 이것은 전체 Gap '50'을 '30%' 줄인다는 의미이며, 따라서 '50×0.3=15' 양만큼 '현 수준'을 올린다는 뜻이다. 즉, 이 경우의 지표 'A'의 '목표'는 '40+15=55'이다. 그런데 '목표'에서 '절대 수준'까지는 여전히 '90-55=35'의 Gap이 존재하며, 이 양은 차후 누군가가 추가 과제 등으로 줄여야 하는 대상이 될 것이다. 현재로서는 인력이나 시간, 기타 자원 등을 고려할 때 할 수 있는 최대한의 목표가 될 것이며, 이는 사업부장과의 협의를 거쳐 확정된다.

[그림 D-13]은 '목표 기술'에 대한 '라면 판매 프로세스 설계' 과제의 예를 보여준다.

[그림 D-13] 'Step-2.2. 목표 기술' 예

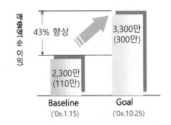

- '0x년 1월 15일 현재, 당 업소 매출액(순 이익) '2,300만원(110만)'을 '0x년 10월 25일까지 '3,300만원(300만)'으로 <u>약 43%</u> 향상시킨다.
- 현재 2,300만(110만) → 3,300만(300만)

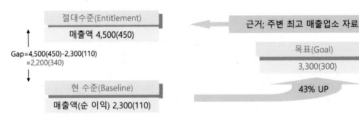

[그림 D-13]에서 우선 '매출액(순이익)'의 '**절대 수준**'은 주변 경쟁 업소 최고 수준인 '4,500(450)'으로 설정하였다. '현 수준'은 매년 회계 처리되고 있는 자료를 적용하였다(고 가정한다). '**목표**'는 원 목표인 '30% 향상'을 웃도는 'Stretched Goal'로, '43% 향상'인 '3,300(300)'을 정했다. 사업부장의 영향이 있었다고 봐야 할 것이다. '현 수준'과 '절대 수준'의 Gap이 '4,500 - 2,300 = 2,200'이며, '절대 수준'의 기준은 주변에서 가장 매출이 높은 업소를 벤치마킹해서 설정하였다(고 가정한다). 이 내용을 장표 오른쪽에 간단한 막대그래프로 시각화시켰다. 본 과제의 '매출액(순이익)'은 크면 클수록 좋은 '망대 특성'이므로 작은 막대에서 큰 막대로의 변화가 예상되며, '불량률/결점률' 같은 '망소 특성'은 그 반대로 표현한다. 막대그래프는 그대로 '목표를 기술'하는 데

활용한다. 즉, "200x년 1월 15일 현재, 당 업소 '매출액(순이익)' '2,300(110)'을 200x년 10월 25일까지 '3,300(300)'으로 약 43% 향상시킨다"가 될 것이다. 기술 내용 바로 아래에 목표 값만을 반복해서 다시 강조해놓았다. 만일 '절대 수준'을 기준으로 '목표 기술'을 한다면 "200x년 1월 15일 현재, 당 업소 '매출액(순이익)' '2,300(110)'을 200x년 10월 25일까지 '3,300(300)'으로 절대 수준 대비 약 45.5%(= 1,000×100÷2,200) 향상시킨다"가 될 것이다.

Step-2.3. 효과 기술

앞서 '목표'에 대해 알아보았다. 그럼 **'목표'를 달성하면 어떤 결과가 초래될까?** '망대 특성'이면 일정 양만큼의 상승(증가분)이 예상될 것이고, '망소 특성'이면 일정량이 감소(감소분)할 것이다. 결과적으로 과제 수행은 성과를 내는 활동이며, 따라서 그 '증가분 또는 감소분'만큼에 '단가'를 곱해 효과 금액을 산출할 수 있다. 물론 모든 특성들의 향상이 금전적 효과로 이어지진 않지만 일반적으로 회사에 긍정적 영향을 미치는 것은 사실이다. '효과'는 다시 '재무성과'와 '비재무성과'로 나뉜다.

[그림 D-14] '효과 기술' 개요도

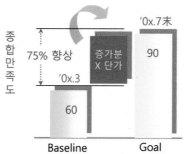

정리하면 목표를 달성하면 '기대 목표에서 현 수준을 뺀 양('증가분'으로 정의)'에 '단가'를 곱하여 얻어지는 **'재무성과'**와, 금전적 효과는 아니지만 프로세스의 효율을 높이는 **'비재무성과**(회사에 따라 '체질 개선 효과'로도 불림)' 가 나타난다. 두 성과를 구분하는 가장 큰 기준은 '손익계산서에 직접적인 반영이 되느냐 여부'에 달려 있다. 다음 [그림 D-15]는 '재무성과'와 '비재무성과'의 일반적인 분류이다.

[그림 D-15] '효과'의 구분과 세부 항목

재무성과	➤ 수익증대 효과 – 판매량 증대 – 판가 인상	투입비용 절감 - 구입단가 인하 - 성인화 - 경비 절감 등	효율 향상 - 공정품질 향상 - 자산 감축 등	
비재무성과	➤구조 및 프로세스 개선 –B/S 구조개선 –L/T 단축 –업무 정확도 향상	➤비용 및 수익감소 회피 –발생 예상비용 회피 –수익감소 회피 •고객/물량 •판가	➤만족도 향상 –고객 –종업원 –공급자	➤기 타 –대외 신인도 –기업 선호도 –각종 수상

'라면 판매 프로세스 설계' 과제의 '효과 기술' 예로 돌아가 보자. [그림 D-15]의 분류 기준을 참고할 때, 과제 목표가 '매출액'과 '영업 이익'을 높이는 것이므로 '수익 증대 효과'의 '판매량 증대'에 속한다. 다음 [표 D-1]은 분식집의 현재 연간 판매량과 목표 판매량 및 관련 지표를 가정한 경우로 이때 성과 금액을 산정하면 '약 348만 원'임을 알 수 있다.

[표 D-1] 성과 금액 산정 예(판매량 증대)

항목	개선 전	개선 후	비고
판매량	31,200그릇	52,800그릇	
매출액	46,800,000원	79,200,000원	
판가	1,500	1,500	−판매량(일): 개선 전(130), 개선 후(220)
이익	9,360,000원	15,840,000원	−영업일(월): 20일 기준
세전 이익률(%)	20%	20%	
추가 투자비용		3,000,000원	
손익효과	9,360,000원	12,840,000원	
산식	(개선 후 판매량−개선 전 판매량)×개선 전 판가×개선 전 세전이익률−추가 투입비용		
성과 금액	3,480,000원		

다음 [그림 D-16]은 '효과 기술'에 대한 파워포인트 작성 예이다.

[그림 D-16] 'Step-2.3. 효과 기술' 작성 예

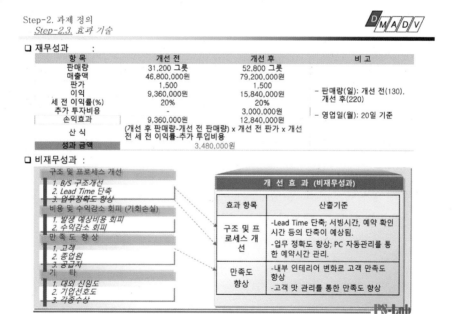

[그림 D-16]에 [표 D-1]의 '재무성과'와 관련된 '비재무성과'를 정리하여 포함시켰다. '비재무성과'도 단순히 좋아지는 내용을 기술하기보다 관련 유형들과 화살표로 연결시킴으로써 어느 부분이 나아지는지를 알리고 있다.

지금까지 거론된 '과제 선정 배경', '문제 기술', '목표 기술', '효과 기술'까지가 소위 '과제 정의', 즉 과제를 왜 해야 하는지에 대한 당위성을 설명한다. '세부 로드맵'을 거꾸로 연결하면 "금전적 성과는 이만큼 내고, 지표는 이 정도로 향상시키며, 이러한 문제를 극복하는 것이고, 또 세상의 이런 흐름을 따라가기 위해 과제를 수행합니다"이다. 이후부터는 중요한 과제를 어떻게 수행할 것인지에 대한 '과제 관리' 방안이 이어진다. 물론 앞 내용을 포함해서 모두 '과제 정의'로 명명할 것이다.

Step-2.4. 범위 기술

과제 범위를 정의하는 활동이다. '범위 기술'은 "정확하게 어디에서 어느 규모로 과제가 수행되는가?"에 대한 해답을 제시한다. '프로세스 개선 방법론'의 '범위 기술'과 유사하므로 내용은 『Be the Solver_프로세스 개선 방법론』편의 본문을 그대로 옮겨놓았음을 알린다. '범위 기술'을 가장 쉽게 한마디로 표현하면 "바닷물을 끓여서는 안 된다"이다. 초창기 '문제 해결/문제 회피' 교육 프로그램과 동시에 과제도 수행하면서 시간이 갈수록 중도 탈락하거나 포기하는 리더들이 속출하곤 했는데 여러 원인이 있었지만 바로 이 '범위' 설정에 문제가 있었던 경우가 많았다. 이런 현상은 이후로도 상당 기간 이어졌는데, 최초 과제 선정 시점에서 자원을 고려치 않고 너무 의욕만 앞세우거나, 또 진행 과정에서 사업부장의 요구로 개선 폭이 넓어져 스스로 감당도 못할 수준에 이른 경우 등이다. 반대로 너무 좁은 범위를 가져가는 바람에 전체 로드맵 요구 산출물을 채우려고 무성한 문서 작업에 시달리는 예도 종종 발생하였다.

그렇다면 범위를 가장 잘 설정하는 방법은 무엇일까? 우선 '과제 정의'를 토대로 사업부장이 과제를 승인하면 성공적 추진과 성과 창출이 가장 중요한 핵심 이슈로 떠오른다. 따라서 이들을 달성할 핵심 영역이 어디인지를 가능한 명확하게 정의하는 것이 필수이다. 필자는 경험상 많이 쓰고 있는 **'프로세스 범위'** 외에 추가로 **'공간적 범위'**, **'시간적 범위'**, **'유형적 범위'**, **'기술적 범위'** 로 구분하여 멘토링하고 있다. 이에 대해서는 다음에 기술 방법과 예를 각각 요약해놓았다.

> ·**프로세스 범위** 프로세스 관점에서의 '시작'과 '끝'을 정하는 것이 목적이다. 이 단계에 서 '상세 프로세스 맵'을 그리는 경우를 보게 되는데, 기술한 바와 같이 '시작'과 '끝'을 정하는 활동이므로 '상세 프로세스 맵'보다는 거시적인 맵을 이용하는 것이 바람직하다. 가장 많이 사용하는 도구에 'SIPOC(Supply – Input – Process – Output – Customer)'가 있다. 드물지만 상황에 따라 거꾸로 'COPIS'로 사용되기도 한다. 발음은 '싸이폭', '씨 폭' 또는 단어대로 '에스 아이 피 오 씨' 등으로 불린다. [그림 D – 17]은 적용 예이다.

[그림 D – 17] '범위 기술' 중 'Process 범위' 예(SIPOC 사용)

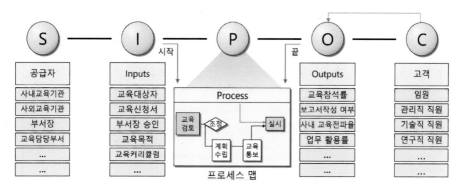

[그림 D-17]에서 'S(Supply)'는 '공급자'로 'I', 즉 'Input'을 제공하는 주체이다. 교육 종목과 내용, 일정 등을 제공하는 주체인 '사내/외 교육 기관', '교육 담당 부서' 및 '부서장'을 '공급자'로 설정해보았다. 'Input'은 '5M(Man, Machine, Material, Method, Measurement)-1I(Information)-1E(Environment)'를 기반으로 프로세스에 들어갈 내용을 기술하며 보통 '프로세스 변수'로 불린다. '프로세스 변수'에 대해서는 Analyze Phase의 'Step-9.1. 설계 요소 발굴'에서 좀 더 상세히 다룰 것이다. 'P(Process)'는 'SIPOC'의 핵심으로 프로세스의 '시작'은 '교육 검토'로, '끝'은 '실시'까지로 한정하고 있다. 'O(Output)'는 프로세스의 '산출물'로 여기서는 교육 실시 후 전체 과정을 평가할 특성들로 구성돼 있다. '교육 참석률'도 중요할 것이고, 다녀와서 '사내 교육 전파율'과 같은 특성도 중요하다. 'C(Customer)'는 프로세스의 수혜자를 적는데 당연히 '임직원'이 될 것이다. 다음은 '프로세스 범위' 이외의 범위 유형들에 대한 설명이다.

· **공간적 범위** 필자가 범위를 명확히 하기 위해 경험적으로 추가한 것들 중 하나이다. '공간적 범위'란 앞서 '프로세스 범위'에서 설정한 '프로세스'의 '시작'과 '끝'이 들어 있는 공간 또는 과제의 최종 산출물-최적 조건, 최적 대안 등-을 적용할 공간적 영역을 나타낸다. 즉, 특정 사업장의 경우는 그 사업장에만 국한된 적용인지 아니면 타 지역 사업장까지 적용할 것인지 또는 전사를 대상으로 하는지 등을 사전에 명시하여 과제 규모와 최적화의 확장성 등을 가늠해보고자 하는 것이 목적이다. 만일 한 프로세스에만 적용되면 '○○프로세스' 등으로, 본사의 영업 부서에 적용되는 경우면 '본사 영업부' 등으로 표시하고, 물리적 공간을 규정하기 어려우면 과제 수행 중 프로세스와 연관된 각 부서명, 팀명 등을 기술한다.

- **시간적 범위** 리더들에게 '시간적 범위'를 적어보라면 '과제 수행 기간', 즉 '일정'을 적는 경우가 있는데 '일정'은 Define Phase 맨 끝에 기술할 기회가 있으며, 여기서는 과제에 필요한 '데이터의 시간적 범위'를 일컫는다. 주로 금융권 과제의 경우가 해당한다. 예를 들면 생명보험사 등에서 법적으로 2년간 의무 보관이 필요한 서류를 대상으로 하는 과제라면 2년을 넘어선 자료는 관심 대상이 아니다. 이럴 경우 '시간적 범위'는 '보관 기간 2년 내 ○○서류' 등으로 기술한다. 또는 특정 기간 동안 운영된 상품이나 프로세스를 대상으로 과제가 수행된다면 이 부분도 '시간적 범위'에서 기술한다. 대부분의 과제에서는 해당 사항이 없으며 이때는 '범위 기술'에서 항목을 제외한다.
- **유형적 범위** '공간적 범위'와 함께 거의 대부분의 과제에서 유용한 범위 기술 항목이다. 상품에 대한 가치를 향상시키는 과제를 수행한다면 통상 그들 상품 모두를 대상으로 하기보다 그중에서 특정 유형에 한정하는 경우가 많다. 예를 들면 과제명이 '~○○ 오류율 최소화'라면 '유형적 범위'는 발생하는 모든 오류가 아닌 '~자료 입력 오류', 또는 '~점검 누락' 등으로 표현해서 과제에서 다루고자 하는 대상을 명확하게 정의할 필요가 있다. 또 '고객 응대 만족도 향상'이면 '말씨, 복장, 요청 처리 시간' 중에서 '유형적 범위'는 '말씨'에만 관련돼 있음을 명시하는 식이다. 경우에 따라서는 파레토 차트를 그려 8:2 원리에 입각한 상위 점유율을 선택하는 방법도 사용될 수 있다. 본 과정은 Define Phase라는 것을 잊어서는 안 된다. 정확히 무엇을 대상으로 과제를 수행하는지 제3자에게 명확하게 전달하고 평가를 받아야 이후 진행 과정에서 발생할 이견 차이를 최소화할 수 있고 목적하는 바를 쉽게 이룰 수 있다. 멘토링 때 경험적으로 '유형적 범위'는 어떤 식으로든 관계하고 있기 때문에 반드시 기술하도록 권유한다.
- **기술적 범위** 일부 과제의 경우는 기존 또는 최근의 기술이기보다 새로운 원리나 방법 등을 적용해서 목적을 이루려는 경우가 종종 있다. 예를 들면, IT구축 시 활용할 새로운 기술이나 기존과 차별화된 방법론 등이다. 이때 기존의 것을 '1세대', 최신 기술 적용을 '2세대' 등으로 구분한다. 일의 순차적인 접근(예로 프로세스 정립을 1세대, 시장 마케팅 활동을 2세대, 판매 촉진을 3세대 등으로 규정)이 필요할 때도 쓰이며, 이와 관련한 도구를 'MGPP(Multi-Generation Product Plan)'라고 한다.

지금까지 언급된 '범위 기술'에 대해 양적으로 많아 보이긴 하나 막상 장표 한 장에 간략히 정리되는 것이므로 작성에 대한 부담은 가질 필요 없다. 과제의 초점을 어디에다 둘 것인지 명확히 하자는 취지이므로 이 외에 리더들이 추가로 언급하고자 하는 부분이 있으면 보완해서 기술하는 것도 무방하다. [그림 D‑18]은 '라면 판매 프로세스 개발' 과제의 예를 든 것이다.

[그림 D‑18] 'Step‑2.4. 범위 기술' 작성 예

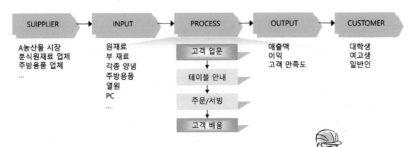

Step‑2. 과제 정의
   Step‑2.4. 범위 기술

❏ 프로세스 범위　　　: 라면 판매프로세스

SUIPPLIER	INPUT	PROCESS	OUTPUT	CUSTOMER
A농산물 시장 분식원재료 업체 주방용품 업체 ...	원재료 부 재료 각종 양념 주방용품 열원 PC ...	고객 입문 테이블 안내 주문/서빙 고객 배웅	매출액 이익 고객 만족도	대학생 여고생 일반인

❏ 공간적 범위　　　: 당 업소

❏ 유형적 범위　　　: 총 12종 분식 중 '라면'에 한정

PS‑Lab
Problem Solving Laboratory

　　[그림 D‑18]에서 '프로세스 범위'의 각 항목들은 정의대로 기술하였고, 그 중 'Process'는 전체 프로세스 단계를 보여주는 대신 '시작'과 '끝'만이 중요하므로 핵심 단계만 표기하였다. 단, 초두에 '프로세스명'인 '라면 판매 프로세스'를 기입하여 어느 유형의 프로세스인지를 알려줄 필요가 있는데, 만일 관리하고 있는 표준 프로세스명이 있을 경우 그대로 적는다. 이것은 향후 Verify

Phase의 'Step – 13.3. 관리 계획 작성' 시 '프로세스명'을 기입하는 난에도 동일하게 적용된다. '공간적 범위'는 과제의 최적화된 결과가 이 분식 업소에만 적용될 것이므로 '당 업소'라 했고, '시간적 범위'는 데이터의 시간적 제약이 없으므로 제외하였다. '유형적 범위'는 여러 분식 중 '라면'에 선택과 집중을 할 목적으로 추진하고 있으며, 따라서 12종의 분식들 중 '라면'에만 한정하고 있음을 나타냈다. 또 '기술적 범위'는 해당 사항이 없어 표기하지 않았다.

'범위 기술'이 잘 정의됐으면 다음은 이 범위에 속하는 전문가와 함께 과제를 수행해야 성공 가능성이 높으므로 팀원을 구성한다. 따라서 '팀원 기술'이 이어진다.

Step – 2.5. 팀원 기술

과제를 수행함에 있어 '사람'만큼 중요한 요소가 있을까? 회사에 크고 중대한 이슈가 있고 반드시 해결할 대상이면 해당 분야에 경력이 전혀 없거나 이제 막 입사한 사원을 리더로 정하는 일은 거의 없을 것이다. 또 팀원을 구성해야 하는데, 한 기업의 예를 들면 타 부서의 프로세스 개선과 연계될 경우 그쪽 부서장의 과제 수행 여부를 승인받아 팀원 영입을 정당화하거나, 인센티브 비율을 상향 조정하며 도움이 될 만한 인력을 섭외(?)하는 해프닝도 있었다. 또는 반대로 팀원에 들어 추가될 업무 부담을 염려한 나머지 프로세스도 잘 모르는 부하 직원을 추천하고 본인은 빠지거나, 자체 프로세스 개선 경우 인증 목적으로 이 사람 저 사람 유령 팀원을 잔뜩 투입시키는 경우 등 다양한 모습의 팀원 구성 방법이 동원되었다. 또 과제 수행 경험이 있는 직원에게 여기저기서 팀원에 영입토록 요청하는 바람에 일이 몇 사람에게 편중되는 부작용도 있었다.

그러나 국내 기업에서 과제의 수행 경력만 십수 년이 넘어선 지금, 리더와 팀원들의 구성에도 많은 변화가 생겼다. 체계화된 교육 프로그램을 이수한 예비 리더들이 많아지면서 의사소통 수준이 상향평준화를 이루고 있으며, 최근에는 '프로세스 이해도'에 덧붙여 특히 '열정'을 가진 직원을 요구하는 경향이 생겼다. 오랜 기간 경영 혁신 활동으로 프로세스 관리 수준이 향상되었고, 따라서 과제의 난이도도 그만큼 증가했기 때문에 열정을 갖고 함께 고민하고 연구하는 인력이 필요한 것으로 해석된다. 팀원은 과제 성공의 열쇠를 쥔 핵심 자원이며 또 인센티브를 공유할 대상이기도 하다. 정말 도움이 되고 열정으로 과제를 완수하는 데 기여할 인력이 영입되도록 노력해야 한다. Define Phase 에서 '팀원 기술'은 한 장에 요약하는 것이 가장 수월하며, 다음과 같은 요소들의 사용을 권장한다.

> · **조직도** '조직도'라고 표현했지만 한 조직의 위계를 보여주는 대신에 과제 수행 인력의 구성도쯤으로 이해하면 좋을 것 같다. 여기에는 기본적으로 '사업부장', '멘토', '리더', '팀원'들의 이름이 있으며, 각자의 역할도 규정하는 것이 일반적이다. [그림 D-19]에 그 예를 나타내었다.

'멘토'는 자체적으로 양성된 인력을 배정하지만 그렇지 않고 초기 단계거나 양성이 안 된 경우 외부에서 투입된 '전문 지도위원'이 들어가기도 한다. 'PO'는 'Process Owner'로 과제의 개선 내용을 프로세스에 함께 적용하고 지속적으로 관리할 주체를 일컫는다. 따라서 과제 초기부터 완료까지 지원과 관심을 보여야 하는 대상이다. 과제 '프로세스 범위'가 팀 내에 한정된 경우 '팀장'이 바로 'PO'이다. '리더'는 프로세스를 정확하게 이해하고 또 팀원 이외의 직원들과도 쉽게 교류할 수 있는 사람이 필요하다. 실제 과제를 운영하다 보면 성

[그림 D-19] '조직도' 작성 예

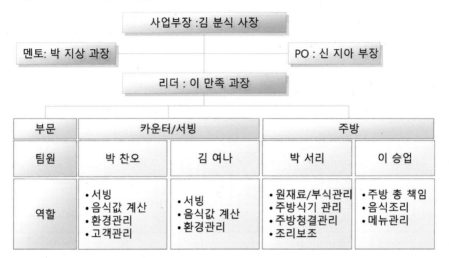

부문	카운터/서빙		주방	
팀원	박 찬오	김 여나	박 서리	이 승업
역할	• 서빙 • 음식값 계산 • 환경관리 • 고객관리	• 서빙 • 음식값 계산 • 환경관리	• 원재료/부식관리 • 주방식기 관리 • 주방청결관리 • 조리보조	• 주방 총 책임 • 음식조리 • 메뉴관리

과를 내는 것보다 사람과의 관계를 헤쳐 나가는 것이 더 어렵다는 얘기를 듣
곤 한다. 필자의 경험이기도 하지만 연구소에 있으면서 타 프로세스에 관련된
결점 개선 과제 등을 추진하다 보면 현장의 여러 데이터나 실험 등이 요구되
며, 그때마다 프로세스 담당자들의 손길이 반드시 필요하게 된다. 이들의 도움
여하에 따라 과제 품질에 영향을 받기 때문에 결재를 거쳐 협조를 요구하지만
개인적인 친분이 없거나 효과를 공유하지 못할 경우 진행에 차질이 생기기도
한다. 잘 진행이 안 되면 그때마다 과제 추진에 많은 스트레스를 받곤 하는데
반대로 요구를 들어주는 입장에서는 본인의 업무에 부하가 추가로 걸리는 문
제가 생긴다. 이런 현업 담당자들끼리의 관계를 무리 없이 조율할 수 있는 능
력의 소유자가 프로세스의 전문성 못지않게 중요하므로 '리더'는 이 부문에도
관심과 노력을 집중할 필요가 있다.

· **ARMI모델** GE에서 사용하고 있는 팀원의 단계별 역할을 보여주는 도표이다. '조직도'상으로는 각 팀원이 매 Phase에서 활동하고 있는 것으로 보이나 실제로는 어느 특정 위치에서 기여를 많이 하는 경우가 대부분이다. 또 '기여율'을 파악해 평가의 차별성을 두려는 의도도 있다. 영어 단어는 'A - Approve', 'R - Resource', 'M - Member', 'I - Interested Party'를 나타내며, 각 기술한 예는 [표 D - 2]와 같다.

[표 D - 2] 'ARMI모델' 작성 예

Key Stakeholders	단계				
	D	M	A	D	V
김 분식	A			A	A
이 만족	Leader				
박 찬오	M	M		M	M
김 여나		M	R	M	
박 서리	R		M	R	R
이 승업	M		M	M	M
신 지아	I				I

A (Approve) : 승인 주체. 주로 챔피언
R (Resource): 해당 기술 전문가.
M (Member) : 팀원
I (Interested party): 방향성을 제공하는 주체. 주로 'PO'

(계속)

사업부장인 '김분식 사장'은 'Define', 'Design', 'Verify' Phase에서 승인을 하는 주체이고, '신지아'는 'PO'로 과제 수행 초기인 'D Phase'에서 문제나 목표 설정 등 방향성 제시와, 완료 시점에서 실제 프로세스 적용을 위한 관리 계획 아이디어 제공 및 관리 주체로서의 참여가 있음을 알 수 있다. 각 팀원들은 매 Phase에서 100% 역할을 한다기보다 핵심 역할을 할 위치가 구별돼 있다. 이때 부가가치 있는 활동을 해서 그 결과가 파워포인트상에 기록되면 팀원의 역할을 한 경우로 보고 'M'으로 표기한다. 경우에 따라서는 전문적 지식을 통해 과제 성공에 기여하고 있음도 알 수 있는데, 이것은 'R', 즉 'Resource'로서의 역할로, 간혹 팀원은 아니면서 외부 전문가나 사내 타 부서의 전문성을 지닌 인력의 도움이 간헐적으로 필요할 때 표기한다. 'ARMI 모델'을 통해 팀원들의 '과제 기여 정도'가 파악될 수 있으므로 성과에 대한 인센티브를 공유하는 용도로도 사용할 수 있다.

· 운영 규칙(Ground Rule) 과제가 중요하고 회사 또는 부서에서 반드시 성공해야 하는 시급성을 요하는 성격이면 리더 또는 각 팀원들에게 할당된 역할만을 요구하는 것은 이치에 맞지 않을 것이다. 따라서 규칙적으로 모여 진행 상황을 점검하고 향후 해야 할 일들에 대해 공유하는 시간이 필요한데 이것이 '운영 규칙'을 정하는 일이다. 주기성은 유지하되 너무 자주 또는 너무 길게 잡지 말고 진도를 공유하기 위한 적정 수준을 정하도록 한다. 다음 [표 D-3]은 그 예를 나타낸다.

[표 D-3] '운영 규칙' 작성 예

사업부장	◇ 과제 보고 시 조언, 협의. 보고일은 매달 끝 주, 금, 10:00AM
팀원	◇ 총괄 과제 Leading은 이설계 담당 ◇ 매주 1회 정기회의(화요일 10:00AM) ◇ 모든 의사결정은 팀원의 협의를 거쳐서 Leader가 최종적으로 결정 ◇ 1회/월 미팅 실시(매월 3째 주 화상 회의 실시, 필요시 팀 회의) ◇ 사업부장 보고 결과 팀원 전원에게 F/B ◇ 설계 Process 테스트 후 팀 회의를 통해 미비점 및 보완사항 점검
혁신 추진팀	◇ 과제 등록 일정, 방법, 지도, 교육 일정 변경 협의
지도위원/멘토	◇ 상호 의견 존중 및 팀원 간 공식 활동 강화(월 2회 지도, 교육 1회)

예에서의 '운영 규칙'은 대상별로 과제 진도와 향후 전개를 논의하기 위한 회의 일정, 팀원들이 함께 공유하는 방법 등으로 구성되어 있다. 목표를 달성하기 위해서는 하나로 나아가기 위한 이 같은 규칙이 반드시 필요하다. 그렇지 않으면 일이 한두 사람에게만 몰려 과제 품질을 저해하는 요인이 된다.

다음 [그림 D-20]은 '라면 판매 프로세스 설계' 과제의 예를 보여준다. 예에서 '조직도', 'ARMI 모델' 및 '운영 규칙'을 한 장표에 표기해보았다. 장표의 표현도 하나의 중요한 기술로 받아들여야 한다. 불필요하게 장수를 늘리기보다 한 주제는 한 장표에 표현하고 정리하는 태도가 필요하다. 경험적으로는 리더들이 한 주제를 2~4장에 정리해오더라도 모두 한 장표에 편집해 넣도록 유도하는데 만족도는 상당이 높은 편이다.

[그림 D-20] 'Step-2.5. 팀원 기술' 작성 예

Step-2. 과제 정의
Step-2.5. 팀원 기술

□ 조직도

		사업부장 :김 분식 사장		
멘토 : 박 지상 과장			PO : 신 지아 부장	
		리더 : 이 만족 BB		

부문	카운터/서빙		주방	
팀원	박 찬오	김 여나	박 서리	이 승업
역할	·서빙 ·음식값 계산 ·환경관리 ·고객관리	·서빙 ·음식값 계산 ·환경관리	·원재료/부식 관리 ·주방식기 관리 ·주방청결관리 ·조리보조	·주방 총책임 ·음식조리 ·메뉴관리

□ ARMI 모델

Key	단계				
Stakeholders	D	M	A	D	V
김 분식	A			A	A
이 만족			Leader		
박 찬오	M	M		M	M
김 여나		M	R	M	
박 서리	R		M	R	R
이 승업	M		M	M	M
신 지아	I				I

A (Approve) : 승인 주체. 주로 챔피언
R (Resource) : 해당 기술 전문가.
M (Member) : 팀원
I (Interested party) : 방향성을 제공하는 주체. 주로 'PO'

□ 운영규칙

사업부장	◇ 과제 보고 시 조언, 협의. 보고 일은 매달 끝 주, 금, 10:00AM.
팀원	◇ 총괄 과제 Leading은 이설계 담당. ◇ 매주 1회 정기회의 (화요일 10:00AM). ◇ 모든 의사결정은 팀원의 협의를 거쳐서 Leader가 최종적으로 결정. ◇ 1회/월 미팅 실시(매월 3째 주 화상 회의 실시(필요시 팀 회의). ◇ 사업부장 보고 결과 팀원 전원에게 F/B. ◇ 설계 Process 테스트 후 팀 회의를 통해 미비점 및 보완사항 점검
혁신추진 팀	◇ 과제등록 일정, 방법, 지도, 교육 일정 변경 협의.
지도위원/멘토	◇ 상호의견 존중 및 팀원 간 공식 활동 강화(월 2회 지도, 교육 1회)

PS-Lab
Problem Solving Laboratory

이제 남은 것은 '무엇을' '언제까지' 할 것인가 하는 '일정 계획'이 필요하다. 과거 '프로세스 설계 방법론' 교육이 한 달에 한 주씩 진행이되 과제도 DM-A-D-V로 나눠 수행되었다. 그러나 실제는 '콘셉트 설계'가 어려워 Analyze Phase가 길게 소요되는 경우도 있고, 프로세스 콘셉트는 잡혀 있음에도 '상세 설계'가 오래 소요되는 과제도 있다. 이때 한 달씩 기계적으로 일정을 배분하다 보면 예정대로 추진하기 어렵거니와, 대부분의 과제가 'Design'과 'Verify'가 합쳐져 한 달 만에 결론짓고 어정쩡하게 종료하는 경우도 허다했다. 또 계획된 완료일 직전까지 여유 있게 대응하다 막바지에 서두르며 부실을 자초하기도 한다. 이런 현상은 '일정 관리'를 잘못해서 치러지는 악순환이다. 따라서 '일정 계획을 수립하는 일'과 '계획대로 관리하고 운영하는 기술'도 과제 수행 못지않게 중요하다.

일정을 계획하고 수립하는 일은 과제 성향에 따라 처음부터 잘 배분해야 한다. '프로세스 설계'를 목적으로 하는 경우 평균 10개월을 전체 수행 기간으로 잡을 때, '프로세스 콘셉트'가 **잡혀 있는 유형**과 **잡혀 있지 못한 유형**으로 크게 분류할 수 있다. 이때 전자는 Analyze Phase를 2달 정도로 최소화하고, 대신 Design Phase를 약 4~5개월로, 후자는 Analyze Phase를 3~5개월로 길게 정한다. 또 Verify Phase는 별로 할 일이 없을 것 같아도(그럴 리는 없겠지만) 약 2달 이상은 확보한다. 이것은 실제 프로세스에 적용해 장기 경향을 판단하는 기간이므로 최소 그 정도의 시간이 소요돼야 '장기 성향의 데이터'가 확보될 수 있기 때문이다. 결국 Verify Phase 2개월, Analyze+Design Phase 6~7개월이 되며, 나머지 약 1~2개월 정도가 Define과 Measure를 수행할 수 있는 최소한의 기간이 될 수 있다. DM Phase는 처음 입문하는 리더들이 적응하는 데 다소 어려움이 예상되나 평균적으로 1개월이면 충분한 기간이라 판단된다. 그러나 깊이 있는 시장 조사가 수반되면 DM 역시 길어지거나 과제 수행 기간이 연장돼야 한다.

일정을 수립할 때 특별한 상황을 제외하고는 주로 '간트 차트(Gantt Chart)'를 사용하며, 실례를 들면 다음 [표 D-4]와 같다.

[표 D-4] 간트 차트 작성 예

로드맵 단계	추진 일정					주요 산출물
	2월	4월	6월	8월	10월	
Define	(과제 범위설정) (팀원 구성) (D단계 작성)					선정배경, 기회의 기술, 프로젝트 도출, 목표 기술, 효과 기술 등
Measure	(VOC/CTQ 선정) (Scorecard, 목표 재설정)					고객선정~VOC, QFD-CTQ도출, Scorecard
Analyze		(기능분석)	(컨셉트 도출/설계요소 분석) (상위수준 설계)			기능분석결과, 상위수준 설계 결과
Design			(설계 지속)	(전이함수 개발) (상세설계)		설계요소 리스트, 전이함수 결과, 상세설계 결과
Verify			(PO 관리항목 도출)		(표준화) (장기능력 예측)	표준문서, 장기능력 실험결과, 장기능력 측정결과

예에서는 Analyze Phase를 약 3개월로, Design Phase를 1.5~2개월로 설정한 경우이다. [그림 D-21]은 사례인 '라면 판매 프로세스 설계' 과제의 '일정 기술' 예를 나타낸다.

일정을 기술할 때는 과제가 Analyze Phase와 Design Phase 중 어디에 힘을 쏟아야 하는지를 멘토 또는 지도위원과 협의하여 결정한다. 결정된 내용은 '간트 차트' 상단에 서너 줄 정도 기술하여 일정을 전략적으로 안배했음을 나타내도록 한다. 한 달씩 설정하는 것은 학습의 필요성을 염두에 두고 진행되는 경우임을 잊어서는 안 된다. Phase별 과제 수행은 그 특성에 맞는 일정이 배분되도록 고려하는 것이 가장 합리적이라고 할 수 있다. 기타 주기적으로 진

도를 관리할 회의, 보고회 등을 추가로 넣거나 각 활동별 산출물 등을 기록해
서 일정에 따른 결과를 관리해 나간다.

[그림 D-21] 'Step-2.6. 일정 기술' 예

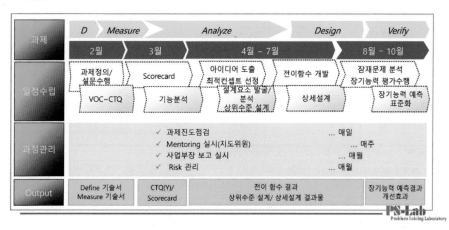

Step-2. 과제 정의
  Step-2.6. 일정 기술　　　　　　　　　　　　　　　　　　　　　　　　　D M A D V

◆ 당 업소의 매출액 향상을 위한 '프로세스 설계'는 처음 경험하는 것으로 **A Phase**의 '컨셉트 설
  계'에 어려움이 예상됨에 따라 총 10개월 중 약 3~4개월 정도 안배함. 최적화는 결정된 부분을
  위탁으로 수행할 것으로 예상됨에 따라 약 2개월을, **Verify**는 장기능력 예측을 위해 약 2달을
  설정함.

	D	Measure	Analyze	Design	Verify
과제		2월	3월	4월 ~ 7월		8월 ~ 10월
일정수립	과제정의/ 설문수행	Scorecard	아이디어 도출 최적컨셉트 선정	전이함수 개발	잠재문제 분석 장기능력 평가수행
	VOC~CTQ	기능분석	설계요소 발굴/ 분석 상위수준 설계	상세설계	장기능력 예측 표준화
과정관리	✓ 과제진도점검 　　　　　　　　　　　　　... 매일 ✓ Mentoring 실시(지도위원) 　　　　　　... 매주 ✓ 사업부장 보고 실시 　　　　　　　　　... 매월 ✓ Risk 관리 　　　　　　　　　　　　　... 매월				
Output	Define 기술서 Measure 기술서	CTQ(Y)/ Scorecard	전이 함수 결과 상위수준 설계/ 상세설계 결과물		장기능력 예측결과 개선효과

PS-Lab
Problem Solving Laboratory

　여기까지가 Define Phase의 '과제 정의'이다. 과제 수행은 장표의 맨 첫 장을
들어 올렸을 때, Verify Phase의 맨 끝 '세부 로드맵'이 끌려오도록 구성돼야 한
다. 그만큼 각 장표의 결과물이 다음 장의 Input으로 작용해야 하며, 또 소설과
같이 이야기식으로 전개돼야 하고, 흐름은 마치 물이 높은 데서 낮은 데로 흘러
가는 듯한 느낌을 받아야 한다. 모든 분야의 '도'는 한곳으로 통한다. 과제 수행
은 바로 '흐름'을 관장하는 일이 가장 중요하다. 그것이 곧 필자가 강조하는 '로
드맵'이다. 다음은 Define Phase의 세 번째 활동인 '과제 승인'에 대해 알아보자.

Step-3. 과제 승인

Step-3.1. 과제 기술서

'과제 승인'은 지금까지 기술된 Define Phase 내용을 중심으로 사업부장의 승인을 받는 과정이다. 2000년대 직전부터는 PMS(Project Management System)가 도입되면서 모든 승인 절차와 과제 등록 및 진행 상태를 IT인프라 시스템을 통해 관리하게 됨에 따라 '승인' 과정이 매우 단순화된 것이 사실이다. 또 사후 관리까지 영역이 확대되었고 과제 수행의 모든 것이 저장, 관리,

[그림 D-22] 'Step-3.1. 과제 기술서' 작성 예

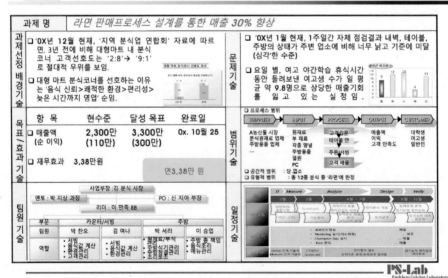

모니터링되면서 IT 한국의 면모를 과시하고 있다. 본문은 이러한 IT인프라를 소개하는 대신에 'Step - 1. 과제 선정 배경'과 'Step - 2. 과제 정의'를 한 장의 용지에 요약하고, 이를 사업부장에게 보고하는 상황을 가정할 것이다. 따라서 보고 과정 중에 사업부장이 별도의 질문을 한다면 그때 앞서 작성된 'Step - 1. 과제 선정 배경'과 'Step - 2. 과제 정의'를 보충 설명 자료로 활용한다.

[그림 D - 22]는 '라면 판매 프로세스 설계' 과제의 '과제 기술서' 작성 예를 나타낸다. 앞서 작성된 내용이 그대로 포함돼 있음을 확인하기 바란다. 과제 승인이 완료됐으면 다음은 Measure, 즉 현 수준을 '측정'하는 활동으로 들어가 보자.

Measure

Measure Phase는 전개 과정이 '프로세스 개선 방법론'의 Measure Phase와 동일하나 규모에 있어 큰 차이가 있다. '프로세스 개선 방법론' 경우 현재 운영 중인 프로세스에서 문제가 되는 'Y' 하나를 찾아 향상 시키는 대신 '프로세스 설계 방법론'은 프로세스 그 자체를 설계하므로 당연히 봐야 할 'Y'들이 늘어날 수밖에 없다. 이런 이유로 사용하는 도 구들 역시 차이가 크며, 특히 Measure Phase 경우 'QFD'가 그 중심에 자리한다.

Measure Phase 개요

　　　　　　　　　　'Measure'는 '측정'이란 뜻이다. 물론 대상은 'Y'들이다. 본문은[14] '프로세스 개선 방법론'의 'Measure'와 비교하는 것이 가장 좋은데 그 이유는 내용이 같고 단지 '규모'만 다르기 때문이다.

　'프로세스 개선 방법론'을 되새겨보자. 로드맵에서의 'Measure'는 선정된 과제가 '프로세스'를 대상으로 하든 '제품'을 대상으로 하든 현재 수준을 하나의 수치(주로 '시그마 수준')로 대변하는 과정이다. 이를 위해 선정된 과제의 핵심 고객이 누구인지를 정의하고(고객 선정), 그들로부터 소리를 들으며(VOC 수집), 이 소리들 중 중요한 요구 사항을 특성화시킨 뒤(CTQ 선정), 다시 특성들을 과제 지표인 'Y'로 전환한다('Y'의 선정). 그러나 'Y'를 선정했다고 '측정'이 바로 이루어지는 것은 아니다. 'Y'라는 것은 숫자 하나하나로 이루어진 집합체인데 숫자들이 도대체 어떻게 탄생하였는지에 대한 설명이 필요하다. 즉, 동일한 현상에 대해 누구든지 동일한 숫자를 일관성 있게 만들어내야 한다. 따라서 숫자화 과정을 일목요연하게 정의해줄 필요가 있다(운영적 정의, Operational Definition). 그러나 아직 현재 수준을 '측정'하기에는 이르다. 프로세스에서 일정 기간 동안 '운영적 정의'에서 하라는 대로 'Y'를 숫자화해서 모아놓은들 어느 값들이 수용(양품)되고, 어느 값들이 수용 불가(불량품)인지 알 수 없다. 따라서 이를 결정짓는 '기준'이 필요하다(성과 표준, Performance Standard). '성과 표준'은 좀 포괄적이다. 통상 '규격(Specification)'이라고 하는 것이 '고객'이 요구하는 한계 수준을 의미한다고 보면, 그 외 방법, 예를 들면 합리적 근거를 들어 자체 기준을 만든다거나, 벤치마킹을 통해 설정하는 모든 것들이 '성과 표준'에 속한다. '운영적 정의'와 '성과 표준'이 정해지면

---

14) Measure Phase는 전개 과정과 내용이 '제품 설계 방법론'과 차이가 없어 예제를 제외한 본문 대부분이 동일하게 구성된다. 초두 '본문의 구성'에서 언급한 바 있다.

데이터 윤곽이 나오므로 그에 따라 데이터를 어떻게 수집할 것인지에 대한 계획 마련이 가능하다(데이터 수집 계획). 여기까지가 '프로세스 개선 방법론'의 '세부 로드맵' 중 'Measure Phase Step – 4. Y의 선정'이다. '세부 로드맵'만 요약하면 다음과 같다.

① 고객 선정 → ② VOC 수집 → ③ CTQ 선정 → ④ 'Y'의 선정 → ⑤ 운영적 정의 → ⑥ 성과 표준 → ⑦ 데이터 수집 계획   (M.1)

앞서 '프로세스 설계 방법론'의 'Measure Phase'는 '프로세스 개선 방법론'의 그것과 비교해 규모만 차이가 있음을 피력한 바 있다. 여기서 '규모'란 무엇일까? '프로세스 개선 방법론'으로 전개되는 과제가 어떤 성격을 갖고 있는지를 되새기면 쉽게 이해할 수 있다. '프로세스 설계 방법론 개요'에서 설명한 바와 같이 '프로세스 개선' 과제는 기존 운영되고 있는 프로세스의 효율을 높이되 별개의 투자 없이(물론 약간 있을 수도 있다) 개선되는 모습을 연상할 수 있다. 여기서 "기존에 운영되고 있는"이란 짧게는 수년에서 길게는 수십 년의 기간이 해당되며, 따라서 프로세스에 종사하는 담당자들은 프로세스 구석구석을 너무나도 잘 안다. 또 산출물을 거래하는 고객들의 요구도 약간의 변동은 있을 것이나 거의 일정한 내용에 국한된다. 예를 들면 '가격 인하', '오류 저감', '시간 단축' 등이다. 이것은 결국 '고객'을 새롭게 정의하기 위해 많은 노력을 기울인다든가 또는 그들의 핵심 요구 사항들을 알아내기 위해 별도의 노력을 기울일 필요가 없음을 암시한다.

이에 반해 '기존에 없거나 많이 다른', 즉 '프로세스를 새롭게 만든다'는 개념으로 넘어가면 얘기가 좀 달라진다. 임의 기능을 갖는 프로세스를 만든다고 할 때, 도대체 어떻게 만들어야 그것을 갖다 쓸 고객이 만족해할지가 당장 고민스럽다. 또 산출물을 특정 '고객'만을 대상으로 설계했는데 느닷없이 "나도 고객인데요" 하고 새롭게 등장할 경우 매우 난처할뿐더러(사안에 따라서는 회사 말아먹을 수도 있다), 프로세스를 그에 맞춰 변경하려면 추가적인 비용과 자원이 대거 투입되는 불상사가 벌어질 수도 있다. 이런 충분히 예상되는 문제점들을 사전에 회피하기 위해 새롭게 만들어질 프로세스를 누가 사용할 것인지에 대해 깊이 있는 분석이 요구된다. '세부 로드맵'을 요약한 (M.1)의 '① 고객 선정'이 단순히 그동안 알아왔던 '고객'만을 지칭하는 것이 아니라는 것이다. '고객'이 변하면 그들로부터 만들어질 '소리'도 변하며, 그에 따른 'CTQ'도 변한다. 따라서 '① 고객 선정 → ② VOC 수집 → ③ CTQ 선정'까지의 전반적인 변화가 불가피하며, 주로 정해진 고객을 대상으로 전개되는 프로세스 개선 과제와 달리 **'고객'을 정하는 데 있어 '규모의 차이가 있다'**라고 설명할 충분한 근거가 생긴다.

또 한 가지를 보자. '현재 운영 중인 프로세스'에 '문제가 100%'라는 것은 존재할 수 없다. 발생되는 문제들은 즉시 해결해야 하므로 대부분의 경우 최소 95% 이상은 정상적으로 운영하되 일부에서만 미해결 과제들이 남아 있게 되고, 따라서 과제화를 통해 개선하면 '지표'는 한두 개면 충분하다. 그러나 '새롭게 설계할 프로세스'는 봐야 할 것이 많을 수밖에 없다. 프로세스가 정상으로 작동하려면 구성된 활동들의 기능이 제대로 동작하는지 연관된 특성들을 정하고 관리해야 하기 때문이다. 따라서 '프로세스 개선 방법론'과 비교되는 <u>또 하나의 '규모의 차이점'은 'CTQ 수'</u>이다. 'CTQ'는 곧바로 'Y'로 전환되므로 결국 'Y의 수' 또한 '프로세스 개선 방법론'에 비해 몇 배로 증가한다.

'고객의 소리'와 'CTQ 수' 등의 증가는 프로세스 설계 과정의 복잡도를 증가시킨다. 따라서 전개 구조에 맞는 도구와 예상 문제를 회피시킬 로드맵의 철저한 활용만이 목표를 달성할 수 있는 유일한 대처법임을 명심하자.

Step-4. 고객 정의

       '고객!' 기업에서 활동하는 사람이면 누구든지 항상 접하는 단어다. 아마 너무 자주 듣고 흔해서 누군가가 "고객이 뭡니까?" 하고 물어오면 틀림없이 최소 5분 정도씩은 설명할 수 있다. 예를 들어 "고객은 내부 고객, 외부 고객, 이해 당사자로 분류되고, 이들 중 내부 고객은…" 하는 식의 정의를 나열하는 일이다. 또 본인 과제의 '고객'이 누구인지를 얘기해보라면 선뜻 '○○담당자', '○○상무님' 등 정의하는 데 막힘이 없다. 이와 같이 '고객의 정의'와 본인 과제의 '고객'이 누구인지를 명확히 알고 있으므로 적어도 '고객 선정'이라고 하는 활동에 별로 큰 부담을 못 느낀다. 참고로 다음 [표 M-1]에 '고객'의 일반적 정의를 실었다.

[표 M-1] '고객'의 정의

고객	정의
내부고객	최종 고객에게 제품 또는 서비스를 제공하기 위해 내가 한 일을 받아서 다음 작업을 수행하는 회사 내부의 구성원
외부고객	제품이나 프로세스 또는 서비스를 구매/사용하는 회사 외부의 고객
이해 관계자	제품, 프로세스에 대해 관련 있는 내부 부서, 심의 기관, 소비자 단체, 주주 등

    일반적으로 기업이 생존을 위해 고려할 항목들에 '기업 전략, 경영 철학, 통계적 측정치'를 꼽는다(마이클 해리). 이 중 '기업 전략'은 '전략'이라고 하는 전쟁 용어가 말해주듯 '회사(아군)가 시장(전쟁터)에서 경쟁사(적군)보다 우위를 보이기 위해(승리하기 위해) 해야 할 선택(점해야 할 고지)' 정도가 될 것이며, 이것은 곧 '고객 만족'을 필요로 한다. 즉, 기업이 시장에서 살아남기 위한 여러 선택 사항들(물론 시장 점유율 증대, 가성비 높은 제품 확대, 신시장

개척 등도 살아남기 위한 중요 선택 사항이 될 수 있다) 중 '고객 만족'이 가장 중요하므로 이를 근간으로 모든 기업 활동이 이루어질 필요가 있다. 결국 '고객을 만족'시키기 위해 주체인 '고객'이 누구인지 사전 정의돼야 그들의 '요구'를 알 수 있으므로 필연적으로 '고객 정의' 활동이 수반된다. 로드맵에는 '고객 정의'가 두 번 나온다. 한 번은 과제의 선정 중에, 다른 한 번은 선정된 과제를 수행하는 단계에서다. 현 상태가 후자의 경우라는 것쯤은 굳이 강조할 필요는 없을 것 같다.

지금까지의 과정을 '세부 로드맵'화하면 필요한 고객을 찾기 위한 '<u>Step − 4.1. 고객 조사</u>'와 조사된 고객을 알아보기 쉽게 분류하는 '<u>Step − 4.2. 고객 세분화</u>' 및 그들 중 실제적으로 과제와 밀접한 관련이 있는 고객을 찾는 '<u>Step − 4.3. 고객 선정</u>'으로 구성된다. 프로세스 설계 과제가 새로움을 추구하는 부담 때문에 이 같은 세 가지 구분이 존재하지만 고객이 명확해서 바로 선정할 수 있는 경우도 비일비재하다. 예를 들어 '현 프로세스의 약간의 기능 향상' 같은 설계 보완성 과제 경우가 그렇다. 이때는 세 번째 '세부 로드맵'인 'Step − 4.3. 고객 선정'으로 바로 들어간다. 자세한 내용은 해당 '세부 로드맵' 설명에서 다루어진다.

Step − 4.1. 고객 조사

현재 진행되고 있는 프로세스 설계 과제의 목표가 기능 향상성 설계든 아니면 기존에 없던 새로운 프로세스를 설계하는 것이든 일단 '고객 만족'을 지향해야 함은 앞서 설명한 바 있다. 이때 누가 어느 기능에 만족스러워하는지와 새롭게 설계할 제품에 누가 조언을 해줄 수 있는지를 찾는 일은 현 업무에서 만만치 않다. 프로세스 개발은 '만족'을 필요로 하는 '고객'을 찾아 그들의 애기를 그대로 반영해주는 과정이므로(물론 기능 향상이 내부 의견을 통해서도 발생하지만 고객의 요구 사항이 반영된다는 것은 거의 진리로 통한다) '고객'이 누가 되는가에 따라 이후 과제의 향방이 크게 좌우된다. '고객'을 누구로 정하는가에 따라 성과가 크게 바뀔 수 있음을 공감시키기 위해 신문 기사 내용을 첨부하였다. 다음은 한국경제신문('04. 3. 4.)의 "가치 혁신 시대를 열자-고객을 다시 정의하라"에 나온 벽산의 사례다.

"…(중략) 1960년대부터 초가지붕을 대체하는 슬레이트를 생산한 이래 40년 가까이 벽산은 건축자재에만 의존해 생존해왔다. 그 전략은 '전문화'의 하나로 잘못된 것이 없어 보였다. 노태우 정부 시절 '주택 2백만 호 건설' 사업이 진행될 때엔 벽산 영업담당자들이 밀려드는 주문을 감당하지 못해 피신을 가야 할 정도로 호시절도 경험했으나 국제통화기금(IMF) 관리체제가 시작되면서 환율 상승으로 원재료 값이 폭등한 데다 경기 침체까지 겹쳐 공장은 거의 멈춰 섰고, 300여 억 원의 적자를 내며 워크아웃에 들어갔다. …(중략)… 1998년 벽산의 새 사령탑이 된 김재우 사장은 세 가지 지시를 내렸다. 첫째 판매 목표를 줄일 것. 당시 상황에서 판매대금을 받지 못할 가능성이 높기 때문이다. 두 번째 지시는 경쟁업체와 시장점유율 싸움을 중단하라는 것. 경쟁에 기반을 둔 무리한 확장이 성공을 보장하지 못한다고 믿었기 때문이었다. 세 번째는 4천여 개에 달했던 거래처를 4백 개로 줄이는 것이었다. 비수익사업을 과감하게 정리하고 아웃소싱도 확대했다. …(중략)… **이어 이익을 확대하기 위해 고객을 다른 시각에서 생각하기로 하였다.** 즉, '최종 소비자는 어떤 사람들인가' 또는 '진정한 고객이 누구인가' 하는 질문은 기업이면 반드시 물을 것 같지만 이런 절차를 무시하는 경우가 너무나 많다. 벽산의 경우도 예전에는 직접 건물에 입주하는 소비자에게는 별 관심을 갖지 않았다. 화재가 나면 가장 큰 피해를 보는 건축주에도 별 관심이 없었다. 설계를 하면서 창의성을 발휘하려고 하는 설계사무소의 입장도 고려하지 않았다. 직접 자신들에게 '돈'을 지급하는 시공사만 고객으로 생각했다는 얘기다. 물론 단기적으로는 이런 시각이 문제가 있는 것은 아니다. 그러나 최종 소비자나 진정한 고객을 배려하지 않은 결과는 머지않아 나타나게 돼 있다. 시공사는 시공만 하면 그만이지만 소비자나 건축주들은 다음에 구매할 때 다른 자재를 찾게 되는 것이다. 혁신 이전의 벽산의 사례처럼 기업들은 흔히 직접적인 구매자의 입맛에 맞게 제품, 서비스를 만드는 경향이 있다. 하지만 제품, 서비스를 직접 구매하는 사람은 실제로 이를 사용하는 사람이나 구매에 중대한 영향을 미치는 사

람과 다를 때가 많다. 여기에 새로운 시장을 창출하는 길이 있다. 이 같은 개념의 접근
은 [그림 M-1]의 전략캔버스에서 잘 나타나듯이 97년 이전과 비교할 때 벽산은 유통
망을 줄이며 내실화시켰고 제품 종류를 단순화시켰다. 반면, △서비스 시스템 자재를
결합한 패키지 상품, △내화 음향분야의 전문성, △시장 접근성을 대폭 확대해 '주거공
간시장'이라는 무경쟁 시장을 개척하였다. 이처럼 고객에 대한 통념을 무너뜨린 결과
벽산은 도약을 거듭하고 있다. 3백여 억 원의 적자를 봤던 기업에 1백억 원대의 순익
을 내는 기업으로 변신했다…(중략).

[그림 M-1] 벽산의 전략캔버스('09년 이전 vs. '04)

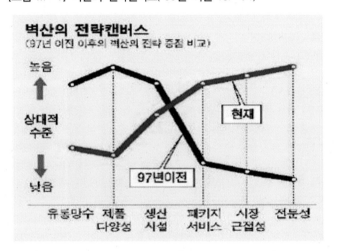

이와 동일하지만 미국의 온라인 재무 정보 제공 업체인 '블룸버그'의 사례
도 소개되었는데 다음과 같다.

"…(중략) 블룸버그가 사업을 시작하던 1980년대 초에는 로이터, 텔레레이트가 이미
시장을 장악하고 있었다. 이들 업체는 재무정보 단말기의 직접적인 구매자인 전산 담당
자의 구미에 맞게 제품을 설계했다. 전산담당자가 관리하기 편하도록 표준화된 단말기
등을 만드는 데 중점을 뒀던 것이다. 시스템이 전산 쪽에 맞춰 설계되다 보니 실제로
이를 사용하는 펀드매니저와 애널리스트들은 불편한 점이 많았다. 블룸버그는 여기에서

사용자들을 위한 다양한 기능들을 내장한 새로운 재무정보 단말기를 선보였다. 모니터를 두 개로 늘려 프로그램 창을 자주 여닫지 않고도 필요한 정보를…(중략)… 또 버튼 하나로 온라인상에서 수익률 계산 등이 실행되게 만들었다. …(중략)… 반응은 폭발적이었다. 증권거래인과 분석가들은 블룸버그의 단말기를 구입하도록 전산담당자에게 입력을 가했다. 블룸버그는 이에 힘입어 서비스를 시작한 지 10년이 채 안 돼 온라인 재무정보산업을 석권할 수 있었다.

두 예에서의 공통점은 '고객'을 직접 대면이 아닌 한 단계 또는 그 이상을 넘어선 사람으로 바라봤다는 것이고 그것이 기존과의 큰 차이점이다. 이제 프로세스 설계 과제를 수행하기 위한 '고객 조사'로 돌아와 보자.

현재 설계하고자 하는 프로세스는 분명히 그 수혜를 받을 고객이 존재한다. 여기서 '수혜'란 프로세스의 산출물이나 상품/제품 또는 서비스 등을 사용한다는 의미다. 따라서 수혜를 받을 직접적인 대상을 '고객 조사'의 1차 선상에 올려놓을 수 있다. 예를 들면 마케팅 정보를 제공하는 'IT인프라 구축성 과제'에서 직접적인 수혜자는 '마케팅팀에 소속된 임직원'일 것이다. 또, 핵심 인력을 선발하거나 관리하는 '프로세스 설계성 과제'는 '인사 담당 임직원'이 될 것이다. 다음의 [그림 M-2]는 설계할 프로세스의 직접적인 대상을 '고객'으로 정의한 개요도이다.

[그림 M-2] '고객 조사' 시 1차 고려 대상

'고객 조사'의 두 번째 고려 대상은 설계할 프로세스를 한 단계 이상 건너

뛰어 사용할 고객들이다. '벽산'과 '블룸버그' 예에서와 같이 '물건을 직접 사주는 고객(1차 조사 대상으로 고려한 바 있음)'뿐만 아니라 설계할 프로세스를 다양한 경로로 접하게 될 고객들을 의미한다. 예를 들면 마케팅 정보를 제공하는 'IT인프라 구축성 과제'의 경우 그 정보를 참고해서 매출로 연계시키는 일선 '영업부 임직원'이나 정보의 간접적인 영향권에 속한 '고객사 구매 담당자' 등이 있을 것이며, 핵심 인력을 선발하거나 관리하는 '프로세스 설계성 과제'의 경우 '사내 핵심 인력'들이 고려될 수 있다. 다음 [그림 M-3]은 '고객 조사'의 2차 고려 대상을 나타낸 개요도이다.

[그림 M-3] '고객 조사' 시 2차 고려 대상

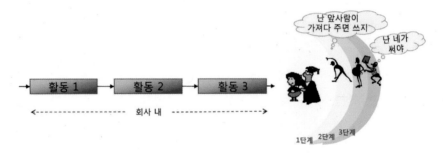

'고객 조사'의 세 번째 고려 대상으로 꼭 프로세스를 접하진 않더라도 '프로세스를 잘 만들도록 조언을 해줄 수 있는 사람'도 존재하는데, 예를 들면 사내 마케팅 정보를 제공하는 'IT인프라 구축성 과제'에서 '외부 개발 담당자'나 '유사 체계를 경험한 사람', '타사 사용자나 개발 참여자' 등이 될 수 있으며, 핵심 인력을 선발하거나 관리하는 '프로세스 설계성 과제' 경우 '타 부문 임직원' 또는 '타사 핵심 인력 관리 유경험자' 등이 포함될 수 있다. 다음 [그림 M-4]는 설계될 프로세스의 3차 고려 대상을 나타낸 개념도이다.

[그림 M-4] '고객 조사' 시 3차 고려 대상

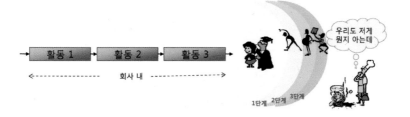

지금까지 설명된 '고객 조사'의 접근법을 「고객 조사를 위한 **3단계 접근법**」[15])이라 하고, 이를 사례와 함께 요약하면 다음 [표 M-2]와 같다.

[표 M-2] '고객 조사를 위한 3단계 접근법' 예

고객 조사 개발 프로세스	1차 고려 대상 산출물 직접 수혜 대상자	2차 고려 대상 한 단계 이상 건너뛴 대상자	3차 고려 대상 산출물 수혜 대상은 아니지만 조언이 가능한 자
마케팅 IT 인프라 구축	마케팅팀 임직원	영업팀 임직원	개발자/타사 유경험자
핵심 인력 선발 및 관리 프로세스 설계	인사팀 임직원	사내 핵심인력	타 부문 임직원, 타사 핵심인력 관리 有경험자

과제가 선정됐으면 이 같은 규모의 '고객 조사'는 팀원들 모두가 참여하는 것이 바람직하다. 리더 혼자 또는 가까운 몇 명만으로 조사될 경우 앞으로 고객들의 요구 조건에 따라 설계 품질이 좌지우지된다는 점을 감안할 때 매우 위험스러운 발상이 아닐 수 없다.

설계 과제의 약 80% 이상은 '3단계 접근법'이면 충분하다. 그러나 '고객'의 규모가 크거나 모호성이 존재할 때 세분화를 통해 고객을 정의한다. 이 경우

---

15) 「고객 조사를 위한 3단계 접근법」이란 명칭은 저자가 부여하였다.

[그림 M-5]와 같이 Measure Phase '목차'란에 'Step-4.1. 고객 조사(Step-4.2에 포함)'라고 표현해서 '세부 로드맵' 통합이 있음을 알린다. 본문은 활용도가 높은 '3단계 접근법'을 설명할 것이며, 'Step-4.2. 고객 세분화'는 미리 정리된 '가망 고객(또는 잠재 고객)'을 대상으로 전개된다.

[그림 M-5] '세부 로드맵'의 '통합' 시 장표 표현법

Measure Phase

Step-4. 고객 정의
Step-4.1. 고객 조사(Step-4.2에 포함)
Step-4.2. 고객 세분화
Step-4.3. 고객 선정

Step-5. VOC 조사
Step-5.1. VOC 조사방법 선정
Step-5.2. VOC 수집계획 수립
Step-5.3. VOC 수집
Step-5.4. VOC 분석
Step-5.5. VOC 체계화

Step-6. Ys 파악
Step-6.1. CCR 도출
Step-6.2. CTQ 도출
Step-6.3. Ys 결정
Step-6.4. Scorecard 작성

PS-Lab
Problem Solving Laboratory

다음 [그림 M-6]은 예로 든 '라면 판매 프로세스 설계를 통한 매출 30% 향상' 과제에 대한 'Step-4.1. 고객 조사' 작성 예를 보여준다.

[그림 M-6] 'Step-4.1. 고객 조사' 작성 예('고객 조사를 위한 3단계 접근법' 활용 예)

Step-4. 고객 정의
Step-4.1. 고객 조사

- 당사 매출을 향상시키기 위해 새롭게 진입하는 '라면 판매 프로세스 설계' 과제를 위해 총 20일 간 3회의 회합을 거쳐 원시데이터 입수를 위한「고객 조사」를 실시.
- 방법은 사안의 단순성을 고려「고객 조사를 위한 3단계 접근법」을 사용하였고, 팀원들의 토의를 거쳐 다음과 같이 1차, 2차, 3차 대상자로 '가망 고객(잠재 고객)'을 압축함.

【고객 조사를 위한 3단계 접근법】

고객 조사	1차 고려 대상	2차 고려 대상	3차 고려 대상
과제 명	산출물 직접 수혜 대상자	한 단계 이상 건너 뛴 대상자	산출물 수혜 대상은 아니지만 조언이 가능한 자
라면 판매 프로세스 설계를 통한 매출 30% 향상	• 라면 주문 손님 • 서빙 담당자 • 사장	• 방문 고객 지인 • 타 분식집 찾는 고객	• 분식점 유 경험자 • 분식집 운영 전문 컨설턴트 • 라면 마니아 클럽회원 • 커피 전문점 운영자

- 일시; 20xx. 07.20~08.10 (총 3차에 걸쳐 진행)
- 참석자; 이OO 팀장, 김OO 과장, 오OO 대리

PS-Lab
Problem Solving Laboratory

예에서 '1차 고려 대상'으로는 라면을 직접 시식할 '라면 주문 손님'을, 또 매출 이익의 직접적인 당사자인 '사장'과 고객과 직접 접촉하는 '서빙 담당자'를 선정했고, '2차 고려 대상'은 찾아온 손님과 생활 패턴이 유사할 것으로 예상되는 한 단계 건너뛴 '방문 고객 지인'과 당 분식집을 찾진 않지만 공간적으로 한 단계 이상 건너뛴 '타 분식점 찾는 고객'을 선정했다. '3차 고려 대상'은 새롭게 설계할 프로세스에 대해 성공 사례든 실패 사례든 다방면의 조언이 가능한 '분식점 유경험자', '분식집 운영 전문 컨설턴트' 및 맛에 대해 강력하고 전문적인 조언을 해줄 '라면 마니아 클럽 회원'을 조사 대상에 포함시켰다. 또, 최근 젊은 층의 매장 선호 수준을 파악할 목적으로 업종은 다르지만 큰 호황을 누리고 있는 '커피 전문점 운영자'를 추가하였다.

III. Measure 117

파워포인트 장표 왼쪽 하단에는 본 결과를 이끌어내는 데 소요된 '기간'과 '참석자 명단'을 실었다. 예로 든 것이긴 하나 항상 '소요 기간'과 '참석자 명단' 등을 포함시켜 자료의 객관성을 부각시킨다. 이제 조사된 고객들을 대상으로 다음 '세부 로드맵'인 'Step - 4.2. 고객 세분화'로 들어가 보자.

Step - 4.2. 고객 세분화

'고객 세분화'는 두 가지 용도로 활용될 수 있음을 앞서 설명한 바 있다. 하나는 'Step - 4.1. 고객 조사'에서 조사 대상이 너무 광범위하고 그래서 어떻게 접근할지 모호한 상황이면(물론 개발 과제가 명확한 경우는 제외) [표 M - 3] 의 분류 기준을 통해 '고객 조사'와 '고객 세분화'를 묶어 진행하는 것이고 ([그림 M - 5]의 '목차' 참조), 다른 하나는 '고객 세분화'만을 수행하는 것이다. '고객 세분화'는 다시 <u>고객 세분화 기준</u>과 <u>고객 세분화 도구</u>의 활용으로 나뉜다.

4.2.1. '고객 세분화 기준' 활용

'고객 세분화(Customer Segmentation)'는 마케팅 분야에서 쓰이는 용어다. 정의는 "전체 고객 또는 잠재 고객들의 집단을 유사한 특성을 가진 세분화된 집단으로 분류하는 과정"이다. 물론 세분화 목적은 타깃 마케팅, 즉 서로 구별되는 세그먼트별로 차별화된 서비스나 상품을 제공해서 수익을 극대화하는 것에 있다. 따라서 고객을 어떻게 구분하는지에 대한 '고객 세분화 기준'이 현재 필요하다. 그러나 '고객 세분화 기준'은 제품이나 서비스별로 다양하게 존재할 수밖에 없다. 왜냐하면 '라면을 선호하는 고객'과 '특정 홈페이지를 방문하는 고객'과는 세분화 기준이 동일할 수 없기 때문이다. 따라서 '고객 세분화 기준'을 포함하면서 일반성을 띤 '시장 세분화(Market Segmentation) 기준'을 적용한다. 이에 대해 (경제 용어 사전)에서 '시장 세분화'를 검색하면 "…(중략) 시장 세분화에는 여러 가지 기준을 적용할 수 있다. 대표적인 것을 살펴보면 ① 지리적 세분화(국가, 지방, 도, 도시, 군, 주거지, 기후, 입지 조건 등), ② 인구 통계학적 세분화(연령, 성별, 직업, 소득, 교육, 종교, 인종 등), ③ 사회 심리학적 세분화(라이프스타일, 개성, 태도 등), ④ 행동 분석적 세분화(추구하는 편익, 사용량, 상표 충성도) 등이다"라고 한데서 출처를 찾을 수 있다. 또, '프로세스 설계 방법론'의 활용 분야가 다양한 점을 감안할 때 용어 사전의 정의보다 더 상위의 분류 기준이 필요한데 이것은 크게 '소비재 시장'과 '산업재 시장'으로 구분하는 것이다. 후자에는 '기업 규모', '구매량', '기업 유형' 등이 속한다. 지금까지의 세분화 기준을 정리하면 다음 [표 M - 3][16]과 같다.

[표 M-3] 고객 세분화 기준

1차 세분화 기준	2차 세분화 기준	3차 세분화 기준
소비재 시장	지리적 세분화	국가, 지방, 도, 도시, 군, 주거지, 기후, 입지 조건 등
	인구 통계학적 세분화	연령, 성별, 직업, 소득, 교육, 종교, 인종 등
	사회 심리학적 세분화	라이프스타일, 개성, 태도 등
	행동 분석적 세분화	추구하는 편익, 사용량, 상표 충성도 등
산업재 시장	기업 규모로의 세분화	소기업, 중기업, 대기업
	구매량으로의 세분화	소량구매, 대량구매
	기업유형으로의 세분화	소매상, 도매상, 표준 산업 분류 내 세분화
	입지에 따른 세분화	판매 지역 (고객의 입지에 따라 커뮤니케이션에 영향을 받을 것임)

16) 사전적 정의가 아닌 자료 조사를 통해 필자가 적절한 분류 체계를 마련하였다.

[표 M-3]에서 '3차 세분화 기준'은 설계 분야가 다양한 만큼 상황에 따라 가감해서 사용한다. 프로세스를 설계함에 있어 요구 사항을 말해줄 고객 찾기에 [표 M-3]에 정리된 1, 2 및 3차 세분화 기준을 적용하는 것이 현실적으론 그리 만만치 않다. 그러나 현재 'Step-4.1. 고객 조사'에서 미리 정한 [그림 M-6]을 가지고 세분화에 들어갈 것이므로 이 기준을 적용하기가 매우 수월하다. 주변에서 '고객 세분화'에 딱 맞는 특별한 도구를 찾는 경우를 자주 접한다. '도구 만능주의'는 바로 적이다. 훌륭한 결과는 팀원들의 진지한 참여와 그로부터 얻어진 아이디어에 의해 좌우된다는 점 명심하자.

자, 이제 'Step-4.1. 고객 조사'에서 정리된 내용을 가져와 '세분화'를 수행해보자. '세분화'의 목적이 고객을 구분해서 타깃 마케팅을 하는 데 있으므로 세분화된 고객들로부터 요구 사항을 들으면 프로세스 설계에 뭔가 의미 있는 내용이 반영되리란 기대감을 가질 수 있다. 다음 [표 M-4]는 [그림 M-6]의 '라면 판매 프로세스 고객'에 대해 [표 M-3]의 '고객 세분화 기준'을 적용한 예이다.

[표 M-4] '고객 세분화' 예(라면 판매 프로세스 고객)

과제명	고객 조사 가망 고객 (잠재 고객)		고객 세분화 기준	고객 세분화 결과
라면 판매 프로세스 설계를 통한 매출 30% 향상		라면 주문 손님	소비재 시장/인구통계학적 세분화/연령(직업)	중학생/고등학생/대학생
		방문 고객 지인	소비재 시장/인구통계학적 세분화/연령(직업)	중학생/고등학생/대학생
		타 분식집 찾는 고객	소비재시장/인구통계학적 세분화/연령(직업)	중학생/고등학생/대학생
		분식점 유경험자	소비재시장/지리적 세분화/주거지	학원가/주택가/독서실/사무실 밀집
		그 외 '사장', '서빙 담당자', '라면 마니아 클럽 회원', '분식집 운영 전문 컨설턴트', '커피 전문점 운영자'		

현 과제명은 '라면 판매 프로세스 설계를 통한 매출 30% 향상'이고, 열 제목인 '가망 고객(잠재 고객)'은 [그림 M‑6]의 내용을, '고객 세분화 기준'은 [표 M‑3]의 내용을 적용하였다. '세분화 결과'는 팀원들과의 협의를 거쳐 확정했으며, 향후 이어질 'Step‑4.3. 고객 선정'에서 프로세스 설계를 목적으로 요구 사항을 듣게 될 '고객'이 최종 선정될 것이다. 물론 최종 '고객'을 선정해내기 위해서는 별도의 판단 과정이 수반되는데 이것을 '고객 민감도 분석'[17]이라고 한다. 이에는 '정성적 평가'와 '정량적 평가' 방법이 있다. 다음 [그림 M‑7]은 '라면 판매 프로세스 설계를 통한 매출 30% 향상' 과제에 대한 'Step‑

[그림 M‑7] 'Step‑4.2. 고객 세분화' 작성 예('고객 세분화 기준' 적용 예)

Step-4. 고객 정의
Step-4.2. 고객 세분화

- '가망 고객(잠재 고객)'을 '고객 세분화 기준'을 참고로 <u>세분화 실시</u>.
- 일반적 분류인 '고객 세분화 기준'의 적용이 어려운 경우는 상황에 맞게 <u>분류 기준을 협의하여 결정한 뒤 적용</u>함.

【고객 세분화】

과제 명 〳 고객조사	가망고객 (잠재고객)	고객 세분화 기준	고객 세분화 결과
라면 판매 프로세스 설계를 통한 매출 30% 향상	라면 주문 손님	소비재 시장/ 인구통계학적 세분화/ 연령(직업)	중학생/ 고등학생/ 대학생
	방문 고객 지인	소비재 시장/ 인구통계학적 세분화/ 연령(직업)	중학생/ 고등학생/ 대학생
	타 분식집 찾는 고객	소비재시장/ 인구통계학적 세분화/ 연령(직업)	중학생/ 고등학생/ 대학생
	분식점 유 경험자	소비재시장/ 지리적 세분화/ 주거지	학원가/주택가/독서실/사무실 밀집
	그 외 '사장', '서빙 담당자', '라면 마니아 클럽 회원', '분식집 운영 전문 컨설턴트', '커피 전문점 운영자'		

- 일시; 20xx. 08.12~08.21 (총 2차에 걸쳐 진행)
- 참석자; 이OO 팀장, 김OO 과장, 오OO 대리

PS-Lab
Problem Solving Laboratory

---

17) '고객 민감도 분석'은 저자가 부여한 명칭이다. 이것에 대해서는 'Step‑4.3. 고객 선정'에서 다루어질 것이다.

4.2. 고객 세분화'의 파워포인트 작성 예이다.

다음은 'Step‒4.3. 고객 선정'으로 넘어가 '고객 민감도 분석'을 수행하기에 앞서 초두에 언급했던 '고객 세분화 도구(Tools)'들에 대해 간단히 알아보자.

4.2.2. '고객 세분화 도구(Tools)'의 활용

'고객'을 조사하고 세분화하는 방법은 필자의 경험을 통해 정립된 「고객 조사를 위한 3단계 접근법」과 「고객 세분화 기준」을 사용하는 것이 가장 단순하고 수월하다. 그러나 종래에 알려져 있는 도구들을 활용하면 용법이나 사례들을 주변에서 구하기도 쉬울뿐더러, 또 적용성이 높다는 장점이 있다. 다음 [표 M‒5]는 일반적으로 알려진 '고객 세분화' 도구들이다.

[표 M‒5] '고객 세분화' 도구들(Tools)

정성적 접근법	정량적 접근법
● 브레인스토밍(Brainstorming) ● 전문가 인터뷰 ● Binary Tree에 의한 분류 ● Multiple Tree에 의한 분류	● 군집 분석(Cluster Analysis) ● 의사결정나무분석(Decision Tree Analysis) ● 뉴럴 네트워크(Neural Network) ● 사례기반 추론(Case‒based Reasoning)

멘토링 중 리더들에게 고객 세분화를 위해 '정량적 접근'의 필요성을 제시하면 얼굴 상태가 별로 좋아 보이지 않는다. 단어도 썩 내키지 않지만 과정도 이것저것 부산 떨 일이 많을뿐더러 일단 '통계'란 적군이 도사리고 있기 때문이다. 필자도 아주 특별한 상황이 아니면 큰(?) 꿈을 안고 입성한 리더들에게

과제 초기부터 그 꿈을 쪼개버리는 간 큰 행위는 극도로 자제한다. 꼭 필요한 경우가 아니라면 당연히 '정성적 접근법'을 권장하고, 또 과제의 95% 이상은 이 접근법으로도 충분히 소화해낼 수 있다.

'<u>정성적 접근법</u>'은 「4.2.1. 고객 세분화 기준 활용」에서 보였던 예와 그 과정 및 결과가 똑같다. 기본적으로 팀원들이 모여 '브레인스토밍'을 하는 공통점이 있기 때문이다. 다만 일부 도구에 시각화가 더해지는 차이는 있다. '전문가 인터뷰' 경우 고객의 '세분화 기준'을 잘 알고 있고 고객의 행동 양식을 파악하고 있는 전문가가 있으면 당연히 만나봐야 할 것이다. 이때 '인터뷰 방법' 등이 필요하나 설명은 생략한다. 'Binary Tree'는 'Binary'란 단어가 의미하듯 이분법적 전개를 나타낸다. 다음 [그림 M-8]은 작성 예이다.

[그림 M-8] 'Binary Tree' 작성 예

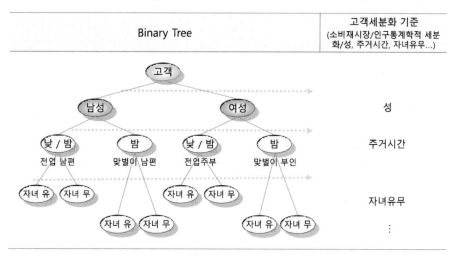

당장 판매를 목적으로 하든 지금과 같이 요구 사항만을 목적으로 하든 [그림 M‑8]과 같이 'Binary Tree'를 전개하기 위해서는 우선 '고객 세분화 기준'[18]이 필요하다. 이것은 '[표 M‑3] 고객 세분화 기준'을 참고한다. 주로 '3차 세분화 기준'이 세분화 대상별로 가감이 되는데 여기서는 '주거 시간'과 '자녀 유무'를 추가하였다. 본 예에서는 특정 상품의 매출 향상을 위해 고객 세분화를 통한 타깃 마케팅을 벌인다고 가정하고 고객을 '성별'에 따른 '남, 여'로, 집에 있는 '주거 시간'은 하루 종일이면 '낮/밤'으로 그렇지 않으면 '밤'으로 분류하였다. 또 각각의 경우를 '자녀 유무'로 최종 구분하였다. [그림 M‑8]에서 바로 알 수 있듯이 계속 두 가지로만 전개하고 있는데 이것이 'Binary Tree'다. 만일 '남성이면서 낮/밤에 계속 집에 있고, 자녀가 있는 경우' 또는 '남성이면서 자녀가 없는 경우' 중 전자가 매출 향상에 기여도가 클 것으로 판단되면 이들을 대상으로 본격적인 영업 활동이 전개될 것이다. 고객 세분화된 총 8가지 중 어느 고객층이 매출에 유리할지는 당연히 평가가 필요한데 이에 대해서는 'Step‑4.3. 고객 선정'에서 알아볼 것이다. 여기서는 세분화까지만 다룬다.

모든 유형을 단 두 가지로만 구분하는 데는 분명 한계가 있다. 예를 들어 '주거 시간'이 꼭 '낮'과 '밤' 두 가지로만 구분하지 않고, 아침, 점심, 저녁 등 2개 이상으로 구분하는 예가 그것이다. 이를 만족시키기 위한 방편으로 지금의 'Binary Tree' 대신 여러 갈래의 전개가 가능한 'Multiple Tree'가 있다. 이에 대한 예를 다음 [그림 M‑9]에 나타내었다.

---

18) 실험계획(DOE, Design of Experiment)에서 사용되는 '인자(Factor)', '수준(Level)'과 동일한 의미로도 사용된다. 이 경우 '성', '주거 시간', '자녀 유무' 들은 '인자(Factor)'에, '남성, 여성', '낮/밤, 밤', '자녀 유, 자녀 무' 들은 '수준(Level)'에 각각 대응한다.

[그림 M-9] 'Multiple Tree' 작성 예

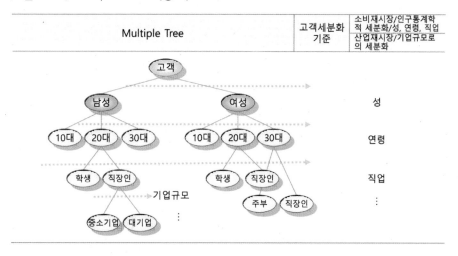

Multiple Tree	고객세분화 기준	소비재시장/인구통계학적 세분화/성, 연령, 직업 산업재시장/기업규모로의 세분화

예에서 '고객 세분화 기준'에는 '남성'의 경우 분류 기준 '기업 규모'가 추가됨에 따라 '[표 M-3] 고객 세분화 기준'을 참고해서 '소비재 시장/인구 통계학적 세분화'와 '산업재 시장/기업 규모로의 세분화'로 정했다. '남성' 경우 '연령'에서 '20대'만 '직업'이 분류돼 있는데 이것은 '10대'는 학생으로, '30대'는 '직업을 갖고 있음'을 전제로 했기 때문이다. 이와 같이 'Multiple Tree'는 항목들이 반드시 두 개일 필요가 없으며, 또 세분화 기준도 다양하게 적용할 수 있는 특징이 있다. 물론 '여성이면서 20대이며 직업을 갖고 있는 경우'와 같이 어느 세분화가 가장 유리한지는 평가 과정이 수반돼야 하며 이에 대해서는 'Step-4.3 고객 선정'에서 설명될 것이다.

다음 [그림 M-10]은 우리의 예인 '라면 판매 프로세스 설계' 과제의 'Step-4.2. 고객 세분화' 작성 예를 보여준다('Multiple Tree' 적용).

Step-4. 고객 정의
  Step-4.2. 고객 세분화

- '가망 고객(잠재 고객)'에 대해 '고객 세분화 기준'을 참고로 세분화 실시.
- '소비재시장/행동분석적 세분화' 및 '지리적 세분화'를 'Multiple Tree'를 통해 아래와 같이 세분화 함 ('기타'는 나머지 '잠재 고객'들을 세분화된 모습 자체로 가정하고 그대로 적용)

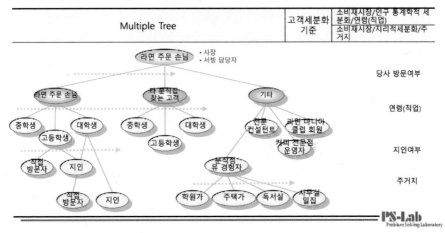

[그림 M-6]의 'Step-4.1. 고객 조사 작성 예'와 연결된 장표로 조사된 '가망 고객(잠재 고객)'에 대해 'Multiple Tree'를 활용하여 '소비재 시장/인구 통계학적 세분화/연령(직업)'과 '소비재 시장/지리적 세분화/주거지' 등으로 세분화한 결과이다. 특이 사항은 '당사 방문 여부'를 삽입해 다시 직업별(중학생/고등학생/대학생)로 나눈 후 확장된 고객 군으로 '지인 여부'를 추가하였다. 그리고 '기타' 군에는 이미 'Step-4.1. 고객 조사'에서 충분하게 세분화된 유형을 그대로 옮겨놓았다. 특히 '분식점 유경험자'는 '주거지'별 매출관련 특징을 조사할 목적으로 추가 세분화하였다(Tree 참조). 이들은 'Step-4.3. 고객 선정'에서 '고객 민감도 분석'의 대상이 된다.

'정량적 접근법'인 <u>군집 분석(Cluster Analysis)</u>'은 "(네이버 용어 사전) 비

숫한 특성을 가진 집단을 확인하기 위해 시도하는 통계 분석 기법"이다. 주로 '인문 사회 과학'에서 많이 사용된다. 현업의 영업 경우 동질의 고객을 묶어내거나, 인사 부문에서 성향이 유사한 직원들을 묶는 작업 등에 자주 쓰인다. '고객 세분화'를 위한 정량적 도구 중에서 사용 빈도가 가장 높다고 볼 수 있다. '고객 세분화'와 '고객 선정'이 동시에 이루어질 수 있으며, 사례는 'Step - 4.3. 고객 선정'에서 미니탭으로 간단히 다루어질 것이다. '<u>의사 결정 나무 분석(Decision Tree Analysis)</u>'은 "개인이 가능한 여러 대안을 발견하여 나열한 뒤, 선택했을 때와 그렇지 않았을 때를 연속적으로 그려가면서 최종적인 결과를 생각하는 방법"을 말한다. 분류되는 대안들에 발생 가능성이나 선택했을 때의 금전적 규모 등을 덧붙여 가면 최종 단계에 이르렀을 때 다양한 정량적 해석을 통해 유리한 경로를 선정할 수 있다. 이미지는 앞서 설명한 'Multiple Tree'와 유사하지만 수치 해석이 가능하다는 특징이 있다. '<u>뉴럴 네트워크(Neural Network)</u>'는 "(네이버 백과 사전) 뉴로라고도 불리는 것으로, 인간 뇌의 기능을 적극적으로 모방하려는 생각에 기초를 두고 있다. 즉, 무언가를 보고, 그것이 무엇인가를 인식하여, 필요에 따라 행동을 취한다는, 인간에게는 아주 간단하고 당연한 사고방식을 컴퓨터에 학습시키려는 것이다. 한마디로, 제어 대상과 관련된 복수의 요인(파라미터)을 설정하고, 이들의 결합과 결합의 무게를 생각하는 방법이다. 계산을 하는 과정에 학습 기능을 부가함으로써 최적의 제어가 가능하다"로 정의하고 있다. 정의에서 '고객 세분화'와 연계되는 부분은 "복수의 요인(파라미터)을 설정하고, 이들의 결합과 결합의 무게를 생각하는"이다. 말만 봐서는 앞서 진행된 여타 트리(Tree) 전개와 유사하나 단점은 쓰이는 용어들이 생소하고, 어려운 이론적 해석이 요구된다는 점이다. '<u>사례 기반 추론(Case-based Reasoning)</u>'은 어떤 새로운 문제의 해결책을 찾아야 할 때 과거의 사례들이 해결한 방식을 빌려 답을 얻는 기법이다. 주로 사례들이 데이터베이스화돼 있어 프로그램으로 접근하는 체계가 요구된다. 비슷한 문제를 찾기 위해 해당 문제의 설명과 그 해결책이 잘 구성돼 있어야 새로운 해결책을 쉽게 만들어낼 수 있다. CBR에 대한 국제적 관심이 늘어남에 따라 1995년에 International Conference on Case-Based Reasoning(ICCBR)이 설립되었다.

이상으로 '정량적 접근법'에 대해 그 종류와 내용을 간단히 알아보았다. '정량적 접근법'에서는 '군집 분석' 등이 가장 좋은 대안이다. 그 외 도구들을 과제에서 필요로 할 가능성은 1% 내외라고 본다. 아마 '고객 세분화'를 위해 '뉴럴 네트워크'를 해보자고 하면 유행가의 '미쳤어~ 미쳤어~'가 리더 입에서 연발 터져 나올 것이다. 그러나 앞으로 난이도가 높은 과제를 수행해야 한다거나 방법론의 학습 수준이 현재를 뛰어넘는 시기가 도래하면 이 같은 도구들이 필요한 시기가 올는지도 모를 일이다. 그때는 쓰지 말라고 해도 사용해야만 할 것이다. "책에 있는데 과제할 때 써야 하나요?와 미치겠네!" 같은 이상한 고민은 하지 않길 바란다(^^). 이제 'Step-4. 고객 정의'의 끝을 장식할 'Step-4.3. 고객 선정'으로 넘어가 보자.

Step-4.3. 고객 선정

본문으로 들어가기 전에 전열을 가다듬는 차원에서 무슨 일을 왜 하고 있는지 정리해볼 필요가 있다. 중요한 '세부 로드맵'에서 벗어나 지뢰밭을 걷고 있으면 안 되기 때문이다. 현재 새로운 프로세스를 설계하고 있다. 따라서 설계의 '목적'이 분명하고, 누군가(고객이 될 것이다) 완성된 프로세스에 관심을 갖도록 해야 한다. 그렇게 된다면 프로세스 가치는 충분히 높다고 볼 수 있고 설계 활동은 빛을 보게 될 것이다(구체적으로 팀원들에게 인센티브와 특진이 주어진다는 것을 의미한다!). 이런 연계성을 고려해볼 때, 고객의 환심을 살

만한 '산출물'을 만들어내려면 결국 고객에게 원하는 게 무엇인지 물어봐야 한다. 따라서 현재 하고 있는 일은 '고객'이 그저 막연한 '고객'이 아닌 우리 상품이나 서비스에 오로지 관심을 가져줄 만한 바로 그 '고객'이 돼야만 한다. '고객'을 '모두 다'로 설정하는 것은 그냥 막말로 '바보 마케팅'이 될 수 있다. 모든 사람을 만족시키려면 상품이나 서비스가 대상에 따라 시시각각 변하는 변신 로봇이 돼야 한다. 자, 지금까지 '고객 조사 → 고객 세분화' 과정을 거쳤다. 이제 설계에 소중한 조언을 해줄 '고객'을 '선정'하는 작업을 수행해보도록 하자. 최종 '고객'을 선정하기 위해서는 'Step-4.2. 고객 세분화'에서 '평가'의 필요성을 언급한 바 있으며 이것을 '고객 민감도 분석'이라고 명명했었다. '고객 민감도 분석'을 아주 단순한 경우와 데이터로 접근하는 두 경우로 나누어 진행할 것이다. 편리를 위해 **단순한 경우는 '정성적 평가'로, 데이터로 접근하는 경우는 '정량적 평가'로** 구분하였다. 전자의 효용성은 프로세스 설계지만 '고객 선정'이 단순하게 이루어지는 경우가 비일비재하다는 데 있다. 그 외의 경우에 대해서는 상황별로 적합한 도구들이 활용돼야 한다.

4.3.1. '고객 민감도 분석'이 '정성적 평가'로 이루어질 경우

처음 수행되는 과제들이 대부분 이에 속한다. 교육적 효과를 누리기 위해 난이도가 다소 낮은 과제들을 선정해오기 일쑤인데 이 때문에 '고객' 또한 명료한 경우가 대부분이다. 프로세스 개발 성숙도가 높아지면 중요하고 난이도도 높은 과제의 빈도가 자연스럽게 높아진다. 그때는 단순한 접근보다 「4.3.2. 고객 민감도 분석이 정량적 평가로 이루어질 경우」에서 답을 찾아야 한다. 다음 [그림 M-11]은 '고객 선정'이 단순하게 처리된 경우(즉, 고객이 명확한 경우)의 예를 보여준다.

Step-4. 고객 정의
  Step-4.3. 고객 선정

♠ '목표 고객(Target Customer)'을 찾기 위해 '고객 조사', '고객 세분화' 및 '고객 민감도 분석'을 수행. 이로부터 '과제 관련성'과 '접촉 빈도'가 높은 '사장', '라면 주문 손님', '타 분식집 찾는 고객', '라면 마니아 클럽'을 최종 고객으로 선정.

❑ 고객 조사

고객 조사	1차 고려 대상	2차 고려 대상	3차 고려 대상(기타)
과제 명	산출물 직접 수혜 대상자	한 단계 이상 건너 뛴 대상자	산출물 수혜 대상은 아니지만 조언이 가능한 자
라면 판매 프로세스 설계를 통한 매출 30% 향상	• 라면 주문 손님 • 서빙 담당자 • 사장	• 방문 고객 지인 • 타 분식집 찾는 고객	• 분식점유 경험자 • 분식집 운영 전문 컨설턴트 • 라면 마니아 클럽회원 • 커피전문점 운영자

** 회색 처리한 두 대상자 제외

❑ 고객 세분화

❑ 고객 선정

내부/외부	No	고객	속성
내부	1	사장	분식집 경영 내역, 레시피, 시장 환경 등 정보 보유
	2	서빙 담당자	방문 고객들의 선호도, 특징들에 대한 정보 보유
외부	3	라면 주문 손님	주변 학교 학생들로 주로 간식 목적으로 방문.
	4	타 분식집 찾는고객	타 분식집 단골 고객들로 관심사 조사 대상으로 활용.
	5	방문 고객 지인	방문 학생들의 친구들로 함께 올 수 있는 잠재 고객군.
	6	라면 마니아 클럽	맛, 특징, Sales Point 등 전문적 소견을 수집할 수 있음.
이해 관계자	7	분식점 유 경험자	성공 또는 실패 사례, 다양한 조언을 해 줄 수 있는 사람들

[고객 민감도 분석]

[그림 M-11]의 제목을 보면 '세부 로드맵'이 'Step-4.3. 고객 선정'으로 돼 있지만 내용은 그림 중 왼쪽 위의 '고객 조사' 경우 'Step-4.1. 고객 조사'를, 오른쪽 위의 '고객 세분화'는 'Step-4.2. 고객 세분화'에 대응하며, 장표의 아래는 '고객 민감도 분석'을 통한 목표 고객이 선정된 'Step-4.3. 고객 선정'에 대응한다. 즉, 하나의 장표에 'Step-4. 고객 정의'의 '세부 로드맵' 세 개가 모두 들어 있는 형국이다.

우선 내용을 보자. 과제는 '라면 판매 프로세스 설계를 통한 매출 30% 향상'이며, 따라서 고객 취향(서비스, 맛 등)에 맞추기 위한 프로세스 설계가 핵심이다. 이를 위해 '고객 조사'에서 [그림 M-6]의 '고객 조사를 위한 3단계 접근법'으로 9개의 고객 군이 조사되었으며, '고객 세분화'에서 '고객 세분화 기준'에 맞춰 '소비재 시장/인구통계학적 세분화/연령(직업)', 또는 '소비재 시장/지리적 세분화/주거지' 등으로 세분화하였다. 이것은 'Multiple Tree'로 파워포인트에 별도 작성해놓았다. 다시 이들은 [그림 M－11]의 아래쪽 '고객 민감도 분석' 중 '정성적 평가'를 통해 최종 네 개의 고객이 선정되었음을 확인할 수 있다. 선정된 고객 중 '사장'은 상황적으로 그 수가 한 명으로 정해져 있을 것이나, '라면 주문 손님', '타 분식집 찾는 고객' 경우는 불특정 다수에 해당하므로 '요구 사항'을 듣기 위해서는 추가적인 선정 작업이 필요할 수 있다. 이를 위해 'RFM 모형' 등이 쓰일 수 있으며 관련 내용에 대해서는 이후 상세 설명이 있을 것이다.

참고로 [그림 M－11]의 '고객 민감도 분석'에서 'X－축'은 '접촉 빈도'로, 'Y－축'은 '과제 관련성'으로 설정하였으나 축의 속성은 과제별로 적절하게 고

[그림 M－12] '세부 로드맵'의 '통합 시 장표 표현법'

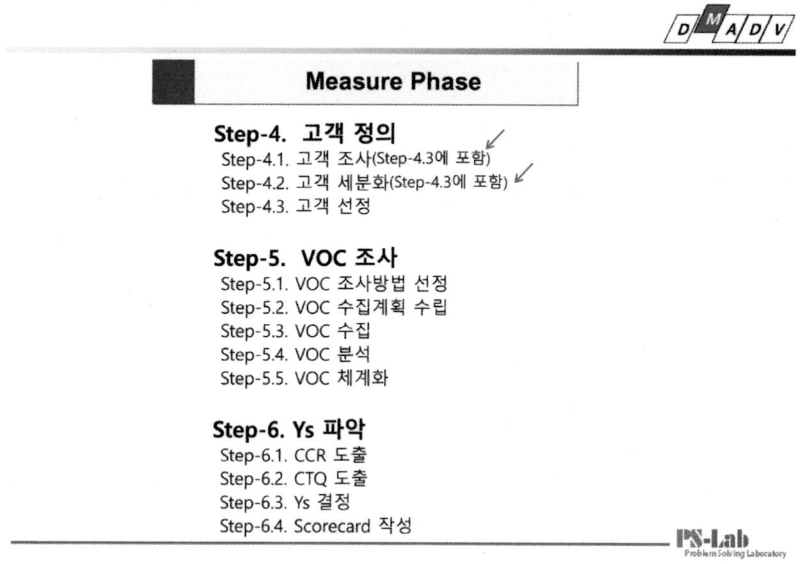
D M A D V
Measure Phase
Step-4. 고객 정의
Step-4.1. 고객 조사(Step-4.3에 포함)
Step-4.2. 고객 세분화(Step-4.3에 포함)
Step-4.3. 고객 선정
Step-5. VOC 조사
Step-5.1. VOC 조사방법 선정
Step-5.2. VOC 수집계획 수립
Step-5.3. VOC 수집
Step-5.4. VOC 분석
Step-5.5. VOC 체계화
Step-6. Ys 파악
Step-6.1. CCR 도출
Step-6.2. CTQ 도출
Step-6.3. Ys 결정
Step-6.4. Scorecard 작성
PS-Lab
Problem Solving Laboratory

려해도 무방하다. 그러나 '프로세스 설계 과제'는 기획, 영업, 구매부서 등 업무 특성을 고려해 고객을 분류하다 보면 오히려 평가에 장애가 될 수 있으므로 축의 속성을 단순하게 정하는 것이 유리하다. 참고로 [그림 M – 11]은 한 장의 장표 속에 'Step – 4.1. 고객 조사'와 'Step – 4.2. 고객 세분화'가 'Step – 4.3. 고객 선정'에 모두 포함돼 있으므로 '목차'에서 통합 처리하고 있음을 미리 알리는 게 도움 된다. [그림 M – 12]가 그 예이다.

[그림 M – 12]에서 'Step – 4.1. 고객 조사(Step – 4.3에 포함)'와 'Step – 4.2. 고객 세분화(Step – 4.3에 포함)'로 표기돼 있음을 알 수 있다(빨간 화살표). 다음은 앞서 언급했던 '라면 주문 손님'이나 '타 분식집 찾는 고객'처럼 불특정 다수인 경우에 세분화할 수 있는 'RFM 모형'에 대해 알아보자.

제조 부문에서 '프로세스 설계 방법론'을 적용할 수 있는 과제는 '(사무) 간접 부문'에 치우쳐 있으며 주로 IT 시스템 개발 유형, 회사 간 거래에서 직접 시공이나 설치까지 영역을 넓히는 비즈니스 확장 유형, 신규 시장 진입과 연계된 신규 프로세스 설계 유형 등이 있다. 다양성만큼이나 대상인 고객도 확실하게 드러나 있는 경우, 또는 그렇지 않고 찾아야 하는 등 여러 상황이 연출된다. 고객이 '확실하게 드러나 있는 경우'에 대한 세분화는 [그림 M – 11]에서 설명한 바 있다. 그러나 제조 부문에서 벗어나 건설, 금융, 유통 등으로 영역을 확장하면 '프로세스 설계'의 과제 유형은 더욱 많아지고, 그에 따른 고객도 훨씬 더 다양하게 분포한다. 고객의 다양성에 맞추어 일일이 세분화하는 작업이 만만치 않음을 예상할 수 있다. 이들을 모두 수용해서 세분화할 수 있는 방법을 한두 가지로 압축할 수는 없지만 그래도 손쉽고 일반적이며, 합리적으로 접근할 수 있는 도구가 바로 'RFM 모형'이다. 다음은 'RFM 모형'의 설명이다.

> ・RFM Recency, Frequency, Monetary의 약자로
> 'Recency(최근)'는 고객이 얼마나 최근에 구입했는지,
> 'Frequency(빈도)'는 고객이 얼마나 자주 우리 상품을 구입했는지,
> 'Monetary(금액)'는 고객이 구입했던 총 금액은 어느 정도인지로 구분하여 고객들을
> 세분화하는 모형이다.

'RFM 모형'을 적용하기 위해서는 우선 '기간'이 정해져야 한다. 즉, 어느 기간 동안 일어난 일을 가지고 판단할 것인가이다. 내부 고객이나 거래 고객이라면 1년이나 3년 단위가 될 수 있고 건설이나 금융 업종의 고객이면 5년도 될 수 있다. 자동차 구매 고객이면 5년 또는 10년이 될 수도 있다. 프로세스 설계 과제의 유형과 고객 군에 따라 다양한 기간이 설정될 수 있다. '기간'이 정해지면 다음은 '점수 부여 방법'을 정한다. 사안을 단순화시키기 위해 우리의 예인 '라면 판매 프로세스 설계를 통한 매출 30% 향상' 과제의 경우를 적용해보자. 우선 '기간'은 고객이 라면을 먹으러 분식집을 방문한다면 1년 전의 방문 상황을 파악하는 것은 별 영양가가 없다. 한 3개월 정도의 기간에 대한 고객의 세분화를 통해 매출 기회를 엿보는 것이 바람직할 것이다. 따라서 '기간'은 '3개월'로 정한다(고 가정한다). 다음은 '점수 부여 방법'이다. 이것은 [표 M-6]과 같이 각 'RFM'별로 설정한다(고 가정한다).

[표 M-6]을 보자. 'RFM'별로 점수를 부여하는 방법은 처한 상황별로 다양화할 수 있다. 예를 들어 'Recency - 고객 접촉 건수'로, 'Frequency - 거래 성사 건수', 'Monetary - 거래 금액' 등과 같이 설계할 프로세스의 성격에 맞게 응용해서 설정할 수 있다. 도구(Tool)에 '절대적'이란 없다. 망치로 못을 박든 못을 빼든 필요한 상황에 맞게 효율적으로 활용하면 도구로서 충분히 제 역할을 한 것이다.

[표 M-6] RFM별 '점수 부여 방법' 예

RFM	점수 부여 방법	가중치	비고
Recency - 최근 방문 상황	3 = 1~2개월 사이 2 = 2~3개월 사이 1 = 3개월 이전	2	RFM 점수 = (2R)×(5F)×(3M)
Frequency - 방문 빈도	3 = 8회 이상 2 = 5~7회 사이 1 = 4회 이하	5	
Monetary - 사용 금액	3 = 2만 원대 2 = 1만 원대 1 = 천 원대	3	
	금액은 고객별 평균값(총 금액 ÷ 방문 빈도)		

우선 활용에 들어가기 전에 표에서 가장 유리한 고객은 어느 속성으로 분류되는 고객일지 알아보자. 아마 최근에 방문하면서 빈도도 높고, 사용 금액도 크면 최고의 고객이 될 수 있다. 이것을 'RFM별 점수 부여 방법'으로 구분하면 '333'이다. 또, '3'으로 끝나는 고객 중 '133'은 '방문 빈도'와 '매출 기여도'가 높지만 분식집에 온 지가 꽤나 오래된 경우이며 점점 멀어지고 있는 고객으로 볼 수 있다. 3개월 전만 해도 최우량 고객에 속했던 점을 감안하면 가장 먼저 유인책을 고려해봄 직한 유형으로 판단할 수 있다.[19] 유형에 따라 다양한 세분화와 고객 유치 전략이 나올 수 있겠으나 나머지 유형들에 대한 해석은 약간의 숙제로 남기고, 현재의 상황만으로 '고객 가치'를 산정해보자. 우선 [표 M-6]의 '비고'란에 있는 'RFM 점수'를 활용한다. 예를 들면 조사한 고객의 'Recency(최근 방문 상황)=2~3개월 사이'이고, 'Frequency(방문 빈도)=4회 이하'이며, 'Monetary(사용 금액)=1만 원대'라면 이 고객의 가치(또는 RFM 점수)는 '15[=(2×2)×(5×1)×(3×2)]'이다. 이와 같이 고객에 대해 전수

---

19) <출처> 릴리펏: http://www.llp.co.kr/academy/academy_read.asp?code=105 '고객 세분화와 RFM'에서 점수 설명을 따옴.

또는 표집을 통한 'RFM 점수'를 만들어냄으로써 고객을 세분화하고, 어느 고객 군이 프로세스 설계에 유리한 영향을 줄 것인지 파악한다. 다음 [표 M-7]은 설계할 프로세스에 대한 '고객 가치(또는 RFM 점수)'를 나열해본 것이다.

[표 M-7] 고객 가치(RFM 점수) 예

No.	고객 가치 (RFM 점수)	고객 수	비율	누적 비율	비고
1	405	64	8.06	8.06	프리미엄 고객 군: 특별 관리
2	270	89	11.21	19.27	골드 고객 군: 유지 관리
3	180	175	22.04	41.31	실버 고객 군: 이탈 방지 관리
4	135	260	32.75	74.06	잠재 고객 군: 선별 관리
5	120	2	0.25	74.31	잠재 고개 군: 선별 관리
6	90	43	5.42	79.72	
7	60	87	10.96	90.68	
8	45	34	4.28	94.96	
9	30	4	0.50	95.47	
10	15	36	4.53	100.00	

[표 M-7]의 '비고'란에 설명을 달아놓은 것과 같이 'RFM 점수'가 높은 순으로 설계 프로세스에 중요한 역할을 담당할 것이다. 이들에 대해 적극적으로 '요구 사항'을 듣기 위해 노력해봄 직하다. 고객들에 대한 이와 같은 조사는 데이터베이스로 고객 관리가 되고 있으면 관련 자료를 활용할 수 있으나 그렇지 않으면 설문 등을 해야 한다. 물론 [표 M-6]에서의 '점수 부여 방법'이나 '가중치', 또 [표 M-7]에서의 해석 여지 등 다양한 접근과 변화가 존재할 수 있다. 'Case by Case'라는 표현이 적절할 것이나 'RFM 모형'의 기본적 용법은 여전히 유효하다. 이 외에 'RFM 모형'을 확장한 'FRAT 모형'[20]이 있으며, 기업 적용성이 높은 것으로 평가받고 있다. FRAT는 F(빈도: Frequency),

20) Robert Kestnbaum가 개발한 것으로 알려져 있다.

R(최근성: Recency), A(구매력: Amount), T(구입 상품: Type of Merchandise/Service)의 4가지 요소들로 구성된다. 또, 'ICPM 모형'이 있으며, 여기서 I(Intention: 고객의 향후 지속 가입 의향), C(Continuity: 현재까지 지속 가입 기간), P(Participation: 부가서비스 이용, 회원 가입 추천), M(Monetary: 이용 금액)의 약자이다. 모형들에 대한 다양한 접근법과 사례는 기본적으로 'RFM 모형'과 유사하므로 설명은 생략한다. 관심 있는 리더는 관련 문헌을 참고하기 바란다. 다음 [그림 M – 13]은 'RFM 모형'을 적용한 'Step – 4.3. 고객 선정' 의 작성 예이다.

[그림 M – 13] 'Step – 4.3. 고객 선정' 작성 예('RFM 모형' 적용)

Step-4. 고객 정의
  Step-4.3. 고객 선정

- 불특정 다수인 '라면 주문 손님(중학생/고등학생/대학생)' 에 대해 **RFM 모형 적용**.
- 요구사항 수집을 위해 **선정된 고객 군**에 대해 '프리미엄고객 64명은 전수, '골드 고객'들은 표 집으로 진행 예정.

❑ RFM별 점수 부여방법

RFM	점수 부여 방법	가중치	비고
Recency -최근 방문상황	3=1개월~2개월 사이 2=2개월~3개월 사이 1=3개월 이전	2	
Frequency -방문빈도	3=8회 이상 2=5회~7회 사이 1=4회 이하	5	RFM점수=(2R)*(5F)*(3M)
Monetary -사용금액	3=2만 원대 2=1만 원대 1= 천 원대 금액은 고객별 평균 값(총 금액 ÷ 방문 빈도)	3	

❑ 고객 민감도 분석

No.	고객 가치 (RFM 점수)	고객 수	비율	누적 비율	비고	
1	405	64	8.06	8.06	프리미엄고객 군; 특별 관리	전수 표집
2	270	89	11.21	19.27	골드 고객 군; 유지 관리	
3	180	175	22.04	41.31	실버 고객 군; 이탈 방지 관리	
4	135	260	32.75	74.06	잠재 고객 군; 선별 관리	
5	120	2	0.25	74.31	잠재 고객 군; 선별 관리	
6	90	43	5.42	79.72		

PS-Lab
Problem Solving Laboratory

[표 M - 6]과 [표 M - 7]의 과정을 'Step - 4.3. 고객 선정'에 정리한 결과이다. 반복하지만 프로세스 설계를 위해 '목표 고객'들의 조언(요구 사항)을 수집하는 것이 목적이므로 그 대상이 명확해야만 한다. 본문은 [그림 M - 13]의 '비고'란 중 '프리미엄 고객 군'으로 분류된 '64명' 전체와, '골드 고객 군'으로 분류된 '89명 중 일부'를 요구 사항 수집 대상으로 선정하였음을 장표 초두에 설명하고 있다. 다음은 '정량적 평가'에 대해 알아보자.

4.3.2. '고객 민감도 분석'이 '정량적 평가'로 이루어질 경우

본문은 '군집 분석'을 다룬다. 미니탭으로 실행하며 통계적 절차이다. 물론 '군집 분석'이 '[표 M - 5] 고객 세분화 도구들(Tools)'에 포함된 것과 같이 '고객 세분화' 기법으로 분류되지만 '고객 선정'도 함께 이루어지므로 'Step - 4.2'와 'Step - 4.3'을 동시에 표현할 수 있는 장점이 있다. 단, 본문이 도구를 소개하기보다 로드맵에 초점을 맞추고 있으므로 상세한 활용법보다 실용적인 측면에서 설명을 이어 나갈 것이다. '군집 분석'은 기본적으로 다음과 같은 절차에 따라 전개된다.

> 1) '변수'를 정한다.
> '변수'는 군집 대상들을 설명하는 특징(나이, 성별, 회사 규모 등)보다는 개별적으로 반응하는 행동 패턴(소요 시간, 사용 금액, 선호도 등)을 사용.
>
> 2) '분석 방법'을 결정한다.
> 어려운 부분이다. 그러나 리더의 수준에서 이론적 접근이 아닌 실용적 접근만을 고려하면 다음의 설명을 따르면 충분하다. 우선 방법들을 도식화하면 다음 [그림 M - 14][21]과 같다.

---

21) [그림 M - 14]의 '비계층적 군집화'와 'Ward 연결법'은 한국통계학회 '통계학 용어 대조표'에 포함돼 있

[그림 M-14] 군집화 방법

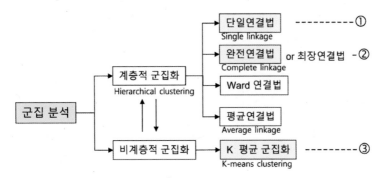

'계층적 군집화'와 '비계층적 군집화' 사이의 양방향 화살표는 군집화 상황에 따라 결정되는 순서로, 예를 들어 신용카드 사용자들의 구매 성향 등을 파악하는 대량 데이터 처리의 경우 아래에서 위로의 순서를 밟기도 한다. 그러나 통상적으로는 위에서 아래로, 구체적으로는 '① → ② → ③'의 순서를 따른다. '①'은 군집 대상 중에서 타 대상들과 다른 양상을 보이는 경우(이상점: Outlier)를 걸러내 제외시키는 과정으로, '②'는 군집 수를 결정하는 과정으로, 끝으로 '③'은 최종 군집을 확정하는 과정으로 전개한다. '③'의 'K 평균 군집화'는 묶어낼 군집 수를 사전에 알고 있으면 '②'를 건너뛸 수도 있다. 즉, '②'는 '③'의 'K 평균 군집화'를 적용하기 위한 절차로 이해한다.

3) '유사성(Similarity) 측정 방법'을 결정한다.
'유사성'이란 군집하는 대상들의 비슷한 상태를 표현하는 척도이며, 계산식이 수반된다. 설문을 통해 얻은 값이나 측정값들을 이용하며, 대상들을 쌍으로 묶어 하나의 값을 얻는다. 어느 값들끼리 유사한지를 결정해주는 방법이 '2) 분석 방법'이다. 계산 수식은 생략한다. 미니탭에서는 'Euclid', 'Manhattan', 'Pearson', 'Euclid 제곱', 'Pearson 제곱'이 제시돼 있으나 특별한 사유가 없는 한 'Euclid'를 선택한다(무지하게 어려운 용어들이다. 그러나 기죽을 필요 없다. 계산식들의 명칭일 뿐이다).

지 않아 일반적으로 사용하는 용어로 표기함.

뭔지 모르는 어려운 용어들이 갑자기 쏟아져 나오므로 책을 덮어버린다면 너무 슬픈 일이다. 이들은 미니탭에서 순서대로 선택하는 문제이므로 한번 해 보면 그만이다. 만일 리더라면 여기서 이론적으로 조금 더 파고들기 바란다.

자, 활용으로 들어가 보자. 우선 왜 '군집 분석'이 필요한지에 대한 상황 설정이 필요하다. 이를 위해 (사무) 간접 부문에서 일어날 수 있는 예와 서비스 부문에서 일어날 수 있는 예를 들 것이다. 후자는 불특정 다수를 군집화하는 방법을 제공할 것이므로 전개 과정이 조금 섬세해지는 차이점이 있다. 간혹 분석 사례를 요구하는 리더들에게 유사한 것을 보여주면 꼭 하는 말이 있다. "이건 ○○ 부분이 우리와 안 맞거든요." 함께 태어난 쌍둥이도 다르고 똑같 은 프로세스에서 만들어진 상품도 다른데 하물며 타사 사례가 본인 것과 동일 하리라 기대하는 것은 너무 큰 욕심이 아닐까? 어느 예능 프로그램에서 "콩트 는 콩트일 뿐"이란 대사가 나온다. "참고는 참고일 뿐"이다. 과제 리더이면 본 인들이 과제 수행 중 경험하는 경우와 빗대어 참조가 잘되면 좋은 것이고, 응 용에 어려움이 있으면 조금 연구하고 노력하기 바란다.

(사무) 간접 부문의 예로 거래 업체들이 20여 개 되고 영업 관리의 차별화 를 위해 그들을 유사 성향으로 묶는다고 가정하자. 이에 기존보다 업그레이드 된 관리 프로세스의 설계가 필요하다. 따라서 업체들은 같은 유형으로 군집화 돼야 하고 이어 각 군집별로 어떻게 하면 좋은 프로세스를 만들지에 대한 요 구 사항들을 수집한다. 프로세스 설계 과제를 통해 기존에 하지 않았거나 아 예 없던 것을 창조하게 되므로 현재의 거래 업체로부터 소리(VOC)를 듣는 일 은 필수적이다.

우선 업체를 분류할 '1) 변수'가 필요하다. 예제의 '변수'들은 실제 멘토링 중 설정한 항목들이나 데이터들은 임의로 처리하였다. 다음 [표 M－8]은 선정 된 '변수'와 '7점 척도'로 평가한 결과이다.

[표 M-8] '군집 분석'을 위한 '변수' 선택 및 설문 평가 자료 예

회사	시장확장성	당사선호도	신용도(채권)	수주가능성	매출확보소요기간
A	1	1	1	7	6
B	3	1	4	3	1
C	1	7	3	7	3
D	3	5	6	3	2
E	1	6	3	7	7
F	3	7	4	6	6
G	1	4	4	1	2
H	1	4	5	5	5
I	4	2	4	3	5
J	5	5	6	3	6
K	2	2	7	6	5
L	4	1	6	6	1
M	4	3	7	7	4
N	2	1	6	4	1
O	3	2	5	7	5
P	2	6	6	3	1
Q	6	1	2	2	4
R	4	6	3	4	4

거래 업체는 '총 18개 사'이고, '변수'는 '시장 확장성', '당사 선호도', '신용도(채권)', '수주 가능성', '매출확보 소요기간'으로 정하였다. 점수는 거래 업체 담당자들이 모여 결정한 것으로 가정한다. [표 M-8]을 이용하여 '군집 분석'을 통한 '고객 민감도 분석'을 수행하기 전에 본문에서 핵심으로 다루는 '흐름', 즉 로드맵 관점에서 지금이 어느 위치에 해당하는지 잠깐 알아보고 본론으로 돌아오자. 우선 [표 M-8]과 같이 거래 업체들은 명료하게 드러나 있다. 따라서 'Step-4.1. 고객 조사'는 단순히 거래 중인 업체들의 목록만 준비한다. 또, 'Step-4.2. 고객 세분화'는 '소비재시장/인구통계학적 세분화/담당자'별로 세분화하면 간단히 정리된다. 파워포인트를 사용하면 하나의 장표에 'Step-4.1.

고객 조사'에 해당하는 '업체 목록', 'Step‑4.2. 고객 세분화'에 해당하는 'Multiple Tree'가 작성될 수 있다. 예시는 [그림 M‑9]와 [그림 M‑10]의 'Multiple Tree 작성 예' 등을 참고하기 바란다.

'변수'가 결정됐으므로 '2) 분석 방법'을 정한다. 지금과 같은 상황은 대용량 자료도 아닐뿐더러(따라서 '계층적 군집화 → 비계층적 군집화'로의 흐름을 선택), '군집 분석' 대상 업체들 중 특이 성향을 보이는 업체가 존재할 수 있다('Outlier' 존재 가능성). 따라서 '단일 연결법 → 완전 연결법 → K 평균 군집화'의 순서를 따르기로 한다(고 가정한다). 다음은 '3) 유사성 측정 방법'이다. 특별한 사유가 없는 한 'Euclid'를 선택한다. 다음 [그림 M‑15]는 미니탭 위치와 '대화 상자' 입력을 나타낸다.

[그림 M‑15] 미니탭 위치 및 '대화 상자' 입력 예

다음 [그림 M‑16]은 결과 화면이다. 참고로 미니탭 '세션 창'의 해석은 생략한다.

[그림 M-16] '군집 분석' 결과(단일 연결법)

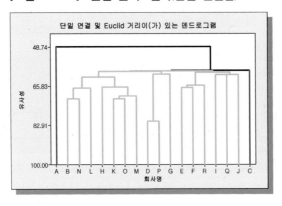

'덴드로그램'상으로 '1번 업체(A)'와 '3번 업체(C)'가 'Outlier'성으로 관찰
된다. 담당자를 통해 업체 특성을 조사한 결과 대기업과의 거래를 원하는 반면
시장 확장성이 어려운 소규모 업체로 분류돼 일단 대상에서 제외하였다(고 가
정한다). 두 개의 업체를 제외하고 '완전 연결법'으로 재분석한 결과가 다음
[그림 M-17]이다.

[그림 M-17] '군집 분석' 재평가 결과(완전 연결법)

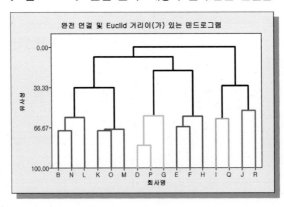

'완전 연결법'으로 수행했고, 분석 결과 '6개'의 그룹 수로 분류되는 것 같아 '대화 상자' 내 '그룹 수'에 '6'을 넣어 색깔로 구분하였다. 영업 담당자들과 협의한 결과 약간의 변경 사항은 있을 수 있으나 '6개 군집'에 무리가 없는 것으로 판단하고 'K 평균 군집화'를 수행하였다. 미니탭 위치와 '대화 상자' 입력은 다음 [그림 M-18]과 같다.

[그림 M-18] 미니탭 위치와 '대화 상자' 입력(K 평균 군집화)

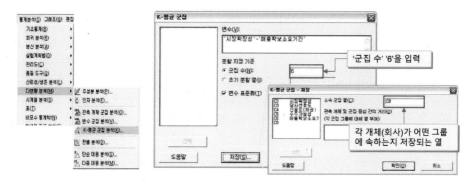

미니탭 결과와 군집별 속성을 다음 [표 M-9]에 정리해놓았다.

[표 M-9] '군집 분석' 최종 결과 및 업체별 속성 해석

C7-T 회사	C8 소속군집	군집	개체(업체 명)	군집 특성	해석
B	1	1	B, I, L, N, Q	신용도는 좋지만 당사선호도가 낮고 매출확보소요기간이 긴 업체들	선호도 저하 원인을 규명한 뒤 유리한 업체 순으로 대응
D	2				
E	3	2	D, J, P	신용도 좋고 당사 선호가 매우 높으며 추가 수주가능성은 중간수준인 업체들	추가 수주를 위해 적극적인 영업력 강화
F	4				
G	5	3	E	시장 확장성만 취약한 업체	시장 침투력을 관찰하면서 대응
H	6				
I	1	4	F, R	변수로 분류하기 모호함. 대체로 수익구조가 안정적이며 시장지배력이 있는 업체들임	Cash cow가 될 수 있는 관계로 유지
J	2				
K	6	5	G,	전체적으로 취약한 업체	거래 규모를 줄이는 방향으로 대응 필요
L	1				
M	6	6	H, K, M, O	신용도와 수주가능성 높지만 당사선호도는 낮은 편임. 시장확장성 낮음	시장확장성이 낮아 일정 거리를 두며 거래하는 업체 군으로 대응 여하에 따라 매출 향상 기회 존재함
N	1				
O	6				
P	2				
Q	1				
R	4				

현재의 거래 업체들이 크게 변동되지 않는 한 지금과 같은 '군집 분석'을 주기적으로 수행해 변화에 대응할 수 있는 체제화가 곧 '프로세스 설계'의 결과물이 될 수 있다. 물론 이와 같은 수리적인 결과가 100% 적용되는 일은 없을 것이다. 팀원들 간 지속적인 논의가 필요하겠지만 정량적이고 재현성 있는 결과이므로 영업 전략을 구사하는 데 상당한 변화가 생길 수 있다. 고객 기업의 군집화 이후 수행될 설계 활동이 무엇인지 자세히 논하진 않을 것이다. 다만 일반적으로 ① 한 기업의 거래 업체들이 크게 변동하지 않는 점을 감안할 때 군집별 대응 전략을 정한 뒤 프로세스 설계에 반영할 수 있다. 반대로 ② 만일 고객사 변동이 심한 상황이면 주기적으로 분석 접근법을 체계화하거나 표준화하는 일 자체도 설계 목적에 부합한다. 만일 '수주 향상'을 목적으로 프

[그림 M-19] 'Step-4.3. 고객 선정' 작성 예(자료 수집)

Step-4. 고객 정의
 Step-4.3. 고객 선정   D M A D V

- '고객 민감도 분석'을 위해 '군집 분석' 수행.
- 이를 위해 자료 조사 기준을 정의하고, 고객 선정을 위한 데이터를 다음과 같이 수집함.

□ 조사기준

분류	설명	점수부여 기준
시장 확장성	사용수량	적음(1)~많음(7)
당사 선호도	호감도	낮음(1)~높음(7)
신용도 (채권)	회사 건전성 /채권	결재조건 불량(1)~양호(7)
수주 가능성	수주 가능성	낮음(1)~높음(7)
매출확보 소요기간	승인 획득기간	짧음(1)~길(7)

□ 수집자료

회사	시장확장성	당사선호도	신용도(채권)	수주가능성	매출확보소요기간
A	1	1	1	7	6
B	3	1	4	3	1
C	1	7	3	7	3
D	3	5	6	3	2
E	1	6	3	7	7
F	3	7	4	6	6
G	1	4	4	1	2
H	1	4	5	5	5
I	4	2	4	3	5
J	5	5	6	3	6
K	2	2	7	6	5
L	4	1	6	6	1
M	4	3	7	7	4
N	2	1	6	4	1
O	3	2	5	7	5
P	2	6	6	3	1
Q	6	1	2	2	4
R	4	6	3	4	4

PS-Lab 계속
Problem Solving Laboratory

로세스 설계가 이루어진 경우이면 'Step‑4.3. 고객 선정' 관점에서 '고객 민감도 분석'이 수행된 것으로 볼 수 있다. 이때 [표 M‑9]의 '해석' 열에 굵게 빨간색으로 표기한 고객 군이 '목표 고객'에 대응한다. [그림 M‑19]와 연속된 [그림 M‑20]은 앞서 진행된 'Step‑4.3. 고객 선정' 과정을 파워포인트로 정리한 예이다.

[그림 M‑19]는 제조 기업의 간접 부문에서 거래 업체 관리를 위한 '프로세스 설계' 목적으로 조사한 자료이다. 미리 정한 '조사 기준'과 그를 토대로 거래 업체로부터 설문 평가한 결과가 포함돼 있다.

[그림 M‑20] 'Step‑4.3. 고객 선정' 작성 예

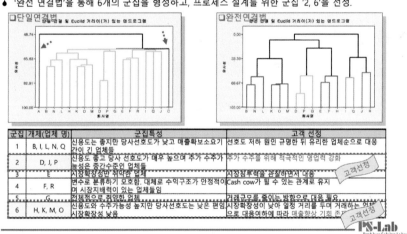

[그림 M‑20]은 '군집 분석' 결과로써 최종 '6개 업체 군집화'와 그들 중

'2개 유형'이 '의미 있는 목표 고객 군'임을 정하고 있다. '분석 과정의 표준화', 또는 선정된 '목표 고객'을 활용한 이후 설계 등 다양한 설계 옵션이 가능하나 추가적인 본문의 설명은 생략한다. '간접 부문'에 대한 설명은 여기까지로 하고, 다음은 '서비스 부문'의 '고객 민감도 분석'에 대해 알아보자.

서비스 부문의 예로는 불특정 다수를 대상으로 하는 경우, 예를 들면 보험업이나 금융업, 건설, 일반 소비자를 대상으로 하는 업종 등이 포함될 수 있다. 그러나 본문은 가장 단순한 예인 '라면 판매 프로세스 설계를 통한 매출 30% 향상' 과제를 활용할 것이다. 고객 유형 관점에서 앞서 제시한 기업 유형들에 그대로 응용할 수 있다. 상황 설정으로 [그림 M-10]의 'Step-4.2. 고객 세분화'의 결과 중 불특정 다수로 분류할 수 있는 '소비재 시장/인구 통계학적 세분화/연령(직업)' 분류를 대상으로 '민감도 분석(군집 분석)'을 진행한다. 우선 '1) 변수'를 선정해야 하는데, 다음 [표 M-10]에 정리해놓았다.

[표 M-10] '고객 민감도 분석'을 위한 '변수' 설정 예

변수	세부 변수	7점 척도
방문 형태	하루 중 방문 시간대는	오전(1)←오후(4)→저녁(7)
	한 번 방문 시 몇 명하고 동행하는지	혼자(1)←3~4(4)→5명 이상(7)
	방문 요일(월~일)	월(1)←수(4)→일(7)
방문 사유	간식으로 먹기 위해	No(1)←반반(4)→Yes(7)
	분식 가격이 저렴해서	No(1)←반반(4)→Yes(7)
	활동 지역에서 가까워서	No(1)←반반(4)→Yes(7)
방문 시 행동	여러 분식을 주문	1개씩(1)←2~3(4)→4개 이상(7)
	많은 양을 선호	정량(1)←반반(4)→Yes(7)
	머무는 시간이 1시간 이내	2hr 이상(1)←2hr 미만(4)→Yes(7)

우선 '변수'는 고객의 행동 정보를 세분화해서 나열했으며, 설명 정보들(나이, 직업 등)은 분석 후 참고 자료로 활용한다(고 가정한다). 특히 행동 정보들은 직감적으로 얻어내기보다 과거 자료나, 문헌 정보, 전문가 의견 등을 통해 신중히 고려하는 것이 바람직하다. 선정된 행동 정보들에 의해 향후 대고객 마케팅이나 프로세스 설계 완성도 등이 결정되기 때문이다. 실제 대량의 자료를 활용하면 '세부 변수'는 훨씬 많아진다. 그러나 본문은 접근법을 설명하고 있으므로 최소화시켜 설정하였다. [표 M-10]의 세 번째 열은 측정 방법을 예시한 것으로 '7점 리커트 척도'를 나타낸다. '분식 가격'이나 '머무는 시간' 등의 '연속 자료'들은 실제 값들로 수집해서 분석할 수 있으나 단위들이 틀리면 오차가 발생하므로 모두 동일한 척도로 만들어줘야 한다. 물론 미니탭에도 '군집 분석'의 '대화 상자'에 '변수 표준화'라고 하는 기능이 포함돼 있으며 [그림 M-15]에서 설명한 바 있다. 다음은 '2) 분석 방법'의 결정이다. 지금과 같은 상황은 대용량 자료(물론 '상황'과 '변수'로 봐서는 대용량이라고 볼 수 없으나 보험 계약자들처럼 많은 양의 개체를 대상으로 한다고 가정하겠다. 접근 방법을 설명하려는 것이지 실제 분석을 하려는 것은 아니기 때문이다. 이러한 가정은 분석 과정 중 계속 유지될 것이다)이므로 '비계층적 군집화 → 계층적 군집화'로의 흐름을 선택한다. 따라서 'K 평균 군집화 → 완전 연결법'의 순서를 따르기로 한다. 다음은 '3) 유사성 측정 방법'이다. 특별한 사유가 없는 한 이전과 동일하게 'Euclid'를 선택한다. [표 M-11]은 수집된 데이터를 보여준다. 설문을 한다고 했지만 대용량 정보를 가정하고 있으므로 보통은 '고객 정보 데이터베이스'를 활용하게 될 것이다.

　[표 M-11]에서 '첫 열'은 설문에 응해준 '고객'을 나타낸다. 이제 분석에 대해 알아보자. 현재 각 변수별로 3개씩의 '세부 변수'가 정의돼 있으나 실제는 이것보다 훨씬 많을 것이기 때문에 모두를 한꺼번에 분석하는 것은 상당한 어려움이 따를 것이다. 따라서 변수인 '방문 형태', '방문 사유', '방문 시 행

[표 M-11] '고객 민감도 분석'을 위한 '변수' 설정 예

변수	방문형태			방문사유			방문시 행동		
	하루중 방무시간대	한 번 방무시 몇 명	방문요일	간식으로	분식가격이 저렴	활동지역에서 가까워	여러분식을 주문	많은 양을 선호	머무는 시간
1	1	4	5	5	6	7	6	5	5
2	1	1	6	1	2	6	2	7	6
3	7	3	7	4	5	4	4	4	6
4	5	7	6	3	5	2	4	4	5
5	4	7	1	3	5	3	6	2	3
6	3	6	2	5	4	1	2	6	7
7	5	2	7	5	1	4	4	7	4
8	4	1	1	1	2	6	3	2	7
9	3	3	5	4	5	6	7	5	4
10	5	6	4	3	2	7	4	1	6
11	3	2	3	3	6	7	7	3	1
12	6	5	3	2	1	6	4	2	5
13	2	1	2	4	6	6	1	2	6
14	7	5	2	1	7	3	7	6	1
15	1	6	4	1	1	6	4	1	7
16	1	4	5	2	4	2	4	6	4

동' 각각에 대해 독립적으로 '군집 분석'을 수행한다. 각 변수별로 'K 평균 군집화'로 진행되며, 미니탭의 활용은 앞서 설명했으므로 그 결과와 군집 특성만을 다음 [표 M-12]에 요약하였다.

[표 M-12] 변수별 독립적으로 수행된 '군집 분석' 결과(K 평균 군집화)

변수	군집	개체	군집 특성
방문 형태	A	1,2,9,15,16,18	주말 오전에 4~5명 방문
	B	8,11,13,17,20	주초 오후에 혼자 오는 유형
	C	3,7,	주말 저녁에 1~2명 방문
	D	4,5,6,10,12,14,19	주중 오후 늦게 5명 이상 방문
방문 사유	a	1,9,11,13,18,19	주변지역이고 저렴해서 간식/식사로
	b	2,8,10,12,15	주변지역이고 비싸지만 식사로
	c	3,4,5,6,7,14,16,17,20	먼 지역이고 약간 비싸지만 간식/식사
방문 시 행동	가	9,11,14,17,19	머문 시간 1hr이내, 많은 양의 4이상 주문
	나	2,6,7,	머문 시간 1hr이내, 많은 양의 1개 주문
	다	8,10,12,13,15,18	머문 시간 1hr이내, 정량의 2~3개 주문
	라	1,3,4,5,16	2시간 미만 보통 양에 2~3개 주문

[표 M-12]와 같이 '방문 형태=4개 군', '방문 사유=3개 군', '방문 시 행동=4개 군'이 형성됐으며, 이들 '군집 특성'들을 조합해야 실제적인 고객

세분화가 가능하다. 군집별 조합은 '4×3×4＝48개'가 나올 수 있다. 이들 '48개'의 세분화 군집에 대해 논리적으로 발생 가능성이 현저히 떨어지는 조합을 추출해서 정리하면 다음 [표 M－13]을 얻는다.

[표 M－13] '세부 군집'의 축소 과정

세부 군집 특성	평가	결과
주말 오전에 4~5명 방문, 주변지역이고 저렴해서 간식/식사로, 머문 시간 1hr이내 많은 양의 4종이상 주문		
주말 오전에 4~5명 방문, 주변지역이고 저렴해서 간식/식사로, 머문 시간 1hr이내 많은 양의 1종 주문	4~5명 방문해서 1종 주문은 빈도가 극히 적을 것임	제외
주말 오전에 4~5명 방문, 주변지역이고 저렴해서 간식/식사로, 머문 시간 1hr이내 정량양의 2~3종 주문		
주말 오전에 4~5명 방문, 주변지역이고 저렴해서 간식/식사로, 2시간 미만 보통량에 2~3종 주문		
주말 오전에 4~5명 방문, 주변지역이고 비싸지만 식사로, 머문시간 1hr이내, 많은 양의 4종이상 주문		
주말 오전에 4~5명 방문, 주변지역이고 비싸지만 식사로, 머문시간 1hr이내 많은 양의 1종주문	4~5명 방문해서 1종 주문은 빈도가 극히 적을 것임	제외
주말 오전에 4~5명 방문, 주변지역이고 비싸지만 식사로, 머문시간 1hr이내 정량의 2~3종주문		
주말 오전에 4~5명 방문, 주변지역이고 비싸지만 식사로, 2시간 미만		

논리적 근거가 불충분한 조합을 제거한 결과는 [표 M－14]와 같다.

'Step－4.3. 고객 선정'임을 감안하면 [표 M－14]에서의 세분화를 통해 바로 결과를 유도하는 것도 가능하다. 예를 들면, '주변 지역'이 공통적으로 포함돼 있는데 이것은 분식집 특성상 먼 지역에서 일부러 찾아올 가능성이 희박하다는 논리에서 비롯된다. 관련성이 떨어지는 항목을 배제하고 관심 있는 고객 군을 찾으면 우선 '주말 오전에 비용에 관계없이 4~5명씩 찾아오는 군'을 예의 주시할 필요가 있다. 아마도 대학생들로 주변에서 함께 기숙하거나 자취하는 무리일 수 있다. 또, '주중 오후 늦게 4~5명씩 오는 군'은 학교가 끝난 뒤 무리 지어 분식집을 찾는 고등학생들이 차지할 것이다. 이와 같은 논리로 '목표 고객'이 선정되면 누구를 위해 프로세스 설계가 이루어져야 하는지 가시화되므로 'Step - 5. VOC 조사'로 들어갈 수 있다.

[표 M - 14] 논리적으로 발생 가능성이 떨어지는 조합들의 제거 결과

그룹	세부 군집 특성
1	주말 오전에 4~5명 방문, 주변지역이고 저렴해서 간식/식사로, 머문시간 1hr이내 많은 양의 4종이상 주문
2	주말 오전에 4~5명 방문, 주변지역이고 저렴해서 간식/식사로, 머문시간 1hr이내 정량양의 2~3종 주문
3	주말 오전에 4~5명 방문, 주변지역이고 저렴해서 간식/식사로, 2시간 미만 보통량에 2~3종 주문
4	주말 오전에 4~5명 방문, 주변지역이고 비싸지만 식사로, 머문시간 1hr이내, 많은 양의 4종이상 주문
5	주말 오전에 4~5명 방문, 주변지역이고 비싸지만 식사로, 머문시간 1hr이내 정량의 2~3종주문
6	주말 오전에 4~5명 방문, 주변지역이고 비싸지만 식사로, 2시간 미만 보통량에 2~3종 주문
7	주초 오후에 혼자오는 유형, 주변지역이고 저렴해서 간식/식사로, 머문시간 1hr이내 많은 양의 1종주문
8	주초 오후에 혼자오는 유형, 주변지역이고 비싸지만 식사로, 머문시간 1hr이내 많은 양의 1종주문
9	주말 저녁에 1~2명 방문, 주변지역이고 저렴해서 간식/식사로, 머문시간 1hr이내 많은 양의 1종 주문
10	주말 저녁에 1~2명 방문, 주변지역이고 저렴해서 간식/식사로, 머문시간 1hr이내 정량의 2~3종 주문
11	주말 저녁에 1~2명 방문, 주변지역이고 저렴해서 간식/식사로, 2시간 미만 보통량에 2~3종 주문
12	주말 저녁에 1~2명 방문, 주변지역이고 비싸지만 식사로, 머문시간 1hr이내 많은 양의 1종 주문
13	주말 저녁에 1~2명 방문, 주변지역이고 비싸지만 식사로, 머문시간 1hr이내 정량의 2~3종 주문
14	주말 저녁에 1~2명 방문, 주변지역이고 비싸지만 식사로, 2시간 미만 보통량에 2~3종 주문
15	주중 오후늦게 5명 이상 방문, 주변지역이고 저렴해서 간식/식사로, 머문시간 1hr이내, 많은 양의 4종 이상 주문
16	주중 오후늦게 5명 이상 방문, 주변지역이고 저렴해서 간식/식사로, 머문시간 1hr이내 정량의 2~3종 주문
17	주중 오후늦게 5명 이상 방문, 주변지역이고 저렴해서 간식/식사로, 2시간 미만 보통량에 2~3종 주문
18	주중 오후늦게 5명 이상 방문, 주변지역이고 비싸지만 식사로, 머문시간 1hr이내, 많은 양의 4종 이상 주문
19	주중 오후늦게 5명 이상 방문, 주변지역이고 비싸지만 식사로, 머문시간 1hr이내 정량의 2~3종 주문
20	주중 오후늦게 5명 이상 방문, 주변지역이고 비싸지만 식사로, 2시간 미만 보통량에 2~3종 주문

그러나 현 과정이 대용량 데이터를 기반으로 하고 있으므로 [표 M - 14]의 약 20개 그룹 수(실제는 수십 개 이상이 될 수 있다)를 더 압축할 필요가 있는데 이때 '계층적 군집화'인 '완전 연결법'을 수행한다. 결과는 '덴드로그램'이 될 것이며, 비로소 최종적인 'Step - 4.3. 고객 선정'을 위한 '고객 민감도 분석'이 완료된다. 그러나 이 과정은 '비계층적 군집화'로 얻어진 군집을 또다시 새로운 '개체'로 고려하는 것만 다를 뿐 '완전 연결법' 과정은 [그림 M -

17]과 동일하므로 설명은 생략한다. 다만 '비계층적 군집화'로 끝내든, '계층적 군집화'까지 수행해서 마무리하든 최종 군집들에 대해서는 고객의 특성을 파악하기 쉽도록 군집 명칭을 부여한다. 예를 들면, '분식 애호가', '절약형', '맛 지향형'처럼 말이다. 다음 [그림 M-21]은 '완전 연결법'을 수행한 '덴드로그램'으로 군집들에 적절한 명칭을 부여한 예이다(라고 가정한다).

[그림 M-21] '완전 연결법'을 이용한 군집화(군집에 명칭 부여)

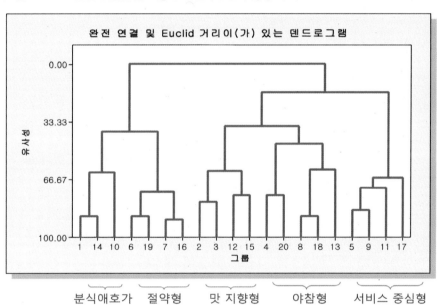

다음 [그림 M-22]와 이어지는 [그림 M-23]은 '라면 판매 프로세스 설계를 통한 매출 30% 향상' 과제의 '고객 선정'을 파워포인트로 작성한 예이다.

Step-4. 고객 정의
  Step-4.3. 고객 선정

D M A D V

- '변수'는 '방문 형태', '방문 사유', '방문 시 행동'으로 나누고 각 '변수'별로 '세부 변수'를 세 개씩 정의함.
- 자료 수집을 위해 세부 변수 별 '7점 리커트 척도'를 사용. 따라서 별도의 '변수 표준화'는 필요치 않음.

□ 변수선정 및 조사기준

변수	세부 변수	7점 척도
방문 형태	하루 중 방문 시간대는	오전(1)→오후(4)→저녁(7)
	한 번 방문 시 몇 명과 동행하는지	혼자(1)←3~4(4)→5명 이상(7)
	방문 요일(월~일)	월(1)←수(4)→일(7)
방문 사유	간식으로 먹기 위해	No(1)←반반(4)→Yes(7)
	분식 가격이 저렴해서	No(1)←반반(4)→Yes(7)
	활동 지역에서 가까워서	No(1)←반반(4)→Yes(7)
방문 시 행동	여러 분식을 주문	1개씩(1)←2~3(4)→4개 이상(7)
	많은 양을 선호	소량(1)←반반(4)→Yes(7)
	머무는 시간이 1시간 이내	2hr 이상(1)←2hr 미만(4)→Yes(7)

□ 수집자료

변수	방문형태			방문사유			방문시 행동		
	하루중 방문시간대	한 번 방문시 몇 명	방문요일	간식으로	분식가격이 저렴	활동지역서 가까서	여러분식을 주문	많은 양을	머무는 시간
1		4	5	5	6	7	6	5	5
2		4	6	1	2	6	2	5	6
3	7		3	7	4	6	2		5
4		5	5	5	2		6	2	3
5	4	7	1	3	3		6	2	3
6	3	6	2	5	6		2	6	7
7	5	2	7	5		4	4	2	4
8	1	1	1	2	6		3	3	5
9	3	3	5	4	5		6	1	4
10	5	6	4	5	7		4	1	6
11	3	2	3	6	7		7	2	5
12	6	5	3	2	4		4	2	5
13	2	2	4	6	6		1	6	3
14	7		5	2	7		2	6	1
15	6		1	7	4		1	6	7
16		4		2		6		4	4

[그림 M-22]는 '변수 선정'과 '조사 기준' 및 이를 통한 '수집 자료'를 나타낸다. 이 자료를 이용해 [그림 M-23]의 '군집 분석'이 수행된다.

[그림 M-23]은 '비계층적 군집화'를 통해 형성된 '군집'과 '군집 특성'을 나타낸다. 결론적으로 '분식 애호가-분식집 주변에 기숙하거나 자취하는 대학생'과 '서비스 중심형-양을 중시하고 다양한 서비스를 지향하는 방과 후 야간 학습 고등학생' 및 '기타-라면분식집 운영 유경험자, 전문컨설턴트, 라면 마니아 클럽, 커피 전문점 운영자'를 최종 '고객'으로 선정하였다(고 가정한다). 특히 '기타' 군들은 '군집 분석'의 과정은 거치지 않았지만(사실 군집할 만큼 수가 많거나 다양한 유형으로 구분돼 있는 것이 아니므로 분석의 필요성이 없었음) 전문적인 조언자로서의 의미로 추가되었으며, 프로세스 설계의 완

성도를 높일 목적으로 포함되었다(고 가정한다).

[그림 M‑23] 'Step‑4.3. 고객 선정' 작성 예(군집 분석)

Step-4. 고객 정의
   Step-4.3. 고객 선정

   고객 선정 계속

- ♦ '비계층적 군집화(K 평균 군집화)'를 통해 1차 군집 특성 분류
- ♦ '계층적 군집화(완전 연결법)'을 통해 5개의 군집을 최종 형성하고, 프로세스 설계를 위한 군집 <u>'분식 애호가'</u>와 <u>'서비스 중심형'</u>을 선정.

□ 비계층적 군집화 (K 평균 군집화)

변수	군집	개체	군집특성
방문 형태	A	1,2,9,15,16,18	주말 오전에 4~5명 방문
	B	8,11,13,17,20	주초 오후에 혼자 오는 유형
	C	3,7,	주말 저녁에 1~2명 방문
	D	4,5,6,10,12,14,19	주중 오후 늦게 5명 이상 방문
방문 사유	a	1,9,11,13,18,19	주변지역이고 저렴해서 간식/식사로
	b	2,8,10,12,15	주변지역이고 비싸지만 식사로
	c	3,4,5,6,7,14,16,17,20	먼 지역이고 약간 비싸지만 간식/식사
방문 시 행동	가	9,11,14,17,19	머문 시간 1hr이내, 많은 양의 4이상 주문
	나	2,6,7,	머문 시간 1hr이내, 많은 양의 1개 주문
	다	8,10,12,13,15,18	머문 시간 1hr이내, 정량의 2~3개 주문
	라	1,3,4,5,16	2시간 미만 보통 양에 2~3개 주문

□계층적 군집화 (완전 연결법)

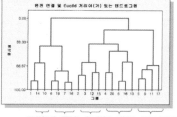

분식애호가 절약형 맛 지향형 야참형 서비스 중심형

□ 고객 선정

☞ 분식애호가: 분식집 주변에 기숙하거나 자취하는 대학생,
☞ 서비스 중심형: 양을 중시하고 다양한 서비스를 지향하는 방과 후 야간학습 고등학생
☞ 기타: Step-4.2.고객 세분화에서 특별히 고려한 '라면 분식집 운영 유 경험자', '전문컨설턴트', '라면 마니아 클럽', '커피전문점 운영자'를 한 두 명씩 포함시킴

PS-Lab
Problem Solving Laboratory

지금까지 'Step‑4. 고객 정의'에 대해 알아보았다. 많은 설명과 다양한 사례를 들었지만 무엇보다 중요한 것은 설계하는 프로세스가 정말 제대로 만들어져 유용하게 사용되려면 누구를 만족시켜야 하는지가 명확해야 하며, 따라서 이 부분에 팀원들과 심도 있는 토의와 조사 과정이 있어야 한다. '프로세스 설계' 과정이 존재하는 프로세스에 대한 최적화가 아닌 없는 것 또는 안 해본 것을 만들어야 하는 점을 감안하면 시작부터 세심한 배려와 노력이 뒤따라야 한다. 이제 'Step‑4.3. 고객 선정' 결과를 이용해 다음 '세부 로드맵'인 'Step‑5. VOC 조사'로 들어가 보자.

Step-5. VOC 조사

글자 그대로 'VOC'를 '조사'하는 활동이다. 'Step-4. 고객 정의'에서의 최종 산출물이 프로세스 설계를 위한 '고객'을 찾은 거라면, 여기서는 그 고객들에게 "내가 이러이러한 프로세스를 만들 예정인데 조언 좀 해주시겠습니까?"라든가, 아니면 "기존 프로세스 운영에 있어 불편했던 점이나 고쳤으면 하고 생각한 것이 있으면 말씀해주시겠습니까?" 등의 물음을 던져 그들의 소리를 듣는다. 소리란 곧 '고객의 소리'이며, 이를 줄여서 'VOC(Voice of Customer)'라고 한다. 'Step-4. 고객 정의'에서 상품이나 프로세스 기능 향상을 위해 정말 중요하고 핵심적인 '목표 고객'을 찾아냈으면 그들의 입맛에 맞는 프로세스를 만들면 그만이다. 논리는 단순하다. 따라서 그 '입맛'은 내 입으로 맛보는 것이 아니라 고객의 입으로 맛보는 것이어야 하므로 당연히 고객의 의향을 묻는 절차가 요구된다. 이 같은 의향을 묻는 절차는 총 4개의 '세부 로드맵'으로 구성돼 있다.

우선 선정된 대상이나 처해진 상황에 따라 가장 적합한 접근법을 찾는 것이 중요한데 어느 방식이 현재 수행 중인 과제의 성격에 맞는가는 '세부 로드맵'인 'Step-5.1. VOC 조사 방법 선정'에서 다루어진다. 방법이 결정되면 고객들에게 직접 가서 소리를 듣지만 아무리 '목표 고객'을 명확하게 선정해놓았어도 그 수가 최소 수백 명 아니 그 이상이 될 수 있으며, 그들 모두를 대상으로 소리를 듣는다는 것은 비용도 그렇지만 현실적으로 너무 많은 제약이 따른다. 따라서 '모두'보다 '목표 고객'을 대표할 수 있는 '일부'만을 잘 선별해 활용한다. 이를 '표집[또는 표본 추출(Sampling)]'이라고 하며, 적정 수를 '표본 크기(Sample Size)'라고 한다. 그 외 '설문지 설계' 등 '표집'과 '표본 크기'를 중심으로 한 전반적인 수집 계획이 사전에 설정돼야 하며 이들은 'Step-5.2. VOC 수집 계획 수립'에서 설명한다. 'VOC 수집'에 대한 전반적인 계획이 마무리되면 바로 실시하는 것은 아무래도 위험이 따르게 마련이다. 대상들에게 계획대로 정말 잘 먹혀들 것인지, '고객'들이 예상대로 그들의 '소리'를 잘 담아줄 것인지, 조사 과정에 엇박자가 생겨 다시 하게 되는 일은 없을 것인지 등 전체적으로 검토하는 작업이 필요하며, 이것을 '사전 검사(Pretest)'라고 한다. '사전 검사'에서 'VOC 수집'의 타당성이 검증되면 계획대로 수집이 이루어지며, 이후 수집된 자료들은 예상할 수 있는 문제점들(기록상의 오류, 프로세스 설계와 무관한 내용 등)을 걸러내는 신뢰성 검증 절차를 거쳐 최종 자료를 획득한다. 이것은 '<u>Step-5.3. VOC 수집</u>'에서 간단히 언급된다.

　이제 앞으로 진행될 프로세스 설계의 가장 기본적인 자료가 확보되었다. 따라서 이어질 활동들은 의미 있는 산출물이 나올 수 있도록 이들을 필요한 정보로 닦고 다듬는데 이 과정을 통틀어 'VOC 분석'이라 칭하고 '<u>Step-5.4. VOC 분석</u>'에서 수행한다. 끝으로 분석의 결과물은 다음 수순을 위해 최종 정리가 필요한데 '<u>Step-5.5. VOC 체계화</u>'에서 이루어지며 이들 모두는 'QFD(Quality Function Deployment)'라는 하나의 장소에 모아놓는다. 이제부터 'Step-4.3. 고객 선정'에서의 '목표 고객'을 대상으로 'Step-5.1. VOC 조사 방법 선정'으로 들어가 보자.

Step-5.1. VOC 조사 방법 선정

　'프로세스 설계 방법론'은 연구 목적의 산물로 탄생한 것이 아니라 기업에서 이익을 추구할 목적으로 탄생한 방법론이다. 따라서 학습 대상도 학자들이 아닌 일반 기업인들이다. 한마디로 실용적이어야 한다. 'VOC 조사 방법'은 주로 '마케팅 조사 방법론'의 영역이다. 그러나 '마케팅 조사 방법론'을 기업인들에게 사용하도록 권장하면 어디까지가 배워야 할 끝인지도 알 수 없을뿐더러 또 시간을 할애해 배운들 아마 여기저기서 '씩씩'거리는 열 내는 소리가 교육장을 가득 메울 것이다. '프로세스 설계 방법론'은 '실용성'과 '간결성'이 강점이다. 정리가 잘돼 있어 효용성이 뛰어나다. 본문의 'VOC 조사 방법' 역시 잘 정리된 모습으로 소개돼야 한다. [그림 M-24]는 주변에서 쉽게 접할 수 있는 'VOC 조사 방법'을 옮겨놓은 것이다.

[그림 M-24] VOC 조사 방법(일반적 분류)

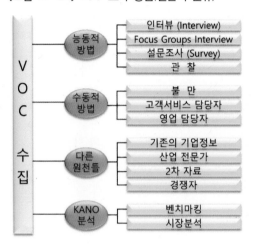

그러나 [그림 M-24]에서 설명한 방법들은 '마케팅 조사 방법론'이 그 원류이며, 따라서 마케팅 분야에서 흔히 얘기하는 '원조'가 무엇인지 알고 넘어갈 필요가 있다. 다음 [그림 M-25]는 시중에서 흔히 접할 수 있는 '마케팅 조사 방법론'[22]을 옮겨놓은 것이다.

---

22) 기본 틀은 '채서일 저, 『마케팅 조사론』(학현사)'을 출처로 하였다. 사실 서점의 '마케팅 조사 방법론'을 전부 훑어봐도 동일한 분류 체계를 보기란 쉽지 않다. [그림 M-25]는 그중에서 가장 정리가 잘된 것이며, 너무 세분화된 것은 배제했다. 또, '마케팅 조사 방법'을 'VOC 조사 방법'으로 편집하였다.

[그림 M-25] VOC 조사 방법(시중 서적의 마케팅 조사 방법론)

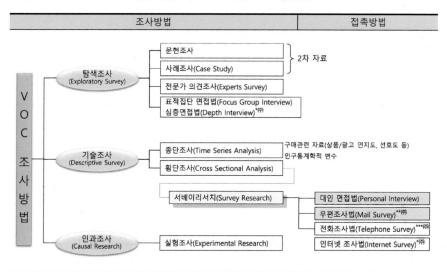

*(주): 저자가 추가함.　**(주): (네이버 용어사전/매스컴 용어사전)을 따름.
***(주): '원 용어는 '전화 면접법'이나 (매스컴 용어사전)에
전화조사법(Telephone Survey)만 있어 이를 따름.

　[그림 M-24]와 비교하면 1차 분류의 '능동적 방법', '수동적 방법' 등과 [그림 M-25]의 '탐색 조사', '기술 조사', '인과 조사' 등이 우선 달라 보인다. 그리고 [그림 M-24]의 '다른 원천들'에서 표현한 방법들과 [그림 M-25]의 '탐색 조사'에 있는 '문헌 조사'나 '사례 조사'처럼 후자의 경우가 용어의 표현에 있어 구체적이고 선명한 느낌이 든다. 또 [그림 M-25]의 표 필드명과 같이 '조사 방법'과 '접촉 방법'을 구분해서 정적인 방법론과 동적인 수집 활동을 따로 구분하고 있다. 아무래도 조사를 하려면 소리를 듣기 위한 다양한 접촉 방법이 존재할 것이고 이에 상황에 맞는 적절한 방법을 선택할 필요가 생긴다.

　[그림 M-25]의 하단 '*(주)'에는 용어의 변경 이력을 기록해놓았다. 초두에 강조했듯이 용어 정의는 가급적 공인된 출처를 따르겠다는 의지의 표명이다. 출처는 괄호로 표시해놓았다. 현재는 'VOC 조사 방법'을 선택하는 것이

주목적이다. 그러나 어느 것이 본인에게 적합한 수집 방법인지 혼란스러워하는 경우가 많다. 그 혼란은 용어 선택에서도 자주 나타나는데 무슨 조사를 하든 항상 '설문'이란 단어로 통일하는 것이 그것이다. 이것은 '마케팅 조사 방법론'에 대한 이해가 부족하다기보다 기본적인 '용어 정의'에서의 혼선으로 봐야 한다. 말을 고쳐 쓰면 '마케팅 조사 방법론'을 깊이 있게 이해하지 못해도 단지 '용어 정의'만으로 소기의 목적을 달성할 수 있다는 뜻이다. 이제 [그림 M – 25]의 개별 방법들에 대해 알아보자. 쓰임의 빈도가 높은 것을 위주로, 또 툴 북이 아니므로 각 방법들의 특징이나 차이점만을 중점적으로 설명할 것이다. 활용과 관련된 상세한 용법 설명은 주변에서 쉽게 얻을 수 있으므로 본문에서는 생략한다.

[그림 M – 25] 내 **'탐색 조사(Exploratory Survey)'**는 (네이버 용어 사전)에서 "질문에 있어서 약간의 지식이 있을 때 본 조사에 앞서 수행하는 소규모의 조사"로 정의한다. 그중 '표적 집단 면접법(Focus Group Interview)'은 줄여서 'FGI'로 잘 알려져 있다. (네이버 백과사전)의 정의는 "소수의 응답자와 집중적인 대화를 통하여 정보를 찾아내는 소비자 면접 조사"이다. 이 방법은 프로세스 설계 과제를 하는 데 매우 유용하게 활용될 수 있다. 왜냐하면 설계 과정을 잘 아는 집단은 내부에 있으며, 사정을 잘 알고 있는 사람들의 수는 몇 개 부서를 합쳐봐야 대여섯 명 정도로 소수화되어 있기 때문에 '표적 집단 면접법'의 기본 요건에 잘 들어맞는다. FGI는 먹을거리를 만드는 회사의 연구소에서도 아주 요긴하게 쓰인다. 예를 들어 인스턴트커피를 만들 때 커피에 일가견이 있는 집단을 패널로 소집해 제품에 대해 다양한 요구 사항을 집중적으로 수집할 수 있기 때문이다. 그러나 본문은 설계의 대상을 '프로세스'에 한정하고 있으므로 그 범위 안에서만 용법을 논할 것이다. FGI를 활용할 때 가장 중요한 것은 '모더레이터(Moderator; 사회자를 일컬음)' 역할이다. 모더레이터에 알맞은 사람을 선택하는 방법으로 다음과 같은 재미있는 설명[23]이 있어 옮

겨놓았다. "…(중략) 내가 생각해보기에 인터뷰를 잘 진행할 수 있는 사람을 가장 쉽게 판별하는 방법은 연애를 잘하는 사람, 혹은 남자인데 여자 말을 잘 들어주는 사람, 여자인데 남자 말을 잘 들어주는 사람. 이런 사람이 하면 좋을 것 같다. 다른 사람들과의 대화 속에 자기가 이해하지 못할 부분이 있어도 고 개를 끄덕이면서 넘어가 주고, 더 깊은 이야기를 끄집어낼 수 있는 사람이 가장 적절하다. 듣기만 잘하는 것은 누구나 노력하고 마음만 먹으면 할 수 있다. 그러나 잘 듣는 것보다도 이야기를 잘 이끌어내기 위해서는 적당한 맞장구와 함께 적절한 질문이 필요하다. 일상생활에서 말이 없는 사람을 말을 하게 하는 역할을 자주 하고 있다면 더욱 금상첨화 (중략)…."

[그림 M-25]의 '표적 집단 면접법'과 함께 있는 '심층 면접법(Depth Interview)'은 (네이버 백과사전)에서 "1명의 응답자와 일대일 면접을 통해 소비자의 심리를 파악하는 조사법"으로 정의하며, 따라서 주로 개인의 끼나 사적인 의견, 정보 등을 집중적으로 수집하는 데 유용하다. 고객층이 얇고 서로 이질적인 성향이면(이 경우 '표적 집단 면접법'은 어려울 수 있을 것이다) 개개별로 '심층 면접법'을 통해 '요구 사항'을 수집하는 것도 활용 가치가 있다. 물론 정보를 이끌어내는 역할자(주로 과제 리더가 될 것이다)가 매우 중요하다. 특히 '표적 집단 면접법'과 '심층 면접법'이 '탐색 조사'로 분류되고 있는 이유는 요구 사항 수집의 형태가 숫자가 아닌 글이나 말로 이루어지는 정성적 방법론이며, 따라서 본 조사에 앞서 사전 탐색적 용도로 적합하기 때문이다.

다음은 '**기술 조사(Descriptive Survey)**'에 대해 알아보자. (네이버 용어 사전) 에서 "표본 조사의 기본 목적이 모집단의 모수를 추정하기 위한 조사"로 정의한다. 조금 부연하면 의사 결정에 영향을 미치는 변수들 간 상호 관계를 파악하고 상황 변화에 따른 응답자의 반응 변화를 분석하고 예측하는 데 사용되는 조사 방법이다. 대표적인 '**서베이 리서치(Survey Research)**'의 '서베이(Survey)'는

---

23) <출처> 익살의 스토리텔링 전시회(http://story.isloco.com).

마케팅에서 '여론 조사'로 불리지만 (영어 사전)에는 '표본 조사'로 번역한다. '서베이 리서치'의 (국어사전) 정의는 "조사 대상과 직접 접촉하여 조사하는 일"이다. 무엇을 조사하는가는 물론 상황에 따라 천차만별이나 마케팅 분야에서의 의미는 주로 대량의 집단을 조사 대상으로 삼을 때이다. 그 하위엔 '접촉 방법'24)으로써 '대인 면접법(Personal Interview)', '우편 조사법(Mail Survey)', '전화 조사법(Telephone Survey)', '인터넷 조사법(Internet Survey)' 등이 포함된다. 물론 이 외에도 다양한 방법론들이 있으므로 목적에 맞게 찾아 활용한다. '대인 면접법'은 용어상 앞서 배웠던 '표적 집단 면접법'이나 '심층 면접법'과 유사하나 훈련된 면접원들에 의해 가정, 직장, 거리, 쇼핑몰 같은 특정 장소에서 수행되는 것이 특징이다. 한마디로 대량의 집단을 대상으로 하는 차이점이 있다. 따라서 상호작용으로 이루어지기 때문에 설명을 필요로 하는 복잡한 문제에 적합한 조사 방법이다. 그 외의 방법들에 대해 별도의 설명은 생략한다. 다음 [표 M-15]는 '서베이 리서치'의 '접촉 방법'들 간 장단점을 비교한 것이다.

[표 M-15] '접촉 방법' 장·단점 비교

접촉 방법	장점	단점
대인 면접법	심층 면접이 가능(사적인 견해 등)	면접원에 따라 편차가 존재할 수 있다. 시간과 비용이 많이 든다.
우편 조사법	조사하는 비용이 적게 든다.	회수에 시간이 걸린다. 회수율이 낮다.
전화 조사법	수집 시간이 짧다. 비용이 적게 든다.	설문 내용이 간결하도록 사전에 많은 노력이 필요하다.
인터넷 조사법	수집 시간 조절이 가능하다. 비용이 적게 든다. 표본 수 조정이 가능하다.	설문에 동조하는 사람들이 주로 응답할 수 있어 편의 가능성이 있다.

---

24) '접촉 방법'은 '채서일 저, 『마케팅 조사론』(학현사)'에는 포함돼 있지 않으며, 내용 구분이 명확해 타 정보를 참고하여 삽입하였다.

다음 [그림 M－26]은 ‘라면 판매 프로세스 설계를 통한 매출 30% 향상’ 과제의 ‘Step－5.1. VOC 조사 방법 선정’ 작성 예이다([그림 M－21], [그림 M－23]과 연결됨).

[그림 M－26] ‘Step－5.1. VOC 조사 방법 선정’ 작성 예

Step-5. VOC 조사
Step-5.1. VOC 조사방법 선정

D M A D V

- 'Step-4.3. 고객 선정'의 산출물인 '분식 애호가', '서비스 중심형', '기타' 군들에 대해 성향에 맞는 조사 방법론을 선정.
- 결론을 도출하기까지의 팀원들과 수행된 워크샵 사항은 개체 삽입으로 첨부함.

❑ VOC 조사 방법 선정

고개유형	고객 세분화	VOC 조사방법	비 고(선정 근거)
분식 애호가	분식집 주변에 기숙하거나 자취하는 대학생	대인 면접법	대상 수가 많고, 분식집에 찾아오는 일부 학생들보다는 다양한 고객 층의 요구사항을 듣기 위해 학교 앞에서 수행하는 것이 효과적일 것으로 판단됨.
서비스 중심형	양을 중시하고 다양한 서비스를 지향하는 방과 후 야간학습 고등학생	대인 면접법	
기타	라면분식집 운영 유 경험자	심층 면접법	부문 별 인원 수가 1~2명으로 한정돼있고, 그들 내면의 깊이 있는 의견 수렴이 요구됨.
	전문 컨설턴트		
	커피 전문점 운영자		
	라면 마니아 클럽	표적집단 면접법(FGI)	특정 마니아 클럽 회원들 5~8명 정도로부터 깊이 있는 전문 의견을 듣는 것이 필요함.

Microsoft Word 문서

PS-Lab
Problem Solving Laboratory

[그림 M－26]을 보는 리더들은 ‘아, 라면집 운영하기도 무척 힘들겠다!’ 하고 탄식할는지도 모르겠다. ‘콩트는 콩트일 뿐’이다. ‘사례는 사례일 뿐’이므로 너무 민감하게 받아들이지 않았으면 한다. 고객 세분화를 통해 선정된 고객 중 ‘분식집 주변에 기숙하거나 자취하는 대학생’과 ‘양을 중시하고 다양한 서비스를 지향하는 방과 후 야간 학습 고등학생’들에 대해서는 일단 대상도 많

고, 학교 정문 등에서 직접 접촉하며 요구 사항을 수집하는 것이 효과적일 것으로 판단되어 '대인 면접법'을, 그 외 '라면 분식집 운영 유경험자', '전문 컨설턴트', '커피 전문점 운영자' 들은 많은 사람을 대상으로 할 필요도 없고, 그들의 경험과 심도 있는 의견의 청취가 필요하므로 1:1 면접법인 '심층 면접법'을 선정하였다. 또, '라면 마니아 클럽'은 회원 수가 일정 규모가 되는 클럽 중 핵심 회원들이 10여 명 될 것임을 고려하여 3~5명 선에서 그들이 갖고 있는 다양한 제안과 의견을 수렴하기 위해 '표적 집단 면접법'을 선정하였다. 또, 이렇게 선정하기까지 팀원들과 수차례 워크숍이나 팀 활동이 있어 왔음을 가정하고 파워포인트 장표 오른쪽 아래에 일정 공간을 확보하여 이력을 '개체 삽입'해 놓았다. 이와 같은 배려는 장표의 수를 줄일뿐더러 자료의 객관성을 높이고, 또, 이력 관리를 효율적으로 할 수 있어 과제의 품질을 높이는 데 일조한다. 다음은 'Step - 5.2. VOC 수집 계획 수립'에 대해 알아보자.

Step-5.2. VOC 수집 계획 수립

앞서 정해진 '고객'과 그들에 대응되는 'VOC 조사 방법'들을 기반으로 'VOC 수집 계획'을 마련한다. 무슨 일이든 '계획'은 늘 필요하다. 누구나 공감하지만 얼마나 꼼꼼히 미리 준비하는가가 성패를 좌우한다. 또, 계획 수립에 위험 요소까지 고려하면 갑작스러운 환경 변화에 대응하는 능력도 생긴다. 해야 할 활동들을 모두 나열하고 일의 진척도에 따라 수행 여부를 하나씩 점검함으로써 수행 품질을 관리한다.

'VOC 수집 계획'은 '인터뷰'나 '설문'이 포함되므로 일반적인 계획 수립의 의미보다 '설계'란 용어를 사용한다. 다음 [표 M - 16]은 'VOC 수집 계획 수립' 시 필요한 '설계 항목'과 '고려 사항'들을 요약한 것이다.

[표 M - 16] 'VOC 수집 계획' 수립 시 '설계 항목'과 '고려 사항'

설계 항목	고려 사항
대상 모집단/표본 크기/ 표집 방법	조사 목적에 적합한 대상 모집단을 선정해야 하며, 조사 결과의 신뢰성 및 대표성을 보장할 수 있고, 조사비용까지 고려한 적절한 '표본 크기'와, 효율적/효과적인 표집 방법을 정의
조사 시점/기간	조사의 목적과 성격을 고려했을 때 현재의 조사 시점이 조사 결과의 신뢰성 및 Quality 측면에서 적합한 것인가와 조사 기간은 어느 정도로 설정할 것인지를 결정
조사 지역	조사의 목적과 성격을 고려했을 때 어느 정도의 지역 Coverage를 포함해야 하는가를 결정(효율적인 조사 지역을 선정하기 위해 과거 자료 또는 지역별 인구 통계 자료 등을 Review하는 것이 좋음)
조사 방법	조사의 목적 및 성격, 조사 기간, 조사 지역 등을 고려하여 어느 조사 방법을 사용할 것인지 결정(정성 조사/정량 조사)
면접원 수/조사비용	조사의 목적 및 성격, 조사 기간, 조사 지역, 조사 방법 등을 고려하여 필요한 수와 소요 비용을 결정

현재 수행 중인 과제의 규모가 크더라도 'VOC 수집 계획'은 [표 M - 16]의 수준이면 충분하다. 대부분의 '설계 항목'들은 '고려 사항'을 숙지해 준비할 수 있지만 첫 번째 항목 중 적절한 '표본 크기'를 정하는 문제는 다소 어려움을 호소한다. 누구에게나 달갑지 않은 '통계'가 들어간다는 선입감 때문이다. '통계'가 개입돼 정량적으로 꼭 계산돼 나와야 한다는 부담에서다. 그러나 다음 [표 M - 17]과 같은 기본 항목들만 확인해도 충분히 대처할 수 있다. 참고하기 바란다.

[표 M - 17]을 보여주면 리더들은 이구동성으로 "몇 명을 정하라는 겁니까?" 하고 바로 되묻는다. 사실 몇 명을 정하는지 결정하기엔 너무 모호하다. 그러나 일단 '표본 크기'를 설정할 때 망막하게 시작하는 것보다 한층 나아졌다는 것은 인정해야 한다. 이 표를 사용하기에 가장 쉬운 방법은 우선 '최소치'와 '적정치'를 활용하는 것이다. 왜 최소치는 있는데 고려할 최대치는 없냐

[표 M-17] '표본 크기' 설정 시 점검 항목

No	표본크기 점검항목	내용
1	연구목적 및 방법	연구의 목적과 주제, 연구수행 절차와 방법 등을 고려
2	모집단의 크기	일반적으로 모집단의 크기가 크면 상대적으로 표본크기도 증가
3	모집단의 성격	동질성 대 이질성을 보는 것으로 이질성이 높은 모집단 경우가 그 속성이 잘 반영되도록 하기 위해 표본크기를 증가시킴
4	측정의 신뢰수준	신뢰수준의 설정에 따라 표본크기가 변동되므로 적합한 신뢰수준이 고려돼야 함. 보통 95%
5	측정의 정확성	연구에서 설정한 최대허용오차에 따라 표본크기를 결정함. 최대허용오차가 작을수록 측정의 정확성을 높이기 위해 표본크기를 증가시킴
6	통계적 검정력	통계적 검정력을 높이기 위해서 표본의 크기를 증가시킴
7	조사주제와 관련된 분석변수의 수	조사주제와 관련된 분석변수의 수가 많은 경우 상대적으로 표본크기를 늘려야 함. 이는 기존 이론이나 관련된 현상을 검토하면서 변수의 많고 적음을 비교할 수도 있음
8	시간과 비용 등 현실적인 제약	조사비용과 표본크기가 직접적인 비례관계는 아니더라도 대개 표본크기가 증가할수록 자료수집 및 처리에 드는 비용이 증가함. 따라서 시간과 비용을 고려해서 결정함

고 질문할지 모르나 의미 있는 결과를 내기 위해 가장 최소한의 '표본 크기'
는 확보돼야 한다. 사실 표본은 다다익선이므로(물론 비표집오차[25]가 증가하
겠지만) 최대치를 정하는 것은 의미가 없다. 그러나 '적정치'라는 것은 존재할
수 있다. 일반적으로 최소치는 약 '30개', 적정치는 '100개' 정도를 얘기한다.
'연속 자료'의 경우 '표본 크기'가 최소 5개 정도면 표본의 '표준 오차'가 일
정해진다. 그러나 이것은 정말 최소한의 양이고 통상적으로 적은 '표본 크기'
를 다룰 때 고려되는 't-분포' 경우, '표준 편차'가 '$\sigma = \sqrt{df/(df-2)}$'으로 식
내의 자유도가 '30'에 가까울수록 '1'에 근접한다. 이때 '30개'라는 이론적 근

---

25) 일반적인 통계서적 등에는 '비표집오차(Nonsampling Error)'를 '비표본오차'로 해석하고 있다. '비표집오
차'는 한국통계학회 '통계학 용어 대조표'를 따라 표현하였다.

거를 갖는다. 적정치 '100'은 최소치를 근거로 안정성을 고려한 결과이다. 따라서 '30~100' 정도의 가이드라인을 두고 [표 M-17]에서 본인의 과제 성격에 맞는 적정 '표본 크기'를 설정한다.

물론 본문의 예는 '연속 자료'의 경우로 '이산 자료'일 경우는 훨씬 많은 '표본 크기'가 요구된다. 좀 더 여유가 있으면 '표본 크기 점검 항목'들 중 '4, 5, 6'에 해당되는 것들이 정량적으로 산정할 수 있는 조건을 제시하므로 수치적인 접근도 시도해볼 만하다. 그러나 이론적 설명이 뒷받침돼야 하며 로드맵을 설명하려는 본 책의 범위를 약간 넘어서므로 이 정도에서 정리한다. [표 M-16]에서 설명한 '설계 항목'과 '고려 사항'을 참고해 '라면 판매 프로세스 개발' 과제의 'Step-5.2. VOC 수집 계획 수립'에 대해 알아보자. 내용 이해에 도움이 될 것이다. 정독하기 바란다.

1) 대상 모집단/표본 크기/표집 방법

[그림 M-26]의 'Step-5.1. VOC 조사 방법 선정'에서 '심층 면접법'과 '표적 집단 면접법'의 대상자들은 그 수가 표집을 할 성격은 아니므로 제외하고, '대인 면접법'에 해당되는 '분식 애호가 - 분식집 주변에 기숙하거나 자취하는 대학생'과 '서비스 중심형 - 양을 중시하고 다양한 서비스를 지향하는 방과 후 야간 학습 고등학생'에 대해 설정한다. 이후부터 전자는 '분식 애호가', 후자는 '서비스 중심형'이라고 간단히 줄여 사용하겠다.

- 대상 모집단: 선정된 두 개의 층 중 '분식 애호가'는 분식집 주변에서 기숙하거나 자취하는 대학생으로 기숙사의 규모와 다세대 주택의 호수로부터 약 500여 명이 거주하고 있는 것으로 파악됨. '서비스 중심형'은 분식집에서 100여 미터 떨어진 거리에 있는 여자 고등학교의 야간 학습 2학년 이상으로 약 1,000여 명으로 파악됨.

• 표본 크기: [표 M-17]을 참고할 때, 항목 '1, 2, 3'에서 우선 연구 목적이 매우 민감하지 않고 주변 환경에 미치는 영향도 크지 않음. 또 모집단의 규모도 크지 않으며, 두 개의 층이 이질적인 점을 감안하면 가이드라인인 층별 30~100개 정도의 설정이 설득력 있는 것으로 판단됨. 또, '7, 8'번에서도 요구 사항을 정성적으로 수집하는 관계로 분석의 필요성은 최소화될 것이며, 단지 학교가 파하는 시점은 매우 바쁠 때로 사장과 점원의 시간적 여유가 없어 별도의 아르바이트생들을 조사원으로 채용할 계획임. 이에 대한 비용이 10만 원 정도 발생할 것으로 예상됨. 상황을 종합할 때 '분식 애호가'는 '50명'을, '서비스 중심형'은 '100명' 선으로 결정함. 본 상황의 경우 '표본크기 점검항목' 중 '4, 5, 6'을 감안한 적정 '표본 크기'를 산정해볼 수 있으나 조사 유형과 자원 제약 등을 고려하면 이론적으로 산출한 결과를 그대로 따르는 데는 어려움이 있어, 통상 전문가들의 경험에 의한 지침을 따르기로 함. 다음 [표 M-18]은 그 예를 보여줌.

[표 M-18] '표본 크기' 설정 시 참고(전문가 경험치)

조사 유형	최소 크기	전형적 범위
문제파악 연구(예: 시장 잠재력)	500	1,000~2,500
문제해결 연구(예: 가격결정)	200	300~500
제품 테스트	200	300~500
시장 시험연구	200	300~500
TV, 라디오 광고, 인쇄광고	150	200~300
시험시장 감사	10개 점포	10~20개 점포
목표 집단	2개 집단	4~12개 집단

〈출처〉 N. K. Malhotra, Marketing Research

• 표집 방법: 과제 수행에서 주로 다루는 표집 방법엔 '단순 임의 표집

(Simple Random Sampling)', '층화 임의 표집(Stratified Random Sampling)', '군집 표집(Cluster Sampling)', '계통 표집(Systematic Sampling)'이 있음. 대학생들의 주변 주거 형태가 비슷하고, 고등학생들도 2, 3학년의 야간 학습 운영이 유사해 '군집'과 '층화'의 필요성이 없음. 또, 고객의 분포가 시간에 따라 분포하기보다 식사 때나 방과 후 등에 집중된다는 점을 감안할 때 '계통 표집'도 고려 대상이 아닌 것으로 판단되어 '단순 임의 표집'으로 결정.

2) 조사 시점/조사 기간

'조사 시점'은 두 부류 모두 학생이란 점을 고려할 때 방학 기간만 피하면 되며, '조사 기간'은 '목표 표본 크기'가 달성될 때까지 계속되며 약 3일 정도를 예상하고 있음.

3) 조사 지역

분식집을 중심으로 '분식 애호가' 집단이 거주하는 기숙사 및 반경 500미터 내외의 다세대 주택, 그리고 '서비스 중심형' 경우 A 여자고등학교 정문 앞으로 설정하는 것으로 함.

4) 조사 방법

조사의 목적이 프로세스 설계에 고객들의 '요구 사항'을 반영시키는 데 있으므로 주로 '인터뷰'와 '서술식 설문지'를 통해 자료가 수집됨. 특히 '서술식 설문지'는 고객 요구를 직접 듣기 전에 고객이 핵심적으로 생각하는 요소가 무엇인지를 찾아 설계에 반영할 목적으로 'Dutka(1993)'의 '벌칙 - 보상 분석(Penalty - Reward Analysis)'[26]을 위한 용도로 작성함. 다음 [그림 M - 27]은 '벌칙 - 보상 분석'을 위한 설문지 설계 예를 보여줌.

[그림 M-27] '벌칙-보상 분석'을 위한 설문지 설계 예

설문지에서 과거 분식집을 방문했을 때 '직원의 인적 응대 태도'에 대해 질의하고 있으며, 이와 같은 문항들을 설계해서 반영함. 또 하단의 '전반적 평가'는 앞서 진행된 설문 전체를 포함한 '전체 만족도' 기준에서 5점 척도로

---

26) 일본의 Kano가 제안한 '고객만족모델(Kano's Diagram)'의 '매력적 품질(Delighters)', '일원적 품질(Satisfiers)', '당연적 품질(Dissatisfiers)'과 유사하다. 'Kano모델', 'Dutka 모델'은 고객 요구 사항들을 수집해서 이 세 가지 부류로 나누는 방법에 차이가 있다. Kano 모델에는 이 외에 '무관심 품질(Indifferent Quality)', '역품질(Reverse Quality)'이 있다.

평가하도록 요구하고 있으며, 이것은 '벌칙 – 보상 분석'을 위한 기본 구조에 해당됨. 분석 방법에 대해서는 'Step – 5.4. VOC 분석'에서 언급할 것임. 참고로 다양한 고객을 접하는 서비스, 금융 부문 등에서는 이와 같은 접근이 수월한 반면, 간접 부문 경우 대상이 제약적이므로 '인터뷰'에 초점을 맞춰야 할 것임. 그 외 '설문지 작성'과 관련된 사항들은 시중의 서적이나 관련 자료를 참고하기 바람.

5) 면접원 수/조사비용

'분식 애호가' 집단은 기숙사 경우 한곳에 밀집돼 있고, 다세대 주택 거주자들도 반경 500미터 이내에 있으므로 약 3일간 면접원 한 명이 50명을 조사하는 데 충분할 것으로 보임. '서비스 중심형'도 교문 앞에서 접촉할 계획이며 활동 영역이 크지 않고, 대면 빈도도 높아 약 3일간 1명을 투입할 예정임. 소요되는 경비는 총 120,000원(5,000원×4hrs×3days×2명)으로 책정함.

지금까지 검토된 내용을 파워포인트로 장표화하면 [그림 M – 28]과 같다.

[그림 M – 28]에서 맨 왼쪽 첫 열은 '세부 로드맵'으로서 'Step – 4.3. 고객 선정'과, 'Step – 5.1. VOC 조사 방법 선정'의 산출물을 포함시켜 'Step – 5.2. VOC 수집 계획 수립'과 연계해서 쉽게 파악할 수 있게 하였다. 두 번째 열은 '[표 M – 16]'의 '설계 항목'을 그대로 배열한 뒤 해당 내용들을 세분화 고객별로 기술하고 있다. 또, 이 같은 계획을 수립하기까지의 이력과 조사 내용에 대한 상세 내역들은 오른쪽 첨부 파일에 수록해서 '개체 삽입'해 놓았으며, 'Step – 5.2' 내 '조사 방법'에서 쓰일 '설문지' 역시 첨부 파일로 함께 포함해 놓았다. [그림 M – 28]의 계획을 통해 실질적인 자료를 수집해보자.

Step-5. VOC 조사
Step-5.2. VOC 수집계획 수립

♦ VOC 수집을 위한 4개 '설계 항목'을 중심으로 세분화된 고객 별 수집 계획을 수립.
♦ '조사 내용'에 대한 상세 사항들은 첨부에 수록.

	대상 (고객)	분식 애호가	서비스 중심형	유사업체/전문가 집단	라면 마니아 클럽
Step-4.3	조사 목적	매출 30% 향상을 위한 라면 판매프로세스 설계 시 고객의 요구사항을 수집하기 위함.			
Step-5.1	접촉방법	대인 면접법 (Personal Interview)	대인 면접법 (Personal Interview)	심층 면접법 (Depth Interview)	표적집단 면접법 (Focus Group Interview)
Step-5.2	대상 모집단/표본크기/표본추출방법 (조사지역포함)	• 모집단: 분식집 주변 기술/자취하는 대학생 500여명 • 표본크기: 50명 • 표본추출방법:단순임의 표집	• 모집단: A여자고등학교 야간학습 여학생 1,000여명 • 표본크기: 100명 • 표본추출방법:단순임의표집	• 모집단: 라면분식집 운영 유 경험자, 전문 컨설턴트. 커피 전문점 운영자 • 표본크기: 각 1~2명 • 표본추출방법; 해당사항 없음	• 모집단: 라면 마니아 클럽 • 표본크기: 5~8명 • 표본추출방법: 해당사항 없음
	조사시점/기간	4월 한 달 중 3일	4월 한 달 중 3일	4월 중	4월 중
	조사방법	인터뷰/설문지	인터뷰/설문지	인터뷰	인터뷰
	면접원수	• 조사원 1명	조사원 1명	• 분식집 사장	• 분식집 사장
	조사내용	1. 분식집을 선택하는 기준 2. 선호하는 서비스의 유형 3. 인테리어에 대한 제언 etc		1.고객 선호 서비스 사례 2.고객응대 시 주의사항 /중요 고려사항 etc.	1.라면시식 시 중요 포 인트 2.고려할 마케팅 포인트 etc.

※ 상세 내용은 오른 쪽 첨부파일에 수록

(계획과정)

(설문지)

PS-Lab
Problem Solving Laboratory

Step-5.3. VOC 수집

　제목이 말해주듯 앞서 수립된 'VOC 수집 계획' 그대로 진행한다. 그러나 본격적인 실시에 앞서 예상치 못한 문제에 직면할 가능성이 있다. 예를 들면, 인터뷰 항목들을 사전에 충분히 숙고하지 않고 준비했다든가, 설계된 '설문 문항'이 사후 분석에 별 영향이 없거나 또는 나중에 중요한 것이 빠졌음을 알게 된다든가 등이다. 그 외 모든 준비가 철저히 이루어졌음에도 실제 고객과 접촉할 면접원(또는 조사원)의 경험 부족, 대응 미숙, 수줍음 등으로 VOC 수집 결과가 원하는 수준에 미치지 못할 가능성도 있다. 실제 설문을 수행할 때 너무 쉽고 단순하게 그리고 빨리 처리하려는 경향이 매우 강한 것도 한몫한다. 따라서 인터뷰하기 전 무엇을 어떻게 얻어낼지에 대한 사전 준비가 철저히 이루어져야 한다.

나중에 알게 되지만 수집된 내용이 그대로 이후 전개될 프로세스 설계의 기본 정보로 작용하며 참신하고 새로운 몇몇 '요구 사항'들이 설계의 완성도를 결정짓게 된다. 왜냐하면 수집된 '요구 사항'들 중 일부는 리더들이 생각지 못한 '매력적 품질' 속성을 띨 수 있기 때문이다. 다음은 'VOC 수집'에 앞서 위험 관리 차원에서 점검할 내용들이다.

1) 사전 검사[27](Pretest)

(영어사전)의 정의는 "(신제품 판매에 앞선) 예비 테스트(검사)"이다. 보통 설문에서 본 조사로 들어가기 전에 적은 대상을 중심으로 예비 점검을 하는 과정이다. 질문 문항에 대한 문제점, 조사 소요 시간 추정, 문항 수의 적절성 등을 확인하고 필요하면 보완한다. 보험사 경우 다양한 고객층을 대상으로 사업을 하기 때문에 설문지부터 수행, 분석까지 전체적인 체계가 잘 잡혀 있다. 따라서 '사전 검사'는 자료 수집 중의 변동 요소들을 예상하고 최소화하는 과정으로 활용한다.

2) 준비물 확인

적절한 양의 설문지를 인쇄하거나, 조사 대상자 목록, 접촉 시간, 날씨 상황 등 수집에 필요한 도구를 준비하고 상황을 점검한다.

---

27) 한국통계학회 '통계학 용어 대조표'에 포함된 단어를 사용하였다.

3) 면접원(조사원) 교육

설문 수집은 보통 리더가 직접 수행하는 경우가 많다. 팀 활동이 활성화가 안 되는 데도 문제가 있지만 이를 지원할 사업부장의 관심 부족도 한몫한다. 과제는 정말 중요한 문제에 대해 사업부장이 직접 제안·승인해줘야 관심이 지속적으로 유지될뿐더러 팀원들의 활동도 수월하다. 그러나 현실은 그렇지 않은 경우가 많다. 본문에서 논할 주제는 아니므로 이 부분에 대해서는 다른 기회로 넘긴다.

리더가 직접 수행하는 경우를 제외하면 면접원에 대한 오리엔테이션을 통해 설문지 작성자가 조사 목적이나 내용, 용어 설명 등을 전달하고, 조사에 임할 때의 자세나, 조사의 중요성을 강조함으로써 뚜렷한 참여 의식을 심어주는 것이 대단히 중요하다. 또, 사전 예행연습 등도 필요하다. 시간제 면접원 등을 투입할 경우 참여 의식 부족으로 수집에 소극적으로 대응해 자료의 품질을 떨어트릴 수 있는 개연성도 염두에 둬야 한다. 그 외 실제로 면접원들이 조사를 잘 수행하고 있는지 '실사 수행'이나, 예상치 못한 상황이 발생했을 때 신속하게 처리할 수 있는 사전 고려 또는 지원책 마련, 수집된 자료에 대한 검증(무성의하게 작성됐거나, 공란이 많거나 등을 선별해냄)까지 수행하고, 최종 다음 '세부 로드맵'에 들어갈 자료를 정리한다. 'VOC 수집'은 실제 활동을 하는 단계이므로 과정은 보여줄 수 없고, 대신 활동의 결과인 데이터를 파워포인트에 표현한다. [그림 M-29]는 그 예이다.

[그림 M-29]의 왼쪽 자료는 더트카(Dutka)의 '벌칙-보상 분석'을 위한 5점 척도 설문 결과를, 오른쪽은 세분화 고객별 인터뷰 결과를 나타낸다. 물론 '인터뷰 결과'와 '설문 결과' 전체에 대한 자료들은 모두 스캔이나 워드로 정리되어 장표 오른쪽 아래에 '개체 삽입'해 놓았다(고 가정한다). 잘못 작성되었거나 자료로서 가치가 없다고 판단한 경우는 최종 자료에서 선별/제거되었다고 가정한다. 이제 [그림 M-29]의 결과를 이용하여 'Step-5.4. VOC 분석'으로 들어

가 설계에 반영할 수 있도록 가치를 좀 더 높여보자.

[그림 M-29] 'Step-5.3. VOC 수집' 작성 예

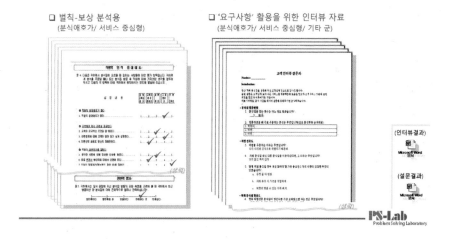

Step-5. VOC 조사
  Step-5.3. VOC 수집

♦ 수집된 자료는 '분식 애호가'와 '서비스 중심형'에 대한 <u>설문</u> 및 <u>인터뷰 결과</u> 및,
♦ 기타 군으로 분류한 '유사업체/전문가집단/라면 마니아 클럽'의 <u>인터뷰 내용</u>을 담고 있다.

Step-5.4. VOC 분석

'VOC 분석'은 두 유형으로 전개된다. 하나는 수집된 설문 자료를 바탕으로 더트카(Dutka)의 '벌칙-보상 분석'을 수행하는 것과, 다른 하나는 'Step-5.5. VOC 체계화'의 입력으로 활용하기 위한 '요구 품질'과 '품질 특성'을 도출해 내는 일이다. 이들은 다시 'Step-6. Ys 파악'에서 'QFD(Quality Function Deployment)'와 연결된다. '벌칙-보상 분석'은 과제별로 필요에 의해 진행할

수 있으나, '요구 품질과 품질 특성의 도출'은 'CTQ(Critical to Quality)'가 명확하지 않으면 반드시 수행해야 한다. 또 이 과정은 앞으로 이어질 프로세스 설계 과정의 첫 출발점이 된다는 점에서 상세한 설명은 물론 그 표현에도 신경을 쓸 것이다. 찬찬히 읽으면서 본인들 과제의 어디에 적용할 것인지 고민해보기 바란다. 각각에 대해서 알아보도록 하자.

5.4.1. 벌칙-보상 분석(Penalty-Reward Analysis)

'벌칙 – 보상 분석'은 설문지로부터 수집된 자료를 통계적으로 분석하기 위해 백분율(Percentage)과 비율(Proportion)을 이용한 방법이다. 사실 '통계'라고 했지만 확률 통계를 지칭하는 건 아니고 단지 데이터를 모아서(통) 계산(계)한다는 의미다. 일반적으로 많이 알려진 'KANO 모델'이 있는데 이것은 전사적 품질 관리 컨설턴트였던 KANO가 제품의 속성과 고객의 요구를 연결시켜 제시한 아주 유용한 모델이다. 고객이 어느 요구를 할 때는 크게 다섯 가지로 구분할 수 있으며, '당연적 품질(Dissatisfiers)', '일원적 품질(Satisfiers)', '매력적 품질(Delighters)', '무관심 품질(Indifferent Quality)', '역 품질(Reverse Quality)'이 그것이다. 그에 반해 Dutka의 '벌칙 – 보상 분석(Penalty – Reward Analysis)'은 고객의 요구 사항을 크게 '기본 요소(Basic Factor)', '성과 요소(Performance Factor)', '환희 요소(Excitement Factor)' 세 가지로 분류한다. 처음 접하는 리더라면 약간 복잡하게 느껴질 수 있으나 수집 자료를 이용해 설명하면 쉽게 이해하고 또 활용할 수 있으니 끝가지 참고 읽어주기 바란다. '벌칙 – 보상 분석'을 좀 더 부연하면[28] "우선 '<u>기본 요소</u>'는 요구 사항이 충

---

28) 부연은 『품질경영학회지』, 27권 2호, 최재하·김순이, 「QFD방법을 이용한 의료서비스 개선 전략에 관한 연구」에서 인용함.

족되거나 또는 요구 사항보다 초과된 것을 제공하여도 만족도는 증가하지 않지만 요구 사항이 충족되지 않으면 고객은 불만족하게 되는 요소를 말한다. 따라서 요구 사항을 만족시키지 못하는 경우에는 벌칙(Penalty)을 받게 되고, 요구가 만족되거나 초과되어도 보상(Reward)은 없다. '성과 요소'는 요구 사항을 만족시키지 못하면 벌칙을 받게 되고 요구 사항을 만족시키거나 초과하면 보상을 받게 되는 요소를 말한다. '환희 요소'는 요구 사항이 만족되지 못해도 벌칙은 없고 요구 사항보다 초과된 것을 제공하면 보상을 받게 되는 요소를 말한다." 그런데 사실 이렇게 설명하면 가뜩이나 바쁜 리더들에게 도움이 별로 안 될 것 같아 'KANO Diagram'을 이용해 보충 설명해보도록 하자. 다음 [그림 M-30]은 세 가지 요구들에 대한 개념을 시각적으로 보여준다.

[그림 M-30] Kano Diagram

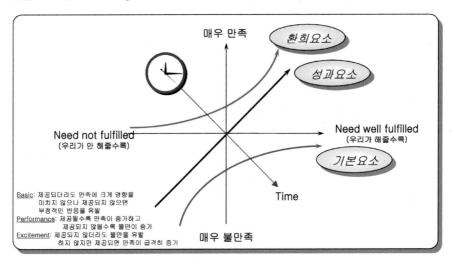

그림에서 'X-축'은 "우리가 해줄수록"으로 해석하면 이해하기 쉽다. 'Y-

축'은 "고객이 만족하는 정도"를 나타낸다. 각 요소들에 대해서는 교육 중 필자가 자주 쓰는 예가 있다. 처음 출시 때만 해도 TFT-LCD 40인치가 거의 400만 원대에 달했는데 요즘 전자 상가를 둘러보면 50만 원 이하로 내려앉았다. 가격이 얼마나 빨리 떨어지는지 제조사에서도 무한정의 원가 절감 노력이 있지 않으면 살아남기 어렵다는 생각이 든다. 2000년도쯤 필자가 PDP개발팀에 있을 때 40인치 하나를 만들면 당시 소나타 한 대 값이었다. 한 1,500만 원가량 됐던 걸로 기억한다. 지금으로 치면 수십 대(?)는 살 돈인데 거기다 최근엔 PDP TV에서 LCD TV로, 또 LED, OLED TV로 옮겨진 상태다. 브라운관이 100년 넘게 자리를 지킨 걸 생각하면 가격뿐만 아니라 제품도 그 변화 주기가 짧아지고 있음을 느낀다. 다시 [그림 M-30]의 설명으로 돌아가 전자 상가에 가서 LED TV 50인치 1대를 샀다고 하자. 그런데 집에 와서 상자를 풀어보니 어라! 리모컨이 빠져 있는 것을 발견하고 구매 대리점에 이 사실을 알렸다. 그랬더니 대리점 직원이 "아, 그 제품은 리모컨이 원래 없는 겁니다"라고 했을 때 여러분은 어떤 감정이 들까? 대형 평판 TV를 본다는 기대감과 요즘같이 외관 디자인이 멋진 제품을 갖게 되는 즐거움은 한순간에 사라져버리고 제품에 대한 불만족도가 나락으로 떨어질 게 뻔하다. "아니, 요즘 같은 세상에 리모컨 없는 TV가 어디 있으며, 채널을 돌리려 왔다 갔다 해야 한다니…" 그런데 만일 리모컨이 들어 있었다면 여러분은 또 어떨까? 뭐 그걸로 감동에 복받치는 일은 없을 것이다. 너무 당연하기 때문이다. 그림의 '기본 요소'에서 'X-축'의 우리가 해주면 해줄수록 '만족도'는 더 이상 올라가지 않고 'X-축'에 수렴하지만, 안 해주면 'Y-축' 아래로 급격히 떨어짐을 알 수 있다.

TV의 다른 예를 들어보자. 집에서는 외부의 빛이 차단되어 대낮에도 TV 보는 일이 그다지 어렵지 않지만 이동형 TV를 들고 야외에서 중계방송을 본다고 할 때 강한 햇빛으로 잘 안 보이는 현상을 상상할 수 있다. 현재의 기술로는 확실히 강한 햇빛 아래서도 볼 수 있도록 제품을 개발할 수는 있다. 즉,

강한 햇빛에서 볼 수 있도록 해주면 해줄수록 고객의 만족도는 오를 것이다. 그러나 가격이 무지하게 비싸질 테니 적정선에서 타협을 볼 수밖에 없을 것인데 이 같은 요소를 '성과 요소'라고 한다. 또 다른 예를 들어보자. 한 전자 회사에서 희한한 TV를 개발했다. 즉, 볼펜만 한 크기의 전자 막대 한 개를 공간 한쪽에 세우고, 또 다른 한 개를 반대편 어딘가에 세워놓고 박수를 '탁' 치면 그 사이 공간에 3차원 입체로 TV 영상을 볼 수 있다고 하자. 뭐 축구장 한쪽 골대와 다른 쪽 골대에 각각 세워놔도 그 큰 공간에서 선명한 입체 영상이 보인다. 이 놀라운 제품 기능에다 가격이 단돈 '10원'이라면(과장이 너무 심해서 이 순간 교육생들은 웃음으로 답례한다), 아마 전자 대리점 직원은 사람들로부터 밟혀 죽을지도 모른다. 너도나도 당장 사겠다는 아우성으로… 이런 현상은 [그림 M-30]에서 '환희 요소'로 설명된다. 즉, 개발 전에는 그런 게 있었다는 것을 사람들은 모르므로 만족도에 영향이 없다. 그러나 우리가 해준 순간 급격한 만족도의 향상을 가져온다. **'환희 요소'가 프로세스에 반영되면 차별성을 갖게 되므로 프로세스 설계 과제에서는 최우선적으로 눈여겨봐야 하는 대상이다.**

특히 [그림 M-30]의 왼쪽 상단에서 오른쪽 아래로 그어진 화살표는 'Time'으로 표시돼 있는데 이것은 아무리 최근의 '환희 요소'로 고객들의 극찬을 받는 품질 요소라 해도 시간이 지나면 '기본 요소'가 된다는 것을 보여준다. 70년대 TV 채널을 돌리려면 보고 있는 사람 중 가장 막내가 채널 돌리러 왔다 갔다 하던 시대에서 리모컨으로 척척 돌려대는 시대로의 진입은 가히 혁명적이란 생각이 들었을 것이다. 그러나 요즘은 리모컨 가지고 "와, 희한하네!" 하는 친구는 오히려 그 사람이 '희한하게' 보일 뿐이다.

설명이 다소 길었다. 이제 앞서 수집했던 설문 내용을 토대로 '벌칙-보상 분석'을 통해 세 가지 요소로 분류해보고 프로세스 설계에 어떻게 활용해야 하는지 논해보기로 하자. 우선 설문을 통해 얻어진 데이터는 '편집(Editing)-코딩(Coding)-분석(Analysis)'으로 진행하는데 '편집'은 "분석 등에 활용할

수 있도록 설문지를 검토하고 선별하여 정리하는 작업"을, '코딩'은 "자료를
분석할 수 있도록 수치로 나타내기 위한 규칙을 정하고 이에 따라 자료를 입
력하는 작업"을, 끝으로 '분석'은 "적합한 분석 방법을 선택해서 원하는 결과
를 얻어내는 작업"을 의미한다. 현재는 '편집'과 '코딩'이 끝난 것으로 보고,
다음 [그림 M-31]이 설문 결과를 엑셀로 정리한 '코딩' 결과라고 가정한다.

[그림 M-31] 설문 결과와 '코딩'의 예

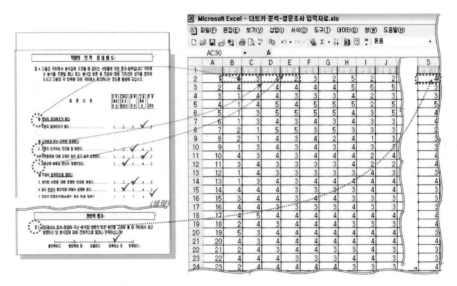

[그림 M-31]에서 한 응답자의 설문 응답 결과가 오른쪽 엑셀에 하나씩 정
리돼 있다. 또 왼쪽 설문지의 맨 아래 '전체 만족도' 응답 값이 엑셀의 맨 오
른쪽에 입력돼 있다. 우선 평가에 들어가기 전에 어떤 과정을 거쳐 '기본 요
소', '성과 요소', '환희 요소'로 분류되는지 요약하면 다음 [표 M-19]가 중
요한 안내 역할을 한다.

	부족한 요구사항비율	적당한 요구사항비율	초과한 요구사항비율
기본요소		①	①
성과요소			
환희요소	②	②	

임의 설문 문항에 대해 주어진 평가를 해서 그 값이 [표 M－19]의 '① 영역('적당한 요구 사항 비율'과 '초과한 요구 사항 비율'이 유사한 값인 영역)'에 들어가면 '기본 요소'로 분류하고, 다시 임의 설문 문항에 대해 평가한 값이 '② 영역('부족한 요구 사항 비율'과 '적당한 요구 사항 비율'이 유사한 값인 영역)'에 들어가면 '환희 요소'로 해석한다. 그렇지 않고 비율들이 모두 제각각으로 다르면 '성과 요소'로 분류한다. 비율을 구하는 방법만 알면 설문에서 주어진 항목들을 세 가지 '품질 요소'로 분류할 수 있다. 다음 [그림 M－32]는

[그림 M－32] '벌칙－보상 분석' 예(설문 첫 문항에 대해)

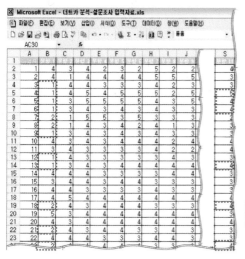

• '항목 1'의 '1'점 또는 '2'점이 20명, 이 중에서 서비스 전체만족도 '4'또는 '5'가 '7명''이면,

  7/20=0.35. 35% -> 부족한 요구사항비율

• '항목 1'의 '3'점이 17명, 이 중에서 서비스 전체만족도 '4'또는 '5'가 '9명'이면,

  9/17=0.53, 53% -> 적당한 요구사항 비율

• '항목 1'의 '4' 또는 '5'가 '13명', 이 중에서 서비스 전체만족도 '4'또는 '5'가 '7명'이면,

  7/13=0.54, 54% -> 초과한 요구사항 비율.

설문 '항목 1'은 '품질요소 분류표'에서 '적당한 요구사항비율'과 '초과한 요구사항비율'이 각각 '53%'와 '54%'로 유사함에 따라 '기본품질요소'로 분류됨

'코딩' 결과 중 첫 번째 항목에 대해 평가한 예를 보여준다.

[그림 M-32]에서 엑셀 'B열'이 설문의 첫 문항([그림 M-27]에서 '직원의 응대 태도가 좋다'의 문항이었음)으로 이 열의 점수가 '1' 또는 '2'의 개수가 '20개', 이 '20개' 중 '전체 만족도(엑셀 'S열')'가 '4' 또는 '5'가 되는 것이 '7명'이면, 이 비율이 '35%'임을 설명하고 있다. 이와 같이 응답자들의 첫 문항에 대한 '1점'과 '2점'을 갖고 평가한 비율은 '부족한 요구 사항 비율'로 분류하고 [표 M-19]의 해당란에 기입한다. 다시 '3점'의 개수 17개 중, '전체 만족도'가 '4' 또는 '5'인 개수가 '9명'이면 그 비율 '53'은 '적당한 요구 사항 비율'로 보고 [표 M-19]의 해당란에 동일하게 기입한다. 끝으로 첫 열의 '4' 또는 '5'인 개수 13개 중 '전체 만족도' '4' 또는 '5'인 개수가 '7명'이면, 그 비율 '54%'는 '초과한 요구 사항 비율'로 보고 동일하게 [표 M-19]의 해당란에 기입한다. 다음 [표 M-20]은 첫 번째 문항에 대해 분석한 결과를 [표 M-19]를 이용해 정리한 결과이다.

[표 M-20] '품질 요소 분류표'에 첫 번째 설문 문항의 분석 결과를 배치

	부족한 요구사항비율 35%	적당한 요구사항비율 53%	초과한 요구사항비율 54%
기본요소		①	①
성과요소			
환희요소	②	②	

[표 M-20]에서 비율들을 서로 비교하면 '①'번 영역의 값들이 유사한 것을 확인할 수 있으며, 결론을 내리면 설문 첫 문항인 '직원의 응대 태도가 좋다', 즉 '직원의 응대 태도'에 대한 고객 관점에서의 느낌은 '기본 요소'에 속하므로 향후 프로세스 설계 시 반드시 반영하거나 반영이 되었는지 확인해야

할 사항이다. 왜냐하면 이것이 기본적으로 잘 지켜지더라도 고객은 별 반응이 없을 것이나 만일 지켜지지 않으면 거의 지수 함수적으로 불만족도가 증가할 것이기 때문이다. 이와 같이 모든 문항들에 대해 '벌칙-보상 분석'을 수행하여 품질 요소를 분류한다. 데이터가 '코딩'이 된 상태에서는 엑셀 등을 이용해서 단시간에 분류해내는 것이 가능하다. 다음 [표 M-21]은 설문 문항들에 대한 '품질 요소'를 분류한 일부 결과를 나타낸다.

[표 M-21] 설문 문항들의 '벌칙-보상 분석'을 통한 '품질 요소' 분류 결과

No	설문항목	부족한 요구사항비율	적당한 요구사항비율	초과한 요구사항비율	품질요소
1	직원의 응대태도가 좋다	35.0	53.0	54.0	기본요소
2	고객이 요구하는 조건을 잘 해준다	17.0	15.8	36.9	환희요소
3	라면종류에 대해 고객이 알아 듣기 쉽게 설명한다	9.6	27.4	52.1	성과요소
4	라면선택 후에도 맞는지 재확인한다	32.1	18.6	14.9	기본요소
5	문의한 상황에 대해 정확한 안내를 해 준다	42.1	8.7	22.1	성과요소
6	중도 변경 시 불이익에 대해서 설명해 준다	13.8	30.6	29.5	기본요소

[표 M-21]을 통해 설문 문항들의 '품질 요소'들이 분류되었으며, 특히 두 번째 설문 문항인 '고객이 요구하는 조건을 잘 해준다'는 '환희 요소'로서 만일 세심한 검토를 통해 향후 프로세스 설계에 이 부분이 반영된다면 주변 타 분식집과 차별성을 가질 수 있는 기회가 생길 수 있다. '기본 요소'에 해당되는 항목은 설계에 누락됐는지 늘 먼저 확인하고 만일 그렇다면 반드시 추가하는 방향으로, '성과 요소'는 적정 수준 또는 현재보다 약간 높은 수준을 유지할 수 있는 방향으로, '환희 요소'는 차별성을 갖게 할 수 있는 방향으로의 고민이 필요하다. 그러나 무엇보다 이 같은 분석을 수행하기 위해 가장 염두에

두어야 할 사항은 어떤 문항을 설문지에 반영할지 사전에 철저하게 검토해야한다는 점이다. 그래야 쓰임새에 가치가 있다. 또 한 가지 놓쳐서는 안 될 사항은 '응답자 수'인데 현재 '라면 판매 프로세스 설계' 과제 경우 '50명' 수준으로 적지는 않지만 그렇다고 많은 수도 아니다. 따라서 과제 상황을 고려해 응답자 수가 너무 적다고 판단되면 굳이 '벌칙 – 보상 분석'을 수행할 필요는 없다. 다음 [그림 M – 33]은 설문 결과로부터 '벌칙 – 보상 분석'을 수행한 후파워포인트로 정리한 예이다.

[그림 M – 33] 'Step – 5.4. VOC 분석' 예('벌칙 – 보상 분석' 예)

Step-5. VOC 조사
 Step-5.4. VOC 분석(벌칙-보상분석)

♦ 설문내용을 토대로 한 '<u>벌칙-보상 분석</u>' 수행결과를 아래와 같이 정리하고, Kano Diagram 에 시각화 함.

□ '벌칙-보상 분석' 결과

No	설문항목	부족한 요구사항비율	적당한 요구사항비율	초과한 요구사항비율	품질요소
1	직원의 응대태도가 좋다	35.0	53.0	54.0	기본요소
2	고객이 요구하는 조건을 잘 해준다	17.0	15.8	36.9	환희요소
3	라면종류에 대해 고객이 알아 듣기 쉽게 설명한다	9.6	27.4	52.1	성과요소
4	라면선택 후에도 맞는지 재확인한다	32.1	18.6	14.9	기본요소
5	문의한 상황에 대해 정확한 안내를 해 준다	42.1	8.7	22.1	성과요소
6	중도 변경 시 불이익에 대해서 설명해 준다	13.8	30.6	29.5	기본요소

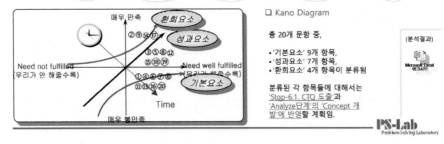

□ Kano Diagram

총 20개 문항 중,

• '기본요소' 9개 항목,
• '성과요소' 7개 항목,
• '환희요소' 4개 항목이 분류됨.

분류된 각 항목들에 대해서는 '<u>Step-6.1. CTQ 도출</u>'과 '<u>Analyze단계</u>'의 '<u>Concept 개발</u>'에 반영할 계획임.

(분석결과)

Microsoft Excel
V13 시트

PS-Lab
Problem Solving Laboratory

[그림 M 33]에서 '벌칙 – 보상 분석'을 표로 나타내었고 전체 내용은 오른

쪽에 엑셀파일로 '개체 삽입'해 놓았다(고 가정한다). 따라서 사업부장이 요구하거나 팀원들과의 추가적인 토의가 필요할 때 바로 더블클릭해서 활용한다. 장표 아래에는 'Kano Diagram'에 분석한 설문 문항들을 각 요소별로 배치해 놓았다. 앞으로 설계될 프로세스에 어떤 고객 요구 사항들이 반영되고 관리돼야 하는가를 쉽게 알아보도록 한 것이다. 특히, 오른쪽 아래 설명란에 이 결과가 쓰일 '세부 로드맵'들을 언급하고 있다. 'Step - 6.1. CTQ 선정'과 Analyze Phase의 '콘셉트 개발'인데 자세한 활용은 그때 가서 다시 설명이 있을 것이다. 다음은 인터뷰를 통해 얻은 자료를 활용하여 'QFD'로 들어가기 위한 '요구 품질'과 '품질 특성'을 도출해보자.

5.4.2. '요구 품질'과 '품질 특성' 도출

이전까지 'Step - 5.3. VOC 수집'에서 얻은 5점 척도 설문 문항 결과로 '벌칙 - 보상 분석'을 수행했으나, 여기서는 다른 하나인 '인터뷰' 자료를 이용해 'VOC 분석' 작업에 들어가 보자. 사실 '분석'이란 단어가 붙었지만 수치는 사용되지 않는다. 그러나 고객이 표현해준 각종 요구 사항들은 그 자체뿐만 아니라 이면에 숨겨진 다양한 의도도 중요하므로 이들을 잘 헤아려 훨씬 더 쓸모 있는 자료로 만들 필요가 있다. 이 과정이 곧 '분석'이다. 수치가 없는 '정성적 분석'이지만 역시 '분석'이라는 단어에 걸맞게 심도 있는 해석 과정이 필요하며, 따라서 팀원들의 역량과 적극적인 참여가 매우 중요하다. 간혹 리더가 이후의 전개를 혼자 하는 경우도 있는데 학습의 효과는 있을지언정 과제 품질을 높이는 일과는 거리가 매우 멀다. 단순한 과제라도 이미 '프로세스 설계 과제'로 시작한 이상 절대로 혼자서 진행하는 일은 없길 바란다.

인터뷰 내용을 그대로 정리한 고객의 소리를 '**원시 데이터**'라 하며, 그 '원시 데이터'를 만들어준 고객의 인구 통계학적 특성들을 '**속성**'이라고 한다. 다음 [표 M-22]는 수집된 인터뷰 자료를 정리한 예이다.

[표 M-22] 인터뷰로 수집된 '속성'과 '원시 데이터' 예

속성		원시 데이터
서비스 중심형		빨리 나왔으면 좋겠다.
		맛있었으면 좋겠다.
		반찬이 많았으면 좋겠다.
		공깃밥은 기본으로
		가격대비 맛이 없다.
		…
분식 애호가		선불이 없으면 좋겠다.
		테이블이 너무 지저분하다.
		서빙이 서툴다.
		주방이 청결했으면 좋겠다.
		다양한 메뉴가 있었으면 좋겠다.
		…
기타	소 창업 컨설턴트	불황엔 가격파괴
		리스크 줄이기 위한 공동투자
		무조건 얼마 전략
	커피전문점 운영자	무한리필 전략 고려
	라면 집 운영 유경험자	공짜 서비스 제공
	라면 마니아 클럽	일본식 라면 판매에 저녁은 사케
		젊은 층 대상으로 한 라면 카페 등
		…

첫 열인 '속성'에는 인구 통계학적 특성이 올 수 있으므로 '원시 데이터'의 첫 내용인 "빨리 (라면이)나왔으면 좋겠다"를 말한 사람의 성별, 나이 등 속성

이 와야 하나 본 예의 경우 대상을 여자 고등학생으로 한정했으므로 세분화 그룹명칭을 그대로 사용하였다.

'원시 데이터'는 인터뷰나 설문지로 수집한 'VOC'들이다. 이 내용들이 얼마나 진실성을 갖고 있으며 프로세스 설계에 영향을 줄 것인가는 전적으로 사전 준비와 면접원(또는 조사원)의 노력에 달려 있다. 이제 '원시 데이터'의 분석적 측면을 고려하면 첫 내용인 "빨리 나왔으면 좋겠다" 경우 고객이 항상 이러한 요구를 하리라는 보장은 없다. 예를 들면, 한가한 시간대에 분식집을 방문해서 주문을 기다리는 고객하고, 식사 시간 때 대거 몰려와 북적거리는 상황에서의 고객하고는 주문이 얼마나 빨리 나오느냐는 상대적일 수밖에 없다. 바쁘지 않은 고객에게 후다닥 갖다 주면 오히려 음식의 질에 오해의 소지를 남길 수 있다. 그러나 느긋한 고객은 이미 고객 세분화에서 제외했으므로 여기서는 순전히 여고생들의 관점에서만 얘기가 진행된다. 그렇다고 하더라도 역시 늘 빨리 나오기를 기대하지는 않을 것이다. 충분한 시간적 여유를 갖고 친구들과 수다 떨 목적으로 올 수도 있기 때문이다. 따라서 "빨리 나왔으면 좋겠다"를 표현한 고객이 어느 상황을 염두에 두고 이 얘기를 했을까 한 번쯤 심사숙고할 필요가 있다. 대다수의 학생들이 특정한 상황에 무딘 반응을 보이는 반면, 일부 학생에게는 매우 민감한 사항으로 받아들여져 거부감이나 불만족을 드러낼 수 있다. 만일 민감하게 반응한 고객의 요구지만 그것을 들어주었을 때 대다수의 고객이 '환희 요소'의 결과를 초래하면 큰 성공 사례가 될 수 있다. 대박이 될 수 있다는 뜻이다. 바로 이런 점을 노려야 한다. 즉, "빨리 나왔으면 좋겠다"를 단순히 일반적 상황으로 보기보다 여학생들이 어느 환경에서 이 같은 얘기를 할 것인가를 연상해서 좀 더 특별나고 기발한(?) 상황을 연출해보는 것이다. 그런 상황에서 요구 사항이 새롭게 얻어지거나 좀 더 다듬어질 수 있고, 또 새롭게 얻어진 상황들을 모아 다시 고민해보면 기존과 차별성을 갖는 프로세스를 설계할 기회를 얻을 수 있다. 이와 같이 고객이 말한 내용 자체뿐만 아니라 어느 상황에서 그런 얘기가 나왔을까를 연상하는 과정을 'Scene 전개'라고 한다. 따라서 '원시 데이터'를 중심으로 'Scene 전개'가 진행되며 주로 팀 미팅을 통해 이루어진다. 어느 상황에서 얘기가 나왔는지를 알아내는 데 주안점을 두므로 '6하원칙' 또는 '5W 1H'로 구분해 연상 작업을 한다. 다음 [표 M－23]은 'Scene 전개'를 수행한 예이다.

[표 M－23] 'Scene 전개' 작성 예

속성		원시 데이터	Scene 전개(5W1H)
서비스 중심형		빨리 나왔으면 좋겠다.	배고플 때
			야간학습으로 시간 없을 때
		맛있었으면 좋겠다.	먹을 때
		반찬이 많았으면 좋겠다.	여럿이 먹을 때
		공깃밥은 기본으로	라면 多＋밥 주문 시
		가격대비 맛이 없다.	혼자 라면만 주문 시
		...	...
분식 애호가		선불이 없으면 좋겠다.	여럿이 중간에 주문 추가 시
		테이블이 너무 지저분하다.	서빙 전 기다리는 상황
		서빙이 서툴다.	사람이 많은 상황
		주방이 청결했으면 좋겠다.	셀프 때 주방이 보여서
		다양한 메뉴가 있었으면 좋겠다.	자주 오지 않는 손님 경우
		...	...
기타	소 창업 컨설턴트	불황엔 가격파괴	경기악화 고려 시
		리스크 줄이기 위한 공동투자	경기악화 고려 시
		무조건 얼마 전략	불황 시 Targeting
	커피전문점 운영자	무한 리필 전략 고려	젊은 층 유인 시
	라면 집 운영 유경험자	공짜 서비스 제공	젊은 층 유인 Event로
	라면 마니아 클럽	일본식 라면 판매에 저녁은 사케	벤치마킹 사례 활용 시
		젊은 층 대상으로 한 라면 카페 등	신세대 분식 개념 고려 시
		...	

[표 M－23]을 보면 첫 번째 '원시 데이터'의 'Scene 전개'가 두 개인, '배

고플 때'와 '야간 학습으로 시간 없을 때'를 도출했다. 전자가 일반적인 상태의 연상 결과인 반면 후자는 프로세스 설계라는 관점에서 다소 특이한 상황으로 인식된다. 왜냐하면 다음에 이어질 '요구 품질'을 얻는 단계에서 '배고플 때'보다 '원시 데이터'로 '시간 없을 때'가 타 고객층에서 찾아보기 드문 상황에 해당하며, 따라서 그에 걸맞은 새로운 요구 사항을 찾을 수 있기 때문이다. 새로운 요구 사항은 다시 새로운 기능이 추가된 프로세스 설계와 연결되며, 설계된 새로운 프로세스는 결국 고객 만족으로 이어질 가능성이 높다. 또 네 번째 '원시 데이터'인 '공깃밥은 기본으로'의 'Scene 전개'에서도 일반적으로 '라면 밥 주문 시' 정도가 연상되지만, 학생들이 여럿 몰려와서 라면을 인원수보다 많이 시키고 약간의 밥을 곁들이는 상황을 연상하면, 밥값은 받지 말아야 하는 것 아니냐의 느낌을 담고 있다.

'원시 데이터'에 대한 연상은 설문 면접에 직접 참여한 면접원(조사원)들이 당시 상황을 떠올리며 도출할 수도 있으나 전혀 관계없는 사람도 다양한 상상력을 동원할 수 있다는 데 팀 활동의 의미가 있다. 사실 'Scene 전개'가 내포하는 영화 같은 장면들을 단순 용어로 압축해놓는 것은 요약에선 성공적이나 여러 사람들과 공유하는 차원에선 이해하는 데 상당한 제약이 따를 수 있다. 이에 파워포인트에 정리할 때 상세한 해설을 '개체 삽입'을 통해 관리하는 습관을 들여야 한다. 'Scene 전개'가 얼마나 많은 노력과 상상력을 동원해야 하는지 이 글을 읽고 있는 리더들이 꼭 알아주었으면 한다.

현업에서 과제를 수행할 때 리더 혼자서 그것도 한 시간 정도에 처리해버리는 경우가 적잖다. 학습 효과가 있을 순 있지만 왜 'Scene 전개'를 해야 하는지에 대한 정확한 이해와 목적의식이 없는 상태에서 아무리 좋은 방법론과 도구가 뒷받침되어도 겉돌게 마련이다. 적당하게 또 빨리 넘어가는 리더들 중에 "이거 Paper – work 아냐" 하고 주장하는 데 앞장서는 일은 없어야 한다. 이제 정리된 'Scene 전개'를 토대로 정말 '라면 판매 프로세스 설계'를 위해 고객이 어떤 요구를 하고 있는지 그 실체를 드러낼 때이다. 이 실체를 '**요구 품질**'이라고 한다. 다음 [표 M-24]는 [표 M-23]의 뒤를 잇는 '요구 품질'을 나타낸다.

[표 M-24] '요구 품질' 작성 예

원시 데이터	Scene 전개(5W1H)	요구 품질
빨리 나왔으면 좋겠다.	배고플 때	빨리 나온다.
	원시 데이터로 시간 없을 때	도착 전 주문내역을 안다. 도착을 미리 안다.
맛있었으면 좋겠다.	먹을 때	개인취향별 주문이 된다.
반찬이 많았으면 좋겠다.	여럿이 먹을 때	반찬이 적정하다. 처음 반찬이 유지된다.
공깃밥은 기본으로	라면 多 + 밥 주문 시	(라면주문이 많으면) 밥이 제공된다.
가격대비 맛이 없다.	혼자 라면만 주문 시	(혼자 손님은) 부재료를 다양화한다.
...	...	...
선불이 없으면 좋겠다.	여럿이 중간에 주문 추가 시	추가 주문만 후불이다. 전체가 후불이다.
테이블이 너무 지저분하다.	서빙 전 기다리는 상황	테이블이 깨끗하다. 인테리어가 좋다.
서빙이 서툴다.	사람이 많은 상황	(직원에게) 서비스 교육을 한다.
주방이 청결했으면 좋겠다.	셀프 때 주방이 보여서	주방이 청결하다. 정리정돈이 잘된다.
다양한 메뉴가 있었으면 좋겠다.	자주 오지 않는 손님 경우	메뉴선택 폭이 넓다. 특별메뉴를 운영한다.
...	...	...
불황엔 가격파괴	경기악화 고려 시	(상황에 따라) 가격정책을 가져간다.
리스크 줄이기 위한 공동투자	경기악화 고려 시	공동투자를 한다.
무조건 얼마 전략	불황 시 Targeting	(상황에 따라) 가격정책을 가져간다.
무한리필 전략 고려	젊은 층 유인 시	(특정시간 때) 무한 리필한다.
공짜 서비스 제공	젊은 층 유인 Event로	(특정시간 때) 공짜 서비스 운영한다. Event를 실시한다.
일본식 라면 판매에 저녁은 사케	벤치마킹 사례 활용 시	내부 분위기가 이국적이다. 낮/밤 2업종을 한다(멀티플레이 점포).
젊은 층 대상으로 한 라면 카페 등	신세대 분식개념 고려 시	실내가 카페분위기다. 라면 + 커피전문점을 운영한다.
	...	

　　설명에 앞서 '요구 품질'의 표현법에 대해 알아둘 필요가 있다. 그냥 편한 대로 쓰면 좋으련만 약간의 규칙이 있으니 일단 그를 따르는 게 좋다. 고객이 요구하는 내용이 무엇인지 확인도 편할뿐더러 팀원들과의 의견 교환도 수월하다. 일종의 '요구 품질'을 표현하는 언어가 되는 셈이다. 다음은 '요구 품질'을

표현하는 간단한 규칙을 나타낸다.

1) '명사+서술어' 형태로 간결하게

'빨리 나옴'과 같이 명사형으로 끝맺거나, '도착 전 주문 내역을 알거나 도착을 미리 안다'와 같이 두 가지가 중복돼서 간결하지 않은 경우 등은 지양한다.

2) '품질 특성'이 들어가지 않도록

'도착 시간을 미리 안다'와 같이 '요구 품질'에 특성적 표현인 '도착 시간'이 들어가는 것은 삼간다. 앞으로 '요구 품질'을 이용해 '품질 특성'을 도출하게 되는데 만일 '요구 품질'에 특성이 들어가 버리면 고민할 것도 없이 바로 '도착 시간'이라고 결정해버리기 때문이다. 그러나 '도착을 미리 안다'와 같이 특성이 없는 표현에서 도착을 미리 알리면 '도착 시간'을 관리하는 것도 중요하지만 그 외에 '도착 미리 알림 여부'라든가, '야간 학습 시간표 업데이트 상태' 등 다양한 특성들을 유추해낼 수 있다. 한마디로 사고의 폭을 넓히기 위한 의도가 숨겨져 있다.

3) 긍정적인 표현으로

'요구 품질'을 부정적으로 표현하면 간결하지 못한 경우가 많아 내용 전달이 어려울 수 있고, '품질 특성' 도출 시 사고의 제약이 따른다. 즉, 부정적으로 되지 않기 위한 방법만을 강구하게 된다. '약관 내용을 어렵게 하지 않는다'보다 '약관이 쉽다'가 간결하고 의미 전달이 명확하다. 일반적으로 'QFD(Quality Function Deployment)' 교재 등을 보면 8~9가지의 표현 규칙을 제시하지만 앞서 언급한 세 가지면 충분하니 확실하게 이해하고 활용하기 바란다.

설명으로 돌아와 [표 M-23]의 '원시 데이터' 맨 처음에 있는 '빨리 나왔으면 좋겠다'의 '요구 품질'을 보자. 우선 'Scene 전개'에서 '배고플 때'는 고객이 배고플 때 나오는 상황이므로 당연히 핵심은 '빨리 나온다'로 귀결할 수밖에 없다. 그러나 'Scene 전개'가 '야간 학습으로 시간 없을 때'처럼 학생들이 잠깐 쉬는 짧은 시간을 분식 먹는 시간으로 활용하는 상황에서 나온 표현이면 얘기가 달라진다. 고객이 그 자투리 시간을 이용해 분식집까지 와서 주문하고 느긋하게 기다릴 것이라는 기대는 현실과 괴리감이 있다. 따라서 이런 상황에 처한 고객이면 아마 분식집 주인이 내가 딱 도착하면 바로 '여기요' 하고 라면을 내주기를 원할 것이고 따라서 상황을 '요구 품질 표현법'에 맞춰 나타내면 '도착 전 주문 내역을 안다' 또는 '도착을 미리 안다' 등이 나올 수 있다. 이것은 매우 중요한 의미를 내포하는데 향후 프로세스 설계에서 '도착 전 주문 내역'이나 또는 '도착 시점'을 미리 알 수 있도록 아이디어를 내 반영한다면 과거 유명세를 탔던 '번개 맨'29)의 재현도 가능할지 모른다. 이와 같이 '요구 품질'은 'Scene 전개'의 극적인 상황을 재현하는 형태로(그런 상황에 처한 고객이 요구하는 상황이 될 것이므로) 표출될 것이다. 다음은 '요구 품질'을 활용한 '품질 특성' 도출에 대해 알아보자.

'요구 품질'의 의미는 단어에서 그대로 풍겨 나오듯 고객이 '요구'하는 '품질'이다. 그러나 표현으로부터 의미 전달이 되고 있긴 하나 실질적으로 관리할 수 있는 상태는 아니다. 고객의 요구가 어느 상태가 적정 수준이고 적정 수준이 아닌지 알 수 없으면 고객이 만족하는지 그렇지 못한지에 대한 현실 판단이 어렵다. 또 만족시키기 위한 개선 노력을 열심히 강구했음에도 어느 수준까지 도달했는지를 중간중간 가늠하기 위해서는 측정이 가능한 '특성'이 필요하다. 특히 '요구 품질'이 '품질' 측면을 강조하므로 '특성' 앞에 '품질'이 붙어 '품질 특성'이 되었다. '요구 품질 – 품질 특성'과 같이 언어적 연계성도 고

---

29) 자장면 배달하러 갔다가 주문자를 못 찾자 주인에게 전화했더니 "그러면 학생회관 몇 호실에 주고 와" 해서 그리 갖다 주러 사무실 문을 열고 들어가는데 주문 전화 하러 나갔던 학생이 들어오면서 "헉! 막 전화했는데 벌써 오다니 번개네" 해서 유명세를 탔던 실화를 지칭함.

려할 수 있다. '품질 특성'은 '요구 품질'의 부산물로 다음 [표 M-25]에 사례를 실었으니 참고하기 바란다.

[표 M-25] '품질 특성' 작성 예

Scene 전개(5W1H)	요구 품질	품질 특성
배고플 때	빨리 나온다.	주문 L/T
야간학습으로 시간 없을 때	도착 전 주문내역을 안다. 도착을 미리 안다.	도착시간 인지 여부, 주문내역 사전인지 여부
먹을 때	개인취향별 주문이 된다.	주문~음식 나오기까지 Lead Time
여럿이 먹을 때	반찬이 적정하다. 처음 반찬이 유지된다.	반찬 양, 반찬 제공 횟수
라면 多+밥 주문 시	(라면주문이 많으면) 밥이 제공된다.	라면 주문 수에 따른 밥 제공 여부
혼자 라면만 주문 시	(혼자 손님은) 부재료를 다양화한다.	혼자 손님 맛 만족도
...		
여럿이 중간에 주문 추가 시	추가 주문만 후불이다. 전체가 후불이다.	지불방법, 지불 횟수
서빙 전 기다리는 상황	테이블이 깨끗하다. 인테리어가 좋다.	테이블 청결도, 내부 인테리어 만족도
사람이 많은 상황	(직원에게) 서비스 교육을 한다.	직원 목장 만족도, 말씨 만족도
셀프 때 주방이 보여서	주방이 청결하다. 정리정돈이 잘된다.	주방 청결도
자주 오지 않는 손님 경우	메뉴선택 폭이 넓다. 특별메뉴를 운영한다.	메뉴 다양성, 특별메뉴 운영 여부
...		
경기악화 고려 시	(상황에 따라) 가격정책을 가져간다.	가격정책 유연성
경기악화 고려 시	공동투자를 한다.	투자방법, 공동투자 유무
불황 시 Targeting	(상황에 따라) 가격정책을 가져간다.	가격정책 유연성
젊은 층 유인 시	(특정시간 때) 무한 리필한다.	무한리필 운영 시간
젊은 층 유인 Event로	(특정시간 때) 공짜 서비스 운영한다. Event를 실시한다.	공짜 서비스 운영시간, 이벤트 실시 여부
벤치마킹 사례 활용 시	내부 분위기가 이국적이다. 낮/밤 2업종을 한다(멀티플레이 점포).	인테리어 만족도(이국적 관점), 낮/밤 2업종 운영 여부
신세대 분식개념 고려 시	실내가 카페분위기다. 라면+커피전문점을 운영한다.	인테리어 만족도(카페분위기), 라면+커피전문점 운영 여부
...		

멘토링 중 가장 많이 접하는 오류가 표현 때 나타나는데 바로 '품질 특성'

의 기술에서 '무게', '길이', '비율', '거리', '시간' 등의 '연속 자료'들은 쉽게 처리하는 반면 그렇지 않은 유형들에 대해서는 상당히 난감해한다. 표에서 첫 '요구 품질'인 '빨리 나온다' 경우 '시간'의 특성으로 측정이 이루어지지만 다음의 '도착 전 주문 내역을 안다'는 다소 모호한 느낌이 든다. 이럴 땐 우선 'O, X'의 관점에서 바라보기 바란다. '~여부'나 '~유무' 등의 표현을 적용해 보는 것이다. 그다음은 '~방법', '~상태' 또는 '~수준' 등으로 표현해보고, 최종적으로 '~성'을 적용한다. 특히 '~성'은 '~신뢰성', '~안전성', '~유연성' 등의 '성질'로 끝나는 대신 '~신뢰도', '~안정도', '~유연도'와 같이 특성적 표현으로 처리하는 것이 옳으나 어떻게 측정할지에 대해선 아직 명확하게 알지 못하므로 '품질 특성' 대신 '품질 요소'란 명칭을 쓴다. 향후 측정이 다소 불명확했던 '품질 요소' 중 하나가 과제에 미치는 영향력이 클 것으로 판단되면 그때 '운영적 정의(Operational Definition)'[30]를 통해 측정 가능한 상태로 전환한다. '품질 특성'도 '요구 품질'이 존재한다고 해서 어디선가 저절로 뚝 떨어지는 것은 절대 아니다. 팀원들이 모두 모여 명확한 목표 의식을 갖고 측정 가능한 특성에 대해 무궁무진한 아이디어 발굴 노력이 있어야만 가능한 일이다. 지금까지도 그랬고 앞으로도 그렇겠지만 '설계 과정'은 매 단계에 어떻게 하라고 안내는 하지만 답이 무엇이라고는 말해주지 않는다. 설사 누군가가 '이것이 답이다'라고 해도 다음 '세부 로드맵'으로 넘어가면 답이 되지 않을 수도 있다. 왜냐하면 없는 것을 계속 만들어가는 과정이면서 아무도 가보지 않은 길을 가고 있기 때문에 무엇이 옳은지 그른지 아무도 모른다. 단지 우리의 업무적 경험과 각자의 능력을 토대로 가장 좋은 하나를 선택해가는 과정일 뿐이다. 따라서 매 단계가 의사 결정 과정이며, 혹시 있을지도 모르는 잠재 위험을 의사 결정 과정 속에서 확실히 적출해낼 수 있도록 최선을 다

---

30) 'Step – 6.3. Ys 결정'에서 설명될 것이다.

해야 한다. 이렇게 됐을 때 비로소 시간과 비용을 최소화시키는 말 그대로의 설계 프로젝트가 완성된다.

지금까지의 과정을 파워포인트로 정리해보자. 가급적 여러 장으로 정리하기보다 한두 장으로 압축해 표현하되 지금까지 해왔던 대로 상세 내역은 '개체 삽입' 기능을 이용한다. 자료는 모든 것을 포함하면서 내용 전달도 빠르고 정확하게 이뤄져야 한다. 나만 보기 위한 자료는 이미 생명력을 잃은 것이다. 그렇지 않으면 혼자만을 위한 메모로 충분할 것이기 때문이다. 다음 [그림 M-34]는 'Step-5.4. VOC 분석'을 표현한 것이다.

[그림 M-34] 'Step-5.4. VOC 분석' 예('요구 품질/품질 특성' 도출 예)

Step-5. VOC 조사
Step-5.4. VOC 분석(요구품질/품질특성)　　　　　　　　D M A D V

♠ 다음은 '원시데이터'로부터 '요구 품질'과 '품질 특성'을 도출한 결과이다.

속성	원시 데이터	Scene 전개(5W 1H)	요구 품질	품질 특성
서비스 중심형	빨리 나왔으면 좋겠다	배고플 때 / 야간학습 시간 없을 때	빨리 나온다 / 도착 전 주문내역을 안다. 도착을 미리 안다	주문 L/T / 도착시간 인지여부, 주문내역 사전인지 여부
	맛있었으면 좋겠다	먹을 때	개인취향 별 주문이 된다.	주문~음식 나오기까지 Lead Time
	반찬이 많았으면 좋겠다	여럿이 먹을 때	반찬이 적정하다. 처음 반찬이 유지된다	반찬 양, 반찬 제공 횟수
	공기 밥은 기본으로	라면 多+밥 주문 시	(라면주문이 많으면) 밥이 제공된다	라면 주문 수에 따른 밥 제공 여부
	가격대비 맛이 없다	혼자 라면만 주문 시	(혼자 손님은) 부 재료를 다양화한다	혼자 손님 맛 만족도
	야채를 많이 넣어주었으면 좋겠다	라면 자주 먹는 경우	야채로 맛을 다양화한다	야채 활용 수준
분식 애호가	선불이 없으면 좋겠다	여럿이 중간에 주문 추가 시	추가 주문만 후불이다. 전체가 후불이다	지불방법, 지불횟수
	테이블이 너무 지저분하다	서빙 전 기다리는 상황	테이블이 깨끗하다. 인테리어가 좋다	테이블 청결도, 내부 인테리어 만족도
	서빙이 서툴다	사람이 많은 상황	직원에게 서비스 교육을 한다.	직원 목차 만족도, 말씨만족도,
	주방이 청결했으면 좋겠다	셀프 때 주방이 보여서	주방이 청결하다. 정리정돈이 잘 돼 있다.	주방 청결도
	다양한 메뉴가 있었으면 좋겠다	자주 오지 않는 손님 경우	메뉴선택 폭이 넓다. 특별메뉴를 운영한다	메뉴 다양성, 특별메뉴 운영 여부
	신용카드를 쓸 수 있었으면 좋겠다	용돈이 떨어지면	신용카드 처리가 가능하다. 외상이 된다	신용카드 사용여부, 외상여부
소 창업 가 켄 설 턴 티 트	불황엔 가격파괴	경기악화 고려 시	상황에 따라 가격정책을 가져간다.	가격정책 유연성
	리스크 줄이기 위한 공동투자	경기악화 고려 시	공동투자를 한다	투자방법, 공동투자 유무
	무조건 얼마 전략	불황 시 Targeting	상황에 따라 가격정책을 가져간다.	가격정책 유연성
	...	...	...	...

(요구품질/품질특성)

Microsoft Excel 워크시트

PS-Lab
Problem Solving Laboratory

[그림 M-34]는 '원시 데이터'와 'Scene 전개'로부터 산출물인 '요구 품질'

과 '품질 특성'을 포함하고 있으며, 전체 내용이 맨 오른쪽에 엑셀 파일로 '개체 삽입'된 것을 확인할 수 있다(고 가정한다). 특별히 보충 설명이나 강조하고 싶은 사항이 있으면 파워포인트의 '설명선' 기능을 이용하여 표 위에 나타내도 무방하다. 이제 'Step – 6. Ys 파악'에서 활용토록 본 결과물을 좀 다듬어야 하는데 이 작업은 'Step – 5.5. VOC 체계화'에서 이루어진다. 이제 'Step – 5. VOC 조사'의 최종 '세부 로드맵'으로 들어가 보자.

Step – 5.5. VOC 체계화

'VOC 체계화'란 앞서 도출된 '요구 품질'과 '품질 특성'들을 더욱 갈고 다듬어 'Step – 6. Ys 파악'의 핵심 도구인 'QFD'의 입력 자료로 만들어내는 과정이다. 내용은 크게 두 가지로 구분할 수 있는데 하나는 '친화도(Affinity Diagram)'를 작성하는 일과, 다른 하나는 '수형도(Tree Diagram)'[31]를 만드는 일이다. '친화도'는 'Affinity'가 "맞는 성질, 밀접한 관계"를 의미하듯 친한 것끼리 모아 정리한 그림이다. 또, '친화도' 결과를 이용해 '수형도'를 만드는데 이는 익히 잘 알고 있는 'Tree 구조'에 해당한다. 이 구조가 'QFD'에 그대로 입력으로 들어간다. 물론 '요구 품질'과 '품질 특성' 각각에 대해 수행된다. 전개 과정과 표현법에 대해 알아보자.

---

31) 'Tree Diagram'은 통상 '계통도'로 불리나, (네이버 백과사전)에서 '나무 수(樹)'를 써서 '수형도(樹形圖)'로 정의하고 있어 표기를 그대로 따랐다.

5.5.1. 친화도(Affinity Diagram) 작성

2000년 1월 중순 당시 삼성 SDI의 핵심 인력으로 뽑힌 필자는 다른 연구 인력 20여 명과 함께 해운대의 전망 좋은 연수원에 집합해 있었다. 목적은 '제품 설계 방법론' 1주차 교육을 미국 SBTI社에서 온 강사로부터 받는 것이었는데 계획된 제목은 'Concept Engineering - Voice of Customer'로 20시간이 배정돼 있었다. 내용은 '시장 분할'부터 '고객 정의'와 '인터뷰 방법' 등 하나하나 이론과 실습으로 진행되었고, 특히 인터뷰는 연수원에 보험 설계 교육을 받으러 온 주부들을 대상으로 진행했던 터라 다양한 'VOC'를 수집하는 것까진 시간가는 줄 몰랐다. 다음은 이들 자료를 가공하고 정리해서 제품 개발과 연결시키는 시점에 이르렀는데 그 때 접했던 도구가 'KJ 방법(KJ Method)'이었다. 사실 당시에 처음 듣는 명칭이었다. 그 이후로도 평상시 들도 보도 못한 다양한 도구들을 속속 접했는데 모른다고 일을 못 하는 건 아니지만 제품 설계용 도구들이 많기도 많으려니와 자료를 압축하고 표현해서 정보화하는 데 매우 유용하다는 생각이 들기 시작했다. 정말 우물 안 개구리란 말이 딱 들어맞는 시기가 아니었나 싶다.

서론이 좀 길었다. 'KJ 방법'은 (위키피디아 사전)에서 '친화도(Affinity Diagram)'로 소개돼 있으며 정의는 "친화도는 비즈니스 기법이며, Seven Management and Planning Tools[32])의 하나이다. 또 아이디어와 자료를 정리하는 데 사용하는 도구이다. 보통 프로젝트 관리에 사용하는데 많은 양의 아이디어를 검토하고 분석하기 위해 그룹으로 묶어내는 데 효과적이다. 기원은 1960년대 일본 문화 인류학자[33])인 Jiro Kawakita에 의해 창안되었으며, KJ

---

32) 'Seven Management and Planning Tools'는 일본에서 1979년 발표한 7가지의 새로운 질적 조사법에 관한 책이, 1983년 영어로 번역된 동명의 책에 속한 기법을 말한다. 첫 번째 툴이 'Affinity Diagram'이며, 이 밖의 6가지 툴로는 Interrelationship Diagraph, Tree Diagram, Prioritization Matrix, Matrix Diagram, Process Decision Program Chart(PDPC), Activity Network Diagram이 있다.

Method로도 불린다"이다. 'Jiro Kawakita'의 첫 자를 따 'KJ'라 명명했는데 우리나라도 인지도 높은 도구들을 자신의 이름 첫 자로 떨칠 시기가 하루빨리 오길 기대한다. 필자도 노력하고 있지만 이 글을 읽고 있는 리더들도 탐구 정신을 더욱 발휘해서 이름 첫 자 대열에 참여하기 바란다. 각설하고 지금부터는 사전 정의대로 'Affinity Diagram', 즉 우리말인 '친화도'로 일관되게 호칭하겠다. 본문에서 '친화도' 용법을 자세히 논하진 않을 것이다. 관심 있는 독자는 『Be the Solver_정성적 자료 분석(QDA)』편을 참고하기 바란다. '로드맵', 즉 흐름 관점의 전개를 본문이 지향함을 초기에 강조한 바 있다. 따라서 필요한 만큼의 용법에 대해서만 언급하고 넘어갈 것이다.

'친화도'가 아이디어나 자료를 묶는 방법 및 결과물을 말하므로 우선 대상과 수행자가 필요하다. '대상'은 'Step - 5.4. VOC 분석'에서 정리된 '요구 품질'과 '품질 특성'이다. 이들은 인터뷰를 통해 수집되었으며 'Scene 전개'를 거쳐 팀원들의 아이디어가 반영된 결과이다. 멘토링을 하다 보면 리더들이 홀로 '요구 품질'과 '품질 특성'들을 유사한 것끼리 모아 단순히 그룹화하는 모습을 자주 목격한다. '친화도' 과정은 그들을 '포스트잇'에 모두 적은 뒤 아이디어를 계속 추가하거나 파생시키는 작업, 또 팀원들과 뺄 것인지 넣을 것인지에 대한 의사 결정 과정을 계속 반복한다. 이때 '요구 품질'과 '품질 특성'들의 내용은 계속 수정되거나 추가 또는 삭제 등 다양한 모습으로 발전한다. '프로세스 설계 방법론'은 새로운 것을 만들어내는 접근법이다. 발생할지 모르는 위험 요소를 최소화시키며 완성도를 높이기 위한 팀원들의 모든 역량과 노력을 동원함으로써 '무'에서 '유'를 창조해간다. 다음 [그림 M - 35]는 완성된 예를 보여준다.

---

33) '문화 인류 학자'는 저자가 내용 이해를 위해 추가하였다.

매출 향상을 위한 라면 판매프로세스 설계에 대해 고객 요구가 무엇인가?

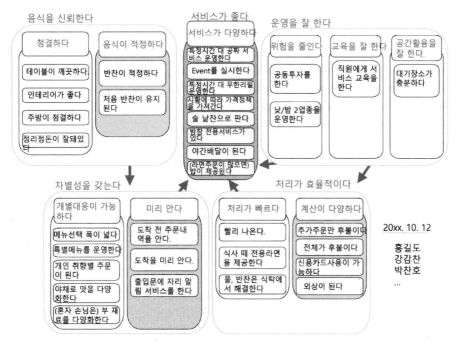

[그림 M-35]를 보고 '헉' 하고 놀랄 수도 있을 것이다. 정리가 잘돼 있고 뭔가 완성된 듯한 느낌에서라기보다 이렇게까지 만들어야 하나 하는 부담감이 앞설 수 있기 때문이다. 그러나 만일 그런 느낌을 갖고 있다면 이제 마음을 고쳐먹기 바란다. 왜냐하면 과제의 난이도와 성격에 따라 '세부 로드맵'이나 도구들을 선택하는 것이지 결코 필요가 없는데 과제 수행이란 이유만으로 꼭 할 이유는 없기 때문이다. 앞서도 강조했지만 'CTQ'가 명확하면 Measure Phase는 'QFD'가 필요 없는 단순 과정으로도 거쳐 갈 수 있으며, 또 'QFD'

를 하더라도 고객의 소리가 어느 정도 결정돼 있는 상황에선 '친화도' 과정은 간단히 처리하고 넘어갈 수 있다. 물론 사안이 단순하지 않으면 지금까지의 전 과정을 철저한 팀 활동 속에 검정을 거치며 수행해야 한다. 이것은 '방법론' 의 관점이 아니라 '과제' 관점에서 판단하고 결정해야 할 일이다. [그림 M - 35]는 '라면 판매 프로세스 설계를 통한 매출 30% 향상' 과제에 대한 '요구 품질' 자료를 토대로 작성된 예이다. 또, 이 결과를 만들어내기까지 팀원들이 모두 약 4시간 정도의 '친화도' 과정을 수행한 것으로 가정한다. 그림 전체가 좀 산만하므로 그룹 하나만 떼어내 각 부위별 의미에 대해 알아보자. 다음 [그림 M - 36]은 한 개 그룹을 보여준다.

[그림 M - 36] '친화도' 내 그룹핑 예

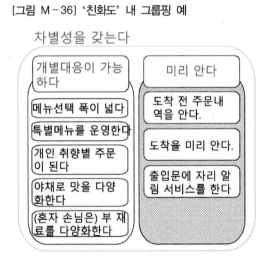

[그림 M - 36]에서 사각형 가장 안쪽에 있는 항목들을 'Black Level'이라고 한다. 검은 글씨로 표기하기 때문이다. 이 **'Black Level'**들은 팀 활동을 통해 얻은 최종 결과물로 최초 '요구 품질'이 그대로 오기도 하지만 '친화도' 과정 중에 새로운 것이 추가되거나 최초의 것이 변경돼서 올 수도 있다. 그들 모두를 유사한 것끼리 묶어놓은 결과이다. 다음 'Black Level'을 묶고 있는 수준, 예를 들어 '개별 대응이 가능하다'나 '미리 안다' 들을 **'Red Level'**이라고 한다. 역시 빨간 글씨로 표기하기 때문이다. 이들은 'Black Level'들을 친밀성이 높은 것끼리 모아놓은 뒤 그들을 가장 잘 설명할 수 있는 적절한 명칭을 부여한 것이다. 'Red Level'들은 다시 유사성이 있는 것끼리 모아놓을 수 있으며, 이전과 동일하게 묶음의 명칭을 부여해주는데 이것을 **'Blue Level'**이라고 한다. 파란색 글씨로 표기하기 때문이다. 그 외 'Blue Level'들 간 화살표는 '인과관계'를 나타낸 것인데 적정 수준에서 관련성을 설명해놓는다. 하나의 사안을 두고 진행되는 만큼 묶음 간의 상호 관계가 존재할 수 있기 때문에 화살표를 통해 좀 더 분석적으로 바라볼 수 있다. [그림 M - 35]는 각 'Level'들끼리 맞춰서 펼치면 '수형도'가 만들어지며 과정과 용도에 대해서는 '5.5.2. 수형도 (Tree Diagram)'에서 설명할 것이다.

'품질 특성'에 대해서도 동일한 과정을 거쳐 'Black Level', 'Red Level', 'Blue Level'로 구성할 수 있으며 과정과 사례는 생략한다. 이들에 대해서는 파워포인트로 작성된 사례를 참고하기 바란다. 다음 [그림 M - 37]은 'Step - 5.5. VOC 체계화(친화도)'의 작성 예이다.

[그림 M-37] 'Step-5.5. VOC 체계화' 예(친화도)

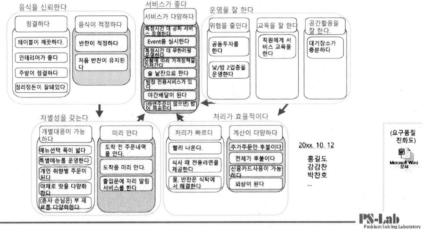

다음은 '수형도'의 표현과 용도에 대해 알아보자.

5.5.2. '수형도(Tree Diagram)' 작성

'수형도(樹型圖: **Tree Diagram**)'는 말 그대로 나뭇가지처럼 뻗은 그림을 뜻한다. 일반적으로 '계통도(系統圖)'로 잘 알려져 있지만 (네이버 백과사전)에서 '… (중략) 어떤 사건이 일어나는 모든 경우를 나무에서 가지가 나뉘는 것과 같은 모양의 계통그림으로 그린다. (중략) …'를 '수형도'로 정의하고 있어 그대로 따랐다. '수형도'는 [그림 M-37]의 '친화도'를 'QFD'의 입력에 용이한 형태로 만들어놓은 것을 의미하며, '요구 품질'과 '품질 특성'의 '친화도', '수형도' 및 'QFD'와의 연계성은 다음 [그림 M-38]의 개요도와 같다.

[그림 M-38] '친화도-수형도-QFD' 관계 개요도

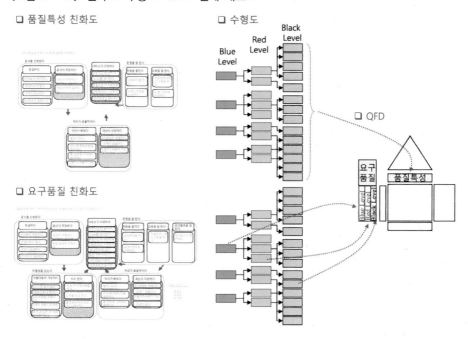

[그림 M-38]에서 '품질 특성 친화도'와 '요구 품질 친화도' 각각을 '수형도'로 표현할 때 'Blue Level', 'Red Level', 'Black Level'로 줄을 맞춰 작성하며, '요구 품질 수형도'는 'QFD'의 왼쪽으로, '품질 특성 수형도'는 위쪽으로 각각 들어가 'QFD'를 수행할 준비를 하게 된다. 'QFD'는 'Step-6. Ys 파악'에서 본격적으로 설명될 것이다. '친화도'만 제대로 만들어지면 '수형도'는

그를 단순히 펼쳐낸 형상이다. 다음의 [그림 M-39]는 '요구 품질 친화도'와 '품질 특성 친화도'에 대한 파워포인트 작성 예를 보여준다.

[그림 M-39] 'Step-5.5. VOC 체계화' 예(수형도)

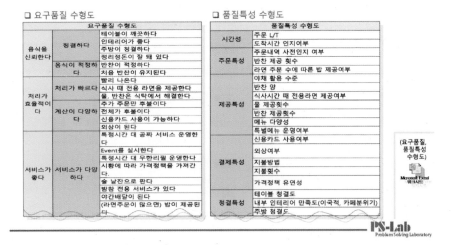

[그림 M-39]는 [그림 M-37]의 '친화도'에 이어 '수형도'를 표현한 것으로, '요구 품질'과 '품질 특성'의 경우를 한 장표에 요약하였다. 보통 [그림 M-38]처럼 'Tree 구조'로 나타내지만 장표의 공간 활용과 나중에 엑셀로 된 'QFD'를 사용하기 위해 일단 표로 정리하였다. 또, 내용 설명에 주안점을 두기 위해 장수를 늘릴 수도 있으나 현재의 방식은 흐름을 중시하고 있으므로 내용도 가급적 압축해서 표현했다. 물론 의문점이나 발표 시 질문 등에 대응

하기 위해 완전한 자료가 있어야 하며, 이것은 앞서 계속 유지해온 '개체 삽입' 기능을 활용하였다(고 가정한다). 내용상 특징이나 강조하고 싶은 사안들은 파워포인트의 '설명선' 기능 등을 활용하도록 한다.

이제 'Step - 5. VOC 조사'가 마무리되었고 최종 산출물이 [그림 M - 39]임도 확인하였다. '문제 회피' 과정의 실체는 '로드맵'임을 강조한 바 있다. '로드맵'은 따라가는 길이므로 현재의 산출물을 가지고 다음 '세부 로드맵'으로 들어가야 한다. 이어지는 'Step - 6. Ys 파악'으로 들어가 보자.

Step-6. Ys 파악

핵심 활동은 Measure Phase가 '측정'이라는 뜻을 내포하듯 앞으로 설계할 프로세스가 잘 만들어졌는지 또는 그렇지 않은지, 부족하면 어느 부분이 얼마만큼 부족한지 등을 알 수 있도록 수준을 계량화하는 데 있다. 그러나 단순히 '측정'하고 싶은 의지만 있다고 측정이 저절로 이루어지는 것은 아니므로 '측정 대상'이 필요한데 이것을 'Y'라고 한다. 'Y'를 측정하기 위해서는 몇 가지가 미리 결정돼야 하는데, 우선 앞서 도출된 '요구 품질'들 중에서 상대적인 중요도를 평가해야 한다. 고객들의 요구 사항은 모두 동일하게 중요하기보다 어떤 것은 더 시급히 반영해줘야 하는 반면 일부는 상대적으로 시간적 여유를 갖고 적용할 수 있다. 따라서 도출된 '요구 품질'들 모두를 동일한 가중으로 처리하기보다 좀 더 중요한 항목들에 집중할 필요가 있는데 이것을 구분하는 작업은 'Step-6.1. CCR 도출'에서 진행한다. 'CCR'이란 'Critical Customer Requirement'의 첫 자를 딴 것으로 우리말로 '핵심 고객 요구 사항'[34]으로 불린다. 이어서 상대적 중요도가 평가된 '요구 품질' 각각을 어느 '품질 특성'이 가장 잘 대변해주는지 조사해서 고객 요구를 '특성'으로 전환하는데, 이 작업은 'Step-6.2. CTQ 선정'에서 이루어진다. 왜 솎아내는 것일까? 프로세스 설계를 위해 고려된 모든 특성들을 다 만족시키기 위해 노력하는 것이 이상적일 수 있으나 현실적이진 못하다. 비용도 많이 들 뿐더러 시간, 자원 등도 만만치 않게 들어간다. 또 전부 다를 만족시킬 필요도 없다. 왜냐하면 현재 운영하고 있는 다양한 프로세스로부터 가져올 수 있는 것도 상당부분 존재하기 때문이다. 프로세스 설계에 주요한 'CTQ'들이 선택됐으면 다음은 이들을 'Y'로 전환시켜야 한다. 'CTQ'는 '고객 요구 사항'을 기반으로 하므로 전적으로 고객에 매달린 특성이다. 따라서 기존에 운영하던

---

34) 'CCR'을 '고객의 핵심요구사항'으로 해석하기도 한다.

프로세스에서 가져올 수 없는 아주 새로운 측정 방법이 필요할는지도 모른다. 또 새롭다고 해서 무작정 새로운 측정 방법만을 도입하다 보면 기존의 측정 방법을 조금만 변형해서 쓸 수 있음에도 불필요한 비용과 노력을 들일 수 있다. 따라서 여러 정황을 고려한 지표를 만들어야 하는데 이것은 'Step – 6.3. Ys 결정'에서 진행한다. 그런데 왜 단수인 'Y'가 아니고 복수인 'Ys'이라고 표현한 것일까? '프로세스 개선 과제'처럼 기존에 운영하고 있는 프로세스에서 발생한 문제를 해결할 경우 증상을 나타내는 최소 한두 개의 지표만 있으면 충분하나, '프로세스 설계 과제'처럼 프로세스 자체를 설계하면 규모 면에서 만족시켜야 할 대상도 그만큼 늘어난다. 설계 후 프로세스 운영 주체들이 충분히 만족해야 하고, 프로세스 전체 Cycle Time도 중요하다. 또, 기존 프로세스와의 연계성도 따져봐야 하는 등 수많은 변수들을 과학적이고 합리적으로 고려치 않으면 나중에 완료 후 차라리 안 한만 못한 결과를 초래할 수도 있다. 이렇게 프로세스 설계가 잘됐는지 부족한지를 측정할 지표가 결정되면, 실제 수치로 표현하게 되는데 이것은 'Step – 6.4. Scorecard 작성'에서 진행한다. '프로세스 개선 방법론'에서는 '현 수준 평가'로 불리나 '프로세스 설계 방법론'에서는 설계가 진행됨에 따라 지속적으로 완성도를 점검해 나가는 용도여야 하므로 '점수표'라고 하는 약간의 진보된 관리 방법을 사용한다.

'프로세스 설계 방법론'은 운영하고 있는 프로세스나 상품의 최적화를 꾀하는 '프로세스 개선 방법론'과 내용 면에서 큰 차이점이 있다. 프로세스를 만들어내야 하며, 만들어진 프로세스가 최적화의 상태로 계속 운영되는 것까지를 포함한다. 이런 관점에서 본문은 '프로세스 개선 방법론'의 내용까지 범위에 둬야 하나 분량도 많아질뿐더러 논의의 핵심인 '프로세스 설계 방법론'의 '세부 로드맵'이 희석될 수 있는 문제점이 생긴다. 초두에 언급했듯이 프로세스 설계 과정은 '프로세스 개선 방법론'을 잘 알고 있음을 전제하며, 따라서 중복되는 많은 양은 제외하고 '프로세스 설계 방법론 로드맵'에 충실할 것이다. 예를 들면 'Step-6.4. Scorecard 작성'처럼 현 수준을 평가하기 위해서는 기본적으로 데이터 수집부터 '연속 자료', '이산 자료'별 '시그마 수준' 전환법을 소개하고, 또 '이산 자료'는 '불량 특성'과 '결점 특성'별로 나누어 각각을 소개하는 등 다양한 '시그마 수준' 산정 과정을 거쳐야 한다. 그러나 이들에 대해서는『Be the Solver_프로세스 개선 방법론』편이나『Be the Solver_통계적 품질 관리(SQC)-관리도/프로세스 능력 중심』편 등을 참고하기 바란다. 본문은 '프로세스 개선 방법론'과 중복되는 내용은 가급적 최소화할 것이다. 또, '프로세스 설계 방법론'에 임하는 리더들도 필요한 사전 지식을 충분히 갖출 수 있도록 노력해주기 바란다. 어차피 '프로세스 설계'는 뒤쪽에 프로세스 운영이 자리하므로 제대로 된 설계를 위해서는 프로세스 운영까지 전체를 소화할 수 있는 시야의 필요성을 다시 한 번 강조하는 바이다. 이제 '세부 로드맵'으로 들어가 보자.

Step-6.1. CCR 도출

'CCR(Critical Customer Requirement)'은 '핵심 고객 요구 사항' 또는 '고객의 핵심 요구 사항' 등으로 번역한다. 한마디로 "고객이 정확하게 얘기한 것은?"이다. 리더들에게 'VOC'와 'CCR'을 구분토록 숙제를 내주면 정말 다양한 결과가 나온다. 정의는 분명 하나일 텐데 답은 여러 가지가 나온다는 얘기다. 결론적으로 정확히 알고 있지 못하다는 뜻이다. 이해도 가는 것이 주변에 'VOC', 'CCR'이란 단어는 수없이 사용되지만 정작 그들의 정확한 정의와 용법을 설명하고 해석해놓은 자료는 전무하다시피 한다. 반대로 너무 잘 안다고 생각한 나머지 정의나 용법 설명을 등한시할 수도 있다. 원인이야 어찌 됐든 결과는 리더들이 가장 기본적인 것에 충실할 필요가 있으며, 사내 전파를 위해서라도 정확하게 알아둘 필요가 있다. 'CCR'에 대해 알아보자.

　조금 극단적인 예를 들어보자. 손님이 상점에 들어와 유제품을 들고 계산대에서 '어휴' 하고 한숨을 쉬며 나갔다고 하자. 매상에 민감한 주인 입장에서는 손님이 무엇 때문에 한숨을 크게 쉬고 나갔는지 궁금할 수밖에 없다. '혹 구매한 유제품의 유통 기한이 너무 촉박하게 남아서 그런가?' 아니면 '식품들을 놓아둔 진열대가 지저분해서 그런가?', '우리 상점과는 관계없고 개인적인 일로 그랬던 건 아닐까?' 아마 주인이 생각하기에도 그 이유가 무엇일까 상상할 수 있는 건수만 수억이 될 수 있다. 답답한 주인이 급기야 달려 나가 저만치 가고 있는 손님을 붙잡고 정중하게 물어본다. "손님, 아까 계산할 때 무엇 때문에 한숨을 쉬셨는지요. 혹 저의 상점에 불만이라도 있으시면 말씀 좀 부탁드리겠습니다"라고. 이때 손님이 잘됐다는 반응을 보이며 "난 A브랜드 유제품을 즐겨 마시는데 이 매장에는 언제 와도 그 제품을 갖다 놓지 않는군요"라고 답했다고 하자. 결국 주인이 생각한 수많은 가능성 중 고객이 얘기하고 싶었던 것은 바로 '유제품의 종류가 다양했으면 좋겠다'로 압축할 수 있다. 예에서 손님이 '어휴'라고 한 발언을 '고객의 소리', 즉 'VOC'나 '원시 데이터'라고 본다면, 고객의 '핵심 요구 사항'인 'CCR'은 다름 아닌 '유제품의 종류가 다양했으면 좋겠다'가 된다. 또 자주 접하는 경우인데 특히 간접 부문과 같이 짧게는 수년에서 길게는 수십 년간 거래를 해오던 고객에게 요구 사항을 수집하면 '단가를 더 낮춰야 한다'나 'C 오류율 좀 줄여 달라'는 식으로 이미 구체화된 'CCR'이 돼 있다. 만일 이 자료를 'VOC' 또는 '원시 데이터'로 본다면 'CCR'은 그보다 훨씬 더 구체적이어야 하므로 앞서 상점 주인과 같이 한 번 더 물어보는 개념으로 접근한다. 다시 말해 '어느 수준이면 적정한 단가입니까?'라든가, 'C 오류율은 최소 어느 수준까지를 말씀하시는 겁니까?' 등이다. 물론 '단가'야 그냥 주면 가장 좋아할 것이고, '오류율'이야 '0'이면 최상이겠지만 협상을 하려면 서로 간의 적정 수준이 존재해야 한다. 이때 추가 물음을 통해 고객의 답변을 정리했다고 가정할 때 'CCR'은 '단가는 톤당 최소 100,000만 원 이하', 'C 오류율은 3% 이내' 등으로 한 단계 더 구체화된 표현이 나올 수 있다. 어느 경우든 고객이 핵심적으로 얘기한 것 또는 바라는 것이 'CCR'이라고 보면 틀림없다. 이제 프로세스 설계 관점으로 돌아와 보자.

앞서 설문이나 인터뷰를 통해 목표 고객들로부터 다양한 '원시 데이터'를 수집하였고, 그들을 잘 정제해서 '요구 품질'로 정리하였다. 또 필요하면 'KANO 분석'을 통해 유형별로 구분한 뒤 전략적 활용 방안까지 모색해보았다. 이제 'CCR', 즉 설계하려는 제품에 대해 고객이 가장 핵심적이고 중점적으로 바라는 것이 무엇인지 결정할 시점에 와 있다. 정리한 '요구 품질'이 '원시 데이터'를 통해 얻고자 하는 모든 것을 망라한 것이라면 그들 모두가 똑같이 중요하다고 보기는 어렵다. 따라서 상대적 중요도 평가를 통해 그들 간 우선순위를 매기게 되는데 이때 상위 값을 얻는 '요구 품질'일수록 '고객의 핵심 요구 사항'인 'CCR'이 된다. 이것은 마치 매상에 관심이 많은 상점 주인이 손님의 '휴' 소리를 접했을 때 상상할 수 있는 많은 유형들 중에서 "제품의 종

[그림 M-40] '요구 품질' 중요도 평가 개요도

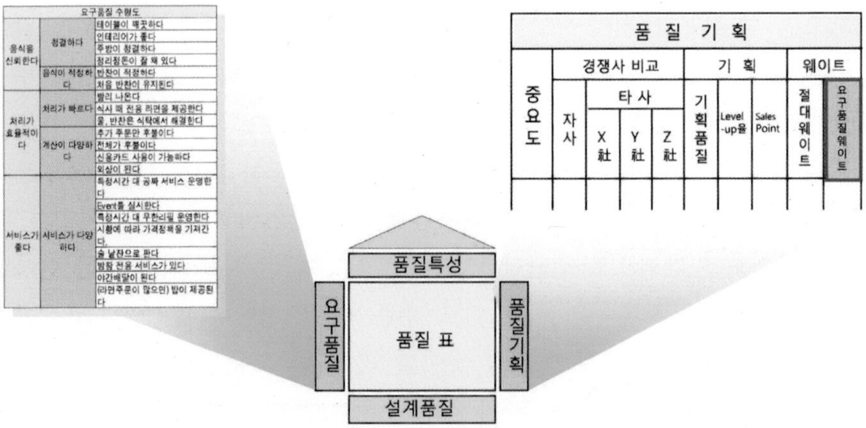

류가 다양해야 한다"처럼 가장 핵심적인 내용을 찾아낸 것과 일맥상통한다. [그림 M-40]은 'CCR'이 어떻게 얻어지는지를 보이기 위한 개요도이다.

[그림 M-40]에서 가운데가 'QFD'이고 왼쪽에 '요구 품질'이 들어간다고 하였다. 오른쪽을 보면 '품질 기획'이 있는데 이것을 확대한 것이 그 위의 표이다. '품질 기획'은 '요구 품질'을 평가하는 난으로 여기서 결정된 수치들에 의해 '요구 품질'의 순위가 매겨진다. 수치들이 어떻게 결정되는지 자세히 알아보도록 하자. 다음 [표 M-26]은 '품질 기획'을 설명하고 있다.

[표 M-26] '품질 기획' 설정 항목

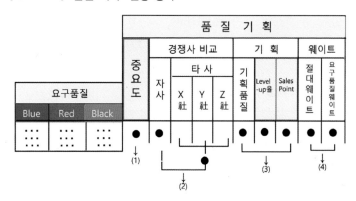

[표 M-26]에서 '(1)~(4) 번호'로 표시한 항목들의 용도와 평가 방법은 다음과 같다.

1) 중요도

'요구 품질'들 간 상대적 중요도를 평가한다. 방법은 '고객 평가법'과 '전문가 평가법'으로 나뉘며, 전자는 고객들에게 설문을 해서 각 '요구 품질'별로 '중요도'와 '만족도'를 얻은 다음, 그 결과를 이용해 'CS Portfolio(Customer

Satisfaction Portfolio)'와 '비모수검정'을 통해 'CCR'을 얻는다. '원시 데이터'를 얻기 위해 수행한 설문을 '1차'로 본다면, '요구 품질'을 가지고 고객에게 어느 것이 중요한지 묻는 경우이므로 '2차' 설문에 해당한다. 고객에게 물어봐야 하는 부담이 있으므로 꼭 필요치 않으면 후자인 '전문가 평가법'을 활용한다. '전문가 평가법'은 대부분의 경우 선호하는 방법으로 전문가와 이해 당사자들이 모여 'AHP(Analytic Hierarchy Process)', 'PCA(Paired Comparison Analysis)', 'Multi‒voting' 등의 도구를 이용해 중요도를 매기는 방법이다. 'QFD'와 연계해서 가장 많이 사용하는 것은 'AHP'이다. 예를 들면, [그림 M‒39]의 '요구 품질'은 제일 첫 열 경우 '음식을 신뢰한다', '처리가 효율적이다'를 포함한 총 5개의 '1차 레벨(Blue Level)'로 구분돼 있으며. 이들에 대해 맨 먼저 'AHP'를 수행하면 다음 [표 M‒27]과 같다.

[표 M‒27] 'Blue Level'의 AHP 평가

J ╲ I	음식을 신뢰한다	처리가 효율적이다	서비스가 좋다	차별성을 갖는다	운영을 잘한다	중요도
음식을 신뢰한다	1	1/4	1/3	1/5	4	0.08
처리가 효율적이다	4	1	1/3	1/5	4	0.14
서비스가 좋다	3	3	1	1/4	7	0.24
차별성을 갖는다	5	5	4	1	6	0.50
운영을 잘한다	1/4	1/4	1/7	1/6	1	0.04

[표 M‒27]의 대각선은 동일한 것끼리의 평가이므로 모두 '1'이다. 다른 칸은 'I' 항목이 'J' 항목보다 중요하면 '1~9' 사이 값을 주고(보통 홀수), 반대면 역수 값을 준다. 예를 들면 'I'의 '처리가 효율적이다'는 'J'의 '음식을 신뢰한다'

에 비해 매우 중요해서 '4'로 한 반면, 그 반대인 'I'의 '음식을 신뢰한다'와 'J'의 '처리가 효율적이다'는 그 역수인 '1/4'이 되는 식이다. 맨 끝 열의 '중요도'는 '기하 평균'이라고 하며 각 줄의 값들을 모두 곱한 뒤 '1/개수' 제곱을 한다. 즉, 첫 줄의 중요도는 '$(1 \times 1/4 \times 1/3 \times 1/5 \times 4)^{1/5} = 0.08$'이다. 결과적으로 'Blue

[표 M - 28] '요구 품질'에 대한 'AHP 중요도 평가' 결과 예

요구품질 수형도						
Blue Level	중요도	Red Level	중요도	Black Level	중요도	중요도
음식을 신뢰한다	0.08	청결하다	0.25	테이블이 깨끗하다	0.10	0.19
				인테리어가 좋다	0.17	0.34
				주방이 청결하다	0.69	1.39
				정리정돈이 잘 돼 있다	0.04	0.08
		음식이 적정하다	0.75	반찬이 적정하다	0.20	1.20
				처음 반찬이 유지된다	0.80	4.80
처리가 효율적이다	0.14	처리가 빠르다	0.88	빨리 나온다	0.18	2.25
				식사 때 전용 라면을 제공한다	0.77	9.44
				물, 반찬은 식탁에서 해결한다	0.05	0.63
		계산이 다양하다	0.13	추가 주문만 후불이다	0.13	0.23
				전체가 후불이다	0.07	0.12
				신용카드 사용이 가능하다	0.43	0.78
				외상이 된다	0.38	0.69
서비스가 좋다	0.24	서비스가 다양하다	1.00	특정시간 대 공짜 서비스 운영한다	0.12	2.77
				Event를 실시한다	0.03	0.78
				특정시간 대 무한리필 운영한다	0.08	1.85
				시황에 따라 가격정책을 가져간다.	0.04	0.90
				술 낱잔으로 판다	0.04	0.98
				밤참 전용 서비스가 있다	0.26	6.28
				야간배달이 된다	0.34	8.08
				(라면주문이 많으면) 밥이 제공된다	0.10	2.36
차별성을 갖는다	0.50	개별대응이 가능하다	0.13	메뉴선택 폭이 넓다	0.04	0.26
				특별메뉴를 운영한다	0.14	0.90
				개인취향 별 주문이 된다	0.48	3.11
				야채로 맛을 다양화한다	0.22	1.43
				(혼자 손님은) 부 재료를 다양화한다	0.12	0.80
		미리 안다	0.88	도착 전 주문내역을 안다	0.21	9.02
				도착을 미리 안다	0.72	31.53
				출입문에 자리 알림 서비스를 한다	0.08	3.44
운영을 잘 한다	0.04	위험을 줄인다	0.29	공동투자를 한다	0.83	0.97
				낮/밤 2업종을 운영한다	0.17	0.19
		교육을 잘	0.11	직원에게 서비스 교육을 한다	1.00	0.44
		공간활용	0.61	대기 장소가 충분하다	1.00	2.44

Level'은 '차별성을 갖는다>서비스가 좋다>처리가 효율적이다>음식을 신뢰한다>운영을 잘한다' 순으로 고객이 중요하게 생각한다고 판단한다. '분식'의 특성상 음식 자체보다 '차별성'이나 '서비스'에 관심을 많이 갖는다고 해석할 수 있다. 다음은 'Red Level'에 대한 평가다. 'Blue Level'의 '음식을 신뢰한다' 경우 2개의 'Red Level'이 있으며, 이 둘에 대해서 AHP를 수행한다. 물론 이 같은 과정은 각 'Blue Level' 내의 'Red Level'들에 대해서 독립적으로 수행한다. 또, 'Black Level'들에 대해서도 각 'Red Level'별로 'AHP 평가'를 수행한다. [표 M-28]은 그 결과이다.

[표 M-28]에서 최종 '중요도'는 각 'Level의 중요도'를 곱해 얻는다. 예를 들면 맨 첫 항목인 '테이블이 깨끗하다'의 중요도는 '0.08×0.25×0.10=0.19'이다. 결과를 보면 '도착을 미리 안다'가 다른 요구 품질에 비해 상당히 높은데 이것은 야간 학습 여고생들이 자투리 시간에 분식집을 활용해야 하는 요구를 강하게 반영하고 있는 것으로 판단된다(고 가정한다).

2) 경쟁사 비교

'자사'와 '타사'로 구분돼 있다. 각 '요구 품질'에 대해 자사가 잘 들어줄 것인지 타사가 잘 들어줄 것인지 고객에게 설문한다. 보통 '5점 척도'로 얻지만 이 역시 팀원들에 의한 내부 평가가 가능하다. 그러나 원칙은 고객에게 물어보는 것이므로 상황을 판단해서 적합한 방법을 선택한다.

3) 기획

내부를 보면 '기획 품질', 'Level-up률', 'Sales Point'로 나뉘어 있다. '기획 품질'은 요구 품질 수준을 결정하는 난으로 바로 앞 경쟁사와의 만족도 비교에서 열위에 있거나, 우위에 있는 경우 점수로 표기한다.

요구 품질		중요도	경쟁사 비교				기획			웨이트	
			자사	타사			기획품질	Level-up율	Sales Point	절대웨이트	요구웨이트
Red Level	Black Level			X분식	Y분식	Z분식					
개별대응이 가능하다	메뉴선택 폭이 넓다	0.26	1	3	4	3	4	4.0		1.0	0.2
	특별메뉴를 운영한다	0.90	1	3	4	2	4	4.0	◎	5.4	1.0
	개인취향 별 주문이 된다	3.11	1	1	4	4	4	4.0	○	14.9	2.7
	야채로 맛을 다양화한다.	1.43	1	2	3	2	4	4.0	○	6.9	1.3
	(혼자 손님은)부 재료를 다양화한다	0.80	1	2	4	3	4	4.0		3.2	0.6
미리 안다	도착 전 주문내역을 안다	9.02	1	1	3	1	5	5.0	◎	67.7	12.4
	도착을 미리 안다	31.5	1	1	3	1	5	5.0	◎	236.5	43.3
위험을 줄인다	공동투자를 한다	0.97	1	1	2	2	4	4.0		3.9	0.7
	낮/밤 2업종을 운영한다	0.19	1	1	1	3	3	3.0		0.6	0.1
									계	545.7	100

　　[표 M－29]에서 '기획 품질'은 '경쟁사 비교(벤치마킹)'의 조사 결과 타사보다 당사가 열위면 높은 점수를, 우위면 기존과 동등하거나 약간 낮추는 전략이 필요하다. 예를 들면 '메뉴 선택 폭이 넓다'에 대해 자사는 '1점'을 얻은 반면 타사는 '3～4점'을 얻어 향후 경쟁 우위를 확보하기 위해 '기획 품질'을 '4점'으로 높이는 식이다. 'Level－up률'은 향후 설계에 얼마나 높여 반영할 것인지를 결정하므로 '기획 품질÷자사'를 넣는다. '1.0'보다 크면 기존보다 해당 '요구 품질'이 더 영향력을 발휘하도록 설계에 반영한다는 의미다. 'Sales Point'는 고객에게 '판매'를 목적으로 할 때, 얼마나 이 부분을 강조할 것인가 하는 것인데 강조 여하에 따라 '1, 1.2, 1.5'를 부여한다. '프로세스 설계 방법론'은 제품의 설계는 아니지만 가정하에 점수를 부여해도 좋다. [표 M－29]에서 '○'는 '1.2점'을 '◎'는 '1.5점'을, 빈 공간은 '1점'을 나타낸다.

4) 웨이트

'절대 웨이트'와 '요구 웨이트'가 있다. '절대 웨이트'는 '중요도×Level‒up 률×Sales Point'로 얻어지며 궁극적으로 '요구 품질'들의 전체적인 중요도를 나타낸다. 이 수치는 굴곡이 심하므로 전체의 합으로 각 값을 나누어준 것이 '요구 웨이트'이다. 결국 '요구 웨이트'란 '요구 품질'에 대해 서로 간의 상대적 중요도, 타사 비교, 판매 관점 모두가 반영된 값으로 고객이 핵심적으로 느끼는 항목, 즉 'CCR'을 구분해준다. '요구 웨이트'를 모두 합하면 '100'이 돼야한다. '요구 웨이트'의 용도는 'QFD 매트릭스(품질 표)' 평가 시 각 셀 점수에 이 값들이 곱해져 '품질 특성'별 우선순위를 매기는 데 활용한다. [표 M‒29]에 '절대 웨이트'와 '요구 웨이트'의 예가 일부 실려 있다. [그림 M‒41]은 'Step‒6.1. CCR 도출'의 파워포인트 작성 예를 보여준다.

[그림 M‒41]에서 '요구 품질'과 '품질 기획' 사이에는 '품질 표'가 생략돼 있다. 우선 '요구 품질'들에 대한 평가로부터 고객이 핵심적으로 생각하는 품질은 '도착을 미리 안다>도착 전 주문 내역을 안다>식사 때 전용 라면을 제공한다' 등의 순으로 나타났음을 '설명선'에 강조하고 있다. 이것은 야간 학습을 하고 있는 여고생들이 중간의 자투리 시간 동안 간식을 먹고 돌아가려는 요구(Needs)를 반영한 것으로 해석할 수 있다. 또, '식사 때 전용 라면을 제공한다'는 빨리 먹고 돌아가려는 고객을 특별히 배려해달라는 요구가 함축돼 있는 것으로 파악될 수 있으며, 이 역시 앞의 두 개 요구와 일맥상통한다. 결과는 뒤의 'Step‒6.2. CTQ 선정'에서 다시 한번 활용할 기회가 있을 것이다.

Step-6. Ys 파악
Step-6.1. CCR 도출(절대 웨이트)

● '요구품질'에 대한 'CCR'을 얻기 위해 '중요도', '경쟁사 비교', '기획'을 평가하고, 이로부터 '절대 웨이트'를 얻음.

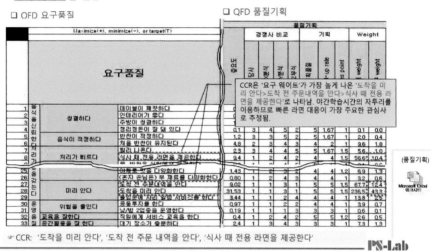

☞CCR: '도착을 미리 안다', '도착 전 주문 내역을 안다', '식사 때 전용 라면을 제공한다'

현재 설계하려는 프로세스의 고객이 정확히 무엇을 요구하고 있는지 윤곽이 나오고 있으므로 향후 어떤 방향으로 전개되리라는 것도 예상할 수 있다. 그러나 현업에서 실제 과제를 수행하면 이 시점까지도 윤곽이 나타나지 않을 수 있는데 가급적 희미한 불빛이라도 관찰될 수 있도록 팀 활동을 강화한다. 부족하면 '친화도' 과정이 미진할 수도 있다. 최악의 경우 고객 설문이나 인터뷰에서 충분한 정보가 수집이 안 된 것일 수도 있다. 어느 경우든 부족하다고 판단되면 로드맵이 더 진행되기 전에 철저한 보강이 이루어져야 한다. 이것을 '위험 관리(Risk Management)' 또는 '위험 평가(Risk Assessment)'라고 한다. 다음은 지금까지의 결과를 바탕으로 'CTQ'를 찾아보도록 하자.

진행에 앞서 직전 '세부 로드맵'의 'CCR' 경우와 마찬가지로 'CTQ'의 정의와 의미에 대해 다시 되새겨보자. 'CTQ'는 품질을 다루는 사람에게 매우 익숙한 단어로 당연히 너무나 잘 알고 있으리라 생각되지만 의외로 예상을 뒤엎는 경우가 많다. 'CTQ'는 사전에서[35] "제품이나 프로세스의 핵심적인 측정 가능한 특성으로, 이것은 고객을 만족시킬 수 있도록 성과 표준이나 규격과 일치돼야 한다. (중략)…"이다. 간단한 예를 들어보자. 'Step-6.1.'에서 사용했던 상점의 유제품 구매 경우를 다시 상기하자. 당시 예에서 'CCR'은 '유제품의 종류가 다양했으면 좋겠다'였다. 이것은 상점 손님이 '어휴' 하고 한숨을 내쉰 뒤 돌아간 후 주인이 상상할 수 있는 많은 고려된 원인들 중 확인한 최종 결과물이었다. 또 이후로 여러 손님들에게 설문한 결과 정말 '다양한 유제품의 배치'가 필요하다는 것을 확인하고 이를 보강하기 위해 아주 작은 과제를 수행한다고 할 때, 수행 전이나 수행 후에 다른 상점에서 운영하는 수준만큼 되었는지 또는 얼마나 배치해야 하는지 등을 점검해야 한다. 이를 위해 현재의 상태와 개선된 상태를 비교해야 하며, 이를 위해 하나 이상의 '특성'이 필요하다. 현재 고객이 요구하는 가장 중요한 품질(CCR)이 '유제품의 종류가 다양했으면 좋겠다'였으므로 당연히 이것을 측정 가능토록 할 특성이 필요한데 예를 들어 '유제품 수'나 '유제품 종류'로 정한다면 이들이 바로 'CTQ'에 해당한다. 즉, 'CTQ'란 '고객에 매달린 특성'이다. 다음 [그림 M-42]는 'VOC-CCR-CTQ'의 관계를 나타낸다.

---

35) 백과사전이나 용어사전에서 찾지 못하는 용어 정의는 'www.isixsigma.com' 내 'Dictionary'를 활용하였다.

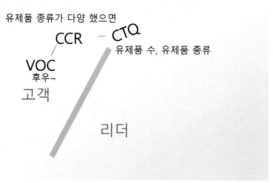

[그림 M – 42] 'VOC – CCR – CTQ' 관계

[그림 M – 42]에서 고객의 '후유~'라는 한숨을 'VOC 또는 원시 데이터'[36] 라고 하면, 이것은 고객이 핵심적으로 '유제품 종류가 다양했으면' 하는 요구 사항을 의미하며 이를 특성화시키면 '유제품 수'나 '유제품 종류'가 됨을 보여 준다. 이 관계로부터 'CTQ'는 고객에 매달린 특성임을 그림으로도 확인할 수 있고, 특히 '고객'과 '리더' 사이의 의사소통을 위한 매개체 역할을 하고 있음 도 알 수 있다. 즉, 리더가 고객에게 "유제품 수나 유제품 종류를 말씀하시는 겁니까?" 하고 물었을 때 고객은 "아 그렇다니까요" 하고 바로 서로 간의 의 사소통이 이루어진다. [그림 M – 42]는 'Step – 6.3. Ys 결정'을 설명할 때 다 시 연결되는데 그때를 위해 그림의 오른쪽에 약간의 공간을 남겨두었다.

다시 'QFD'를 진행 중인 예로 돌아오자. 참고로 QFD(Quality Function Deployment)는 1972년 일본에서 '신제품 개발과 품질 보증'의 연구 부제로 '품질 전개 시스템'이 발표되었고, 이때 품질 전개의 기본 틀인 17 – Step이 제안되었다. 이후 미스비시 중공업(현 고베 조선소)에서 '품질 표'가 발표되었 으며, 미즈노 시게루 박사에 의해 협의의 '품질 기능 전개'와 앞서 기술한 연

---

36) 약간 과장된 표현이라고 한 바 있다.

구들을 종합하여 '품질 기능 전개(QFD)'가 확립되었다. 이것을 바탕으로 신제품 개발에 있어 품질 보증을 원류 단계부터 행하는 활동이 일본 내 기업에 적용되기 시작했으며, 1978년 아카오 요지, 미즈노 시게루가 함께 쓴 '품질 기능 전개'가 출판되면서 미국을 비롯한 전 세계로 확산되었다. 한마디로 제품을 만들어놓고 품질을 논하는 것이 아니라 아예 설계 초기부터 품질을 확보한다는 개념이 함축돼 있다. 그러나 기업 내 활동이 고객 만족을 위해 다양한 상품이나 서비스를 만들거나 운영하는 점을 고려할 때 연구나 제조만의 기법으로 인식하는 시대는 지났다. 분야에 관계없이 고객의 요구를 정리하고 그로부터 'CTQ'를 뽑아내는 용도로 매우 중요한 역할을 하고 있다. 모습이 마치 집처럼 생겼다고 해서 '품질의 집(House of Quality)'이라고도 불린다.

[그림 M-43] QFD의 '품질 표' 평가 예

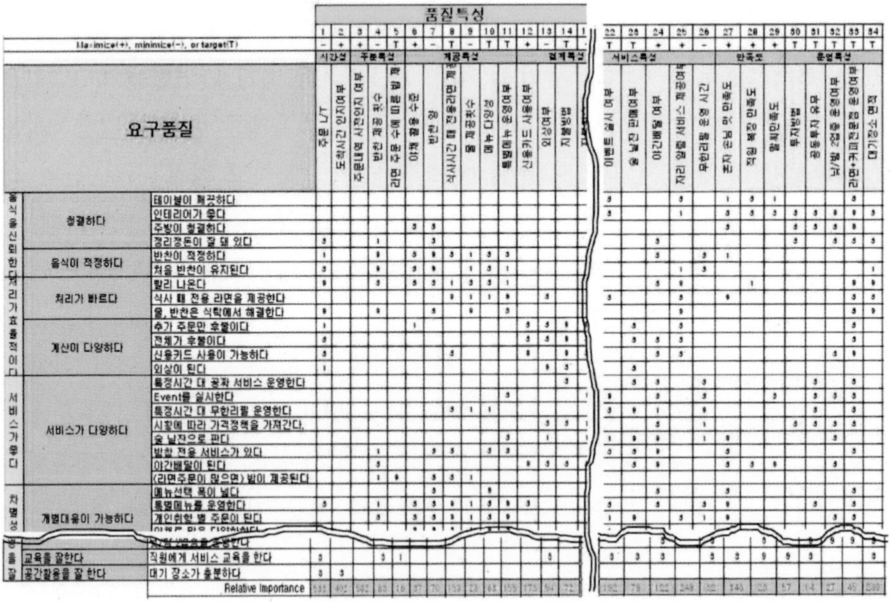

이제 'QFD'의 핵심 역할인 'CTQ'를 뽑는 과정에 대해 알아보자. [그림 M-43]은 'QFD' 상단에 '품질 특성'을 배열한 후 '요구 품질'과의 매트릭스 평가를 수행한 결과이다.

[그림 M-43]을 보자. 각 '요구 품질'별 '품질 특성'과 만나는 셀에 관계 정도를 점수로 표기해야 하며, 기본적으로 관계의 정도에 따라 '빈 공간-1점-3점-9점'을 입력한다. '3점'에서 '9점'으로 뛴 것은 변별력을 확실히 주기 위한 수단이다. 만일 특정 셀에 '3점'을 입력했으면, 그 셀의 실제 점수는 'Step-6.1. CCR 도출'에서 구한 '요구 웨이트'가 가중된 값으로 환산되며, 각 '품질 특성'의 열 점수를 모두 합한 것이 가장 아래 '상대적 중요도(Relative Importance)'가 되어 이 점수로 우열을 가른다. 또, '품질 표' 내 점수 분포의

[그림 M-44] 'CTQ 도출' 예

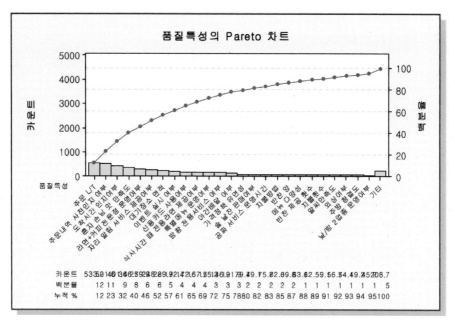

패턴 분석을 통해 'QFD'가 제대로 수행되었는지 검토도 할 수 있다. 이들에 대해서는 주변에서 툴 북이나 'QFD' 용법을 설명하는 책자를 쉽게 구할 수 있으니 별도로 참고하기 바란다. [그림 M-44]는 'QFD' 수행 결과로부터 'CTQ'들을 '파레토 그림(Pareto Diagram)'으로 선별해낸 결과이다.

보통 '파레토 8:2 원칙'에 의해 누적으로 약 80%를 점하는 특성들을 선별하는 것이 선호되나 지금과 같이 큰 차이가 없는 경우라면 첫 특성부터 팀원들과 검토하면서 결정하는 것도 좋은 방법이다. '주문 L/T'는 당 업소에 들어와 있는 손님을 대상으로 한 특성으로, 또 '주문 내역 사전 인지 여부'와 '도착 시간 인지 여부'는 야간 학습을 하고 있는 여고생을 대상으로 한 특성으로 중요할 것 같아 1차 선정하였다(고 가정한다). 그 외에 추가로 선정된 'CTQ'와 배경을 다음 [표 M-30]에 정리해놓았다.

[표 M-30] 'CTQs 도출' 예

CTQs	배경
주문 L/T	분식집 내에서 주문하는 데 소요되는 시간 관리목적
주문내역 사전 인지 여부	야간학습 여고생들의 주문내역 사전 입수 위한 목적
도착시간 인지 여부	야간학습 여고생들 도착시간 사전 입수 위한 목적
라면+커피전문점 운영 여부	대학생들로부터 추가 매출을 염두에 두고 고려
밤참 전용서비스 여부	기숙 대학생들을 위해 추가 매출을 염두에 두고 고려

[표 M-30]은 매출 향상을 위한 본래 목표를 염두에 두고 선정한 특성들이며, 이 외에 '이벤트 실시 여부'나 '식사 시간 때 전용 라면 제공 여부' 등 유용한 특성들에 대해서는 Analyze Phase에서 '콘셉트 설계'를 할 때 추가적인 중요 요소들(꼭 Y가 아니더라도 '기능'이나 'X' 등으로 고려해서 프로세스 완성도를 높이는 데 이용할 수 있음)로 활용하게 될 것이다. 다음 [그림 M-45]

는 '품질 표' 평가에 대한 파워포인트 작성 예이다.

[그림 M – 45] 'Step – 6.2. CTQ 선정' 작성 예('품질 표' 평가)

Step-6. Ys 파악
 Step-6.2. CTQ 선정(품질표 평가)

● '요구품질'과 '품질특성'간 '<u>품질표 평가</u>'를 통해 '주문 L/T'를 포함 총 5개의 CTQ를 선정.

❑ QFD 품질 표 평가   ❑ CTQ 선정

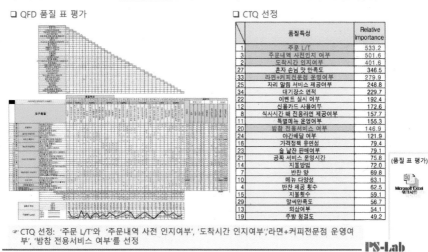

☞ CTQ 선정: '주문 L/T'와 '주문내역 사전 인지여부', '도착시간 인지여부','라면+커피전문점 운영여
부', '밤참 전용서비스 여부'를 선정

PS-Lab
Problem Solving Laboratory

'QFD' 내부는 글이 작아 보이지 않으나 앞서 부분적으로 설명해온 내용의 전체 그림이므로 참조만 하기 바란다. 그림의 오른쪽은 선정된 'CTQ'의 내역을 표시하고 있다. 다음 [그림 M – 46]은 '품질 특성' 간 '상관관계'와 '설계 품질'을 파워포인트 장표로 나타낸 예이다.

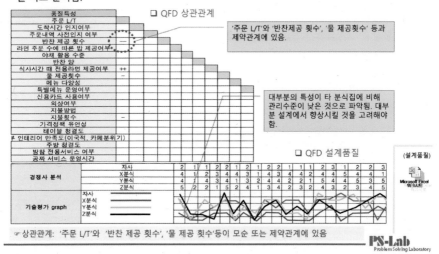

Step-6. Ys 파악
Step-6.2. CTQ 선정(상관관계/설계품질 비교)

◆ '품질특성'간 상관관계로부터 '모순' 또는 '제약관계'를 파악하고, 타 분식집과의 설계품질을 비교 분석함.

☐ QFD 상관관계

'주문 L/T'와 '반찬제공 횟수', '물 제공횟수' 등과 제약관계에 있음.

대부분의 특성이 타 분식집에 비해 관리수준이 낮은 것으로 파악됨. 대부분 설계에서 향상시킬 것을 고려해야 함.

☐ QFD 설계품질

(설계품질)

☞상관관계: '주문 L/T'와 '반찬 제공 횟수', '물 제공 횟수'등이 모순 또는 제약관계에 있음

결과로부터 '반찬 제공 횟수'나 '물 제공 횟수'가 많을수록 라면 서빙을 위한 '주문 L/T'가 길어지는 '모순' 또는 '제약 관계'가 성립하는 것으로 파악되었다(고 가정한다). 이것은 한 몸체 안에 어느 특성을 좋게 하기 위해 관련 약만 먹으면 다른 특성이 나빠질 수 있는 것과 마찬가지로, 만일 '주문 L/T'가 'CTQ'로 선정되면 이들 '제약 특성'도 함께 가져갈 것인지 말 것인지를 의사 결정해야 한다.

여기까지가 'QFD'를 통한 'CTQ 선정' 과정이다. 그러나 주의할 점이 있다. 여기서 얻은 'CTQ'들이 최종적으로 '확정'된 것이 아니라는 것이다. 멘토링에서 대부분의 리더들이 'QFD' 결과로부터 나온 우선순위화된 특성들을 파레토

원칙에 의해 선정한 후 바로 마무리하는데 매우 위험한 발상이다. 이전에도 언급했지만 프로세스를 새롭게 설계하고 있는 과정이므로 매 결정에 주의 깊은 접근이 필요하다. 현재 얻은 'CTQ'가 불안하다는 것은 아니다. 팀원들과 매우 심사숙고하며 얻은 결과이기 때문이다. 그러나 더더욱 고민해서 결정해 보자는 의미로 받아들인다면 이제부터 설명할 최종 'CTQ'를 확정하는 과정 역시 선택이 아닌 필수라는 점을 인식할 것이다. 최종적으로 본 과제의 'CTQ'가 무엇인지 확정짓기 위해 지금까지의 결과를 모두 모아보자. 즉, [그림 M-33]의 'Kano 분석' 결과, [그림 M-41]의 'CCR 도출' 결과, [그림 M-45]의 'CTQ 선정', [그림 M-46]의 '상관관계와 설계 품질 결과'들을 모아놓고 종합적으로 판단하여 앞으로 전개될 프로세스 설계에서 가장 중요하게 여길 핵심 특성이 무엇인지 팀원들과 협의를 거쳐 확정한다. 물론 여기서 이미 선정된 'CTQ'가 배제되고 순위는 낮지만 전략적으로 매우 중요하다고 판단되는 특성이 새롭게 유입될 수도 있다. 현재도 그렇지만 앞으로도 순간순간 결정된 것은 아무것도 없다. 모든 가능성은 항상 열어두고 진행한다. 그리고 단계마다 최선을 다해 의사결정을 하되 이전 판단이 잘못됐다고 판단되면 바로 되돌아 가 다시 시작한다. 물론 이런 반복이 많을수록 개발 기간이 늘어날 것이므로 최소화하도록 노력해야 하나 과거로 돌아가 다시 현재까지 오는 시간은 매우 빠르게 일어난다. 모든 내용이 선후 관계와 인과성을 갖고 있기 때문이다. 돌다리를 밟고 달려가다 문제가 있음을 깨닫고 뒤를 돌아봤을 때 밟고 왔던 돌다리가 없다는 것을 상상할 수 있겠는가? 상상할 수 없는 일이며 그런 일은 일어나지도 않는다. 리더들이 '세부 로드맵'을 완전히 체득할 때 왜 매 시점에 팀원들 간 많은 노력을 집중해야 하는지 이해할 것이다.

이제 앞에서 언급한 결과들을 모두 한 장에 모아놓고 서로 간의 결과를 종합해서 가장 적합한 'CTQ'를 찾아보자. 본문은 단순한 예를 가정하지만 이 글을 읽고 있는 리더들은 충분히 본인들의 복잡한 과제에 응용할 수 있으리라

믿는다. 다음 [그림 M‑47]은 내용들을 종합한 후 ‘CTQ’와 그 ‘선정 배경’을 기술한 예이다.

[그림 M‑47] ‘Step‑6.2. CTQ 선정’ 작성 예(CTQ 확정)

Step‑6. Ys 파악
Step‑6.2. CTQ 선정(CTQ 확정)

◆ ‘Kano 결과’, ‘CCR 결과’, ‘CTQ 선정 결과’, ‘상관 관계/ 설계 품질’로부터 최종 <u>CTQ 확정</u>.

구 분			CTQ
■ Kano 결과	■ 품질특성	■ 선정 배경	
	혼자 손님 맛 만족도	주말 기숙학생 겨냥. 매출창출요소로 도입	혼자 손님 맛 만족도
	신용카드 사용여부	비용 파악해서 즉 실천으로 처리	
	식사시간 때 전용라면 제공여부	‘도착시간 인지여부’를 위한 해법으로 고려하고 대상에서는 제외	주문 L/T
■ CCR 결과	도착시간 인지여부	중복으로 제외	
	주문내역 사전인지 여부		도착시간 인지여부
	식사시간 때 전용라면 제공여부	중복으로 제외	
■ CTQ 선정결과	주문 L/T	종합점수가 매우 높고 타 출처에서도 강조하고 있어 선정	주문내역 사전인지 여부
	도착시간 인지여부		
	주문내역 사전인지 여부		
	라면+커피전문점 운영여부	젊은 층을 겨냥한 새로운 매출 창출 요소로 도입.	라면+커피전문점 운영여부
	밤참 전용서비스 여부		
■ 상관관계/설계품질 비교결과	주문 L/T	중복으로 제외	밤참 전용 서비스 여부
	반찬 제공 횟수	‘즉 실천’으로 개선 가능함에 따라 제외	
	물 제공 횟수		

PS-Lab
Problem Solving Laboratory

[그림 M‑47]에서 첫 번째 ‘Kano 결과’는 ‘환희 요소’를 대상으로 관련된 ‘품질 특성’을 검색해서 반영했으며, 만일 없으면 새롭게 재추진해서 추가하도록 노력한다. 두 번째 ‘CCR 결과’는 순위가 높은 ‘요구 품질’과 ‘9점’으로 만나는 ‘품질 특성’들을 찾아 기술한 것이다. ‘CCR’이지만 그를 설명하는 ‘특성’이 실제 ‘QFD 품질 표’ 평가에서 타 특성보다 점수가 낮아 배제될 수도 있기 때문이다. 예를 들면 ‘[표 M‑28] 요구 품질에 대한 AHP 중요도 평가 결과 예’에서 ‘CCR’인 ‘도착 전 주문 내역을 안다’가 ‘요구 웨이트’ ‘9.023’으로 꽤

높은 편이지만 이것과 '9점'을 이루는 '신용 카드 사용 여부'[37) 경우 'CTQ 선정'에서 배제돼 있다. 이것은 '상대적 중요도(Relative Importance)'가 낮기 때문인데 이때 'CCR'을 설명할 '신용 카드 사용 여부'를 세심하게 조명해본다는 의미다. 나머지는 앞서 설명한 내용을 토대로 하고 있다. 최종 확정된 'CTQ'는 '선정 배경'에 왜 선정되었고 또 어떤 것이 왜 배제되었는지를 설명해놓았다. '즉 실천'성이나 '중복'된 특성들은 배제하고, '신규 매출 창출 요소' 또는 '매우 우선순위가 높은 요소' 등의 선정은 팀원들과의 심도 있는 협의를 거친 것으로 가정한다. 다음은 'Step – 6.3. Ys 결정'으로 들어가 보자.

Step – 6.3. Ys 결정

'Y'란 과제 수행 관점에서 "제품이나 프로세스의 성과가 과제의 CTQ를 얼마나 잘 만족시키는가를 나타내는 측정 가능한 구체적 지표"이다. 그러나 수학에서의 'Y'는 '종속 변수'이며, 따라서 국어사전은 "독립 변수의 변화에 따라 값이 결정되는 다른 변수. 예를 들어 함수 $y = f(x)$에 있어서 x가 변하는데에 따라 바뀌는 y를 이른다"로 정의한다. 둘 다 맞지만 'Step – 6.3.'에서의 논의는 '수학적 정의'보다 '과제 수행 관점의 정의'를 우선시한다. 왜냐하면 바로 직전 '세부 로드맵'의 산출물이 'CTQ'이었으며, '과제 수행 관점의 정의'에 따르면 'Y'란 바로 'CTQ'들을 잘 대변하는 측정 가능한 지표이기 때문이다. 그렇다면 'CTQ'와 'Y'의 관계를 어떻게 설명해야 둘이 관계가 있으면서 한편으론 독립적으로 이해될 수 있을까? 약간 모순된 것처럼 보이지만 두 특성의 차이점이 무엇인지 명확하게 알고 난 후 유사성을 확인하는 게 좋을 것 같다. 차이점을 알기 위해 [그림 M – 42]를 상기하자. 당시에 향후 덧붙일 설

---

37) 전화상 카드 결제를 하면 주문 내역이 사전 확보된다는 상황을 가정하였다.

명을 위해 그림 한쪽에 빈 공간을 남겨둔다고 한 바 있다. 그 공간을 채운 모습이 다음 [그림 M‑48]이다.

[그림 M‑48] 'CTQ‑Y' 관계

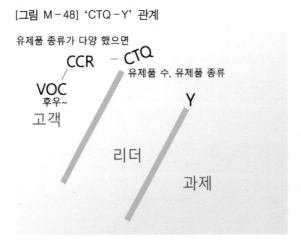

[그림 M‑48]에서 'Y'와 '과제'가 추가되었다. 우선 그림 내에서 'Y'의 존재 의미를 알아보자. 'CTQ'는 '고객의 소리(VOC)'를 구체적으로 설명할 '핵심 요구 사항(CCR)'을 '특성'으로 표기한 결과라고 하였다. 즉, "유제품 수를 얘기하는 겁니까?" 하고 리더가 물었을 때 "그렇다니까요" 하고 손님이 대답했다면 서로 간 의사소통이 원활이 이루어진 것이다. 따라서 손님이 '휴~' 하고 표현한 것보다 '유제품 수'라고 한 것이 둘 간의 원활한 의사소통 매개체임을 역설한 바 있다. 'Y'에 대해서도 동일한 과정으로 존재 의미를 추론해 볼 수 있다. 예를 들어 '과제'가 "난 너무 좋은 성과를 올렸습니다"라고 했을 때(물론 과제가 말을 할 수는 없다. 리더들의 너그러운 이해를 구하는 바이다) 리더가 이 말을 믿어줄 수 없다고 한다면, 또 리더가 "무지하게 노력한 결과 기대 이상의 성과를 올렸습니다. 대단합니다"라고 주장하는 바에 대해 '과제'

가 시큰둥한 반응을 보인다면, 또는 제3자인 사업부장이 "뭐가 잘된 거죠?" 하고 되물었을 때 "그게 저 프로세스가 잘 돌아가고, 담당자도 좋다고 하고…"처럼 대꾸했다간 당장 날아올지도 모른다. 이 시점에 '리더'와 '과제' 간 의사소통을 위한 매개체가 필요한데 이것이 바로 'Y'다. 과제 시작 전 'Y'와 과제 종료 후 'Y'가 얼마나 차이 나는지를 '리더'와 '과제'가 서로 공유할 수 있으면 다른 사람들에게 성과를 이해시키는 데 그다지 큰 어려움이 없을 것이다. 따라서 'Y'는 과제에 매달린 특성으로 봐야 한다. 정리하면 'CTQ'와 'Y' 간 차이점은 다음과 같이 요약할 수 있다.

[표 M-31] CTQ와 Y의 비교(차이점)

CTQ	'고객'에 매달린 특성, '고객'과 '리더'와의 관계
Y	'과제'에 매달린 특성, '리더'와 '과제'와의 관계

둘의 차이점을 알아봤는데 그렇다면 둘 간의 관련성은 어떻게 될까? 과제란 고객을 만족시키기 위해 선정하는 것이 일반적이다. 다음 [그림 M-49]를 보자.

[그림 M-49] 'CTQ-Y' 관계

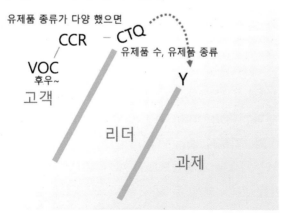

[그림 M – 49]의 '화살표'는 고객 불만족을 해소시키기 위해 과제 선정이 필수적이라는 일반론을 보여주며, 이것은 특성들 간 연결의 필요성을 암시한다. 즉, 'Y'는 'CTQ'를 대변해야 하며 연계 방법은 '제약 특성화', '하위 특성화', '대용 특성화'로 이루어진다. 추가로 'CTQ' 자체가 현업에서 바로 측정 가능한 양이면 직접 'Y'로도 올 수 있다. 이 관계를 설명하는 개요도가 다음 [그림 M – 50]이다.

[그림 M – 50] 'CTQ'에서 'Y'로 전환되는 방법과 예

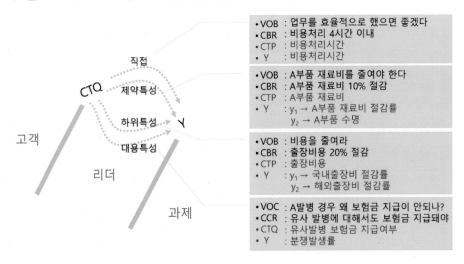

[그림 M – 50]에서 'CTQ'로부터 'Y'로 전환되는 4가지 방법과 각각의 가능한 예를 나열하였다. 'VOB/CBR/CTP → Y'와 'VOC/CCR/CTQ → Y'는 '내부의 소리(VOB)'와 '외부의 소리(VOC)'의 구분만 있을 뿐 전개에는 큰 차이가 없다. 기본적인 개요는 설명했으므로 이어 본론으로 들어가 'Y'를 결정해 보도록 하자. 이를 위해 크게 두 가지 정의가 필요한데 바로 '운영적 정의

(Operational Definition)'와 '성과 표준(Performance Standard)'이다. 두 가지 다 실제 과제를 수행하는 리더들이 정확하게 모르는 경우가 많다. 양은 많지만 이 기회에 확실하게 본인 것으로 만들어주기 바란다.

6.3.1. 운영적 정의(Operational Definition)

'운영적 정의'는 흔한 용어임에도 사전에는 없고, 단지 '위키피디아'에 'Operational Definition'은 있다. 흔한 용어임에도 이렇게 정의 찾기가 힘든 이유는 '조작적 정의'가 제 이름이기 때문이다. 서점에서 '마케팅 조사 방법론'을 찾아 색인을 보면 쉽게 접할 수 있다. 2000년 초만 해도 경영학 쪽에 몸담다 컨설턴트가 된 이들은 '조작적 정의'란 용어를 사용했었다. 그러나 기업 임직원들에게 '조작'이란 단어가 석연치 않았는지 언제부턴가 '운영적 정의'로 바뀌었다.

90년대 말 미국으로부터 혁신 프로그램이 유입되면서 국내 통역사, 컨설턴트, 심지어 회사 사무국 담당자가 번역에 참여했고 'Operational Definition'은 영어 사전의 '운영적' 또는 '운용적' 등으로 쓰였다. 2002년 삼성에서 그룹 교재가 나오면서 용어 체계가 잡히기 시작했으나 당시 교재에도 '운영적 정의'는 없었고 2003년부터 그룹 검정 시험이 시작되면서 문항에 출현하기 시작했다. 아마 이것이 '운영적'으로 정착하는 데 단초를 제공한 것이 아닌가 싶다. 최근에도 일부 컨설팅 업체는 '운용적'이란 표현을 쓰기도 하는데 영어 사전에 'Operational'이 '운영상의'로 돼 있고, 'Operation'은 '운용'이라 돼 있는 만큼 이왕 번역의 문제라면 사전 해석을 따라 '운영적 정의'로 쓰는 것이 바람직하다.

'조작적 정의'는 (네이버 국어사전)에 "사회 조사를 위해 사물 또는 현상을 객관적이고 경험적으로 기술하기 위한 정의. 대개는 수량화할 수 있는 내용으로 만들어진다"이다. 마케팅에선 소비자의 연령별 구매력 등 추상적 개념을 객관화시킬 목적으로 발전하였다. 'www.isixsigma.com'의 'Dictionary'에 쓰인 정의는 다음과 같다. 번역 왜곡을 줄이기 위해 원문을 함께 실었다.

· 운영적 정의(Operational Definition) 1) An exact description of how to derive a value for a characteristic you are measuring. It includes a precise definition of the characteristic and how, specifically, data collectors are to measure the characteristic. (번역) 측정하려는 특성 값을 어떻게 만들어낼 것인가에 대한 정확한 설명. 특성이 무엇인지 명확히 정의하고, 특히 수집자로 하여금 어떻게 측정해야 하는가까지를 포함한다.

· 2) Used to remove ambiguity and ensure all data collectors have the same understanding. Reduces chances of disparate results between collectors after Measurement System Analysis. (번역) 수집자가 측정이 모호하다는 느낌을 갖지 않도록 하고, 똑같이 이해하는 데 사용된다. 측정 시스템분석(MSA) 후 수집자들 사이에 다른 결과가 나올 가능성을 줄이는 데도 기여한다.

'운영적 정의'의 유래와 의미에 대해 알아보았다. '프로세스 설계 방법론'은 '운영적 정의'가 특히 중요하다. 왜냐하면 프로세스 설계에 새로운 특성이 탄생할 가능성이 매우 높기 때문이다. 그럼 어떻게 하는 것이 '운영적 정의'를 잘 하는 것일까? 교육 중 필자는 "만일 신입 사원이 부서에 들어왔다고 상상하세요. 그리고 그 사원이 당신이 적어놓은 'Y'의 측정 방법을 읽어보고 별다른 어려움 없이 수치화한다면 당신은 '운영적 정의'를 참 잘한 것입니다"라고 말한다. 신입 사원은 업무 파악이 안 된 상태인데 리더의 '운영적 정의'를 보고 수치 자료를 모을 수 있으면 명확하고 객관적인 측정 방법을 명시한 경우로 볼 수 있다. 멘토링을 하다 보면 천태만상의 '운영적 정의'를 본다. 멘토가 철저하게 봐주고 조정도 해줘야 하는데 검토 없이 한 부서의 첫 과제 수행자

가 잘 모르는 상황에서 만들어놓은 내용을 다음 리더가 또다시 벤치마킹(?)해 그대로 옮겨놓곤 한다. 어떤 경우는 5, 6연차 된 회사에서도 현상이 나아지지 않는다. 무슨 내용인지 모르고 작성하는 문서는 곧 'Paper Work'의 지름길이다. 잘 모르는 상태에서 잘못된 내용을 따라 하다 보니 **'뭔지 모른다? → 이상하다 또는 해야 하나? → 지겹다! → Paper Work다'**의 악순환이 계속된다. 다음 [표 M-32]는 '라면 판매 프로세스 설계' 과제의 예를 들어 '운영적 정의'를 표현해본 것이다.

[표 M-32] '운영적 정의' 작성 예(라면 판매 프로세스 설계)

운영적 정의(Operational Definition)			
CTQ	Ys	단위	측정 방법
도착 시간 인지 여부	라면 준비 시간	초	- 정의: 출발을 알려온 여고생들이 도착한 후 예약자임을 확인한 시점부터 라면 서빙을 완료한 시점까지의 소요 시간 - 수치화 방법: (설명) 도착 후 주문자 확인 시점~서빙완료를 계산서에 기록한 시점
주문 L/T	주문 L/T	초	- 정의: 방문한 손님이 주문을 완료한 시점부터 주문음식이 식탁에 놓이는 시점까지의 소요 시간 - 수치화 방법: (설명) 주문서 기록시간~주문서 서빙완료 기록 시간
혼자 손님 맛 만족도	나 홀로 손님 맛 만족도	점	- 정의: 혼자 방문해서 라면을 주문하는 손님의 맛에 대한 만족도 점수 - 수치화 방법: (설명) 1) 혼자 방문한 손님에게 5점 척도로 설문하여 평가 2) 한 개 이상 주문한 경우 설문점수를 주문 개수에 동일하게 부여 3) '국물 맛', '면발의 쫄깃함' 등 총 8개 항목으로 구성
라면+커피 전문점 운영 여부	라커피점 반응도	점	- 정의: 라커피 전문점에 대한 손님 반응도 점수 - 수치화 방법: (설명) 방문 잠재 손님과 방문 손님에게 5점 척도로 설문하여 결과를 100점 만점으로 환산
밤참 전용서비스 여부	밤참 주문 비율	%	- 정의: 하루 전체 판매 건수 중 20시 이후 배달한 건수가 차지하는 비율의 백분율 - 수치화 방법: (산식) (20시 이후 배달 건수/당일 총 판매 건수)×100

※ '주문내역 사전 인지 여부'는 '도착시간 인지 여부'의 전화주문 시 함께 파악될 수 있어 대상에서 제외

[표 M – 32]에서 첫 열의 'CTQ'들은 'Step – 6.2. CTQ 선정'에서 결정된 것들이 왔고, 다음 'Ys' 열은 '도착 시간 인지 여부'와 '라면＋커피 전문점 운영 여부', '밤참 전용 서비스 여부'는 '대용 특성화'해서, 그리고 '주문 L/T'와 '혼자 손님 맛 만족도'는 '직접화'해서 'Y'로 전환되었다. '～시간' 관련 특성들은 관리 수준을 높이기 위해 '초' 단위를 사용하는 것으로 가정하였다. 넷째 열 '측정 방법'이 '운영적 정의'의 가장 핵심 내용이다. 각각의 설정 배경에 대해 임의로 가정하고 다음과 같이 기술하였다.

1) 도착 시간 인지 여부 → 라면 준비 시간: 도착 시간 인지는 야간 학습 여고생들이 자투리 시간을 이용해 분식집을 이용할 목적이므로 출발 직전에 전화나 문자 메시지 등으로 방문을 알려오는 것을 가정하여 설정. 따라서 '인지 여부'보다 오는 시간 동안 얼마나 빨리 대응 준비하느냐가 관건이므로 '연속 자료'인 '소요 시간'으로 대용화함. '수치화 방법'은 실제 숫자를 얻는 방법을 기술해야 하는데, 이를 위해 '계측기명'이나 '산식', 또는 '설명'이 올 수 있음. 현재는 소요 시간이 중요하므로 '시점'과 '시점'을 명확히 규정해야 하고 따라서 '설명'이 적용됨.

2) 주문 L/T → 주문 L/T: 'CTQ'가 직접 측정 가능한 양이므로 'Y'도 직접 옴. '수치화 방법'은 '소요 시간'이므로 '시점'과 '시점'을 명확히 할 '설명'이 왔음.

3) 혼자 손님 맛 만족도 → 나 홀로 손님 맛 만족도: 기숙 대학생 경우 주말이나 야간에 혼자 오는 경우를 틈새 매출 기회로 보려는 의도이며 그들의 개인적 '라면 취향'을 파악하여 대응할 수 있는지를 고려한 결정임. 따라서 방문 시 5점 척도의 설문을 한다고 설정함. 특히 혼자서 2개 이상 주문한 경우 설문 점수를 주문한 라면 수에 동일하게 부여하는 것으로 정의함. 총 8개 항목으로 진행되며 이들에 대한 상세한 점수화 방법이 요구되면 '개체

삽입'으로 처리함. 이 역시 설문 내용을 명확히 해야 하므로 '수치화 방법'은 '설명'이 적용됨.

4) 라면＋커피 전문점 운영 여부 → 라커피점 반응도: 매출 향상을 꾀하기 위해 가장 기대하는 특성으로 대학생들을 겨냥하여 라면 식사 후 커피나 가벼운 음료를 팔 목적이며, 따라서 이 틈새시장 공략의 반응도가 매우 중요할 것 같아 '라커피점 반응도'로 대용특성화함. 역시 설문이므로 상세 내용은 '개체 삽입'으로 처리함. 이전과 동일하게 '수치화 방법'은 '설명'이 적용됨.

5) 밤참 전용 서비스 여부 → 밤참 주문 비율: 일단 '밤참'의 정의가 필요함에 따라 20시 이후 배달을 통한 경우를 '밤참'으로 정했으며, 측정은 많을수록 좋겠지만 당일 전체 판매 건수를 기준으로 함. 즉, 밤참 건수의 증대 효과를 관찰하는 것이 매상 관리에 유리할 것으로 판단하여 설정함. 비율을 얻어야 하므로 '수치화 방법'은 '산식'이 적용됨.

6) 주문 내역 사전 인지 여부: 주요한 'CTQ'로 결정되어 넘어왔지만 팀원들과의 토의 과정 중에 '도착 시간 인지 여부' 측정, 즉 전화나 문자 메시지를 통해 방문 여부를 알려오면 '주문 내역도' 동시에 알 수 있어 대상에서 제외함.

이와 같이 단순히 'CTQ'로부터 'Y'로의 전환 결과만 기술할 것이 아니라 팀원들과 어떤 협의를 했고, 과정과 결과는 무엇인지 근거를 남기는 것도 매우 중요하다. '운영적 정의'에 관한 이력은 모두 파워포인트 장표에 '개체 삽입'해 관리하도록 한다. 역시 정해진 것은 없다. '주문 내역 사전 인지 여부'와 같이 이전 단계에서는 매우 중요한 것으로 판단했지만 이번 단계에서 중복된 것으로 결정 난 것처럼 결정 사항의 변동은 비일비재하게 일어난다. 물론 너무 잦지 않도록 더욱 세심한 주의를 기울인다. 그러나 밑도 끝도 없이 있었던 것이 갑자기 사라지고 없었던 것이 하늘에서 뚝 떨어지는 현상은 절대 삼간다. 앞에서부터 있어 왔던 것이 왜 사라졌는지, 그리고 왜 이것이 대체돼서 새롭게 오게 됐는지에 대한 이력은 철저히 관리한다. 또 관련 내역들을 별도로 관리하지 말고 항상 발생 위치에 '개체 삽입'해 내용 파악이 언제든 가능하도록 처리한다. '설계 과제'를 수행하면서 이 같은 대응이 매우 중요한 사항임을 수차례 강조한 바 있다. 다음 [그림 M-51]은 '라면 판매 프로세스 설계를 통한 매출 30% 향상' 과제의 'Step-6.3. Ys 결정' 내 '운영적 정의'를 작성한 예이다.

[그림 M-51] 'Step-6.3. Ys 결정' 작성 예(운영적 정의)

Step-6. Ys 파악
  Step-6.3. Ys 결정*(운영적 정의)*   D M A D V

♦ 'Y'에 대한 결정과, 각각에 대한 <u>운영적 정의</u>를 다음과 같이 설정함.

운영적 정의 (Operational Definition)			
CTQ	Ys	단위	측정 방법
도착시간 인지여부	라면 준비시간	초	• 정의: 출발을 알려온 여고생들이 도착한 후 예약자임을 확인한 시점부터 라면 서빙을 완료한 시점까지의 소요 시간. • 수치화 방법: (설명) 도착 후 주문자 확인 시점 ~ 서빙 완료를 계산서에 기록한 시점
주문 L/T	주문 L/T	초	• 정의: 방문한 손님이 주문을 완료한 시점부터 주문음식이 식탁에 놓이는 시점까지의 소요 시간. • 수치화 방법: (설명) 주문서 기록시간 ~ 주문서 서빙 완료 기록 시간
혼자 손님 맛 만족도	나 홀로 손님 맛 만족도	점	• 정의: 혼자 방문해서 라면을 주문하는 손님의 맛에 대한 만족도 점수. • 수치화 방법: (설명) 1) 혼자 방문한 손님에게 5점 척도로 설문하여 평가. 2) 한 개 이상 주문한 경우 설문점수를 주문 개수에 동일하게 부여. 3) '국물 맛', '면발의 쫄깃함' 등 총 8개 항목으로 구성.
라면+커피 전문점 운영 여부	라커피점 반응도	점	• 정의: 라커피 전문점에 대한 손님 반응도 점수. • 수치화 방법: (설명) 방문 잠재 손님과 방문 손님에게 5점 척도로 설문하여 결과를 100점 만점으로 환산.
밤참 전용서 비스 여부	밤참 주문비율	%	• 정의: 하루 전체 판매 건수 중 20시 이후 배달한 건수가 차지하는 비율의 백분율. • 수치화 방법: (산식) (20시 이후 배달 건수)/ (당일 총 판매 건수) × 100

※ '주문내역 사전인지여부'는 '도착시간 인지여부'의 전화 주문 시 함께 파악될 수 있으므로 대상에서 제외함.

PS-Lab
Problem Solving Laboratory

[그림 M-51]에서 '나 홀로 손님 맛 만족도' 경우는 설문의 하위 항목들과 점수화 방법에 대해 추가적인 내역이 요구됨에 따라 정리된 파일을 '개체 삽입'을 통해 처리하였다(고 가정한다). 다음은 '성과 표준(Performance Standard)'

에 대해 알아보자.

　‘성과 표준’은 다소 낯선 표현이다. 그러나 과제를 수행하다 보면 ‘운영적
정의’보다 출현 빈도가 훨씬 높은 편이다. 그럼에도 쓰임은 ‘운영적 정의’보다
미숙하거나 아예 누락되는 경우, 또는 완전히 잘못 사용하는 사례가 주변에서
빈번히 발생한다. 용어도 각양각색인데, 예를 들어 영문이 ‘Performance
Standard’로 단어가 두 개인 만큼 ‘$2^2=4$’의 조합대로 불리는데 ‘성능 표준’,
‘성능 기준’, ‘성과 표준’, ‘성과 기준’이 그것이다. 최근까지도 자료 출처에 따
라 편한 대로 불리긴 하지만 대체로 ‘성과 표준’ 쪽이 우세하니 이 글을 접하
는 리더들은 가닥이 잡힌 쪽에 줄서주기 바란다(모름지기 줄을 잘 서야 성공
함). ‘성과 표준’의 사전적 정의를 공인된 출처로부터 찾기가 매우 어렵지만
그나마 의미 있는 설명을 옮겨놓으면 다음과 같다.

- **Performance Standard** (네이버 지식 검색에서 질의에 대한 답변) A measuring
  rod for evaluating performance (usually referring to a minimum acceptable
  amount or quality) 성과 평가를 위한 측정 잣대(보통 최소한으로 받아들여지는 양이
  나 질을 나타냄).
- **Performance Standard** (출처; Institute for Telecommunication Science) A
  statement of general criteria that define a desired result without specifying
  the techniques for achieving that result. Synonym performance-based
  standard. 결과를 이루게 할 기술들의 열거가 아닌 요구된 성과를 정의하는 일반적인
  기준의 설명. (동의어) 성과 기반 표준.
- **성과 표준** (IT 용어 사전 등) 산출 표준, 실제 성과와 비교되어지는 기준 혹은 표준.

정의들에 공통으로 포함된 단어는 '기준'이다. '기준'을 기술 분야와 연계해 풀어쓰면 '규격(Specification)'에 대응한다. '규격'의 국어사전적 정의는 "제품이나 재료의 품질, 모양, 크기, 성능 따위의 일정한 표준"이다. '규격'은 전적으로 '고객'이 정해주는 한계 값이다. 즉, 고객에게 필요한 상품이나 결과물을 가져다줄 때 내키는 대로 모양, 크기 또는 수준을 고쳐서 전달할 수는 없다. 고객은 일정 금액을 지불하고 산출물을 사다 쓰는 대상이며, 따라서 사용자의 필요나 요구에 맞게 산출물이 생산돼야 한다. 그렇지 않으면 상품이나 서비스 개발의 의미가 전혀 없다.

한편 '성과 표준'은 '규격'과 비교해 의미가 훨씬 포괄적이다. 제조나 연구 개발 부문뿐만 아니라 간접, 서비스 부문까지 총 망라해서 활용할 수 있다. 또 '규격'과 마찬가지로 '기준의 설정'이 필요하지만 주체가 반드시 '고객'이 될 필요는 없다. 합리적이고 객관적이며 공감할 수 있는 근거가 충분히 마련될 수 있으면 리더뿐만 아니라 과제와 관련한 누구라도 결정할 수 있다.[38]

그럼 왜 과제를 수행하면서 '성과 표준'을 꼭 설정해줘야 할까? 필요한 이유를 구구절절 나열하기에 앞서 거꾸로 '성과 표준'을 사용하지 않으면 어떤 결과가 초래될지 역발상해보면 어떨까? 역발상을 통해 '성과 표준'의 의미와 중요성을 더욱 공고히 할 수 있다. 다음 [그림 M-52]는 '입실 시간'이라는 데이터를 미니탭의 '기술 통계량'으로 나타낸 결과이다.[39]

Measure Phase에서 해야 할 주요 활동은 앞서 결정된 'Ys'의 '현 수준'을 '측정'하는 일이다. '현 수준'은 '수율'이 정해져야 한다. 다시 '수율'은 [그림 M-52]의 히스토그램 중 어느 영역이 'Bad(불량품)' 영역이고, 어느 영역이 'Good(양품)' 영역인지 구분돼야 하며 이를 명확하게 나누어줄 '기준'이 반드

---

38) '성과 표준'을 설정할 수 있는 '주체'에 대한 내용은 필자의 의견임.
39) 이후 '성과 표준'의 설명이 끝나는 위치까지는 『Be the Solver_프로세스 개선 방법론』편의 본문을 참조하여 기술하였다.

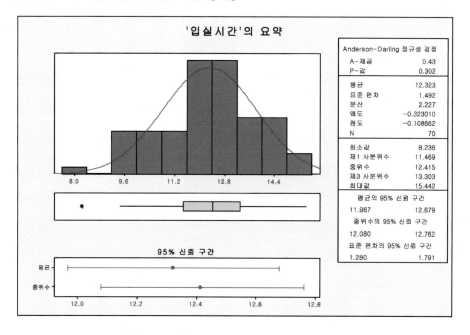

시 있어야 한다. 설정된 '기준'을 넘어서는 양은 원치 않는 결과물이므로 과제 수행은 곧 이 양을 줄여 나가는 과정이다. 쌓아놓은 데이터(히스토그램)에 '기준'을 들이댔을 때 넘어서는 양이 'Bad'임을 알 수 있고, 이 양을 줄이는 방법은 '산포'를 줄이거나 '평균'을 왼쪽으로 이동시켜야 한다. 물론 '산포'나 '평균'의 조정은 과제 수행 결과로 나타난다. 다음 [그림 M‑53]은 쌓아놓은 데이터에 '기준'을 들이댔을 때('성과 표준'을 설정한 경우) 'Good'과 'Bad' 영역으로 구분된 결과를 보여준다. 프로세스 설계 영역 이외 분야에서는 'Good'이나 'Bad'란 용어가 '~달성률', '~미확보율' 등으로 각각의 사정에 맞게 표현된다.

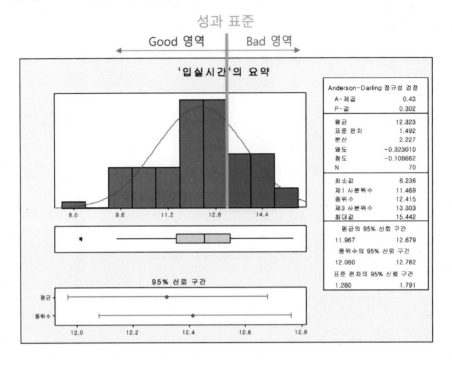

지금부터 'Y'의 유형에 따라 '성과 표준'을 더 정확하게 표현하는 방법에 대해 알아보자. 'Y'의 '측정 방법'이 '운영적 정의'에서 결정되면 크게 '연속 자료'와 '이산 자료'로 구분된다. '연속 자료'는 소수점으로 표현되는 숫자이며, '이산 자료'는 소수점으로 표현될 수 없는 숫자이다. 그러나 '사람 수'를 세는 예에서 '7명, 3명, 6명······'처럼 사람은 나눌 수 없으므로 그 자체가 '이산 자료'로 볼 수 있으나, 만일 '7.0, 3.0, 6.0······'처럼 소수점을 찍는 순간 '연속 자료'가 된다. 또 '연속 자료'에 임의 '기준'을 정하고 그를 넘어선 개수를 세어도 '이산 자료'가 된다. 이와 같이 모든 수는 '연속 자료'와 '이산 자료'가 공존하며, 환경에 맞게 선택해서 사용한다. 참고로 다음 [표 M – 33]은 데이터 유형을 분류한 체계이다.

[표 M – 33] '데이터 유형' 분류 체계

| 데이터 분류 체계 | 데이터 유형 | | 속성 | | | | 예 | 비고 |
		절대 영점	등간격 (+, −)	크기 (<,>)	분류 (=, ≠)		
계량형 (Heterograde) 연속 자료 (Continuous Data) 양적 자료 (Quantitative Data) 변수(Variable)	비척도 (Ratio Scale)	○	○	○	○	거리, 시간, 몸무게, 각도	+, −, x,÷가능
	구간 척도 (Interval Scale)	X	○	○	○	습도, 온도	급 간의 차이가 같도록
계수형 (Homograde) 이산 자료 (Discrete Data) 질적 자료 (Qualitative Data) 속성(Attribute)	이산 자료 (Discrete Data) 결점 (Defect)					결점을 셀 때	포아송분포 가정
	이진수 자료 (Binary Data) 불량 (Defective)	X	X	X	○	불량품/ 양품으로 분류할 때	이항분포 가정
범주형 자료 (Categorical Data)	순서 척도 (Ordinal Scale)	X	X	○	○	수/우/미/ 양/가 1위/2위/3위	순서(크기)에 의해 구분
	명목 척도 (Nominal Scale)	X	X	X	○	ADSL/SDSL/ VDSK	순서구분 없음

[표 M – 33]에 쓰인 단어는 한국통계학회의 '통계학 용어 대조표'를 최대한 활용해 표기했으나, 첫 열의 '데이터 분류 체계'는 출처마다 차이가 커서 동일하게 정의된 모든 용어들을 모아놓았다. 분류 체계 중 '변수(Variable)'와 '속성(Attribute)'은 뒤에 'Data'가 붙지 않았는데, '통계학 용어 대조표'에 'Attribute Data'란 용어는 없고 단지 'Attribute'만 기술돼 있어 그대로 표기하였다. 또, 특이 사항으로 '계량형/계수형(Heterograde/Homograde)'의 영문은

'통계학 용어 대조표'에는 있으나, 영어 사전에는 없고, 단지 'Webster'에 'Heterograde Quantities/Homograde Quantities'로는 표기돼 있다. 따라서 혼선을 피하기 위해 '통계학 용어 대조표'를 따랐다. 데이터 유형이 '연속 자료'와 '이산 자료' 모두 활용이 가능할 경우 '연속 자료'를 활용하는 것이 바람직하다. 나중에 알게 되겠지만 'Y'가 '연속 자료'일 경우가 그렇지 않은 경우보다 분석 도구가 다양하다는 장점이 있고, '표본 크기'도 적은 양만으로 신뢰성 있는 결과를 유도해낼 수 있다. '성과 표준'은 'Y'가 '연속 자료'인지 아니면 '이산 자료'인지에 따라 다음 [표 M-34]와 같이 결정된다.

[표 M-34] '데이터 유형'별 '성과 표준' 설정 예

데이터 유형	특성	성과 표준	비 고
연속 자료	망대 특성	LSL	LSL(Lower Specification Limit) USL(Upper Specification Limit)
	망목 특성	LSL, USL	
	망소 특성	USL	
이산 자료	불량(Defective) 특성	Item 정의, 불량의 정의	아이템(Item)은 부품, 제품, 건 등 측적 대상을 나타냄. '단위(Unit)'와 동의어
	결점(Defect) 특성	Item 정의, 기회의 정의, 결점의 정의	

'연속 자료' 경우의 '성과 표준'은 'Y'가 '연속 자료'일 경우의 '기준'이다. 과제를 수행해서 얻고자 하는 결과는 크게 세 가지, 즉 '특정 목적하는 값에 데이터를 가져가기를 희망하는 특성 - 망목 특성'과 '작기를 희망하는 특성 - 망소 특성' 및 '커지기를 희망하는 특성 - 망대 특성'이 있다. 만일 '운영적 정의'된 지표 'Y'가 '특정 목적하는 값에 가져가기를 희망하는 특성 - 망목 특성'이면, 확보된 데이터가 어느 값 이하로 내려가도 안 되고, 또 어느 값 이상 올라가도 안 되게 관리하고 싶을 것이므로, 이때는 하한과 상한 기준이 필요하며 이것이 규격 관점에서 '규격 하한(LSL: Lower Specification Limit)'과 '규

격 상한(USL: Upper Specification Limit)'이다. 예를 들면 연구 개발 단계에서 흔히 접하는 '24±0.1㎜'는 'LSL 23.9㎜'와 'USL 24.1㎜'의 상·하한 규격을 나타내며 목표하는 값은 중심인 '24㎜'이다. 또, '작기를 희망하는 특성 — 망소 특성'이면 데이터가 무작정 작아지기만을 기대할 것이므로 이때는 어느 상한 값을 넘지 않도록 관리한다. 따라서 'USL(Upper Specification Limit)'이 필요하다. 예로써 '처리 소요 시간'이나 '반송 건수' 등은 작을수록 좋은 특성들이므로 어느 이상 넘어가지 않도록 관리하는 것이 중요하다. '커지기를 희망'하는 '망대 특성'도 동일하게 무작정 커져야 하는 지표이므로 어느 하한 값 이하로 내려가지 않도록 관리하고 싶을 것이다. 따라서 'LSL(Lower Specification Limit)'이 필요하다. 예를 들면, '만족도'나 '영업 이익' 경우 크면 클수록 좋은 특성이므로 '연속 자료 — 망대 특성'이며, 따라서 하한 규격인 'LSL'을 설정해 줘야 한다. '영업 이익'이 어느 한계 값 이하 값을 갖게 되면 회사 운영에 문제가 발생하리라는 것은 쉽게 예상되는 바이다.

그렇다면 지표 'Y'의 '성과 표준', 즉 '한계 값'은 어떤 근거로 설정해야 할까? 간접 부문의 과제에서 '성과 표준' 설정 시 자주 맞닥뜨리는 상황이다. 이에 대해서는 1995년 IEEE Conference에서 Peter Y. Jessup에 의해서 발표된 'The Value of Continuing Improvement'를 보면 약간의 해답을 얻을 수 있다. 이 예를 알기 쉽게 약간 각색해서 설명하면 다음과 같다.—현재 온도가 약 21℃인 방에 사람이 32명 있다고 가정한다. 이때 외부의 온도 조절기를 이용해 방의 온도를 서서히 올려 나가면 어느 온도 지점부터 그들 중 일부가 '덥다'고 표현하기 시작할 것이고, 이 과정이 지속돼 그들 중 반인 16번째 시험 대상자가 '덥다'고 했다면 바로 그 지점의 온도를 'Customer Tolerance Limit'으로 정의한다. 물론 그 반대로 온도를 낮춰갈 때도 그들 중 반인 16번째 사람이 '춥다'라고 한 시점의 온도가 아래쪽 'Customer Tolerance Limit'이다. 의학 분야에서는 어느 실험 처리 효과 중 50%가(예로 박테리아에 빛의 강도를 높여갈 때 그들 중 50%) 살거나 죽는 시점을 일컬어 'LD50(Lethal Dose for 50 Percent Kill)'라 하여 생존의 한계점을 정의하기도 하는데 앞선 예와 동일한 개념이다.— 지금까지 설명한 내용을 근거로 지표 'Y'의 한계점인 '성과 표준' 또는 '규격'을 설정하는 개념은 간단하다. 예를 들어 '월 매출 수량'이 'Y'라면 임원 중 50%가 "이 수치 이하로 내려가면 절대 안 된다" 하는 수량이 있으면 그것이 하한 규격의 의미를 갖는다. 이때 '손익 분기점' 수준을 하한으로 설정할 수도 있지만 산정해내는 데 어려움이 있으면 임원들의 설문을 통해 한계 값을 얻어내는 것도 썩 틀린 가정은 아니다. 임원들이라면 '손익 분기점'에 대해 어느 정도 감을 갖고 있기 때문이다.

[그림 M-54] '규격 한계'란 50%가 견딜 수 있는 한계

과제에서 많이 접하는 '~만족도' 등에 대해서도 '성과 표준'을 유사하게 적용해볼 수 있다. 예를 들면 5점 척도에서 각 점수별로 '20점'을 곱해 '1'을 '20점'으로, '2'를 '40점'으로, '3'을 '60점'으로, '4'를 '80점', '5'를 '100점'으로 환산[40]한 뒤 전체 문항의 점수를 평균하는 경우(100명에게 설문했다면

---

40) 5점 척도의 점수를 100점으로 환산하는 좀 더 객관적인 방법이 있으나 여기서는 단순하게 처리하였다.

100개의 점수 데이터가 수집되었을 것임), 설문 대상자들에게 100점부터 점수를 거꾸로 세어가면서 만족도 하한을 선정하도록 요청했을 때, 그들 중 50%째 응답자가 포함된 점수가 하한 규격이 되도록 설정하는 것 등이다. 다음은 [표 M-32]의 'Ys' 중 '라면 준비 시간'에 대한 '성과 표준'을 설정한 예이다.

1) USL: 주문자임을 확인한 시점부터 300초(5분)
2) 규격 설정 근거: 전화나 문자 메시지를 받은 후 여학생들의 이동 시간을 고려해 라면 준비를 해야 하며, 고객 관점에서는 출입문을 열고 들어온 시점 이후 얼마나 빨리 대응해주는지에 관심이 있을 것임. 분식집은 이동 시간 동안 준비할 여유가 있고, 또 여고생 입장에서 자투리 시간임을 고려할 때 5분이 넘어가면 불만이 나올 수 있다고 판단하여 설정함.

'라면 준비 시간'은 빨리 대응할수록 좋은 특성인 '망소 특성'이므로 'USL'이 필요하다. 주의할 점은 규격을 설정한 후 반드시 그 근거를 기록해놓아야 한다. 설정된 규격에 따라 '현 수준'이 큰 폭으로 요동치는 것도 이유가 되지만 합리적이고 객관적이어야 측정 수단으로서 가치와 의미가 있기 때문이다.

 __'이산 자료' 경우의 '성과 표준'__ 은 [표 M-34]에 나타낸 바와 같이 '불량'과 '결점'으로 구분한다. 교육이나 멘토링을 하다 보면 리더들이 가장 혼돈해서 사용하는 단어가 '불량'과 '결점'이다. 어느 경우는 '불량'이라 하고, 또 어느 경우는 '결점'이라는 용어를 사용하는데 사실 두 특성은 확연히 구별된다. '성과 표준'을 논하기에 앞서 우선 두 특성의 정확한 이해가 필요하므로 상세히 짚고 넘어가자.

 '__불량(Defective) 특성__'[41]은 전체 건수 중에서 바람직하지 못한 경우가 몇

---

41) 일부 자료에서는 '불량 데이터', '불량률 데이터' 등으로도 불림. 한국통계학회 '통계학 용어 대조표'에서 '불량'은 'Defective'로만 정의하고 있음. 본문은 '연속 자료'의 망대 특성, 망목 특성, 망소 특성과의 통일성을 고려하여 '불량' 뒤에 '특성'을 편의상 붙임. 또 불량품/양품을 따지므로 데이터 유형은 '이진수

건인지를 헤아리는 것으로 통상 '클레임 미처리율', '고객 이탈률', '양식 오류율' 등 '~율(률)'로 표현하는 것은 대부분 '이산 자료 – 불량 특성'이다. 비율을 산정하는 식이 분자에는 '바람직하지 않은 또는 원치 않는 경우의 건수'가, 분모에는 '평가를 대상으로 하는 전체 건수'가 들어간다. 이때 '불량 특성'의 '성과 표준'은 어떻게 설정할까? 바람직하지 않은 건수를 헤아려야 하므로 우선 '한 건', 즉 '아이템(Item, 또는 Unit)'이 무엇인지를 정의해주어야 한다. '아이템'이 정해지면 이어 '아이템'이 잘못되는 경우가 무엇인지 정해줘야 하는데 이를 '불량의 정의'라고 한다. 다시 말해 '이산 자료 – 불량 특성'의 '성과 표준'은 다음이 필요하다.

1) 아이템(Item, 또는 Unit)의 정의
2) 불량의 정의(Definition of Defective)

예를 들면 [표 M – 32]의 '운영적 정의'에서 '이산 자료 – 불량 특성'인 'Y'는 '~율'로 표현된 '밤참 주문 비율'이며, 이것의 '산식'은 '(20시 이후 배달 건수/당일 총 판매 건수)×100'인데 보통 분자의 내용이 'Bad 형태'가 들어가는 것이 일반적이나 이 경우는 'Good 형태'로 표현돼 있다. 그러나 비율의 개념은 전체가 '1'인 만큼 '1'에서 계산된 비율을 빼면 다시 'Good → Bad'나, 'Bad → Good'으로의 전환이 가능하므로 해석에는 영향을 주지 않는다. 멘토링 때는 현업에서 사용 중인 측정 수단의 적용이 유리하므로 그대로 쓰도록 권장하되, 'Good 형태'면 '수율 개념'으로, 'Bad 형태'면 '불량률 개념'으로 분류해서 설명한다. '밤참 주문 비율'에 대한 '성과 표준'을 기술하면 다음과 같다.

자료'이나 기업 교재에서 쓰이는 용어를 우선 적용함.

1) 아이템(Item, 또는 Unit): 주문 배달 1건
2) 불량의 정의(Definition of Defective)
   ① 당일 총 판매 아이템들 중 20시 이전에 판매된 아이템
   ② 20시 이후에 배달된 아이템들 중 라면이 포함되지 않은 아이템

당일 총 판매 건수 중에서 '불량의 정의'에 해당하는 '아이템'을 빼면 '산식'의 '분자'에 들어가는 숫자가 나온다. 또는 '불량의 정의'에 해당하는 건수를 그대로 '분자'에 사용하면 'Y'가 '밤참 주문 비율'이 아닌 '밤참 비주문 비율' 정도로 바뀌어야 한다. '이산 자료 – 불량 특성'의 정의대로라면 후자가 우리에게 친숙할지 모른다.

여기서 한 가지 짚고 넘어갈 것이 있다. '연속 자료'의 '규격(LSL, USL)'과 '이산 자료'의 '불량의 정의'가 어떻게 연결되는지이다. 동일한 '규격'이라고 했으므로 둘을 잇는 공통의 개념이 있어야 한다. 다음 [그림 M – 55]를 보자.

[그림 M – 55] '연속 자료'의 '규격'과 '이산 자료'의 '불량의 정의' 관계

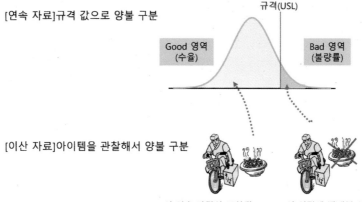

[그림 M - 55]에서 '연속 자료' 데이터를 쌓아놓은 뒤, 작을수록 좋은 '망소 특성'이면 규격 'USL'을 설정할 수 있고, 따라서 이 '규격'을 넘어가는 오른쪽 양 또는 면적은 불량률이다. '이산 자료' 경우는 '아이템'으로 정의한 '판매 건' 한 개 한 개가 있을 것이고, 각각을 관찰한 뒤 '불량의 정의'에 포함되면 그림처럼 오른쪽 영역(Bad 영역)에 던져 넣을 것이고, 그렇지 않으면 왼쪽 영역(Good 영역)에 넣을 것이므로 결국 '불량의 정의'가 'USL'의 역할을 하게 된다. '이산 자료 - 결점 특성'으로 들어가기 전에 '아이템'과 '불량'의 사전적 정의를 옮겨놓았으니 참고하기 바란다.

· 아이템(Item, or Unit) A unit is any item that is produced or processed which is liable for measurement or evaluation against predetermined criteria or standards. 미리 정해놓은 기준이나 규격 대비해서 측정 또는 평가될 수 있도록 생산되거나 처리된 임의 품목.

· 불량(Defective) 아래 국어사전 정의가 미흡한 것 같아 출처 하나를 추가하였다. 번역의 왜곡을 최소화하기 위해 원문도 옮겨놓았다.
(국어사전) 물건 따위의 품질이나 상태가 나쁨.
(www.isixsigma.com/Dictionary) The word defective describes an entire unit that fails to meet acceptance criteria, regardless of the number of defects within the unit. A unit may be defective because of one or more defects. 한 아이템[또는 단위(Unit)] 내 결점(Defect) 수와는 관계없이 허용 기준을 만족시키지 못하는 아이템(단위). 즉, 결점이 한 개 발생하든 또는 그 이상 발생하든 아이템(단위)은 불량이 될 수 있다.

종합하면 '불량'은 '아이템(또는 단위)'에 동일한 결점이 여러 개 발생하든, 서로 다른 결점이 다양하게 존재하든 '아이템(단위)' 자체를 '쓴다', '못 쓴다'의 판단만 하므로 발생된 불량의 '개수'에만 관심이 있고, 실제 어느 원인에

의해 불량으로 분류되었는지에 대한 정보는 묻혀버린다(물론 현업에서 불량 발생 사유를 기록해놓겠지만 여기선 다음에 설명할 '결점'과의 비교를 위해 이 같은 표현을 사용하였다). 따라서 '이산 자료'는 불량을 발생시킨 근본 원인(결점 원인)을 관리할 필요성이 있는데 이어 설명할 '결점 특성'이 해당 역할을 담당한다.

'**결점(Defect) 특성**'[42]은 '불량'보다는 좀 더 근원적이다. 왜냐하면 '불량'은 '아이템(단위)' 자체를 못 쓰는 것으로 판단하므로 원인에 대한 정보는 없는 대신 '결점'은 하나의 '아이템(단위)'에 여럿 발생할 수 있으며 그 하나하나를 헤아리기 때문이다. 따라서 관찰된 단위 수보다 더 많은 '결점 수'가 나올 수 있다. 즉, '불량의 비율'은 100%가 넘는 수는 나올 수 없지만 '결점의 비율'은 그 이상이 나올 수 있다. 이것이 '불량'과의 차이를 보이는 대목이다. 과제 수행에서는 '결점'이란 용어를 더 많이 사용하는데 이것은 '결점'을 하나하나 셈하므로 유형별로 관찰할뿐더러, 각 유형을 유발시킨 서로 다른 근원(Root Cause)을 발견할 가능성도 높기 때문이다. 그렇다면 '이산 자료 - 결점 특성'의 '성과 표준'은 어떻게 표현할까? 다음과 같은 항목이 정의돼야 한다.

1) 아이템(Item 또는 Unit)
2) 기회의 정의(Definition of Opportunity)
3) 결점의 정의(Definition of Defect)

'불량 특성'과는 달리 '기회의 정의'가 추가되었다. '결점'과 '기회'의 사전적 정의는 'www.isixsigma.com/Dictionary'에 실린 내용을 다음에 옮겨놓았다.

---

42) 역시 일부 기업 교재에서 '결점 데이터', '결점 수 데이터' 등으로 명명하기도 함. '망대 특성', '망목 특성', '망소 특성'의 명칭과의 통일성을 고려해 편의상 '결점' 뒤에 '특성'을 붙임.

> - **결점(Defect)** Any type of undesired result is a defect. A failure to meet one
> of the acceptance criteria of your customers. A defective unit may have one
> or more defects. 원치 않는 결과로 나타난 모든 유형을 '결점'이라고 한다. 고객의
> 허용 기준을 만족시키지 못한 경우로 '불량 아이템(단위)'이란 결점을 하나 또는 그
> 이상 포함한다.
>
> - **기회(Opportunity)** Any area within a product, process, service, or other
> system where a defect could be produces or where you fail to achieve the
> ideal product in the eyes of the customer. In a product, the areas where
> defects could be produced are the parts or connection of parts within the
> product. In a process, the areas are the value added process steps. If the
> process step is not value added, such as an inspection step, then it is not
> considered an opportunity. → 결점이 생길 수 있거나 또는 고객 눈높이를 못 맞
> 춘 제품, 프로세스, 서비스 또는 시스템 내 임의 영역. 제품에서 결점이 생겨날 수 있
> 는 '영역'이란 그를 구성하는 '부품들' 또는 '부품들 간의 연결부'이다. <u>프로세스에서
> 의 '영역'이란</u> '가치를 부여하는 프로세스 단계'를 일컫는다. 예를 들어 '검사' 같은
> 프로세스 단계는 제품에 가치를 부여하지 않으므로 '기회'로 셈하지 않는다.

'기회'의 정의는 미국 컨설팅 회사인 'Qualtec社'에서 만든 학습 교재에 그
나마 잘 정리돼 있지만 그것만으로는 한계가 있다. '기회'를 구분하기 위해서
는 정의된 내용과 같이 '제품'과 '프로세스'를 따로 나누어 생각한다. '제품'
경우는 부품 하나하나가 잘못되면 '결점'이 되므로 '부품'도 하나의 '기회'로
간주한다. 또, 'IC 칩'과 같이 다리가 여럿 달린 부품은 다리 하나하나가 잘못
되면 '결점'이 발생하므로 그 역시 각각을 '기회'로 간주한다. 또 부품과 부품
'연결 부위', 예를 들어 '볼펜 뚜껑'과 '몸체'와의 연결부가 잘 안 맞으면 '결
점'이 발생한 것이므로 '연결 부위'도 하나의 '기회'에 해당한다. 이와 같이
'제품'에서의 '기회'란 잘못될 가능성(기회)을 갖고 있는 것들을 나타내며, 잘

못될 가능성(기회)이 실제 잘못되면 '결점'이 된다. 본문은 현재 프로세스를 다루고 있으므로 정의 내용 중 "프로세스에서의 영역이란"에 주목하기 바란다. 즉, "프로세스를 다루는 부문에서 '기회'란 프로세스 맵을 그렸을 때 각 '활동(Activity, 보통 사각형으로 표기)'들이 고객에게 부가가치를 더하는 '활동'이면 하나의 '기회'로 간주하나 그렇지 않으면 '기회'로 보지 않는다"이다. 가치가 없는 '활동'들은 '이동, 저장, 대기, 재작업' 등 고객 요구에 가치를 부여하지 않는 유형들이 속한다. '결점'을 계량화하는 방법엔 두 가지가 있으며 요약하면 다음과 같다.

1) <u>DPU(Defect per Unit)</u>: '아이템(단위)'당 평균 몇 개의 '결점'이 발생했는지를 비율로 나타낸 것이다. 정의한 '아이템(단위)'이 '10개' 있을 때 총 발생한 '결점'이 '5개'이면 'DPU'는 '0.5(=5÷10)'이다. 그런데 만일 '결점'이 전체 '20개' 발생했다면 'DPU'는 '2(=20÷10)'가 돼 백분율로는 '200%'이다. 이와 같이 'DPU'는 백분율로 '100%' 이상이 나올 수 있어 '불량률'과 구별된다. 통상 과제 수행 때 유용한 측도인데 그 이유는 상품이나 프로세스의 현 수준 평가가 수월하고, 수행 '전'과 '후'의 향상 정도를 쉽게 비교할 수 있기 때문이다. 이에 미국 Qualtec社 품질 교재는 'Project Metric'으로 표현하고 있다. '시그마 수준'을 산출할 때는 '정규 분포'나 '이항 분포'에 대응해서 '포아송 분포'를 사용한다.

2) <u>DPO(Defect per Opportunity)</u>: '기회'당 평균 몇 개의 '결점'이 발생했는지를 비율로 나타낸 값이다. '이산 자료-결점 특성'을 활용하기 위해서는 항상 한 '아이템(단위)'에 몇 개의 기회가 존재하는지 결정해야 한다. 또 그 '기회'가 잘못됐다고 판단하기 위해 '결점의 정의'도 기술돼야 한다. 만일 '아이템(단위)'이 '10개'이고, '아이템(단위)'당 '3개'의 '기회'가 정의돼 있는 상황에서 '결점'이 '8개' 발생했다면, 'DPO'는 약 '0.27(=8÷30)'이다. 'DPU'와는 달리 전체 '기회' 중에서 '결점'으로 판정된 수만 셈하므로 그 비율이 '100%'를 넘을 수 없다. 따라서 시그마 수준을 산출할 때 '이산 자료-불량 특성'과 동일한 방법으로 접근할 수 있다. 만일 '이산 자료-불량 특성'에서 '10개'의 '단위' 중 '2개'가 불량으로 분류된 경우, 전체를 '1'로 보면 '0.2', 전체를 '100'으로 보면 '20%', 또 전체를 '100만'으로 보

면 '200,000PPM'으로 환산되지만, '이산 자료-결점 특성'은 '기회' '10개' 중 '2 개'가 '결점'으로 분류된 경우, 전체를 '1'로 보면 '0.2', 전체를 '100'으로 보면 '20'으로 동일하지만, 전체를 '100만'으로 보면 '200,000DPMO'로 쓰인다. 즉, 'DPO'에 '100만'을 곱한 경우가 'DPMO'이다. 'M'은 '100만'의 영어 단어인 'Million'의 첫 알파벳이다. 이같이 'DPO'는 '이산 자료-불량 특성'과 연결된다. 보 통 '6시그마 수준'이 '100만 개' 중 '3.4개'라고 하는 것은 '3.4PPM'이 아니고 '3.4DPMO'이며 둘 사이에 큰 차이가 있음을 인지해야 한다.

이제 '운영적 정의'를 나타낸 [표 M-32]의 'Ys' 중 '나 홀로 손님 맛 만족 도'의 '성과 표준'을 설정해보도록 하자. 다음은 그 예이다.

1) 아이템[단위(Unit)]: 나 홀로 손님에게 판매된 라면당 설문
2) 기회의 정의(Definition of Opportunity): 설문당 8개 항목('전체적인 맛의 조화', '국물 맛', '면발의 쫄깃함', '향', '건더기 수프의 양', '전체 양', '가격대비 만족도', '합성 첨가물 포함 정도')
3) 결점의 정의(Definition of Defect): 설문당 8개 항목들 중 '3점' 이하의 점수

이제 '라면 판매 프로세스 설계를 통한 매출 30% 향상' 과제로 돌아가 [표 M-32]에서의 '운영적 정의'에 대한 '성과 표준'을 작성해보자. 다음 [그림 M-56]은 그 작성 예이다.

[그림 M-56]의 '성과 표준'은 대부분 본문에서 설명한 내용이다. '성과 표 준'은 '규격'에 해당하므로 '연속 자료'와 '이산 자료'별로 정확히 설정한다. 또, '프로세스 설계' 과정은 매 단계에 의사결정이 필요하므로 변경의 가능성 역시 늘 열어둔다. 중요한 것은 팀원들이 모두 모여 의사결정에 깊이 있게 관 여했느냐이다.

Step-6. Ys 파악
Step-6.3. Ys 결정(성과표준)

♦ 'Y'에 대한 데이터 유형/특성 결정과, 각각에 대한 '<u>성과 표준</u>'을 다음과 같이 설정함.

운영적 정의					성과 표준 (Performance Standard)	
CTQ	Ys	단위	Data 유형	특성		규 격 및 설 정 근 거
도착 시간 인지 여부	라면 준비 시간	초	연속 자료	망소 특성		1) USL : 주문자임을 확인한 시점부터 300초(5분) 2) 규격 설정근거 : 전화나 문자 메시지를 받은 후 여학생들의 이동시간을 고려해서 라면준비를 해야 하며, 고객관점에서는 출입문을 열고 들어 온 시점 이후 얼마나 빨리 대응해주는지에 관심이 있을 것임. 분식집 입장에서는 이동시간 동안 준비할 여유가 있고, 또 여고생입장에서 자투리 시간임을 고려할 때 5분이 넘어가면 불만이 나올 수 있다고 판단하여 설정함.
주문 L/T	주문 L/T	초	연속 자료	망소 특성		1) USL : 주문서 시간 기록한 시점부터 600초(10분) 2) 규격 설정근거; 사전조사 중 10분이 넘어가면 불만족 급격히 증가
혼자 손님 맛 만족도	나 홀로 손님 맛 만족도	점	이산 자료	결점 특성		1) 아이템[단위(Unit)] : 나 홀로 손님에게 판매된 라면 당 설문. 2) 기회의 정의(Definition of Opportunity) : 설문 당 8개 항목('전체적인 맛의 조화', '국물 맛', '면발의 쫄깃함', '향', '건더기 수프의 양', '전체 양', '가격대비 만족도', '합성 첨가물 포함 정도') 3) 결점의 정의((Definition of Defect) : 설문 당 8개 항목들 중 '3점'이하 점수.
라면+커피 전문점 운영 여부	라커피점 반응도	점	연속 자료	망대 특성		1) LSL : 100점 환산 시 60점 2) 규격 설정근거; (벤치마킹)공인된 기관의 대 고객 정책시행 반응연구 시 60점 이하인 경우를 '반응 없음'으로 규정
밤참 전용서 비스 여부	밤참 주문 비율	%	이산 자료	불량 특성		1) 아이템[단위(Unit)] : 주문배달 1건 2) 불량의 정의(Definition of Defective) ① 동일 총 판매단위들 중 20시 이내에 판매된 단위. ② 20시 이후에 배달된 단위들 중 라면이 포함돼지 않은 단위.

다음은 Measure Phase의 종착역인 'Scorecard 작성'에 대해 알아보자.

Step-6.4. Scorecard 작성

'Scorecard'의 사전적 정의는 '채점 카드' 또는 '채점표'이다. (네이버 백과사전)엔 "경기 내용을 기록하는 카드를 말한다"이다. '프로세스 개선 방법론'에서는 'Step-5. 현 수준 평가' 내 'Step-5.2. 현 프로세스 능력 평가'에 대응한다. 그런데 왜 '프로세스 개선 방법론'처럼 '현 프로세스 능력 평가'라고

하지 않을까? 사실 그대로 가져와도 상관은 없다. 또, 어느 기업에선 '프로세스 능력 평가' 또는 '현 수준 평가' 등이 사용되기도 한다. 틀린 것은 아니다. 다만 목적은 같아도 일의 추진에 있어 '현 프로세스 능력 평가'의 표현이 프로세스 설계 과정을 대변하기엔 다소 약한 게 사실이다.

'현 프로세스 능력 평가'는 말 그대로 현존하는 프로세스 또는 상품(상품도 프로세스를 거쳐 나오므로 결국은 '프로세스 능력 평가'에 부합한다)의 현황을 수치화하는 데 의미가 있다면 '설계 과정'은 마치 스포츠 경기에 비유될 수 있다. 예를 들면 '탁구 경기'에서 매 세트가 끝날 때마다 승자와 패자가 갈리고, 승자든 패자든 진행 내용을 분석해 다음 세트 때 더 나은 모습을 보이고자 노력한다. 그리고 이어진 경기를 통해 계획된 전략이 잘 먹혔으면 채점표 점수에 긍정적인 변화가 올 것이고, 그렇지 않으면 기대하는 바에 못 미치는 결과가 올 수도 있다. 경기 과정은 반드시 채점표에 향상의 정도로 나타나야만 한다. 그래야 실전을 위해 투입된 오랜 기간의 노력과 인내가 보상받는다. 또, 채점표에 높은 점수를 얻어 보상의 기회를 갖는다면 그것은 한 사람만의 전유물이 될 수 없다. 그동안 함께한 코치도 있고 파트너가 되어준 동료들도 있다. 좋은 결과는 결코 혼자만의 것이 될 수 없다. 프로세스 설계 과정도 동일하다. 설계 과정은 많은 노력과 인내가 요구되는 반면 리더 혼자만의 힘으로는 분명 한계가 있다.

혼자 수행한 과제가 있으면 과제 범위가 작거나 충분히 혼자 할 수 있는 영역의 과제이기 때문에 가능한 일일 것이다. 따라서 여러 사람이 새로운 프로세스를 설계해 나간다는 것을 전제로 할 때, 탁구 경기의 매 세트가 끝나고 그 과정을 분석하여 다음 세트의 새로운 전략으로 임하게 되듯, 매 단계에 'Scorecard'를 통해 진행해왔던 과정을 점검하고 새롭게 전개될 다음 '세부 로드맵'을 위해 최상의 전략을 구상하는 작업이 필요하다. 이와 같이 진행 수준을 가늠해주고 새로운 전략을 구상하도록 안내하는 역할이 'Scorecard'에 의해 이루어진다. 다음 [표 M-35]는 일반적으로 사용되는 'Scorecard'이다.

[표 M-35] Scorecard 작성 표

Ys	중요도	단위	T.F. Y/N	성과 표준		프로세스 능력				목표	비고
				LSL	USL	M	A	D	V		

☐ T.F.: Transfer Function(전이 함수)
☐ '성과 표준'이 '이산 자료'인 경우 'LSL/USL' 대신 '불량(또는 결점)의 정의' 사용

[표 M-35]에서 둘째 열의 '중요도'는 'QFD'에서 'CTQ'가 선정될 당시의 '상대적 중요도(Relative Importance)'이며 당시 값 그대로 사용해도 되지만 숫자가 큰 경우는 전체 합으로 나눈 백분율을 적용한다. 네 번째 열 중 'T.F.'는 '전이 함수(Transfer Function)'의 약자로 '프로세스 설계 방법론'에서는 'Y'와 'X'를 연결하는 함수로 쓰인다. 그러나 프로세스 설계에서 함수화가 어려운 대상은 다양한 방식으로 '전이 함수'를 구성해야 하며, 관련 설명은 Design Phase 'Step-10. 전이 함수 개발'에서 상세하게 다룰 것이다. '프로세스 능력' 열을 보면 그 하위에 'M, A, D, V'로 나뉘어 있는데 이것은 Phase를 거칠 때마다 계속 갱신됨을 암시한다. [표 M-35]를 통해 개선 수준의 변화를 한눈에 파악할 수 있어 일반적으로 얘기하는 '눈으로 보는 관리'가 가능하다. 만일 'Y'들 중 일부가 하위 특성으로 구성된 경우 엑셀 시트를 이용하는 방법도 있다.

다음 [표 M-36]은 '라면 판매 프로세스 설계를 통한 매출 30% 향상' 과제의 'Scorecard' 작성 예이다.

[표 M-36] '라면 판매 프로세스 설계' 과제의 'Scorecard' 작성 예

Ys	중요도	단위	T.F. Y/N	성과 표준		프로세스 능력				목표	비고
				LSL	USL	M	A	D	V		
주문 L/T	12	초	N	–	600	– 4.46					M:946.7 초
라면 준비시간	9	초	N	–	300	– 7.47					M:700.9 초
나 홀로 손님 맛 만족도	8	점	N	● 아이템: 라면당 설문 ● 기회: 설문당 8개 항목 ● 결점: 3점 이하		1.88					35만 DPMO
라커피점 반응도	6	점	N	60	–	2.53					벤치마킹
밤참 주문비율	3	%	N	● 아이템: 주문배달 1건 ● 불량의 정의: ① 20시 이내 배달 건 ② 20시 이후 배달 시 라면 미포함		0.05					약 6%

☐ T.F. : Transfer Function
☐ '프로세스 능력'은 '시그마 수준'으로 통일함.
☐ Measure Phase는 1.5Shift 적용

[표 M-36]에서 '성과 표준'까지는 이전 '세부 로드맵'의 결과를 그대로 가져온 것이며, '프로세스 능력'은 임의로 가정한 값을 입력하였다. '프로세스 능력'의 단위는 '시그마 수준'으로 통일하였다. 만일 '시그마 수준' 이외의 단위를 사용한 경우 '비고'란을 활용한다. 혹자는 '프로세스 능력 평가'에 대해 "설계 활동은 프로세스를 새롭게 구축하는 것이므로 데이터가 없거나 아니면

구하기 매우 어려울 텐데 어떻게 수준을 측정한다는 겁니까?" 하고 질문할지도 모른다. 2000년도 초에 경영 혁신 운영 중 자주 나왔던 질문 유형들 중 하나이다. 물론 데이터가 없는 것이 당연하다. 이 경우 아무리 생각해도 없다면 '없음'이 '현 수준'이다. 그러나 [표 M-36]의 경우처럼 '주문 L/T'의 '현 수준'은 몇 명으로부터 간단히 측정한 결과를 입력할 수도 있고, '나 홀로 손님 맛 만족도' 경우 실제 '운영적 정의'에서 정한 방법대로 설문을 진행할 수도 있다. '밤참 주문 비율'은 야간 배달 서비스를 전혀 운영해보지 않았지만 간혹 어떤 이유로 문을 늦게 닫는 날에 배달이 있었던 기록이라든가, 아니면 주변 단골이 사정사정해서 늦은 밤 배달했던 사례 등이 있으면 그들을 모아 평가한 것 역시 '프로세스 능력'이다. 물론 전혀 없으면 '없음'이다.

그러나 [표 M-36]의 예에서 현실적으로 가장 어려운 'Y'가 '라커피점 반응도'이다. 왜냐하면 '라면'과 '커피'를 동시에 팔아본 경험도 없으려니와 반응을 알아보기 위해서는 적어도 분식집 내 인테리어나 커피를 팔 수 있는 기구와 분위기가 조성돼 있어야 하기 때문이다. 그래야 손님들도 반응을 표현할 수 있다. 정 '프로세스 능력'이 필요하면 앞으로 라커피점을 운영할 건데 상상해서 점수를 매겨달라고 부탁해야 하는데 결과는 매우 불안정하다. 설사 주의를 기울여 상상을 동원한 설문을 얻는다고 해도 평가가 좋은 것을 보고 많은 비용을 들였음에 실제 매상에 영향이 거의 없게 된다면 큰 손실을 떠안을 수밖에 없다. 너무 위험한 접근이다. 이 경우 유일한 해법은 '벤치마킹'이다. 물론 다른 모든 'Y'들에 대해서도 '벤치마킹'은 유효하다. '벤치마킹'은 현재의 상황과 동일한 또는 동일하진 않더라도 유사한 대상이 있으면 모범 답안이 될 수 있다. 그러나 꼭 동일하거나 유사할 필요는 없다. 심지어 전혀 다른 업종이지만 빗대어볼 수 있으면 그것 역시 유효하다. 예를 들면 지금과 같은 '라면+커피전문점의 반응도'에 관심이 있을 경우 '아이스크림+커피'를 파는 업소라든가 '아이스크림+베이커리 점'도 대상에 넣을 수 있다. 이런 접근이 어렵다면 소규모 창업을 지원하는 전문가를 찾아 의견을 물을 수도 있다. 또, 관련된 문헌이나 자료가 있어서 그것으로부터 '프로세스 능력' 측정에 대한 정보를 얻을 수 있으면 그 역시 자료가 될 수 있다. 국경을 넘어 세계 수십억 인구 중에 누군가 비슷한 생각을 갖고 추진했던 사례가 존재할 수 있음을 기억하자. 정말 필요하다면 끝없는 노력을 기울인다. 고민해서 얻은 것은 당장 활용을 못 하더라도 역량을 키우는 데 분명 유용한 자양분이 되어준다. 프로세스 설계의 완성도를 높이는 데 한몫할 것이기 때문이다.

다음은 'Scorecard'의 '프로세스 능력'을 측정하기 위해 필요한 것들에 대해 알아보자. 크게 '측정 시스템 분석(MSA, Measurement System Analysis)'과 '프로세스 능력 분석(Process Capability Analysis)'이 있다.

6.4.1. 측정 시스템 분석(MSA, Measurement System Analysis)

'측정 시스템 분석'은 주로 제조나 연구 개발 부문에서 매우 중요한 요소로 작용한다. 왜 중요한지에 대한 개요를 먼저 알아본 뒤 '프로세스 설계 방법론'에서 '측정 시스템 분석'을 어떻게 바라봐야 하고 또 활용해야 하는가에 대해 알아보자. [그림 M - 57]은 '측정 시스템 분석'을 설명할 때 다루는 일반적인 '변동 관계도'이다('프로세스 개선 방법론' 설명을 옮김).

[그림 M - 57]을 설명하기에 앞서 동일한 프로세스에서 동일한 시점에 임의 크기의 데이터를 얻었다고 가정하자. 이렇게 확보된 데이터를 가만히 뜯어보면 유사성은 있지만 값들이 모두 동일하지 않다는 것을 확인하게 되는데 이것이 곧 '변동'이다. '프로세스'는 최종적인 산출물이 일목요연하고 동일한 구조로 만들어질 수 있도록 세팅된 흐름이다. 따라서 이론적으로 모든 산출물은 세팅된 대로 똑같이 얻어져야 하지만 늘 경험하고 있듯이 프로세스에서 추출

한 데이터가 똑같지 않다는 데 문제의 핵심이 있다. [그림 M-57]의 맨 상단에 있는 '관측된 프로세스 변동'은 실제 프로세스로부터 추출한 (관측된)데이터가 똑같지 않다는 것(변동)을 표현한 것이다. 다시 이렇게 서로 틀린 값이 나오게 된 배경을 추적하면 두 가지로 분류할 수 있는데 하나는 '실제 프로세스 변동'이고, 다른 하나는 '측정 변동'이다.

[그림 M-57] '측정 시스템 분석(MSA)'을 위한 '변동 관계도'

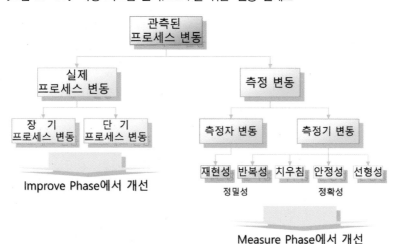

'실제 프로세스 변동'의 이해를 위해 '결재 전표 처리 프로세스'를 생각해보자. 거래가 발생해서 부서별로 등록 및 결재 과정을 거친 후 최종 ERP에서 승인이 이루어진다. 프로세스나 표준 모두가 동일하지만 동일한 전표에 대해 '처리 시간'이 정확히 일치하진 않는다. 그 이유는 월말에 전표가 몰려 적체된 경우도 있을 것이고, 담당자의 휴가로 제때 등록이 안 됐을 수도 있다. 또 더 시급한 일을 처리하느라 부서별 결재가 늦어져 '처리 시간'이 지연될 수도 있고, 거꾸로 결재 양이 별로 없어 예상을 뛰어넘는 초스피드로 처리된 경우도 종종 있을 수 있다. 이같이 평상시와 다른 튀는 요소들로 데이터(여기서는 '처리 시간') 값들이 요동치는 경우(변동의 발생)가 [그림 M – 57]에 '장기 프로세스 변동'으로 표현돼 있다.

[그림 M – 57]의 '장기 프로세스 변동' 바로 옆의 '단기 프로세스 변동'이란 동일한 시점에 임의 크기의 데이터를 얻었던 예와 같이 똑같은 거래 건이 동시에 등록되더라도 ERP에서의 최종 승인까지 소요되는 시간이 정확하게 일치하지 않는다. 설사 동일한 시점에 결재가 이루어진다 하더라도 전산상에서의 인식, 또는 키보드 입력 중의 미세한 시간적 차이 등이 영향을 주기 때문이다. 이들 미세한 차이는 제어할 수 없으며 일상적이고 만성적으로 발생한다.

'장기 프로세스 변동'에 영향을 주는 모든 요인들을 총칭해서 '이상 원인(Assignable Cause)'[43]이라 하고, '단기 프로세스 변동'에 영향을 주는 모든 요인을 '우연 원인(Chance Cause 또는 Random Cause)'[44]이라고 한다. 과제의 성공은 프로세스의 변동을 줄여 '시그마 수준'의 향상을 꾀하는 게 주목적이므로 '이상 원인'과 '우연 원인'을 줄여야 한다. 특히 전자는 월말의 거래 집중을 월 전체로 분산시키든가, 예상치 못한 사건이 생겼을 때 대처 방안 마련 등의 조치로 상당 부분 '처리 시간'을 관리할 수 있지만, 후자의 경우는 전산상의 미세한 시간 차이를 유발하는 원인들 규명이 매우 어려우므로 해결에 난관이 따른다. 정리하면 '장기 프로세스 변동'에 영향을 주는 '이상 원인'을 제거하는 일은 '관리적인 문제'로 인식하는 반면, '단기 프로세스 변동'에 영향을 주는 '우연 원인'을 줄이는 일은 매우 높은 지식과 자원 투입이 요구되므로 보통 '기술적인 문제'로 인식한다. 다음 [표 M – 37]은 '장/단기 프로세스 변동'의 특징을 모아놓은 비교표이다. 암기 사항이 아니라 앞서 설명된 내용을 이해하면 서로 연관시켜 유추할 수 있다.

---

43) 한국통계학회 '통계학 용어 대조표'에 포함돼 있는 용어이다.
44) 한국통계학회 '통계학 용어 대조표'에 포함돼 있는 용어이다.

장기프로세스 변동	이상 원인	비정상	변동 폭 큼	특정 요소	관리적 문제	제거 가능	항상 존재하지 않음	예측 불가능	불안정
단기프로세스 변동	우연 원인	정상	변동 폭 작음	복합적	기술적 문제	제거 어려움	항상 존재	예측 가능	안정

'프로세스 개선 방법론 로드맵' 관점에서 '장기 프로세스 변동'의 감소 노력은 Improve Phase에서 이뤄지며, 이 때문에 [그림 M-57]의 '장기 프로세스 변동' 아래에 "Improve Phase에서 개선"으로 표기해놓았다. 만일 '프로세스 설계' 과정에서 '시간 지연'과 같은 위험 요소가 예상되면 당연히 현재의 설계에서 처리돼야 한다. 다음은 [그림 M-57]의 '측정 변동'에 대해 알아보자.

'측정 변동'은 "측정 변동이 완전히 해결되지 않는 한 하나의 X로 간주해야 한다"란 주장이 있다. 우선 두 개의 용어 정의가 필요한데 하나는 '측정 시스템(Measurement System)'이고, 다른 하나는 '측정 시스템 분석(Measurement System Analysis)'이다.

> · 측정 시스템(Measurement Systems) (기업 교재) 계측 또는 측정기기를 사용해서 데이터를 획득하는 것이며, 계측기, 측정자, 소프트웨어, 측정 방법 또는 측정 절차 등을 모두 포함한다. (필자) 간혹 '계측기'만을 '측정 시스템'으로 알고 있는 리더들이 있는데 잘못된 경우이다.
>
> · 측정 시스템 분석(MSA, Measurement System Analysis) (www.isixsigma.com) 측정 시스템 분석(MSA)은 측정 과정에서의 변동이 전체 프로세스 변동에 어느 정도 영향을 미치는지를 확인하는 실험적이고 수학적인 방법이다. MSA에는 5가지 평가 항목이 있는데 각각 치우침(또는 '편의'), 선형성, 안정성, 반복성과 재현성이 해당한다. 측정 시스템을 수용할 수 있는지에 대한 일반적 기준은 AIAG(2002)의 권고에 따르며,

- 측정 변동이 10% 이하면 수용을,
- 측정 변동이 10~30%면 평가의 중요도, 측정기의 비용, 수리비용 등을 고려해서 수용 여부를,
- 측정 변동이 30% 이상이면 사용 불가가 되며, 이때 측정 시스템을 보정해야 한다. 또, 'Number of Distinct Categories'는 5 이상이 돼야 한다. 추가로 '측정 변동(%)'과 'Number of Distinct Categories'는 시간에 따른 그래프 추이 분석을 통해서도 수용 여부를 판단할 수 있다.

만일 프로세스에서 특정 전표에 대한 진실한 '처리 시간'을 정확히 '120분' 이라고 하자. 이것이 설계 시간과 한 치의 오차도 없이 정확히 일치하면 이상적인 관리 수준으로 볼 수 있다. 그런데 진실한 '120분'을 측정할 때 측정자 또는 전산상의 계측 시스템이 '110분', '130분', 심지어는 '270분' 등으로 읽고 있으면 어떤 상황에 처하게 될까? [그림 M-57]의 '관측된 프로세스 변동' 에서 손에 쥔 데이터가 왔다 갔다 할 테니 '시그마 수준'은 매우 안 좋은 결과로 나타날 것이다. '프로세스'는 완벽한데도 말이다. 결국 '측정 변동'은 단순하게 계측기의 보정 정도로만 이해하기보다 프로세스의 전체 능력을 평가하는 데 지대한 영향을 미치므로 Measure Phase에서의 중요한 '개선 활동' 대상으로 여겨야 한다. 이것이 "측정 변동을 하나의 X로 봐야 한다"고 보는 논리다. [그림 M-57]의 '측정 변동' 아래에 "Measure Phase에서 개선"으로 표기해놓았다.

'측정 시스템 분석'의 정의를 보면 5가지 평가 항목인 '치우침(또는 '편의')', '선형성', '안정성', '반복성'과 '재현성'이 있다. [그림 M-57]을 중심으로 간단히 정리하고 넘어가 보자. 그림을 보면 '재현성'과 '반복성'은 '정밀성' 으로 분류하고 있다. 데이터들이 얼마나 '밀(密)한지'를 보는 특성이다. 잘 알고 있는 바와 같이 '재현성'은 상황은 다 동일한데 사람들 간의 차이를 대변

하는 특성이고, '반복성'은 각 담당자들이 두 번 이상 측정했을 때의 값 차이를 대변하는 특성이다. 그런데 그림에서 '반복성'을 가만히 보면 위치는 '측정자 변동'인 '정밀성'에 있으면서 묶인 선은 '정확성'들이 있는 '측정기 변동' 쪽에 연결돼 있다. 이것은 담당자가 동일한 상황에서 두 번 이상 반복 측정을 했을 때 값들에 차이가 발생했다면 계측기 입장에서는 자기가 한 입 갖고 두 마디를 한 겪이다. 따라서 '반복성'이 안 좋다고 하는 것은 '계측기 상태'에 문제가 있다고 판단할 수 있으므로 '측정기 변동'에 연결된다.

그 외에 '정확성'에 들어 있는 '치우침', '안정성', '선형성' 들은 측정값(보통 표본이 여럿일 경우 '산술 평균'을 사용)과 참값의 차이를 평가하는 특성이며, 기업에서는 '검/교정'을 주기적으로 수행하므로 '측정 시스템 분석'에서는 보통 제외하고 '재현성(Reproducibility)'과 '반복성(Repeatability)'만 평가하는데, 이때 영어 단어의 첫 자만 따서 'R&R'이라고 부른다. 가끔 'R&R=MSA'로 잘못 알고 있는 리더들이 있는데 'R&R'은 'MSA'의 부분이다. 다음 [그림 M-58]은 '정밀성'과 '정확성'을 설명할 때 사용하는 일반적인 그림이다.

[그림 M-58] '정밀성'과 '정확성'을 설명하는 그림

정확하지 않으나, 정밀함   정확하나, 정밀하지는 않음

[그림 M – 58]에서 왼쪽은 화살과 중심과의 거리를 각각 구해 평균 내면 좌상에 위치할 것이므로 중앙에서 많이 벗어난 형태로 관찰된다. 이런 현상을 '중심치 이탈(Off – Target)'이라고 하며, 대신 모두 모여 있는 '밀(密)'한 모양새를 보이므로 "정확하지는 않으나, 정밀하다"라고 표현한다. 반대로 오른편은 화살 각각의 중심과의 거리를 평균내면 그 값은 과녁 중심과 일치한다. 대신 서로 흩어져 있으므로 '밀(密)'하지는 않은데 따라서 "정확하나, 정밀하지는 않다"고 표현한다. '정확성'은 단지 '값들의 평균'과 '참값(여기서는 과녁 중심값)'과의 차이(편의, Bias)에만 관심이 있다.

다음은 '측정 시스템 분석' 방법들에 대해 알아보자. 다음 [그림 M – 59]는 '측정 시스템 분석' 시 '데이터 유형'별 분석 방법들이다. 참고로 '데이터 유형'과 관련된 용어는 '[표 M – 33] 데이터 유형 분류 체계'에 따라 표기하였다.

[그림 M – 59] '데이터 유형'별 '측정 시스템 분석' 방법

일반적으로 '프로세스 설계 방법론'의 전개는 '프로세스 개선 방법론'을 어느 정도 알고 있는 리더를 대상으로 한다. 따라서 '프로세스 개선 방법론'에서 주로 다루는 '연속 자료'의 '교차'와 '내포' 및 '이산 자료'의 '이진수 자료(양불 판정)'와 '순서 척도(5점 척도 등)' 등에 대한 자세한 내용은 생략하고 기

본적인 용법만 설명할 것이다. 좀 더 관심 있는 리더는 관련 교재나 『Be the Solver_프로세스 개선 방법론』편을 참고하기 바란다.

우선 '연속 자료 – 교차(Crossed)'는 프로세스를 대변하는 '연속 자료' 표본을 '(측정자 수×표본 수)≥15' 수준이 되도록 추출해서 '반복성'과 '재현성'을 평가한다. 이때, 측정 결과는 '측정 시스템 분석'의 정의에 들어 있는 'AIAG(2002)의 권고'에 따라 수용 여부를 결정한다. 미니탭 용어로 '%기여(%Contribution)', '%연구 변동(%Study Variation)', '구별되는 범주의 수(Number of Distinct Categories)' 등이 평가 대상에 포함된다. '교차'란 측정 횟수에 관계없이 표본의 물성이 변하지 않으므로 측정자들이 서로 '교차'해서 평가할 수 있음을 의미한다. 반대로 '연속 자료 – 내포(Nested[45])'는 표본의 물성이 측정할 때 파괴되거나 변형되어 다음 측정자가 사용할 수 없을 때 적용하는 방법이다. 분석법은 '교차' 때와 동일하나 표본이 한 번 쓰면 재사용이 안 되므로 표본을 '배치(Batch)' 개념으로 얻어야 하고, 또 측정하는 방법에 약간의 차이가 있다. '이산 자료 – 이진수 자료'는 '양불 판정', 즉 'Yes/No', 'OK/NG', 'Pass/Fail', '수용/불수용' 등의 평가에 활용된다. (사무) 간접 부문이나 서비스 부문에서 사용 빈도가 높은 편이다. 모 생명보험사의 본사 청약서 적합성 여부를 평가하는 언더라이터를 대상으로 '동일한 청약서를 동일하게 평가하는지(반복성)'와, '동일한 청약서를 언더라이터들 간 동일하게 평가하는지(재현성)', 그리고 '관리자가 평가한 청약서 참값 여부를 언더라이터들이 정확하게 평가하는지(정확성)' 관점에서 약 2주간 MSA를 실시한 적이 있었다. 평가 기간이 길었는데 언더라이터의 수도 많았지만 연속해서 평가할 경우 학습 효과가 생겨 이를 배제시키기 위해 '눈가림 시행(Blind Trial)'을 한 게 그 이유였다. 분석 결과를 통해 언더라이터들 간 동일한 청약 조건에 대해 얼마나 편차를 보이고

---

45) 한국통계학회 '통계학 용어 대조표'에는 'Nested'를 '내포' 또는 '지분' 둘 다로 해석한다.

있는지 등이 여실히 드러났고 상향평준화시킬 수 있는 매우 좋은 계기가 되었다. '이산 자료-순서 척도'는 '5점'이나 '7점 척도'의 평가 체계로 이루어진 경우이다. 이에 대해서는 『Be the Solver_프로세스 개선 방법론』편을 참조하기 바란다. 또는 「통계 분석(S)>품질 도구(Q)>계수형 합치도 분석(U)…」으로 들어가 '대화 상자'에서 '도움말' 버튼을 누르면 '예제'가 나와 있다.

또 한 유형으로 (사무) 간접 부문과 서비스 부문에서 사용 빈도가 높은 '관리형 MSA(Administrative MSA)'가 있다. '프로세스 설계 방법론'에서 활용 빈도가 높은 편이므로 자세히 다루도록 하겠다. 제조나 연구 개발 부문에서는 수치 데이터를 항상 다루고 있어 'MSA'의 접근성이 용이하나, 간접이나 서비스 부문에서는 R&R을 통계적으로 수행하는 데 많은 제약이 따른다. 또, 불필요한 작업이 될 수도 있다. 그렇다고 데이터 신뢰도 평가를 할 필요가 없다는 것도 이치에 맞지 않다. 왜냐하면 과제 활동은 수치로 측정되지 않으면 관리할 수도 개선할 수도 없기 때문이다. 대표적인 유형들이 설문을 통해 얻어지는 데이터나 전산을 통해 자동으로 얻어지는 정보화 데이터, 또는 극히 단순한 '운영적 정의'를 통해 형성된 데이터 군 등이 포함된다. 물론 설문도 '반복성'과 '재현성'을 얻기 위해 설문지를 설계할 수 있으며, 정보화 데이터로 '정확성'과 '정밀성'을 확인하기 위해 'R&R 평가'를 수행할 수도 있다. 그러나 굳이 '반복성'과 '재현성'을 확인하지 않아도 간단히 데이터의 신뢰성 여부를 짚어본 뒤, 필요하다면 보완하는 방법에 '관리형 MSA'가 대안이 될 수 있다. 주의할 점은 신뢰성 평가가 필요치 않은데도 억지로 끼워 맞추기식으로 '관리형 MSA'를 사용한다거나, 통계적 방법이 번거로워서 대신 사용하는 일 등은 있어서는 안 된다. 시중 서점에 『국부론』(나수천 저)을 보면 양식과 작성 방법이 소개돼 있어 보충 설명과 함께 옮겨놓았다(일부 내용 편집). 다음 [그림 M-60]은 'Step-6.4. Scorecard 작성(관리형 MSA_평가 항목)' 예이다.

데이터 신뢰도
Data Reliability

데이터가 얼마나 사실적이며 객관적인가?
How factual and objective is the data?

0 - 완전히 주관적임
1 - 문서화되지 않은 과거의 경험에 근거함
5 - 문자화된 표준,절차서,양식 또는 직접적 관찰
9 - 컴퓨터 DB나 자동계측Sys. 등과 같이 신뢰할만한 출처로 부터 복사

운영자 신뢰도
Operator Access

동일한 데이터에 서로 다른 수집자가 접근하는가?
Do different operators have access to same data?

0 - 데이터는 각각의 수집 자에게 주관적임
1 - 수집 자 고유의 데이터 인식에 근거함
5 - 문서화된 복수의 물리적인 출처
9 - 동일한 출처

시간 신뢰도
Delay Factor

데이터를 취득함에 있어 리드타임(요청~입수)의 영향을 받는가?
Is obtaining the data affected by lead time ?

0 - 요청 시 마다 기다린다.
1 - 요청은 주기적으로 처리된다.
5 - 요청은 운영자가 데이터 소스를 통하여 처리된다.
9 - 요청은 즉시 처리된다.

현장 신뢰도
Resource Availability

데이터의 입수 용이성이 소스가 얼마나 바쁘냐에 따라 영향을 받는가?
Is data availability affected by how busy the source is ?

0 - 바쁠 때와 한가할 때가 평균 50~100%의 可用 差 발생.
1 - 바쁠 때와 한가할 때가 평균 10~50%의 可用 差 발생..
5 - 바쁠 때와 한가할 때가 평균 10%미만의 可用 差 발생.
9 - 데이터는 일관되게 아무런 지체 없이 可用함.

[그림 M-60]에서 '평가 항목'은 크게 '데이터 신뢰도', '운영자 신뢰도', '시간 신뢰도', '현장 신뢰도'로 구성돼 있으며, 각각에 대해서는 '0, 1, 5, 9'로 평가하는 세부 항목들이 있다. 과제 지표인 'Y'들에 대해 각각 점수를 부여하거나, 하나의 'Y'라도 산출 식에 '분자'와 '분모'가 있으면 '분자'와 '분모' 각각에 대해서도 평가한다. 산출 식 내에 들어가는 각 요소들 역시 '측정 시스템'을 갖고 있기 때문이다. '데이터 신뢰도'는 데이터가 얼마나 객관성을 띠고 있는가를 나타내며 예를 들어 측정자가 주관적으로 만드는 수치라면 '0점'이지만, 전산 시스템 등과 같이 신뢰할 수 있는 출처로부터 얻어지면 '9점'이다. '운영자 신뢰도'는 자료에 얼마나 쉽게 접근할 수 있는가를 평가하며, 주관적이거나 개인적인 자료라면 타 운영자들이 접근하기가 매우 어려울 것이므로 '0점'이지만, 출처가 접근성이 뛰어난 통합 서버 등의 경우라면 '9점'을

부여한다. '시간 신뢰도'는 어느 요소 때문에 지연이 발생하는지를 평가하는 것으로 대책 없이 마냥 기다리면 '0'점이지만, 출처와 협의 등을 거쳐 지연 정도가 결정되면 '5점', 요청 즉시 입수되면 '9점'이다. '현장 신뢰도'는 출처가 바쁠 때와 바쁘지 않을 때에 따라 데이터를 얻어낼 수 있는 평균 시간을 평가한다. 즉, 출처가 특정 전산 시스템이고 이를 담당하는 직원에게 얻어야 할 때, 만일 담당 직원이 시스템 활용 부하가 월초에 한가하다 월말에 매우 바쁘게 운영되면 리더는 출처가 바쁘면 못 얻고, 안 바쁘면 얻을 수 있는 구조가 돼 수집에 큰 영향을 받을 수밖에 없다. 이때 출처의 바쁜 정도에 영향을 많이 받으면 '0점'을, 전혀 영향 받지 않으면 '9점'을 부여한다. 다음 [그림 M-61]은 평가 예를 보여준다.

[그림 M-61] 'Step-6.4. Scorecard 작성' 작성 예(관리형 MSA_평가 결과)

Step-6. Ys 파악
Step-6.4. Scorecard 작성(관리형 MSA_평가결과)

♦ '기반기술 보유 수준', '정보수집 수준', '데이터 정보화 수준'에 대한 관리형 MSA 수행

프로세스에서 사용될 모든 지표의 확인 Identify all Metrics to be used in the Process	측정대상, 측정자, 측정에서의 역할 등을 확인 Identify the Measurement to be collected and the Role or Operator who collects it	데이터 신뢰도 Data Reliability	운영자 신뢰도 Operator Access	시간 신뢰도 Delay Factor	현장 신뢰도 Resource Availability	총 척도 신뢰도 Total Metric Reliability	프로세스 특기사항 Process Note
기반기술 보유수준	IT개발 담당자/ 7점 척도	5	1	5	0	11	인터뷰형태로 수집
정보수집 수준	정보지원 담당/ 5개 항목/ 7점 척도	5	1	5	1	12	인터뷰형태로 수집
데이터 정보화 수준	IT 담당자/ 인프라 수준/ 7점 척도	5	5	9	1	20	메일을 통해 수집
	평 균 (Averages) :	5.0	2.3	6.3	0.6		

※ Metric(지표) .... A value calculated by associating multiple measurements. Example: Items processed per day
Measurement(척도)........An aspect of a product that is directly measurable. Example: Current Time, Length, Weight, Count
Role(역할) ....Job Description, function, or responsibility assigned to one or more "operators"
Operator................Person obtaining the data while performing the designated role.

'현장 신뢰도'가 가장 취약하므로, 해당 담당자들이 가장 바쁜 시점을 미리 확인하고, 이 기간을 피해 인터뷰를 할 수 있도록 계획 추진. '운영자 신뢰도'는 자료에 여러 사람이 접근할 필요는 당장 필요치 않으므로 현 상태를 유지하되, 향후 공통서버에 올려 공개하기로 함.

PS-Lab
Problem Solving Laboratory

[그림 M - 61] 경우는 3개의 'Y'들에 대해 '관리형 MSA'를 수행한 결과이며, 전체가 '인터뷰'와 'e - 메일'을 통해 자료가 수집되므로 '운영자 신뢰도'와 '현장 신뢰도'가 상대적으로 취약한 것으로 나타났다. 판단은 다음 [표 M - 38]의 '판정 기준'을 적용한다.

[표 M - 38] 관리형 MSA 판정 기준

평가	총 척도 신뢰도	평균
Good	30 이상	7.5 이상
Fair	24~30	6~7.5
Marginal	20~24	5~6

[그림 M - 61] 경우 각 'Y'의 '총 척도 신뢰도'가 'Marginal'에, 또, 평가 항목별 '평균'도 'Marginal' 수준에 있어 수치화 측면에선 매우 취약한 구조임을 알 수 있다(대부분 'Marginal'에도 못 미침). 'Good'은 '긍정적'으로, 'Fair'는 '적정 수준'을, 'Marginal'은 '최소 허용 한계 수준'을 의미한다. [그림 M - 62]는 '라면 판매 프로세스 설계를 통한 매출 30% 향상' 과제의 '관리형 MSA'를 수행한 예이다.

[그림 M - 62]에서 '데이터 신뢰도' 경우 여러 분식이 아닌 '라면'만을 대상으로 인터뷰가 이루어지므로 약간 높은 수준의 객관성 확보가 가능할 것으로 판단하여 '5점'을, '운영자 신뢰도'는 수집한 자료를 필요로 하는 사람이 사장 외 몇 명 정도밖에 안 되므로 누구나 쉽게 공유가 가능하다고 판단하여 역시 '5점'을, '시간 신뢰도'는 출처와 상호작용을 통해 얻어지므로 '5점', '현장 신뢰도'는 '나 홀로 손님 맛 만족도' 경우 혼자 방문한 손님을 대상으로 하므로 바쁜 것과는 상관이 없을 것으로 판단하여 '5점'을 부여했다. 그러나 '라커피점 반응도'는 다수를 대상으로 하는 만큼 바쁜 정도가 서로 다를 것으로 예상

됨에 따라 '1점'을 부여하였다. '라커피점 반응도' 수집에 있어 '현장 신뢰도' 문제를 해결하기 위해 인터뷰에 응하는 학생들에게 '소정의 선물을 제공하는 방안'을 강구하는 것으로 가정하였다. 그 외에 '이산형 MSA' 등에 대해서는 관련 자료를 참고하기 바란다.

[그림 M-62] 'Step-6.4. Scorecard 작성' 작성 예(관리형 MSA_평가 결과)

Step-6. Ys 파악
Step-6.4. Scorecard 작성(관리형 MSA_평가결과)

♦ '나 홀로 손님 맛 만족도', '라커피점 반응도'에 대한 <u>관리형 MSA 수행.</u>

프로세스에서 사용될 모든 지표의 확인 Identify all <u>Metrics</u> to be used in the Process	측정대상, 측정자, 측정에서의 역할 등을 확인 Identify the Measurement to be collected and the Role or Operator who collects it	데이터 신뢰도 Data Reliability	운영자 신뢰도 Operator Access	시간 신뢰도 Delay Factor	현장 신뢰도 Resource Availability	총 척도 신뢰도 Total Metric Reliability	프로세스 특기사항 Process Note
나 홀로 손님 맛 만족도	관리직원/ 7점 척도, 8개 항목	5	5	5	5	11	인터뷰형태로 수집
라커피점 반응도	관리직원/ 5점 척도	5	5	5	1	12	인터뷰형태로 수집
						20	
	평균 (Averages) :	5	2.3	6.3	0.6		

※ Metric(지표) ...... A value calculated by associating multiple measurements. Example: Items processed per day
Measurement(척도)......An aspect of a product that is directly measurable. Example: Current Time, Length, Weight, Count
Role(역할)............Job Description, function, or responsibility assigned to one or more "operators"
Operator............Person obtaining the data while performing the designated role.

'<u>현장 신뢰도</u>'는 나 홀로 손님으로부터 자료를 입수하므로 다소 용이할 것으로 판단됨. 다만 다수를 대해야 하는 '라커피점 반응도' 경우는 인터뷰 대상들의 바쁜 상황에 따라 자료 수집의 어려움이 예상됨. → 선물 제공으로 적극적인 참여를 유도하기로 함.

PS-Lab
Problem Solving Laboratory

6.4.2. 프로세스 능력 평가(Process Capability Analysis)

'프로세스 능력' 평가는 리더라면 교육이나 과제 수행 중에 한 번쯤 학습

받았거나 경험해보았을 것이다. 그러나 기업 교재는 활용 빈도가 높은 용법 위주로 설명돼 있어 실제 과제 수행 중에 부딪치는 다양한 유형에 대응하기엔 역부족이다. 물론 이들 모두를 교재에 싣고 교육하겠다고 덤비는 것도 많은 제약이 따른다. 따라서 전체를 설명할 기회는 없다손 치더라도 그들이 무엇인지는 알아둘 필요가 있다. 초기 입문자들이 손을 못 대는 상황이 생겨도 누군가에게 물을 수 있는 수준이면 충분하다. 다음 [그림 M - 63]은 '프로세스 능력'을 평가하는 방법들을 정리해놓은 개요도이다.

[그림 M - 63] '프로세스 능력 평가'를 위한 도구 분류표

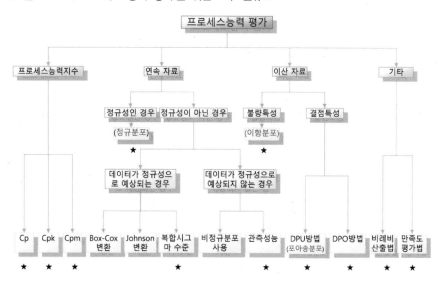

'프로세스 설계 방법론'에 입문하는 리더들은 '프로세스 개선 방법론'에 어느 정도 익숙함을 전제하고 있다. 따라서 [그림 M - 63]에 있는 '프로세스 능력 평가' 방법들도 한두 번씩 섭렵한 것으로 간주할 것이다. 상세한 내용이

필요한 리더는 사내 교재나 『Be the Solver_프로세스 개선 방법론』편을 참고하기 바란다. 다음은 각 항목들의 보충 설명이다.

1) **프로세스 능력 지수** → 주로 '공정 능력'의 명칭으로 사용되던 지표들이며, '전통적 품질 지수'라고도 불린다. 'Cp'는 '표준 편차'만을 고려한, 'Cpk'는 '표준 편차'와 '중심'의 이동까지를 고려한 지표다. 수식 설명은 생략한다.

2) **연속 자료** → '정규성인 경우'의 자료는 미니탭의 「통계분석(S)〉품질도구(Q)〉공정능력분석(A)〉정규분포(N)…」에서 데이터와 규격을 넣어 처리하므로 가장 익숙한 유형이다. '정규성이 아닌 경우'는 다시 두 부류로 구분된다. '데이터가 정규성으로 예상되는 경우'와 '데이터가 정규성으로 예상되지 않는 경우'가 그것이다. '데이터가 정규성으로 예상되는 경우'의 'Box-Cox 변환'과 'Johnson 변환'은 정규성을 보이지 않을 경우 수학적 처리에 의해 좌우대칭 종 모양으로 만들어주는 역할을 한다. 따라서 그 자체의 분석적 해석은 의미가 없으므로 대외적인 공문이나 보고서용으로만 사용하고 항상 그 원 자료는 보관해야 한다. 'Box-Cox 변환'은 미니탭의 「통계분석(S)〉품질도구(Q)〉공정능력분석(A)〉정규분포(N)…」에 들어가 'Box-Cox 변환(X)' 버튼을 눌러 설정할 수 있다. '복합 시그마 수준(Composite Sigma Level)'은 정규분포에 이상점이 포함돼 있거나 분포들이 섞여 있는 경우 이들을 따로 분리하여 불량률을 구한 뒤 다시 합쳐 평가하는 방법이다. 다음 [그림 M-64]는 '복합 시그마 수준' 방법을 적용한 예들이다.

[그림 M-64] 정규분포에 '이상점 포함'과 '이봉 분포' 예

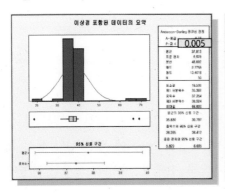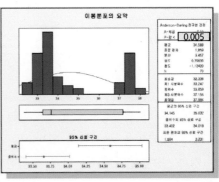

[그림 M-64]의 왼쪽 히스토그램은 정규분포에 '이상점'이 포함된 경우이고, 오른쪽은 '이봉 분포(Bimodal Distribution)'를 나타낸다. '이상점'과 '이봉 분포 각각'을 분리하면 정규분포가 되며, 따라서 '복합 시그마 수준'의 평가가 가능하다. '이상점'이나 '이봉 분포 각각'을 분류하는 방법은 미니탭의 「편집기(D)〉브러시(B)」의 기능을 활용한다. 산정 과정은 생략하고 결과만을 파워포인트로 작성한 예를 [그림 M-65]에 실었으니 참고하기 바란다. 장표에 포함된 설명을 참조하면 과정을 이해할 수 있다(상세 계산 과정은 『Be the Solver_프로세스 개선 방법론』편을 참고하기 바람).

[그림 M-65] 'Step-6.4. Scorecard 작성' 예(복합 시그마 수준)

Step-6. Ys 파악
Step-6.4. Scorecard 작성(프로세스능력 평가)

● 데이터를 수집한 결과 '이봉분포'를 보여 브러시로 분류한 뒤 '복합시그마수준' 산출

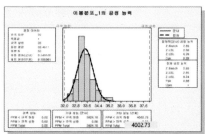

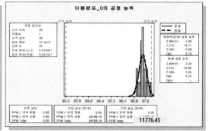

규격을 벗어난 PPM은 4002.78로 이 양은 기존 70개 데이터 중 50개가 포함된 것이므로 (50/70)*4002.78=2859.13 PPM 이 된다

규격을 벗어난 PPM은 11776.45로 이 양은 기존 70개 데이터 중 20개가 포함된 것이므로 (20/70)*11776.45=3364.7 PPM이 된다

※ 타 성격의 데이터가 혼입된 경우가 아닌 프로세스의 불안정으로 '이봉 분포'가 발생되는 것으로 파악되어 '복합 시그마 수준'을 적용함.

$$Z_{st} = \phi^{-1}(1-0.0062)+1.5 = \phi^{-1}(0.994)+1.5$$
$$= 2.512+1.5$$
$$\cong 4.01$$

PS-Lab
Problem Solving Laboratory

다음 '데이터가 정규성으로 예상되지 않는 경우'는 '비정규분포 사용'과 '관측 성능' 방법이 있다. '비정규분포 사용'은 데이터 태생 자체가 정규분포를 띠고 있지 않는 경우로 주로 '수명' 등을 다루는 신뢰성 공학에서 많이 발생한다. 간접이나 서비스에서는 시간과 관련된 특성에서 발생할 수 있는데 이때는 미니탭의 「통계분석(S)〉품질도구(Q)〉

공정능력분석(A)>비정규 분포(L)…」에 들어가 적합한 분포함수를 찾아 '시그마 수준' 산정에 활용한다. '관측 성능'법은 '오류 건수'나 '연체 건수(또는 연체일)' 등과 같이 '연속 자료이고 규격이 존재하면서 비정규성'인 경우임에도 '와이블 분포'와 같은 비정규분포를 사용할 필요성이 없을 때 '이산 자료 – 불량 특성'으로 수준을 평가하는 방법이다. 물론 정규분포의 경우처럼 미니탭의 「통계분석(S)>품질도구(Q)>공정능력분석(A)>정규분포(N)…」에 들어가 처리하나 그래프의 '관측 성능'을 참고해서 프로세스 능력을 평가하는 것이 다르다. [그림 M – 66]은 산정 과정과 결과를 파워포인트 장표에 표현해놓은 예이다. 이 역시 자세한 산정 과정은 생략할 것이나 그림 내용을 통해 이해할 수 있도록 상세히 설명하였다(상세 계산 과정은 『Be the Solver_프로세스 개선 방법론』편을 참고하기 바람).

[그림 M – 66] 'Step – 6.4. Scorecard 작성' 작성 예(관측 성능)

Step-6. Ys 파악
Step-6.4. Scorecard 작성(프로세스능력 평가)　　　　

♦ '채권 연체일수'의 규격이 'USL=3'인 우변사행 분포의 프로세스능력 평가(관측 성능).

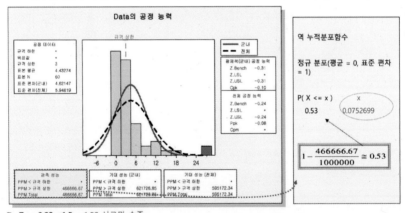

■ Z_st = 0.08 +1.5 = 1.58 시그마 수준
■ 그래프에서 파랑으로 표기된 이상점(Outlier)은 ERP 전산 오류로 확인되었으나, 이에 대한 개선이 요구되므로 포함시켜 현 수준 평가함.

PS-Lab
Problem Solving Laboratory

3) **이산 자료** → 데이터를 수집하는 방법에 따라 '불량(Defective) 특성'[46]과 '결점 (Defect) 특성'으로 나누어 평가한다. '불량 특성'은 'OK/NG', 'Pass/Fail', '합격/

불합격' 등과 같이 두 가지 상태로만 자료를 수집하는 경우로 '[표 M-33] 데이터 유형 분류 체계'에서 '이진수 자료(Binary Data)'로 분류한 바 있다. '프로세스 능력' 평가 방법은 미니탭의 「통계분석(S)〉품질도구(Q)〉공정능력분석(A)〉이항분포(B)…」에 들어가서 수행하고, 특히 '대화 상자'의 '도움말' 버튼을 눌러 '예제'로 들어가면 미니탭이 제공하는 데이터 워크시트와 분석 방법 및 해석 등이 요약돼 있다. '결점 특성'은 단위당 결점이 몇 개인지를 세어서 관리하는 자료이다. 포아송 분포를 이용한 'DPU 방법'과 '기회 정의'를 이용한 'DPO 방법'이 있다. 'DPU 방법'은 포아송 분포가

$$포아송 분포 : f(r) = \frac{\lambda^r e^{-\lambda}}{r!} \ , \ r = 0,1,2,3...$$
$$여기서, \ \lambda : 아이템 당 '평균 발생 건수'$$

이므로, 'r'이 전혀 발생하지 않는 경우가 '수율'이 되어 '수율 $= f(0) = e^{-DPU}$'의 관계식으로부터 얻어진다. '수율' 결과로부터 미니탭의 「계산(C)〉확률분포(D)〉정규분포(N)…」에서 '시그마 수준'을 최종 계산한다. 다음 [그림 M-67]은 산정 과정의 한 예이다.

[그림 M-67] '프로세스 능력' 평가: '이산 자료-결점 특성(DPU 방법)' 예

$$DPU = \frac{13}{20} = 0.65$$
$$수율 = e^{-DPU}$$
$$= e^{-0.65}$$
$$\cong 0.522$$
$$Z_{bench} = \phi^{-1}(0.522) = \boxed{0.055}$$

□아이템 □양품 ■불량품(결점존재)

'DPO 방법'은 'DPU 방법'이 '결점 수'가 증가하면 왜곡되는 현상을 보완하며, 아이템당 '기회(Opportunity)'를 정의한 뒤 전체 기회당 몇 개의 결점이 발생했는지(DPO)를 평가하여 「계산(C)〉확률분포(D)〉정규분포(N)…」로 들어가 '시그마 수준'을 산정한다. [그림 M-68]은 산정 과정을 보여준다(아이템당 기회 수=5).

---

46) '불량 특성'과 '결점 특성'에 붙은 단어 '특성'은 '연속 자료'의 '망대 특성', '망목 특성', '망소 특성'과 명칭을 통일하기 위해 필자가 임의로 붙였다.

[그림 M-68] '프로세스 능력' 평가: '이산 자료-결점 특성(DPO 방법)' 예

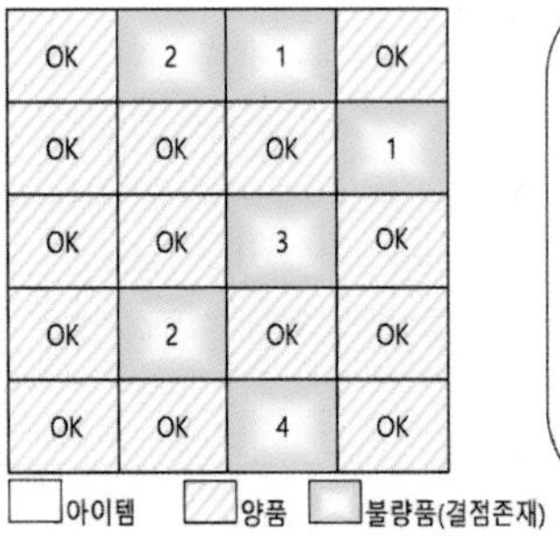

OK	2	1	OK
OK	OK	OK	1
OK	OK	3	OK
OK	2		OK
OK	OK	4	OK

☐ 아이템 ☐ 양품 ☐ 불량품(결점존재)

$$DPU = \frac{13}{20} = 0.65$$

$$DPO = \frac{13}{5*20} = \frac{13}{100} \cong 0.13$$

$$DPMO = \frac{13}{5*20} *1000000 \cong 130,000$$

$$수율 = 1 - DPO = 0.87$$

$$Z_{bench} = \phi^{-1}(0.87) \cong \boxed{1.13}$$

4) **기타** → 앞에서 설명한 유형 외에 프로세스 능력을 평가하는 다양한 방법이 있는데, 비공식적인 방법들도 [그림 M-63]의 '기타'에 포함한다. 그들 중 사용 빈도가 높은 것들에 '비례비 산출법', '만족도 평가법', '수율 평가법' 등이 있다. '비례비 산출법'은 데이터가 '1개'인 경우에 주로 적용할 수 있으나 단지 '시그마 수준'으로의 전환만을 목적으로 하므로 적절한 방법은 될 수 없다. 설계 과제의 경우 데이터가 '1개'인 경우가 많긴 하지만 멘토링 중에는 굳이 '시그마 수준'으로 전환하지 않고 원래 사용하는 단위 그대로 표현하도록 유도하고 있다. 전환한 '시그마 수준' 자체가 분석적 정보를 갖고 있지 않으므로 오해의 소지가 있기 때문이다. 여기서는 '만족도 평가법'과 '수율 평가법'에 대해서만 언급할 것이다. '만족도 평가법'은 프로세스 설계 과제에서 설문의 빈도가 높은 점을 감안하면 '연속 자료'보다 더 유용할 때가 많다. 예를 들어 '홈페이지'를 설계하는 과제에서 평가 요소를 다음 [표 M-39]로 정한 뒤 고객들 또는 관련된 직원들로부터 '5점 척도'로 자료를 수집한다고 가정하자.

[표 M-39] 홈페이지 설계를 위한 만족도 조사용 설문 예

영역	소분류	만족도 평가 내용
디자인	편의성	• 색체이용과 화면 배치가 이용자의 주의를 집중할 수 있도록 하는가?
	가독성	• 간격, 여백, 타이틀, 스타일 등이 효과적인가?
인터페이스	편의성	• 검색엔진이 제공되고 있으며 검색 결과는 정확한가? • 접속 시 지연되거나 절차가 중복되지는 않은가?

불편 처리	편의성	• 고객 불편 시 안내 기능이 있는가?
고객의견 수렴	다양성	• 고객의 아이디어를 수집하고 반영하는 기능이 있는가?
정보 영역	정확성	• 안내 내용이 신뢰할 수 있는가(법적 기준, 운영 기준 등)?
	전문성	• 독자적이고 차별화된 이미지, 동영상, 멀티자료 등이 제공되는가?
	편의성	• 프린터 기능 및 각종 자료, 처리 내용에 대한 다운로드가 가능한가? • 정보공개 및 자료를 신청하거나 요구하는 별도의 항목이 설치되어 있는가?
	신속성	• 홈페이지의 내용/화면구성/개선사항 등이 자주 갱신되고 있는가?
	가독성	• 홈페이지와 관련된 언론 보도 내용이 제공되는가? • 이해하기 어려운 전문용어를 많이 이용하고 있는가? • 제공하는 안내내용의 문장이 너무 길어 읽기에 불편한 경우가 많은가?

이 결과로부터 다음 [표 M-40]과 같은 결과를 얻었다고 가정하자.

[표 M-40] 만족도 조사 결과 및 가중 평균

영역	소분류	중요도	만족도	가중평균(중요도*만족도)
디자인	편의성	0.10	68	6.80
	가독성	0.13	72	9.36
인터페이스	편의성	0.11	89	9.79
불편 처리	편의성	0.08	76	6.08
고객의견 수렴	다양성	0.03	69	2.07
정보 영역	정확성	0.11	89	9.79
	전문성	0.06	87	5.22
	편의성	0.20	90	18.0
	신속성	0.08	74	5.92
	가독성	0.10	81	8.10
계/가중 평균		1	-	81.13

만족도 조사 결과를 통해 최종 '프로세스 능력'을 다음 [그림 M - 69]와 같이 정리하였다(고 가정한다).

[그림 M - 69] 'Step - 6.4. Scorecard 작성' 작성 예(만족도 평가법)

Step-6. Ys 파악
Step-6.4. Scorecard 작성(프로세스능력 평가)

♦ 홈페이지 활용 만족도를 높이기 위해 고객관점에서 평가할 수 있는 항목을 선정하여 설문 수행. 각 항목을 100점 만점으로 환산하여 가중치 부여 후 <u>시그마 수준 산출</u>.

【만족도 평가결과】

영 역	소분류	중요도	만족도	가중평균(중요도*만족도)
디자인	편의성	0.10	68	6.80
	가독성	0.13	72	9.36
인터페이스	편의성	0.11	89	9.79
불편처리	편의성	0.08	76	6.08
고객의견 수렴	다양성	0.03	69	2.07
정보영역	정확성	0.11	89	9.79
	전문성	0.06	87	5.22
	편의성	0.20	90	18.00
	신속성	0.08	74	5.92
	가독성	0.10	81	8.10
계/가중평균		1.00	-	81.13

【프로세스능력】

역 누적분포함수

정규 분포(평균 = 0, 표준 편차 = 1)

P(X <= x)   x
  0.8113   0.882697

$$Z_{lt} = \phi^{-1}(0.8113) \cong 0.883$$

$$Z_{st} = 0.883 + 1.5 = 2.383$$

PS-Lab
Problem Solving Laboratory

'<u>수율 평가법</u>'은 프로세스의 '활동(Activity)'을 중심으로 현 수준을 평가하는 방법이다. 통상 프로세스 맵을 작성한 뒤 흐름을 따라 각 '활동'별 수준을 계량화하고 그들을 통합하는 방법을 취하나, 실제 과제 수행 중 활용 빈도는 높지 않은 편이다. 왜냐하면 각 '활동'별로 계량화한다는 것이 한순간에 몇 사람이 모였다고 해서 뚝딱 만들어질 수 있는 것이 아니기 때문이다. 따라서 '프로세스 개선 방법론'에서는 Measure Phase 'Step - 6. 잠재 원인 변수의 발굴'에서 '프로세스 맵'을 분석적 용도보다는 '프로세스 변수'를 뽑는 용도로 활용한다. 다음 [그림 M - 70]은 프로세스 능력 평가를 위한 예를 보여준다.

[그림 M-70] '프로세스 능력' 평가용 프로세스 맵

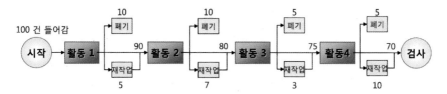

'수율'에는 '초기 수율(Y_{FT}: First Time Yield, or First Pass Yield)', '누적 수율(Y_{RT}: Rolled Throughput Yield)', '최종 수율(Y_F: Final Yield, or Traditional Yield)', '표준화 수율(Y_{NOR}: Normalized Yield)' 등이 있으며, 프로세스 운영에서는 '누적 수율'을 주요한 평가 척도로 사용한다. '초기 수율(Y_{FT})'은 '활동'에 들어간 '아이템 수' 대비 '나온 아이템 수'의 비율이며, 제조에서는 '폐기(Scrape)' 또는 '재작업(Rework)'된 아이템은 포함시키지 않고 한 번에 정상적으로 얻은 것들에 대해 산정한다. (M.2)는 [그림 M-70]의 각 '활동'별 '초기 수율'을 산정한 결과이다.

$$
\text{활동 1: } Y_{FT} = \frac{100-(10+5)}{100} = 0.85,\ 85\% \qquad\qquad (\text{M.2})
$$

$$
\text{활동 2: } Y_{FT} = \frac{90-(10+7)}{90} = 0.811,\ 81.1\%
$$

$$
\text{활동 3: } Y_{FT} = \frac{80-(5+3)}{80} = 0.90,\ 90\%
$$

$$
\text{활동 4: } Y_{FT} = \frac{75-(5+10)}{75} = 0.80,\ 80\%
$$

'초기 수율'의 의미는 각 '활동'에 추가 조치 없이 한 번에 깔끔히 나온 아이템들에만 관심을 갖는다. 만일 프로세스 예에서 재작업한 아이템이 모두 정상 아이템이었다면(즉, 재작업이 없을 정도로 프로세스 관리가 잘 되고 있다면), 각 '활동'의 '초기 수율'은 '88.9%', '93.8%', '93.3%'로 향상될 것이다.―각 '활동' 산식 (M.2)에서 '재작업'한 아이템 수를 제외시킴― 경영 혁신에서는 '재작업'을 '숨겨진 공장(Hidden Factory)'이라고 해서 1차적인 개선 대상으로 삼는다. 따라서 '초기 수율'은 프로세스 내 재작업의 양을 측정하는 도구로 활용될 수 있다. 설명한 바와 같이 재작업이 들어가면 그렇지 않은 경우보다 수율이 현저하게 떨어지는 것이 관찰되기 때문이다. '누적 수율(Y_{RT})'은 각 '활동'별로 계산된

'초기 수율'을 모두 곱해서 얻는다. 즉,

$$Y_{FT} = 0.85 \times 0.811 \times 0.90 \times 0.80 = 0.496 \qquad \text{(M.3)}$$

이다. '누적 수율'은 '생존 확률'로 설명되는데 '활동 1'도 무사히 통과하고, '활동 2'
도 통과하고, '활동 3'도 통과하고, '활동 4'도 통과하는 'And'로 물리는 사건들의 최
종 확률은 각각의 발생 확률을 모두 곱해 얻는다. 따라서 초기에 투입한 아이템이 최종
단계까지 모두 정상적으로 살아남으면 완성품으로 간주되며, 이로써 '누적 수율'은 실제
프로세스의 관리 수준을 대변한다. 즉, 각 '활동'별로 수율이 99%라 하더라도 '활동'
수가 많아질수록 '누적 수율(Y_{RT})'은 '$0.99^{활동 수}$'가 될 텐데, 이는 1보다 작은 수를 계
속 곱하면 그 결과는 점점 더 작아진다. 결국 '활동' 수가 많은 프로세스일수록 전체적
인 균형이 잘 맞춰지도록 각 '활동'의 '초기 수율'을 계속 높여 나가야 한다('직행률'과
동의어). 이에 '누적 수율'은 프로세스 관리의 중요한 측정 수단이다. 이 경우 '시그마
수준'은 미니탭 「계산(C)>확률분포(D)>정규분포(N)…」에서 구하면 [표 M-41]과 같은
결과를 얻는다.

[표 M-41] '누적 수율(Y_{RT})'에 대한 '시그마 수준' 산정 예

역 누적분포함수

정규 분포(평균 = 0, 표준 편차 = 1)

P(X <= x)	x
0.496	-0.0100267

각 '활동'의 수율을 얻는 데이터가 장기적인 성향이면 '1.5Shift'를 고려해서 '단기 시
그마 수준'으로 표현한다. '최종 수율(Y_F: Fianl Yield, or Traditional Yield)'은 최초
'활동'으로 투입된 '아이템 수' 대비 최종 '활동'으로 나온 '아이템 수'가 얼마나 되는
지를 비율로 나타낸 '수율'이다. 프로세스 중간에 재작업을 했는지에 상관하지 않고
단순히 들어간 대비 나온 개수에만 관심을 갖는 경우로 '전통적인 수율(Traditional
Yield)'로 명명하기도 한다. 프로세스 예의 산출 과정과 결과는 다음 [표 M-42]와
같다.

역 누적분포함수

$$Y_F = \frac{70}{100} = 0.7 \ , 70\%$$

정규 분포(평균 = 0, 표준 편차 = 1)

P(X <= x)　　　x
　　0.7　　　0.524401

'표준화 수율(Y_NOR: Normalized Yield)'은 수학에서 '기하 평균(Geometric Mean)'과 동일하다. 양수가 'n개' 있을 때 이들 수를 모두 곱한 후 'n 제곱근'한 값이다. 즉, 수율 '0.9'와 '0.8', '0.95'가 있으면 이들의 '표준화 수율'은 '$(0.9 \times 0.8 \times 0.95)^{1/3}$'이다. 일반적으로 알고 있는 '산술 평균(Arithmetic Mean)'보다 항상 작다. '표준화 수율'은 서로 다른 프로세스들의 '수율'을 평균하거나, 서로 다른 특성들의 '수율'을 평균하는 용도로 사용한다. 단순히 하나의 프로세스를 구성하고 있는 '활동'들의 '초기 수율'을 평균하는 경우에는 적용되지 않는다. 따라서 앞서 제시한 [그림 M-70]의 프로세스 예에서 '표준화 수율'을 적용하는 것은 적정치 않다. 계산 예는 한 프로세스의 '누적 수율'이 '49.6%'이고, 타 프로세스의 '누적 수율'이 '89.4%'라면, 두 프로세스를 평균하기 위해 '표준화 수율'이 적합하며, 그 결과는 다음 [표 M-43]과 같다.

[표 M-43] '표준화 수율(Y_NOR)'에 대한 '시그마 수준 산정' 예

역 누적분포함수

$$Y_{NOR} = (0.496 \times 0.894)^{\frac{1}{2}} \cong 0.67 \ , 66.6\%$$

정규 분포(평균 = 0, 표준 편차 = 1)

P(X <= x)　　　x
　　0.6659　　0.428620

'프로세스 능력'을 평가하는 방법 소개는 여기까지다. 좀 더 자세한 산정 방법을 필요로 하는 리더는 『Be the Solver_프로세스 개선 방법론』편을 참고하기 바란다.

　본문에서 분류한 것 외에 'Product σ', 'Software σ', 'Performance σ'로 구분하는 시도도 있지만 지금까지의 내용을 재정립한 수준에 불과하다. '프로세

스 능력 평가'의 '종류'와 간단한 '산출 방법'에 대해 알아보았으므로 '라면 판매 프로세스 설계를 통한 매출 30% 향상' 과제의 '프로세스 능력'과 'Scorecard' 작성에 대해 알아보자. 'Y'들 중 '주문 L/T'에 대해서만 알아보고 다른 지표들에 대해서는 'Scorecard'로만 표기해볼 것이다. 다음 [그림 M−71]은 'Step−6.4. Scorecard 작성' 예이다.

[그림 M−71] 'Step−6.4. Scorecard 작성' 예(연속 자료−정규성인 경우)

Step-6. Ys 파악
  Step-6.4. Scorecard 작성(프로세스능력 평가)

● '주문 L/T'의 규격이 'USL=600'이며, 정규분포를 보임에 따라 프로세스능력을 평가.

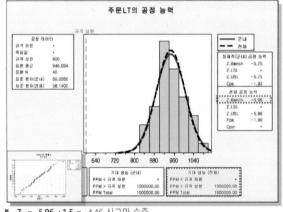

시그마 수준

$-5.96 + 1.5 = -4.46$

방문한 손님에 대해서는 측정이 비교적 용이함에 따라 5일간 '40명'을 대상으로 '주문LT' 자료를 수집함. 주로 여유로운 시간에 측정이 이루어졌음에도 평균이 '946.7'로 규격인 '600'보다 훨씬 오래 걸렸으며, 따라서 시그마 수준은 '-4.46'으로 측정의 의미가 없는 아주 안 좋은 상황으로 파악됨. (바쁜 시간대가 포함되었다면 산포가 더 커질 것으로 예상됨)

■ Z_{st} = -5.96 +1.5 = -4.46 시그마 수준
■ 현재의 운영체계가 설정한 규격을 모두 벗어나는 등 6시그마 수준을 이루기 위한 혁신적인 설계의 필요성이 대두됨.

PS-Lab
Problem Solving Laboratory

[그림 M−71]에서 'Y'인 '주문 L/T'는 방문 고객이 늘 있으므로 그들을 대상으로 간이 평가를 수행한 것으로 간주한다. 손님들의 요구 사항을 고려치 않은 현재의 '주문 소요 시간'은 '상한 규격=600초'를 모두 벗어나는 것으로 파악되었으며, 이 상태를 뛰어넘기 위해서는 혁신적인 프로세스 설계가 있어

야 함을 암시한다. 다음 [표 M-44]는 'Step-6.4. Scorecard 작성' 초기에 설명한 [표 M-36]을 다시 가져와 '목표'를 추가한 것이다. Measure Phase가 마무리되는 최종적인 결과는 [표 M-44]와 같은 'Scorecard'가 될 것이다.

[표 M-44] 'Step-6.4. Scorecard 작성' 예

Ys	중요도	단위	T.F. Y/N	성과 표준		프로세스 능력				목표	비고
				LSL	USL	M	A	D	V		
주문 L/T	12	초	N	–	600	– 4.46				180s	M: 946.7초
라면 준비시간	9	초	N	–	300	– 7.47				240s	M: 700.9초
나 홀로 손님 맛 만족도	8	점	N	• 아이템: 라면당 설문 • 기회: 설문당 8개 항목 • 결점: 3점 이하		1.88				5만 DPMO	35만 DPMO
라커피점 반응도	6	점	N	60		2.53				85	벤치마킹
밤참 주문비율	3	%	N	• 아이템: 주문배달 1건 • 불량의 정의: ① 20시 이내 배달 건 ② 20시 이후 배달 시 라면 미포함		0.05				15%	약 6% (미포함분은 ②에 해당)

☐ T.F.: Transfer Function
☐ '프로세스 능력'은 '시그마 수준'으로 통일함.
☐ Measure Phase는 1.5Shift 적용

앞으로 Analyze Phase, Design Phase, Verify Phase 등으로 설계가 진행되면서 'Scorecard' 작성을 통해 향상 정도를 측정하게 될 것이며, 부족한 부분이 발견되면 설계의 완성도를 높이는 방향으로 지속적인 개선이 이루어질 것이다. 이제 수준 평가가 완료되었으므로 Analyze Phase로 들어가 높은 수준의 '프로세스 능력' 값을 얻도록 '콘셉트 설계'를 수행해보자.

Ⓘ

Analyze

Analyze Phase는 '데이터 분석'이란 의미가 강하게 느껴지나 그보다는
'콘셉트 설계'를 위한 '분석'이 그 대상이다. '프로세스 개선 방법론'은
제품(또는 프로세스)이 존재하므로 'Y'에 영향을 주는 'X'들을 찾아 최
적화를 꾀하지만, '프로세스 설계 방법론'에서는 그 실체가 없으므로 우
선 프로세스부터 만드는 작업이 선행된다. 물론 그 이후부터는 '프로세
스 개선 방법론'의 최적화와 유사한 과정으로 전개된다. 초반이 '프로세
스 개선 방법론'과 차이가 많은 Phase이므로 정독해줄 것을 권한다.

'Analyze'는 일반적으로 '데이터를 분석한다'의 의미를 갖는다. 그러나 '프로세스 설계 방법론'에서의 그것은 '데이터 분석'과는 거리가 멀다. 아마도 'DMAIC'와 'DMADV' 전개에 있어 'Analyze' 활동에 가장 두드러진 차이가 있다 해도 과언이 아니다. 그런데 왜 차이 나는데도 불구하고 두 로드맵에서의 명칭이 'Analyze'로 동일할까? 헷갈리게 말이다. 이 부분에 대해서는 책의 '개요'에서 방법론들의 탄생 배경을 설명할 때 언급한 바 있다. 우선 '프로세스 개선 방법론'의 Measure Phase에서 도출한 '잠재 원인 변수'들이 단지 'Y'와 관련이 있을 것이란 개연성만 갖고 있으므로 정말 그런지 'Y'와 빗대어 맞춰보는 작업이 필요한데 이것이 'Analyze Phase'의 주 활동이다. '관련이 있을 것'이란 곧 '가설'을 지칭하고, 맞춰보는 작업은 확인, 즉 '검정'이라 했으므로 이 둘을 합쳐 'Analyze Phase=가설 검정 하는 과정'으로 요약된다.

그러나 '프로세스 설계 방법론'의 'Analyze Phase'는 상황이 전혀 다름을 인식해야 한다. '프로세스 개선 방법론'은 기존의 제품(또는 프로세스)이 존재하는 것을 전제하므로 그 속에서 잘못된 'X(원인 변수)'들을 찾아(Measure) 표준 설계에서 벗어난 양만큼(Analyze) 제자리로 돌리는(Improve) 일인 데 반해, 'DMADV'는 프로세스를 설계하는 로드맵이므로 최적화의 실체가 없다는 데 근본적인 차이가 있다. 아직 만들지 않았기 때문이다. 대상이 없으니 '잠재 원인 변수'가 나올 리 만무하거니와 '가설 검정' 또한 있을 턱없다. 따라서 정상 진행을 위해 최적화 대상인 '프로세스'를 먼저 만들어야 하며, 이것이 '콘셉트 설계(Conceptual Design)'[47]다.

'콘셉트 설계'는 말 그대로 '개념' 또는 '구상' 단계의 설계이다. 머릿속(?)

---

47) 단어 'Concept'을 '콘셉트'로 읽기는 부자연스럽게 느껴지나 국어사전의 표기를 따랐다.

에서 이루어지는 만큼 실체가 견고하지 않으리라는 것쯤은 충분히 예상할 수 있다. 그러나 마구잡이로 실행할 순 없다. 왜냐하면 무엇을 어떻게 만들어야 할지 제시되지 않은 상태에서 설계자 각자가 제각기 콘셉트 설계를 하고, 또 서로 간 설계 목표에 차이가 있으면 Measure Phase에서의 결과와 앞으로 전개될 '세부 로드맵'들과의 연계에 혼선이 빚어질 수 있다. 따라서 우선 **Measure Phase의 최종 산출물이 Analyze Phase의 입력으로 들어와야 하는데, 이때 'Y'들이 사용된다.**

만일 'Y'가 '처리 시간'이며 고객 요구 수준이 '30분'이라고 가정하자. '처리 시간'은 고객이 보는 특성이므로 '30분'을 만족시키기 위해 분식집 측은 분주한 활동들이 필요하다. 고객은 사실 분식집 측의 활동이 어떻게 이루어지는지는 관심 없지만 독립적이기보다 '고객 – 분식집' 간 보이지 않는 끈이 연결되었다고 볼 수 있다. 다만 '분식집 측 프로세스'가 어떻게 구성돼야 하는지만 아직 결정되지 않은 상태이다. 이런 '분식집 측 활동'을 교육 중에 '블랙박스'로 명명하곤 한다. 내부를 구성하는 방법과 내용물의 결정에 따라 블랙박스 밖의 '처리 시간'이 얼마나 효율적으로 고객 요구 수준에 부합하느냐가 결정된다. 이런 이유로 다양한 'Y'의 '성과 표준'을 충분히 만족시킬 블랙박스 안의 역할(기능) 설정이 필요한데 이 작업은 'Step – 7. 아이디어 도출'에서 진행한다. 팀원들이 고객이 요구한 'Y'의 수준을 맞추도록 아이디어들을 도출해 최적의 필요한 기능(또는 역할)들을 결정하면 다음으로 해야 할 일은 '구조화'인데 이 과정은 'Step – 8. 콘셉트 개발'에서 진행한다. '구조화'란 '기능(역할)'들이 결정되면 그들을 '실체화'시키는 작업이다. 예를 들면, 우편물이 도착하면 그 우편물을 정해진 위치에 옮겨놓는 '역할(기능)'이 있어야 하며, 그를 실현시키는(또는 구조화하는) 방법은 '사람'을 배치시켜 이행하게 하거나 설비를 써서 자동으로 분류하게 만들 수 있다. '옮겨놓는'이라고 하는 하나의 필요한 '역할(기능)'이 '사람 또는 설비'에 의해 '구조화'가 이루어진 것이다. 이렇게 구조화를 통해 실체가 만들어지면 그 자체만으로 작동하는 것이 아니라 그들을 구성하는 다양한 요소들이 서로 잘 맞아야 한다. 예를 들면, 우편물 예와 같이 '우편물을 옮기는' 기능을 '사람'이 하도록 결정했으면, 분류 방법이나 분류 기준, 시간 관리 등에 대한 최적화가 필요하며, 이를 위해 필요한 것들이 무엇인지 찾아보는 과정이 수반된다. '프로세스 개선 방법론' 경우 프로세스가 이미 존재해서 '잠재 원인 변수의 발굴'이 가능했듯 '프로세스 설계 방법론'에서도 이제 실체가 어렴풋 존재하므로 '원인 변수의 도출'이 가능하다. 이때 설계를 하고 있으므로 이를 고려해 '설계 요소 발굴'이라고 표현한다. 또 결정된 사항들을 유지 관리하기 위한 지침이나 표준 또는 기록지 등 '산출물'들도 요구되는데, 이와 같이 처음 구조화된 실체에 대해 이루어지는 '설계 요소의 발굴'이나 '산출물 정의 및 실현' 등의 과정은 'Step - 9. 상위 수준 설계'에서 진행한다.

결국 Analyze Phase를 한마디로 요약하면, "실체를 만들고, 완성도를 더욱 높이기 위해 필요한 설계 요소들 발굴과 그에 필요한 산출물들을 만들어낸다"로 요약된다. 이 시점에 이르면 '프로세스 개선 방법론'의 Measure Phase 세 번째 스텝에서 수행하는 '잠재 원인 변수의 발굴'과 비슷한 상황이 연출된다. 개요를 알아봤으므로 이제부터 '세부 로드맵'으로 들어가 하나하나 학습해보도록 하자.

Step-7. 아이디어 도출

활동 목적은 Measure Phase에서 결정된 'Y'들의 '목표' 실현을 위해 앞으로 만들어질 프로세스에 어느 구성 요소들이 필요한지 확정짓는 데 있다. 4개의 '세부 로드맵'으로 구성되며, 'Step-7.1. 기능 분석'부터 시작한다. 여기선 Measure Phase의 'Y'가 입력으로 들어와 향후 구조화에 필요한 잠재 '기능'들을 도출한다. 다음 'Step-7.2. 핵심 기능 선정'은 이전 '세부 로드맵'의 후보 '기능'들 중에서 설계될 프로세스에 가장 중요한 기능이 어느 것인지 골라낸다. 이렇게 선별해서 최종 확정된 기능들을 '핵심 기능(CTF, Critical to Function)'이라고 한다. 따라서 약간의 평가가 수반된다. 'Step-7.3. 기능 대안 도출'에서는 확정된 '핵심 기능'들을 구조화, 즉 실현시키기 위해 어느 '활동'들이 필요한지를 결정한다. 우편물의 예에서 도착한 우편물들을 '분류하는' 것이 '핵심 기능'이면 이를 실현시키기 위해 '사람이 처리한다'나 '자동 분류기가 처리한다' 등이 '기능 대안'이 될 수 있다. 물론 이 과정에는 많은 문헌 조사나 벤치마킹, 의견 교류 등이 필요하다. 이와 같은 '기능 대안'들이 도출되면 그들 중 현실성이 떨어지거나, 법이나 회사 정책 등에 반하는 유형들은 수용하기 어려우므로 이들을 털어내 최종 실현 가능한 '기능 대안'들을 선별하는데 이 과정은 'Step-7.4. 기능 대안 확정'에서 다룬다. 확정된 '기능 대안'들은 'Step-8. 콘셉트 개발'로 넘어간다. 이제부터 '세부 로드맵'으로 들어가 좀 더 상세하게 학습해보자.

Step-7.1. 기능 분석(Functional Analysis)

'기능(Function)'은 국어사전에서 "하는 구실이나 작용"으로 정의하는데 (네이버 용어사전)에 더 좋은 정의가 있어 옮겨놓았다.

> · **기능(Function)** (네이버 용어사전) 상호의존 관계에 있는 여러 부분에 의해 성립된
> 전체(기계·유기체·사회체제)에 있어, 그 속의 각 구성요소가 맡은 역할 또는 각 구성
> 요소의 협동관계에 의한 전체적 활동을 말한다. '기능'에 대립되는 것이 '구조'인데,
> '기능'은 '구조'에 의미를 부여하고 '구조'는 '기능'을 가능하게 한다.

  정의에서 '구조'란 바로 뭔가가 작동하고 있는 '실체', 즉 '존재하고 있음'의
의미다. 교육이나 멘토링 때 '기능'의 의미를 이해하는 데 많은 어려움이 있다
고들 호소한다. 다소 추상적인 느낌 때문에 실질적인 과제 수행에 어떻게 연
계시킬지 애를 먹는다는 것이다. 설명에 앞서 '정의'에 있는 문장들을 다음과
같이 나누어보았다.

> · ① 상호의존 관계에 있는 여러 부분에 의해 성립된 전체(기계·유기체·사회체제)
> · ② 그 속의 각 구성요소가 맡은 역할
> · ③ 또는 각 구성 요소의 협동 관계에 의한 전체적 활동을 말한다.
> · ④ '기능'에 대립되는 것이 '구조'인데, '구조'는 '기능'을 가능하게 한다.

  네 개로 나눈 예에서 '①'은 '구조'이고, '②, ③'이 '기능'이다. 앞에 '시계'
가 하나 있다고 가정하자. 이것은 '①'에서 '상호의존 관계에 있는 여러 부분
에 의해 성립된 전체'가 될 것이다. '①'의 설명 중 괄호 내 3가지 유형들에서
'기계'에 해당할 것이다. 제조라면 다양한 양산 설비가 될 수도 있고, 간접이
나 서비스는 IT인프라(예: ERP) 등이 될 수도 있다. '시계' 자체가 하는 '역할
(또는 기능)'은 무엇일까? 현재 몇 시인지를 알려주는 것인데 이것은 '③'에

해당한다. '③'도 '기능'이라고 했고, '각 구성 요소의 협동 관계에 의한 전체적 활동'이 '시계'에 있어서는 '시간을 알려주는 일'이기 때문이다. 그런데 '시계'는 '②'와 같이 '각 구성 요소가 맡은 역할'이 있다. 예를 들어 '시침'은 '시간' 위치를, '분침'은 '분'의 위치를 알려주는 역할(기능)을 수행한다. 또 안으로 들어가 보면 무수히 많은 톱니바퀴들이 존재할 텐데 이들도 각각의 역할(기능)을 수행한다. 큰 톱니바퀴는 시침을 움직이는 데에, 작은 톱니바퀴는 분침을 움직이는 데에 활용되는 식이다. 따라서 '시침', '분침', '톱니바퀴' 그 외에 무수히 많은 부품들은 제각각 역할(기능)을 담당할 것인데 이들의 전체를 '④'에서 '구조'라 명명하고 있다. 정리하면 다음 [표 A-1]과 같다.

[표 A-1] '시계'에 대한 '기능' 정의

No	정의	대응 관계
①	상호의존 관계에 있는 여러 부분에 의해 성립된 전체(기계·유기체·사회체제)	시계(분류 중 '기계'에 해당)
③	또는 각 구성 요소의 협동 관계에 의한 전체적 활동을 말한다.	시간을 알려주는 역할(기능)
②	그 속의 각 구성 요소가 맡은 역할	- 시침: '시간' 위치 지정 역할(기능) - 분침: '분' 위치 지정 역할(기능) - 큰 톱니바퀴: 시침 회전 역할(기능) etc.
④	'구조'는 '기능'을 가능하게 한다.	'시계'라고 하는 구조가 존재함으로 해서 - 시침, 분침, 큰 톱니바퀴, 작은 톱니바퀴 등의 기능(역할)이 존재

멘토링 중에 나름대로 고민해서 쉽게 한다고 '시계'의 예를 든 것인데 기껏 돌아오는 질문은 항상 똑같다. "프로세스를 설계하는 입장에서 시계와 프로세스가 다르기 때문에 연결이 잘 안 되는데요" 또는 좀 더 진보적인 질문은 "시계 예는 알겠는데요" 하고 앞에 토씨가 붙는 경우다. 그래서 기술 분야가 아니면 '시계' 예는 가급적 자제한다. 정의를 '프로세스'에 대응시키면 다음 [표

A - 2]와 같다.

[표 A-2] '영업팀'에 대한 '기능' 정의

No	정의	대응관계
①	상호의존 관계에 있는 여러 부분에 의해 성립된 전체(기계·유기체·사회체제)	영업팀
③	또는 각 구성요소의 협동관계에 의한 전체적 활동을 말한다.	영업활동(고객을 만나서 수익과 연결시키는)
②	그 속의 각 구성요소가 맡은 역할	- 영업담당자: 고객을 만나는 역할(기능) - VOC담당자: 고객요구사항을 알아내고 관리하는 역할(기능) - 관리자: 영업활동 전체를 조율하는 역할(기능) etc.
④	'구조'는 '기능'을 가능하게 한다.	'영업팀'이라고 하는 구조가 존재함으로 해서 - 영업담당자, VOC담당자, 관리자 등의 기능(역할)이 존재

[표 A-2]는 '영업 프로세스'에 대한 예를 보여준다. 이 경우 '①'의 '상호 의존 관계에 있는 여러 부분에 의해 성립된 전체'는 '영업팀'이 될 것이다. '①'의 괄호 내 분류에 굳이 대응시키면 '사회 체제' 정도이다. '영업팀'의 '③ 각 구성 요소의 협동 관계에 의한 전체적 활동', 즉 '전체 기능'은 고객을 만나서 협상을 통해 수익과 연결시키는 '영업' 활동이다. 또 '② 그 속의 각 구성요소가 맡은 역할'이란 각 담당자별로 표에서 예를 든 '역할(기능)'들이 될 것이다. 물론 각 담당자들 전체는 '④'에서 나타낸 '구조'에 해당한다.

이렇게 보면 '세부 로드맵'에서 해야 할 일들이 명확해진다. 바로 '②'를 찾는 일이다. 예를 들어 'Y'가 '처리 시간'이고 고객 요구 수준이 '30분'인 상황에서 신규 프로세스를 설계할 때, 요구 수준을 만족시키기 위해 필요한 '기능(또는 역할)'들은 '전산 시스템에 입력하는 기능', '잘 입력했는지 확인하고 관리하는 기능', '출력이 잘 나오는지 확인하는 기능' 등 '처리 시간' 단축을 위해 생각할 수 있는 모든 역할(기능)들을 정의해야 한다.

'기능'을 끄집어내는 과정은 통상 두 가지 방법이 쓰이는데 하나는 팀원들과 함께 '브레인스토밍'을 하는 것이고, 다른 하나는 'FAST(Function Analysis System Technique)'의 활용이다. 전자는 접근성이 뛰어난 장점이 있는 반면, 후자의 경우가 정통한 방법이다. 후자는 '기능'들의 앞뒤 관계 등을 따져 전개하므로 '분석'적 요소가 존재해 '기능 분석(Functional Analysis)'으로 불린다. '브레인스토밍'도 도출된 '기능'들에 대해 유사성이 깊은 것들로 묶는 과정이 병행될 수 있으므로 이 역시 분석적 요소로 볼 수 있다. 방법들 각각에 대해 간략히 알아보고, 파워포인트로도 표현해볼 것이다.

7.1.1. '브레인스토밍'을 이용한 '기능' 도출

'브레인스토밍'은 1941년 미국의 한 광고 회사 부사장인 알렉스 F. 오즈번이 제창하여 그의 저서 『독창력을 신장하라』('53)로 세상에 알려진 아이디어 도출용 도구이다. 주변에서 너무 쉽게 접할 만큼 활용도가 높아 '브레인스토밍' 자체를 여기서 논할 필요는 없을 것 같다. 다만, '기능 도출'을 위해 팀원들이 모였을 때 약간의 진행 기술이 필요한데, 가령 모인 팀원들은 당장 '기능'이 무엇인지 모르고 임하는 게 일반적이다. 그렇다고 바쁜 사람들 데려다 놓고[48] '기능' 강의 후 시작하는 것도 제약이 따른다. '브레인스토밍'은 가급적 '40분' 내 끝내는 것이 좋다. 한마디로 굵고 짧게 해서 목적을 달성하는 것이 최상의 전략이다.

우선 'Y'를 적는다. 물론 시작 전 간단한 취지를 설명하고, 'Y'들에 대한

---

48) 혹자는 중요한 과제에 시간을 내는 것이 당연지사일 텐데 "바쁜 사람들"이란 표현이 너무 과제 수행 자체를 폄하하는 것이 아닌가 하는 불만을 제기할지 모른다. 요건 현실을 잘 몰라서 하는 내용이고 실제는 팀원들이 너무 바쁘다. 사업부장의 강압 통치(?)가 아니라면 모였을 때 굵고 짧게 끝내는 방법을 강구하는 게 현실적이다. 그러려면 진행자가 사전 준비를 철저히 해야 한다.

'목표'도 적는다. 이제 '기능'들을 도출하도록 유도하는데 "무엇이 행해져야 (What must be done) 'Y'의 목표가 달성될까요?" 하고 질문한다. 그리고 간단한 예를 들어 아이디어를 도출해내는 촉매제로 활용한다. 굵고 짧게 끝내기 위해서는 이때부터 운영자의 숙련된 기술이 필요한데 농담이나 잡담이 끼어들지 않도록 예를 들거나, 도출을 유도할 때 관심들이 집중될 수 있게 진지해야 한다. 누군가가 "오늘 주가 왕창 떨어졌네!" 등의 씨앗을 퍼트린 순가 이미 굵고 짧게는 물 건너갔다고 봐야 한다.

어느 유형들이 나올 수 있는지 본문의 예인 '라면 판매 프로세스 설계를 통한 매출 30% 향상' 과제 중 'Y'인 '라면 준비 시간'에 대해 '기능'을 도출해 보자. 이 지표는 여고생들이 야간 학습 중간중간 쉬는 짧은 시간을 이용해 분식집에 와서 라면을 먹는다는 상황을 가정한 것이고, 또 미리 연락을 해 온다는 것을 전제한다. '성과 표준'은 예약자임을 확인한 시점부터 '5분' 이내에 제공하는 것으로 설정한 바 있다. 이것은 [표 M-32]의 '운영적 정의'와, [그림 M-56]의 '성과 표준'에 잘 나타나 있다. 다음 [표 A-3]은 '라면 준비 시간'에 대해 팀원들이 브레인스토밍을 이용 1차적으로 도출한 '기능'들의 예이다.

[표 A-3] '브레인스토밍'을 통한 '라면 준비 시간'의 기능 도출 예

Y	기능(Function)
라면 준비시간	예약을 접수한다.
	도착시간을 미리 안다.
	주문내역을 미리 안다.
	조리기구가 잘돼 있다.
	자리가 있어야 한다.
	예약자임을 빨리 확인한다.
	라면이 불어서 나오지 않도록 한다.
	...

일단 팀원들이 [표 A-3]과 같이 기능들을 도출했다고 가정하자. 예약자임이 확인된 상태에서 5분 이내에 라면이 제공되도록 하기 위해 분식집 안에서 '어떤 일들이 행해져야 하는지'의 관점에서 도출한 내용들이다. 무작정 라면을 끓여놓을 순 없으므로 예약 여부와 도착 시간, 주문 내역 등은 필수적으로 사전에 인지하고 있어야 하며, 그 외에 대응을 위한 주방 조리 기구가 적절한 규모로 갖춰져 있어야 하고, 빨리 먹고 가야 하는데 도착해서 자리에 앉지 못하면 시간만 잡아먹게 되므로 공간 확보도 필수다. 또 예약자 확인이나 서빙, 반찬 추가 제공 상태들에 대해서도 소요 시간을 고려해야 한다. 아무리 빨리 대응해도 라면이 너무 불어 나오면 매상에 심각한 타격을 줄 수 있으므로 완벽하진 않더라도 쫄깃한 상태는 보존돼야 할 것 등이다.

그런데 이 시점에서 도출된 '기능'들의 '표현'에도 관심을 가져야 한다. 팀원들이 기능의 표현법에 대해 충분히 인지하고 있으면 별문제 없으나 현실적으로 그런 좋은 상황은 많지 않을 것이므로, 우선 자유롭게 표현하도록 유도하고 나중에 별도의 시간을 갖고 '기능'들의 표현법에 맞춰 보정하는 것도 한 방법이다. 팀원들에게 표현법까지 고려해서 요구하는 것은 사고하는 데 많은 제약을 줄 수 있다. 다음 [표 A-4]는 '기능'을 표현하는 데 유용한 서술어들이며, 가능하면 표의 내용을 표준으로 삼아 표기하도록 한다.

[표 A-4] '기능'을 표시할 때 쓰이는 '서술어' 예

'기능' 표현에 쓰이는 서술어			
발생하다, 생기다	공급하다, 보내다	형성하다, 구성하다	누르다, 압착하다
내다	전하다, 전달하다	접속하다, 잇다, 연결하다	죄어 붙이다, 죄다
얻다, 안다	작동시키다, 동작시키다	바꾸다	견디다
변환하다, 바꾸다	회전시키다, 돌리다	모으다	막다, 방지하다, 저지하다
이동시키다	직선운동 시키다,	받다, 수신하다	제거하다, 없애다

	오르내리게 하다. 전진/후진시키다		
증가시키다. 늘리다. 크게 하다	통하다. 통과시키다	저장하다	차단하다. 차폐하다. 쉴드하다.
감소시키다. 줄이다. 적게 하다	이끌다. 안내하다. 가이드하다	나누다. 분리하다	절연하다
높이다	흘리다	고정하다. 고착하다 정착시키다	정하다. 결정하다
낮추다	주다	지지하다. 받치다	조정하다. 조절하다. 가감하다
증폭하다	누르다	버티다	제한하다. 한정하다. 제약하다
보호하다. 지키다	유지하다	보강하다	표시하다

    [표 A-4]의 '기능 표현법'을 참조해서 앞서 브레인스토밍을 통해 얻은 [표 A-3]을 보완하면 다음 [표 A-5]와 같다.

[표 A-5] '기능'의 서술어 표현법을 따른 예

Y	기능(Function)	
라면 준비시간	예약을 접수한다.	→ 예약을 받는다.
	도착시간을 미리 안다.	→ 도착시간을 미리 얻는다.
	주문내역을 미리 안다.	→ 주문내역을 미리 얻는다.
	조리기구가 잘돼 있다.	→ 조리 기구를 보강한다.
	자리가 있어야 한다.	→ 자리를 정하다.
	예약자임을 빨리 확인한다.	→ 예약자를 안다.
	라면이 불어서 나오지 않도록 한다.	→ 라면상태를 유지한다.
	...	...

    보통 '기능'을 표현하는 방법은 '명사＋서술어' 형태로, 특히 '명사' 부분에 '특성'이 오는 게 일반적이다. 기능적 표현법이 제품을 대상으로 탄생한 만큼

프로세스 설계에 활용할 때는 약간의 유연성을 갖는 게 좋다. 그러나 기본 바탕은 "무엇이 행해져야 하는가?"라고 하는 'Y'의 목표 달성을 염두에 둔 접근이 매우 중요하다. 기능을 도출해놓고 검토를 위해 "무엇이 행해져야 하는가?"로 자문하는 것도 좋은 방법들 중 하나이다. 다음 [그림 A-1]은 파워포인트 작성 예이다.

[그림 A-1] 'Step-7.1. 기능 분석' 작성 예(브레인스토밍 적용)

Step-7. 아이디어 도출
  Step-7.1. 기능 분석(Function Analysis)   D M **A** D V

♦ '브레인스토밍'을 통한 'Y'별 <u>기능 도출</u>.

Ys	기능 (Function)	Ys	기능 (Function)
라면 준비시간	- 예약을 받는다 - 도착시간을 미리 얻는다 - 주문내역을 미리 얻는다 - 조리기구를 보강한다 - 자리를 정한다 - 예약자를 안다 - 라면상태를 유지한다 - ...	라커피점 반응도	- 설문을 주기적으로 받는다 - 운영방법을 변환한다 - 가격을 변환한다 - ...
주문 L/T	- 물 끓임 용량을 늘인다 - 부 재료 투여시간을 줄인다 - 서빙시간을 줄인다 - 반찬제공을 횟수를 줄인다 - 주문접수시간을 줄인다	밤참 주문비 율	- 밤참 종류를 안내한다 - 밤참 운영을 전한다 - 재료관리 수준을 높인다 - 운송수단을 얻는다 - 그릇 회수시간을 줄인다
나 홀로 손님 맛 만족도	- 설문을 주기적으로 받는다 - 비용을 줄인다 - 부 재료를 저장한다 - 개별적 취향을 모은다	<일　시> 20xx. 10.11 <장　소> 본관 13층 중회의실 <참석자> 홍길동, 박찬호, 이무한, 박세리	

■ 5개 'Y'들에 대해 총 160개의 관련 기능들을 도출.
■ 중복된 내용 43개를 제거하고, 2차 팀 회의를 거쳐 <u>총 117개를 확정함</u> (개체삽입 엑셀파일 참조)

PS-Lab
Problem Solving Laboratory

　　[그림 A-1]에서 각 'Y'별로 브레인스토밍을 통해 기능들을 도출했으며, 표현도 [표 A-4]에 준해서 정리하였다. '기능'은 'Y'와 실제 프로세스를 연결하는 매개체 역할을 한다. 따라서 설계할 프로세스에서 'Y'의 목표를 달성하

기 위해서는 'Y'와 연결될 중요한 '기능'들이 나와 주어야만 실질적인 효과를 낼 수 있다. 한마디로 그냥 도출하지 말고 집중적인 관심하에서 과정이 이루어져야 한다. 물론 '프로세스 설계' 과정이 매 '세부 로드맵'마다 완전성을 추구하긴 하나 항상 잘못될 가능성을 배제할 수 없기 때문에 되돌아가 가감할 수 있는 여지는 열어둔다. 그러나 보완 빈도가 높거나 그것을 믿고 가볍게 넘어가서는 설계 과정의 참뜻과는 거리가 멀다. 다음은 두 번째 방법인 'FAST'에 대해 알아보자.

7.1.2. 'FAST'를 이용한 '기능' 도출

'FAST(Function Analysis System Technique)'는 1965년 Sperry Rand Corporation의 UNIVAC 사업부에 있던 Mr. Charles W. Bytheway에 의해 제5회 SAVE[49] 전국 대회에서 소개되었다. 제품이 있으면 그를 구성하는 부품들은 각자 기능(역할)을 담당하도록 설계됐을 것이나, 제품의 실제 '주 기능'만을 가만히 따져보면 그 외의 것들은 제거하거나 저렴한 재료로 대체하더라도 '주 기능'에 별로 영향을 미치지 않음을 발견하고 궁극적으로 엄청난 원가 절감의 기회를 얻을 수 있다는 게 핵심이다. 이것이 바로 '가치 공학(VE, Value Engineering)'이며, 이를 실현할 기능 분석의 한 기법으로 1965년에 소개된 것이 'FAST'다.

FAST를 이해할 가장 쉬운 접근은 사용되는 기본 양식을 보는 것이다. 다음 [그림 A - 2]는 그 예이다.

---

49) SAVE는 1954년도에 설립된 미국가치전문가협회의 영어명임. VE(Value Engineering)는 제품의 불필요한 기능을 찾아내 제거함으로써 원가를 줄이는 방법으로 GE사에서 1947년에 Lawrence D. Miles에 의해 개발되었으며, 이후 SAVE에 의해서 원가절감 전국대회가 개최되었다. FAST는 이 대회 기간인 1965년에 소개되었다.

[그림 A-2] 'FAST 기본 양식' 예

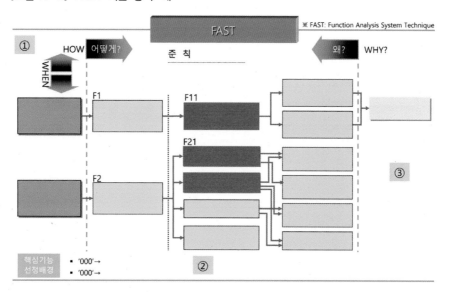

제품 설계에 쓰이는 FAST 양식은 다양한 부가적인 용법이 추가되지만 '프로세스 설계 방법론'처럼 '프로세스'를 대상으로 하는 경우는 단순화 양식을 사용하는 것으로 충분하다. 다음은 [그림 A-2]의 각 영역별 작성 방법이다.

> **영역-①**: '입력' 영역으로, Measure Phase에서 결정된 'Y'를 가져오되 [표 A-5] 처럼 기능적 표현으로 기술한다. 예를 들면 '라면 준비 시간 → 라면 준비 시간을 줄인 다', '주문 L/T → 주문 L/T를 줄인다', '나 홀로 손님 맛 만족도 → 나 홀로 손님 맛 만족도를 높인다', '라커피점 반응도 → 라커피점 반응도를 높인다', '밤참 주문 비율 → 밤참 주문 비율을 높인다'와 같이 입력한다. 현재 'Y'가 5개이며 오른쪽으로 전개됨 에 따라 부피가 늘어날 것이므로 통상 한 장에 정리하기보다 몇 장에 걸치는 게 일반 적이다.
>
> **영역-②**: 'How', 즉 '어떻게'로 자문하면서 그 답을 사각형에 써 나간다. 성격이 다른 기능들이 여럿 있을 경우 위에서 아래로 배열시켜 정리한다. 그리고 각각에 대해 또 '어

떻게'라고 자문하며 계속 전개해 나간다. 더 이상 '어떻게'로 설명이 안 되면 종료된 것으로 판단한다. 일반적으로 외부에서 공급이 필요한 수준에서 정리된다. 다음 [그림 A - 3]은 전개 예이다.

[그림 A - 3] 'FAST 전개' 예

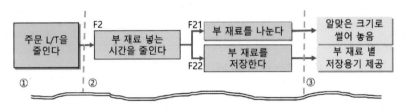

[그림 A - 3]에서 '주문 L/T를 줄인다'는 '주문을 받고 라면을 제공하기까지의 소요 시간을 줄이는 것'이므로, 이에 대해 '어떻게'라고 자문했을 때, 라면에 부재료들을 넣을 때마다 썰거나 하면 시간이 오래 걸릴 것을 염두에 두고 기능 전개를 2단계까지 수행한 것이다. 각 기능들에는 기능의 영문 첫 자인 'F'와, 순서에 따른 번호를 붙여서 연계성을 표현하고 있다.

영역 - ③: [그림 A - 3]에서 'F21'의 '부재료를 나눈다'에 대해 '어떻게'라고 자문했을 때 칼이나 주방 도구를 사용하여 썰어 내는 기능을 추가할 수 있으나 썰어놓은 것을 '제공'할 경우 이미 부재료가 나뉘어 있는 것으로 간주할 수 있다. 이와 같이 '영역 - ③'은 외부에서 해주는 경우에 해당한다. '해주는 것'의 유형에는, '부품/재료를 공급해 주는 것', '기존 것을 변경/수정해주는 것', '방법/공법을 바꿔주는 것' 중 하나에 해당한다. 즉, '영역 - ②'를 전개하면서 방금 언급한 세 가지 유형에 부합하면 기능 전개를 멈추고 '해주는 것'의 영역인 '③'으로 마무리한다.

'라면 판매 프로세스 설계를 통한 매출 30% 향상' 과제 중 'Y'의 하나인 '주문 L/T'에 대한 'Step - 7.1. 기능 분석' 작성 예를 다음 [그림 A - 4]에 나타내었다.

[그림 A-4] 'Step-7.1. 기능 분석' 작성 예(FAST 적용)

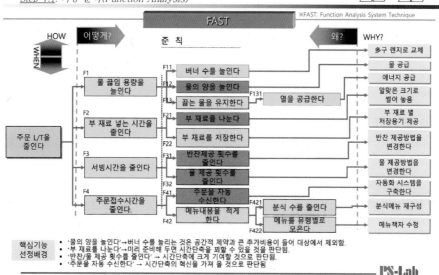

Step-7. 아이디어 도출
Step-7.1. 기능 분석(Function Analysis)

FAST ※FAST: Function Analysis System Technique

[그림 A-4]에서 맨 오른쪽의 항목들은 '영역-③'에서 설명한 세 가지 유형과 연결시키며 관찰하기 바란다. 장표 맨 아래의 '핵심 기능 선정 배경'은 다음 '세부 로드맵'인 'Step-7.2. 핵심 기능 선정'에서 논할 것을 미리 포함시켜 놓은 것이다. 사안이 단순할 때는 팀원들의 합의를 거쳐 가장 중요한 '핵심 기능'들을 선정한 뒤 그 배경을 요약함으로써 끝낼 수도 있다. 물론 이때는 Analyze Phase 첫 장표 '목차'에서 'Step-7.1. 기능 분석(Step-7.2. 핵심 기능 선정 포함)'으로 표기가 될 것이다.

지금까지 Measure Phase의 'Y'들로부터 입력을 받아 목표를 달성시킬 프로세스 내의 기능(역할)들에 어떤 것들이 있는지 도출하는 과정과 결과를 학습하였다. 추가적으로 FAST를 활용하는 방법은 '7.1.1.'에서 설명한 '브레인스토밍을 이용한 기능 도출'과도 연계시킬 수 있는데, 예를 들면 [그림 A-1]의 도출 결과를 이용해 'FAST 양식'에 반영하는 것이다. 이 과정은 '어떻게(How)'로 전개하는 데 따른 팀원들의 부담을 해소시킨다는 점과, 빠트린 기능까지 추가 도출할 수 있는 장점 등이 있어 최근에 선호되는 방법이다.

다음은 지금까지의 산출물들을 이용해 가장 중요한 '핵심 기능'들을 뽑고 그들을 어떻게 정량적 측면에서 다루게 될지에 대해 알아보자.

Step-7.2. 핵심 기능 선정

'Analyze Phase 개요'에서 '기능'이란 'Y'와, 완성될 '프로세스'를 연결하는 블랙박스 내의 'Something' 정도로 설명한 바 있다. 즉, '프로세스'는 실제 운영되는 체계이므로 그 안에 '역할'들이 있어야 하며 '역할'은 곧 '기능'이다.

본 '세부 로드맵'은 'Step-7.1. 기능 분석'에서 도출된 각 'Y'별 '기능'들 중 과제의 목표와 가장 부합하는 기능들을 선별한다. 선별한 '기능'들을 특별히 '핵심 기능(CTF, Critical to Function)'이라고 부른다. 왜 '핵심 기능'을 따로 골라내는 것일까? 아무리 새로운 프로세스를 설계한다 해도 그 안에서 이루어지는 모든 역할들이 새롭게 만들어지거나 기존 것들로부터 재구성될 필요는 없다. 현재 설계하고 있는 프로세스의 최소한 50% 이상은 기존의 체계 내에 존재하는 것들로 대체되거나 또는 그대로 활용이 가능하다. 예를 들면, 라면 주문을 받을 때 '주문받는 사람'이나 '서빙 과정'과 관련한 기능들은 혹 '기능 분석'에서 도출됐어도 기존 것을 대체하거나 유지하는 수준에서, 또는 '즉 실천'성으로 간단히 처리해도 무방하다. 그러나 '주문 결과를 주방에서 안다'라는 '기능'은 현재 '구두(말을 통해)'로 알려주는 방식으로는 시간 단축에 크게 기여할 수 없음을 팀원들이 공감하면 다른 대체 방안을 강구해야 한다.

따라서 '핵심 기능'으로 선정한 후 기존과 다른 차원의 새로운 접근을 시도할 필요가 있다. 예를 들면 주문 즉시 주방에서 메뉴를 알 수 있는 '전자화 방식' 등을 염두에 둘 수 있다.

'핵심 기능'을 선정하는 방법은 크게 두 가지로 하나는 도출한 '기능'들을 대상으로 'Multi‑voting'을 하거나, 또는 다른 하나인 '매트릭스 평가'를 수행하는 일이다. 둘의 공통점은 팀 회의를 거치는 것이며 차이점은 전자는 간단한 협의를, 후자는 점수를 부여한다. '[그림 A‑4] Step‑7.1. 기능 분석 작성예'를 보면 'F12: 물의 양을 늘린다'나 'F21: 부재료를 나눈다', 'F31: 반찬 제공 횟수를 줄인다', 'F32: 물 제공 횟수를 줄인다', 'F41: 주문을 자동 수신한다' 들이 '핵심 기능'으로 선정되었으며, 선정된 '배경'은 장표 맨 아래에 설명을 달아놓았다. 물론 이 경우 'Step‑7.1. 기능 분석'과 'Step‑7.2. 핵심 기능 선정'이 한곳에서 동시에 진행된 예이며, 팀원들이 모여 'Multi‑voting'을 수행하였다(고 가정한다).

반면, 매트릭스를 이용한 평가는 'Y'들과 '기능'들과의 연계성을 하나하나 숫자로 표현해 나가는 방식으로 도출된 '기능'의 개수에 비례해 소요되는 시간도 급격히 증가하는 단점이 있다. 그러나 팀원들과 협의를 통해 이루어지는 만큼 긍정적인 결론을 유도해낼 수 있는 점은 긍정적이다. 매트릭스 평가는 '프로세스 개선 방법론'의 'Step‑6. 잠재 원인 변수의 발굴'에서 흔히 쓰는 'FDM(Function Deployment Matrix)'[50]을 사용한다. 다음 [그림 A‑5]는 'FDM'을 사용하여 '핵심 기능'을 선정한 예이다.

[그림 A‑5]의 FDM 평가 결과에서 우선 맨 상단의 'Y'들은 [그림 M‑51] 의 '운영적 정의'에서 결정된 'Y'들이다. 바로 밑의 'Output Ranking'은 QFD 의 '상대적 중요도(Relative Importance)'를 백분율로 나타낸 값들이다. 왼쪽 첫

---

50) 'FDM'의 명칭은 이 외에 'X‑Y Matrix'나 'C&E Matrix(Cause & Effect Matrix)' 등으로도 불린다. '기능' 선별에 쓰이므로 'F(Function)'가 붙는다.

[그림 A-5] '핵심 기능' 선정 예(FDM 활용)

기능(Function)	1 라면준비시간	2 주문시간	3 고객대응종류수량	4 라커피점유율이익	5 밤참준비	Rank
Output Ranking	11.9	9	7.8	6.3	3.3	
			Association Table			
예약을 받는다	9	9			1	191.4
도착시간을 미리 얻는다	9	3				134.1
주문내역을 미리 얻는다	9	9				188.1
조리기구를 보강한다	3	3	3		3	96.0
자리를 정한다	3	3				62.7
예약자를 안다	9	3	3			157.5
라면상태를 유지한다	3	9	9	3	9	235.5
…	…	…	…	…	…	…
물 끓임 용량을 늘인다	9	9			3	198
부 재료 투여시간을 줄인다	3	3				62.7
서빙시간을 줄인다	9	9		3		207.0
반찬제공 횟수를 줄인다	3	3				62.7
…		…		…	…	
주문접수시간을 줄인다		9		3		99.9
설문을 주기적으로 받는다			9	3		89.1
비용을 줄인다			9		3	80.1
부 재료를 저장한다	3	3	3		3	96.0
개인별 취향을 모은다			9	3	9	118.8
…		…		…	…	
운영방법을 변환한다				9		56.7
가격을 변환한다			3	3		52.2
…				…	…	
밤참 종류를 안내한다					3	9.9
밤참 운영을 전한다					9	29.7
재료관리 수준을 높인다			9		3	80.1
운송수단을 얻는다					9	29.7
그릇 회수시간을 줄인다		3				27.0
…				…		
	176	168	112	104	78	638

열은 'Step-7.1. 기능 분석'의 결과가 입력된다. 중간중간의 '…'은 '기능'들을 생략했다는 표시다. 'Y vs. Function' 간 평가는 '빈 공간('0'점을 의미)', '1', '3', '9'로 표기해서 관련성이 낮은 것과 높은 것의 변별력을 높이도록 한다. 그림 맨 아랫줄의 '176', '168', '112', '104', '78'은 각 열의 값들을 합한 것으로 'Output Ranking'의 우선순위와 동일한지 확인해본다. 'Output Ranking'은 QFD의 산물이므로 QFD 평가에서 중요하게 고려했던 것이 FDM평가에서도 중요한 순서로 나왔는지 검증의 의미로 활용한다. [그림 A-5]에서 'Output Ranking'

과 FDM 열의 합이 동일한 우선순위로 나타났음을 알 수 있다. 맨 오른쪽 열은 각 '기능'들의 영향력을 나타낸다. '예약을 받는다'는 '(11.9×9)+(9×9)+(3.3×1)'을 계산해서 '191.4'를 얻었다. 이들을 우선순위화하면 'Y'들에 영향력을 행사하는 '핵심 기능'들을 선별해낼 수 있다. 이제 해석에 대해 알아보자.

원래 'Y'들이 서로 간 독립(성격이 완전히 다른 경우)이면 FDM을 따로 평가하는 것이 원칙이다. 그러나 같은 프로세스 안에 얽혀 있는 'Y'들이면 '기능'들도 중첩돼 존재할 가능성이 높으므로 모든 기능들을 대조한다. [그림 A−5]의 굵은 타원 점선 네 개를 보면 각 'Y'별로 '9점'이 많이 몰려 있는 것이 관찰된다. 이것은 'Y'별로 도출한 '기능'들을 섞지 않고 그대로 옮겨놓았기 때문에 대응 관계에 있는 셀에 나타난 당연한 결과이다. 그러나 그 외의 셀들에서 나타난 점수들은 '기능'들이 타 'Y'들과 얽혀 있어 나타난 결과이다. 만일 '기능'들과 'Y'의 평가에서 뚜렷하게 점수들의 몰림 현상이 관찰되면 'Y'들 간 서로 독립으로 판단한다. '기능'들 중 일곱 번째의 '라면 상태를 유지한다'는 전체 'Y'에 걸쳐 높은 점수가 골고루 분포한다. 이것은 어느 특성(Y)을 고려하더라도 라면의 기본 맛 자체는 유지돼야 한다는 메시지를 전달한다.

'핵심 기능'들은 최종적으로 'Rank' 열의 점수를 통해 구분한다. 물론 높은 점수를 얻은 '기능'들이 중요도 측면에서 우선순위도 높다. 그러나 '반드시'는 아니다. 계속 강조해왔지만 설계 과정은 매 시점마다 의사결정의 연속이다. 순간순간 깊이 있는 협의를 거쳐 결정되는 것이지, 점수에 절대 순종하는 일은 있을 수 없다. '점수'는 의사결정을 위한 하나의 좋은 이정표 역할을 하지 결코 절대적이진 않다. '기능'들 중 '운영 방법을 변환한다.' 경우 'Rank=56.7점'으로 우선순위로 보면 '핵심 기능'으로 선정될 가능성은 매우 낮다. 그러나 이 '기능'은 '라커피점 반응도'와 연계된 주요 기능들 중 하나로 만일 이 기능을 대상에서 제외하면 '라커피점 반응도'를 높일 방법은 요원한 상태가 될 수 있다. 물론 연관된 다른 '기능'들을 선정하거나, 'Step−7.1. 기능 분석'

으로 돌아가 추가 '기능'들을 다시 도출하는 등 여러 옵션이 존재하나 여하간 의미 있는 결정만큼은 필요해 보인다. 본문은 점수는 낮지만 '라커피점 반응도'를 높일 주요한 '기능'으로 결정하였다(고 가정한다). 최종 선정된 '핵심 기능'들을 정리하면 다음 [표 A-6]과 같다.

[표 A-6] '핵심 기능' 선정 예

핵심 기능(CTF)	
예약을 받는다.	설문을 주기적으로 받는다.
도착시간을 미리 얻는다.	비용을 줄인다.
주문내역을 미리 얻는다.	개인별 취향을 모은다.
예약자를 안다.	운영방법을 변환한다.
라면상태를 유지한다.	밤참 운영을 전한다.
서빙시간을 줄인다.	재료관리 수준을 높인다.
물 끓임 용량을 늘린다.	운송수단을 얻는다.

정리된 '핵심 기능'들을 'Y'들과 연관시키면 다음 식 (A.1)과 같다.

(A.1) 'Y'와 '기능'과의 함수 관계

Y_1(라면 준비시간)=f(예약을 받는다, 도착시간을 미리 얻는다, 주문내역을 미리 얻는다, 예약자를 안다, 물 끓임 용량을 늘린다, 서빙시간을 줄인다)

Y_2(주문 L/T)=f(예약을 받는다, 주문내역을 미리 얻는다, 라면상태를 유지한다, 물 끓임 용량을 늘린다, 서빙시간을 줄인다)

Y_3(나 홀로 손님 맛 만족도)=f(라면상태를 유지한다, 설문을 주기적으로 받는다, 비용을 줄인다, 개인별 취향을 모은다, 재료관리 수준을 높인다)

Y_4(라커피점 반응도)=f(운영방법을 변환한다)

Y_5(밤참 주문비율)=f(라면상태를 유지한다, 개인별 취향을 모은다, 밤참운영을 전한다, 운송수단을 얻는다)

식 (A.1)은 '9점'의 관계만을 보고 나타냈으며, 선택과 집중이라는 측면에서 어느 정도 신뢰성을 갖는다고 평할 수 있다. 물론 'Y'와 '3점'의 관계로 묶인 '기능'들은 왜 포함시키지 않는지부터, 정성적 평가를 두고 정량적으로 평가할 수 있는지에 이르기까지 많은 의문과 신뢰성에 문제 제기를 할 수 있지만 앞으로 해야 할 일들이 무엇인지 공유하고, 또 체계화했다는 데 의미를 부여한다. 과정이 정당하면 결코 무시할 수 없는 결과로 받아들인다. 단순히 식 (A.1)이 있는 경우와 없는 경우를 생각하면 그 차이점을 금방 알 수 있다. 물론 진행하면서 불가피하게 가감이나 수정, 보완이 있을 수 있다. 그러나 설계 일은 아무도 가보지 않은 영역을 구체화하는 활동이므로 현재 할 수 있는 최선의 결과물을 내는 데에만 팀원들의 역량을 집중한다.

한 가지 주의할 점은 식 (A.1)의 '기능'들이 모두 '핵심 기능'이냐 하는 것이다. 예를 들어 '기능'들 중 '주문 접수 시간을 줄인다'는 '주문 L/T'와 '9점'의 관련성을 갖지만 [표 A‐6]의 '핵심 기능'에는 빠져 있다. 'Y_2(주문 L/T)'와의 함수 관계에도 빠져 있어 그 배경이 주목된다. 다시 말해 '주문 접수 시간을 줄인다'를 '핵심 기능'에 넣을지 안 넣을지에 대한 팀 회의가 필요하다. 본 예에서는 '주문 L/T'의 '운영적 정의'가 '주문 접수~서빙이 완료된 시점'까지인 점을 감안해 이미 '핵심 기능'으로 선정한 '서빙 시간을 줄인다'에 포함시키도록 의사 결정했다고 가정한다. 이로써 '핵심 기능' 선정이 마무리되었으며, 계속 반복하지만 앞으로의 진행 여하에 따라 본 '세부 로드맵'으로 다시 돌아와 이미 선정한 '핵심 기능'의 보완이 반복될지 모른다. 그러나 현시점은 그런 반복을 최소화하는 데 집중해야 하며, 또 현재의 결정이 최선이라고 가정한다. 다음 [그림 A‐6]은 'Step‐7.2. 핵심 기능 선정'의 파워포인트 작성 예를 보여준다.

Step-7. 아이디어 도출
  Step-7.2. 핵심기능 선정

◆ FDM (Function Deployment Matrix)를 통한 총 14개의 <u>핵심기능(CTF)</u> 선정.

기능(Function)	1 자료준비기간	2 L/T 절관성	3 대체 기간 절관성	4 요구 역량 절관성	5 대체 수준 절관성	Rank
Output Ranking	11.9	9	7.8	6.3	3.3	
예약을 받는다	9				1	191.4
도착시간을 미리 얻는다	9	3				134.1
주문내용을 미리 얻는다	9	9				186.1
조리기구를 모강한다	3	3	3		3	96.0
자리를 침한다	3	3				52.7
예약자를 안다	9	3	3			157.5
라면상태를 유지한다	3	9	9	3	9	235.5
...						
물 끓임 용량을 늘인다	9	9			3	198
부재료 투여시간을 줄인다		9				52.7
서빙시간을 줄인다	9	9		3		207.0
빈천체공 횟수를 줄인다		9				52.7
주문접수시간을 줄인다		9		3		99.9
설문을 주기적으로 받는다			9	3		89.1
비용을 줄인다			9		3	80.1
부재료를 저장한다	3	3	3		9	96.0
개인별 취향을 모은다			9	3	9	118.8
운영방법을 변환한다				9		56.7
가격을 변환한다			3	3	3	52.2
밤참 종류를 안내한다					3	9.9
밤참 운영을 전한다				9	3	29.7
재료관리 수준을 높인다		9		3	9	80.1
운송수단을 얻는다					9	29.7
그릇 회수시간을 줄인다		3				27.0
	176	168	112	104	78	638

핵심기능(CTF)	선정배경
예약을 받는다	라면준비시간, 주문 L/T와 관련성이 높다
도착시간을 미리 얻는다	라면준비시간과 관련성이 높다
주문내역을 미리 얻는다	라면준비시간, 주문 L/T와 관련성이 높다
예약자를 안다	라면준비시간과 관련성이 높다
라면상태를 유지한다	전체 Y와 관련성이 높다
서빙시간을 줄인다	1.5분 이내
물 끓임 용량을 늘인다	라면준비시간, 주문 L/T와 관련성이 높다
설문을 주기적으로 받는다	나 홀로 맛 만족도와 관련성이 높다
비용을 줄인다	
개인별 취향을 모은다	
운영방법을 변환한다	만족도 4점 이상
밤참 운영을 전한다	밤참 주문비율과 관련성이 높다
재료관리 수준을 높인다	나 홀로 맛 만족도와 관련성이 높다
운송수단을 얻는다	밤참 주문비율과 관련성이 높다

[그림 A-6]에서 FDM을 이용한 평가 과정과 '핵심 기능' 및 '선정 배경'을 요약하였다. '선정 배경'에는 팀 회의 시 이견이나 협의 이력 등을 제3자가 충분히 인지할 수 있도록 표현한다. 공간이 부족할 경우 워드를 이용해 상세히 기록한 뒤 '개체 삽입' 기능을 활용한다.

'핵심 기능'이 정리되면 끝으로 '핵심 기능 요구 사항(CFR, Critical Function Requirements)'을 설정한다. 'CFR'은 '기능', 즉 '역할'을 어느 수준까지 허용할 것인지 결정하는 내역이다. 가급적 숫자로 표현할 것을 권장한다. 경우에 따라 '핵심 기능'이 'Y'와 직접적 연관성이 있어 그 요구 수준이 'Y'의 '목표'와 동일할 수도 있고, 또는 전혀 다른 수준이 올 수도 있다. 예를 들면 '예약을 받는다'에 대해, '예약을 받는 행위'보다 '서빙 하기 몇 시간 전에 접수받는 것이 유리할 것인가'를 판단하는 것이 중요할 수 있다. 고급 레스토랑이면 일주일 전에도 예약이 가능하지만 분식집 같은 소규모에서는 일주일 전부터 미리 부식을 준비하고 관리하는 것은 적절치 않다. 또, 대부분 야간 학습 여고생들을 대상으로 하는 만큼 즉흥적으로 분식집 이용 여부를 결정할 가능성이 높은 만큼 서빙 완료를 기준으로 '직전 1시간 이내' 도착인 경우만 접수받는 것으로 결정할 수 있다. 이때 'CFR'은 '1시간 이내'가 된다. 또, '예약자를 확인한다'는 예약 고객이 출입문을 열고 들어왔을 때, 누군지 그리고 미리 주문한 내역을 빨리 알아내면 라면 제공 시간이 단축될 것이므로 '목표=20초', '최대 1분 이내'로 '핵심 기능 요구 사항(CFR)'을 설정할 수 있다. 예에서처럼 가장 확실한 요구 사항은 '목표'나 '규격'을 결정하는 일이다. 이 같은 과정을 거치면서 모호했던 프로세스의 실체가 명료해지고 좀 더 객관적 시각에서 논의가 이루어진다. [그림 A−7]은 '핵심 기능 요구 사항(CFR)'을 작성한 예이다.

[그림 A−7]에서 각 '핵심 기능 요구 사항'에 '목표'와 '규격'이 정의돼 있음에 주목하라. 추가로 '핵심 기능 요구 사항(CFR)'을 팀원들과 설정하는 과정에서 '도착 시간을 미리 얻는다'와 '주문 내역을 미리 얻는다'의 경우 기존에는 '도착 시간'과 '주문 내역'을 미리 얻으면 라면을 제공하는 데 소요되는 시간 관리가 잘 이루어질 수 있다는 데만 초점을 맞췄었다. 그런데 결국 예약을 받을 때 동시에 일어난다는 데 의견 일치를 보고 '예약을 받는다'에 통합하기로 결정하였다(고 가정한다). 혹자는 "왜 '핵심 기능'을 선정할 당시에 처리하지 지금 처리하는가?" 하고 의문을 제기할 수 있으나, 단순한 사례지만 이 같은 보완의 과정은 지속적으로 일어난다는 점 명심하자. 보완 전과 차이가 있다면 설계할 프로세스의 실체가 좀 더 명확해지는 쪽으로 의견 일치가 일어나고 있다는 점이다. 또 '핵심

Step-7. 아이디어 도출
  Step-7.2. 핵심기능 선정(핵심기능 요구사항)

◆ 선정된 '핵심기능(CTF)'에 대한 '핵심기능 요구사항(CFRs) 설정.

핵심기능(CTF)	핵심기능 요구사항(CFR; Critical Function Requirements)
예약을 받는다(도착시간, 주문내역)	1시간 이내(서빙완료 직전)의 경우만
도착시간을 미리 얻는다	'예약을 받는다'에 통합
주문내역을 미리 얻는다	'예약을 받는다'에 통합
예약자를 안다	목표; 6초, 15초 이내
라면상태를 유지한다	목표; 3분, 5분 이내 제공(예약번호 확인 후)
물 끓임 용량을 늘인다	목표;10개, 최소 7개 이상(동시에 라면)
서빙시간을 줄인다	목표; 1분, 3분 이내
설문을 주기적으로 받는다	목표; 3개월마다, 최대 6개월 이내
비용을 줄인다	목표; 30원, 최대 50원 이내(인 당 관리비용)
운영방법을 변환한다	목표; 만족도 4.5점, 최소 3.5점 이상
개인별 취향을 모은다	목표; 2분, 최대 3분 내 파악(주문 시 과거 고객 주문이력 조회토록 dB화)
밤참 운영을 전한다	목표; 주문율 월 평균 10% 향상(직전 월 대비), 최소 7%이상
재료관리 수준을 높인다	목표; 1.5일, 최대 3일 이내 처리(냉동보관 기준)
운송수단을 얻는다	목표; 배달소요시간 10분, 최대 15분 이내(출발부터 배달완료까지)

■ '도착시간을 미리 얻는다'와 '주문내역을 미리 얻는다'는 야간 학습 여학생들을 대상으로 하고 있으며, 예약 시 도착시간과 주문내역이 동시에 접수될 것이므로 '예약을 받는다'에 통합함.

기능 요구 사항(CFR)'을 설정할 때 수치적으로 표현이 안 되면 출처인 'Y'와 연관시켜 보거나('Y'는 이미 '현 수준'과 '목표'가 수치화돼 있으므로 연관성이 논리적으로 파악되면 수치화가 가능), '5-Why'[51]로 질문을 해서 도대체 이 기능이 왜 필요한지를 근본적으로 파악하는 방법을 써본다. 그 외에 수치가 아니더라도 '데이터베이스화'나 '특정한 환경 선정' 등과 같이 1회성으로 결정되는 것들도 올 수 있으나 이 경우 주로 '즉 실천'으로 처리되는 것이 대부분이다. 따라서 다음에 이어질 'Step-7.3. 기능 대안 도출'이 생략될 수도 있다. 지금까지의 결정 내용을 함수 관계로 요약하면 다음 식 (A.2)가 된다.

---

51) '왜'라는 질문을 5번 연속해서 원인이나 사상을 파악하는 도구.

(A.2) 'Y'와 '기능'과의 함수 관계

Y_1(라면 준비시간) $=f$(예약을 받는다, 예약자를 안다, 물 끓임 용량을 늘린다, 서빙 시간을 줄인다)

Y_2(주문 L/T) $=f$(예약을 받는다, 라면상태를 유지한다, 물 끓임 용량을 늘린다, 서빙시간을 줄인다, 주문접수시간을 줄인다)

Y_3(나 홀로 손님 맛 만족도) $=f$(라면상태를 유지한다, 설문을 주기적으로 받는다, 비용을 줄인다, 개인별 취향을 모은다, 재료관리 수준을 높인다)

Y_4(라커피점 반응도) $=f$(운영방법을 변환한다)

Y_5(밤참 주문비율) $=f$(라면상태를 유지한다, 개인별 취향을 모은다, 밤참운영을 전한다, 운송수단을 얻는다)

식 (A.2)를 이전 식 (A.1)과 비교함으로써 최종 결정을 통해 달라진 점을 찾아보자. 'Step – 7.2. 핵심 기능 선정'에서 '핵심 기능 요구 사항(CFR)'이 설정되기 전에는 '핵심 기능'이 총 14개에서 '핵심 기능 요구 사항(CFR)'이 설정된 후에는 총 12개로 조정되었다. 이어 '세부 로드맵'의 결과물인 [그림 A – 7]을 가지고 'Step – 7.3. 기능 대안 도출'로 들어간다.

Step – 7.3. 기능 대안 도출

'프로세스 설계' 중 제일 중요한 '세부 로드맵'을 꼽으라면 바로 '기능 대안 도출'이라 말하고 싶다. 상품이든 프로세스든 바로 그 윤곽이 형성되는 시작점이기 때문이다. 처음의 매끄럽지 않은 불완전한 상태에서 '세부 로드맵'을 거듭할수록 세련돼 가는 모습을 거쳐 최종 완성에 이른 후 거꾸로 이때를 회고하면 만족과 보람을 느낀다. 본 '세부 로드맵'에서 시간과 노력을 아낌없이 투자해야 그 열매도 달다. 반대로 가장 어려운 과정이라고도 볼 수 있다. 만일 동일한 프로세스 설계를 두 팀이 하고 있다면 아마 각 팀의 멤버들 역량, 노력 정도, 팀활동, 조사 범위 등에 따라 만들어질 프로세스 질이 하늘과 땅 차이로 벌어질는지도 모른다. 프로세스 설계의 결과는 바로 '기능 대안 도출'에서 결정된다는 점을 명심하고 리더는 모든 역량과 총력을 기울여 과제에 올인(?)해야 한다.

 '기능 대안'의 사전적 정의를 찾기란 매우 어렵다. 영문으로는 'Functional Alternative'가 대세다. 그러나 용어는 참 잘 만들어졌다는 생각이 든다. '기능(Function)'들을 찾았으니 그를 실현시킬 '대안(Alternative)들'이 요구되기 때문이다. 그런데 왜 '대안'이 아닌 '대안들'이라고 해야 할까? 그것은 '만들어가는 과정'에 있기 때문이다. '기능'을 실현시킬 명확한 방법이 단 하나 존재하면 최상이지만 만들어가는 과정 중엔 이 같은 단 한 개의 대안은 향후에 매우 불안한 상황을 연출한다. 나중에 실제로 프로세스를 운영했더니 여기저기서 불협화음이 생기면 전체 '설계' 과정은 의미를 잃는다. 따라서 이전 '세부 로드맵'에서 확정한 '핵심 기능'들 각각에 대해 그를 실현시킬 '대안들'이 필요하고, 그들 중에서 가장 좋을 것으로 생각되는 '최적의 대안'을 선정한다. 설명한 과정을 '세부 로드맵'으로 정리하면 'Step-7.3. 기능 대안 도출'에 이어, 도출된 여러 대안들을 평가하고 그들 중 가장 적합한 대안을 선정하는 'Step-7.4. 기능 대안 확정'으로 이어진다.

 하나의 '기능'에 '대안'이 여럿 존재할 수 있으므로 단 하나의 출처, 예로써 '전문가의 조언'을 통해 다수의 '대안'들을 한 번에 얻는 일은 실효성이 떨어진다. '전문가'는 특정 분야에 많은 지식과 경험을 축적한 사람이므로 나올 수 있는 '대안'은 좋아도 설계 중인 프로세스에 100% 반영되리란 보장은 어렵다. 따라서 하나의 '기능'을 실현시킬 '대안'들은 여러 출처에서 다양한 고려를 통해 얻는 것이 바람직하다. '출처'가 다르므로 실현시킬 '대안'들의 성향도 차이 나기 때문에 프로세스에 잘 맞으면서 새롭게 변모시킬 다양한 기회까지 얻어낼 수 있다.

그렇다면 주변에 어떤 '출처'들이 있을까? 굳이 상세하게 설명하지 않아도 너무나 잘 알려져 있고 업무 중 활용 빈도도 높은 '벤치마킹', '브레인스토밍', '전문가 조언', '문헌', '기술 자료', '특허', '보고서', '프로세스 맵' 등등이 포함된다. 심지어는 걸어가다 "아, 그렇게 하면 되겠군!" 하고 순간적으로 스치는 아이디어가 있었다면 그 역시 하나의 '출처'가 될 수 있다. 이때의 출처는 '내 머리' 정도가 될 듯싶다. 최근에는 'TRIZ(러시아어 Teoriya Resheniya Izobretatelskikh Zadatch의 첫 자를 딴 약어)'를 '프로세스 설계'에 접목하는 빈도도 꽤 높다. 그러나 TRIZ는 PC 프로그램이 있어야 좋은 품질의 결과를 얻어낼 수 있는 데 반해, 가격이 만만치 않고 개인이 쉽게 활용하기에도 제약이 많은 단점이 있다. 따라서 아직까지 과제 수행에 쉽게 활용하기엔 역부족이다. 다음 [그림 A-8]

[그림 A-8] '기능 대안' 도출을 위한 출처들 예

은 '대안'들을 얻기 위한 여러 '출처'들을 한곳에 정리한 개요도이다.

[그림 A – 8]에서 '외부 조사에 의한 방법'들 중 'Tear – down 분석'은 주로 연구 개발 분야의 제품 설계에서 사용하는 용어로 경쟁사의 '제품'을 가져다 부품 수준까지 분해해서 기술 분석을 수행하는 방법이다. '프로세스 설계'에서는 경쟁사의 '프로세스'를 수집해 세분해서 분석하는 용도에 대응시킬 수 있다. [그림 A – 8]에 기술된 방법들의 유래와 용법들에 대해 여기서 하나하나 논하진 않을 것이다. 주변에서 쉽게 접할 수 있기 때문에 필요한 리더들은 사내 교재나 인터넷 검색 등을 참고하기 바란다.

본문은 '과제의 완성'보다 '과정의 설명'에 주안점을 두므로 우선 [그림 A – 7]의 '핵심 기능' 한 개를 예로 들어 '기능 대안 도출' 과정에 대해 자세히 알아 보자. '핵심 기능'인 '예약자를 안다'의 경우 주로 여고생들이 대상이며, 도착 1 시간 전쯤에 '도착 예정 시간'과 '메뉴', '주문 수' 등을 미리 확보한다고 가정 한다. '예약자를 안다'는 여고생들이 출입문을 열고 들어왔을 때 어느 예약자 인지 확인하는 데 소요되는 시간과 직접적으로 관계한다. 소요 시간이 오래 걸 릴수록 연이어 쏟아져 들어올 다른 예약자나 손님들을 맞이하는 데 악영향을 줄 것이며, 서빙 시간 지연 등 그 파급 효과는 계속 이어질 것으로 예상된다. 또, '핵심 기능 요구 사항(CFR)'을 보면 '목표=6초', '최대 15초 이내'로 설정 돼 있다. 결국 이 수준을 달성하기 위해 모든 아이디어나 자료 조사 또는 타 업 소 벤치마킹 등을 수행해야 한다. 우선 사전 조사와 아이디어를 통해 다음과 같 이 출처와 기본 조사 과정 및 '기능 대안'들을 총 정리해보았다(고 가정한다).

1) A은행 고객 대기 프로세스 벤치마킹
  1 – 1) 출처(도구): 벤치마킹
  1 – 2) 내용: 고객이 입장한 후 번호표를 뽑고 대기 후 자기 번호가 전광 판에 들어오면 해당 창구로 찾아감.

1-3) 아이디어: 번호표 외에 고객이 누군지 식별할 필요가 없어 긍정적임. 얻은 정보는, 분식집 입실한 고객에게 예약 번호를 제시하게 할 경우, 미리 주문한 분식을 바로 제공할 수 있음.

1-4) 기능 대안: 예약 접수 시 '예약 번호 제공'

2) 팀 회의를 통해 아이디어를 모음(홍길동 외 5명)

1-1) 출처(도구): 창의적 기법/브레인스토밍

1-2) 내용: 총 20개의 아이디어 중 적합성 검토를 거쳐 2개 선정.

1-3) 아이디어: 직원의 대응을 최소화하고, 가능하면 전산화를 기본 조건으로 함. 출입문을 들어설 때 터치스크린을 벽에 설치에 예약자 이름을 직접 누르게 함으로써 주방에 자동 전달하는 방법과, 식탁에 앉았을 때 터치스크린을 눌러 알리는 방법으로 압축. 다소 많은 설치비용이 예상됨.

1-4) 기능 대안: '출입문 터치스크린 알림 방법'과 '테이블 터치스크린 알림 방법'

3) 대형 음식점 운영자의 조언을 얻기 위해 인터뷰 실시

1-1) 출처(도구): 전문가 조언

1-2) 내용: 철저히 예약제로 운영되는 갈빗집의 운영자로부터 1개의 아이디어를 구함.

1-3) 아이디어: 예약자를 위한 테이블을 예약 때 미리 정한 뒤 세팅을 사전에 해놓음. 예약자로부터 자리 번호만 확인하고 바로 서빙을 하되 반찬 등 기본 세팅이 준비돼 있으므로 서빙 소요 시간 단축까지 일석이조임.

1-4) 기능 대안: 예약 시 '테이블 번호 제공'

정리된 내용들을 파워포인트로 옮겨놓으면 다음 [그림 A-9]와 같다.

Step-7. 아이디어 도출
Step-7.3. 기능대안 도출

F31 | 핵심기능; 예약자를 안다 | 핵심기능 요구사항 : 목표 6초, 최대 15초 이내

♦ '벤치마킹', '창의적 기법/ 브레인스토밍', '전문가 조언'을 통해 총 네 개의 <u>기능대안 도출</u>.

구 분	내 용		
출처	벤치마킹	창의적 기법/브레인스토밍	전문가 조언
내용	고객이 입장한 후 번호표를 뽑고 대기 후 자기 번호가 전광판에 들어 오면 해당 창구로 찾아감.	총 20개의 아이디어 중 적합성 검토를 거쳐 2개 선정.	철저히 예약제로 운영되는 갈빗집 운영자로부터 1개의 아이디어를 구함.
아이디어	고객이 누군지는 확인할 수 없지만 직원의 대응이 필요치 않은 것이 긍정적임. 이로부터 예약손님이 입장한 후 예약번호를 제시하면, 해당되는 분식을 바로 제공하도록 함.	직원의 대응을 최소화, 가능하면 전산화를 기본 조건으로 도출. 출입문을 들어설 때 벽에 설치된 예약자 이름의 터치스크린을 눌러 주방에 자동 전달하는 방법과, 식탁에 앉았을 때 터치스크린을 눌러 알리는 방법으로 압축. 다소 많은 설치비용이 발생.	예약자를 위한 테이블을 예약 시 미리 정한 뒤 세팅을 사전에 해 놓음. 예약자로부터 자리번호만 확인하고 바로 서빙을 하되 반찬 등 기본 세팅이 준비돼있으므로 서빙소요시간 단축까지 고려할 수 있는 장점이 있음.
기능대안	예약접수 시 '예약번호 제공'	'출입문 터치스크린 알림방법', '테이블 터치스크린 알림 방법'	예약 시 '테이블 번호 제공'

■ 예약 접수 시 '<u>예약번호 제공</u>'과 '<u>테이블 번호제공</u>'은 예약 시 '<u>식별번호 제공</u>'으로 통합.
■ '<u>출입문 터치스크린 알림 방법</u>'과 '<u>테이블 터치스크린 알림 방법</u>'은 '<u>터치스크린 알림 방법</u>'으로 통합.

※ <참고> 도출과정에 대한 상세내용은 '개체삽입'된 첨부파일에 포함돼 있음.

PS-Lab
Problem Solving Laboratory

　　[그림 A - 9]를 보면 맨 상단의 제목 줄에 표시된 'F31'은 'FAST'에서의 순번을, 그리고 연이어 '핵심 기능'과 그에 대한 '핵심 기능 요구 사항(CFR)'을 기술한다. 앞서 설명된 각 출처별 '내용', '아이디어', '기능 대안' 들을 정리해 놓았다. 맨 아래의 종합 요약에는 출처별 도출된 '기능 대안'들이 재정리돼 있다. 예를 들어 '예약 번호 제공'과 '테이블 번호 제공'은 '식별 번호 제공'으로 통합했음을 알리고 있다. 물론 결과를 얻기까지의 과정은 모두 정리해 장표 오른쪽에 '개체 삽입'해 놓음으로써 이력과 상세 정보를 관리한다. 과정의 예로써 '벤치마킹'은 언제, 어디를 대상으로, 누구와, 무엇을, 어떻게 얻어냈는지가 '6하원칙'대로 상세히 기록돼 있어야 한다. 다른 '출처' 역시 이력을 남겨놔야 노력한 대가의 정당한 평가뿐 아니라 자료의 객관성 확보에도 큰 도움을 받는다.

수행 중인 과제를 멘토링 하다 보면 어느 '기능'이 어느 '기능 대안'과 연결되는지 자료로부터 파악하기 어려울뿐더러 심한 경우 느닷없이 최종 해법이 ('기능 대안'이 아닌) 등장하기도 한다. 답을 알고 왔거나 '프로세스 설계 방법론'의 흐름을 이해하지 못한 데서 오는 일종의 혼란 상황이다. 이럴 경우 리더들은 과제 수행에 환멸을 느끼곤 한다. 그냥 하면 될 걸 흐름에 맞추면서 상황을 더 어렵게 만든다는 것이다. 많은 'Paper Work'에다 업무 시간도 아닌 저녁이나 주말 시간을 바친다고 생각하기 일쑤다. 과제가 단순하면 학습을 목적으로 모든 '세부 로드맵'을 따르든지 아니면 빠른 방법론으로 완료하든지 결정해야 한다. 또, 이왕 과제를 수행하면 매 '세부 로드맵'에서 심도를 높이는 데 주력해야 한다. 물론 '세부 로드맵'을 익히면서 심도까지 높이면 초기 입문자 입장에선 훨씬 더 많은 노력과 시간을 투입해야 한다. 다음은 정리 단계인 'Step – 7.4. 기능 대안 확정'에 대해 알아보자.

Step – 7.4. 기능 대안 확정

앞서 도출한 '기능 대안'들을 선별하는 과정이다. 물론 선별 방법은 다양하나 가장 일반적이면서 쉽게 활용할 수 있는 방법이 최선이다. '기능 대안'들의 평가와 선정에서 혹자는 특정 도구들을 적용하기만 하면 가장 적합한 것들이 자동으로 선택되리라 기대하곤 한다. 도구는 내용들을 종합하고 표현하는 데 큰 도움을 주지만, 의사결정을 하는 일은 팀 회의의 역할이 핵심이다. 도구 만능주의라는 말이 있다. 온갖 도구들로 화려하게 치장하려는 접근은 삼간다. 잘못하면 도구 용법 속에 허덕이다 과제 수행 목적과 본말이 전도되는 일이 발생한다. 가장 일반적인 도구들은 다음 [그림 A – 10]과 같다.

[그림 A – 10]의 과정은 우선 '선별(Screening)'과 '평가/선정' 두 개의 단계로 연결돼 있음을 보여준다. '선별'은 다시 'Show Stoppers 제거'와 '조직 적합성 검토'로 구성돼 있다. 둘은 하나의 표에서 동시에 처리되는데 각각의 역할은 다음과 같다.

Show Stoppers 제거
→ 고객에게 역반응을 야기하는 대안
→ 관련된 법규나 기업방침/전략에 위배되는 대안
→ 적용하는 데 상당한 비용이 들어가는 대안
→ 다른 아이디어와 중복되거나 대치되는 대안
조직 적합성 검토
→ 경영층의 지원이 없으면 실행이 어려운 대안
→ 회사문화/부서 간에 대치되는 대안
→ 현 IT운영시스템과 상충되는 대안

선정된 '기능 대안'이 '선별'의 내용에 부합하면 팀 회의 중에 걸러낸다. 물론 유용할 가능성도 배제할 수 없으므로 선별 과정은 신중하게 진행한다. 다음 [그림 A-11]은 'Step-7.4. 기능 대안 확정'의 '선별'에 대한 파워포인트 작성 예이다.

[그림 A-11] 'Step-7.4. 기능 대안 확정' 작성 예('선별' 결과)

Step-7. 아이디어 도출
Step-7.4. 기능대안 확정(선별)

◆ '기능대안'들에 대한 'Show Stoppers 제거'와 '조직 적합성 검토'를 통한 <u>사전 선별</u>.

V: 영향 있음

| 핵심기능 | 기능대안 | Show Stoppers 제거 | | | | 조직 적합성 검토 | | | 잠재적 Idea 선정 |
		고객 역반응 야기	법규/기 업방침/ 전략에 위배	예상 비용 초과	타 아이 디어와 충복/ 대치	경영층 지원필 요	문화/부 서간 상 충성	IT운영 시스템 상충성	
예약을 받는다	매체 이용(전화/SMS/인터넷)								선정
예약자를 안다	식별번호 제공(예약번호 제공/ 테이블 번호 제공)								선정
	터치스크린 알림 방법(출입문/			V		V			제외

핵심기능(CTF)	기능대안								
예약을 받는다	매체 이용(전화/SMS/인터넷)								
예약자를 안다	식별번호 제공(예약번호 제공/ 테이블 번호 제공)								선정
라면상태를 유지한다	라면 예열방법(물로 예열/오븐 예열)								
물 끓임 용량을 늘인	물 끓임 부피 증대(10L/20L)			V					제외
서빙시간을 줄인다	라면 세정정도(데이블 골프/측정원소 세정 법)								
운영방법을 변환한다	공간 변경(분리형으로 운영/통합해서운영/낮밤 이원화로 운영)								선정
개인별 취향을 모은 다	고객 주문이력관리(PC로 관리/멤버쉽카드 관리/쿠폰카 드관리)								선정
밤참 운영을 전한다	홍보방법(전단지 주기배포/매체 광고/방문광고)								반찬에 통합
재료관리 수준을 높 인다	재료조달방법(용일배달과 계약/주변여채업소와 계약/매일 새벽 농산물시장 방문)				V				
운송수단을 없앤다	배달방법(직접배달/연주/아르바이트)								

■ 'Show Stoppers'와 '조직 적합성 검토'결과 '기능대안'으로 10개를 선별함 (통합 2, 즉 실천 1는 제외)

[그림 A-11]에서 왼쪽 작은 사각형 영역 내에 있는 '항목'들이 사안의 단순성으로 '평가/선정' 없이 최종 확정된 '기능 대안'들이다(로 가정한다). 작은 사각형 내의 '기능 대안'들은 각각 2~4개의 수준(예를 들면, '핵심 기능'인 '운영방법을 변환한다'의 '기능 대안'은 '공간 변경 - 분리형으로 운영/통합해서 운영/낮밤 이원화로 운영'의 3개 수준으로 이루어져 있다)들을 포함하며, 그들이 실질적인 '대안'들로서 다음의 'Step-8. 콘셉트 개발'에서 '콘셉트 후보'를 탄생

시키는 데 주 역할을 하게 된다.

이 작업이 완료되면 필요에 따라 '평가/선정' 단계로 들어가는데 가장 일반적인 방법이 '매트릭스 평가'다. 이에는 [그림 A – 10]과 같이 세 종류가 있는데 위에서 밑으로 갈수록 위계가 높다. 'NGT(Nominal Group Technique)'는 팀원들이 점수를 매겨 선정하는 방법을, 'Decision Matrix'는 '임계치 또는 기준(Criteria)'과 '가중치'를 부여해서 평가하는 방법을, 'Must – Want Matrix'는 '임계치 또는 기준'을 'Must'한 경우와 'Want' 조건으로 나눈 뒤 'Must'를 모두 만족한 것들을 대상으로 'Want' 조건에서 평가하는 방법을 각각 나타낸다.

[그림 A – 10] 내 도구들 바로 옆 표기들은 용법은 동일한데 명칭만 달리 불려서 참고로 모아놓았다. 'Show Stoppers 제거'와 '조직 적합성 검토'를 포

[그림 A – 12] 'Step – 7.4. 기능 대안 확정' 작성 예

Step-7. 아이디어 도출
Step-7.4. 기능대안 확정

● 최종 확정된 '기능대안'들을 'Step-8. 컨셉트 개발'에서 활용할 수 있도록 정리함.

핵심기능 (CTF)	핵심기능 요구사항 (CFR)	기능대안 1	기능대안 2	기능대안 3	비고
예약을 받는다	1시간 이내(서빙완료 직전)의 경우만	전화/SMS	전화/SMS+인터넷	-	매체이용
예약자를 안다	목표; 6초, 15초 이내	예약번호 제공	테이블 번호 제공	-	식별번호 제공
라면상태를 유지한다	목표; 3분, 5분 이내 제공(예약번호 확인 후)	물로 예열	오븐예열	-	라면예열방법
물 끓임 용량을 늘인다	목표;10개, 최소 7개 이상(동시에 라면)	10L	20L	-	물 끓임 부피 증대
서빙시간을 줄인다	목표; 1분, 3분 이내	테이블 저장 셀프	특정장소 저장 셀프	-	반찬/물 제공방법
운영방법을 변환한다	목표; 만족도 4.5점, 최소 3.5점 이상	분리형으로 운영	통합해서 운영	낮/밤 이원화로 운영	공간변경
개인별 취향을 모은다	목표; 2분, 최대 3분 내 파악(주문 시 과거 고객 주문이력 조회토록 dB화)	PC로 관리	멤버십 카드 관리	쿠폰카드 관리	고객 주문 이력관리
밤참 운영을 전한다	목표; 주문율 월 평균 10% 향상(직전 월 대비), 최소 7%이상	전단지 주기배포	매체광고	방문광고	홍보방법
재료관리 수준을 높인다	목표; 1.5일, 최대 3일 이내 처리(냉동보관 기준)	용달배달과 계약	주변 야채업소와 계약	매일 새벽 농산물시장 방문	재료조달 방법
운송수단을 얻는다	목표; 배달소요시간 10분, 최대 15분 이내(출발부터 배달완료까지)	직접배달	외주	아르바이트	배달방법

함해 도구들의 자세한 용법은 『Be the Solver_프로세스 개선 방법론』편을 참고하기 바란다.

[그림 A‒12]는 '선별'과 'Matrix 평가/선정' 과정을 거쳐 최종 확정된 '기능 대안'들을 정리한 표이다. 이 결과는 다음 '세부 로드맵'인 'Step‒8. 콘셉트 개발'의 입력이 된다.

[그림 A‒12]에서 열 제목인 '기능 대안 1~기능 대안 3'은 [그림 A‒11]의 왼쪽 확정된 표 내의 항목들을 알기 쉽게 정리한 결과이다. 이제 이 결과를 이용하여 'Step‒8. 콘셉트 개발'로 들어가 보자.

Step-8. 콘셉트 개발

　　　　　　　　제품의 실질적인 윤곽이 나오는 '세부 로드맵'
이다. 이전까지가 'Y'들의 목표를 달성하기 위해 필요한 '기능'들을 도출해서
선별하고 다듬는 과정이었으면 이제 그들을 이용해 눈에 보이는 형태로 변환
시키는 과정이 수반되며, 이것을 '콘셉트 개발'이라고 한다. '콘셉트(Concept)'
는 '개념, 구상'으로 해석되며, 좀 더 명확한 정의를 알아보기 위해서는 철학
용어인 '개념'보다 실제 설계 부문에서 자주 쓰이는 '구상'이란 단어를 알아보
는 것이 도움 된다. 다음은 국어사전의 정의 중 두 개를 옮겨놓은 것이다.

· **구상(構想)** 앞으로 이루려는 일에 대하여 그 일의 내용이나 규모, 실현 방법 따위를
어떻게 정할 것인지 이리저리 생각함. 또는 그 생각. (영문) a conception; an idea.
· **구상(具象)** 사물, 특히 예술작품 따위가 직접 경험하거나 지각할 수 있도록 일정한
형태와 성질을 갖춤. (영문) Concreteness, Embodiment.

　'구상'이란 단어를 두 개 옮겨놓은 이유는 실제 설계 과정에서 두 용어가
모두 사용되기 때문이다. 이 기회에 혼선이 없도록 명확하게 알아두자. 보통
기술적인 관점에서 설계는 크게 3단계로 나뉘며, '1단계: 구상 설계(Conceptual
Design) – 2단계: 구상(구체) 설계(Concrete Design) – 3단계: 상세 설계
(Detail Design)'가 그것이다. 따라서 용어 정의의 첫 번째 '구상(構想)'은 '아
이디어를 엮는다'이고, 두 번째 '구상(具象)'은 실제적인 조형 작업, 즉 '여러
가지 재료를 이용하여 구체적인 형태나 형상을 만듦'의 과정에 해당한다.
'Step-8. 콘셉트 개발'과 'Step-9. 상위 수준 설계'에서 바로 '1단계'와 '2단
계' 프로세스 설계가 진행되고, 나머지 '3단계: 상세 설계(Detail Design)'는

로드맵상 'Design Phase'에 해당한다.

용어에 대한 이해가 섰으면 '세부 로드맵'이 어떻게 전개되는지 알아보자. 우선 'Step – 7.4. 기능 대안 확정'의 산출물을 이용해 'Step – 8.1 콘셉트 후보 도출'이 수행된다. 즉, 아이디어를 엮어내는 '구상(構想) 설계'가 이루어지는데 이 작업은 통상 팀 회의를 거친다. 교육 중 자주 인용하는 예가 있는데 바로 '로봇 태권 브이를 만드는 초기 과정'으로 비유하는 일이다. 물론 신입 사원처럼 이제 회사 생활 얼마 안 된 직원들을 상대하는 경우 가끔 약간의(?) 세대 차이로 다른 예를 찾아야 하는 불상사가 생기긴 하지만 다행스럽게도 아직까지는 잘 통하는 이미지다. 한마디로 정리하면 'Step – 7. 아이디어 도출'에서 '로봇 태권 브이'의 '머리', '몸통', '팔', '다리', '로켓 포' 등에 대한 부분적인 최상의 '대안'들을 마련했으면, 'Step – 8.1. 콘셉트 후보 도출'에서는 그들을 조합해 대충 전체적인 모양을 갖춰본다. 이때 '몸통'부터 '로켓 포'까지 각각 여러 개의 '대안'들이 존재할 것이므로 '콘셉트 후보'도 한 개가 아닌 여러 개를 선정하는 것이 유리하다.

이렇게 'Y'들의 '목표'를 고려한 '로봇 태권 브이'가 여럿 만들어지면 이어서 'Step – 8.2. 콘셉트 후보 평가'를 통해 가장 적합할 것으로 생각되는 '로봇 태권 브이'를 결정한다. 경우에 따라서는 한 개가 아니라 2~4개 정도가 될 수 있다. 몇 개로 압축된 '로봇 태권 브이'들로부터 'Step – 8.3. 최적 콘셉트 선정'이 진행되는데, '최적'이란 단어가 의미하듯 가장 좋은 한두 개의 '로봇 태권 브이'가 탄생한다. 이 글을 읽고 있는 리더들은 '로봇 태권 브이'를 여러분이 설계하고 있을 '○○프로세스'로 치환해서 읽어주기 바란다. 이 결과물은 다음 과정인 'Step – 9. 상위 수준 설계'로 넘겨진다. '세부 로드맵'들의 내용과 파워포인트 표현들에 대해 알아보자.

Step−8.1. 콘셉트 후보 도출

'콘셉트 후보'는 말 그대로 '후보'다. 그들 중 적합하다고 판단되면 '최적 콘셉트'가 된다. '콘셉트 후보'를 도출하는 과정은 전체 설계 과정에 드는 예산의 약 5% 미만, 소요 시간은 전체 소요 시간의 약 15% 정도임이 알려져 있다. 이것은 적은 비용과 노력에 의해 결정되는 장점이 있는 반면, 이후 설계를 확정짓는 데 직접적인 영향을 주므로 매우 중요한 작업이라 할 수 있다. 또 평균적으로 도출되는 후보는 10개 내외가 적당한 것으로 알려져 있으나 이것도 과제의 규모나 투입 자원, 환경 등의 영향을 고려해서 판단할 사항이다. 과정은 [그림 A−12]를 가져다 놓고부터 시작하는데 팀 회의는 필수적임을 명심하자. 다음 [표 A−7]은 '콘셉트 후보' 도출 과정을 설명하기 위해 [그림 A−12]를 가져와 재정리한 표이다.

[표 A−7] 개념 조합 표

핵심 기능(CTF)	핵심 기능 요구 사항 (CFR)	기능 대안 1	기능 대안 2	기능 대안 3
예약을 받는다.	1시간 이내(서빙완료 직전)의 경우만	전화/SMS	전화/SMS + 인터넷	−
예약자를 안다.	목표: 6초, 15초 이내	예약번호 제공	테이블 번호 제공	−
라면상태를 유지한다.	목표: 3분, 5분 이내 제공(예약번호 확인 후)	물로 예열	오븐 예열	−
물 끓임 용량을 늘린다.	목표: 10개, 최소 7개 이상(동시에 라면)	10L	20L	−
서빙시간을 줄인다.	목표: 1분, 3분 이내	테이블 저장 셀프	특정장소 저장 셀프	−
운영방법을 변환한다.	목표: 만족도 4.5점, 최소 3.5점 이상	분리형으로 운영	통합해서 운영	낮/밤 이원화로 운영
개인별 취향을 모은다.	목표: 2분, 최대 3분 내 파악(주문 시 과거 고객 주문이력 조회토록 dB화)	PC로 관리	멤버십 카드 관리	쿠폰카드 관리

밤참 운영을 전한다.	목표: 주문율 월평균 10% 향상(직전 월 대비), 최소 7% 이상	전단지 주기배포	매체광고	방문광고
재료관리 수준을 높인다.	목표: 1.5일, 최대 3일 이내 처리(냉동보관 기준)	용달배달과 계약	주변 야채업소와 계약	매일 새벽 농산물시장 방문
운송수단을 얻는다.	목표: 배달 소요시간 10분, 최대 15분 이내(출발부터 배달완료까지)	직접배달	외주	아르바이트

[표 A-7]을 설계 방법론에서는 '개념 조합 표(Concept Combination Table)' 라고 부르며, "단편들을 체계적으로 조합하여 전체를 완성하는 표" 정도로 정의한다. 사실 '아이디어 상자(Idea Box)'가 가장 널리 쓰이는 일반 명칭이며, 내부가 그림들로 채워져 전체를 완성토록 구조화된 표를 별도로 '형태 분석 차트(Morphological Chart)'[52]라고 한다. '아이디어 상자=개념 조합 표=형태 분석 차트'인 셈이다.

[표 A-7]에서 '핵심 기능(CTF)'별로 2~3개씩의 '기능 대안'들이 마련돼 있으며, 실제 프로세스를 운영하는 데 필수적인 요소들이다. '기능 대안' 각각은 '핵심 기능'별로 조사와 연구 과정을 독립적으로 거쳐 확정한 산출물이며, 이들의 조합을 통해 '콘셉트 후보'들이 탄생한다. 즉, 수 개의 '로봇 태권 브이'가 만들어지는 셈이다. 이때 만일 열(Column) 수가 10개, 행(Row) 수가 10개면 나올 수 있는 가능 조합 수(또는 로봇 태권 브이)는 무려 '100억 개 (10^{10})'나 된다. [표 A-7] 경우 '7,776($=2^5 \times 3^5$)'개이다. 현재만 봐서도 엄청난 수의 상품 또는 프로세스 유형이 존재하므로 이들 중 최적의 프로세스가 포함될 가능성은 대단히 높아진다. 반대로 양이 많은 대신 그에 비례해서 양질의 프로세스를 찾아내는 작업도 만만치 않다. 팀의 역량이 필요한 이유가 여기에 있다. 다음 [표 A-8]은 '개념 조합 표'로부터 어떻게 '콘셉트 후보'들이 도출되는지의 과정을 설명한다.

---

52) '형태 분석 차트'는 사전에 없는 단어로, 일반적인 용어를 썼다. 영문인 'Morphology'와 'Morphological'은 혼용되고 있다.

핵심 기능	핵심 기능 요구 사항	기능 대안 (Function Alternative)				
CTF_1	CFR_1	S_{11}	S_{12}	S_{13}	...	S_{1m}
CTF_2	CFR_2	S_{21}	S_{22}	S_{23}	...	S_{2m}
CTF_3	CFR_3	S_{31}	S_{32}	S_{33}	...	S_{3m}
CTF_4	...	...	...	...	...	...
CTF_5	CFR_n	S_{h1}	S_{n2}	S_{n3}	...	S_{nm}

콘셉트 후보 1   콘셉트 후보 2

우선 각 '핵심 기능 요구 사항(CFR)'의 '목표' 달성 가능성을 고려하며 관련된 '기능 대안'을 하나씩 선택해 나간다. 각 '핵심 기능'별로 하나씩의 '기능 대안'이 선정되면 비로소 한 개의 '콘셉트 후보'가 탄생한다. 이 같은 과정을 반복하며 최소 6~10개의 '콘셉트 후보'를 조합한다. 경험적으로 짧은 시간에 마무리되는 경우도 있지만 하루 온종일 또는 2~3차례에 걸쳐 진행되기도 한다. 프로세스의 규모나 고려해야 할 사항들이 많은 경우 또는 부서 간 이해가 상충할 때 더 많은 시간이 소요된다. [그림 A-13]은 'Step-8.1. 콘셉트 후보 도출' 작성 예이다.

[그림 A-13]은 과정을 설명할 목적으로 5개의 콘셉트 후보들만 도출했으나 수학적인 총 조합 수가 7,776개인 점을 감안하면 훨씬 더 적합한 후보를 찾기 위한 노력을 경주해야 한다. 또, 도출 과정 중 새로운 의견과 아이디어가 나올 수 있다. 만일 '기능 대안'이나 앞서 수행했던 '핵심 기능'을 포함해 창의적인 개념들이 새롭게 나오면 협의를 거쳐 과감히 이전 '세부 로드맵'으로 돌아가 수정 후 다시 로드맵을 밟고 온다. 정해진 길을 하나씩 정리하며 왔으므로 현시점까지 다시 오는 데 소요되는 시간은 처음 올 때 대비 10%에도 못

Step-8. 컨셉트 개발
Step-8.1. 컨셉트후보 도출(개념 조합표 평가)

♦ 개념 조합표(Concept Combination Table)를 통해 컨셉트후보들을 도출함. 5개의 설계방향을 사전에 설정한 뒤 접근(아웃소싱 강화, 비용최소화, 소규모 투자, 대규모 투자, 혼합)

핵심기능(CTF)	핵심기능 요구사항(CFR)	기능대안 1	기능대안 2	기능대안 3
예약을 받는다	1시간 이내(서빙완료 직전)의 경우만	전화/SMS	전화/SMS+인터넷	-
예약자를 안다	목표: 6초, 15초 이내	예약번호 제공	테이블 번호 제공	-
라면상태를 유지한다	목표: 3분, 5분 이내 제공(예약번호 확인 후)	물로 예열	로 전기예열	-
물 끓임 용량을 늘인다	목표:10개, 최소 7개 이상(동시에라면)	10L	20L	-
서빙시간을 줄인다	목표: 1분, 3분 이내	테이블 저장·셀프	특정장소 저장 셀프	-
운영방법을 변환한다	목표: 만족도 4.5점, 최소 3.5점 이상	분리형으로 운영	통합해서 운영	낮/밤, 인원교로 운영
개인별 취향을 모은다	목표: 2분, 최대 3분 내 파악(주문시 과거 고객 주문이력 조회토록 dB화)	PC로 관리	멤버십 카드 관리	쿠폰카드 관리
밤참 운영을 전한다	목표: 주문을 월 평균 10% 향상(직전 월 대비), 최소 7%이상	전단지·주가배포	매체광고	방문광고
재료관리 수준을 높인다	목표: 1.5일, 최대 3일 이내 처리(냉동보관 기준)	용달배달과 계우	주산·야채업소화·계약	매일 새벽 농산물 시장 방문
운송수단을 얻는다	목표: 배달소요시간 10분, 최대 15분 이내(출발부터 배달완료까지)	직접배달	외주	아르바이트

■ 팀 회의를 통해 총 5개의 컨셉트후보를 도출함. 상세내역은 첨부파일 참조

컨셉트후보 3 컨셉트후보 1 컨셉트후보 2
컨셉트후보 5 컨셉트후보 4

PS-Lab
Problem Solving Laboratory

미친다. 이것이 설계 방법론 과정을 따를 때 나타나는 보이지 않는 큰 장점이자 힘이다. 만일 특정한 설계 의도나 방향성이 있으면 팀원들과 '설계 방향'을 설정한 뒤 '콘셉트 후보' 도출에 임한다. [그림 A-14]는 도출된 '콘셉트 후보'들이며, 두 번째 행에 사전에 정한 '설계 방향'과 그를 고려해 조합한 세 번째 행의 '콘셉트 후보' 결과가 함께 나타나 있다.

[그림 A-14]에서 '콘셉트 후보'들은 최초 '설계 방향'으로 정한 '아웃소싱 강화형', '비용 최소화형', '소규모 투자형', '대규모 투자형', '혼합형'에 따라 정리되어 있다. 팀원들과 다시 검토를 거친 뒤 추가 사항이나 변경 사항이 없다고 판단되면, 'Step-8.2. 최적 콘셉트 평가/선정'으로 넘어간다. 이 '세부 로드맵'은 '정성적 방법'과 '정량적 방법'의 두 가지 접근법이 있다.

[그림 A-14] 'Step-8.1. 콘셉트 후보 도출' 작성 예

Step-8. 컨셉트 개발
  Step-8.1. 컨셉트후보 도출(컨셉트후보 정리)

♦ 팀 회의를 통해 5개의 <u>컨셉트 후보</u>들을 도출하였으며, 다음과 같이 정리함.

	컨셉트후보 1	컨셉트후보 2	컨셉트후보 3	컨셉트후보 4	컨셉트후보 5
설계 방향	아웃소싱 강화 형	비용최소화 형	소규모 투자 형	대규모 투자 형	혼합형
설 계 내 용	▪전화/SMS+인터넷 ▪테이블 번호제공 ▪오븐예열 ▪10L ▪테이블저장 셀프 ▪분리형으로 운영 ▪쿠폰카드 관리 ▪전단지 주기배포 ▪주변 야채업소와 계약 ▪외주	▪전화/SMS+인터넷 ▪테이블 번호제공 ▪물로 예열 ▪20L ▪특정장소저장 셀프 ▪낮/밤 이원화로 운영 ▪PC로 관리 ▪매체광고 ▪매일 새벽 농산물시장 방문 ▪아르바이트	▪전화/SMS ▪예약 번호제공 ▪오븐 예열 ▪10L ▪특정장소저장 셀프 ▪분리형으로 운영 ▪쿠폰카드로 관리 ▪매체광고 ▪용달배달과 계약 ▪직접배달	▪전화/SMS ▪예약 번호제공 ▪오븐 예열 ▪20L ▪테이블저장 셀프 ▪분리형으로 운영 ▪멤버십카드로 관리 ▪전단지 주기배포 ▪주변 야채업소와 계약 ▪아르바이트	▪전화/SMS+인터넷 ▪테이블 번호제공 ▪물로 예열 ▪20L ▪특정장소저장 셀프 ▪분리형으로 관리 ▪쿠폰카드 관리 ▪매체광고 ▪용달배달과 계약 ▪직접배달
특징	내부공수 최소화	투자 최소화	-	고객만족 극대화 초점	-

■ 최초 설정한 5개의 <u>설계 방향</u> (아웃소싱 강화, 비용최소화, 소규모 투자, 대규모 투자, 혼합)대로 해당 '<u>컨셉트 후보</u>'들을 함께 정리함.

PS-Lab
Problem Solving Laboratory

Step-8.2. 최적 콘셉트 평가/선정

'최적 콘셉트'를 평가해서 선정하는 방법은 앞서 언급한 바와 같이 '정성적 방법'과 '정량적 방법'이 있으며 각각에 대응하는 도구는 다음과 같다.

· **정성적 방법** Pugh Matrix 사용
· **정량적 방법** Conjoint Analysis(다구치 방법: Taguchi Method)

'Step – 8.1. 콘셉트 후보 도출'의 결과를 갖고 와서 그들 중 'Y'의 목표 달성을 위해 가장 적합한 후보를 '평가/선정'한다. 도구 측면에선 'Step – 7.4. 기능 대안 확정'에서 사용한 '매트릭스(Matrix) 평가'를 그대로 사용할 수 있는데 차이점이 있다면 [그림 A – 15]에 나타난 바와 같이 'Pugh Matrix'가 추가된다.

[그림 A – 15] '최적 콘셉트' 평가/선정용 Matrix 도구들

[그림 A – 15]의 '평가/선정'용 도구들 중 'NGT', '(Belief)Decision Matrix', 'KT Matrix(Must-want Matrix)'는 '콘셉트 후보'들 중 가장 적합한 것을 고르면 역할이 끝나지만, 'Pugh Method'는 후보를 고른 뒤라도 미흡한 영역이 발견되면 다시 변경할 수 있는 기회를 제공한다. 만족할 만한 수준의 설계에 도달할 때까지 계속 변경할 수 있으므로 설계 업무에서의 위계가 가장 높은 특징이 있다. 다른 용어로 'Pugh Concept Selection (Matrix)'의 명칭과 함께 'Hybrid Concept Design'이란 수식어가 따라다닌다. '프로세스 설계 방법론'

경우 가벼운 설계 등 특별한 사유가 없는 한 'Pugh Method'의 사용을 전적으로 권한다. 다음 [표 A-9]는 단순화하기 위해 두 개의 '콘셉트 후보'만을 사용한 'Pugh Matrix'이며, 각 열의 용도를 이어지는 본문에 간단히 요약해놓았다.

[표 A-9] 'Pugh Matrix' 사용 예

콘셉트 후보 1 - 대고객 접점 관리 강화용 프로그램
콘셉트 후보 2 - 대고객 사전 관리 강화용 프로그램

평가 기준(Criteria)	가중치	기준안	콘셉트 후보 1	콘셉트 후보 2
외부고객 CS 만족도	10	D A T U M	+	S
사후확인 고객만족 영향도	6		S	+
적용 시 담당자 오류 정도	7		−	+
도입의 난이도	4		S	−
유지관리	3		S	+
평가	'+' 합		1	3
	'−' 합		1	1
	'Same' 합		3	1
	'+' 가중 합		10	16
	'−' 가중 합		7	4
종합 평가			3	12

> · **평가 기준(Criteria)** 이 난에는 기본적으로 과제의 'Y'들이 반드시 들어와야 한다. 왜
> 나하면 '콘셉트 후보'란 앞으로 현업에서 쓰일 전체 모습을 이루고 있고, 그 전체를
> 평가하는 지표가 'Y'이기 때문이다. 그 외에 [표 A-10]과 같은 유형들을 참고해서
> '평가 기준'을 설정한다.

[표 A - 10] '평가 기준(Criteria) 설정을 위한 참고 유형' 예

품질의 8가지 차원[53]	업무 기준	상품 기준	추가 기준
▷성능: 상품의 1차 특성 ▷특징: 상품의 2차 특성 ▷신뢰성: 상품의 실패빈도 ▷일치도: 기준이나 사양과의 일치 ▷내구성: 제품의 수명 ▷서비스: 수리역량, 대응속도 ▷미적특성: 외부 디자인, 마무리 ▷인지품질: 명성	▷조직전략에 미치는 영향 ▷조직 능력과의 적합 정도 ▷비용효과 ▷완전시행까지 필요한 시간	▷참신성 ▷구입의향 ▷신뢰성 ▷호감도 ▷필요성 ▷시점 ▷가격 적절성 ▷사용 편리성	▷다른 관련 당사자의 요구사항을 반영 ▷법적 요건 충족도 ▷직원의 안전 및 보건 ▷사회 공동체의 안전 및 보건 ▷정치적 제한요건 충족도

(계속)

- 물론 항목들 중에는 프로세스 설계에서 다루고 있는 '프로세스'가 아닌 '제품'에 대한 요소들도 포함돼 있으나 전체 유형을 분류한 것이므로 필요한 부분만 활용하되, 각 항목 자체가 '평가 기준'으로 오는 것이 아니라 그들과 관련된 구체적인 특성, 예를 들면 두 번째 열의 '업무 기준'에 있는 '조직 전략에 미치는 영향'을 선택하면 '전략 수립 소요 기간', '정보 수집 용이성' 등이 적용될 수 있다.
- **가중치** 첫 번째 열의 '평가 기준' 항목들 중요도가 모두 동일할 수는 없으므로 상대적 중요도를 기입한다. 경우에 따라서는 생략할 수도 있다. 상대적 중요도를 구하는 방법은 'AHP(Analytic Hierarchy Process)'나 'PCA(Paired Comparison Analysis)' 등 쌍 비교 방법 등이 사용된다.
- **기준 안(Datum)** 콘셉트 후보들의 장단점을 비교하기 위한 대상이다. 통상 현재 운영 중인 프로세스나, 유사 프로세스 또는 수준이 높은 프로세스를 '기준 안'으로 둔다. 수준이 높은 프로세스를 비교 대상으로 두는 것은 그보다 더 품질이 우수한 프로세스를 설계한다는 의도가 깔려 있다.
- **콘셉트 후보 평가** 현재 '콘셉트 후보 1', '콘셉트 후보 2' 두 개를 '기준 안(Datum)'과 비교하고 있다. 이때 비교 방법은 예로써 '외부 고객 CS 만족도' 측면에서 '콘셉트 후보 1'이 '기준 안(Datum)'보다 우수하면 '+'를, 부족할 것 같으면 '−'를, 동등할 것 같으면 'S'를 기입한다.

---

53) David Garvin에 의한 품질의 8가지 분류 기준.

1차 평가가 완료되면 '+가중 합'과 '-가중 합'('가중치'가 없으면 '+합' 과 '-합'이 될 것임)을 빼서 '종합 평가' 값이 가장 큰 '콘셉트 후보'를 선정한다. 그러나 여기까지 진행만으로는 'Decision Matrix'나 'Must-want Matrix' 와 다를 바 없다. 가장 큰 차이점은 이런 과정이 지속된다는 것이다.

[표 A-9]의 결과에서 '종합 평가'의 '12점'을 얻은 '콘셉트 후보 2'가 우선 선정되었지만 평가 항목들 중 '-'를 얻은 '도입의 난이도'에 대해서는 '콘셉 트 후보 1'의 'S'와 최소한 열세를 보이고 있다. 이와 같이 '평가 기준'에서 다른 '콘셉트 후보'와 열세를 보이는 항목에 대해 좀 더 우수한 '콘셉트 후보' 의 구조를 연구한 뒤 그 장점을 추가 반영해 나가는 것이 앞서 얘기한 'Hybrid Concept'의 개념이다. 이런 작업이 반복될수록 프로세스의 완성도는 자꾸 높

[그림 A-16] 'Step-8.2. **콘셉트 후보 평가/선정**' 작성 예(1차 평가)

Step-8. 컨셉트 개발
Step-8.2. 컨셉트후보 평가/선정(1차 평가)   D M **A** D V

♠ **팀 회의를 통해** <u>1차 최적컨셉트 후보를 선정</u>.

평가기준(Criteria)	가중치	기준안	컨셉트후보 1 아웃소싱 강화형	컨셉트후보 2 비용 최소화형	컨셉트후보 3 소규모 투자형	컨셉트후보 4 대규모 투자형	컨셉트후보 5 혼합형
라면 준비시간	10		+	+	+	+	+
주문 L/T	9		+	+	S	+	+
나 홀로 손님 맛 만족도	8		S	+	S	S	S
라커피점 반응도	6	D	+	-	+	-	S
밤참 주문비율	3	A	+	+	+	+	+
가격 만족도	5	T	-	+	S	-	S
청결도	7	U	S	S	+	+	S
재방문 가능성	9	M	+	S	+	-	+
재료 신선도 수준	5		S	+	S	S	S
투자비용	5		-	+	+	-	S
...			...	...	...	...	...
평가	'+' 합		14	10	8	9	6
	'-' 합		5	7	4	5	5
	'Same 합'		4	6	11	9	12
	'+' 가중 합		78	56	49	34	43
	'-' 가중 합		19	27	31	20	24
종합평가			59	29	18	14	19

- 일시; 200xx.11.5. -참석자; 홍길동, 김수만.

■ 평가결과 '아웃소싱 강화형'이 큰 점수차로 선정되었으며, 타 컨셉트후보에 열세인 '가격만족도', '투자비용'등에 대한 우선적인 재검토를 2주 동안 검토 후 재 수행하기로 함.

PS-Lab
Problem Solving Laboratory

아진다. 최초 구조의 변화가 있은 후 팀원들이 다시 모여 'Pugh Matrix'를 또 수행한다. 이 기간이 얼마나 걸릴지는 설계 의사 결정에 참여하는 모든 팀원들이 모두 만족할 때까지 계속될 것이므로 한 주 안에 끝날 수도, 운(?)이 없으면 몇 달이 걸릴 수도 있다. 창조의 과정이 얼추 마무리되는 과정이기 때문이다. 더 이상 '기준 안(Datum)'보다 열세한 '평가 기준'이 없으면, 다음으로 '평가 기준' 자체를 바꿔서라도 또다시 'Pugh Matrix'를 수행한다. 이 작업에 모든 역량과 노하우를 집중해서 설계 중인 프로세스(또는 상품)의 실체가 구체화될 때까지 최선의 노력을 기울인다. [그림 A - 16]은 '라면 판매 프로세스 설계를 통한 매출 30% 향상' 과제의 'Step - 8.2. 콘셉트 후보 평가/선정' 파워포인트 작성 예를 보여준다.

[그림 A - 16]에서 1차로 선정한 '콘셉트 후보'는 '아웃소싱 강화용'으로 팀원들과의 결정 과정과 선정 배경 등은 모두 장표 오른쪽의 워드 파일로 '개체 삽입'시켜 놓았다(고 가정한다). '기준 안(Datum)'에 비해 '가격 만족도'와 '투자비용'이 열세로 평가되었는데 이것은 '주변 야채 업소' 및 '배달 외주'에 대한 비용 부담이 원가에 반영되는 것으로 가정하였다. '외주'에 대한 팀원들의 선호는 재료 구입이나 배달까지를 직원들이 담당할 경우 업무량의 폭주로 서비스 품질이나 중요도가 높은 '라면 준비 소요 시간' 등에 악영향이 있을 것이란 고려 때문이다. 물론 모든 내용들은 개체 삽입한 파일 '회의록'에 자세히 기록돼 있으며, 향후 보완의 필요성이 생길 경우 중요한 참고 자료로 활용한다.

'Pugh Matrix'는 결정한 '콘셉트 후보'를 바로 선정하는 도구는 아니다. 따라서 열세로 파악된 '가격 만족도'와 '투자비용'에 대한 2차 고려가 필요하며, '가격 만족도'가 '＋'로 평가돼 있는 '비용 최소화형'과, '투자비용'이 '＋'인 '비용 최소화형' 및 '소규모 투자형'에 대한 분석 작업에 들어간다. 이 과정은 팀원들이 1차가 끝난 후 바로 수행할 수도 있으나 상황에 따라 연구 과정 기간을 추가로 계획할 수도 있다. 간단한 분석 사례를 소개해보면 우선 '비용 최소화형'이 '가격 만족도'와 '투자비용' 측면에서 유리한 이유는 [그림 A-14]에 나타나 있듯 매일 새벽 농산물 센터를 직접 방문해 저렴하면서 신선한 식재료를 구입하는 방안과, 비교적 임금이 저렴한 시간제 아르바이트생을 배달원으로 채용하는 데 기인한다(고 해석된다). 그러나 단점도 있다. 매일 새벽 농산물 시장을 방문하는 것이 매우 힘들뿐더러 기존의 일찍 자고 일찍 일어나는 생활 패턴이 아니면 적응하기 어려운 상황일 수 있다. 또 배달원으로 아르바이트생을 쓸 경우 이직률이 높고 그에 따른 대고객 서비스 품질도 저하되는 문제점, 지역 지리 정보를 매번 습득해야 하는 등의 문제점이 대두되었다. 이것을 전체적으로 정리한 내용이 다음 [표 A-11]이다.

[표 A-11] '콘셉트 후보' 2차 평가 정리 예

1차로 선정된 콘셉트 후보	열세인 항목	강세인 콘셉트 후보와 사유	개선 방향
■ 아웃소싱 강화용 • 전화/SMS + 인터넷 • 테이블 번호제공 • 오븐 예열 • 10L • 테이블저장 셀프 • 분리형으로 운영 • 쿠폰카드 관리 • 전단지 주기배포 • 주변 야채업소와 계약 • 외주	■ 가격만족도 ■ 투자비용 (열세인 사유): 야채구입과 배달을 외주에 의존함에 따른 원가상승요인 발생 테이블 보정 쿠폰카드제작, 전단지 인쇄 등으로 초기투자비 증대	■ 가격만족도 ' + '→비용 최소화형(PC관리, 야채 직접구매, 아르바이트생 배달 등으로 원가반영 최소화) ■ 투자비용 ' + '→비용 최소화형, 소규모 투자형 (반찬 특정장소 저장에 따른 투자비용 최소화)	야채 직접구매, 아르바이트생 배달, 쿠폰/전단지 직접제작 반찬 테이블 저장은 유지

[그림 A-16]의 '평가 기준(Criteria)' 중 ' - '로 분류된 '가격 만족도'와 '투자비용'을 보완하기 위한 팀 회의 결과 [표 A-11]의 '개선 방향'이 우선적으로 결정되었다. 즉, 세 번째 열에서 '비용 최소화형'의 'PC 관리', '야채 직접구매, 아르바이트생 배달' 등을 원가를 최소화하는 요소로 판단하여 '개선 방

향'에 반영하였고, '반찬을 테이블에 저장'하는 안은 기존 테이블을 변경해야 함에 따라 투자가 요구되나 서빙 시간을 단축하고 남는 반찬을 최소화할 수 있는 이점 때문에 유지하였다(고 가정한다). 따라서 2차로 확정된 콘셉트 후보는 다음 [표 A-12]와 같다.

[표 A-12] '콘셉트 후보' 2차 평가 정리 예

핵심 기능(CTF)	핵심 기능 요구 사항(CFR)	2차 확정된 콘셉트 후보
예약을 받는다.	1시간 이내(서빙완료 직전)의 경우만	전화/SMS + 인터넷
예약자를 안다.	목표: 6초, 15초 이내	테이블 번호제공
라면상태를 유지한다.	목표: 3분, 5분 이내 제공(예약번호 확인 후)	오븐 예열
물 끓임 용량을 늘린다.	목표: 10개, 최소 7개 이상(동시에 라면 끓임)	10L
서빙시간을 줄인다.	목표: 1분, 3분 이내	테이블저장 셀프
운영방법을 변환한다.	목표: 만족도 4.5점, 최소 3.5점 이상	분리형으로 운영
개인별 취향을 모은다.	목표: 2분, 최대 3분 내 파악(주문 시 과거 고객 주문이력 조회토록 dB화)	쿠폰카드 관리 (자체 제작)
밤참 운영을 전한다.	목표: 주문율 월평균 10% 향상(직전 월 대비), 최소 7% 이상	전단지 주기 배포 (자체 제작)
재료관리 수준을 높인다.	목표: 1.5일, 최대 3일 이내 처리(냉동보관 기준)	매일 새벽 농산물 시장 방문
운송수단을 얻는다.	목표: 배달 소요시간 10분, 최대 15분 이내(출발부터 배달완료까지)	아르바이트생 배달

[표 A-12]에서 세 번째 열의 '2차 확정된 콘셉트 후보' 중 밑줄 친 내용들이 1차로 선정된 콘셉트 후보 내용에서 변경된 항목들이다. 이 '콘셉트 후보'를 다시 [그림 A-16]과 같이 평가하되 '기준 안(Datum)'을 바꾸거나, '평가 기준(Criteria)'을 변경시켜 '최적의 콘셉트 후보'를 구체화시켜 나간다. 물론 내용들의 변경이 일어날 수도 있고 새로운 아이디어가 도출돼 큰 폭의 조정이 있을 수도 있다. 현재 하고자 하는 핵심은 매출 향상이라는 목표를 달성하기 위해 최소 비용으로 최대 효과를 내는 데 초점을 맞춰야 하며, 최종 의사 결정이 이루어지기 전까지는 모든 가능성을 열어두고 임하는 자세가 필요하다.

본문의 전개에서는 [표 A－12]의 '2차 확정된 콘셉트 후보'를 중심으로 추가 콘셉트 후보 2개를 더 만들어낸 후 'Pugh Matrix' 평가를 수행한 것으로 설정 하였다. 다음 [표 A－13]은 새롭게 구성된 '콘셉트 후보'들을 보여준다.

[표 A－13] 2차로 구성된 '콘셉트 후보' 예

콘셉트 후보 1	콘셉트 후보 2	콘셉트 후보 3	비고
전화/SMS＋인터넷	전화/SMS＋인터넷	전화/SMS＋인터넷	－
테이블 번호제공	테이블 번호제공	테이블 번호제공	－
오븐 예열	물로 예열	물로 예열	오븐의 투자가 필요함에 따라 '물로 예열'을 고려
10L	20L	20L	많은 고객대응을 위해 끓는 물의 양을 20L로 증대
테이블저장 셀프	테이블저장 셀프	테이블저장 셀프	
분리형으로 운영	분리형으로 운영	통합형으로 운영	'통합형'은 라면판매 공간과 커피판매 공간을 구분하지 않고 통합해서 공간을 구성한다는 새로운 아이디어
쿠폰카드 관리 (자체제작)	쿠폰카드 관리 (자체제작)	쿠폰카드 관리 (자체제작)	－
전단지 주기 배포 (자체제작)	전단지 주기 배포 (자체제작)	전단지 주기 배포 (자체제작)	－
매일 새벽 농산물시장 방문	매일 새벽 농산물시장 방문	매일 새벽 농산물시장 방문	－
아르바이트생 배달	아르바이트생 배달	아르바이트생 배달	－

[표 A－13]에서 '콘셉트 후보 1'은 1차 'Pugh Matrix' 평가 결과를 토대로 마련된 결과이고, '콘셉트 후보 2'와 '콘셉트 후보 3'은 물을 미리 끓여놓는 용량이 '10ℓ'가 너무 적어 '20ℓ'로 늘린 경우이다. 특히 '콘셉트 후보 3'의 '통합형으로 운영'은 새롭게 구성된 아이디어인데 기존 '라면 판매 공간과 커피 판매 공간을 따로 분리해서 운영'해 보는 안이 초기 투자비가 너무 많이 들어갈 것이란 의견에 따라 '통합된 한 공간'으로 인테리어를 꾸미자는 변경

안이다. 이와 같이 새롭게 보완된 '콘셉트 후보'를 가지고 다시 'Pugh Matrix' 2차 평가를 수행한다. 다음 [그림 A‐17]은 평가 과정과 결과를 파워포인트로 작성한 예이다.

[그림 A‐17] 'Step‐8.2. 콘셉트 후보 평가/선정' 작성 예(2차 평가)

Step-8. 컨셉트 개발
  Step-8.2. 컨셉트후보 평가/선정(최종평가)

◆ **3차에 걸친 팀 회의를 통해** 최적 컨셉트후보를 선정.

평가기준(Criteria)	가중치	아웃소싱 강화형	컨셉트후보 1	컨셉트후보 2	컨셉트후보 3
주문 L/T	10		+	+	+
나 홀로 손님 맛 만족도	9		+	+	+
재료 신선도 수준	8		+	+	+
투자비용	6	D	S	S	+
인테리어 만족도	4	A	S	S	-
주방 청결도	6	T	S	S	S
반찬제공 만족도	3	U	S	S	S
개점까지 소요기간	5	M	-	-	+
...			...	...	...
평 가	'+' 합		7	8	10
	'-' 합		3	4	2
	'Same 합'		5	3	3
	'+' 가중 합		36	31	48
	'-' 가중 합		15	23	12
종합평가			21	8	36

-일시; 200xx.11.20. -참석자; 홍길동, 김수만..

■ 평가결과 라면판매 공간과 커피판매 공간을 하나로 통합해서 인테리어를 구성한 후 운영하는 방안을 최종 선정함. '인테리어 만족도'가 다소 떨어지는 단점을 극복하기 위해 업자 선정 시 내부 디자인 능력을 우선적으로 평가대상으로 삼을 예정임.

PS-Lab
Problem Solving Laboratory

1차 'Pugh Matrix' 평가에서 선정된 '아웃소싱 강화용'을 '기준 안(Datum)'으로 두었다. 이것은 새로운 '콘셉트 후보'들이 기존의 가장 우선순위가 높은 것과 비교해 최소한 동등 이상의 평가를 받아야 개선의 의미를 갖기 때문이다. '콘셉트 후보 1~3'은 [표 A‐13]의 것들이고, 중요한 것은 '평가 기준(Criteria)'의 일부가 바뀐 것인데, 1차 평가에서 우수한 점수를 받은 '아웃소싱 강화용'이 또 동일한 '평가 기준'으로 비교되는 것은 논리성이 떨어지기 때문이다. '평가 기준' 중 '나 홀로 맛 만족도'와 '재료 신선도 수준'은 매일 새벽시장에 가서 직접 신선한 재료를 구매하기 때문에 기존보다 '＋'적 요소로 평가되었고, '최적 콘셉트' 후보로 선정된 '콘셉트 후보 3' 경우 '인테리어 만족도'가 '－'로 열세인데 이것은 라면 판매 공간과 커피 판매 공간의 조화가 필요함을 의식한 결과이다. 이를 극복하기 위해 장표 맨 아래에 내부 디자인 능력이 우수한 업체를 선정하는 쪽으로 '개선 방향'을 설정하였다. 대신에 '평가 기준' 중 '개점까지 소요 시간'은 공간을 통합해서 인테리어 공사가 이루어지는 만큼 완공하는 데 걸리는 시간이 상대적으로 분리형보다 유리하다는 판단에서 내려진 결과이다(라고 가정한다). 최종 마무리된 '최적 콘셉트'는 다음 [표 A-14]이다.

[표 A-14] '최적 콘셉트' 선정 예

핵심 기능(CTF)	핵심 기능 요구 사항(CFR)	최적 콘셉트
예약을 받는다.	1시간 이내(서빙완료 직전)의 경우만	전화/SMS＋인터넷
예약자를 안다.	목표: 6초, 15초 이내	테이블 번호제공
라면상태를 유지한다.	목표: 3분, 5분 이내 제공(예약번호 확인 후)	물로 예열
물 끓임 용량을 늘린다.	목표: 10개, 최소 7개 이상(동시에 라면 끓임)	20L
서빙시간을 줄인다.	목표: 1분, 3분 이내	테이블저장 셀프
운영방법을 변환한다.	목표: 만족도 4.5점, 최소 3.5점 이상	통합형으로 운영
개인별 취향을 모은다.	목표: 2분, 최대 3분 내 파악(주문 시 과거 고객 주문이력 조회토록 dB화)	쿠폰카드 관리 (자체제작)
밤참 운영을 전한다.	목표: 주문율 월평균 10% 향상(직전 월 대비), 최소 7% 이상	전단지 주기 배포 (자체제작)
재료관리 수준을 높인다.	목표: 1.5일, 최대 3일 이내 처리(냉동보관 기준)	매일 새벽 농산물시장 방문
운송수단을 얻는다.	목표: 배달 소요시간 10분, 최대 15분 이내(출발부터 배달완료까지)	아르바이트생 배달

물론 상황에 따라 2~3개의 '최적 콘셉트'를 뽑아 이후 과정을 진행하는 것이 일반적이나 본문에서는 단순화하기 위해 [표 A‒14]의 경우 하나를 '최적 콘셉트'로 정의할 것이다. 다음은 '최적 콘셉트'를 선정하는 '정량적 방법'에 대해 알아보자.

8.2.2. 정량적 방법(Conjoint Analysis: '다구치 방법'을 활용)

'Conjoint Analysis'는 한국통계학회 '통계학 용어 대조표'에 '컨조인트 분석'으로 포함돼 있다. 다만 정의에 있어서는 '위키백과' 내용이 도움이 돼 다음에 옮겨놓았다(왜곡을 줄이기 위해 번역한 내용을 원문과 함께 실었음).

> · 컨조인트 분석(Conjoint Analysis) Conjoint analysis, also called multi‒attribute compositional models or stated preference analysis, is a statistical technique that originated in mathematical psychology. Today it is used in many of the social sciences and applied sciences including marketing, product management, and operations research. It is not to be confused with the theory of conjoint measurement. 다른 말로 '다 속성 합성 모델'[54) 또는, '진술적 선호 분석'[55)이라고도 하며, 수리 심리학 분야에 기초를 둔 통계적 기법 중 하나다. 오늘날엔 사회과학이나 마케팅, 상품 관리, 오퍼레이션 리서치 등과 같은 응용과학에 주로 사용된다. 'Conjoint Measurement' 이론과는 별개의 기법이다.

간단히 소개하면 A항공사의 기내 서비스를 향상시키기 위해 '도착지 정보 제공'을 '잡지'와 '영상' 중 어느 것이 선호될지와, '알코올음료 제공'을 '포도

---

54) '다속성 합성 모델'은 의미만 전달할 목적으로 필자가 임의 번역한 것임.
55) '진술적 선호 분석'은 의미만 전달할 목적으로 필자가 임의 번역한 것임.

주' 또는 '위스키' 중 어느 것이 더 선호될지를 결정하고자 할 때, 각 조합은 '잡지＋포도주', '잡지＋위스키', '영상＋포도주', '영상＋위스키'의 네 가지가 될 것이며, 이들의 조합을 고객들에게 설문해서 가장 높은(선호되는) 조합을 선택한다고 가정하자. 이미 잘 알려진 '실험 계획(DOE, Design of Experiment)'과 동일하나 수준이 항상 두 개가 아닌 복수로 존재할 수 있다. 또 조합 수가 많은 경우 대응하기가 어려우므로 '컨조인트 분석' 전용 프로그램을 사용하거나 통계 패키지에 포함된 기능을 이용해 해석한다. 참고로 미니탭에는 '컨조인트 분석'이 별도로 포함돼 있지 않은 대신 분석 과정이 '다구치 방법(Taguchi

[표 A-15] 개념 조합 표

핵심 기능(CTF)	핵심 기능 요구 사항 (CFR)	기능 대안 1	기능 대안 2	기능 대안 3
예약을 받는다.	1시간 이내(서빙완료 직전)의 경우만	전화/SMS	전화/SMS＋인터넷	–
예약자를 안다.	목표: 6초, 15초 이내	예약번호 제공	테이블번호 제공	–
라면상태를 유지한다.	목표: 3분, 5분 이내 제공(예약번호 확인 후)	물로 예열	오븐 예열	–
물 끓임 용량을 늘린다.	목표: 10개, 최소 7개 이상(동시에 라면)	10L	20L	–
서빙시간을 줄인다.	목표: 1분, 3분 이내	테이블 저장 셀프	특정장소 저장 셀프	–
운영방법을 변환한다.	목표: 만족도 4.5점, 최소 3.5점 이상	분리형으로 운영	통합해서 운영	낮/밤 이원화로 운영
개인별 취향을 모은다.	목표: 2분, 최대 3분 내 파악(주문 시 과거 고객 주문이력 조회토록 dB화)	PC로 관리	멤버십 카드 관리	쿠폰카드 관리
밤참 운영을 전한다.	목표: 주문율 월평균 10% 향상(직전월 대비), 최소 7% 이상	전단지 주기배포	매체광고	방문광고
재료관리 수준을 높인다.	목표: 1.5일, 최대 3일 이내 처리(냉동보관 기준)	용달배달과 계약	주변 야채업소와 계약	매일 새벽 농산물시장 방문
운송수단을 얻는다.	목표: 배달 소요시간 10분, 최대 15분 이내(출발부터 배달완료까지)	직접배달	외주	아르바이트

Method)'으로 대체 가능하므로 이를 이용해 '최적 콘셉트'를 선정하는 정량적 방법을 수행할 수 있다. 시작을 위해 [표 A-15]에 'Step-8.1. 콘셉트 후보 도출'의 '[표 A-7] 개념 조합 표'를 그대로 옮겨왔다.

우선 [표 A-15]에서 전체 조합 수는 각 기능 대안들의 수를 모두 곱한 양만큼 존재한다. 따라서 '7,776($=2^{5 \times} 3^{5}$)'이 되는데 이것을 미니탭의 다구치 방법 중 '직교 배열 표'를 이용하면 그 수를 최소화하면서 '최적 콘셉트'를 정량적 방법에 의해 얻을 수 있다. 이제부터 그 과정과 결과 및 해석에 대해 알아보자. 다음 [그림 A-18]은 미니탭의 「통계분석(S)>실험계획법(D)>Taguchi 설계(T)>Taguchi설계생성(C)…」의 경로를 보여준다.

[그림 A-18] '컨조인트 분석'을 위한 미니탭 경로

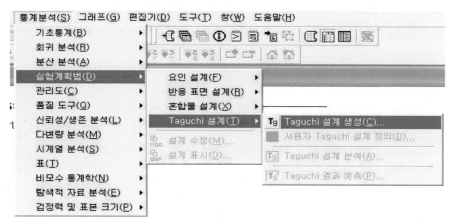

[그림 A-18]의 경로를 선택하면 [그림 A-19]의 '대화 상자'가 나온다.

[그림 A-19]에서 [표 A-15]의 '핵심 기능(CTF)'이 총 10개이므로 대화상자의 '요인 개수(N)'에 '10'을, '설계 유형'은 역시 [표 A-15]의 각 '핵심 기능(CTF)'별 '기능 대안'들이 2수준과 3주준이 혼합돼 있으므로 '혼합 수준 설

[그림 A-19] '컨조인트 분석'의 실험 선택을 위한 '대화 상자' 입력 예

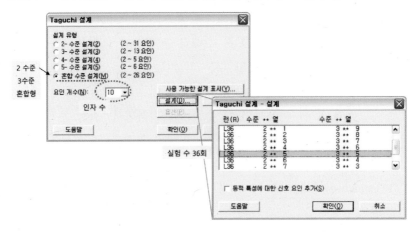

계(M)'를 선택한다. '설계' 단추를 누르고 들어가서는 [표 A-15]의 2수준 5
개, 3수준 5개이므로 해당되는 'L36'의 경우를 선택하는데, 'L36'의 '36'은 서

[그림 A-20] '컨조인트 분석'을 위한 '요인'과 '수준' 입력 예

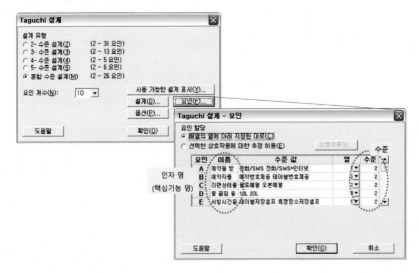

른여섯 개의 조합이 존재한다는 의미다. 만일 2수준 5개, 3수준 5개의 조합이 더 적은 수가 존재하면 적은 것을 선택하는 것이 실험 수가 줄어 경제적이나 현재로썬 다른 선택의 여지가 없으므로 'L36'을 그대로 선택한다. 다행스러운 것은 자그마치 7,776개의 가능한 조합이 '36'개의 조합으로 그 수가 대폭 경감됐다. 이것이 직교배열표 사용의 큰 장점이라 할 수 있다. [그림 A‐20]은 '요인'과 '수준'을 입력한 예이다.

[그림 A‐20]의 '대화 상자' 중 '　요인(E)...　'을 누르면 요인의 '이름'과 '수준'을 정하도록 나오는데 '이름'엔 '[표 A‐15]'의 '핵심 기능(CTF)'을 입력하고 '수준 값'란에는 각 '기능 대안'들을 입력한다. 주의할 것은 띄어 쓰면 서로 다른 수준으로 인식하므로 주의한다. 예를 들어 '예약을 받는다'의 핵심 기능 경우 '전화/SMS 전화/SMS+인터넷'로 입력해야 2개의 수준으로 인식한다. 나머진 자동 설정되므로 그대로 둔다. 다음 [그림 A‐21]은 미니탭의 '설계

[그림 A‐21] '컨조인트 분석'을 위한 미니탭 '설계 표' 예

IV. Analyze 341

표(Data Matrix)'를 나타낸다.

　[그림 A－21]의 맨 오른쪽 끝 '결과' 열은 각 조합별로 목표 'Y'를 달성하기 위한 가장 최적의 조합을 설문이나 전문가 의견을 수집해 100점 만점 기준으로 입력한 결과이다. 물론 '36가지'나 되는 조합을 제3자를 통해 자료 수집하는 것은 매우 어려울 수 있다. 내부 인력이나 전문가 집단의 활용 등 상황에 따라 현실을 참작해 깊이 있게 고려해 처리한다.

　분석은 미니탭의 「통계분석(S)>실험계획법(D)>Taguchi 설계(T)>Taguchi 설계 분석(A)…」의 경로로 들어가 다음 [그림 A－22]와 같이 입력한다.

[그림 A－22] '컨조인트 분석'을 위한 입력 예

　[그림 A－22]의 '반응 데이터 열(R)'에는 '결과' 열을 입력하고, '옵션(P)...'에서 결과가 클수록 좋은 특성이므로 '망대 특성'을 선택한다. 다음 [그림 A－

23]은 그래프 결과이다.

[그림 A-23] '컨조인트 분석'을 위한 '그래프' 결과 예

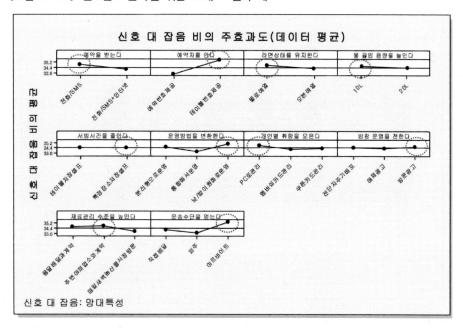

그래프 분석은 '신호 대 잡음비의 주효과도(데이터 평균)'를 보고 각 인자
(핵심 기능)별 높은 위치에 있는 '기능 대안'을 선택한다. [그림 A-23]에서
동그란 원으로 선정된 '기능 대안'들이 중요함을 나타낸다. 이 조합이 '최적
콘셉트'로 결정된다. 다음 [그림 A-24]는 미니탭의 '세션 창' 결과이다.

[그림 A-24] '컨조인트 분석'을 위한 '세션 창' 결과 예

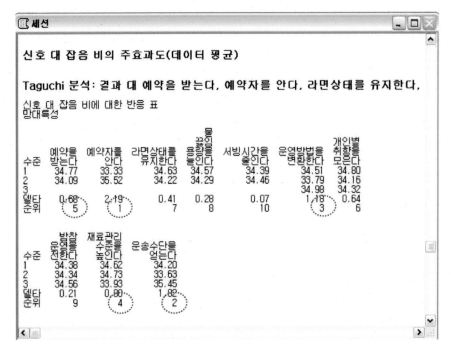

[그림 A-24]의 '세션 창' 결과 중 '신호 대 잡음비의 주효과도(데이터 평균)'을 보면, 빨간 원으로 강조한 번호 순서로 고객이 중요도가 높다고 평가한다는 의미다. [그림 A-23]을 보든, [그림 A-24]를 보든 결과는 동일하므로, 최적의 조합은 다음 [표 A-16]으로 결정된다.

핵심 기능(CTF)	핵심 기능 요구 사항(CFR)	기능 대안 1	기능 대안 2	기능 대안 3
예약자를 안다.	목표: 6초, 15초 이내	예약번호 제공	테이블번호 제공	–
운송수단을 얻는다.	목표: 배달 소요시간 10분, 최대 15분 이내(출발부터 배달완료까지)	직접배달	외주	아르바이트
운영방법을 변환한다.	목표: 만족도 4.5점, 최소 3.5점 이상	분리형으로 운영	통합해서 운영	낮/밤 이원화로 운영
재료관리 수준을 높인다.	목표: 1.5일, 최대 3일 이내 처리 (냉동보관 기준)	용달배달과 계약	주변 야채업소와 계약	매일 새벽 농산물시장 방문
예약을 받는다.	1시간 이내(서빙완료 직전)의 경우만	전화/SMS	전화/SMS + 인터넷	
개인별 취향을 모은다.	목표: 2분, 최대 3분 내 파악(주문 시 과거 고객 주문이력 조회토록 dB화)	PC로 관리	멤버십카드 관리	쿠폰카드 관리
라면상태를 유지한다.	목표: 3분, 5분 이내 제공(예약번호 확인 후)	물로 예열	오븐 예열	–
물 끓임 용량을 늘린다.	목표: 10개, 최소 7개 이상(동시에 라면)	10L	20L	–
밤참 운영을 전한다.	목표: 주문율 월평균 10% 향상(직전 월 대비), 최소 7% 이상	전단지 주기배포	매체광고	방문광고
서빙시간을 줄인다.	목표: 1분, 3분 이내	테이블 저장 셀프	특정장소 저장 셀프	–

앞서 [표 A - 14]에서 '최적 콘셉트'로 선정한 경우와 차이를 보이지만 가정된 예이므로 '도출 과정'에 집중해주기 바란다. 끝으로 [표 A - 16]에 정해진 '기능 대안'들의 조합을 실제로 적용했을 때 점수도 예측해볼 수 있다. 그 과정은 미니탭 「통계분석(S)>실험계획법(D)>Taguchi 설계(T)>Taguchi 결과 예측(P)…」으로 들어가 다음 [그림 A - 25]와 같이 '최적 콘셉트'로 정해진 수준('기능 대안'들)을 입력한 후 '확인'을 거쳐 이루어진다.

[그림 A-25] '최적 콘셉트'를 적용했을 때의 점수 예측

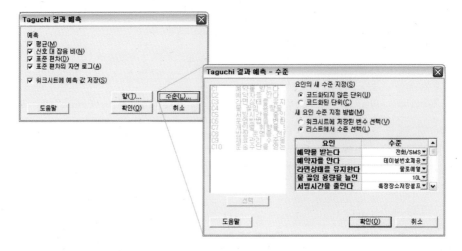

'최적 콘셉트'로 실제 운영했을 때 고객들의 '반응(점수)'을 예측해보면 다음 [그림 A-26]과 같다.

[그림 A-26] '최적 콘셉트' 적용 시 예측 점수

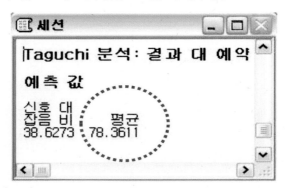

'최적 콘셉트'를 적용했을 때 고객 평가는 약 78.36점으로 예측된다. 물론 현재의 '최적 콘셉트'를 'Pugh Matrix'를 통해 완성도를 높여가는 작업(Hybrid Concept)을 연이어 진행할 수 있음은 '8.2.1. 정성적 방법(Pugh Matrix를 활용)' 때와 차이가 없다. 여기까지 이르면 필자가 교육 중에 "이제 로봇 태권 브이가 대충 만들어졌습니다"라는 말을 하곤 한다. 이제 '상위 수준 설계'에 대해 학습해보도록 하자.

Step-9. 상위 수준 설계

　　　　　　　　　'상위 수준 설계(High Level Design)'의 공식적인 정의를 찾기란 쉽지 않다. 구글에서 'High Level Design'으로 검색했을 때 그나마 다음과 같은 IT부문에서의 설명이 리더가 이해하는 데 설득력이 있어 옮겨놓았다.

> · **상위 수준 설계(High Level Design)**　A high level design discusses an overall view of how something should work and the top level components that will comprise the proposed solution. It should have very little detail on implementation, i.e. no explicit class definitions, and in some cases not even details such as database type(relational or object) and programming language and platform. A low level design has nuts and bolts type detail in it which must come after high level design has been signed off by the users, as the high level design is much easier to change than the low level design.
> '상위 수준 설계'는 큰 시각에서 설계 대상이 어떻게 작동하는지, 그리고 최적대안들로 구성되어 있는지를 검토하는 단계다. 따라서 클래스 지정이나, 데이터베이스 유형, 프로그램 언어 또는 플랫폼(하드웨어/소프트웨어 환경) 등과 같은 세세한 것들까지 검토하는 일은 드물다. 하위 수준 설계(기업에선 '상세 설계'로 부름)는 고객이 상위 수준 설계를 승인했을 때, 볼트나 너트단위의 상세성을 갖는 설계를 말하며, 통상 상위 수준 설계가 하위 수준 설계(상세 설계)보다 재구성이 용이하다.

　　'프로세스 개선 방법론' 경우, 이미 프로세스가 운영되고 있으므로 그 안에서 문제가 되는 부분만(특성으로 얘기하면 'Y'가 될 것임) 수준 측정한 뒤 관계된 'X'들을 찾아 최적 값으로 조정해준다. 반면, '상위 수준 설계'는 이제야 '프로세스'의 윤곽이 만들어졌으므로 훨씬 더 완성도를 높여주기 위한(마치

'프로세스 개선 방법론'에서 문제 있는 영역의 완성도를 높여주는 것과 같이) 'X'들을 찾는 과정이 수반된다. 설계 과정에서의 'X'를 '설계 요소(Design Element)'라고 명명하며, 따라서 첫 번째 '세부 로드맵'으로 'Step - 9.1. 설계 요소 발굴'이 진행된다. 일부 '프로세스 설계 방법론' 교재에서는 '설계 요소' 와 '설계 인자'를 별개로 나누어 전자의 경우는 '설계 7요소([그림 A - 28] 참조)'에 대응시켜 '상위 수준 설계'를 행하는 용도로, 이어 '설계 인자'는 '프로세스 개선 방법론'에서의 '잠재 원인 변수'에 대응시켜 '최적화 대상'으로 구분한다. 논리적으로는 맞지만 현업에서 '설계 7요소'의 최 하부 요소들을 구분하다 보면 실제적으로 '설계 인자'들과 중복되거나 그 경계를 나누기가 모호해지기 일쑤고, 또 '설계 산출물'들과의 구별도 애매해지는 경우가 빈번하다. 따라서 **'설계 인자(Design Factor)'는 설계에서 제어해야 할 변수로, 또 프로세스 제어는 '프로세스 변수(Process Variables)', 드러나지 않은 변수는 '잠재 인자(Potential Causes)'로 구분한 뒤 이들 모두를 '설계 요소'로 통칭**한다.

고려해야 할 '설계 요소'들이 현재의 활동에 모두 중요한 것은 아닐 것이므로 이후 우선순위를 거쳐 '선별 Xs(Screened Xs)'를 찾는다. 이것은 '프로세스 개선 방법론'의 'Step - 6. 잠재 원인 변수의 발굴' 과정과 매우 흡사하다. 이어 'Screened Xs'가 정말 중요한지 확인하는 '가설 검정'이 'Step - 9.2. 설계 요소 분석'에서 수행된다. '상위 수준 설계'는 실무자들에게 그 의미를 쉽게 이해시킬 목적으로 '주변머리를 갖춰주는 것'으로 말해주곤 한다. '설계 요소' 들은 정말 다양한 모습을 갖게 되는데 흔히 알고 있는 '제어 인자'뿐만 아니라 새롭게 만들어질 프로세스의 구성 요소들 모두를 포함한다. 이들을 유형별로 구분해서 정리해놓은 것이 앞서 설명한 '설계 7요소'이며, 'Step - 9.1. 설계 요소 발굴'에서 활용된다. 이때 어느 '설계 요소'들에 대해서는 실질적인 산출물, 예를 들면 '도면'이나 '표준 문서', '운영 지침' 등이 필요하며, 이와 같이 프로세스 설계 과정에서 발생되는 주변머리들을 정하고 만들어주는 과정이

'Step‑9.3. 설계 요소별 산출물 실현'에서 수행된다. 'Step‑9.3'은 현시점에서 능력이 닿는 수준까지 진행하며, 더욱 구체적인 산출물을 요하는 경우 Design Phase의 '상세 설계'에서 추진한다. '설계 요소별 산출물'이 정리되면 '상위 수준 설계'가 마무리된 것으로 간주하며, 이어 '상위 수준 설계'가 잘 전개된 것인지 확인하는 'Step‑9.4. 상위 수준 설계 검토' 과정을 거친다. 이것은 기업의 설계 과정에서 잘 알려진 '설계 검토(DR, Design Review 또는 Tollgate Review)'와 동일하다.

'Step‑8. 콘셉트 개발'의 마무리 글에서 "이제 로봇 태권 브이가 대충 만들어졌습니다"라는 표현을 사용했는데 'Step‑9. 상위 수준 설계'가 끝나면 '대충'이란 단어가 빠진 "이제 로봇 태권 브이가 만들어졌습니다"의 표현으로 대체된다. 물론 좀 더 완성도를 높이는 과정은 Design Phase로 그 역할이 넘어간다.

Step‑9.1. 설계 요소 발굴

'설계 요소(Design Element)' 역시 사전적 정의를 찾기란 쉽지 않다. '설계 요소'는 'Y'들의 '독립 변수'로 인식하는 것이 바람직하다. 그러나 흔히 말하는 'X'는 맞지만 설계에서는 특히 '설계 과정상 요구되는 X들'쯤으로 분류하는 게 더 설득력 있다. 따라서 설계 과정 중에 고려할 'X'들을 '설계 인자'로 보고, 그 외에 프로세스에서 요구되는 변수(5M‑1I‑1E)를 '프로세스 변수', 끝으로 '절차 누락'과 같이 프로세스 내에 잠재되어 있는 인자를 '잠재 인자'로 명명하며, 이들을 총칭해서 '설계 요소'로 정의한 바 있다. 다음은 '설계 요소'를 용도별로 구분한 요약표이다.

- '설계 요소(Design Element)'[56] 유형

→ 설계 인자(Design Factor): '설계 방법론'처럼 설계 과정 중에 요구되는 변수들로 '제품 설계 방법론'에서는 '부품들의 특성'에 대응하며, 'QFD #3' 과정에서 도출된다. '설계 인자'는 '프로세스 변수'나 '잠재 인자'들과 명백히 구분된다. 그러나 '프로세스 설계 방법론'에서는 그들 간의 경계가 모호해짐을 인정해야 한다.

→ 프로세스 변수(Process Variable): 프로세스 '활동(Activity)'에 투입되는 실체가 있는 변수들을 의미하며, 요약해서 5M(Man, Machine, Material, Method, Measurement)과 1I(Information), 1E(Environment)를 지칭한다. Process Map을 통해 도출된다.

→ 잠재 인자(Potential Cause): 프로세스 '활동(Activity)'에 내재된 인자로 예를 들면, '작업자 실수', '경력 부족' 등과 같이 '프로세스 변수'와 구별되는 인자들을 지칭한다. 예를 들어, '정보 입수'라는 프로세스 활동에서 '입수 경로'는 5M 중 'Method' 로서 '프로세스 변수'가 되지만, '경력 부족'으로 '정보 입수' 활동을 한다고 볼 수 없기 때문에 별개의 '잠재 인자'로 구분한다. '잠재 인자'는 FMEA를 통해 도출된다.

앞서 정의한 바와 같이 '프로세스 변수'는 'Process Map'을 통해, '잠재 인자'는 'FMEA(Failure Mode & Effect Analysis)'를 통해 도출하는 것이 일반적이다. 이와 달리 '설계 인자'는 'QFD #3'을 통해 얻는데, 이것은 'QFD #1'이 고객의 요구인 '요구 품질'로부터 시스템 관점의 핵심 특성인 'CTQ'들을 얻어내고, 다시 'CTQ'들은 'QFD #2'에서 '핵심 기능(CTF)'들을 얻어내는 입력으로 활용되는 반면, 'QFD #3'에서는 '핵심 기능(CTF)'에 필요한 실질적인 '설계 인자(제품 설계의 경우 부품 특성)'들이 도출되기 때문이다. 그러나 '프로세스 설계 방법론'에서는 '설계 7요소'를 활용하는 것이 매우 유리하므로 이를 중심으로 설명이 이루어질 것이다. 이렇게 얻어진 'X'들은 'Y'와의 관련성을 따져 1차적으로 선별하는데 이 과정을 '우선순위화'라고 부른다. 지금까지

---

56) 이들의 분류는 저자가 편의에 의해 구분한 결과이다.

의 '설계 요소' 도출에 대한 설명을 요약하면 다음 [그림 A-27]의 '설계 요소 발굴도'[57]와 같다.

[그림 A-27] '설계 요소'의 출처 및 우선순위화 설명을 위한 '설계 요소 발굴도'

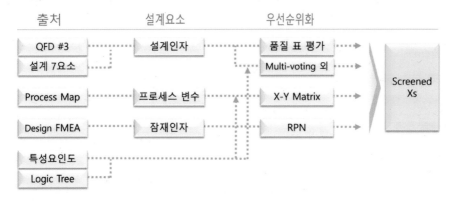

'설계 요소 발굴도'에서 만일 'QFD #2'를 '핵심 기능(CTF, Critical to Function)'을 얻는 용도로 사용하지 않으면, '설계 요소'는 'QFD #3'가 아닌 'QFD #2'에서 얻어져야 하므로 표현도 'QFD #2'로 바뀌어야 한다. 통상 기존 프로세스의 효율을 높이는 '프로세스 개선 방법론' 경우 '잠재 원인 변수'는 '설계 인자'를 제외한 '프로세스 변수'와 '잠재 인자'로 정의한다. 즉, '프로세스 설계 방법론'처럼 새롭게 만들어내는 것이 아니라 기존의 체계 내에서의 최적화를 목적으로 하기 때문이다.

그러나 '프로세스 설계 방법론'에서는 상품이나 프로세스를 새롭게 창조하는 의미가 강하므로, '설계 인자'든 '프로세스 변수'든 또는 '잠재 인자'든 모든 가능한 요소들의 사전 검토가 필요하며, 이들을 별개로 구분하기보다 '설계

---

57) '프로세스 개선 방법론'에서는 Measure Phase 'Step-6. 잠재 원인 변수의 발굴'에서 동일한 개요도가 쓰이고 있으며, 이때는 'Y'에 대한 잠재 원인 변수를 발굴할 목적이므로 그 명칭을 '설계 요소 발굴도' 대신 '잠재 원인 변수 발굴도'로 기술하고 있다.

요소'로 총칭한 전체의 발굴이 중요하다. 따라서 '설계 요소 발굴'을 위해 출처는 'QFD #3(또는 설계 7요소)', 'Process Map', 'Design FMEA', '특성 요인도(어골도, 생선뼈도, Cause & Effect Diagram)' 등 모두를 사용할 것을 권장한다(물론 과제가 처한 상황에 따라 선택적으로 활용할 수 있다). 특히, '설계 요소'들을 유형별로 구분한 '설계 7요소' 경우 '설계 요소'를 도출할 때 실수로 누락되는 일을 방지해주는 중요한 역할을 하기도 한다. 다음 [그림 A-28]은 프로세스 설계에 중요한 안내 역할을 하는 '설계 7요소'의 예를 보여준다.

[그림 A-28] '설계 7요소' 구성도

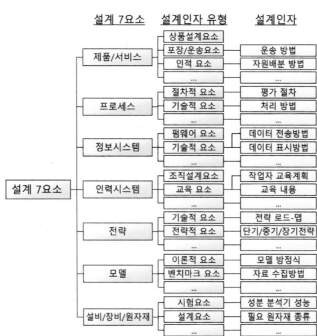

‘프로세스 설계 방법론’에서 ‘설계 요소’를 도출하는 방법은 우선 ‘Process Map’, ‘Design FMEA’, ‘특성 요인도’ 등을 통해 얻어진 요소들을 ‘설계 7요소’에 대응시켜 누락 여부를 따져보는 방법과, 아예 ‘설계 7요소’ 자체를 ‘출처’로 활용하는 방법이 있다. 본문은 후자를 설명하며, 이를 포함해서 ‘Process Mapping 법’, ‘Design FMEA 법’들에 대해 각각 알아볼 것이다. 그 외에 ‘특성 요인도’나 ‘Logic Tree’는 주변에서 가장 많이 또 쉽게 사용되는 도구이므로 간단히 요약만 하고 넘어갈 것이다. 전개 순서는 ‘설계 요소’ 발굴 중요도에 따라 ‘설계 7요소 대응 법’[58])이 우선하고, 이어서 ‘Design FMEA 법’, ‘Process Mapping 법’, 그리고 ‘특성 요인도’와 ‘Logic Tree’ 중 ‘특성 요인도 법’에 대해 간단히 언급할 것이다.

9.1.1. 설계 7요소 대응 법

‘설계 7요소’의 실체는 [그림 A – 28]에 간략하게 소개한 바 있다. 한마디로 ‘설계 7요소’란 ‘설계 대상에 대해 고려해야 할 모든 요소들을 빠짐없이 정리한 분류표’이다. 따라서 ‘Step – 8.2. 최적 콘셉트 평가/선정’에서 결정한 ‘최적 콘셉트’를 가져다 놓고 그에 필요한 요소가 무엇인지 ‘설계 7요소 분류표’로 하나하나 대응시켜 가며 필요한 ‘설계 인자’들을 도출한다. 먼저 ‘설계 7요소’가 어떻게 분류돼 있는지 알아보고 난 뒤 ‘설계 인자’를 도출해보자. 다음 [표 A – 17]은 ‘설계 7요소 분류표’이며 [그림 A – 28]에서 ‘설계 인자’ 열을 빼고 ‘설계 7요소’의 ‘정의’ 추가 및 ‘설계 인자 유형’을 보충한 결과이다.

---

58) ‘설계 7요소 대응법’은 편의상 필자가 정의한 용어이다.

설계 7요소		정의	설계 인자 유형
제품/서비스	H/W	컴퓨터를 구성하는 기계장치를 통틀어 이르는 말이나 여기서는 재료나 부품으로 이루어진 모든 유형의 개체를 의미한다.	상품설계 요소, 문서화 요소, 기술적 요소, 인적 요소, 상품의 시장적 요소, 포장/운송 요소, 시험 요소 등
	S/W	컴퓨터 프로그램과 관련 문서들을 통틀어 이르는 말. 여기서는 각종 정보나 지적 재산 등으로 통상 매체(Media)에 저장된 대상이다.	저장매체 요소, 기술적 요소, 인적 요소, 상품의 시장적 요소, 시험 요소 등
	서비스	생산된 재화의 운반·배급이나 생산/소비에 필요한 노무의 제공. 여기서는 고객을 대신한 부가가치적 행위(무형적, 경험적)를 의미한다.	서비스 방법 요소, 문서화 요소, 기술적 요소, 인적 요소, 서비스 시장적 요소 등
프로세스		일이 처리되는 경로. 여기서는 기존의 변경, 새로운 프로세스의 필요로 흐름(Flow)을 명시해야 하는 대상이다.	절차적 요소, 표준 요소, 기술적 요소, 인적 요소, 경제적 모형 요소 등
정보 시스템		사람들 사이에서 지식을 전달하기 위한 모든 수단을 의미하나 여기서는 설계대상을 운영하는 데 필요한 각종 정보 인프라(IT, 매체)를 의미한다.	컴퓨터 어플리케이션 요소, 펌웨어 요소, 기술적 요소, 인적 요소, 상품 요소, 시장적 요소, 시험 요소 등
인력 시스템		설계대상을 운영하고 유지시키기 위한 인적 요소를 의미한다.	조직설계 요소, 직무/업무분석 요소, 교육 요소, 보상/포상 요소, 표준 요소, 관리모형 요소 등
전략		설계대상에 포함될 다양한 전략적 요소를 의미한다.	전략적 요소, 인적 요소, 기술적 요소, 환경적 요소
모델		설계대상에 요구되는 기술적, 전략적 본보기를 의미하다.	기술적 요소, 인적 요소, 벤치마크 요소, 이론적 요소 등
설비/장비/원 자재		설계대상을 형성하거나 지원하는 데 필요한 시설, Tool, 재료 등과 관련된 절차 등을 포함한다.	현장선택 요소, 유통/운송/저장 요소, 표준 요소, 설계 요소, 기술적 요소, 인적 요소, 시험 요소, 업체 선정 요소 등

[표 A-17]에서 세 번째 열인 '설계 인자 유형'은 말 그대로 유형을 구분한 예로 리더들이 설계하고 있는 프로세스 성향에 따라 항목이 추가될 수 있다.

설계 중에 도출되는 '설계 인자'들은 표에서의 '설계 인자 유형'보다 한 단계 아래 또는 몇 단계 더 아래쪽에 존재할 수 있다. 그러나 이들을 본문에 모두 열거하는 것은 무리이므로 [그림 A-28]의 맨 끝 분류인 '설계 인자'를 참고하기 바란다.59) 예를 들어 [표 A-17]의 '설계 인자 유형' 중 'H/W'의 '포장/운송 요소'를 고려할 때 [그림 A-28]의 첫 요소인 '운송 방법'이 '설계 인자'가 될 수 있다. '운송 방법'을 더 세분화하면 '육로로 갈 것인지', '해상으로 갈 것인지', '항공편으로 갈 것인지'로 갈릴 것인데 이들은 '수준(Level)'에 해당하므로 '운송 방법' 아래로의 세분화는 불필요하다. 그러나 [그림 A-28]의 '설비/장비/원자재' 중 '시험 요소'에 붙어 있는 '성분 분석기 성능'의 예는 '성능'을 규정짓는 '특성'들이 나올 때까지 아래로 더 세분화 과정이 필요할 수 있다. 또 한 가지 염두에 둘 것은 '설계 7요소' 자체에 대한 분류는 출처마다 약간씩 차이가 있다. 예를 들면 '전략'과 '모델'이 없는 대신 '설비/장비/원자재'가 '설비/장비'와 '원자재'로 대체되는 경우 등이다. 이 같은 차이는 업체별 특성이나 전개의 편의를 반영한 결과이므로 크게 우려할 바는 아니다. "설계 7요소의 항목은 약간 가변적일 수 있다" 정도로만 알아두자.

지금부터 [표 A-17]의 '설계 7요소 분류표'를 이용해 '설계 인자'를 발굴해보자. '문제 해결/문제 회피'의 실체는 '로드맵(흐름)'이라고 하였다. 따라서 현재 서 있는 위치에서 뒤를 돌아봤을 때 방금 밟고 온 돌다리가 존재해야 한다. 본 상황에서는 'Step-8.2. 최적 콘셉트 평가/선정'에서 얻은 [표 A-14]의 '최적 콘셉트'가 방금 밟고 온 돌다리이므로 이를 입력으로 놓고 '설계 7요소 분류표'를 대응시키는 일부터 시작한다. 다음 [표 A-18]은 그 예를 보여 준다.

[표 A-18]의 첫 열부터 세 번째 열까지는 'Step-8.2. 최적 콘셉트 평가/선정'에서 얻은 [표 A-14]의 '최적 콘셉트'를 가져다 입력으로 놓은 것이다. 현재 필요한 결과물은 '최적 콘셉트'에 대한 '설계 인자'이므로, 개개 '핵심 기능(CTF)'별로 어느 '설계 인자'들이 필요한지 '설계 7요소' 항목들과 하나하나

---

59) 이 역시 더 하부 단계로 분류될 수 있다.

[표 A-18] '최적 콘셉트'와 '설계 7요소 분류표' 대응 예

핵심 기능 (CTF)	핵심 기능 요구 사항 (CFR)	최적 콘셉트	설계 7요소						
			제품/서비스	프로세스	정보시스템	인력시스템	전략	모델	설비/장비/원자재
예약을 받는다.	1시간 이내(서빙완료 직전)의 경우만	전화/SMS+인터넷	O	O	O	O			O
예약자를 안다.	목표: 6초, 15초 이내	테이블 번호 제공	O		O	O			O
라면상태를 유지한다.	목표: 3분, 5분 이내 제공(예약번호 확인 후)	물로 예열	O	O				O	O
물 끓임 용량을 늘린다.	목표: 10개, 최소 7개 이상(동시에 라면 끓임)	20L							O
서빙시간을 줄인다.	목표: 1분, 3분 이내	테이블저장 셀프		O		O	O		O
운영방법을 변환한다.	목표: 만족도 4.5점, 최소 3.5점 이상	통합형으로 운영				O	O		
개인별 취향을 모은다.	목표: 2분, 최대 3분 내 파악(주문 시 과거 고객 주문 이력 조회토록 dB화)	쿠폰카드 관리 (자체제작)	O	O	O	O		O	O
밤참 운영을 전한다.	목표: 주문율 월평균 10% 향상(직전 월 대비), 최소 7% 이상	전단지 주기 배포(자체제작)	O	O	O	O			O
재료관리 수준을 높인다.	목표: 1.5일, 최대 3일 이내 처리(냉동보관 기준)	매일 새벽 농산물시장 방문	O	O		O			
운송수단을 얻는다.	목표: 배달 소요시간 10분, 최대 15분 이내(출발부터 배달완료까지)	아르바이트생 배달	O	O	O	O	O		O

대응시켜 나간다. [표 A-18]에서 공간 제약상 'O'으로 표시했지만 현업에선 어느 '설계 인자'인지 구체적으로 기록해야 한다. 사실 리더들이 가장 어려워 하는 사항이 바로 무엇이 '설계 인자'인가이다. 이에 대해서는 [표 A-18]의 첫 행에 표기된 '핵심 기능-예약을 받는다'를 예로 상세하게 설명할 것이다.

다음 [표 A-19]는 '설계 7요소'와의 관련성('O'로 표시된 항목)에 대한 '설계 인자' 발굴 예이다.

[표 A-19] '설계 7요소 분류표'를 이용한 '설계 인자' 발굴 예

핵심 기능 (CTF)	핵심 기능 요구 사항 (CFR)	최적 콘셉트	출처 (설계 7요소)	설계 요소	설계 원칙
				설계 인자	
예약을 받는다.	1시간 이내 (서빙완료 직전)의 경우만	전화/SMS+ 인터넷	제품/ 서비스	■ 예약 접수 시간대 설정 ■ 예약 대상자 설정 ■ 예약관리대장 제작	-
			프로세스	■ 예약 접수~서빙완료까지의 상세 흐름도 설계	1시간 내 처리되도록 고려
			정보시스템	■ 전단지 제작 ■ 홈페이지 내 서비스내용 작성	전단지 글자는 크고 짧게 해서 시선집중토록
			인력시스템	■ 예약 관리담당자 지정	-
			설비/장비/ 원자재	■ 유·무선 전화기 성능확인 ■ PC 초고속 인터넷 가입	가입조건 분석을 통한 최소 비용고려
예약자를 안다.	목표 6초, 15초 이내	테이블 번호제공	제품/서비스	■ 테이블 번호 확인	-
	...	...	...	...	...
...	...	...	...	...	...

[표 A-19] 내 '설계 인자' 열을 보면 기입해야 할(또는 이 단계에서 해야 할) 내용이 무엇인지 대충 윤곽이 잡힌다. '설계 7요소' 중 '제품/서비스' 항목은 대부분의 설계 과제에 포함되는데, 그 이유는 '핵심 기능(CTF)'의 대상이 늘 '제품(또는 상품)'이나 '서비스'이기 때문이다. 그 외의 요소들은 상황에 따라 선택 유무가 결정된다.

내용 파악을 위해 한 단계 더 들어가면, 우선 표의 '설계 7요소' 중 '제품/

서비스'는 '핵심 기능(CTF)'을 보고 판단한다. '프로세스 설계'는 '제품'보다 '서비스'에 주안점을 두며 현재 '핵심 기능(CTF)'인 '예약을 받는다' 역시 서비스 차원의 예이다. 이 기능의 '설계 인자'는 여자 고등학교의 야간 학습을 겨냥하고 있는 점을 감안할 때, 하루 중 '야간 학습 시간대'만 예약이 유효할 것이고, 그 대상도 '여고생'에 한정할 것이다. 또, 예약 현황을 파악할 '관리 대장의 제작' 역시 빠져서는 안 될 주요 사항이다. 그러나 현시점은 '설계 요소' 파악이 중요하므로 구체적인 내용(예를 들어, 시간은 '야간 학습 시간대인 18:00~23:00', 대상은 '여고 2, 3학년생' 등)까지 언급할 필요는 없다. 구체적인 내용들은 'Step－9.3. 설계 요소별 산출물 실현'에서 상세하게 다루기 때문이다.

'설계 인자'를 나열하다 보면 앞으로 설계를 해 나갈 대상인지 아니면 바로 활용할 '산출물'인지 구분하기 어려울 때가 있다. 예를 들어 '예약 관리 대장 제작' 등은 '산출물'이며 '설계 요소'와는 구별된다. 그러나 내용이 명확한 설계 내용(산출물)들에 대해서는 '설계 요소'와 함께 기술해도 상관없으며, 'Step－9.3. 설계 요소별 산출물 실현'으로 작성한 내용 그대로를 넘긴다.

[표 A－19]의 '출처' 열 중 두 번째인 '프로세스'는 '핵심 기능 요구 사항(CFR)'이 '서빙 시간을 포함해서 1시간 이내에 처리되는 경우'에 한정하고 있으므로 '예약 접수' 시점부터 '서빙 완료'까지 '1시간 내 처리'라는 원칙을 가지고 '상세 흐름도'를 작성한다(고 가정한다.). 이처럼 설계에 꼭 필요한 중점 고려 사항을 '설계 원칙'이라 하고, 별도의 열을 만들어 명확하게 기술한다. 그래야 설계 담당자가 '원칙'을 지키며 '흐름도'를 작성할 수 있다. 그 외에 '정보 시스템', '인력 시스템' 및 '설비/장비/원자재'들은 '핵심 기능(CTF)'을 구체화하는 데 필요한 요건들로 표에 기술한 내용만으로도 충분히 이해될 것으로 보여 별도의 설명은 생략한다.

앞서 '설계 인자'들의 다양성 때문에 리더들이 혼란을 겪을 것이라 했는데,

예를 들어 '제품 설계 방법론' 경우, '핵심 기능(CTF)'이 '혼합을 한다'라고 했을 때, '설계 7요소' 중 '프로세스'의 '설계 인자'가 '회전 수', '혼합 시간', '혼합 비율' 등이 될 수 있으며, 이들은 명백히 '제어 인자'로 분류된다. 그러나 '프로세스 설계 방법론' 경우, [표 A-19]에 기술된 '예약 관리 대장 제작'은 엄밀히 얘기하면 '설계 인자'라기보다 필요한 '문서' 내지는 '산출물'에 가깝다. 또 [표 A-19] 내 '인력 시스템'의 '설계 인자'인 '예약 관리 담당자 지정'은 '제어 인자'나 '산출물'이라기보다 담당자를 지정하라는 '지침'이나 '활동'에 가까운 요소로 여겨진다. 이같이 '설계 인자'를 구성하는 요소들의 다양성에 어느 것이 '설계 인자'에 적합한 표현인지 어려움을 호소하는 경우가 많다. 굳이 정답을 말하라면 이런 분류에 전혀 민감하게 반응할 필요가 없다. 설

[그림 A-29] 'Step-9.1. 설계 요소 발굴(설계 7요소 대응 법)' 평가 예

Step-9. 상위수준 설계
  Step-9.1. 설계요소 발굴(설계 7요소 대응법)

♦ '최적 컨셉트'와 '설계 7요소'를 각각 대응시키며 관련성을 점검하고, '설계인자' 도출에 활용.

핵심기능 (CTF)	핵심기능 요구사항 (CFR)	최적 컨셉트	제품/ 서비스	프로세스	정보 시스템	인력 시스템	전략	모델	설비/장비/ 원자재
예약을 받는다.	1시간 이내(서빙완료 직전)의 경우만	전화/SMS+인터넷	O	O	O	O			O
예약자를 안다.	목표; 6초, 15초 이내	테이블 번호 제공	O		O	O			O
라면상태를 유지한다.	목표; 3분, 5분 이내 제공(예약번호 확인 후)	물로 예열	O	O				O	
물 끓임 용량을 늘인다.	목표;10개, 최소 7개 이상(동시에 라면 끓임)	20L	O	O					
서빙시간을 줄인다.	목표; 1분, 3분 이내	테이블저장 셀프		O			O	O	
운영방법을 변환한다.	목표; 만족도 4.5점, 최소 3.5점 이상	통합형으로 운영					O	O	
개인별 취향을 모은다.	목표; 2분, 최대 3분 내 파악(주문 시 과거 고객 주문이력 조회토록 dB화)	쿠폰카드 관리 (자체제작)	O	O	O	O			O
밤참 운영을 전한다.	목표; 주문율 월 평균 10% 향상(직전 월 대비), 최소 7%이상	전단지 주기 배포 (자체제작)	O	O	O	O			O
재료관리 수준을 높인다.	목표; 1.5일, 최대 3일 이내 처리(냉동보관 기준)	매일 새벽 농산물시 장 방문	O	O		O			
운송수단을 얻는다.	목표; 배달소요시간 10분, 최대 15분 이내(출발부터 배달완료까지)	아르바이트생 배달	O	O	O	O			O

-일시; 20xx.11.30. -참석자; 홍길동, 김수만 외 7명

계 대상인 '제어 인자'나 '대안 인자'는 이어질 'Step-9.2. 설계 요소 분석'의 검정 절차로 넘기고, '산출물'은 'Step-9.3. 설계 요소별 산출물 실현'에서 종합 정리하면 될 일이다. 그 외의 '지침'이나 '활동' 성격의 요소들은 '즉 실천'의 개념으로 역시 'Step-9.3. 설계 요소별 산출물 실현'에서 처리한다.

무엇보다 중요한 것은 '핵심 기능(CTF)'과 '핵심 기능 요구 사항(CFR)'을 실현시킬 '설계 요소'들이 무엇인지 팀원들과 제대로 발굴하려는 노력에 역량이 집중돼야 한다. [그림 A-29]와 다음 [그림 A-30]은 '설계 7요소 대응 법'을 통한 '설계 인자' 발굴 과정을 파워포인트로 정리한 예이다.

[그림 A-30] 'Step-9.1. 설계 요소 발굴(설계 7요소 대응 법)'을 통한 '설계 인자' 도출 예

Step-9. 상위수준 설계
Step-9.1. 설계요소 발굴(설계 7요소 대응법)   D M **A** D V

♦ **최적 컨셉트와 설계 7요소를 각각 대응시키며 관련성을 점검한 뒤, <u>설계인자를 도출</u>하고, <u>설계원칙을 설정</u>함.**

※ '핵심기능(CTF)'별 설계인자 전체는 첨부파일에 포함시킴('현 프로세스 흐름'은 분석 대상).

핵심기능 (CTF)	핵심기능 요구사항 (CFR)	최적 컨셉트	출처 (설계 7요소)	설계요소 설계인자	설계원칙 (설계방향)
예약을 받는다.	1시간 이내 (서빙완료 직전)의 경우만	전화 /SMS+인 터넷	제품/ 서비스	● 예약접수 시간대 설정 ● 예약 대상자 설정 ● 예약관리대장 제작	
			프로세스	● 예약접수 ~ 서빙완료까지 의 흐름도 설계 ● 현 프로세스 흐름	1시간 내 처리되도록 고려 현 프로세스의 문제점 분석 후 설계반영
			정보시스템	● 전단지 제작 ● 홈페이지 내 서비스내용 작성	전단지 글자는 크고 짧게 해서 시선 집중 토록
			인력시스템	● 예약 관리담당자 지정	
			설비/장비/원 자재	● 유·무선 전화기 성능확인 ● PC 초고속 인터넷 가입	가입조건 분석을 통한 최소 비용고려
예약자를 안다	목표 6초, 15초 이내	테이블 번호제공	제품/ 서비스	● 테이블 번호 확인	
...	...	...	...		

··· -일시; 20xx.11.30. -참석자; 홍길동, 김수만 외 7명

PS-Lab
Problem Solving Laboratory

앞서 설명했던 과정을 파워포인트 장표에 그대로 옮겨놓았다. 주의할 것은 [그림 A‒30]의 '핵심 기능(CTF)'이 총 10개([그림 A‒29] 첫 번째 열 참조)이므로 이 모두에 대해 '설계 인자'가 발굴돼야 한다. 파워포인트 한 장에 각 '핵심 기능'별로 '설계 인자'를 나열하는 것도 좋지만 전체적인 흐름을 파악하기 위해 일부만을 싣고 나머지는 [그림 A‒30]의 장표 오른쪽 예처럼 '개체 삽입' 기능을 활용한다(고 가정한다). 자료를 작성하는 요령이므로 상황에 따라 적절히 대처해주기 바란다. 참고로 '설계 인자' 중 '현 프로세스 흐름(빨간색으로 강조)'은 'Step‒9.2. 설계 요소 분석'에서 현 프로세스의 문제점을 찾아본 뒤('검정'을 수행한 뒤) 개선안을 마련할 것을 염두에 두고 발굴하였다. 이와 같이 직접 분석해야 할 대상은 물론, 산출물에 이르기까지 모두가 도출될 수 있다는 점 꼭 기억하기 바란다. 이를 통해 '설계 요소' 유형이 무엇인지, 또 이것이 '설계 요소'가 맞는지 등의 고민에서 자유로워질 수 있다.

지금까지 '설계 7요소 대응 법'을 통해 필요한 '설계 인자'를 도출해보았다. 그러나 이것만으로 설계하려는 '프로세스'가 완벽해진다고 장담할 순 없으며, 할 수 있는 다양한 접근법을 통해 누락된 '설계 요소'를 찾아내거나 보완하는 노력이 필요하다. 물론 '설계 7요소 대응 법'으로 '설계 요소' 도출이 완료될 수도 있으나 복잡도가 높은 설계인 경우 추가 발굴을 통해 위험 요소를 최소화시킨다. 설계 활동에서 추가 발굴에 가장 적합하고 필수적인 도구가 바로 'Design FMEA'이다. 매우 중요하며 이제부터 이 도구에 대해 알아보자.

9.1.2. Design FMEA 법

기술 부문의 '제품 설계 방법론'이든 상업 부문의 '프로세스 설계 방법론'이든 'FMEA(Failure Mode & Effect Analysis)'는 설계 과정에서 매우 중요한 역할을 한다. 탄생 배경 자체가 미국 해군의 군수 제품이나 NASA의 위성 제작과 관련이 있어 기술 분야에 적합한 도구로 성장했지만 1940년대 초부터 현재까지 약 70여 년간 그 효용성이 입증되면서 다양한 분야로의 응용 범위를 넓혀놓은 상태다. 필자와 FMEA의 인연은 나름 오랜 역사를 갖고 있다. 1998년도 삼성 SDI 연구원 시절 수원·부산 공장의 엔지니어 약 150여 명을 대상으로 FMEA/FTA 사내 강사로 활동했으며, 그해 미국 오하이오주 클리블랜드 소재 NASA 연구소에서 신뢰성 교육을 받으며 FMEA의 실질적인 용도를 확인했었다. 국내에서는 삼성전자 TFT LCD 엔지니어 약 200여 명과 효성중공업 등에서 다년간 P-FMEA와 D-FMEA를 강의했으며 최근엔 직접 집필한 품질 시리즈 중『Be the Solver_FMEA』편을 교재로 강의를 이어가고 있다.

군사 부문에서 민간 부문으로 'FMEA' 용법이 전해지면서 1980년대 초 Ford社에서 'Design FMEA'를 응용한 'Process FMEA'를 탄생시켰으며, 이후 전 산업 부문으로 확산되며 'System FMEA', 'Machinery FMEA', 'Service FMEA' 등으로 응용 범위가 넓어졌다. 그러나 무엇보다 중요한 사항은 그 양식이나 전개가 모두 동일하다는 점이다. 따라서 정확한 용법만 알아두면 현재 접하고 있는 업무가 어느 유형에 속하든 똑같은 방식으로 활용이 가능하다.

<u>현재 프로세스 설계를 하고 있으므로 여러 유형의 FMEA 중 'Design FMEA'가 필요하다.</u> '설계 요소'를 도출하는 관점에서 FMEA가 어떻게 활용되는지, 또 그 본래의 용법과 적용 등은 현재 수행하고 있는 과제와 어떻게 연결되는지에 대해 상세히 알아보도록 하자. 다음 [그림 A-31]은 Design FMEA의 일반적인 양식이다.

#	Process Function (Step)	Potential Failure Modes (process defects)	Potential Failure Effects (Y's)	S E V	C l a s s	Potential Causes of Failure (X's)	O C C	Current Process Controls	D E T	R P N	Recommend Actions	Responsible Person & Target Date	Taken Actions	S E V	O C C	D E T	R P N
1																	
2																	
3																	
4																	
5																	
6																	
7																	

[그림 A-31]은 'Process FMEA'용 양식이다. '프로세스 설계'를 하고 있으므로 제품 설계에 적합한 'Design FMEA'를 갖다 쓸 이유는 없다. 다만 설계 과정에 있으므로 호칭만 'Design FMEA'라 부를 뿐이다. FMEA의 원조인 'Design FMEA'의 이력과 자세한 용법은 『Be the Solver_FMEA』편 및 단순 용법은 『Be the Solver_제품 설계 방법론』편을 참고하기 바란다. 본문은 '프로세스 설계 방법론'에 적합한 수준에서 'Process FMEA'의 용법을 간단히 소개할 것이다.

'프로세스 설계'는 새로운 프로세스나 금융 상품 등을 개발하는 활동이며, 지금까지 확실하게 결정돼 있는 것은 [그림 A-29]의 첫 열에 나열된 '핵심 기능(CTF)'들뿐이다. [그림 A-31]에 제시된 'Design FMEA' 양식을 보면 두 번째 열이 'Process Function(Step)'으로 돼 있다. 즉, 직전 '세부 로드맵'에서의 결과물은 '핵심 기능'들이므로 이들이 '입력'되거나('Function'이므로), 또는 '프로세스 활동(Step)'이 정해졌으면(마치 '부품'이 결정돼 있는 경우와 같이) 해당 '활동(Activity)'을 입력한다('Step'이므로). 현재는 '핵심 기능'이 입력돼야 하므로 이들이 운영 중인 것으로 가정하고 예상되는 잘못될 가능성, 즉 '고장 모드(Failure Mode)'를 적출한다. FMEA 전개를 통해 아직 발생하지 않았지만 '고장 모드'를 유발시키는 '잠재 원인(Potential Causes)'이 드러날 것이고, 이것이 바로 현재 도출코자 하는 '잠재 인자'이다. 본문 예인 '라면 판매 프로세스 설계를 통한 매출 30% 향상' 과제로 돌아와 Design FMEA를 작성하면 다음 [그림 A-32]와 같다.

[그림 A-32] Design FMEA 작성 예('핵심 기능' 입력)

#	Process Function (Step)	Potential Failure Modes (process defects)	Potential Failure Effects (Y's)	S E V	C l a s s	Potential Causes of Failure (X's)	O C C	Current Process Controls	D E T	R P N	Recommend Actions
1	예약을 받는다	예약상황 기입 오류	라면제공 지연	8		너무바쁨	6	신입사원 사전 교육 1회	2	96	업무분담 (R&R) 표준화
2	예약을 받는다	예약상황 기입 오류	라면제공 지연	8		접수 시 잘못 이해	3	기록방법 사전교육 1회	7	168	예약자 현황 실시간 점검토록 설계
3	예약을 받는다	예약자 누락	라면제공 지연	8		예약기록을 않함	3	기록방법 사전교육 1회	7	168	예약자 현황 실시간 점검토록 설계
4	예약을 받는다	예약자 누락	고객불만 증대	9		예약기록을 않함	3	기록방법 사전교육 1회	7	189	예약자 현황 실시간 점검토록 설계
5	예약을 받는다	테이블 배정이 빠져 있음	고객불만 증대	9		접수 시 빠트림	2	배정방법 사전교육 1회	7	126	테이블 배정 실시간 점검토록 설계
6	예약자를 안다	예약자 확인지연	라면제공 지연	8		기록오류	3	예약접수 교육 1회	6	144	고객이 본인 예약현황 확인토록 설계
7	예약자를 안다	...	...			...		...			...

[그림 A-32]의 'Process Function(Step)' 열에는 'Step-7.2. 핵심 기능 선정'에서 얻은 '핵심 기능'을 입력해야 하나, 이후 과정 속에서 수정이 가해졌으므로 최종 확정된 [그림 A-29]의 '핵심 기능'들을 적용한다. 예에서는 '예약을 받는다' 한 가지에 대해서만 나열했으나 전체 '핵심 기능'들에 대해 FMEA가 수행돼야 한다. 교육 중 실습이나 작성된 FMEA를 멘토링하는 과정에서 종종 '행'으로 전개하는 것을 발견하곤 한다. 즉, '고장 모드'를 적고 그

에 대한 '영향' 그리고 이어 '원인'과 '현 관리 방법'을 적는 식인데 이렇게 전개하면 원인 - 결과 간 인과성을 고민하느라 작성이 지연되고, 양이 늘어날수록 어느 것이 '고장 모드'고, 어느 것이 '원인'인지 혼란이 가중되기 일쑤다. 따라서 FMEA 작성은 항상 '행'이 아닌 '열'을 먼저 모두 도출한 뒤 다음 열로 작성을 옮겨간다. 그래야 속도도 빠르고 인과성의 혼란에서 벗어날 수 있다.

[그림 A - 32]는 'Potential Failure Mode(이후 '고장 모드'로 명명)', 'Potential Failure Effects(이후 '영향'으로 명명)', 'SEV' 등등의 순으로 하나의 열을 다 작성한 뒤 끝나면 다음 열로 이어 작성한 예이다. 작성법을 간략히 소개하면 [그림 A - 32]의 첫 행에 대해 '핵심 기능'인 "예약을 받는다"를 수행할 때 잘못될 가능성이 무엇인지 브레인스토밍해서 '고장 모드'에 모두 입력한다. 다음 '고장 모드'가 발생하면 어떤 일이 벌어질지 고객 관점에서 '영향'들을 모두 기술한다. 'SEV'는 '영향'의 '심각도(Severity)'로 심각할수록 큰 값을 주되 범위는 '1 ~ 10'이다. 이어지는 '원인(Potential Causes of Failure)'은 '고장 모드'를 유발하는 요인을 적으며, 이로부터 하나의 인과관계를 갖는 사건이 완성된다. 'OCC'는 '원인'의 '발생 빈도(Occurrence)'가 높으면 큰 값을 주되 범위는 '1 ~ 10'이다. 끝으로 '현 프로세스 관리'는 '원인' 관리를 어떻게 하고 있는지를 적으며 체계적 관리 방법이 없으면 'DET', 즉 '검출도(Detection)' 점수는 높아진다. 이 역시 범위는 '1 ~ 10'이다. 'RPN(Risk Priority Number)'은 'SEV×OCC×DET'로 얻으며 클수록 프로세스에 악영향이 예상되므로 '권고 조치(Recommended Actions)'에 '개선 방향'을 기입하고 이후 개선한다. 현재는 설계 과정 중에 있으므로 향후 일어날 문제, 또는 위험을 미리 해결하는 차원에서 FMEA 작성은 매우 중요한 과정이자 반드시 수행해야 하는 절차이다.

작성된 FMEA인 [그림 A - 32]를 해석해보자. 우선 그림에서 설명 선 '①'과 '②'는 FMEA 작성 시 자주 발생하는 현상을 설명하기 위함으로, '①'은 '고장 모드'와 '영향' 두 줄의 표현이 동일하다(노란색 셀). 이것은 '고장 모드'

인 '예약 상황 기입 오류'에, '원인'으로 기입한 '너무 바쁨'과 '예약 시 잘못 이해'가 서로 다르므로 둘은 서로 다른 사건임을 알 수 있다. 즉, 첫 행의 사건은 "너무 바빠(원인) 예약 상황 기입 오류(고장 모드)가 생겨 라면 제공 지연(영향) 발생"이고, 두 번째 행의 사건은 "접수 시 잘못 이해(원인)로 예약 상황 기입 오류(고장 모드)가 생겨 라면 제공 지연(영향) 발생"이다.

또 '②'에서 '예약자 누락'이 연속 두 개인데(옅은 연두색 셀) 이것은 하나의 '고장 모드'에 그 '영향'이 여럿 나올 수 있기 때문이며, 예의 경우는 '라면 제공 지연'과 '고객 불만 증대' 두 개의 '영향'이 기입돼 있다. 이와 같이 입력인 '핵심 기능' 하나에 '고장 모드'가 여럿 존재할 수 있고, 또 각 '고장 모드'와 관련한 '영향'과 '원인'도 각각 여럿 존재할 수 있다. 따라서 엑셀의 행을 계속 삽입하면서 가능한 모든 잠재 요소들을 도출해 나간다. 'RPN'이 높은 사건들은 'Recommended Actions(이후 '설계 방향'으로 명명)'에 적힌 내용들을 중심으로 설계에 반영(개선)한다. 제시한 '설계 방향'은 '상위 수준 설계'에서 처리될 수도 있고, 이후 Design Phase의 '상세 설계'에서 처리될 수도 있다. 선정된 '원인(잠재 인자)'과 '설계 방향'을 최종 정리한 뒤 추가 분석이 요구되는 경우 'Step-9.2. 설계 요소 분석'으로 넘겨 확인(검정) 작업을 진행한다. 만일 '산출물'이 필요한 경우는 'Step-9.3. 설계 요소별 산출물 실현'에서 구체화한다. 다음 [표 A-20]은 Design FMEA 수행을 통해 얻은 '잠재 인자'들 발굴 예이다.

「9.1.1. 설계 7요소 대응 법」에서 결과로 정리한 [표 A-19]와 방금 정리한 [표 A-20]을 '출처', '설계 요소', '설계 원칙' 열들과 비교하면 쉽게 그 연계성을 확인할 수 있다. '설계 요소'를 '설계 인자, 잠재 인자, 프로세스 변수' 모두를 아우르는 용어로 정의했으며, 'Step-9.1. 설계 요소 발굴' 초입에 '설계 요소'를 "설계 과정에서 생기는 X들쯤"으로 설명한 바 있다. 출처에 따라 FMEA에서의 '설계 요소'들을 '잠재 인자+설계 방향'으로 인식하는 경우도 있으나 본문은 일관되게 '잠재 인자'를 '설계 요소'의 한 분류로 정의할 것이다.

[표 A-20] 'Design FMEA'를 이용한 '잠재 인자' 발굴 예

출처	핵심 기능 (CTF)	설계 요소 잠재 인자	설계 방향	설계 원칙	비고
Design FMEA	예약을 받는다.	■ 너무 바쁨	업무분담(R&R) 표준화	–	산출물로 '즉 실천'
		■ 접수 시 잘못 이해 ■ 예약기록을 안 함	예약자 현황 실시간 점검 토록 설계	예약 현황을 직원 모두가 공유할 수 있도록	LED 전광판 도입
		■ 접수 시 빠트림	테이블 배정 실시간 점검 토록 설계	예약 현황을 직원 모두가 공유할 수 있도록	LED 전광판 도입
		...	...	...	...
	예약자를 안다.	■ 기록오류	고객이 본인 예약현황 확인토록 설계	예약 현황을 고객도 공유 할 수 있도록	LED 전광판 도입
		...	...	...	...
	...	...	...	...	...

[표 A-20]에서 '설계 원칙' 중 '예약 현황을 직원 모두(또는 고객)가 공유할 수 있도록'으로 정하고 있는데, 이것은 '예약 상태(누가, 언제 방문, 무슨 메뉴, 테이블 번호 지정 등)'를 일하는 직원뿐만 아니라 고객이 들어왔을 때 직접 확인하는 것까지를 포함하는 것이며, '비고'란에 팀원들의 좀 더 구체적인 실현 아이디어, 즉 'LED 전광판 도입'을 명시하였다(물론 이후 과정 중 바뀔 수도 있겠지만). 이들은 'Step-9.3. 설계 요소별 산출물 실현'에서 구체화하거나, 더 세분화가 필요한 부분들은 Design Phase의 '상세 설계'로 넘겨질 것이다. 'Step-9. 상위 수준 설계'에서 이루어진 '산출물'들에 대해서는 'Step-9.4. 상위 수준 설계 검토'에서 종합적으로 검증이 이루어진다.

FMEA로부터 도출된 '설계 요소'들의 검증은 양식인 [그림 A-31] 내 '설계 방향(Recommended Actions)' 이후 열들을 통해 이루어지며, 이때 'RPN'

을 재평가해서 위험 수준이 초기 설계에 비해 낮아졌는지를 확인한다. 다음 [그림 A-33]은 [그림 A-31] 중 '설계 방향(즉, 개선)'을 검증하는 'FMEA 재평가' 영역을 나타낸다. 이 영역의 용법에 대해서는 'Step-9.4. 상위 수준 설계 검토'에서 간략히 다루고 있다.

[그림 A-33] Design FMEA 양식 중 '재평가 영역' 예

#	Process Function (Step)	Potential Failure Modes (process defects)	Potential Failure Effects (Y's)	S E V	C l a s s	Potential Causes of Failure (X's)	O C C	Current Process Controls	D E T	R P N	Recommend Actions	Responsible Person & Target Date	Taken Actions	S E V	O C C	D E T	R P N
1																	
2																	
3																	
4																	
5																	

교육 중에는 FMEA 개념을 확실히 주입시키기 위해 다음 [그림 A-34]와 같은 개요도로 필요성을 역설하곤 한다.

[그림 A-34] FMEA 역할 개념도

[그림 A - 34]에서 둥근 원들은 설계 과제를 수행하기 위해 필요한 아주 중요한 일(큰 원들), 중요한 일(중간 크기 원들), 그 외에 여러 해야 할 일들(작은 원들)을 나타낸다. 이들은 눈에도 보이고 중요성도 알고 있으므로 평상시 철저히 관리한다. 그러나 그들을 제외한 사이사이 공간에 어느 중요한 일들이 더 속해 있을지 모르는 상황에서 그냥 내버려두거나 모르고 지나치면 전체 원통을 망가트리는 화근이 될 수 있다. 무슨 문제가 있는지 평상시 알지 못하기 때문이다. 이때 FMEA를 수행하면 마치 빈 공간을 메울 수 있는 기회를 갖게 된다. 이로써 전체 원통의 구조는 더욱 튼튼한 모습을 띠게 되고, 따라서 FMEA 수행은 단순히 '잠재 인자'를 찾으려는 목적보다 설계의 완성도를 높여줄 아주 중요한 수단이며, 설계 활동 중 반드시 수행해야 하는 절차로 인식돼야 한다. FMEA는 설계의 완성도를 검증하는 용도로 계속 활용하며 갱신해 나간다.

사실 FMEA의 용법에 대해서는 그 중요성에 비추어 훨씬 더 자세히 소개하고 싶지만 로드맵에 집중하고자 하는 본래의 취지에서 벗어나므로 이쯤에서 마무리한다. 국내에서는 FMEA에 대한 서적이 눈에 잘 띄지 않는다. 20여년 전 『100PPM 품질경영(Ⅱ)』(노형진·정경훈 저, 도서출판 컴퓨러)[60]에서 DR(Design Review), 'FTA(Fault Tree Analysis)'와 함께 잘 다루어진 경우가 있었으나 지금은 찾아보기 어렵다. FMEA의 바이블은 Ford사에서 만든 매뉴얼로 알려져 있으며 이를 기반으로 한 서적이 『Be the Solver_FMEA』편이다. 관심 있는 독자는 해당 서적을 참고하기 바란다. 다음 [그림 A - 35]와 [그림 A - 36]은 '잠재 인자' 발굴에 대한 과정과 결과를 파워포인트로 작성한 예이다. 참고하기 바란다.

---

60) 현재는 '품절' 상태에 있다.

Step-9. 상위수준 설계
Step-9.1. 설계요소 발굴*(Design FMEA법)*

● '최적 컨셉트'의 매개체인 '핵심기능(CTF)'을 입력으로, 예상되는 문제점과 위험요소 및 잠재
인자 발굴을 'D-FMEA'를 통해 수행.

#	Process Function (Step)	Potential Failure Modes (process defects)	Potential Failure Effects (Y's)	S E V	C l a s s	Potential Causes of Failure (X's)	O C C	Current Process Controls	D E T	R P N	Recommend Actions
1	예약을 받는다	예약상황 기입 오류	라면제공 지연	8		너무바쁨	6	신입사원 사전 교육1회	2	96	업무분담 (R&R) 표준화
2	예약을 받는다	예약상황 기입오류	라면제공 지연	8		접수 시 잘못 이해	3	기록방법 사전교육 1회	7	168	예약자 현황 실시간 점검토록 설계
3	예약을 받는다	예약자 누락	라면제공 지연	8		예약기록을 않함	3	기록방법 사전교육 1회	7	168	예약자 현황 실시간 점검토록 설계
4	예약을 받는다	예약자 누락	고객불만 증대	9		예약기록을 않함	3	기록방법 사전교육 1회	7	189	예약자 현황 실시간 점검토록 설계
5	예약을 받는다	테이블 배정이 빠져있음	고객불만 증대	9		접수 시 빠트림	2	배정방법 사전교육 1회	7	126	테이블 배정 실시간 점검토록 설계
6	예약자를 안다	예약자 확인지연	라면제공 지연	8		기록오류	3	예약접수 교육 1회	6	144	고객이 본인 예약현황 확인토록 설계
7	예약자를 안다	...	...			...					

(D-FMEA)

- 일시; 20xx.12.02. - 참석자; 홍길동, 김수만 외 7명

이전과 동일하게 장표에 표현하지 못한 내용들에 대해서는 '개체 삽입' 기능
을 이용해 처리하는 것으로 가정하였다. 참고로 [그림 A-36]의 '잠재 인자'들
은 '즉 실천'성, 그리고 'LED 전광판'을 도입하는 일과 같이 주로 'Step-9.3.
설계 요소별 산출물 실현'에서의 활동을 정의하고 있다. FMEA에서 도출한 '잠
재 인자'들의 가설 검정 예에 대해서는 'Step-9.2. 설계 요소 분석'에서 '핵심
기능(CTF)'인 '재료 관리 수준을 높인다'를 통해 자세히 다룰 예정이다. 이 글
을 읽고 있는 리더들은 Design FMEA를 통해서도 '잠재 인자('Step-9.2. 설계
요소 분석'에서 가설 검정 대상이 될)'와 바로 실현시킬 '산출물('Step-9.3. 설
계 요소별 산출물 실현'에서 수행됨)' 등 두 경우 모두가 뒤섞여 나올 수 있음

Step-9. 상위수준 설계
  Step-9.1. 설계요소 발굴(Design FMEA 법)

🔹 '핵심기능(CTF)'을 입력으로 한 'Design FMEA'로부터 <u>'잠재인자'</u>를 도출하고, <u>'설계방향'</u>과
   <u>'설계원칙'</u>을 설정함.

※ '핵심기능(CTF)'별 잠재인자 전체는 첨부파일에 포함시킴.

출처	핵심 기능 (CTF)	설계 요소 잠재 인자	설계 방향	설계 원칙	비 고
Design FMEA	예약을 받는다.	● 너무 바쁨	업무분담(R&R) 표준화	-	산출물로 '즉 실천'
		● 접수 시 잘못 이해	예약자 현황 실시간 점검 토록 설계	예약 현황을 직원 모두가 공유할 수 있도록	LED 전광판 도입
		● 예약기록을 안 함			
		● 접수 시 빠트림	테이블 배정 실시간 점검 토록 설계	예약 현황을 직원 모두가 공유할 수 있도록	LED 전광판 도입
		…	…	…	…
	예약자를 안다	● 기록오류	고객이 본인 예약현황 확인토록 설계	예약 현황을 고객도 공유할 수 있도록	LED 전광판 도입
		…	…	…	…
…					

(설계요소)
Microsoft Word 문서

-일시; 20xx.12.02. -참석자; 홍길동, 김수만 외 7명

PS-Lab
Problem Solving Laboratory

을 인정하기 바란다. 다음은 세 번째로 'Process Mapping 법'을 이용한 '프로세
스 변수'들의 발굴에 대해 알아보자.

9.1.3. Process Mapping 법

앞서 '설계 7요소 대응 법'과 'Design FMEA 법'을 통해 '설계 요소 발굴'
이 어떻게 이루어지는지에 대해 알아보았다. 한 가지 주목할 사항은 앞서 두
가지 접근법과 함께 앞으로 설명할 'Process Mapping 법'이 과제의 난이도나
처한 상황에 따라 선택적으로 쓰일 수 있다는 점이다. 그러나 설계 과제라면

성격이나 규모가 일정 수준 이상 되고, 따라서 대부분의 설계 과제 경우 '설계 7요소 대응 법'과 'Design FMEA 법' 및 'Process Mapping 법' 모두를 '설계 요소 발굴'에 활용하는 것이 바람직하다. 왜냐하면 'Step - 9.1. 설계 요소 발굴'의 초두에 설명했듯이 임의의 상품이나 프로세스를 만들 때는 '설계 인자'와 '잠재 인자' 및 '프로세스 변수' 모두가 고려될 수밖에 없기 때문이다. 이제부터 '프로세스 변수'의 출처인 'Process Mapping 법'에 대해 자세히 알아보고, 이후 '세부 로드맵'과의 연계에 대해서도 학습해보도록 하자.

'프로세스 설계 방법론' 교육 중에 가끔 "프로세스가 아직 안 만들어졌는데 어떻게 '프로세스 맵핑'이 가능한가요?" 하는 납득하기 어렵다는 반응의 질문을 받곤 한다. 물론 프로세스가 아직 구성되지 않은 상태이므로 맵을 작성하는 것은 앞뒤가 맞지 않다. 이럴 때 필자의 대답은 한결같다. "아, 좋은 질문입니다. 예리하군요(^^). 할 수 있는 데까지 그려내는 겁니다." 보통은 이쯤에서 넘어갈 확률이 약 0.95(95%) 이상이지만 꼭 '유의 수준'에 들어가는 돌발적 추가 질문이 이어지기도 한다. "아니, 아직 안 만들었는데 어떻게 할 수 있는 수준이 있다는 겁니까?" 좀 끈질긴 경우인데 오히려 이런 리더들이 나중에 한몫하는 경우가 많다. 그래서 꼭 참고 또 대답해줘야 한다. 앞으로 클 사람들에게는 팍팍 밀어줘야 하는 게 강사의 큰 역할이기 때문이다. "자, 공장을 짓는다고 가정합시다. 부지를 확보하고, 시공식을 거행합니다. 질문하신 분 그 부지에 공장이 지금 있나요?" 보통은 대답이 없다가 상황 파악을 하면서 짧게 대답한다. "없겠죠, 뭐" 그럼 답변이 이어진다. "없는데 어떻게 앞으로 공장이 만들어질 수 있다고들 하는 걸까요?" 정답은 "설계도를 그리면 그대로 만들어지는 거 아니겠습니까?"이다. "그러면 설계도는요? 공장을 처음 짓는데 설계도는 어디서 나오는 걸까요?" 이쯤부터는 보통 답변이 없다. 필자만의 시간이 죽 이어지는 게 보통이다. "설계도는 기존의 경험과 축적된 기술, 그래도 없으면 벤치마킹을 통해서라도 와야 합니다. 부지 선정하고 시공식까지 했는데 공장을 짓겠다는 의지가 반영된 건 확실하지 않겠습니까? 우리가 과제를 선정하고 'Kick off'를 했던 바와 같지요. 따라서 정확하진 않겠지만 어렴풋이나마 기존의 지식과 축적된 경험 그리고 벤치마킹이나 유사 프로세스를 관찰해서 그려낼 수도 있지 않겠습니까?" 이에 덧붙여 또 한 가지는 'New Process'보다 'Brocken Process'의 과제 빈도가 90% 이상을 차지한다는 사실이며, 실제 대부분의 설계 과제들은 후자의 경우에 포함된다. 이런 이유로 '프로세스 맵'을 그리는 것은 가능하다고 확언할 수 있으며 더욱이 완전 새로운 프로세스 설계라 하더라도 팀원들의 경험과 연구를 통해 그려낼 수 있다는 게 중론이다. 이렇게 작성된 '프로세스 맵'은 다음 '세부 로드맵'인 'Step‐9.3. 설계 요소별 산출물 실현'에서 완성도를 높여 나간다. 본문의 예인 '라면 판매 프로세스 설계'도 'Broken Process' 경우에 해당한다. 기존에 운영은 하고 있었지만 추가 매출 향상을 위해 변화가 불가피한 상황이기 때문이다.

먼저 일반적인 '라면 판매 프로세스'를 그린 후 '핵심 기능(CTF)'들 중 '활동(Activity)'으로 포함시켜야 하는 것들을 분류해 반영하는 일부터 시작한다. '프로세스 개선 방법론'에서는 현존하는 프로세스 그대로를 그린 후 결점률 또는 소요 시간을 분석하거나 '잠재 원인 변수'를 발굴할 목적으로 활용하지만, '프로세스 설계 방법론'에서는 현재 프로세스에 '핵심 기능(CTF)'들을 '활동'으로 반영하면서 개선된 새로운 프로세스를 만들어낸다. 따라서 확정된 '핵심 기능(CTF)'들 중 일부를 '프로세스 활동'으로 포함시키기 위한 작업이 필요하며, 이를 학습하기 위해 [표 A‐18]을 다음 [표 A‐21]에 다시 옮겨놓았다.

[표 A‐21]에서 '설계 7요소' 열 중 '프로세스' 항목에 초점을 맞춘다. 'O' 표식들은 '핵심 기능(CTF)'들을 '프로세스'에 반영한다는 의미다. 그런데 현시점에 팀원들과 협의 중, 두 번째 '핵심 기능'인 '예약자를 안다' 역시 고객이 입문했을 때 예약자인지 판단하는 과정이 필요할 것으로 논의되어 '프로세스' 반영을 결정하였다(고 가정한다). 이에 [표 A‐21]에 새로 추가한다는 의미로

굵은 빨간색 'O'로 강조하였다. 이 같은 변화는 프로세스 설계 중에 늘 있는 상황이며, 변경 사유 및 결과가 얻어질 때까지의 모든 이력을 관리하는 차원에서 파워포인트 장표에 '개체 삽입'해 놓았다(고 가정한다).

[표 A-21] '최적 콘셉트'와 '설계 7요소 분류표' 대응 예('프로세스 맵' 작성 목적)

핵심 기능 (CTF)	핵심 기능 요구 사항 (CFR)	최적 콘셉트	설계 7요소						
			제품/서비스	프로세스	정보시스템	인력시스템	전략	모델	설비/장비/원자재
예약을 받는다.	1시간 이내(서빙완료 직전)의 경우만	전화/SMS+인터넷	O	O	O	O			O
예약자를 안다.	목표: 6초, 15초 이내	테이블 번호제공	O	O	O	O			O
라면상태를 유지한다.	목표: 3분, 5분 이내 제공 (예약번호 확인 후)	물로 예열	O	O				O	O
물 끓임 용량을 늘린다.	목표: 10개, 최소 7개 이상 (동시에 라면 끓임)	20L							O
서빙시간을 줄인다.	목표: 1분, 3분 이내	테이블저장 셀프		O		O	O		
운영방법을 변환한다.	목표: 만족도 4.5점, 최소 3.5점 이상	통합형으로 운영				O	O		
개인별 취향을 모은다.	목표: 2분, 최대 3분 내 파악(주문 시 과거 고객 주문이력 조회토록 dB화)	쿠폰카드 관리 (자체제작)	O	O	O	O			O
밤참 운영을 전한다.	목표: 주문율 월평균 10% 향상(직전 월 대비), 최소 7% 이상	전단지 주기 배포(자체제작)	O	O	O	O			O
재료관리 수준을 높인다.	목표: 1.5일, 최대 3일 이내 처리(냉동보관 기준)	매일 새벽 농산물시장 방문	O	O		O			
운송수단을 얻는다.	목표: 배달 소요시간 10분, 최대 15분 이내(출발부터 배달완료까지)	아르바이트생 배달	O	O	O	O	O		O

'프로세스'에 '8개'의 '핵심 기능'들을 '활동(Activity)'으로 포함시키기 위한

팀 회의가 있었으며, 그 결과 다음 [표 A-22]를 얻었다(고 가정한다).

[표 A-22] '핵심 기능'별 프로세스 작성에 대한 팀 회의 결과 예

핵심 기능 (CTF)	핵심 기능 요구 사항 (CFR)	최적 콘셉트		프로세스
예약을 받는다.	1시간 이내(서빙완료 직전)의 경우만	전화/SMS+ 인터넷	O	- 시작: 예약 접수 - 끝: 전광판 확인
예약자를 안다.	목표: 6초, 15초 이내	테이블 번호제공	O	- 시작: 테이블 번호(예약번호) 확인 - 끝: 테이블 안내
라면상태를 유지한다.	목표: 3분, 5분 이내 제공(예약 번호 확인 후)	물로 예열	O	- 시작: 테이블 번호(예약번호) 확인 - 끝: (라면)서빙완료
서빙시간을 줄인다.	목표: 1분, 3분 이내	테이블저장 셀프	O	- 시작: 반찬 양 확인 - 끝: 반찬 채워 놓음
개인별 취향을 모은다.	목표: 2분, 최대 3분 내 파악 (주문 시 과거 고객 주문이력 조회토록 dB화)	쿠폰카드 관리(자체제작)	O	- 시작: 쿠폰카드 확인 - 끝: (라면)서빙완료(과거이력 조회 후)
밤참 운영을 전한다.	목표: 주문율 월평균 10% 향상 (직전 월 대비), 최소 7% 이상	전단지 주기 배포(자체제작)	O	- 시작: 밤참 주문 접수 - 끝: PC완료처리
재료관리 수준을 높인다.	목표: 1.5일, 최대 3일 이내 처리(냉동보관 기준)	매일 새벽 농산물시장 방문	O	- 시작: 농산물 시장방문 - 끝: (재료)재고확인
운송수단을 얻는다.	목표: 배달 소요시간 10분, 최대 15분 이내(출발부터 배달완료 까지)	아르바이트생 배달	O	'밤참 운영을 전한다'와 동일함에 따라 그에 통합

[표 A-22]의 맨 끝 열 '프로세스'에 포함된 내용들은 각 '핵심 기능(CTF)' 들을 '프로세스 맵'에 삽입시키기 위해 '기능'별로 '프로세스의 시작'과 '끝'을 정해놓은 것이다. 이때 마지막 행의 '핵심 기능(CTF)'인 '운송 수단을 얻는다' 는 논의 과정 중에 다른 '핵심 기능(CTF)'인 '밤참 운영을 전한다'와 '프로세 스 시작'과 '끝'이 일치함에 따라 하나로 통합한다는 내용을 기술하고 있다. [표 A-22]의 결과가 마무리되면 이후 과정은 자연스럽게 정해진다. 즉, 첫째 로 '핵심 기능(CTF)'별 프로세스를 직접 그려보는 일이고, 이것이 완료되면

<u>두 번째로</u> 기존의 운영 프로세스와 합쳐서 '전체 프로세스 맵'을 완성한다.

우선 각 '핵심 기능(CTF)'별 프로세스를 그려보는 일부터 시작해보자. 이 과정은 팀원들과 논의 중 기능별 두어 개 이상의 대안들이 나올 수 있으며, 이 경우 'Step‒8.1. 콘셉트 후보'에서 했던 바와 같이 '아이디어 상자(Idea Box)'를 활용할 수도 있다. 그림으로만 이루어진 경우를 특히 '형태 분석 차트(Morphology Chart 또는 Morphological Chart)'라고 한 바 있다. 용도에 따라서는 '아이디어 상자'와 구분 없이 사용한다. 다음 [표 A‒23]은 장시간의 팀 회의를 거쳐 확보한 **'핵심 기능(CTF)'별 '프로세스 맵'**을 나타낸다(고 가정한다).

[표 A‒23] '핵심 기능'별 '프로세스 맵' 작성 예

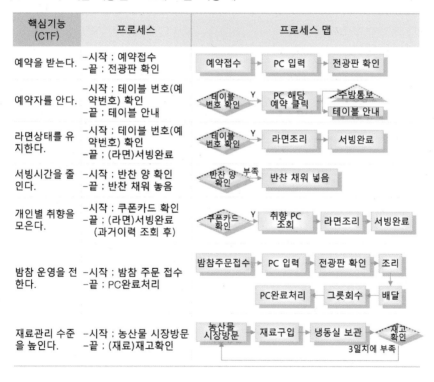

다음으로 [표 A−23]의 '핵심 기능(CTF)'별 '프로세스 맵'을 기존 프로세스에 합쳐 하나의 **'전체 프로세스 맵'을 완성**한다. 물론 완전하진 않을 것이다. 따라서 'Step−9.3. 설계 요소별 산출물 실현'에서 다시 검토가 이루어질 것이며, 'Step−9.4. 상위 수준 설계 검토'에서도 내재된 위험들에 대한 검증이 진행될 것이다. 또 필요하면 Design Phase의 '상세 설계'에서도 보완의 기회를 갖는다. 그러나 이후 '세부 로드맵'에서의 보완 기회를 믿고 현재 과정을 쉽게 넘어가는 일은 절대 없어야 한다. 현 '세부 로드맵'에서 완성도를 최대로 끌어올리면 이후 과정이 생략될 수 있어 개발 기간 단축이라는 열매를 맛볼 수 있다. 이제 새로운 프로세스의 전체 모습을 구성해보도록 하자. 다음 [그림 A−37]은 팀원 회의를 거쳐 1차적으로 완성한 '전체 프로세스 맵'을 나타낸다(고 가정한다).

[그림 A−37] '핵심 기능(CTF)'별 '전체 프로세스 맵핑'화 예

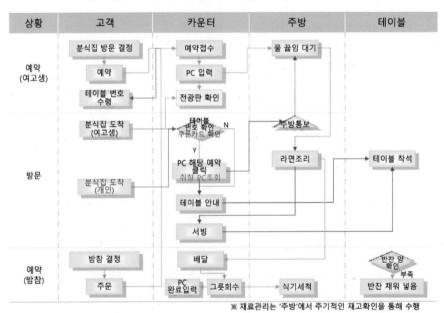

프로세스 종류는 출처마다 유형과 표현(영문 해석의 차이에 기인)에 많은 차이를 보이고 있으나 대체적으로 다음과 같이 분류한다.

- '프로세스 맵' 유형
  → 기획형 프로세스 맵(Top-down Process Map): 단순히 'Top-down Map'으로 불리기도 한다. 핵심 프로세스와 그 하위 프로세스를 단순하게 표현해 흐름의 파악이 쉽고 따라서 새로운 프로세스를 기획할 때 유용하다.
  → 기능 전개형 프로세스 맵(Functional Deployment Process Map): 기능 조직(부서) 간의 투입(Input), 산출(Output) 및 활동의 연계에 초점을 두고 있으며, 프로세스 순서, 책임 소재, 처리 시간 등을 표현하는 데 유용하다.
  → 상세 프로세스 맵(Detailed Process Map): 프로세스 각 활동과 기능의 성격까지를 상세하게 도식화하여 세부적인 개선 포인트를 얻고자 할 때 유용하다.
  → 가치 흐름 맵(Value Stream Map): 제품이나 서비스가 만들어지는 가치 흐름을 따라가면서, 원재료와 정보의 흐름을 쉽게 파악하는 데 유용하다.

이 외에 기업 교재에 따라 '고객 Needs Map', '조직 Map', '전개 Map' 등이 있으며, 용도에 따라 구분해서 사용한다. 현업에서는 조직 간의 업무 연계나 책임 소재 또는 일의 흐름을 시간 순서대로 파악하기 쉬운 '기능 전개형 프로세스 맵' 또는 이 맵의 영문 첫 자를 딴 'FDPM'을 가장 선호한다. 업무의 표준 문서에서도 자주 등장할 정도로 사용 빈도가 높은데 [그림 A-37]의 경우가 'FDPM'에 속한다.

[그림 A-37]은 순전히 [표 A-23]만을 기초해 작성한 예로 실제 과제라면 좀 더 상세한 구성이 가능할 것이나 본문에서는 이 정도 선에서 정리하고 다음 과정으로 넘어간다. 그 전에 다음 [그림 A-38]과 [그림 A-39]는 파워포인트로 작성한 예이다.

[그림 A-38] 'Step-9.1. 설계 요소 발굴(Process Mapping법)'을 위한 '핵심 기능'별 맵 도출 예

Step-9. 상위수준 설계
  Step-9.1. 설계요소 발굴(Process Mapping 법_핵심기능별 맵 구성)　　　　

- '프로세스 변수'를 도출하기 위해 사전에 요구되는 프로세스 맵이 필요함.
- 이를 위해 '핵심기능(CTF)'별 요구되는 프로세스와 맵을 다음과 같이 구현함.

핵심기능 (CTF)	프로세스	프로세스 맵
예약을 받는다.	-시작 : 예약접수 -끝 : 전광판 확인	예약접수 → PC 입력 → 전광판 확인
예약자를 안다.	-시작 : 테이블 번호(예약번호) 확인 -끝 : 테이블 안내	테이블 번호 확인 →Y PC 해당 예약 클릭 → 주방통보 / 테이블 안내
라면상태를 유지한다.	-시작 : 테이블 번호(예약번호) 확인 -끝 : (라면)서빙완료	테이블 번호 확인 →Y 라면조리 → 서빙완료
서빙시간을 줄인다.	-시작 : 반찬 양 확인 -끝 : 반찬 채워 놓음	반찬 양 확인 부족 반찬 채워 넣음
개인별 취향을 모은다.	-시작 : 쿠폰카드 확인 -끝 : (라면)서빙완료 (과거이력 조회 후)	쿠폰카드 확인 →Y 취향 PC 조회 → 라면조리 → 서빙완료
밤참 운영을 전한다.	-시작 : 밤참 주문 접수 -끝 : PC완료처리	밤참주문접수 → PC 입력 → 전광판 확인 → 조리 / PC완료처리 → 그릇회수 → 배달
재료관리 수준을 높인다.	-시작 : 농산물 시장방문 -끝 : (재료)재고확인	농산물 시장방문 → 재료구입 → 냉동실 보관 → 재고확인 / 3일치에 부족

-일시; 20xx.12.03. -참석자; 홍길동, 김수만 외 7명　　PS-Lab
Problem Solving Laboratory

　　이제 남은 일은 본래 목적인 '설계 요소' 중 '프로세스 변수'를 도출하는 일
이다. 교육 중에 본인 업무의 '프로세스 맵'을 그리라고 하면 상세하게 잘 그
려낸다. 항상 옆에서 지켜보고 있으니 당연하다. 그런데 그 맵에 필요한 변수
들을 도출하라고 하면 그때부터 어려움을 호소한다. 실제 도출한 양도 적으려
니와 '잠재 인자' 등이 섞여 '프로세스 변수' 성격에도 잘 맞지 않는 경우가
많다. 따라서 본문의 예인 '라면 판매 프로세스 설계'의 변수를 발굴하기 전에
맵에서 '프로세스 변수'를 어떻게 도출하는지에 대해 먼저 알아보자. 설계 업
무에 많은 도움이 될 것이다.

[그림 A-39] 'Step-9.1. 설계 요소 발굴(Process Mapping법)'을 위한 전체 맵 구성 예

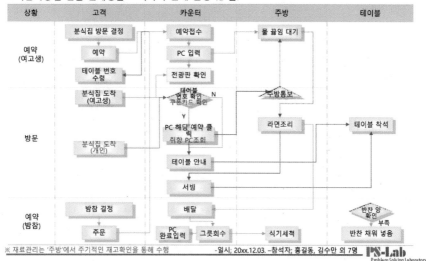

Step-9. 상위수준 설계
  Step-9.1. 설계요소 발굴(Process Mapping 법_전체 맵 구성)

♦ 핵심기능별 맵을 연계성을 고려하여 전체 맵핑化 함.

상황	고객	카운터	주방	테이블

※ 재료관리는 '주방'에서 주기적인 재고확인을 통해 수행   -일시; 20xx.12.03. -참석자; 홍길동, 김수만 외 7명   PS-Lab
                                                                    Problem Solving Laboratory

  우선 사안을 단순화시키기 위해 프로세스 전체를 대상으로 변수를 발굴하기
보다 하나의 '활동(Activity)'을 예로 든 뒤 전체로 확대 적용하는 방법을 선택
하자. 다음 [그림 A-40]은 [그림 A-39]의 '카운터'에 있는 '예약 접수'라는
'활동(Activity)'이다.

[그림 A-40] '활동(Activity)' 예

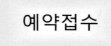

'프로세스 맵'에서 '사각형'을 '단계' 또는 영문을 그대로 읽어 '스텝(Step)' 등으로 부르지만 정식 명칭은 '활동(Activity)'이다. '프로세스 변수'를 발굴할 때 가장 먼저 확인할 사항이 '활동'의 'y'[61]이다. 교육 중 임의의 '활동'을 칠판에 적고 'x'나 'y'를 적어보라면 대답을 못하는 경우가 많다. 한두 개만이라도 말해주면 좋으련만 그마저도 잘 안 된다. 몰라서 답을 못하는 것이 아니고 찾는 방법을 잘 모르기 때문이다.

'y'의 의미와 찾는 방법에 대해 알아보자. 제조 부문에서 여러 원료들을 섞는 '혼합(Mixing)' 활동을 가정하자. 이 공정에서 'y'를 찾는 일은 그리 어렵지 않다. 즉, '혼합' 활동은 제품에 가치를 부여하고, 만일 혼합이 잘되지 않으면 다음 공정이나 최종 제품에 결점이 발생한다. 이런 문제를 미연에 방지하기 위한 유일한 방편은 '혼합'이 끝난 후 또는 과정 중에 '혼합 상태'를 파악할 '특성'이 필요하다. '혼합'의 경우 원료들이 잘 섞였는지 확인하기 위해 '점도'라는 특성을 주기적으로 측정할 수 있다. 이와 같이 각 '활동'의 'y'란 "그 '활동'이 제대로 되었는지 그렇지 않은지를 판단할 특성" 정도로 정의할 수 있다.

이제 우리의 문제로 돌아와 '예약 접수'의 'y'가 무엇인지 알아내기 위해 '예약 접수' 활동이 제대로 되었는지 그렇지 않은지를 판단할 '지표'를 고민해 보자. 일반적으로 '프로세스 맵' 안에 있는 모든 '활동'들의 'y'가 관리되고 있진 않다. 그러나 현재 관리되고 있지 않는 지표라도 단위 '활동'이 존재하는 한 찾아내는 것이 바람직하다. 카운터에서 '예약 접수'를 잘했는지 알아보려면 '접수 상태'를 조사해야 하고, 그 내역은 PC에 저장돼 있을 것이다. PC에 저장된 개별 '접수 내용'을 보면 어느 접수 건은 '도착 예정 시간'이 빠져 있을 수도 있고, 또 어느 경우는 '테이블 번호'를 알려주지 않은 경우도 발견될 수

---

61) 'x'와 'y'는 각 '활동'들에 속한 변수들을 지칭한다. 프로세스 전체의 시각에선 'X'와 'Y'를 사용한다.

있다. 이런 현상의 빈도가 높으면 조사자는 어떤 판단을 하게 될까? 당연히 '예약 접수'가 잘 이루어지고 있지 않다는 결론에 이를 수 있다. 이런 상황을 염두에 두면 'y'로 '접수 오류율' 정도가 가장 적절할 것 같다. 또는 상황에 따라 꼭 '특성'적 표현이 아니더라도 관계없다. 예를 들면 '예약 접수'가 되면 그 내역이 담긴 '접수증'이 생겨나고 이때는 'y'로 '접수증'이 올 수도 있다. 이 경우 과거의 '접수증'을 모두 조사했을 때 잘못되었다고 판단되는 건수를 세면 바로 '특성'이 되므로 적절한 표현을 못 찾았거나 수치화가 당장 어려운 상황이면 '활동'의 '출력물'을 일단 적는 것도 의미가 있다. 그러나 장기적으로 볼 때 해당 '활동'의 '특성'적 표현은 필수 조건이다. 추가로 '접수 오류율' 외에 얼마나 많은 고객들이 예약을 하는지도 판매 상황에 좋은 지표가 될 수 있으므로 '예약 건수'도 올 수 있다(고 가정한다). 다음 [그림 A-41]은 '예약 접수' 활동의 'y'를 설정한 예이다.

[그림 A-41] '활동(Activity)'의 'y' 설정 예

여기서 주의할 점은 '활동'의 'y'가 정상적이어야 다음 '활동'도 원활히 돌아간다. '프로세스'는 서로 연결된 '활동'들의 흐름이므로 결국 'y'는 다음 '활동'의 '입력(Input)'이 된다. 따라서 거시적으로 'y' 역시 '설계 요소'인 '프로세스 변수'로 고려된다.

'y'가 정리되면 다음으로 해당 '활동'의 모든 가능한 '프로세스 변수'들을 도출해낼 차례다. 이 과정은 『Be the Solver_프로세스 개선 방법론』편'의 'Step-6. 잠재 원인 변수의 발굴'과 동일하므로 해당 내용을 약간 편집해서

옮겨놓았다. '프로세스 변수'인 'x'들은 하나의 '활동'을 수행하기 위해 필요한 실체가 있는 모든 것들이다. 멘토링 중 'x'들을 '활동' 앞에 정리하도록 주문하면 대부분의 리더들은 막막한 느낌이 든다고 한다. 가장 많이 실수하는 경우가 표현에 있어 '작업자 실수' 등과 같이 '잠재 인자'를 적는 일인데 '작업자 실수'를 통해서 '예약 접수'라는 '활동'이 이루어질 리 만무하다. 따라서 이런 오류를 범하지 않고 적절하고 빠짐없이 '프로세스 변수'를 도출하기 위해서는 '프로세스 맵'이 작성된 문서 한구석에 '5M - 1I - 1E'를 적어놓는다. 여기서 '5M'은 'Man, Machine, Material, Method, Measurement'를, '1I'는 'Information'을, '1E'는 'Environment'를 각각 나타낸다. 품질을 관리하는 대부분의 임직원이면 '4M'은 잘 알고 있다. '5M - 1I - 1E'는 '4M'을 약간 확장시킨 개념이다. 이 '5M - 1I - 1E'를 바로 '체크 시트(Check Sheet)'로 활용한다. 우선 '예약 접수'의 경우, '5M' 중 첫 번째 항목인 '**Man**' 관점에서 "사람이 있나?" 하고 자문해본다. 즉, '예약 접수'를 하기 위해 '담당자'가 있는지 물어보는 것이다. 만일 '담당자'가 있으면 '프로세스 변수'는 '예약 담당자'라고 기입한다. 또 다른 '담당자', 예를 들어 기록하는 사람이 있으면 '기록 담당자'가 있어야겠지만 '예약 접수'의 경우 접수받은 사람이 모두 처리하면 되므로 '예약 담당자' 하나만 적용하기로 하자. "'담당자'가 무슨 변수가 되지?" 하고 의문을 갖는 리더가 있을 것이다. 그러나 만일 '예약 접수'에 가담하는 담당자가 여럿 있다면, 예약을 받은 사람별로 과거의 'y 데이터 - 여기서는 접수 기록이 될 것이다'를 수집하여 분석할 경우 예약자별 '접수 오류율'의 차이가 관찰될 수 있으며, 이는 곧 'y'에 변동을 유발시키는 요인이다. 담당자 간 차이가 크면 '오류율'이 큰 담당자의 경우 그 원인을 찾아 재발하지 않도록 설계에 반영해야 하므로 '설계 요소'로 간주된다. 보통 공학에서는 이와 같은 '프로세스 변수'를 '인자(Factor)'라 하고, 각 '담당자'들을 '수준(Level)'이라고 한다. 다음 [그림 A - 42]는 'Man' 관점에서 도출한 '예약 접수' 활동의 '프로세스 변수'를 나타낸다.

[그림 A - 42] 'Man' 관점의 '프로세스 변수' 설정 예

접수 담당자 　 예약접수 　 • 접수 오류율
　　　　　　　　　　　　　• 예약 건수

　다음은 '**Machine**'에 대해 도출한다. 'Machine'은 '기계' 또는 '설비'를 의미
한다. 따라서 제조 부문의 '혼합(Mixing)' 경우는 '반죽기'가 될 수 있다. 이때
'반죽기' 자체도 '프로세스 변수'가 될 수 있을까? 답은 '그렇다'이다. 왜냐하
면 동일한 '활동'을 하는 '반죽기'가 여러 대라면 과거 데이터를 수집하여 '반
죽기'별로 '점도'를 분석했을 때 '평균'과 '산포'에 차이가 있을 수 있고, 이는
특성을 가장 나쁘게 떨어트리는 '반죽기'에 대한 '근본 원인' 분석과 최적화
작업이 필요할 것이기 때문이다. 'Machine' 관점에서 고려해야 할 또 다른 변
수는 설비의 '설정 항목'들이다. 예를 들면 '재료 반죽'을 정상적으로 운영하
는 데 필요한 회전축의 'RPM'이라든가, '반죽 시간'의 설정들이 그것이다. 이
들은 지속적으로 관리하고 모니터링 돼야 할 '프로세스 변수'들이며, 잘못 지
정하거나 고장으로 설정에 문제가 발생하면 당연히 '점도'에 영향을 줄 것이
다. 물론 과거 데이터를 수집하여 이들 '설정 항목'과 '점도'와의 비교 분석을
통해 그 영향의 정도를 파악할 수도 있다. 따라서 'Machine' 관점으로 '반죽
기', '반죽 RPM', '반죽 시간' 등을 고려할 수 있다. 그런데 간접이나 서비스
부문은 어떻게 'Machine' 관점의 '프로세스 변수'를 도출할까? 간접이나 서비
스 부문에서의 'Machine'은 업무에 사용되고 있는 '전산 시스템'이며, 통상 업
무에 쓰이는 '전산 시스템'이 여럿 존재하지는 않으므로 업무에 활용하고 있
는 시스템 내 화면, 즉 '템플릿명'을 적는다. 'ERP'를 예로 들면, 'ERP'는 여

러 개가 있지 않으므로 그 자체의 변동은 존재할 수 없고, 따라서 '활동'의 'y'에 영향을 줄 이유는 없다. 그러나 해당 업무별로 늘 사용하는 템플릿 화면(예약 화면 등)에는 담당자가 입력해야 할 항목(Fields)들이 있고, 만일 해당 항목을 잘못 기입하거나 끌어온 데이터가 부적절할 때 그 '활동'의 'y(오류율 등)'에 악영향을 미칠 것이다. 통상 템플릿명을 적어두면 그 안의 항목(Fields)들이 모두 고려 대상이 될 수 있지만, 특히 의심되는 항목(Fields)들이 있으면 그들만 나열할 수도 있다. 본문의 예인 '예약 접수'의 경우 접수 내용을 'PC'에 기록하는 단계가 있으므로 'Machine' 관점에서 'PC' 자체도 '프로세스 변수'가 될 수 있다. 다만 1대라면 'PC'별 변동이 존재할 수 없으므로 이때는 '접수 화면'만 적거나 또는 그 화면의 중요한 입력 요소(Fields)인 '메뉴 내역', '도착 예정 시간', '고객 수', '지정 테이블 번호' 등을 기입한다. 다음 [그림 A-43]은 이전 'Man'에 'Machine' 관련 '프로세스 변수'를 추가 발굴한 예이다.

[그림 A-43] 'Machine' 관점의 '프로세스 변수' 설정 예

접수 담당자
메뉴내역
도착예정시간
고객 수
지정 테이블 번호

예약접수

• 접수 오류율
• 예약 건수

'5M-1I-1E' 중 세 번째 항목은 'Material'이다. **'Material'**은 '재료'의 뜻이므로 이를 근거로 '프로세스 변수'를 도출하는 작업은 그리 어렵지 않다. '재료'가 여럿이면 '재료 종류'도 변수가 될 수 있다. 이 외에 '재료'를 특징짓는 물성들, 예를 들면 '양', '길이', '밀도', '중량' 등도 모두 변수다. '혼합(Mixing)' 활동에 대해서는 '흑연 양', '점토 종류', '물의 양' 등을 'Material' 관점에서 기술할 수 있다. 간접 또는 서비스 부문에서는 'Material'이 '재료'라는 의미 외에 '자료'라는 뜻도 내포하고 있어 이를 활용한다. 즉, 해당 '활동'

에 '종이로 이루어진 모든 대상'들을 변수로 기술한다. '고객 요청서'라든가 '구매 요청서', 각종 '목록' 등이 포함된다. '예약 접수' 활동 경우 'Material'에는 '접수 기록지(전화 받으면서 바로 입력이 어려우므로 PC에 입력하기 전 간단히 메모하는 기록문서)'를 추가하였다. 물론 고려해야 할 문서가 더 있을 수 있으므로 팀 회의를 적극 활용한다. 다음 [그림 A‑44]는 'Material' 관점에서 추가 도출된 '프로세스 변수'를 나타낸다.

[그림 A‑44] 'Material' 관점의 '프로세스 변수' 설정 예

접수 담당자
메뉴내역
도착예정시간
고객 수
지정 테이블 번호
접수 기록지

예약접수

• 접수 오류율
• 예약 건수

다음은 '**Method**'이다. '방법'을 의미하는데 해당 '활동'에 재료를 투입하는 방법이 여럿 있다든가, '혼합'하는 방향이 좌우 또는 상하로 달리하는 경우 등 '활동' 과정 중에 운영상 '선택(Option)'이 존재하면 그 방법을 기술한다. 만일 제조의 예에서 '재료 투입 순서'를 '프로세스 변수'로 본다면, 투입 순서가 'A'를 먼저 하고, 다음 'B'와 'C'를 넣는 방식과, 'B'와 'C'를 먼저 넣고, 나중에 'A'를 넣는 두 가지 방법이 있을 경우 '재료 투입 순서'는 '인자(Factor)'가 될 것이고, 두 가지 방식은 '수준(Level)'이 된다. 어느 경우가 더 '점도'에 좋은 영향을 미칠지는 분석을 통해 알 수 있다. 간접이나 서비스 부문에서도 절차상의 다른 '선택(Option)'이 필요하거나 일의 처리 순서, 유입 경로 등에 차이가 있으면 모두 'Method' 관점으로 이해할 수 있다. '예약 접수'의 경우는 '접수 입력 방법'을 '프로세스 변수'로 보고 '수준(Level)'으로 '기록지에 적은 뒤 PC에 입력하는 방법'과 '전화 예약을 받으면서 동시에 PC에 입력하는 방법'을 고려하였다(고 가정한다). 다음 [그림 A‑45]는 관련 '프로세스 변

수'가 추가된 예이다.

[그림 A‑45] 'Method' 관점의 '프로세스 변수' 설정 예

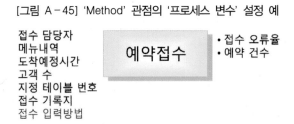

접수 담당자
메뉴내역
도착예정시간
고객 수
지정 테이블 번호
접수 기록지
접수 입력방법

예약접수

• 접수 오류율
• 예약 건수

5M 중 제일 끝의 '**Measurement**'는 '측정'이란 뜻이다. 제조의 경우 '혼합 (Mixing)' 활동을 위해 '측정'이 존재하는 경우 기입한다. '정량 성적서'라든가, 각종 '측정 평가서' 또는 '계측기명'도 포함할 수 있다. 이들의 여하에 따라 잘못 측정된 재료의 양이 투입될 수 있고 결국 '점도'에 영향을 미칠 수 있다. '함량 표' 등은 주기적인 평가가 필요함에도 표준을 무시한 채 '혼합 (Mixing)'이 이루어졌는지 확인하는 중요한 척도이다. 서비스 부문에서는 '심사 결과서', '동의서', '평가서' 등을 포함할 수 있다. '예약 접수'의 경우 'PC 성능 점검표', '예약(접수) 프로그램 오류 기록'을 포함시켰다. 다음 [그림 A‑46]은 추가된 예이다.

[그림 A‑46] 'Measurement' 관점의 '프로세스 변수' 설정 예

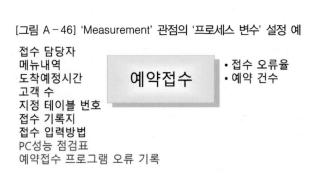

접수 담당자
메뉴내역
도착예정시간
고객 수
지정 테이블 번호
접수 기록지
접수 입력방법
PC성능 점검표
예약접수 프로그램 오류 기록

예약접수

• 접수 오류율
• 예약 건수

'**Information**'은 '정보'를 의미한다. '활동'을 수행하는 데 필요한 각종 소프트웨어적인 정보가 있으면 모두 기술한다. '정보'의 정의는 분야마다 다르므로 군이 제조나 간접 및 서비스 부문으로 구분해 설명할 필요는 없다. '예약 접수' 경우 사전에 알아두어야 할 '예약 접수 표준 매뉴얼', '매체별 접수 처리 방법(유/무선 전화, 문자 메시지, 홈페이지 등 각 매체별로 접수되는 예약 정보를 관리하고 처리하는 사전 지식)' 등을 예로 들 수 있다. 다음 [그림 A-47]은 'Information' 관점의 '프로세스 변수'가 추가된 예이다.

[그림 A-47] 'Information' 관점의 '프로세스 변수' 설정 예

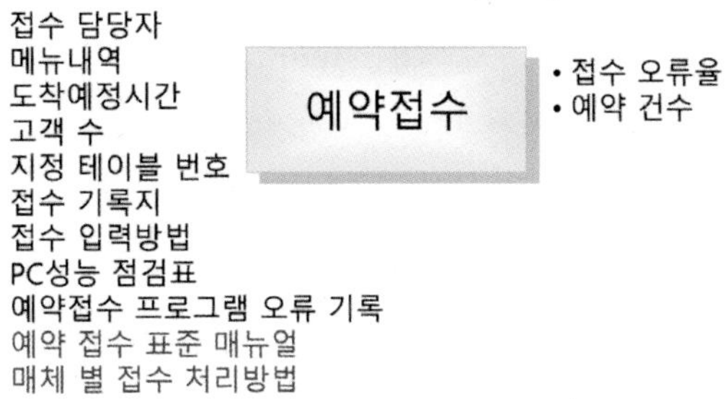

접수 담당자
메뉴내역
도착예정시간
고객 수   예약접수   • 접수 오류율
지정 테이블 번호   • 예약 건수
접수 기록지
접수 입력방법
PC성능 점검표
예약접수 프로그램 오류 기록
예약 접수 표준 매뉴얼
매체 별 접수 처리방법

'**Environment**'는 '환경'을 뜻한다. 동일한 '활동'이 다른 지역에서 운영될 수도 있고, 보험 회사처럼 여러 지점들에서 동일한 '활동'이 수행될 수도 있다. 따라서 '라인', 또는 '지점' 등과 같이 물리적 공간이나 환경적 차이들이 모두 '프로세스 변수'에 포함된다. 제조 부문 경우, 두 개 라인에서 운영되고 있으면 '라인'은 '인자(Factor)'가, '1라인', '2라인'은 '수준(Level)'이 될 것이다. '지점'의 경우도 개념은 동일하다. '예약 접수' 활동의 예에서 시간대별 접수 상황이 다를 것이므로(야간 학습 시간대가 급증할 것임) '예약 시간대'를 추가하였다. 다음 [그림 A-48]은 이전의 '프로세스 변수'에 'Environment' 관점의 변수가 추가된 예이다.

[그림 A-48] 'Environment' 관점의 '프로세스 변수' 설정 예

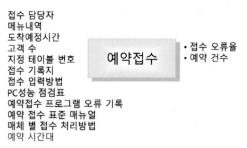

접수 담당자
메뉴내역
도착예정시간
고객 수
지정 테이블 번호
접수 기록지
접수 입력방법
PC성능 점검표
예약접수 프로그램 오류 기록
예약 접수 표준 매뉴얼
매체 별 접수 처리방법
예약 시간대

예약접수

• 접수 오류율
• 예약 건수

지금까지 설명한 예들은 '5M-1I-1E'의 각 영역 모두에서 반드시 도출할 필요는 없다. 도출을 쉽게 하도록 제시한 방법이기 때문이다. 따라서 '접수 기록 양식'이 'Material' 관점에서 도출되든, 'Information' 관점에서 도출되든 결과엔 영향이 없다. 어느 경로를 거쳐 나왔는지가 아니라 '프로세스 변수'가 빠짐없이 모두 도출되었는가가 중요하다. '5M-1I-1E'를 '체크 시트'로 잘 활용해서 '프로세스 변수'가 충분히 도출됐으면 소기의 목적을 달성한 것이다. 다음 [그림 A-49]는 지금까지 발굴한 '프로세스 변수'가 제어 가능한 경우면 'C(Controllable)', 제어 불가능한 경우면 'N(Noise)', 표준과 관련되면 'S(SOP, Standard Operating Procedure)'로 표기해서 향후 설계 최적화에 참고하도록 하였다. 주로 제어 가능한 'C' 경우가 분석 대상이면서 최적화로 이어질 가능성이 높다.

[그림 A-49] '프로세스 변수'별 유형 분류 예

C 접수 담당자
N 메뉴내역
N 도착예정시간
N 고객 수
C 지정 테이블 번호
C 접수 기록지
C 접수입력방법
S PC성능 점검표
S 예약접수 프로그램 오류 기록
S 예약접수 표준 메뉴얼
S 매체 별 접수 처리방법
N 예약 시간대

예약접수

• 접수 오류율
• 예약 건수

다음 [그림 A-50]은 [그림 A-39]의 '전체 프로세스 맵'에 지금까지 발굴한 '프로세스 변수'들을 함께 정리한 예이다. 각 '활동(Activity)'별로 [그림 A-49]의 모습으로 정리하면 오히려 복잡해 보여 변수들을 포지션별로 분리해 별도의 공간(장표 아래쪽)에 모아놓았다. 작성하는 요령이므로 리더들도 상황에 맞게 표현해주기 바란다.

[그림 A-50] 'Step-9.1. 설계 요소 발굴(Process Mapping법)'을 통한 '프로세스 변수' 도출 예

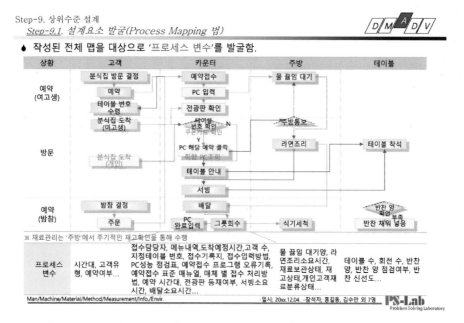

[그림 A-50]의 왼쪽 맨 밑에 '5M-1I-1E'를 '체크 시트'로 활용하기 위해 조그만 글씨로 기록해놓았다. 프로세스 유형을 구분하는 'C', 'N', 'S' 등은 공간 제약으로 생략했으나 현업에서는 표기하는 것이 바람직하다. 또 그림에서 '활동(Activity)'을 나타내는 사각형의 바탕색을 달리해놓았는데 '고객'

쪽의 '분식집 도착' 활동이나, '카운터' 쪽의 'PC 입력', '전광판 확인' 등의 활동은 새롭게 추가한 것들임을 구분한 것이다. 나머지 '활동'들은 기존에 있었던 것들이다. 또, '프로세스 변수'들 중 '서빙 소요 시간'이나 '배달 소요 시간' 등은 '서빙'과 '배달'이라는 '활동(Activity)'의 'y'들이지만 앞서 'y' 도출 방법을 설명할 때 이들 역시 크게는 '프로세스 변수'임을 강조한 바 있다.

'프로세스 변수'를 발굴할 때 '프로세스 맵'을 활용했으며, 이때 발굴한 변수들이 현재 개선하고자 하는 'Y'들 모두에 직접적인 영향을 준다고 보긴 어렵다. 일부는 전혀 관계가 없거나 기존에 잘 유지되고 있어 설계 대상에서 제외할 수도 있다. 또 일부는 부분적 또는 간접적인 영향을, 일부는 직접적인 영향을 주기도 할 것이다. 따라서 지금까지는 '프로세스 맵'을 통해 '프로세스 변수'를 발굴하는 데 집중해온 반면, 이제는 'Y'에 영향이 있을 것으로 예상되는 변수들만 구분하는데 이 과정을 '우선순위화'라고 한다. 이와 관련한 내용은 [그림 A-27]의 '설계 요소 발굴도'에 표현한 바 있다.

'우선순위화'를 거쳐 1차로 선별된 변수들을 설계 가능성이 높은 '프로세스 변수'로 정의할 것이다. 이때 "설계 대상"이 아닌 "설계 가능성이 높은"의 표현을 사용한 이유는 아직 'Y'들에 결정적으로 영향을 주는지에 대해 현재의 정성적 분류 작업을 통해서는 알 수 없기 때문이다. 직접적인 영향을 주는지에 대한 결론은 'Step-9.2. 설계 요소 분석'의 '가설 검정' 과정을 통해 이루어지며, 이때 유의한 변수를 설계가 필요한 '프로세스 변수'로 확정한다. 이 시점에 이르면 '프로세스 개선 방법론'에서의 '핵심 인자(Vital Few Xs)'에 정확히 대응한다.

'프로세스 변수'를 걸러내는, 즉 우선순위화해 주는 도구를 [그림 A-27]의 '설계 요소 발굴도'에서 'X-Y Matrix'라고 하였다. 이에 대해서는 [그림 A-5]의 '핵심 기능 선정 예(FDM 활용)' 설명에서 약간의 용법과 함께 소개한 바 있다. 'X-Y Matrix'는 의사 결정 시 정성적이지만 여러 사람들의 의견을 수치로 환산해 표현할 수 있는 강력한 도구로 각인된 바 있다. 현재는 대부분의 기업에서 다양한 용도로 폭넓게 사용되고 있다. 자세한 용법이 필요한 독자는 『Be the Solver_정성적 자료 분석(QDA)』편을 참고하기 바란다. 다음 [그림 A-51]은 '프로세스 변수'들의 우선순위화 예이다.

[그림 A-51] 'X-Y Matrix'를 이용한 우선순위화 예

			1	2	3	4	5		
Out Variable (Ys)			라면 준비 시간	주문 L/T	나 홀로 손님 맛 만족도	밤참 주문 비율	라커피점 반응도	Rank	%Rank
Rating of Importance to Customer			10	9	8	3	5		
	Process Step	Process Input							
1	고객	시간대	9	9	1	3	3	182.2	7.1
2	고객	고객유형	9	3	9	3	3	186.0	7.9
3	고객	예약여부	9	9	1	1	1	182.2	7.1
...	...	...	...	...	...	...	...	...	...
14	카운터	접수담당자	3	3	9	1	1	126.0	5.7
15	카운터	도착예정시간	9	9	1	1	1	182.2	7.1
16	카운터	고객 수	9	9	3	3	1	197.3	8.2
17	카운터	지정테이블 번호	3	3	1	1	1	65.8	2.5
18	카운터	접수기록지	3	3	1	1	1	65.8	2.5
19	카운터	접수입력방법	9	3	1	1	1	125.8	5.7
20	카운터	예약시간대	9	9	3	1	1	197.3	8.2
21	카운터	서빙소요시간	1	9	3	3	1	117.3	5.3
...	...	...	...	...	...	...	...	...	...
46	주방	물 끓임 대기양	9	9	3	9	1	197.3	8.2
47	주방	라면조리소요시간	9	3	3	3	1	140.8	6.3
...	...	...	...	...	...	...	...	...	...
69	테이블	반찬 양	1	9	3	3	1	117.3	5.3
...	...	...	...	...	...	...	...	...	...
Total			469	386	319	105	168		
Lower Spec			-	-	3점	60점	-		
Target			-	-	-	-	-		
Upper Spec			300초	600초	-	-	-		

[그림 A-51]에서 맨 상단의 'Out Variable(Y's)'의 '라면 준비 시간'을 포함한 다섯 개의 특성은 [표 M-32]의 '운영적 정의' 내 'Y'들을 가져다 놓았

고, 바로 그 아래 'Rating of Importance to Customer', 즉 '*Y*'들의 '중요도'
는 [그림 M-45]에서 선정한 'CTQ'들 중 제일 큰 점수(Relative Importance)
를 '10점'으로 두고 나머지는 상대적 비율로 계산해 입력하였다. 또 '*Y*'들 간
서로 독립인 경우(서로 관련성이 없는 경우), 'X-Y Matrix'를 따로 수행하는
것이 원칙이나 일단 전체 프로세스 내에 존재하는 '*Y*'들이므로 그들 간 약간
의 상관성이 있을 것으로 가정하고, 또 서로 독립인 경우 '9점'들이 '프로세스
변수'별로 확연히 구분돼 나타나므로 모두 함께 평가하였다. 중간중간 '…'의
의미는 본문이 '라면 판매 프로세스 설계' 자체가 아닌 '프로세스 설계 방법
론'을 학습하는 데 목적을 두므로 생략의 형식을 빌렸으니 참고하기 바란다.
그림 아래쪽의 'Total' 행은 '*Y*'들의 '중요도' 순으로 결과 값이 분포하는지

[그림 A-52] 우선순위화를 통해 선별된 '프로세스 변수' 예

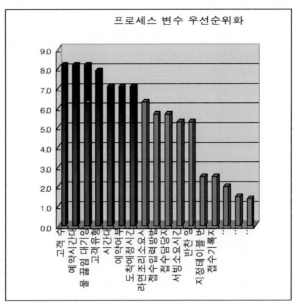

검증 용도로 활용하면 좋다. 또 맨 아래 세 개 행은 각 지표 'Y'의 규격을 입력하는 난으로 [그림 M-56]의 '성과 표준' 때의 설정 값을 갖다 놓았다. [그림 A-52]는 '프로세스 변수'들의 우선순위를 '막대그래프(Pareto Chart도 가능)'로 나타낸 것이며, 팀원들의 협의를 거쳐 최종 선별해낸 중요 변수(빨간색 막대로 앞에서부터 7개 항목)들을 시각적으로 표시하고 있다.

[그림 A-52]의 막대그래프에서 선별되지 않은 변수들 중 점수가 높은 측에 드는 '라면 조리 소요 시간'이나 '서빙 소요 시간' 등은 주로 'Y'로 선정된 '라면 준비 시간'이나 '주문 L/T'에 포함돼 관리되므로 대상에서 제외하였다(고 가정한다). 선별한 '프로세스 변수'들을 정리하면 다음 [표 A-24]와 같다.

[표 A-24] 'Process Map'을 이용한 '프로세스 변수' 발굴 예

No	설계 요소 프로세스 변수	설계 방향
1	고객 수	방문 '고객 수'에 따른 소요 시간들의 분석을 통해 대응 방안을 강구하도록 설계
2	예약 시간대	주로 어느 시간대에 예약이 몰릴 것인지에 대한 예상 분석 후 조리 준비를 맞추어 대응토록 설계
3	물 끓임 대기 양	가장 많은 고객이 몰리는 시간대를 중심으로 적정 물 끓임 양을 산정토록 전개(회귀식?)
4	고객 유형	고객 유형(여고생, 나 홀로, 대학생)별 Y와의 관계 분석을 통해 고객별 대응 방안 설계
5	(방문) 시간대	요일별과 하루 내 (방문)시간대와 No.1의 '고객 수'와의 관련성을 따져 보고 향후 방안 결정
6	예약 여부	예약을 한 경우와 그렇지 않은 경우의 차이가 있는지 있다면 어떻게 대응할지에 대해 고려
7	도착 예정 시간	도착 예정 시간과 실제 도착 시간과의 산포 분석을 통해 라면 조리 시간 설정을 고려할 수 있도록 설계

[표 A – 24]에서 '설계 방향'이 중요한데 어느 방향으로 변수들을 설계에 반영할 것인지에 대한 고려가 포함돼 있다. 물론 막대그래프 순으로 뽑긴 했지만 초기 우선순위에서 밀렸어도 팀 회의 중 특정 인정될 만한 사유로 추가 선정되는 변수가 생길 수 있다. 결정된 것은 아무것도 없다. 성공 가능성을 높이기 위한 과정이므로 다시 강조하지만 팀원들의 역량과 열정적인 참여가 있어야 올바른 의사결정이 나올 수 있음을 명심하자. 다음 [그림 A – 53]과 [그림 A – 54]는 '프로세스 변수' 발굴과 '설계 방향'에 대해 파워포인트로 정리한 결과이다. 참고하기 바란다.

[그림 A – 53] 'Step – 9.1. 설계 요소 발굴(Process Mapping법)' 중 우선순위화 예

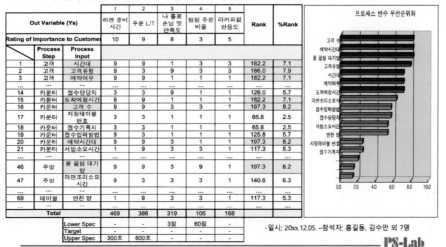

Step-9. 상위수준 설계
  Step-9.1. 설계요소 발굴(Process Mapping 법_설계방향 설정)

- 총 7개의 '프로세스 변수'를 대상으로 '설계 방향'을 모색함.
- '고객 수'와 '(방문) 시간대'의 의미상 중복의 가능성이 있으나, 향후 분석을 수행해 본 뒤 활용여부를 판단하는 것으로 의사 결정함.

No	설계요소 프로세스 변수	설계 방향
1	고객 수	방문 '고객 수'에 따른 소요시간들의 분석을 통해 대응방안을 강구하도록 설계.
2	예약 시간대	주로 어느 시간대에 예약이 몰릴 것인지에 대한 예상분석 후 조리준비를 맞추어 대응토록 설계.
3	물 끓임 대기 양	가장 많은 고객이 몰리는 시간대를 중심으로 적정 물 끓임 양을 산정토록 전개(회귀식?).
4	고객유형	고객유형(여고생, 나 홀로, 대학생)별 Y와의 관계분석을 통해 고객별 대응방안 설계
5	(방문) 시간대	요일 별과 하루 내 (방문)시간대와 No.1의 '고객 수'와의 관련성을 따져보고 향후 방안 결정
6	예약여부	예약을 한 경우와 그렇지 않은 경우의 차이가 있는지 있다면 어떻게 대응할지에 대해 고려
7	도착예정시간	도착예정시간과 실제 도착시간과의 산포분석을 통해 라면 조리시간 설정을 고려할 수 있도록 설계.

-일시; 20xx.12.05. -참석자; 홍길동, 김수만 외 7명 PS-Lab
Problem Solving Laboratory

이제 남은 것은 지금까지 정리된 '설계 인자', '잠재 인자', '프로세스 변수'를 모두 모아 다음 '세부 로드맵'으로 넘기기 위한 종합 계획을 수립하는 일이다. 그 전에 '설계 요소' 발굴에 유용하게 쓰이는 '특성 요인도 법'에 대해 간단히 알아본 뒤, 다음 '세부 로드맵' 활동으로 들어가자.

9.1.4. 특성 요인도 법

'특성 요인도(Cause and Effect Diagram)'[62)는 일본의 품질 관리 전문가였

던 이시가와 가오루 박사가 1953년 고안하여 가와사키 제철에서 처음으로 품질 관리에 적용한 것으로 알려져 있으며 생선뼈처럼 생겼다 해서 '생선뼈도(Fish‑bone Diagram)' 또는 '어골도(魚骨圖)'라고도 한다. 그 외에 고안한 사람의 이름을 따서 '이시가와 다이어그램(Ishikawa Diagram)'이나 인과성을 밝힌다 해서 '원인‑결과도' 등 다양하게 불리고 있다. 'QC 7가지 도구' 중 하나로 용법은 잘 알려져 있으므로 본문에서는 'Step‑9.1. 설계 요소 발굴'의 '[그림 A‑27] 설계 요소 발굴도'에서 설명한 것처럼 'QFD #3' 또는 '설계 7요소', 'Process Map', 'Design FMEA' 등 타 출처들과의 차이점에 대해서만 설명할 것이다.

초두에 언급한 대로 'QFD 및 설계 7요소'는 '설계 인자'를, 'Process Map'은 '프로세스 변수', 'Design FMEA'는 '잠재 인자'를 도출하는 출처로 이용하였다. 반면에 '특성 요인도'는 이 네 가지 출처 모두를 포함하는 특징을 갖는다. 왜냐하면 브레인스토밍을 통해 '설계 요소'들이 도출되기 때문에 굳이 유형을 구분할 이유가 없기 때문이다. 따라서 '특성 요인도'는 다음과 같은 용도로 활용하는 것이 바람직하다.

① **보완이 필요하다고 판단될 때**: '설계 7요소'나 'Process Map' 또는 'Design FMEA'를 통해 '설계 요소'를 발굴하였으나 혹시 누락된 변수가 존재할 가능성이 있다고 의심되면 팀원들과 보완의 차원으로 추가적인 '설계 요소'들을 발굴하는 데 활용한다. 이 경우 'X‑Y Matrix'를 우선순위화 도구로 활용하거나, '특성 요인도'상에 팀원들의 협의를 거쳐 가장 중요하다고 판단되는 변수들에 '(1), (2), (3), …' 등과 같이 번호를 매겨 중요한 변수를 구분한다(Multi-‑voting 법).

---

62) 한국통계학회 '통계학 용어 대조표'에는 '특성 요인도' 또는 '인과도'로 해석하고 있으며, 영문으로는 'Cause‑and‑effect Diagram'으로 표현하고 있다.

② **다른 출처를 쓰기가 모호하거나 단순한 과제를 수행할 때:** 설계 대상이 프로세스가 아니거나 또는 모호한 경우에 쓰일 수 있다. 예를 들면, 대고객 홈페이지 활용을 향상시키는 과제 또는 IT성 개선 과제나, 타 부서에 효율적인 활동을 할 수 있도록 지원하는 경우 등이다. 홈페이지 기능을 향상시키는 과제는 페이지들 간 이동 같은 흐름(Flow)은 있으나 프로세스 내 부가가치를 높이기 위한 '활동(Activity)'은 존재하지 않는다. 따라서 '프로세스 변수'를 발굴하기 위해 'Process Map'을 활용하기는 적절치 않고 이를 대체하는 용도로 '특성 요인도' 등이 요긴하게 사용될 수 있다. '특성 요인도'의 일반적인 형태는 다음 [그림 A – 55]와 같다.

[그림 A – 55] '특성 요인도' 양식 예

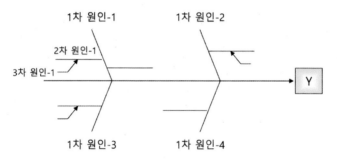

'1차원인'란에는 유형별로 구분하기 어려울 경우 '5M – 1I – 1E'를 입력해서 시작하는 것도 한 방법이다. '2차'나 '3차'로 세분화해서 'Y'에 영향을 줄 수 있는 '설계 요소'들을 발굴하는데, 이후 우선순위화할 때는 가급적 최종 차수 요소를 사용하도록 하되 특별한 규칙이 있는 것은 아니므로 팀원들과 협의해서 결정한다. 도출된 모든 '설계 요소'들은 'X – Y Matrix'를 통해 우선순위화한 뒤 '설계 원칙'이나 '설계 방향' 등을 확정한다. 사례는 생략한다.

그 외의 현업에서 자주 활용되는 'Logic Tree'는 'MECE(Mutually Exclusive Collectively Exhaustive)의 원리', 즉 '중복되거나 누락되지 않는' 형태로 예상되는 문제의 원인이나 '설계 요소'들을 마치 나무줄기처럼 전개해 찾아 나가는 도구인데 용법과 사례는 주변에서 쉽게 접할 수 있으므로 설명은 생략한다. 이제 지금까지의 '설계 요소 발굴'을 종합해서 이후에 구체적으로 무엇을 해야 하는지 제시하는 일만 남았다. 발굴된 'X'들을 정리해 최종 남은 변수들을 '선별 Xs(Screened Xs)'라고 부른다.

9.1.5. 선별 Xs(Screened Xs)

'Step-9.1. 설계 요소 발굴'의 초두에 '설계 인자'든 '프로세스 변수'든 또는 '잠재 인자'든 모든 가능한 요소들의 도출을 통한 사전 검토가 요구되며 이들을 별개로 구분하기보다 '설계 요소'로 총칭한 전체의 발굴이 중요하다고 역설한 바 있다. 따라서 시작은 '핵심 기능(CTF)'을 중심으로 하되 그들의 출처인 '설계 7요소', 'Design FMEA', 'Process Map' 들을 모두 활용하는 예를 설명하였다. 이제 이들에 대한 결과를 한자리에 모아놓고 이어질 '세부 로드맵'의 활동을 구체화하는 작업이 요구된다. 물론 매 '세부 로드맵'이 팀원들의 열정적인 참여와 구체적인 의사 결정이 필요함은 누누이 강조한 바 있다. 다음 [표 A-25]는 앞서 발굴한 '설계 요소'들인 [그림 A-30]의 '설계 7요소 분류표를 이용한 설계 인자'와 [표 A-20] 및 [표 A-24]의 'Design FMEA를 이용한 잠재 인자', 'P-Mapping을 이용한 프로세스 변수'들을 그 출처와 함께 종합한 결과이다.

[표 A-25] 각 출처별 발굴된 '설계 요소' 종합 예

출처	설계 요소	설계 방향(또는 설계 원칙)		다음 세부 로드맵
설계 7요소	설계 인자			
제품/서비스	- 예약 접수 시간대 설정 - 예약 대상자 설정 - 예약관리대장 제작	-		산출물 Step - 9.3
프로세스	- 예약 접수~서빙완료 흐름 도 설계	1시간 내 처리되도록 고려		
	- 현 프로세스 흐름	현 프로세스의 문제점 분석 후 설계반영		분석 Step - 9.2
정보시스템	- 전단지 제작 - 홈피서비스내용 작성	전단지 글자는 크고 짧게 해서 시선집중토록		
인력시스템	- 예약 관리담당자 지정	-		산출물 Step - 9.3
설비/장비/원자재	- 유·무선전화기 성능 확인 - PC초고속인터넷 가입	가입조건 분석을 통한 최소 비용 고려		
제품/서비스	- 테이블 번호 확인	-		
...	...	...	...	...
	잠재 인자	설계방향	설계 원칙	
Design FMEA	- 너무 바쁨	업무분담(R&R) 표준화	산출물로 '즉 실천'	
	- 접수 시 잘못 이해	예약자 현황 실시간 점검토록 설계	LED 전광판 도입	산출물 Step - 9.3
	- 예약기록을 안 함			
	- 접수 시 빠트림	테이블 배정 실시간 점검토록 설계	LED 전광판 도입	
	- 기록오류	고객이 본인 예약현황 확인토록 설계	예약 현황을 고객도 공유토록	
	- 재료별 관리 수준	재료별 신선도 유지방안 분석 후 반영토록 할 것		분석 Step - 9.2
	...	...	...	...

	프로세스 변수	설계방향(분석 전)	
Process Mapping	– 고객 수	방문 '고객 수'에 따른 소요시간분석을 통해 대응방안을 강구토록 설계	분석 Step – 9.2
	– 예약 시간대	주로 어느 시간대 예약이 몰릴 것인지 분석 후 조리 대응토록 설계	
	– 물 끓임 대기 양	가장 많은 고객이 몰리는 시간대 적정 물 끓임 양 산정(회귀식?)	
	– 고객유형	고객유형(여고생, 나 홀로, 대학생)별 분석으로 고객별 대응방안 설계	
	– (방문) 시간대	요일별/하루 내 (방문)시간대와 '고객 수' 관련성을 따져 향후방안 결정	
	– 예약 여부	예약을 한 경우/않은 경우의 차이 분석 후 대응방안 설계	
	– 도착 예정시간	도착 예정시간/실제 도착시간 산포분석으로 최적 조리시간 설정	

[표 A – 25]에서 맨 끝 열의 '다음 세부 로드맵'은 각 출처별로 '설계 요소'들의 '설계 방향'들이 바로 '산출물'로 이어질 경우는 'Step – 9.2. 설계 요소 분석' 없이 그다음 '세부 로드맵'인 'Step – 9.3. 설계 요소별 산출물 실현'에서 처리토록 "산출물 Step – 9.3."으로 표기하고 있다. 또 "분석 Step – 9.2."는 데이터를 통한 분석이 요구될 것으로 판단되어 'Step – 9.2. 설계 요소 분석'으로 넘기겠다는 의미다. 현재는 출처가 '설계 7요소 대응법'의 '현 프로세스 흐름', 'Design FMEA'의 '재료별 관리 수준('Step – 9.2. 설계 요소 분석'에서 발굴~분석까지 다시 상세하게 다룰 것이다)' 등 지면상 단 한 개씩의 가설 검정 대상만을 포함시켰고(빨간색으로 표시), 그 외 'Process Mapping' 경우만 7개의 분석 대상 변수들을 예시하였다. 그러나 실제 과제 수행 중에는 산출물 자체나 분석 대상의 '설계 요소'들이 다양하게 분포돼서 발굴될 것이다.

[표 A – 25]가 '설계 요소'들의 종합인 만큼 '핵심 기능(CTF)'이나 '핵심 기

능 요구 사항(CFR)'을 포함시켜도 좋으며(사실 공간적 제약으로 이들을 제외시켰다), 팀 회의를 거치는 동안 수정이나 보완된 내역 또는 '설계 요소'가 추가될 수 있으므로 이의 기록도 포함시킨다. '프로세스 설계' 과정은 완전한 것이 없다고 하였다. 완전하도록 그 가능성을 높이는 과정만이 존재하므로 언제든 새로운 문제나 개선 기회가 나오면 가감할 수 있음을 명심하자. 만약 필요한 수정을 위해 훨씬 앞 '세부 로드맵'으로 갈 수밖에 없는 상황이 발생해도 순서대로 밟아왔기 때문에 다시 갔다 오는 데 소요되는 시간은 크게 단축된다. 바로 개발에서 로드맵을 따를 때의 가장 큰 장점이라 할 수 있다.

다음은 '핵심 기능(CTF)'별로 '핵심 기능 요구 사항(CFR)'이 있었던 것과 마찬가지로 각 '설계 요소'도 '핵심 기능 요구 사항(CFR)'을 만족시키는 '설계 요구 사항'들이 설정돼야 한다. '설계 요구 사항'은 다음과 같은 의미를 갖고 있다.

· 설계 요구 사항

  → '핵심 기능 요구 사항(CFR)'을 달성하기 위해 '설계 요소'에 부여된 요구 사항.
  즉, X의 측정 지표, 목표 값, 규격 한계 등을 지칭한다.

  → 하나의 '설계 요소'에 다수의 '설계 요구 사항'이 존재할 수 있다.
  예로, '정보 시스템 효율화'에 대한 '설계 요구 사항'으로 '정보 처리 속도: 2Mbps
  이상', '저장 용량: 200Gb 이상' 등이 될 수 있다. 이 경우 '정보 시스템 효율화'라
  는 '설계 요소'가 '설계 요구 사항' 과정을 거치면서 하위 특성으로 명확화되는('설계
  요소'의 구체화) 효과도 생긴다.

  → '설계 요소'와 '설계 요구 사항'의 관계는 '핵심 기능(CTF)'과 '핵심 기능 요구 사
  항(CFR)'의 관계와 유사하다.

보통 [표 A - 25]에 '설계 요구 사항'을 함께 포함시켜 정리하는 것이 올바른 접근법이나 공간의 제약으로 둘로 나누게 되었다. 과제 수행 리더는 다음 [표 A - 26]과 같은 형식의 양식을 상황에 맞게 수정해서 활용하면 효과적이다.

[표 A-26] 각 출처별 발굴된 '설계 요소' 종합 양식 예

핵심 기능 (CTF)	핵심 기능요구사항 (CFR)	출처	설계 요소	설계 원칙 또는 설계방향	설계 요구사항	다음 세부 로드맵

예를 들면, 'Y'의 하나인 '라면 준비 시간'의 경우 [표 A-26]을 적용하면 다음 [표 A-27]과 같이 정리될 것이다.

[표 A-27] 'Y'와 '핵심 기능 요구 사항'과 '설계 요구 사항'과의 관계 예

핵심 기능 (CTF)	핵심 기능요구사항 (CFR)	출처	설계 요소	설계 원칙 또는 설계방향	설계 요구사항	다음 세부 로드맵
예약을 받는다.	1시간 이내(서빙완료 직전의) 경우만	설계 7요소	예약 접수 시간 대 설정	-	2hr 이내	산출물 Step-9.3.
			예약 접수~서빙 완료까지 흐름도	1시간 내 처리되도록 고려	1hr 이내	
			...	...	...	...
		D-FMEA	너무 바쁨	업무분담(R&R) 표준화	준수율 95% 이상	
			...	...	...	...
예약자를 안다.	목표 6초, 15초 이내	설계 7요소	...	...	...	...
		...	...	...	...	...

'Step-7.2. 핵심 기능 선정'에서 의미상으로 정의했던 식 (A.2)의 'Y와 기능과의 함수 관계'처럼 '설계 요구 사항'도 '핵심 기능 요구 사항(CFR)'을 만

족시키기 위한 수치 설정에 우선 초점을 맞춘다. 따라서 다음과 같은 함수 관계가 성립한다.

$$Y_i = f_j\left[CFR_{ij}(x_{jk})\right],\ i, j, k = 1, 2, 3\dots \tag{A.3}$$

식 (A.3)에 언급한 함수 관계는 Design Phase의 'Step – 10.1. 전이 함수 (Transfer Function) 개발'에서 구체화될 것이다. 다음 [그림 A – 56]은 'Step – 9.1. 설계 요소 발굴'을 종합하는 파워포인트 장표 예이다.

[그림 A – 56] 'Step – 9.1. 설계 요소 발굴' 종합 예

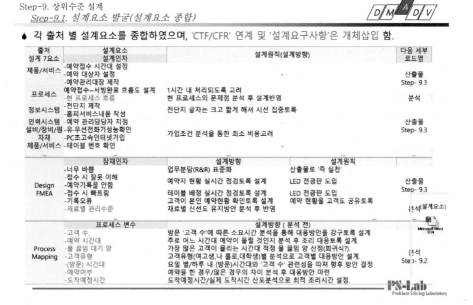

[그림 A – 56]에서 '설계 요소'들과 '핵심 기능(CTF)' 및 '핵심 기능 요구

사항(CFR)' 간 관계 도표와 '설계 요구 사항'에 대한 상세 내역은 '개체 삽입' 기능을 활용하였다(고 가정한다). 기나긴 여정을 지나온 듯하다. 그러나 아직 갈 길도 멀다. 제품을 설계하든 프로세스를 설계하든 새로운 것을 만들어낸다는 것은 매우 어려운 일이다. 고려할 변수들이 너무 많기 때문이다. 따라서 로드맵 자체가 다소 무겁다고 쉬운 방법을 찾으려는 노력은 버려야 한다. 일부 과제에서는 프로세스 설계라는 미명 아래 '프로세스 설계'로 들어서면서 맞닥 트리는 다양한 낯선 도구들이 너무 어렵다고 하소연하는 경우를 자주 접한다. 단순한 과제는 단순하게 넘어간다. 굳이 'QFD'를 안 해도 되는 과제를 멋지게 보이기 위해 작성한다든가 이미 결정된 콘셉트를 굳이 'Pugh Matrix'로 다시 평가하는 일은 없어야 한다. 현재의 과정은 어느 정도의 난이도를 갖고 있는 프로세스 설계를 대상으로 하고 있음을 결코 잊어서는 안 된다. 팀원들 간 협업 없이는 혼자서 도저히 할 수 없는 과정이라는 점도 명심해주기 바란다. 이어 다음 '세부 로드맵'인 'Step-9.2. 설계 요소 분석'으로 들어가 보자.

Step-9.2. 설계 요소 분석

잠시 다소 익숙한 '프로세스 개선 방법론'을 생각해보자. Measure Phase 'Step-6. 잠재 원인 변수의 발굴'에서 'X'들이 선별되면(Screened Xs) 이어 Analyze Phase로 들어가 'Step-7. 분석 계획 수립'과 그에 따른 'Step-8. 데이터 분석'이 이루어지고, 'Step-9. 핵심 인자(Vital Few Xs) 선정'이 완료된 후 Improve Phase로 들어가 개선이 진행된다. 이 과정을 현재 '프로세스 설계 방법론'의 Analyze Phase에 빗대면 다음 [그림 A-57]과 같이 설명할 수 있다. 아마도 본 과정을 이해하는 데 많은 도움을 줄 것이다.

[그림 A-57] '프로세스 개선 방법론'과 '프로세스 설계 방법론' 간 대응 관계

우선 '프로세스 개선 방법론'의 Measure Phase에서 수행되는 'Step-6. 잠재 원인 변수의 발굴'은 '프로세스 설계 방법론'의 Analyze Phase '세부 로드 맵'인 'Step-9.1. 설계 요소 발굴'에 대응한다. 이후 '프로세스 개선 방법론'의 Analyze Phase는 '프로세스 설계 방법론'의 'Step-9.3. 설계 요소 분석'에, Improve Phase의 'Step-10'과, '최적화' 과정인 'Step-11'은 '프로세스 설계 방법론'의 'Step-9.3. 설계 요소별 산출물 실현'에 각각 대응한다. '프로세스 개선 방법론'에 매우 익숙한(또는 잘 알고 있는) 리더라면 현재의 '프로세스 설계 방법론'의 로드맵 위치에서 어느 활동을 해야 하는지 정리가 될 것이다. 좀 의문이 있긴 하다. [그림 A-57]에서의 '프로세스 개선 방법론'은 큰 흐름인 'M-A-I Phase'를 논하는 데 반해 '프로세스 설계 방법론' 경우는 단지 Analyze 한 개 'Phase'하고만 비교하고 있기 때문이다. 그렇다면 나머지 Design Phase는 무슨 역할을 하는 걸까? '프로세스 개선 방법론'으로 보면 'Step-11.

최적화'를 더욱 구체화하는 과정 또는 한 번 더 최적화를 검토하는 과정으로 이해한다. 물론 '프로세스 설계 방법론'의 Design Phase가 단지 Analyze Phase에서 일어나는 '상위 수준 설계'의 보조적인 역할을 한다는 의미는 아니다. 경우에 따라 Analyze Phase만으로도 과제의 많은 분량이 완성될 수 있다. [그림 A-57]의 대응 관계는 '프로세스 설계'의 지금까지의 과정과 앞으로 전개될 내용에 대한 연계성을 파악하고 이해하는 데 큰 도움을 줄 것이다.

이제 'Step-9.2. 설계 요소 분석'으로 돌아와 어떤 방법과 과정을 거쳐 원하는 결과를 얻고 이것이 어떻게 Design Phase와 연계되는지 하나씩 검토해 보자. 다음 [그림 A-58]은 '분석 도구 유형'에 대한 개요도를 나타낸다.

[그림 A-58] '분석 도구 유형' 개요도

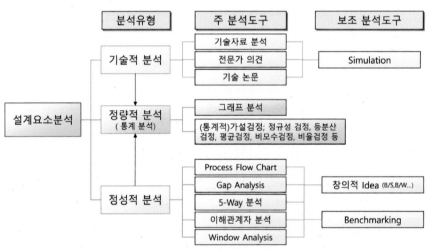

[그림 A-58]에서 '분석 도구 유형'은 '설계 요소'의 분석 목적에 따라 선택해 쓴다. '기술적 분석'과 '정성적 분석'이 모두 비수치적 접근인 반면,[63] '정량적 분석'은 수치를 이용한 '그래프 분석'이나 '통계 분석'을 의미한다. 그

외에 '주 분석 도구'는 구체화된 도구들의 예를, '보조 분석 도구'는 '주 분석 도구'의 보조적인 수단이나 경우에 따라 독립적으로도 쓰이는 도구들이다. 이후 '9.2.1.~9.2.3.'까지는 '기술적 분석', '정성적 분석', '정량적 분석'의 용법 설명과 분석 사례를 선보일 것이다. 만일 용법에 익숙한 리더라면 설명은 뛰어넘고 파워포인트 사례만 참고하기 바란다.

9.2.1. 기술적 분석

[그림 A-58]의 '기술적 분석'에서 '주 분석 도구'들을 보면 대충 그 쓰임새를 예상할 수 있다. 예를 들기 위해 [그림 A-56]의 'Step-9.1. 설계 요소 발굴 종합 예'에 있는 '설계 요소' 중 '재료별 관리 수준(잠재 인자)'을 보자.

[표 A-28] '최적 콘셉트' 선정 예

핵심 기능(CTF)	핵심 기능 요구 사항(CFR)	최적 콘셉트
예약을 받는다.	1시간 이내(서빙완료 직전)의 경우만	전화/SMS + 인터넷
예약자를 안다.	목표: 6초, 15초 이내	테이블 번호 제공
라면상태를 유지한다.	목표: 3분, 5분 이내 제공(예약번호 확인 후)	물로 예열
물 끓임 용량을 늘린다.	목표: 10개, 최소 7개 이상(동시에 라면 끓임)	20L
서빙시간을 줄인다.	목표: 1분, 3분 이내	테이블저장 셀프
운영방법을 변환한다.	목표: 만족도 4.5점, 최소 3.5점 이상	통합형으로 운영
개인별 취향을 모은다.	목표: 2분, 최대 3분 내 파악(주문 시 과거 고객 주문이력 조회토록 dB화)	쿠폰카드 관리(자체제작)
밤참 운영을 전한다.	목표: 주문율 월평균 10% 향상(직전 월 대비), 최소 7% 이상	전단지 주기 배포(자체제작)
재료 관리 수준을 높인다.	목표: 1.5일, 최대 3일 이내 처리(냉동보관 기준)	매일 새벽 농산물시장 방문
운송수단을 얻는다.	목표: 배달 소요시간 10분, 최대 15분 이내(출발부터 배달완료까지)	아르바이트생 배달

63) '프로세스 개선 방법론'에서는 '기술적 분석'도 '정성적 분석' 범주에 포함된다.

이 인자는 'Step-8.2. 최적 콘셉트 평가/선정'에서 '[표 A-14] 최적 콘셉트 선정 예' 중 '재료 관리 수준을 높인다'를 입력으로 Design FMEA에서 '잠재 인자'로 도출된 바 있다. '핵심 기능(CTF)'에 대한 기억을 되살리기 위해 '[표 A-14] 최적 콘셉트 선정 예'를 [표 A-28]에 다시 옮겨놓았다. 이해를 돕기 위해 '재료별 관리 수준(잠재 인자)'이 어떤 과정을 거쳐 발굴됐는지 그 이력을 먼저 추적해보고 분석으로 들어갈 것이다.

[표 A-28]에서 '핵심 기능(CTF)'과 관련한 '('설계 요소' 중) 잠재 인자'를 도출하기 위해 'Design FMEA'를 수행한 예가 다음 [그림 A-59]이다.

[그림 A-59] '설계 요소' 중 '잠재 인자' 도출 및 '개선 방향' 요약 예

#	Process Function (Step)	Potential Failure Modes (process defects)	Potential Failure Effects (Y's)	S E V	C l a s s	Potential Causes of Failure (X's)	O C C	Current Process Controls	D E T	R P N	Recommend Actions
568	밤참운영을 전한다	...	...			...		...			...
569	재료 관리수준을 높인다	보관일을 3일 넘김	개인고객 맛 만족도 저하	10		주기적 점검 부재	3	PM 1회/일	1	30	
570	재료 관리수준을 높인다	보관일을 3일 넘김	개인고객 맛 만족도 저하	10		고개주문 예측 벗어남	4	PM 1회/일	1	40	
571	재료 관리수준을 높인다	보관일을 3일 넘김	유통기한 넘어감	10		주기적 점검 부재	2	PM 1회/일	1	20	
572	재료 관리수준을 높인다	보관일을 3일 넘김	유통기한 넘어감	10		고개수요 예측 벗어남	1	PM 1회/일	1	10	
573	재료 관리수준을 높인다	재료의 신선도가 떨어짐	개인고객 맛 만족도 저하	10		재료별 관리해야할 특성을 모름	8	관리기준 없음	5	400	재료별 관리상태에 따른 맛 만족도 평가 후 최적 관리상태 확정
574	재료 관리수준을 높인다	재료별 재고가 일정하게 관리되지 않음	관리비용 증가	5		주기적 점검 부재	4	PM 1회/일	1	20	
575	재료 관리수준을 높인다	재료별 재고가 일정하게 관리되지 않음	관리비용 증가	5		재료구입 시 오판	2	구입할 재료 전일작성/메모화	2	20	
576	재료 관리수준을 높인다	재료별 재고가 일정하게 관리되지 않음	특정재료 부족상태 발생(Shortage)	8		재료구입 시 오판	2	구입할 재료 전일작성/메모화	1	16	

'핵심 기능(CTF)'인 '재료 관리 수준을 높인다'에 대해 향후 운영 시 잘못될 가능성(고장 모드)을 적출한 결과 573번째인 '재료별 관리해야 할 특성을 몰라서(원인) 재료의 신선도가 떨어지면(고장 모드) 개인 고객 맛 만족도가 저하되는(영향) 사건'의 'RPN'이 다른 것들에 비해 상대적으로 매우 높은 '400 점'으로 나타났다. 따라서 '잠재 인자'로 '재료별 관리 수준'을 선정하고, 필요시 개선할 '일정'과 '담당자'를 지정해놓았다(고 가정한다). 이 같은 과정은 Design FMEA 양식에 모두 기록된다. 다음 [그림 A-60]은 '일정'과 '담당자'를 입력한 예이다.

[그림 A-60] 도출된 '잠재 인자' 및 '개선 계획(담당자/일정)' 입력 예

Potential Failure Effects (Y's)	S E V	C l a s s	Potential Causes of Failure (X's)	O C C	Current Process Controls	D E T	R P N	Recommend Actions	Responsible Person & Target Date	Taken Actions	S E V	O C C	D E T	R P N
...			...		...			...						
개인고객 맛 만족도 저하	10		주기적 점검 부재	3	PM 1회/일	1	30							
개인고객 맛 만족도 저하	10		고개주문 예측 벗어남	4	PM 1회/일	1	40							
유통기한 넘어감	10		주기적 점검 부재	2	PM 1회/일	1	20							
유통기한 넘어감	10		고개수요 예측 벗어남	1	PM 1회/일	1	10							
개인고객 맛 만족도 저하	10		재료별 관리해야할 특성을 모름	8	관리기준 없음	5	400	재료별 관리상태에 따른 맛 만족도 평가 후 최적 관리 상태 확정	홍길동/20xx-12-22					
관리비용 증가	5		주기적 점검 부재	4	PM 1회/일	1	20							
관리비용 증가	5		재료구입 시 오판	2	구입할 재료 전일작성/메모화	2	20							
특정재료 부족상태 발생(Shortage)	8		재료구입 시 오판	2	구입할 재료 전일작성/메모화	1	16							

여기까지가 '[그림 A-56] Step-9.1. 설계 요소 발굴 종합 예' 중 '잠재 인자'인 '재료별 관리 수준'이 추가된 이력과 배경이다. [그림 A-60]의 표시된 영역(빨간 사각형)인 '담당자/일정~RPN' 열들은 '실제 수행된 내용(Taken Actions)'과 '재평가(SEV~RPN)'를 통해 개선 전 '위험도(RPN)'가 낮아졌음을 확인하는 용도로 쓰인다. 다음 [표 A-29]는 발굴된 '잠재 인자'인 '재료별 관리 수준' 경우의 'Step-9.1. 설계 요소 발굴' 종합 예를 간략히 요약한 것이다.

[표 A-29] 'Step-9.1. 설계 요소 발굴' 종합 예

출처 설계 7요소	설계 요소 설계 인자	설계 원칙		다음 세부 로드맵
...	...	...		...
	잠재 인자	설계 방향	설계 원칙	
Design FMEA	-재료별 관리수준	재료별 관리상태에 따른 맛 만족도 평가 후 최적 관리상태 확정	맛에 전문적 평가능력을 가진 라면 마니아 동아리 섭외하여 진행.	Step-9.2
	...	...	...	...
Process Mapping	프로세스 변수	설계 방향		
	...	...	...	...

[표 A-29]에서 '설계 방향'은 Design FMEA의 'Recommended Actions'에 대응하고, '설계 원칙'은 '재료별 관리 수준'을 평가하기 위해 라면을 전문적으로 선호하는 마니아 동아리로부터 평가인단을 구성하도록 '원칙'을 세웠다 (고 가정한다). 간단히 보여준 'Step-9.1. 설계 요소 발굴' 과정 및 결과를 이용해 'Step-9.2. 설계 요소 분석'으로 들어가 보자.

[그림 A-59]의 Design FMEA 결과를 보면 "재료별 관리해야 할 특성을 몰라서(원인) 재료의 신선도가 떨어지면(고장 모드) 개인 고객 맛 만족도가 저하되는(영향) 사건"에 대한 평가이므로, '가설 검정'은 '재료별 관리 수준(Xs)'이 '맛 만족도(Y)'에 영향을 주는지를 확인(검정)하는 분석이다. 'Step-7.1.

기능 분석(Functional Analysis)'의 '[그림 A – 1]'을 참조하면 다섯 개의 'Ys' 들 중 본 검정에 필요한 '맛 만족도＝나 홀로 손님 맛 만족도'에 대응함을 확인할 수 있다. 따라서 검정을 위한 가설은 "'재료별 관리 수준(X)'에 따라 '나 홀로 맛 만족도(Y)'에 영향을 주는가?"로 정리된다. '나 홀로 맛 만족도'의 '운영적 정의'에 따라 '8개 항목'들에 대한 평가가 이루어지되 전문가 집단인 마니아 동아리에서 평가 패널을 구성해야 하는 '원칙'을 따라야 한다. 물론 '재료별 관리 수준(X)'에 따른 맛 영향을 파악하는 과정이므로 재료의 선정 및 신선도를 가늠할 '보관 일수'를 '수준'으로 정하면 검정을 위한 실험도 가능하다. 예를 들어 '대파의 관리 수준'을 '보관 당일의 것(수준 1)'과 '3일 경과 것 (수준 2)' 등으로 나누어 맛의 변화를 측정하여 그 차이가 느껴지는지를 검정한다. 그러나 이 같은 검정 과정은 많은 시간과 노력 및 비용이 들 것으로 예상된다. 따라서 주요한 재료에 대한 문헌이나 전문가 의견을/ 활용하는 '기술적 분석'을 먼저 수행한 후 필요 시 'Step – 9.3. 설계 요소별 산출물 실현'에서 '실험 계획(DOE, Design of Experiment)'을 수행하는 것으로 정하였다. 우선 평가 대상이 될 재료들을 정하면 다음 [표 A – 30]과 같다(고 가정한다.).

[표 A – 30] 재료 종류 및 현 관리 수준 예

구분	재료	현 관리 수준
기본 재료	달걀	냉장실 달걀 보관함에 보관(최대 10일까지)
	대파	냉장고 야채실 최대 5일까지 보관
	당근	냉장고 야채실 최대 5일까지 보관
	쑥갓	냉장고 야채실 최대 5일까지 보관
개인별 취향 재료	굴	냉동실 3일까지 보관
	북어포	냉동실 최대 30일까지 보관
	청양 고추	냉장고 야채실 최대 10일까지 보관
	콩나물	냉장고 야채실 최대 5일까지 보관
	우거지	냉장고 야채실 최대 15일까지 보관
	숙주나물	냉장고 야채실 최대 15일까지 보관

[표 A-30]에서 '기본 재료'는 어느 라면을 끓이든 공통적으로 들어가는 재료들이고, '개인별 취향 재료'는 고객별로 특별히 넣어주기를 기대하는 재료들이다. 본문에서는 '나 홀로 손님 맛 만족도'라는 'Y'로 접근하고 있지만 금융 등 서비스 부문에서는 '~만족도'에 대응하는 다양한 유형의 'Y'들과 빗대면 이해하는 데 별 어려움은 없을 줄 안다.

[그림 A-61] 달걀을 신선하게 보관하는 방법(기술 자료 분석)

생생 달걀 보관법

1. 어두운 곳에 보관한다
달걀판이나 통풍이 잘되는 바구니에 넣어 어두운 곳에 보관하면 1개월 정도는 보관할 수 있다.

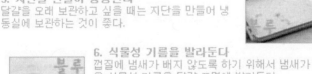

2. 뾰족한 부분이 아래로 가게 한다
달걀을 냉장실에 보관하면 좋은데 둥근부분에는 가실이라는 숨쉬는 부분이 있으므로 뾰족한 부분이 아래로 가도록 한다.

3. 온도 변화에 주의한다.
달걀은 냉장고에 넣었다 꺼내는 일을 반복하지 않는다. 냉장고에 있던 달걀을 갑자기 상온에서 보관하게 되면 온도 변화로 인해 달걀 품질이 떨어진다.

4. 냄새나는 것 옆에 보관하지 않는다
달걀은 냄새가 잘 스미는 식품 중의 하나이다. 생선이나 양파, 김치 등 향이 진한 음식 재료 옆에 놔두면 달걀이 나쁜 냄새를 흡수하므로 주의한다.

5. 지단을 만들어 냉동한다
달걀을 오래 보관하고 싶을 때는 지단을 만들어 냉동실에 보관하는 것이 좋다.

6. 식물성 기름을 발라둔다
껍질에 냄새가 배지 않도록 하기 위해서 냄새가 적은 식물성 기름을 달걀 표면에 발라둔다.

우선 '기술적 분석'을 위해 '[그림 A-58]'에 제시된 '기술 자료 분석'을 수행할 경우, 가장 쉬운 접근이 인터넷의 '전문가 의견'을 조사하는 것이다. [그림 A-61]은 '달걀 보관법'에 대한 인터넷 한 사이트의 정보를 그대로 옮겨놓은 것이다.[64)

[그림 A-61]의 '달걀을 신선하게 보관하기 위한 방법' 중 '1, 3'은 냉장고 보관만으로 충분하지만, '2'는 달걀 방향까지 고려하는 것은 그동안 생각지 않았던 사항이며, 특히 '4, 6'은 정말 냄새 배김으로 인한 맛의 변화가 있는지 '실험 계획(DOE, Design of Experiment)'을 통한 확인 과정이 필요할 수 있다. 그러나 전문가의 의견을 신뢰하고 별도의 실험은 하지 않는 것으로 한다. 다만 냄새 흡수로부터 달걀 맛의 변화가 있는지에 대한 물리화학적 근거를 '사실 분석' 차원에서 추가 검토하기 위해 '[그림 A-58]'에서 제시한 '기술 논문'적 접근을 활용해보았다. 이것은 출처나 전문가의 전문성을 신뢰할 수 있는지의 문제이므로 필히 그 원 출처를 파악하고 기록해야 한다. 다음은 '기술 논문' 자료에서 발췌한(것으로 가정) 냄새로 인한 달걀 변질 가능성을 확인(사실 분석)한 결과이다.

· 유지의 산패(酸敗)
  → 주변의 식품은 무엇이든 오래 두면 변해서 먹지 못하게 되는데 이런 현상을 일반적으로 '상했다'고 한다. …(중략)…
  …(중략)
  1. 유지 산패의 분류
    1) 냄새의 흡수
       유지 및 유지를 함유한 식품이 휘발성 물질 즉 나쁜 냄새를 흡수함으로써 변질되는 것으로 우유, 육류, 계란 노른자 등의 냄새 흡수로 인한 '변패'가 있다.
    2) 가수 분해에 의한 변패
       유지의 구성 물질인 트리글리세라이드가 물과 접촉하여 일어나는 화학적 가수분해와 지방 분해 효소인 리파아제에 의한 분해가 있다. 주로 우유 및 유제품에서 …
       (중략) ….

---

64) 부산문화여자고등학교(특성화고등학교) 개인 홈피 참조(http://www.handok.hs.kr/homepage/bluehyuna/egg05.htm).

다음 [그림 A-62], [그림 A-65], [그림 A-66]은 'Step-9.2. 설계 요소 분석'을 위한 '분석 계획/데이터 수집 계획 수립'과 '가설 검정'에 대한 파워포 인트 작성 예를 나타낸다.

[그림 A-62] 'Step-9.2. 설계 요소 분석(분석계획/데이터 수집계획 수립)' 예

Step-9. 상위수준 설계
 Step-9.2. 설계요소 분석(분석계획/데이터 수집계획 수립)

◆ 앞서 발굴된 '설계요소'를 토대로 가설검정을 위한 '분석계획 및 데이터 수집계획 수립'을 수행.

설계요소	가설	분석 계획				데이터 수집계획		
		Data유형	Graph	분석 Tools	표본크기	저장위치	수집담당자	기간
... 재료별 관리수준	재료별 관리수준'이 '나 홀로 맛 만족도'에 영향을 주는가?	명목척도	이미지	기술자료분석/기술논문	해당사항 없음	재료 관리일지	홍길동	~12/E
... 현 프로세스 흐름	현 프로세스 흐름'이 'Y'들에 영향을 주는가?	5M1I1E	현 프로세스 Map	Process Flow Chart	해당사항 없음	팀 미팅	박찬호	~12/E
... 고객 수	방문 '고객 수'에 따라 '라면 준비시간'과 '주문 L/T'에 영향을 주는가?	비척도	산점도	상관분석	250	결산자료	홍길동	~12/E
예약 시간대	예약 시간대'에 따라 '라면 준비시간'과 '주문 L/T'에 영향을 주는가?	명목척도	상자그림	ANOVA	250	예약 기록일지	홍길동	~12/E
물 끓임 대기 양	물 끓임 대기 양'이 시간대별로 '라면 준비시간'과 '주문 L/T'에 영향을 주는가?	비척도	산점도	상관분석	30	별도수집	김수만	~12/E
고객유형	고객유형(여고생, 나 홀로, 대학생)'별 준비 및 주문시간'과 '라커피점 반응도'에 영향을 주는가?	명목척도	상자그림	ANOVA	100	설문	김수만	~12/E
(방문) 시간대	방문 시간대'별 '라면 준비시간'과 '주문 L/T'에 영향을 주는가?	명목척도	상자그림	ANOVA	250	결산자료	홍길동	~12/E
예약여부	예약여부'에 따라 '라면 준비시간'과 '주문 L/T'에 영향을 주는가?	이진수 자료	상자그림	2-Sample t Window 분석	120	예약 기록일지	홍길동	~12/E
도착예정시간	도착예정시간'에 따라 '라면 준비시간'에 영향을 주는가?	비척도	산점도	상관분석	98	예약 기록일지	홍길동	~12/E

PS-Lab
Problem Solving Laboratory

[그림 A-62]는 '가설 검정'을 수행하기 전에 'Step-9.1. 설계 요소 발굴' 에서 최종 정리된 [그림 A-56]의 '설계 요소'들에 대해 '분석 계획'과 '데이 터 수집 계획'을 간단히 정리한 장표이다. 빨간 사각형으로 표시한 영역이 '가 설'이며, 통상 '귀무 가설'과 '대립 가설'로 설정하지만 둘을 합쳐 쉬운 문장으 로 표현하였다. '가설'이 본 장표의 산출물이며 이어지는 장표부터 순서대로 '검정'을 수행한다. 각 열에 대한 입력 방법은 다음과 같다.

- **설계 요소** 'Step - 9.1. 설계 요소 발굴'의 최종 산출물인 [그림 A - 56]의 검정이 필요한 인자들을 가져온다([그림 A - 56]의 '다음 세부 로드맵' 열 참조).
- **가설** → 'X가 Y에 영향을 준다', 또는 'X가 Y와 상관관계에 있다' 등과 같이 분석에서 실질적으로 알고 싶은 내용을 기술한다. 이와 같은 표현은 통계 용어로 '대립 가설'이라고 한다. '귀무 가설'은 그 반대이므로 표현은 생략한다.
- **분석계획/Data 유형** '[표 M - 33] Data 유형 분류 체계'를 참조해서 표기한다. 가장 널리 알려진 분류는 '연속 자료'와 '이산 자료'이며 하위분류로 '비척도', '구간 척도', '순서 척도', '명목 척도', '이산 자료', '이진수 자료'가 있다. 그 외의 모호한 경우는 적절히 대처한다(이미지, 표 등).
- **분석계획/Graph** '분석 계획 수립'의 핵심 입력 항목들 중 하나이다. '정량적 분석'은 말할 것도 없고 '정성적/기술적 분석'도 가급적 분석 과정을 시각화한다. 파레토차트, 상자 그림(Box Plot), 산점도(Scatter Plot)나 각종 그래프, 사진 등 예상되는 그래프나 이미지를 입력한다. 어떤 시각화 도구를 사용할지 모르면 'Step - 9.2. 설계 요소 분석' 수행 후 돌아와 보완해도 무방하다.
- **분석계획/분석 Tools** '정량적 분석'인 경우 'Y'와 'X'의 데이터 유형이 결정되면 동시에 통계 분석 도구도 결정된다('분석 4 - 블록'과 '분석 세부 로드맵' 사용). '정성적 /기술적 분석'은 '정량적 분석'만큼 규격화돼 있진 못하지만 다양한 유형의 접근법이 존재한다. 분석 전에 파악이 되면 기술하지만 그렇지 못할 경우 분석을 수행한 후 보완한다. [그림 A - 63]과 [그림 A - 64]는 분석 계획을 수립할 때 제공되는 '분석 4 - 블록'과 '분석 세부 로드맵'을 나타낸다.

[그림 A - 63] 분석 4 - 블록

Y

		연속 자료	이산 자료
X	연속 자료	✓ 그래프: 산점도 ✓ 통 계: 상관 분석 회귀 분석 ①	✓ 그래프: 파레토 차트, 기타 ✓ 통 계: 로지스틱 회귀 분석 ②
	이산 자료 (범주 자료)	③ ✓ 그래프: 상자 그림, 히스토그램, 다변량 차트 ✓ 통 계: 등 분산 검정, t-검정, 분산 분석, 비모수 검정	④ ✓ 그래프: 막대 그래프, 기타 ✓ 통 계: 1-표본 비율 검정, 2-표본 비율 검정, 카이 제곱 검정

[그림 A-63]을 통해 앞으로 전개될 검정용 그래프와 통계 도구들은 사전에 파악될 수 있으며, 따라서 '분석 계획 수립'에서 미리 기술하는 것이 가능하다. 예를 들어 'Y'가 '주문 L/T'이고, 'X'가 '고객 수'이면, 둘은 '연속 자료'[65]이므로 '①'번 블록의 그래프인 '산점도'와, 통계 도구인 '상관 분석' 또는 '회귀 분석'을 사용한다. 또 'X'가 '범주 자료'인 경우 '③'과 '④' 블록에 해당하며, 이때 [그림 A-64]의 '분석 세부 로드맵'으로 들어가 검정을 위한 통계 도구를 선택한다.

[그림 A-64] 분석 세부 로드맵

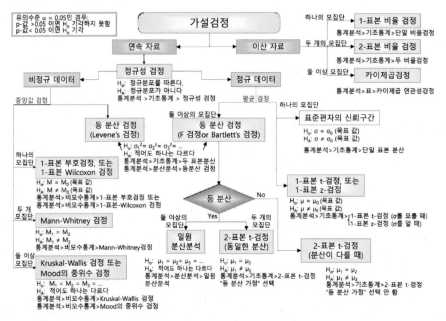

---

65) '고객 수'에서 '고객', 즉 '사람'은 반쪽 테스트를 하면 '0.5명'이 존재할 수 없으므로 '이산 자료'지만, '4.0명', '6.0명'처럼 소수점을 붙이면 '연속 자료'가 된다. 통상 '이산 자료'와 '연속 자료' 모두가 적용이 가능한 경우 '연속 자료'를 우선적으로 선택한다. 이는 분석적 접근이 수월하고 도구 종류도 다양하기 때문이다.

[그림 A-64]의 활용에 대해 이해를 돕기 위한 설명을 덧붙이면, 우선 'X'가 '고객 유형'인 '범주 자료(수준이 '여고생-A', '나 홀로-B' 및 '대학생-C')'라고 가정하자. 이때 'Y'는 '연속 자료'인 '라면 준비 시간'이다. 'Y'가 '연속 자료'이므로 [그림 A-64]에서 왼쪽의 '연속 자료'로 간다. '고객 유형'별 '라면 준비 시간'을 비교할 것이므로 각 고객별 장기적인 성향의 데이터가 수집됐을 것이다. 세 데이터 군(A, B, C)을 비교하려면 세 가지 접근이 필요하다. 우선 데이터를 쌓아놓았을 때의 모양인 '분포'와, '산포' 그리고 끝으로 '평균'이 그것이다. 첫 관문인 '정규성 검정'이란 바로 세 '고객 유형'의 '라면 준비 시간' 데이터의 '분포'를 비교하기 위함이다. 셋 다 종 모양의 '정규성'을 보이면 오른쪽 길을 선택하지만 하나라도 정규성을 보이지 않으면 왼쪽으로 간다. 정규성을 보이면 다음은 흩어짐 정도인 '산포'를 비교한다(등 분산 검정). '산포'가 다르면 세 모집단은 서로 다르다고 판단할 수 있다. 만일 '산포'가 통계적으로 차이가 없다는 결론에 이르면 끝으로 '평균'을 비교한다. '평균'을 비교하기 위해서는 데이터 군이 한 개이면 '1-표본 t-검정' 또는 '1-표본 z-검정'을, 두 개 군이면 '2-표본 t-검정'을, 세 개 이상이면 '일원 분산 분석'을 활용한다. 'X'가 '고객 유형'인 예에서는 '여고생-A', '나 홀로-B' 및 '대학생-C'의 세 범주이므로 '분산 분석(ANOVA)'을 선택해야 한다. 만일 '비정규 데이터'로 들어가면 반드시 '산포'를 비교할 필요는 없다(모집단의 분포가 어떻든 고려치 않음). 적어도 한 개 이상의 데이터 군이 비정규분포이므로 '산포'는 이미 다르다는 것을 알고 있기 때문이다. 따라서 필요에 따라 '산포'를 비교할 수도 또는 바로 '평균'을 비교할 수도 있다(분석 세부 로드맵에서 '정규 데이터'는 평균을 비교하기 위해 반드시 '산포'를 확인하지만, '비정규 데이터'는 '산포'와 '평균'이 갈려져 있음). '비정규 데이터'는 '정규 데이터'의 '산술 평균' 비교와 달리 '중앙값'이 통계적으로 동일한지 다른지를 검정한다.

끝으로 [그림 A-64]에서 '이산 자료'이면 맨 처음 경로에서 오른쪽의 '이산 자료'로 들어가 검정 대상이 비율 1개이면 '1-표본 비율 검정'을, 2개이면 '2-표본 비율 검정', 2개 이상이면 '카이 제곱 검정'을 선택한다.

(계속)

- **데이터 수집 계획/표본 크기** 각 'X'들의 데이터 수가 몇 개인지를 결정한다. 이미 수집 가능한 'Y'의 규모가 정해져 있으므로 그를 참고해서 'X 데이터' 수집 계획을 수립한다. '범주 자료'인 경우 '여고생-A', '나 홀로-B', '대학생-C'별로 각각 '표본 크기'를 결정한다. 상황에 따라 적절하게 대응한다.
- **데이터 수집 계획/저장 위치** 'X' 데이터가 현재 어디에 저장돼 있는지를 기술한다. 아무개의 PC에 있을 수도 있고, 특정 정보화 시스템 내 템플릿에서 전산 관리되고 있을 수도 있다. 또는 어느 담당자의 개인 파일 보관함에 있거나 경우에 따라서는 없을 수도 있다. 없는 경우는 설문이나 인터뷰 등을 통해 수집될 수 있다. 제3자라도 쉽게 찾아낼 수 있도록 위치를 구체적으로 기술한다.
- **데이터 수집 계획/수집 담당자** 누가 수집할 것인지 그 이름을 적는다. 역할과 책임을 명확히 하기 위함이다. 통상 과제 팀원 중 한 명이거나, 리더가 담당한다.
- **데이터 수집 계획/기간** 언제부터 언제까지 수집할 것인지를 결정한다. 전체 일정과 Analyze 일정을 감안해서 결정한다. 수집에 어려움이 있을 것으로 예상되는 'X'가 있으면 상대적으로 쉬운 것부터 수집한 뒤 검정을 수행해 나가고, 이후 검정 기간 중에 나머지 'X' 데이터를 수집하는 것도 한 방법이다. Analyze Phase는 전체 '세부 로드맵' 중에서 가장 중요하다. 또 중요한 만큼 시간도 많이 소요된다. 따라서 정해진 기간 내에 완료하기 위해서는 철저한 사전 준비가 요구된다.

경험적으로 과제 수행에서 'Step-9.2. 설계 요소 분석(분석 계획/데이터 수집 계획 수립)'은 제시된 장표 한 장으로 끝나는 경우가 대부분이다. 그러나 'X'들 간 서로 연관성이 있거나 뭉쳐서 한꺼번에 처리하는 등의 특별한 접근이 필요하면 '분석 계획 수립' 장표 다음 장에 별도의 설명을 추가한다. 그래야 앞으로 분석이 어떻게 전개되는지 누구나가 예측하고 의견을 개진할 수 있

다. 또, 적정 '표본 크기'를 산출하는 내용이 포함될 수 있다. 자료는 본인이 보려고 작성하기보다 제3자가 보기 쉽도록 작성한다. 따라서 누구든지 짧은 시간에 전체 내용을 쉽게 파악할 수 있도록 서비스 마인드를 갖고 작성한다. 다음 [그림 A-65]는 'Step-9.2. 설계 요소 분석(가설 검정)'의 작성 예이다.

[그림 A-65] 'Step-9.2. 설계 요소 분석(가설 검정-기술적 분석)' 예

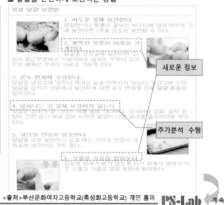

[그림 A-65]에서 맨 상단의 "검정 4. '재료별 관리 수준'이 '나 홀로 맛 만족도'에 영향을 주는가?"는 '분석 계획 수립'에 있는 "'재료별 관리 수준'이 '나 홀로 맛 만족도'에 영향을 주는가?"라는 '가설'을 '검정'한다는 의미로 쓰였다. 그 바로 다음 줄의 '분석 방향'은 '무엇을 분석하려는지'에 대해 리더가 두어 줄 기술하는 난이다. 통상 이 과정은 초기에 필요한 데이터가 무엇인지,

그리고 어떻게 분석을 시작할지 윤곽을 잡는 데 매우 중요한 역할을 한다. '기술적 분석'이나 '정성적 분석'과 같이 데이터가 없거나 미미한 경우 또는 어느 자료를 가져다 놓고 분석을 시작해야 하는지 막막한 경우라면 이 과정은 더욱 힘을 발휘한다. [그림 A-65]의 '분석 방향'에서 "라면에 들어가는 부재료들의 관리 수준을 분석하여~"처럼 시작하고 있어 초기 데이터로 현재의 부재료에 어떤 것들이 있고 어떻게 관리되고 있는지의 자료가 먼저 와줘야 다음 분석이 이어질 수 있다. [그림 A-65]는 첫 번째 재료인 '달걀'에 대해 신선도를 유지하는 방법의 '기술 자료'를 포함한다. 이 과정을 통해 새로운 신선도 유지 방안이 마련되었으며, 특히 "보관 중 자극적인 냄새가 있으면 달걀에 흡수될 수 있다"는 내용이 포함돼 있어 이에 대한 추가 분석이 예정돼 있다. 'X가 Y에 영향이 있다'라는 것은 확인되기 전까지는 100% '가설'이다. 따라서 이러한 '가설'을 '검정'하는 중에 새로운 확인되지 않은 사안이 나오면 이 역시 '가설'이므로 계속적인 '검정' 작업이 수반돼야 한다. 분석 과정이 반복될수록 '분석의 심도'는 깊어지며, 과제 수행 품질도 높아진다.

[그림 A-66]에서 냄새 흡수를 통한 달걀의 '산패(酸敗)' 가능성을 확인하기 위해 추가 분석을 언급하고 있다(오른쪽 아래에 '다음'으로 넘어가는 화살표가 표시돼 있다). 파워포인트 한 개 장표에서 '기술적 분석'이 마무리되면 맨 아래에 전체 분석 요약을 하며, 이때 다음 두 가지 결론을 유도한다.

1) '개선 방향'을 설정한다. 분석의 결과는 분석 그 자체가 아니라 무엇을 개선해야 하는지 또는 어떤 산출물이 필요한지를 명확히 정해줘야 한다. 예에서는 '개선 방향'으로써 달걀의 뾰족한 부분이 아래로 가도록 하거나(반대편에 '가실'이라고 하는 숨구멍이 있으므로), 껍질에 냄새가 배지 않도록 식물성 기름을 발라주는 관리 방안을 제시하고 있다.

2) '추가 분석'을 수행한다. 다음 [그림 A-66]은 추가 분석을 수행한 결과이다.

[그림 A-66] 'Step-9.2. 설계 요소 분석(가설 검정-기술적 분석)'의 '사실 분석' 예

검정 4. 계속

◆ 분석방향: 달걀을 냄새 나는 것 옆에 보관할 경우 맛에 어떤 영향을 미치는지 확인하기 위해 '기술논문'을 조사해 보고, 영향이 있을 경우 대처 방안을 마련하고자 함.

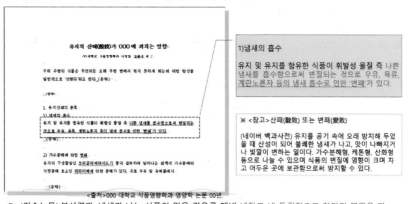

■ '기술논문' 분석결과, 냄새가 나는 식품이 있을 경우를 대비 냉장고 내 독립적으로 차단된 영역을 마련해서 달걀을 보관하는 방안을 마련하고, 점검사항에 본 내용을 산출물로 추가.

　　'가설 검정' 과정에서 '추가 분석'을 수행한다는 의미는 '가설 검정' 중에 새로운 '가설'을 만들어내서는 안 된다는 기본 전제 외에 '분석의 심도'를 높인다는 본질적인 역할이 내포돼 있다. 이렇게 한 꺼풀씩 문제의 근원을(근본 원인: Root Cause) 찾아가는 분석을 '사실 분석'이라고 한다. 데이터나 자료로부터 관찰된 의문스러운 부분들에 대해 현 프로세스를 관찰해서 그 현상을 확인하는 과정이다. [그림 A-66]에서는 냄새 흡수로부터 달걀이 부패할 수 있다는 확신을 특정 논문 내용을 들어 소개하고 있다(고 가정한다). 이것은 '[그림 A-58] 분석 도구 유형'에서 소개한 '기술적 분석' 중 '기술 논문'적 접근에 해당한다. 이와 같은 '추가 분석(사실 분석)'을 통해 냄새로 인한 계란 노른자의 부패 가능성을 확인하였으므로 냉장고 안에 보관한다는 기존의 입장에

서 '냉장 보관＋냄새 차단'의 새로운 보관 방법의 필요성을 확인하게 되었다. 결과가 앞으로의 설계 과정에 그대로 반영되는 것은 당연하다. 아마도 'Step – 9.3. 설계 요소별 산출물 실현'에서 냉장고 내 달걀 박스의 개조 작업이 수반되는 최적화 과정이 있거나, 관리 표준 등이 산출물로 만들어질 것으로 예상된다.

[그림 A – 66]에서 '산패(酸敗) 또는 변패(變敗)'라고 하는 전문 용어의 출현으로 그 정의를 '참고'로 부연하고 있으며, 맨 아래에는 전체 장표의 분석을 요약한 글과, '개선 방향(강조하기 위해 빨강으로 표현)'을 기술하고 있다. '설계 요소' 하나를 분석하면 예에서 보인 바와 같이 여러 개의 '개선 방향'들이 나올 수 있으며, 분석이 완료된 후 이들을 모두 한곳에 모아 팀원들과 '상위 수준 설계'에서 보완해야 할 내용들을 재검토하는 데 활용한다.

'[그림 A – 58] 분석 도구 유형'에서 '기술적 분석'의 '보조 분석 도구'인 '시뮬레이션'은 이론적 수치를 기반으로 하는 검정 방법으로 주로 연구 개발 부문

[표 A – 31] '설계 요소'인 '재료별 관리 수준'에 대한 '검정 결과' 요약 예

구분	재료	현 관리수준	상위수준 설계 방향
기본재료	달걀	냉장실 달걀 보관함에 보관(최대 10일까지)	1. 보관 시 뾰족한 부분 아래로 가도록 2. 식물성 기름을 발라 보관 3. 냉장고 내 달걀 보관서 냄새 차단 막 설치 4. 산출물; 관리표준 마련
	대파	냉장고 야채실 최대 5일까지 보관	1. 끓임 용; 씻지 않은 채 적당한 크기로 잘라 밀폐용기에 넣은 뒤 냉장보관(최대 3주). 단, 시간단축을 위해 씻어서 어슷하게 썰어 놓을 경우 밀폐용기에 담아 냉동실에 보관(최대 3주) 2. 무침 용; 흙이나 시든 잎을 까낸 후 신문지로 말아 냉장고 보관(최대 7일 가능)
	당근	냉장고 야채실 최대 5일까지 보관	1. 여름; 비닐봉지나 랩에 싸서 냉장고 보관(최대 수개월). 그러나 싱싱하게 보관하려면 물에 적신 신문지로 싸서 비닐봉지에 넣어 냉장(최대 3~4일) 2. 겨울; 상온이나 햇볕이 들지 않는 서늘한 곳에 보관(흙집, 물기 없도록 가능하면 흙이 있는 채)
	쑥갓	냉장고 야채실 최대 5일까지 보관	1. 단기보관; 분무기로 물을 뿌린 후 신문지로 싸서 냉장보관 2. 장기보관; 소금물에 데쳐서 물기를 뺀 다음 랩으로 싸서 냉동실에 보관.
개인별 취향 재료	굴	냉동실 3일까지 보관	1. 당일사용; 깐 굴 경우 10℃이하의 해수보관(최대 6일) 2. 냉동보관; 모두 손질을 해 놓고 1회 분량씩 랩으로 싸서 보관. 꺼내 쓸 때는 냉장실에서 해동 후 살얼음이 있을 때 조리에 활용.
	북어포	냉동실 최대 30일까지 보관	...

과 같은 '제품 설계 방법론'에서 활용한다. 따라서 본문에서의 별도 설명은 생략한다. 또 [표 A – 30]과 [그림 A – 65]에서 논의된 '달걀' 이외의 부재료들에 대한 최적의 관리 방안 조사(또는 검정)는 전개 방법을 소개하는 데 목적이 있으므로 '달걀'의 경우와 분석 과정이 유사할 것으로 보고 생략한다. '검정 4'에 대한 최종적인 모습은 [표 A – 31] 및 파워포인트 표현인 다음 [그림 A – 67] 과 같다(고 가정한다).

[그림 A – 67] 'Step – 9.2. 설계 요소 분석(가설 검정 – 기술적 분석)' 결과 예

Step-9. 상위수준 설계
Step-9.2. 설계요소 분석(가설검정_기술적 분석)　　　D/M/A/D/V

➤ *검정 4_계속*

♦ '나 홀로 고객 맛 만족도' 향상을 위한 각 부 재료별 최적의 보관방법 설계방향 정립.

구분	재료	현 관리수준	상위수준 설계 방향
기본재료	달걀	냉장실 달걀 보관함에 보관(최대 10일까지)	1. 보관 시 뾰족한 부분 아래로 가도록 2. 식물성 기름을 발라 보관 3. 냉장고 내 달걀 보관서 냄새 차단 막 설치 4. 산출물; 관리표준 마련
	대파	냉장고 야채실 최대 5일까지 보관	1. 끓임 용; 씻지 않은 채 적당한 크기로 잘라 밀폐용기에 넣은 뒤 냉장보관(최대 3주). 단, 시간단축을 위해 씻어서 어슷하게 썰어 놓을 경우 밀폐용기에 담아 냉동실에 보관(최대 3주). 2. 무침 용; 흙이나 시든 잎을 까낸 후 신문지로 말아 냉장고 보관(최대 7일 가능)
	당근	냉장고 야채실 최대 5일까지 보관	1. 여름; 비닐봉지나 랩에 싸서 냉장고 보관(최대 수개월). 그러나 싱싱하게 보관하려면 물에 적신 신문지로 싸서 비닐봉지에 넣어 냉장(최대 3~4일) 2. 겨울; 상온이나 햇볕이 들지 않는 서늘한 곳에 보관(흙집, 물기 없도록 가능하면 흙이 있는 채)
	쑥갓	냉장고 야채실 최대 5일까지 보관	1. 단기보관; 분무기로 물을 뿌린 후 신문지로 싸서 냉장보관 2. 장기보관; 소금물에 데쳐서 물기를 뺀 다음 랩으로 싸서 냉동실에 보관.
개인별 취향 재료	굴	냉동실 3일까지 보관	1. 당일사용; 깐 굴 경우 10℃이하의 해수보관(최대 6일) 2. 냉동보관; 모두 손질을 해 놓고 1회 분량씩 랩으로 싸서 보관. 꺼내 쓸 때는 냉장실에서 해동 후 살얼음이 있을 때 조리에 활용.
	북어포	냉동실 최대 30일까지 보관	

(설계방향)

Microsoft Word 문서

PS-Lab
Problem Solving Laboratory

[그림 A – 67]은 설계 요소 중 '재료별 관리 수준'에 대한 '기술적 분석' 결과로, 신선도를 유지하기 위해 '설계 방향'에서 언급된 내용들([그림 A – 67]에서는 '상위 수준 설계 방향'으로 돼 있음)이 다음 '세부 로드맵'인 'Step – 9.3.

설계 요소별 산출물 실현'에서 '최적화' 또는 '산출물'들로 구체화될 것이다. 다음은 '정성적 분석' 방법에 대해 알아보자.

9.2.2. 정성적 분석

다음 [그림 A-68]은 기억을 되살리기 위해 '[그림 A-58] 분석 도구 유형'들 중 '정성적 분석'만 떼어 옮겼다.

[그림 A-68] '분석 도구 유형' 중 '정성적 분석' 예

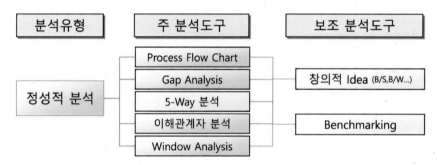

물론 '정성적 분석'에 속한 도구 7종이 전부는 아니다. [그림 A-68]의 도구들은 '프로세스 설계 방법론'에서 쓰이는 대표적인 유형들이며 이 외에 데이터를 이용하지 않는 검정법이면 모두 '정성적 분석' 범주에 포함시켜도 무방하다. 본문에서 소개된 분석 도구 모두를 설명하면 좋겠지만 자칫 '툴 북'으로 흐를 수 있어 로드맵 설명의 당초 취지에서 벗어날 수 있다. 그렇다고 "알아서 사용하십시오" 하고 던져놓는 것도 격에 맞지 않아 가능한 최소화된 설명으로 활용법을 짚고 넘어갈 것이다.

'**Process Flow Chart**'는 현재의 프로세스 흐름을 분석해서 문제점을 도출(Xs)한 후 '개선 방향'을 찾아낼 목적으로 사용한다. 이전 'Step‑9.1. 설계 요소 발굴'에서 작성했던 '프로세스 맵'인 [그림 A‑38] 또는 [그림 A‑39]는 향후 운영될 프로세스 흐름을 나타낸 것으로 사실 그에 대한 '설계 요소(Xs)'들은 모두 찾아 정리한 상태이다. 그러므로 여기서의 분석 목적은 '<u>현재의 프로세스 맵</u>'을 중심으로 이뤄진다는 점을 명확히 해둘 필요가 있다. 이때, 주의할 점은 '분석 계획'에 '현 프로세스 맵'이라는 '설계 요소'가 들어 있지 않은 상태에서 '검정'에 들어가는 일은 없어야 한다. 얼렁뚱땅 필요에 의해 갑자기 분석에 들어가는 것은 옳지 않다. 당연히 '현 프로세스 맵'에 문제가 있으면 아마도 'Design FMEA'에서 지적됐거나, 분석의 필요성이 있다고 판단한 팀원들에 의해 '설계 요소'인 '현 프로세스 맵'을 [그림 A‑62]에 추가해야 옳다('라면 판매 프로세스 설계'의 경우 [그림 A‑62]에 '현 프로세스 흐름'이란 '설계 요소'가 포함돼 있다). '설계 요소'가 어느 시점에 추가되든 설계 과정에서 늘 일어날 수 있는 상황이므로 항상 앞이 미완이면 바로 돌아가 보완한 후 다시 현 위치로 복귀한다. 단 이력 또는 사유는 꼭 기록해놓는다.

'프로세스 설계 방법론'에서 현재의 '프로세스 맵' 또는 '흐름'을 분석하는 도구로 가장 적합한 것이 바로 'Process Flow Chart'다. 이 도구는 '프로세스 맵핑'이라는 기본적 업무 흐름을 포함하면서 시간의 파악이나 각 단계별 문제점들의 나열뿐만 아니라 '개선 방향'까지 고려할 수 있는 특징이 있다. 따라서 앞서 'Step‑9.1. 설계 요소 발굴'에서 접했던 '프로세스 맵(향후 설계될 맵이 될 것임)'을 더욱 보강하고 지속 가능하게 하는 데 중요한 역할을 한다. 다음 [그림 A‑69]는 'Process Flow Chart'의 '기본 양식'이다. 용법으로 들어가기 전 '기본 양식'과 그에 쓰이는 용어들에 대해 알아보자.

현 프로세스 활동 (Activity)	프로세스 5요소	이동거리(m)	소요시간(s)	Why?					개선방향	ECRS			
				What?	Where?	When?	Who?	How?		Eliminate	Combine	Rearrange	Simplify
	○⇒□D▽												
	○⇒□D▽												
	○⇒□D▽												
	○⇒□D▽												
	○⇒□D▽												
	○⇒□D▽												
	○⇒□D▽												
	○⇒□D▽												
	○⇒□D▽												
	○⇒□D▽												

각 열에 대한 용도와 표기 방법을 정리하면 다음과 같다.

> · **현 프로세스 활동(Activity)** 현재 운영하고 있는 '프로세스 맵'을 그린 후 각 활동
> (Activity)을 순서 있게 입력하는 난이다. 기존에 없던 완전 새로운 프로세스를 설계하
> 는 과제면 'Step-9.1. 설계 요소 발굴'에서 '프로세스 변수'와 '잠재 인자'를 통해
> 이미 고려됐을 것이므로 여기서는 해당 사항이 없다. 즉, 현재 프로세스를 대상으로
> 한다. 분석 과정에 있으므로 프로세스 활동을 가급적 'Level-1/Level-2/Level-3'
> 까지 분해하면 해석에 유리하다. 다음 [표 A-32]는 프로세스 활동을 분해해서 나타
> 낸 예를 보여준다.

[표 A-32] '현 프로세스 활동' 3단계 분해 예

Level 1	Level 2	Level 3	이동거리 (m)	소요시간(s)		비고
				평균	최소~최대	
주문	고객 대면	고객 방문	–	10	5~30	–
		고객 자리 안내	1~5	30	14~42	–
		고객 착석		10	5~20	–
	주문 접수	물/메뉴 제공	2~6	30	10~45	–
		주문 확인	–	63	10~75	–
		주문서 기록	–	10	3~32	–
빙	반찬 제공	기본 반찬 제공	2~6	123	30~185	–
		부족 반찬 반복 제공	4~15	180	30~300	1개 테이블 기준
	분식 제공	주문 분식 제공	2~6	610	125~900	–
		부족 물 반복 제공	3~15	65	15~65	1개 테이블 기준
		기타 요구 사항 대응	2~10	125	20~180	물수건, 휴지 등
	식탁 청소	잔반/그릇 정리	–	186	30~245	–
		주방 반납	2~7	196	30~240	–
계산	식대 계산	계산서 수령 확인	–	5	2~10	–
		고객 계산대 이동	1~5	10	5~22	–
		식대 계산	–	46	20~62	–
		영수증 제공	–	5	2~10	–
	고객 배웅	사탕 제공	–	5	2~10	–
		인사	0.5~1	7	3~15	–

[표 A-32]에서 'Level 3'까지 세분화된 활동을 나열했으며, 각각의 '소요 시간'까지 포함시켰다. 또 '소요 시간' 중 '최소~최대'는 '평균'만으로 추정하기 어려운 각 활동의 '분포'나 '규모' 등을 파악하는 데 도움을 준다.

- **프로세스 5요소** 'Level 3'의 프로세스 활동(Activity)을 '프로세스 5요소'로 구분하고 각 요소의 시각화를 위한 다각형을 제공한다. 각 '활동'들은 표현상 독립적으로 보일 수 있으나 '프로세스 5요소'로 묶으면 유사한 그룹의 규모나 '소요 시간' 등을 파악할 수 있어 분석에 유리하다. 다음 [표 A-33]은 '프로세스 5요소'에서 쓰이는 '기호'와 '의미'를 나타낸다.

[표 A-33] '프로세스 5 요소' 표기 및 의미

기 호	설 명
●	업무 (작업)
➡	전달 (운반)
■	검토 (검사)
◗	대기 (정체)
▼	보관 (저장)

[표 A-33]에 나타난 표현들은 주로 생산 라인에서 쓰이는 용어들이다. 처한 상황에 따라 보완해서 사용한다. 다음은 [그림 A-69]의 나머지 열들에 대한 설명이다.

- **이동 거리** → 각 세부 활동(Activity)들을 수행하는 데 실질적으로 이동하는 거리를 미터(m) 단위로 나타낸다. '평균 거리'는 '최소~최대'의 중간쯤이 될 것이다.
- **소요 시간** → '소요 시간'은 '평균' 외에 '최소'와 '최대' 시간을 초(s) 단위로 나타내며, 정확을 위해 관찰로부터 수집되는 것도 좋지만 시간과 여건 등을 고려해 담당자들에게 질문(간단한 인터뷰)해서 얻는 것이 일반적이다.
- **Why?** → 현재의 활동(Activity)에 대해 그 존재 의미를 되새겨 보는 용도로 활용한다. 다음과 같이 자문하면서 개선점을 찾는 데 사용한다.
  ▶ Why? What?: 왜 이 일을 해야 하나?
  ▶ Why? Where?: 왜 이 일을 여기서 해야 하나?
  ▶ Why? When?: 왜 이 일을 이 시간에 해야 하나?

▶ Why? Who?: 왜 이 일을 그 담당자가 해야 하나?

▶ Why? How?: 왜 이 일을 그런 방법으로 해야 하나?

· 개선 방향 → '프로세스 흐름도'를 그리거나 'Why' 단계를 거치면서 개선이 필요하다고 생각되는 사항이 있으면 수에 관계없이 기술한다. 향후 설계에 반영할 수 있는 좋은 정보가 될 수 있다.

· ECRS → 'Why?' 열이 각 '활동(Activity)'의 존재 의미를 되새겨 보는 용도로 쓰였다면 'ECRS'는 각 '활동(Activity)'의 수정이나 변경 가능성이 있는지에 초점을 맞춘다. 팀원과 협의 중 새로운 아이디어가 떠오를 경우 '개선 방향' 열에 내용을 기입한다.

▶ Eliminate(제거): 제거할 수 있는 활동인가?

▶ Combine(통합): 다른 활동들과 합쳐질 수 있는가?

▶ Rearrange(재배치): 다른 활동들과 순서나 다른 곳으로의 재배치가 가능한가?

▶ Simplify(단순화): 단순화시킬 수 있는 방안이 있는가?

[표 A-32]의 '현 프로세스 활동' 내역을 참고해서 'Process Flow Chart'를 작성하면 다음 [그림 A-70]과 같다.

[그림 A-70] 'Process Flow Chart' 분석 예

현 프로세스 활동 (Activity)	프로세스 5요소	이동거리 (m)	소요시간 (s)	Why?					개선방향	ECRS			
				What?	Where?	When?	Who?	How?		Eliminate	Combine	Rearrange	Simplify
고객 방문			10										
고객 자리 안내		1~5	30				○		직접 찾아가도록	✓			
고객 착석			10			○	○		직접 착석할 수 있도록	✓			
물/ 메뉴 제공		2~6	30					○	식탁에 배치 또는 셀프서비스		✓		✓
주문 확인			63				○	○			✓		
주문서 기록			10					○	식탁에 주문버튼 자동전달			✓	✓
기본 반찬 제공		2~6	123	○	○	○	○	○	식탁에 배치		✓		
부족 반찬 반복 제공		4~15	180	○	○	○	○	○	식탁에 배치	✓			
주문 분식 제공		2~6	610										
부족 물 반복 제공		3~15	65	○			○	○	식탁배치 또는 셀프서비스	✓			
기타 요구 사항 대응		2~10	125					○	기타요구사항 수집 후 대응				

[그림 A-70]의 'Process Flow Chart' 예에서 '프로세스 5요소'의 해당 기호를 선으로 연결해놓았다. '프로세스 활동'의 '가치(Value) 여부'를 분석하는 유사한 기법으로 'Work Value Analysis'가 있는데 현재의 'Process Flow Chart'를 약간만 응용하면 동일한 효과를 얻을 수 있다. 즉, '원형(O)' 요소가 아닌 활동들은 향후 축소나 제거 대상이 될 수 있다. 이런 활동들을 중심으로 'Why? 분석'이나 'ECRS 분석'을 수행해 보완할 영역을 찾는 데 주력한다. 물론 '소요 시간'과 '동선(이동 거리)' 등의 개선도 수집 자료로부터 확보할 수 있다. 다음 [그림 A-71]은 파워포인트로 정리한 결과이며, [그림 A-56], [그림 A-67]과 함께 'Step-9.3. 설계 요소별 산출물 실현'에서 '상위 수준 설계'를 완성하거나 '산출물'을 작성하는 데 활용한다.

[그림 A-71] 'Step-9.2. 설계 요소 분석(가설 검정-정성적 분석: Process Flow Chart)' 예

Step-9. 상위수준 설계
Step-9.2. 설계요소 분석(가설검정_정성적 분석) DMADV

검정 7. '현 프로세스 흐름'이 '주문 L/T'에 영향을 주는가?

◆ **분석방향**: '현 프로세스'를 'Process Flow Chart'를 통해 향후 설계될 프로세스에 추가 보완사항이나 개선점을 찾아보고, 필요 시 'Step-9.3. 설계요소 별 산출물 정의'에서 반영하고자 함.

현 프로세스 활동 (Activity)	프로세스 5 요소	이동거리 (m)	소요시간 (s)	What?	Where?	When?	How?	개선방향	Eliminate	Combine	Rearrange	Simplify
고객 방문			10									
고객 자리 안내 [제거 대상]		1~5	30				O	직접 찾아가도록	✓			
고객 착석			10		O	O		직접 착석할 수 있도록	✓			
물/ 메뉴 제공		2~6	30				O	식탁에 배치 또는 셀프서비스		✓		✓
주문 확인 [단순화 대상]			63			O	O		✓			
주문서 기록			10				O	탁자에 주문버튼 자동전달				
기본 반찬 제공		2~6	123		O	O	O	식탁에 배치	✓			
부족 반찬 반복 제공 [통합 대상]		4~15	180		O	O	O	식탁에 배치	✓			
주문 분식 제공		2~6	610									
부족 물 반복 제공		3~15	65	O			O	식탁배치 또는 셀프서비스				
기타 요구 사항 대응		2~10	125				O	기타요구사항 수집 후 대응				

(설계방향) Microsoft Word 문서

[그림 A-71]에 '현 프로세스 활동(Activity)'의 '제거 대상(Eliminate)', '단순화 대상(Simplify)', '통합 대상(Combine)'의 '개선 방향'들을 요약하고 있다. 물론 핵심 내용은 '개선 방향' 열에 기술돼 있으므로 프로세스 개선에 활용한다. 다음은 '[그림 A-68] 분석 도구 유형 중 정성적 분석 예'의 두 번째 경우인 'Gap Analysis'에 대해 알아보자.

'**Gap Analysis**'는 '정성적 분석'의 한 유형으로서 아주 잘 붙여진 명칭이다. 왜냐하면 외형적으론 각기 다른 형태의 도구라도 현 수준과의 차이를 확인시켜 주는 용도면 모두 'Gap Analysis' 영역에 포함시킬 수 있다. 명칭이 갖는 포용력이 매우 뛰어나다. 평소에 잘 알려져 있고 주변에서도 쉽게 접할 수 있는 도구들이라 본문에선 간단히 소개 정도만 하고 넘어갈 것이다. 정보가 필요한 리더는 『Be the Solver_정성적 자료 분석(QDA)』편을 참고하기 바란다.

- **벤치마킹(Benchmarking)** 크게는 '내부 벤치마킹'과 '외부 벤치마킹'으로 나뉘며, 전자는 2개 이상의 장소에서 동일한 종류의 업무를 실행하는 조직에 유용하다. 보험사나 금융사 경우 동일한 업무를 여러 지점에서 수행하므로 내부 벤치마킹의 활용 효과를 극대화시킬 수 있는 장점이 있다. 매출 등과 같은 동일한 특성에 대해 극히 잘하는 지점과, 극히 떨어지는 지점이 있으므로 그 원인과 배경을 분석하면 많은 '개선 방향'을 모색할 수 있다. 후자인 '외부 벤치마킹'은 '경쟁적 조사(경쟁사 대상)'와 '비경쟁적 조사(타 산업 부분을 대상)'로 나뉘며 '비경쟁적 조사'는 다시 특정한 기능에 초점을 맞추는 '기능적 벤치마킹'과 프로세스 전체를 파악하는 '프로세스 벤치마킹' 등으로 구분하기도 한다.
- **현장 실사** 업무 과정을 직접 보고 관찰함으로써 개선 기회를 찾는 방법이다. 시간과 노력이 많이 들고 사전에 점검할 항목들을 충분히 준비해야 하는 부담이 있다. 그러나 실제 눈으로 문제의 심각성을 확인한다는 점에서 실질적이고 객관적인 '개선 방향'을 이끌어낼 수 있다.
- **기술 자료 분석** '기술적 분석'에서 논의된 방법으로 현 수준과 문서로 공개된 다양한 정보를 비교적 쉽고 적은 비용으로 비교할 수 있는 기회를 가질 수 있다.

- **전문가 의견** 역시 '기술적 분석'의 한 방법으로 해결하고자 하는 문제들에 대해 전문가를 찾아가 조언을 들음으로써 현재의 방식과의 Gap을 실감하고 개선 기회를 찾는 방법이다. 반드시 외부 전문가만을 의미하지는 않는다.
- **성공/실패 사례 분석(Won/Lost Analysis)** 마케팅 분석 도구 중 하나로 과거의 성공 사례나 실패 사례를 찾아 분석함으로써 현재의 문제를 유사한 방법으로 개선 기회를 얻고자 할 때 유용하다. 수십 년간 운영된 동일 업종의 회사라면 단시간에 경험할 수 없는 다양한 사례들이 존재할 것이며, dB자료가 없으면 업무 경력이 많은 내부 직원 등의 활용도 고려할 수 있다. 물론 타사의 성공/실패 사례도 좋은 본보기로 활용된다.

다음 [그림 A-72]와 [그림 A-73]은 '정성적 분석' 중 '벤치마킹'을 대상으로 한 예를 연속해서 보여주고 있다.

[그림 A-72] 'Step-9.2. 설계 요소 분석(가설 검정-정성적 분석: 벤치마킹)'예

Step-9. 상위수준 설계
Step-9.2. 설계요소 분석(가설검정_정성적 분석)

검정 4. '재료별 관리수준'이 '나 홀로 고객 맛 만족도'에 영향을 주는가?

◆ 분석방향: 최근 '재료별 관리수준'에 대해 업계 최고 우수업소로 지정된 A분식집을 대상으로 벤치마킹을 수행함으로써 당 업소와의 Gap을 파악하고, 적용이 가능한 노하우를 수집하고자 함.

벤치마킹 - Plan

<목적> 당 업소의 매출신장과 고객만족도를 향상시키기 위해 수준 높은 '재료별 관리수준'을 파악하고자 벤치마킹 수행.

<범위> 기본재료 및 특별재료 관리방법

<대상> 00지구 3년 연속 매출 1위 A업소

<방법> 분식업소 협의체 인맥을 통한 업소 방문 및 사장 Interview

<시기> 2xxx. 12.06 14:00~18:00

<결과처리> 매출이 4배 가량 차이나므로, 결과를 직접 적용하는 데 어려움이 예상되나, 좋은 정보는 내재화하여 적용 가능토록 할 예정임.

벤치마킹 - Measure

< 질문사항 >
1. 기본재료의 재고회전은 얼마나 자주 하는지?
2. 좋은 재료를 조사하는 방법은 무엇인지?
3. 특별한 재료 추가 시 기존 관리와 어떻게 융합하는지?
4. 나 홀로 고객 위한 영업이 매출신장에 기여하는지?

벤치마킹 - Learn

	당 업소	A 업소
기본재료 재고회전	떨어질 때마다 몰아서 구입	주기적 조회, 재고 예측관리
재료조사 방법	한 업소에서만 구입	인터넷 정보, 농수산시장 맵 구축
특별한 재료 관리	기존 경험 없음	유기농 업소와 즉납체계구축
나 홀로 고객 매출기여	기존 경험 없음	전체 매출의 20%기여

Step-9. 상위수준 설계
Step-9.2. 설계요소 분석(가설검정_정성적 분석)

D/M/A/D/V

> 검정.4_계속

벤치마킹 - Apply

구 분	상위수준 설계방향		Step-9.3 활동
	기본방향(분석결과)	구체적 방향	
기본재료 재고회전	• 주기적 조회 • 재고 예측관리	• 재고 예측을 위한 일별 소모량 기록→ 향후 모델 개발에 활용	➥ 산출물; 데이터 수 집 및 운영지침
재료조사 방법	• 인터넷 정보 • 농수산시장 맵 구축	• 농수산물 시장 맵 구축→ 유기농/무기 농 별, 가격별, 규모별, 지역별, 핵심 판매 재료별로 구분하여 맵 구축	➥ 산출물; 농수산물 시장 맵
특별한 재료 관리	• 유기농 업소와 즉납체계구축	• 급하거나 특별한 재료 조달을 위한 체 계구축 → 맵 구축에 포함	➥ 상동
나 홀로 고객 매출기 여	• 전체 매출의 20%기여	• 기대 예상효과로 활용	

[그림 A-72]와 [그림 A-73]은 '재료별 관리 수준'이라고 하는 '잠재 인자'를 주변 최고의 업소를 대상으로 벤치마킹하여 '설계 방향(또는 개선 방향)'을 모색한 예이다. 통상 '벤치마킹'은 기법적으로 '계획(Plan)-측정(Measure)-학습(Learn)-적용(Apply)'으로 진행하는데 이것을 단계별로 구분하여 예로 활용하였으니 참고하기 바란다. 현업에서도 규모나 대상 또는 내용에 차이가 있을 뿐 모든 전개 과정은 동일하다. 다음은 '이해 관계자 분석'에 대해 알아보자.

'이해 관계자 분석'은 '프로세스 설계 방법론'에 있어 대부분 간과하는 항목이다. 그 사용 빈도가 높지 않다는 게 이유다. 그러나 실제 프로세스 설계를 하다 보면 극복해야 할 문제의 상당수가 프로세스 자체보다 사람들과 엮여 일어나는 일들이 상당하다. 어느 리더는 과제 수행에서 가장 어려운 부분이 동료의 협조를 구하거나, 만들어놓은 최적화 내용을 운영하기 위해 담당자를 참여시키는 일이 훨씬 더 어렵다고 토로(?)한다. 필자도 과거 과제를 수행할 때 가장 어려움을 느끼고 마음고생 했던 부분이 바로 팀원들의 동참을 이끌어내는 일이었다. 실험을 하거나 정보를 취합할 때 혼자 하는 것은 한계가 있고 대신 각자 업무가 있는 팀원들을 적극 참여시키기에 제약이 많은 것도 사실이다. 현재 프로세스 설계를 위해 참여해야 할 사람이나 앞으로 운영할 새로운 프로세스의 담당자들이 누구인지, 또 현재 관심도가 어느 수준인지를 파악하고 그들을 과제의 영역 내지는 향후 운영 주체자로 끌어들이려는 노력이 필요하다. 따라서 '이해 관계자' 역시 '잠재 인자'로 보고 설계 영역에 포함시켜 고려하는 것도 매우 필요하다. '기본 양식'은 다음 [표 A-34]이다. 활용법에 대해 알아보자.

[표 A-34] '이해 관계자 분석'의 '기본 양식' 예

부서/이름	강한 반대	약한 반대	중립	약한 지지	강한 지지
			분석 영역		

· **부서/이름** 설계할 프로세스와 관련된 주요 고려 대상을 기술한다. 이름 외에 부서명
도 포함시켜야 팀원들 간 협의가 원활히 이루어질 수 있다. 대상자 간 이해관계가 있
을 때는 화살표를 상하로 연결해서 관련성을 시각화시킨다.

· **분석 영역**

→ <u>현 지지 수준 표기</u>: 적힌 대상자의 프로세스 설계 과정 또는 운영 시 예상되는 현
재의 지지 수준을 표기한다(√ 또는 ▽ 등). 만일 현 지지 수준이 원하는 상태에 있으
면 '▽' 대신에 '▼' 기호 등을 사용한다.

→ <u>원하는 지지 수준 표기</u>: 프로세스 설계 및 운영이 성공적으로 이루어지기 위해 대
상자가 있어야 할 지지 수준을 표기한다(★ 등).

→ <u>화살표 연결</u>: 프로세스 설계 과정 또는 운영 시 현재의 지지 수준에서 긴급하게
원하는 지지 수준으로 옮겨져야 할 대상자는 '실선 화살표'를, 긴급성이 떨어지거나 중
요도가 다소 낮은 대상자는 '점선 화살표'로 연결해서 개선의 시급성을 시각화한다.

'이해 관계자 분석'으로 '가설 검정'을 수행할 '설계 요소'는 주로 'Design
FMEA'에서 발굴되는 것이 일반적이다. 예를 들면 'Step − 8.2. 최적 콘셉트
평가/선정'의 '[표 A − 14] 최적 콘셉트 선정 예'에 있는 '핵심 기능(CTF)' 중
'서빙시간을 줄인다'와 '운영 방법을 변환한다'의 간단한 'Design FMEA' 예
를 다음 [그림 A − 74]에 나타냈다(작성했다고 가정하자).

[그림 A − 74]의 Design FMEA 작성 예에서 '원인(Xs)'의 두 강조한 항목
(빨간 사각형)은 모두 담당자가 적극적으로 참여하는 것을 꺼리거나, 업무량에
비해 주방 담당자의 수를 늘려주지 않아 소극적인 업무 대응을 염려하고 있으
며, 그 '발생도(OCC)'도 클 것으로 예상된다(각 '6점'과 '8점'). 물론 'RPN'
역시 '168'과 '216'으로 높은 수준을 보이고 있다. 이 경우 해당 담당자들에
대해 '서빙 담당자 참여 수준' 또는 '주방 담당자 지원 수준' 등의 '잠재 인
자'가 나오게 될 가능성이 높으며, 이들을 모두 '이해 관계자 분석' 영역으로
끌고 들어와 통합해서 검정과 '설계 방향(또는 개선 방향)'을 모색한다. 연결

된 [그림 A-75]는 'Design FMEA' 사례에서 발굴된 '잠재 인자'에 대한 '이해 관계자 분석' 예를 보여준다.

[그림 A-74] '핵심 기능(CTF)'에 대한 Design FMEA 작성 예

#	Process Function (Step)	Potential Failure Modes (process defects)	Potential Failure Effects (Y's)	S E V	C l a s s	Potential Causes of Failure (X's)	O C C	Current Process Controls	D E T	R P N
341	서빙시간을 줄인다.	목표시간 넘김	관리수준에서 벗어남	7		서빙담당자 참여 미미	6	담장자 1회 교육/문제발생 시 사유서 제출	4	168
342	서빙시간을 줄인다.	담당자 관리기준 모름	관리수준에서 벗어남	7		교육이 안됨	2	담당자 1회 교육	2	28
343	운영방법을 변환한다	동선 증가	서빙업무가 늘어남	8		분식과 커피를 동시 주문	3	동선 관리기준 없음	1	24
344	운영방법을 변환한다	라커피 통합운영으로 주방업무량 증대	고객 불만족 커짐	9		주방 담당자 인원 변화없음	8	인원업무량 관리 기준 없음	3	216

[그림 A-75] '이해 관계자 분석' 분석 예

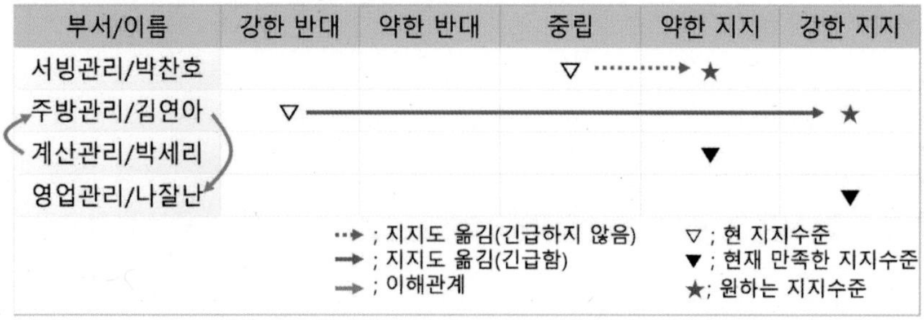

[그림 A-75]에서 우선 '서빙 관리'의 '박찬호 사원'은 현재 새로운 프로세스 변화에 대해 '중립'적 입장을 고수하고 있는 반면, 업무량이 폭주한 '주방 관리'의 '김연아 사원'은 '강한 반대'의 입장을 보이고 있어 이들에 대한 원하는 지지 수준을 정한 뒤 설득 또는 개선 방안(인센티브 제공이나 아르바이트 채용 등)을 제시하는 활동이 요구된다. '부서/이름' 열에 표기된 화살표는 기술된 직원들 간의 업무상 또는 개인별 이해관계를 나타낸 것으로 만일 '주방 관리'의 김연아를 설득하기 위해서는 '계산 관리'의 박세리를 통하는 방안도 강구할 수 있음을 보여준다. 다음 [그림 A-76]은 지금까지의 '이해 관계자 분석' 내용을 파워포인트로 작성한 예이다.

[그림 A-76] 'Step-9.2. 설계 요소 분석(가설 검정-정성적 분석: 이해 관계자 분석)' 예

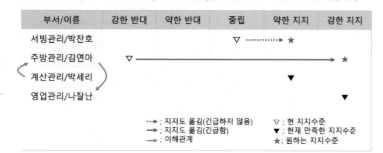

[그림 A‑76]에서 변경될 신규 프로세스에 필요한 최적의 인원을 "시뮬레이션으로 확인한다"는 방안과 그 전까지는 '파트타임 인력을 고용'해서 운영할 것임을 제시하고 있다. 아마도 '주방 관리'의 김연아 사원이 이 방안을 받아들인다면 새로운 프로세스 도입에 적극적 참여자로 바뀔 가능성이 높다. 다음은 끝으로 'Window Analysis'에 대해 알아보자.

'Window Analysis'는 일본의 가장 크고 오래된 대학 중 하나인 고베대학(Kobe University)의 루지 후쿠다(Ryuji Fukuda) 교수가 스미토모 전자(Sumitomo Electric)의 의뢰를 받고 개발한 기법 'CEDAC(Cause & Diagram with the Addition of Cards)' 중 현재의 상황과 문제를 파악하는 데 사용하는 도구이다. 후쿠다 박사는 약 20여 년간 스미토모의 품질 관련 부문에서 일을 해왔던 것으로 알려져 있으며, 1970년대 중반 당시 세계 시장으로 진출하기 위해 해외 공장을 설립하기 시작했던 스미토모는 누가, 언제, 어디서든 균일한 품질을 유지하기 위한 'SOP(Standard Operating Procedure)'를 필요로 한 것이 계기가 되었다. 의뢰를 받은 후쿠다 박사는 현장의 문제를 이용, 매달 연구 그룹을 운영하며 'CEDAC'를 탄생시켰으며, 1976부터 1979년 사이 약 3년간 350개의 'CEDAC' 프로젝트를 40개의 플랜트에서 3개월간 수행하여 결점률을 60% 이상 감소시키는 효과를 거두었다. 이것이 계기가 되어 1978년 관련 논문이 'Nikai Award'를 수상하는 계기가 되었다. 'CEDAC' 활용의 전체 흐름도는 [그림 A‑77]과 같으며, '가설 검정'은 주로 오른쪽 상단의 '현재의 상황/환경은 어떠한가?'에 대한 'Window Analysis'만을 수행한다. 그림 중 '대안 실행' 이하 과정은 'Step‑9.3. 설계 요소별 산출물 실현'에서 수행하는 활동들이다.

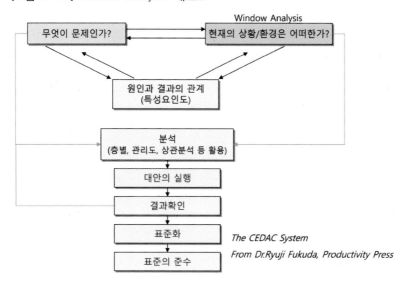

'Window Analysis'를 통해 현재의 표준에 대한 문제가 인식되면, 연이어 '특성 요인도' 또는 'QC 7가지 도구'를 이용해 '원인'을 세분화한 뒤, '대안'과 '표준화(개선)'의 수순을 밟게 되며 이 전체를 '세닥(CEDAC)'으로 명명한다. 'Window Analysis'는 그중 일부이며 설계 과제에서는 'SOP'에 대한 검정용으로써 사용 빈도가 높다. 다음은 기본 양식과 X, Y의 설정 방법이다. '기본 양식'은 다음 [표 A-35]와 같다.

[표 A-35] 'Window Analysis'용 '기본 양식'

X \ Y		Known		Unknown
		Practiced	Unpracticed	
Known	Practiced			
	Unpracticed			
Unknown				

여기서 'X'와 'Y'는 다음과 같은 기준을 통해 설정된다.

> · 문제의 영역이 광범위하거나 서로 다른 기능 간 관련이 있는 경우 'X'는 문제 해결자의 쪽에, 'Y'는 그 상대 쪽으로 설정.

[예]

X	제조 부서	고객 플라자	설계 부서	구매 부서
Y	판매(영업) 부서	방문 고객	제조 부서	공급 업체

> · 문제의 영역이 같은 기능 조직 내에 있는 경우 상위자를 'X' 쪽에, 하위자를 'Y' 쪽에 설정.

[예]

X	부장	사업 부장	IT 팀장	감사팀
Y	과장	리더	프로그래머	경리팀

또 '기본 양식'에 있는 용어를 설명하면 다음과 같다.

> · Known 결점을 방지하기 위한 올바른 절차가 수립되어 있고, 모든 관계자가 숙지하고 있음.
> · Unknown 결점을 방지하기 위한 올바른 절차가 수립되어 있지 않음.
> · Practiced 절차가 언제나 100% 지켜지고 있음.
> · Unpracticed 절차가 항상 지켜지는 것은 아님(준수도 0~100 미만).

분석 유형과 결과에 대한 조치는 다음 [그림 A-78]과 같다.

[그림 A-78] 'Window Analysis' 분석 유형과 조치

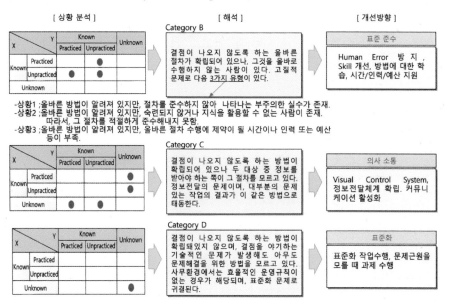

각 셀에 설정된 'X'와 'Y'에 대한 정보를 '●'으로 표기함으로써, 그에 따른 '해석'과 '개선 방향'을 가늠해볼 수 있다. 다음은 두 개의 작성 예를 보여준다(출처: *CEDAC by Dr. Ryuji Fukuda*).

① **모터 고장 사례:** 고객에게 인도된 모터의 전원선 표피가 일주일이 지난 후 녹아내리는 바람에 작동이 멈추었다는 불만이 접수되었다. 이 모터는 멈춤 없이 24시간 가동되는 설비에 부착되었음이 알려졌다. 모터 설계 단계에 전기 엔지니어와 기계 엔지니어가 함께 제작에 참여하였다. 전기 엔지니어는 24시

간 가동될 경우 대용량의 전선이 모터를 위해 적정하다는 것을 알고 있었지만 이 내용을 도면의 규격 기술 칸에 표기해놓지 않았다. 기계 엔지니어는 전선의 규격과 모터의 용도 간 상관성에 대해 사전 지식이 있었으나 도면에서 이를 파악하지 못한 채 전선을 대용량이 아닌 일반용으로 장착하였다. 이때 'Window Analysis'는 [표 A-36]과 같고, 이를 파워포인트로 작성한 예를 [그림 A-79]에 나타내었다.

[표 A-36] 'Window Analysis' 예(모터 고장 사례)

X \ Y		Known		Unknown
		Practiced	Unpracticed	
Known	Practiced			
	Unpracticed		●	
Unknown				

X: 전기 엔지니어
Y: 기계 엔지니어

▷ X: 전기 엔지니어 - 기계 엔지니어가 큰 용량에 적합한 전력선을 사용하도록 도면 해당 칸에 표기해놓아야 했으나 실행되지 않았으므로 'Known-Unpracticed'.
▷ Y: 기계 엔지니어 - 전력선 용량과 모터 용도의 상관성에 대한 사전 지식이 있었으나 도면을 통해 전기 엔지니어와의 원활한 의견 교환에 실패하였으므로 'Known-Unpracticed'.

Step-9. 상위수준 설계
  Step-9.2. 설계요소 분석(가설검정_정성적 분석;Window Analysis)

검정 7. '도면표기 적절성'이 '모터 불량률'에 영향을 주는가?

♦ **분석방향**; 모터의 불량발생에 대한 근본원인을 규명하기 위해, 전기엔지니어와 기계엔지니어의 의견을 들은 후, Window Analysis를 수행.

X; 전기엔지니어, Y; 기계엔지니어

X(전기) \ Y(기계)		Known		Unknown
		Practiced	Unpracticed	
Known	Practiced			
	Unpracticed			
Unknown				

전기엔지니어 모터가 24시간 가동되는 환경에서 운영될 것이란 정보를 알고 있었으나 도면 규격 칸에 표기하는데 실패함에 따라 '*Known-Unpracticed*'.

기계엔지니어 전력선 용량과 모터의 용도 간 상관성을 알고 있었으나, 도면표기에 대한 깊이 있는 이해와 전기엔지니어와의 의견교환에 실패함에 따라 '*Known-Unpracticed*'

상황분석
• 모터 불량 중 전력선이 녹아서 작동이 멈춘 경우가 전체의 약 20%를 점유. 이에 대한 원인을 규명하는 과정에서 설계도의 규격표기 칸에 전선용량이 표기되지 않음을 확인함.
• 이에 대해 설계작성 주관팀인 전기팀과, 설계도를 보고 제작하는 기계팀의 핵심담당자를 중심으로 현황분석 수행

결과분석
▩ 모터의 사용환경에 대한 인식이 부족하거나, 엔지니어의 설계능력에 문제는 없는 것으로 파악됨.
▩ 전기엔지니어와 기계엔지니어 간 의견교환의 단절이 근본원인임을 확인함.
▩ 도면작성 시 규격에 대한 표기를 강화하고, 도면을 활용하는 기계팀의 설계도 검토기능을 보완하는 개선방향 유도.

PS-Lab
Problem Solving Laboratory

② **고객 대응 미숙 사례**: 한 단체의 정기적인 행사로 호텔에서 세 개의 세미나가 동시에 개최되고 있다. 휴식은 두 번 있으며, 오전 10시와 오후 3시부터 각각 20분간 로비에서 커피와 도넛이 제공된다. 기획안대로 운영되었는지를 확인하기 위해 조사하는 과정에서 운영 매니저가 강사 중의 일부에게 휴식시간 정보를 제공하지 않아 결과적으로 그 강의에 참석했던 참가자들은 휴식시간과 다과가 계획대로 제공되지 못하고 있음을 확인하였다. 이때 'Window Analysis'는 [표 A-37]과 같다. 파워포인트 작성 사례는 [그림 A-80]에 나타내었다.

X \ Y		Known		Unknown
		Practiced	Unpracticed	
Known	Practiced			
	Unpracticed			
Unknown			●	

X: 강사
Y: 운영 매니저

▷ X: 강사 – 휴식 시간에 대한 사전 정보를 얻지 못해 스스로 적정한 시간을 배정하게 되었으며, 참가자들에게 다과를 제공하는 데 실패함. 따라서 'Unknown – Unpracticed'
▷ Y: 운영 매니저 – 휴식 시간과 다과 제공에 대한 계획을 알고 있었으나 강사 중 일부에게 전달하는 데 실패하였으므로 'Known – Unpracticed,

[그림 A-80] 'Step-9.2. 설계 요소 분석(가설 검정-정성적 분석: Window Analysis)' 예

Step-9. 상위수준 설계
 Step-9.2. 설계요소 분석(가설검정_정성적_분석;*Window Analysis*)

검정 7. '운영 오류율'이 '세미나 고객 만족도'에 영향을 주는가?

🔥 분석방향; 세미나 참가자들의 만족도를 평가한 결과 '운영 만족도'가 다소 떨어지게 나왔으며, 이를 개선하기 위해 Window Analysis를 수행.

X; 강사, Y; 운영 매니저

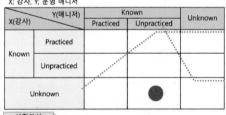

X(강사) \ Y(매니저)		Known		Unknown
		Practiced	Unpracticed	
Known	Practiced			
	Unpracticed			
Unknown			●	

강사 세미나마다 강사는 바뀌며, 따라서 휴식시간에 대한 정보를 얻어 참가자들에게 강의 중 공지해 주어야 하나 정보를 얻는데 실패함. '*Unknown-Unpracticed*'.

운영 매니저 매번 주제에 따라 선정되는 강사들에게 반드시 휴식시간에 대한 운영을 공지해서 참가자들의 만족도를 높여야 하나 이 과정을 종종 빠트림 '*Known-Unpracticed*'

상황분석
• 과학자협회의 정기적인 학술세미나 개최를 운영하는 호텔에서 매번 참가자 만족도를 수집하고 있으며, 이 중 '운영 만족도'가 평균 3.2점으로 상대적으로 낮아 개선의 필요성 대두.
• 이에 대해 과거 운영 매니저와 강사들에게 문의해, 문제점을 조사하던 중, 휴식시간의 전달에 문제가 있음을 발견함.

결과분석
▪ 운영 매니저의 잦은 변경으로 최초 기획된 안내로 운영되지 못하고, 임기응변으로 대응되고 있음.
▪ 기획 안을 표준화하고, 표준문서로 등록하도록 개선방향 유도. 또, 이를 반드시 활용토록 절차화를 진행할 예정임.

PS-Lab
Problem Solving Laboratory

이어서 '[그림 A - 58] 분석 도구 유형'들 중 '정량적 분석(통계 분석)'에 대해 알아보자.

9.2.3. 정량적 분석(통계 분석)

'정량적 분석'과 관련된 도구만 [그림 A - 58]에서 떼어 옮겨놓은 것이 다음 [그림 A - 81]이다.

[그림 A - 81] '분석 도구 유형'들 중 '정량적 분석(통계 분석)' 예

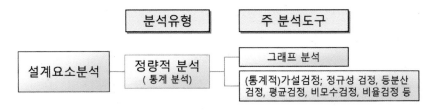

'정량적 분석(또는 통계 분석)'은 리더라면 누구든지 어려움을 토로하는 대상이다. 고등학교 때부터 이미 '통계'나 '확률'이라는 단어는 바로 '공공의 적'으로 간주하고 있던 터라 비교적 잘 피해서 사회까지 진출한 선량한 기업인들에게 뒤늦게 된서리를 맞게 한 장본인이다. 안 할 수도 없고 하자니 용어나 각종 수식어가 마치 보호막을 쳐놓고 들어가려 하면 '접근 불가'라는 방사선을 뿜어낸다. 일단 껄끄럽고 접하고 싶은 마음도 안 들뿐더러 혹 교육을 받아도 휘발성이 강해 현업에 돌아오면 모두 날아가 버리는 일이 반복된다. 어떻게 접근해야 할까? 필자로서도 본문을 어떻게 전개해야 할까 사실 좀 고민이다. 꼬장꼬장 설명을 붙여대려니 그 양 또한 만만치 않을 것 같고, 요약하고

넘어가려니 본문을 접하는 리더들의 성이 차지 않을 것 같다. 그러나 대충이란 없다. 또, 리더들이 취해야 할 이 분야의 학습 내용도 분명히 유한하다. 대학처럼 끝없는 깊이와 복잡한 확률 통계를 이용할 그런 무한의 지경은 절대 아니라는 게 그나마 위안을 준다. 방법론을 설명하는 『Be the Solver』 시리즈 각 권은 통계를 공통의 방법과 수준에 맞게 소개한다. 그러나 이렇게 할 경우 기본 지식과 활용에 대해서는 어느 정도 학습은 되지만 응용력을 발휘하기에는 충분치 않다. 따라서 별도의 '『Be the Solver_확증적 자료 분석(CDA)』편' 을 출간했으니 깊이 있는 학습이 필요한 리더는 죄송하지만 해당 서적을 참고하기 바란다. 『확증적 자료 분석(CDA)』편에 따르면 통계를 설명하는 바닥 원리는 단지 두 개이며, 이들은 '그룹 내/그룹 간 변동'과 '중심 극한 정리'이다. 이 두 개만 이해하면, 측정 시스템 분석(MSA, Measurement System Analysis), 프로세스 능력 분석(Process Capability Analysis), t-검정, z-검정, 구간 추정(Interval Estimation), 분산 분석(ANOVA, Analysis of Variance Analysis), 회귀 분석, 표본 크기(Sample Size) 구하기, 실험 계획(DOE, Design of Experiment), 통계적 공정 관리(SPC, Statistical Process Control) 등 모든 주요한 통계 도구들을 통합해 이해할 수 있다. 그러나 본문은 '프로세스 설계 방법론'의 특징을 살려 필요한 도구만 담고 있다.

과제 수행에서 만일 '분석'이 없으면 어떻게 될까? 이 같은 기본 질문의 정답은 방법론의 맏형 격인 '프로세스 개선 방법론'을 이해하는 데서부터 시작한다. 만일 '프로세스 개선 방법론'의 기본 로드맵 'M-A-I-C'에서 'A'가 빠지면 'M-I-C'이다. 말로 풀면, 과제 지표 'Y'의 '현 수준 측정(Measure)' 그리고 '개선(Improve)'과 '관리(Control)'인데, '현 수준'이 기대에 못 미치면 바로 '개선(I-C)'하므로 '즉 실천(Quick Fix)'성 과제에 해당한다. 그냥 바로 수행해서 효과를 볼 수 있는 구조다.

그럼 '분석'이 필요하다는 의미는 무엇일까? 많은 기업의 과제 완료 발표회에 참석해 리더들의 수행 내용을 보노라면 분석의 검정 결과를 단지 'X인자는 유의하다'라고 매듭짓는 경우를 자주 접한다. '유의'하면 '핵심 인자', 즉 'Vital Few Xs'가 되므로 '최적화' 대상이다. 그러나 '핵심 인자' 자체를 '상위 수준 설계(또는 상세 설계)'로 넘겨 바로 "최적화 한다"는 표현이 옳을까? 만일 'X'가 '자리 배치 방법'이고 검정 결과 "유의하다"고 결론지을 경우 어떤 일이 벌어질지 상상해보자. 아마 '상위 수준 설계'에서 현재의 '배치 방법'에 대해 바람직한 개선 방향을 유도하기 위한 추가 분석이 진행될 가능성이 높다. 이 대목에서 필자는 **"인자 자체의 유의성 여부는 분석의 결론이 될 수 없으며 최종 산출물은 '개선 방향'이어야 한다"**라고 강조한다.

'상위 수준 설계(즉, 개선)' 관점에서 'Xs'들을 분류하면 크게 '제어 인자(Operating Parameter)'와 '대안 인자(Critical Element)'로 나뉜다. 전자는 '소요 시간'이나 '투입 자원 수' 등과 같이 직접적으로 최적화 대상이 되는 인자를, 후자는 '자리 배치', '구매 방법' 등과 같이 프로세스를 최적화하기 위해 가장 좋은 대안을 찾는 인자를 각각 나타낸다. '대안 인자'의 경우 만일 '구매 방법'이라는 'X'를 검정한 결과 현재의 소모품 구매 방법이 적정한 요건을 갖추고 있지 못하다는 결론에 이르렀으면 '유의(Significant: 有意)'한 것이다. 그러나 '유의하다'란 결론은 당장 '상위 수준 설계'에서 무엇을 해야 할지 막막하다. 분석을 했으면 프로세스 내 문제가 무엇인지 드러나야 하고 그래야 '개선 방향'을 정확히 제시할 수 있다. '개선 방향'이 명확하면 최적화를 위한 구체적인 활동의 선택과 집중이 가능하다. 이것이 로드맵의 존재 이유다.

'제어 인자'의 경우도 마찬가지다. 분석에서 '소요 시간'이라는 '제어 인자'를 검정한 결과, '소요 시간'이 변하면 'Y(고객 만족도 등)'가 등락하는 상관성을 확인했다고 하자. 이 경우 '소요 시간'은 '유의'하다. 이때 최종 산출물인 '개선 방향'은 어떻게 될까? 만일 검정 중 'Y'를 만족시킬 최적의 '소요 시간(예로 3분 등)'을 찾았다면 '개선 방향'은 '3분 이내의 조건에서 Pilot Test를 통한 결과 확인'이, 또는 상관성만 확인한 정도면 '회귀 분석을 통한 최적 조건의 설정'이 '소요 시간'의 '개선 방향'이다.

'분석'에서의 산출물, 즉 '개선 방향'의 공통점은 '상위 수준 설계(또는 상세 설계)'에서 무엇을 해야 할지 명확하게 알려준다는 데 의미가 있다. 정리하면 **'정량적 분석(통계 분석)'은 그 자체가 목적이 아니라 프로세스(또는 상품)에 대해 무엇을 바꿔야 하는지 정확히 알려주는 게 목적이자 핵심이다.**

'가설 검정' 방법

'가설 검정'은 말 그대로 "가설을 검정한다"이다. 앞서 설명했던 대로 '가설'은 '우리가 이야기하는 모든 것'이다. 즉, 확인되지 않은 것은 모두 '가설'이다. 'Step – 9.1. 설계 요소 발굴'에서 정리했던 「9.1.5. 선별 Xs(Screened Xs)」들은 모두 과제 지표 'Y'에 영향을 줄 것으로 판단되어 선별한 것들로 이 역시 확인되지 않는 한 가설에 해당한다. 따라서 '설계 요소 분석'은 이를 확인하는 절차이다. 통상적인 통계적 검정 절차는 다음과 같다.

① **'가설'을 세운다.** '가설'은 '귀무 가설(歸無假說, Null Hypothesis)'과 '대립 가설(對立假說, Alternative Hypothesis)'이 있다. '귀무 가설'의 사전적 의미는 "설정한 가설이 진실할 확률이 극히 적어 처음부터 버릴 것이 예상되는 가설"이다. '대립 가설'의 사전적 의미는 "귀무 가설이 기각될 때 받아들여지는 가설로 대체 가설(代替假說)이라고도 한다"이다. 학습 받은 리더 중에도 가설을 세우라고 하면 매우 어려워하는 경우가 참 많다. 경험적으로 '대립 가설'을 먼저 기술하는 것이 유리하다. 왜냐하면 기업에서 많이 쓰는 미니탭의 입력 과정이 '대립 가설' 위주로 구성돼 있기 때문이다. 따라서 교육생들에게

는 항상 '대립 가설'을 먼저 설정하도록 유도한다.

각 가설의 의미를 되새겨보자. '귀무 가설'의 사전적 의미를 잘 보면 "~처음부터 버릴 것이 예상되는 가설"로 돼 있다. 검정을 한다고 결정한 순간 기존과 비교해 변화나 차이가 생겼음을 확인해보겠다는 의지가 저변에 깔려 있다. 그렇지 않으면 검정이라는 확인 절차를 굳이 수행할 하등의 이유가 없다. 따라서 검정을 한다고 결정한 순간 변화나 차이를 고려하게 되며 이를 '대립 가설'로 설정한다. 이럴 경우 '귀무 가설'은 "처음부터 버릴 것이 예상되는 가설"이 된다.

예를 들어보자. '고객 만족도'를 향상시키는 과제를 수행한 후 기존에 비해 '만족도'가 정말 늘어났는지 확인하려면 '대립 가설'은 "기존에 비해 만족도가 늘어났다"가 되거나, 또는 구체적으로 늘어났기를 기대하는 만족도가 '10점'이라면 "기존보다 10점이 늘어났다"고 표현한다. 기술한 내용을 수학 기호로 표시하면 전자는 '$H_A : \mu_{new} - \mu_{old} > 0$', 후자는 '$H_A : \mu_{new} - \mu_{old} > 10$'이 되며, '귀무 가설'은 '$H_0 : \mu_{new} - \mu_{old} \leq 0$' 또는 '$H_0 : \mu_{new} - \mu_{old} \leq 10$'이다. 즉, '귀무 가설'은 "처음부터 버릴 것이 예상되는 가설" 그대로다. 물론 실제 검정 결과 예상과 달리 '만족도'가 늘어나지 않은 것으로 확인되면 '귀무 가설'을 버리지 못하게 될 수도 있다. 그러나 어디까지나 데이터로부터 확인된 이후의 상황이므로 그 전까지 '귀무 가설'은 여전히 "처음부터 버릴 것이 예상되는 가설"로 존재한다.

참고로 '대립 가설'이 '$H_A : \mu_{new} - \mu_{old} > 0$'가 될 경우 '귀무 가설'은 그 반대인 '$H_0 : \mu_{new} - \mu_{old} \leq 0$'이 되는데, 이때 부등호 '$\leq$'를 쓰는 대신 항상 '='만 쓰는 것이 관례다. 그 이유는 '작거나 같은 것의 최댓값이 '0'이므로, '0'이 '귀무 가설'이면 당연히 그보다 작은 값들은 "두말할 필요도 없다"는 뜻이다. 따라서 '귀무 가설'은 어느 경우든 항상 '='으로 표기한다. 다음의 식 (A.4)는 "고객 만족도가 기존과 차이가 있다"라는 가설(기존 만족도보다 크든 작든, 차이가 있는지 여부만을 확인하는 가설)을 표기한 예이다.

$$H_0 : \mu_{new} - \mu_{old} = 0 \qquad\qquad (A.4)$$
$$H_A : \mu_{new} - \mu_{old} \neq 0$$

앞서 '만족도'에 대한 가설 예를 '단측 검정(One-sided Test)'이라 하고, 식 (A.4)를 '양측 검정(Two-sided Test)'이라고 한다. '양측 검정'인지 '단측 검정'인지 선택에 어려움을 겪는 리더들이 종종 있다. '대립 가설'을 몇 번 설정해보면 가설을 세우는 일에 곧 익숙해진다. '대립 가설'은 항상 당면한 문제에 대해 "차이가 있다"로 설정하기 때문에 사실은 고민할 이유가 전혀 없다.

일반적으로 정보가 충분히 있는 경우 '단측 검정', 정보가 충분치 않은 경우 '양측 검정'을 실시한다. 예를 들어 "남자가 여자보다 키가 크다"에 대해 현재는 객관적으로 확인되지 않은 사안이므로 '가설'에 지나지 않는다. 그러나 통상적인 관념으로 '남자가 여자보다 키가 클 것이란 정보를, 과거 경험을 통해 어느 정도 인지'하고 있다. 사전 정보인 셈이다. 이때 가설을 세우면 다음 식 (A.5)와 같이 '단측 검정'이 된다.

$$H_0 : \mu_{man} - \mu_{woman} = 0 \qquad\qquad (A.5)$$
$$H_A : \mu_{man} - \mu_{woman} > 0$$

그러나 만일 "남자가 여자보다 키가 클 것"이란 사전 정보가 전혀 없으면 '대립 가설'을 세울 때 '크다'라고 넣기가 어렵다. 큰지 작은지 전혀 알 수 없기 때문이다. 이때 가설은 '양측 검정'을 기본으로 하며, 식 (A.6)과 같다.

$$H_0 : \mu_{man} - \mu_{woman} = 0 \qquad\qquad (A.6)$$
$$H_A : \mu_{man} - \mu_{woman} \neq 0$$

과제 수행 때 리더는 담당 프로세스에 익숙하므로 가설에 대한 기본 정보를 충분히 숙지하고 있는 경우가 많다. 따라서 가설을 세우면 '단측'인지 또는 '양측'인지를 고민하는 경우는 매우 드물다.

② '유의 수준'을 정한다. 검정 과정 중에 흔히 마주치는 '유의 수준', '$p-$값', '제1종 오류(또는 생산자 위험, α 오류)', '제2종 오류(또는 소비자 위험, β 오류)', '임계 값', '신뢰 수준', '검정력'들에 대한 정의와 해석은 『Be the Solver_확증적 자료 분석(CDA)』편에 상세하게 설명해놓았다. 분량이 상당하므로 관심 있는 독자는 해당 서적을 참고하고 본문은 기본 사항 위주로 소개한다.

'유의 수준(有意水準: Significance Level)'은 '0.1(10%)', '0.05(5%)', '0.01(1%)'을 주로 적용하며, 관습적으로 '0.05'의 사용이 일반화돼 있다. 어느 성인 집단의 신장 분포를 가정해보자. – 분포의 평균은 170㎝, 표준 편차는 5㎝이며, 정규 분포로 가정한다. 다음 [그림 A–82]와 같다.

[그림 A–82] '검정'을 위한 용어 설명 개요도

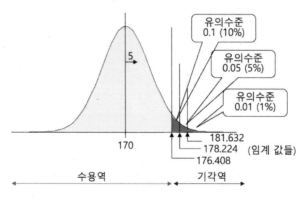

[그림 A–82]의 분포를 미리 확보한 후 '비교 집단'으로 명명하고 잠시 잘

보관해두도록 하자. 이제 주변에서 임의 한 명을 선정한 후 신장(키)을 측정했더니 '180㎝'라고 하자. '검정'은 표본을 추출해서 특성을 측정했을 때, 그 측정값('표본 크기'가 2개 이상일 경우는 '평균'을 쓸 것임)이 '비교 집단'에 속하는지 그렇지 않은지를 확인하는 과정이다. 따라서 미리 준비해둔 집단에 측정한 신장 값이 포함되는지 그렇지 않은지가 중요하다. '검정' 수행에 앞서 작성돼야 할 '가설'은 다음의 식 (A.7)과 같다(사전 정보로부터 신장의 소유자가 다른 더 큰 집단에서 왔을 것이란 추측이 있었다고 가정한다. 이 경우 '단측 검정'이 될 것이다).

$$H_0 : \mu_{신장} = 170$$
$$H_A : \mu_{신장} > 170$$

(A.7)

'$\mu_{신장}$'은 측정한 '180㎝'의 소유자가 속한 '모집단의 평균'을 뜻한다. 측정한 값은 '180㎝'이고, 또 딱 하나의 값밖에 없으므로(이 외에는 다른 신장의 집단에서 왔다는 어떤 정보도 현재로서는 없음) 이 사람은 적어도 평균이 '180㎝'의 집단에서 왔다고 볼 수밖에 없다. 식 (A.7)의 '대립 가설'을 글로 풀어보면 "측정된 신장(여기선 180㎝) 값이 속한 모집단 평균($\mu_{신장}$)은 '비교 집단'의 '평균(170㎝)'보다 크다"이다. 또 '귀무 가설'은 '대립 가설'의 반대인 "측정된 신장(여기선 '180㎝') 값이 속한 모집단 평균($\mu_{신장}$)은 '비교 집단' 평균과 동일하거나 작을 것이다"로 해석한다.

'가설'이 마무리됐으므로 이어 '180㎝' 신장의 소유자에 대해 결정을 내려야 한다. 결정이란 식 (A.7)의 가설들 중 하나를 선택하는 일이다. 그런데 '180㎝'는 '비교 집단'의 평균인 '170㎝'보다 수치상으로는 '10㎝'가 더 크다. 차이 값만 보면 누구는 큰 차이이므로 '비교 집단'에 포함시킬 수 없다고 주장할 수도 있고, 다른 이는 '170㎝'나 '180㎝'나 매한가지이므로 '비교 집단'에 포함시켜도 좋다고 주장할 수 있다. 물론 판단을 유보하는 부류도 있을 수 있다. 어느 판단이 옳을까? 또 판단을 해야 할 상황이면 당장 필요한 것은 무엇일까?

정답은 '기준'이 필요하다. 물론 그 기준은 바로 앞서 설명했던 '유의 수준'이다. '유의 수준'은 '10%', '5%', '1%' 중에서 선택하는데, 또 문제가 있다. '비교 집단'에서 각 기준을 가르는 '임계 값(Critical Value)'은 [그림 A-82]에서 각각 176.408㎝, 178.224㎝, 181.632㎝이며 '유의 수준'을 '10%'와 '5%'를 선택하면 180㎝는 '기각역'에 들어가는 반면(176.408㎝, 178.224㎝보다 180㎝가 오른쪽에 위치), '1%'를 선택하면 '수용역'에 들어가(181.632㎝보다 180㎝는 왼쪽에 위치) '비교 집단'의 일원으로 판단한다. 즉, '유의 수준'을 어떻게 정하느냐에 따라 판단이 달라진다. 앞서 설명한 바와 같이 관습적으로 '5%'를 적용하고 있고, 공학 분야는 '10%'을 주로 사용한다. 그러나 의학 분야처럼 인체에 미치는 영향을 심각하게 고려할 경우 '1%'를 적용하기도 한다. 예를 들어 기존 약품을 대체할 새로운 신약을 개발한 경우 인체에 무해하다는 명백한 차이를 보이려면 기존 평균보다 훨씬 떨어진 위치에 새 약품의 평균이 존재해야 신뢰할 수 있기 때문이다. 일반적으로 5%를 선정하므로 신장의 예에서 5%의 x-값(또는 '임계 값')은 '178.224㎝'를 적용하고, 측정값 '180㎝'는 이보다 오른쪽 '기각역'에 위치하게 돼 '비교 집단'과는 다른 집단에서 온 사람으로 최종 판단한다.

③ '검정 통계량'을 정한다. '검정 통계량'은 하나의 식이다. 왜 검정을 하는 데 식이 필요한지는 '정규 분포의 표준화'라고 하는 과정에 답이 있다. '정규 분포'를 표준화하면 '표준 정규 분포'가 된다. 아마도 대부분의 통계학에서 마주치는 가장 대표적인 분포가 있다면 '정규 분포'가 아닌가 싶다. 적어도 '정규 분포'만 잘 알면 상당한 수준의 통계 활용 능력을 갖는다고 말할 정도다. '표준 정규 분포'와 '검정 통계량'에 대해서는 그 탄생의 배경과 설명의

깊이 등을 고려해 통계를 별도로 다룬 『Be the Solver_확증적 자료 분석 (CDA)』편에 상세하게 설명해놓았으니 관심 있는 독자는 해당 자료를 참고하기 바란다. 본문은 기본 지식을 알고 있다고 보고 애초의 목적인 개요 학습과 활용에 집중하고자 한다.

'표준 정규 분포'는 평균이 '0', '표준 편차'가 '1'인 '정규 분포'를 말한다. 보통 실무에서 측정하는 특성은 천차만별이다. 사람의 키는 100㎝ 전후에서, 몸무게는 50㎏ 전후, 볼트 길이는 5㎝ 전후, 머리카락 두께는 수십 ㎛대에서 또 시간, 만족도, 밀도, 속도, 회전력 등등 수많은 평가 항목들이 다양한 분야에 종사하는 담당자들에 의해 측정되고 관리된다. 또 이런 데이터들은 대체로 표준 프로세스 상태하에서 운영되므로 숫자들을 쌓아놓으면 좌우대칭 종모양의 '정규 분포'를 보일 가능성이 매우 높다. 자연도 일정한 원리에 의해 지배되므로 하나의 거대한 표준 프로세스로 볼 수 있다. '표준 정규 분포'는 이 같은 다양한 측정값들로 구성된 '정규 분포'를 '평균'이 '0', '표준 편차'가 '1'인 단일 분포로 통일화한다는 데 의의가 있다. 단일화가 이뤄질 경우 '표준 정규 분포' 하나로 모든 해석이 이뤄지므로 단순할 뿐만 아니라 서로 다른 부문 간 수준 비교도 가능하다. 물론 필요할 경우 '표준 정규 분포' 이전의 원 분포로도 수시 전환이 가능하다. 미니탭의 「통계 분석(S)>기초 통계(B)」에서 접하는 '1-표본 z(또는 t)-검정', '2-표본 t-검정' 등이 모두 '검정 통계량'에 해당한다. '검정 통계량'은 표본으로부터 측정한 값을 '표준 정규 분포'의 x-축' 값인 'z'나 't' 값으로 전환해준다. 이렇게 전환한 값을 이용해 측정한 '표본 평균'이 '비교 집단'에 속하는지 그렇지 않은지('기각역'에 포함하는지 '수용역'에 포함하는지)를 판단한다.

'검정 통계량'은 '모 표준 편차'를 알고 있으면, '$z = (\bar{x} - \mu)/(\sigma/\sqrt{n})$'가 쓰이고, '모 표준 편차'를 모르면 '$t = (\bar{x} - \mu)/(s/\sqrt{n})$'가 쓰인다. '표준 정규

분포'의 표준화 값으로 전환하는 식의 '분모'를 보면 '모 표준 편차'를 알면 'σ'를, 모르면 '표본의 표준 편차'인 's'가 들어간다. 둘의 구분을 위해 표준화 값을 표현하는 영문 철자는 'z'와 't'가 각각 쓰인다.

이론을 배제한 순수 실용적 측면에서 '검정 통계량'을 설명하면, 단순히 '분석 4 - 블록'과 '분석 세부 로드맵'만 제대로 활용하면 계산 없이 누구나 데이터에 적합한 '검정 통계량'을 쉽게 선택 후 이용할 수 있다. 이 같은 체계가 바로 과거에 접하기 어려웠던 통계 검정에서의 강점들 중 하나이다.

④ **'검정 통계량'을 계산한다.** '검정 통계량'을 찾았으면 표본들의 '평균'을 산정한다. 앞의 예에서는 표본을 한 개로 보고 '180㎝'란 단일 데이터를 사용했지만 통상 최소 '5개 이상'의 '표본 크기'가 요구되며 이들에 대한 '표본 평균'을 구한 뒤, '표준 정규 분포'상의 표준화 값으로 전환한다. 전환 식은 주로 $t = (\bar{x} - \mu)/(s/\sqrt{n})$을 사용한다. 현업에서는 '모 표준 편차'를 대부분 모르고 있기 때문이다. '검정 통계량'의 '$\bar{x}$'는 '표본 평균', 's'는 '표본 표준 편차'를 입력하고, 'n'은 '표본 크기'를 각각 입력한다. 이렇게 얻어진 't' 값은 '유의 수준'의 임계 값 '$t_{0.05}$'와 비교해 '수용역' 또는 '기각역' 내 위치 여부를 판단한다. '$t_{0.05}$'는 '유의 수준'을 '0.05(5%)'로 했을 때 이 넓이를 가르는 'x - 축'상 't값'이며, [그림 A - 82]를 참고하기 바란다.

⑤ **결론을 내린다.** '유의 수준'을 가르는 '임계 값'과 표본으로부터 산정한 '검정 통계량, t 값'을 비교하여 't 값'이 '수용역'에 위치하면 '귀무 가설'을, '기각역'에 위치하면 '대립 가설'을 받아들인다. 또 '임계 값'을 기준으로 판단하는 대신 넓이인 '유의 수준, 5%' 대비 '검정 통계량'의 값이 가르는 넓이, 즉 'p - 값'과 비교할 수도 있다. 'p - 값'이 허용한 최대 수준 '5%'보다 작으

면 '기각역'에 포함된다. 통계적 결론을 내린 후 반드시 익숙한 프로세스 용어로 설명을 보충한다. '통계적 결론'은 말 그대로 통계적으로 설명한 결과이므로 제3자에게는 바로 와 닿지 않을 수 있다. 주의할 점은 '귀무 가설'을 받아들일 때는 "귀무 가설을 채택한다"의 표현 대신 "귀무 가설을 기각할 수 없다"로 쓴다. 반대로 '대립 가설'을 받아들일 때는 "대립 가설을 채택한다"로 표현한다. '귀무 가설'은 채택 여부와 관계없이 늘 존재하는 기존 상태이기 때문이다.

검정을 통해 확인하고 싶은 것은 기존과 다른 변화나 기존과의 차이 여부를 알고 싶은 '대립 가설'에 있으며, 이는 우리의 노력 여하에 따라 채택 여부가 결정될 수 있다. 결론에 대한 일반적인 표현은 "유의 수준 0.05에서 p-값이 0.001이므로 대립 가설 채택, 즉 두 집단 간 '처리 속도'에 차이가 있으며 A집단이 B집단보다 약 2.5분의 빠른 처리 수준을 보이는 것으로 파악됨"과 같이 먼저 기준인 '유의 수준(또는 임계 값)'을 기술하고, 다음에 데이터로부터 측정한 'p-값(또는 검정 통계량에서 얻어진 값)'을 적어 '기각역'인지 '수용역'인지를 판단한다. 다음 판단에 따라 '대립 가설' 채택 여부를 결정하고 프로세스 용어로 "즉" 이후 재설명하거나 수치적인 분석 결과를 바탕으로 향후 방향성 등을 제시한다.

이어지는 분문은 실질적인 분석 사례와 '파워포인트' 표현 등을 소개한다.

가설 검정(정량적 분석) - 블록 ①: 산점도/상관 분석

이 경우는 다음 [그림 A-83]처럼 '분석 4-블록'의 '블록-①'에 해당한다. 따라서 '분석 세부 로드맵'을 적용할 필요는 없다.

[그림 A-83] 분석 4-블록(산점도/상관 분석)

Y

	연속 자료	이산 자료
연속 자료	✔ 그래프: 산점도 ✔ 통 계: 상관 분석 　　　　회귀 분석　　　　①	② ✔ 그래프: 파레토 차트, 기타 ✔ 통 계: 로지스틱 회귀 분석
이산 자료 (범주 자료)	③ ✔ 그래프: 상자 그림, 히스토그램, 다변량 차트 ✔ 통 계: 등 분산 검정, t-검정, 분산 분석, 비모수 검정	④ ✔ 그래프: 막대 그래프, 기타 ✔ 통 계: 1-표본 비율 검정, 2-표본 비율 검정, 카이 제곱 검정

X

[그림 A-62]의 'Step-9.2. 설계 요소 분석(분석 계획/데이터 수집 계획 수립)' 내 가설 검정 대상인 '설계 요소' 중 '고객 수'를 예로 들어보자. 물론 가상의 상황을 설정하여 예를 들 것이다. '고객 수', 즉 '사람 수'는 소수점은 없을 것이므로 엄밀히 얘기하면 '이산 자료'에 속한다. 그런데 각 '고객 수'에 소수점을 찍고 '0'을 삽입하면 '연속 자료'가 된다. 즉, '5명'이면 수치 '5' 대신에 '5.0'으로 표기할 수 있다. 속성은 '이산 자료'지만 '연속 자료'로도 볼 수 있다. 이와 같이 수치 데이터는 양면성을 갖고 있으며 상황에 따라 해석이 유리한 쪽으로 활용한다. 또 '연속 자료' 경우가 해석에 필요한 통계 도구도 다양하고 해석의 깊이도 큰 만큼 가능하면 '연속 자료'로 활용하는 것이 바람직하다. 본 예에서 분식집 사장이 프로세스 설계 목적으로 시간대별 '방문 고객 수'와 '라면 준비 시간' 데이터를 '고객 수'가 가장 많은 특정 요일 하루 동안 수집했다고 가정하자. 특정일의 수집 자료가 다음 [표 A-38]과 같다고 하자.

[표 A-38] '상관 분석'을 위한 특정일 시간대별 '주문 L/T' (단위: 초)

시간대\고객 수	09~10	10~11	11~12	12~13	13~14	14~15	15~16	16~17	17~18	18~19	19~20
1	483	566	519	788	942	513	351	324	199	776	365
2	341	509	456	782	713	511	260	317	240	568	377
3	645	341	686	982	814	360	202	335	209	642	392
4	500	486	748	967	853	497	260	303	177	515	479
5	536		745	760	799	479	315	200	201	542	434
6			591	995	838	342	219	229	201	764	435
7			651	935	660	405	231	191	293	709	
8			725	827	935	294	194	348	182	592	
9			762	988	773	386	341	342	165	564	
10			557	655	802	420	284	226		563	
11			462	814	747	315		342		779	
12				920	917	421				574	
13				893	873	349				540	
14				891	974					547	
15				897	760					589	
16				858	701					664	
17				902	720					635	
18				766	841					579	
19				685	989						
20				848	969						
21				969	842						
22				774	665						
23				819	832						
24				651	771						
25				935							
26				839							
27				651							
28				969							
평균	501	475.5	627.5	848.6	822.1	425.1	265.7	287	207.4	619	413.7

'주문 L/T'는 'Step-6.3. Ys 결정'의 '[표 M-32] 운영적 정의'에 따라 측정한 것으로 한다. 우선 '그래프 분석'과 '통계 분석' 중 '그래프 분석'을 먼저 수행해서 두 그룹('주문 L/T' vs. '고객 수') 간 관련성을 시각적으로 확인하는 것이 중요하다. 다음 [표 A-39]는 '고객 수'와 시간대별 '주문 L/T(평균)'을

나타낸 요약 표이다.

[표 A-39] '주문 L/T(평균)' vs. '고객 수' 요약 표

(방문)고객 수	5	4	11	28	24	13	10	11	9	18	6
주문 L/T(평균)	501	475.5	627.5	848.6	822.1	425.1	265.7	287	207.4	619	413.7

이 요약 데이터를 이용해 우선 '산점도'를 그려본다. 이와 같이 '그래프 분석'을 먼저 수행하고 나서 수치 해석을 하는 것이 바람직하다. '분석 4-블록'의 '블록-①'에 언급한 것처럼 '산점도'를 미니탭의 「그래프(G)>산점도(S)>회귀선 표시」에서 그려보았다. '회귀선 표시'를 선택한 것은 점으로만 그려진 결과를 보면 상관의 정도를 파악하기 어려울 수 있으나, '산점도(Scatter Plot)'에 직선을 포함시킴으로써 시각적인 효과를 높이기 위함이다. 결과는 다음 [그림 A-84]와 같다.

[그림 A-84] 그래프 분석(산점도): '주문 L/T(평균)' vs. '고객 수'

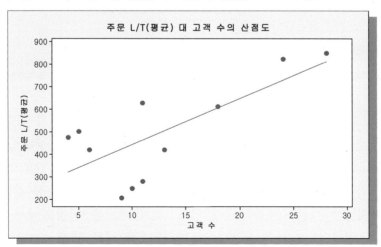

산점도상으로는 '강한 양의 상관성'을 보이는 것으로 해석된다. 통상 '강한 (또는 약한, 중도적) 양(또는 음)의 상관관계'라고 표현한다. 예에서는 'X'가 증가함에 따라 'Y'가 증가하는 양상을 보이므로 그 상관의 정도를 수치로 확인할 필요가 있으며, 이를 위해 '분석 4 – 블록'의 '블록 – ①'에 언급한 대로 '상관 분석'을 수행한다. 그 결과는 다음 [그림 A – 85]와 같다.

[그림 A – 85] '상관 분석' 결과

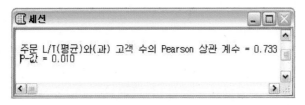

'상관 분석'도 유의성 검정을 하는 통계 도구이며, 따라서 정확히는 가설이 필요하다. 보통 가설의 명확성 때문에 생략하기도 하는데 예를 들면 다음 식 (A.8)과 같이 표현한다.

H_o: '고객 수'는 '주문 L/T'와 상관관계가 없다.
H_a: '고객 수'는 '주문 L/T'와 상관관계가 있다.　　　　(A.8)

따라서 결론은 "유의 수준 0.05에서 p – 값이 0.010이므로 대립 가설을 채택한다. 즉, '고객 수'는 '주문 L/T'와 상관관계가 있으며, '상관 계수'가 '0.733'으로 '강한 양의 상관관계'가 있을 것으로 파악됨"이다. 간혹 과제 발표 때 접하는 상황인데 유의성 검정을 위해 '상관 분석'이면 충분한 것을 굳이 '회귀 분석'을 수행한 사례들이 종종 있다. '회귀 분석'은 '산점도'에서 수집한 'X' 데이터보다 더 작은 'X'들 또는 더 큰 'X'들에 대한 'Y'를 알고 싶을 때,

즉 '예측(Prediction)'이 필요한 상황에서 쓰이는 통계 도구이다. 따라서 '예측'을 필요로 하지 않는 경우면 '상관 분석'만으로 유의성 검정을 수행한다. 지금까지의 과정을 파워포인트로 정리하면 다음 [그림 A‒86]과 같다.

[그림 A‒86] 'Step‒9.2. 설계 요소 분석(가설 검정‒정량적 분석: 상관 분석)' 예

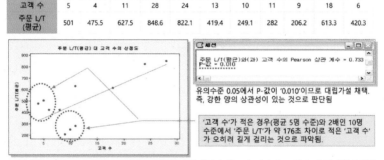

Step-9. 상위수준 설계
Step-9.2. 설계요소 분석(가설검정_정량적 분석)

검정 8. 방문 '고객 수'에 따라 '주문 L/T'에 영향을 주는가?

♦ 분석방향; 시간대별 방문 '고객 수'의 변화에 따라 '주문접수 → 조리 → 서빙'까지의 소요시간에 영향이 있는지를 분석하고, 문제점이나 보완점이 있다면 프로세스 설계에 반영하고자 함(산점도 및 상관분석 수행).

고객 수	5	4	11	28	24	13	10	11	9	18	6
주문 L/T (평균)	501	475.5	627.5	848.6	822.1	419.4	249.1	282	206.2	613.3	420.3

유의수준 0.05에서 P-값이 '0.010'이므로 대립가설 채택. 즉, 강한 양의 상관성이 있는 것으로 판단됨

'고객 수'가 적은 경우(평균 5명 수준)와 2배인 10명 수준에서 '주문 L/T'가 약 176초 차이로 적은 '고객 수'가 오히려 길게 걸리는 것으로 파악됨.

■ 시간대별 '고객 수'와 '주문 L/T'간에는 강한 양의 상관성이 있으며, 따라서 '고객 수'에 관계없이 일정한 '주문 L/T'가 유지될 수 있도록 개선방안 모색→본 과정을 최적 컨셉 적용 후 측정수단으로 활용하고자 함.
■ '고객 수'가 적은 영역에서 '주문 L/T'의 약 176초 차이에 대해 <u>추가분석 수행</u>.

PS-Lab 계속
Problem Solving Laboratory

[그림 A‒86]의 제목에 붙어 있는 "방문 '고객 수'에 따라 '주문 L/T'에 영향을 주는가?"는 가설에 해당한다. 정확히는 '귀무 가설'인 "'고객 수'와 '주문 L/T'는 상관성이 없다"와 '대립 가설'인 "'고객 수'와 '주문 L/T'는 상관성이 있다"로 표현하지만 이들을 합친 하나의 쉬운 문장으로 제3자가 알아듣기 좋도록 표현한 결과이다. 기술한 '가설'을 검정하는 것이므로 가설 앞에 '검정 8'이라고 썼으며, 이후 두 번째, 세 번째 가설이 진행됨에 따라 '검정 9', '검

정 10' 등으로 써 나간다.

가설 바로 아래 '분석 방향'은 가설 검정 과정 중 매우 중요한 역할을 한다. 이전에도 밝힌 바와 같이 간접이나 서비스 부문 또는 바로 '정량적 분석'으로 들어가기 어려운 검정은 첫 분석을 어떻게 시작할지 난감할 때가 많다. 이런 상황에서 무엇을 어떻게 분석할지 두어 줄 기술하면 당장 필요한 데이터의 윤곽이 드러나며, 데이터 윤곽이 보이므로 분석 방향도 쉽게 잡힌다. 경험적으로 '제어 인자'든 '대안 인자'든 관계없이 항상 무엇을 어떻게 분석할 것인지 기술하는 습관을 들이면 분야에 관계없이 분석 방향을 잡는 데 큰 도움을 받을 수 있다. 본 예에서는 필요한 수치 데이터가 확보돼 있으므로 바로 '산점도'와 '상관 분석'으로 들어간 경우이며, 따라서 '분석 방향'도 간단히 기술하였다.

'그래프 분석'에서 데이터 타점들을 보고 예상에서 벗어났거나 특이한 패턴들이 관찰되면 추가 분석을 통해 원인을 파헤쳐 나간다. 즉, '이상점(Outlier)'이 있으면 발생 배경을 제일 먼저 실제 프로세스에서 가능한 수준까지 밝혀야 하며, 이 과정을 '사실 분석'이라 하였다. [그림 A-86]의 '산점도'를 관찰하면 'X'인 '고객 수'가 증가할수록 'Y'인 '주문 L/T'가 증가하는 것을 알 수 있다. 예상되는 결과지만 새롭게 설계되는 프로세스는 매출을 30% 추가 확보해야 하므로 고객이 수용 가능한 최대 수준까지 방문하더라도 규격인 '600초 이내'에 제공할 수 있어야 한다. 따라서 [그림 A-86] 맨 아래 '종합 결과'란에, 앞서 마련한 '최적 콘셉트'를 적용한 후 '고객 수'에 관계없이 일정한 '주문 L/T'가 확보되는지 본 검정을 '검증용 분석법'으로 활용하는 방안을 제시하고 있다. 만일 '고객 수'에 관계없이 '600초 이내'에서 타점들이 일정한 수평선을 따라 분포하면 최고의 설계 결과를 얻는다. 만일 '최적 콘셉트' 적용 후 '600초 이내'에 나타나지 않으면 추가적인 조치가 뒤따라야 할 것이다. 또, '산점도'의 '고객 수'가 '5명'과 '10명'의 '주문 L/T'를 보면 오히려 '5명' 경우가 약 '235초(평균 값 기준)'나 길게 나타나는 부분에 대해서는 현 프로세스에서 중요한 문제점을 찾아낼 기회가 될 수 있어 장표 맨 아래 '종합 결과'란에 추가 분석의 필요성을 강조하였다. 이에 다음 장으로 넘어가는 '계속' 화살표를 삽입하여 분석이 연이어 이어질 것임을 시사하고 있다. 참고로 프로세스에서 직접 수집한 '원시 데이터'는 상관성이 높더라도 '이상점'이나 '산포' 등으로 관계의 진실이 묻힐 수 있으며, 이를 확인하는 방법은 'Pearson 상관 계수'보다 '$p-$값'을 먼저 보고 판단하는 것이 바람직하다. 'Pearson 상관 계수'가 낮더라도 '$p-$값'이 유의하면, 이때 '이상점'이나 '이상 패턴'의 가능성이 없는지 고민해야 한다.

분석이 마무리되면 앞서 '종합 결과'처럼 해당 장표의 분석 결과를 종합한다. 즉, '그래프 분석', '통계 분석'에 대한 개별적 관찰 결과나 새롭게 만들어진 가설(적은 '고객 수' 영역에서 예상을 벗어나는 현상이 관찰된 것은 새로운 '가설'에 해당한다)들에 대한 전체적인 해석과 향후 전개에 대해 언급한다. '종합 결과'는 장표의 맨 아래에 두어 줄 기술한다. 이로부터 '**분석 시작('분석 방향'에 대한 두어 줄의 기술) → 분석 과정(그래프, 통계 분석 등) → 분석 종합(종합적인 해석과 향후 전개)'**의 3박자가 지속적으로 유지될 수 있도록 검정 과정을 관리한다. [그림 A - 87]은 새롭게 관찰된 가설에 대한 추가 분석 예이다(라고 가정한다).

[그림 A - 87]의 추가 분석(사실 분석) 결과 '5명 수준'의 경우는 장사 시작 시점과 끝나는 시점(빨간색 원)에 분포하고, '주문 L/T'가 약 235초 더 빨랐던 '10여 명 수준'의 경우는 점심시간 직후에 몰려 있는 것으로 관찰되었다(고 가정한다). 이로부터 장사 시작과 마무리 준비에 너무 여력을 쏟아 고객 대응이 미숙한 것으로, 또 점심시간의 많은 고객을 대응한 움직임의 관성이 점심시간이 지난 이후까지 이어져 빠르게 대응했던 것으로 파악되었다(고 가정한다). 이로부터 늦게 대응한 오전 시작 시점과 끝나는 시점에 대한 관리 체계를 강화하는 설계를 하도록 결론지었다(고 가정한다). 이와 같이 '그래프 분석'과 '통계 분석'을 적절히 활용하며, 관찰되는 이상 현상을 실제 프로세스에서 규명하고 설계

또는 개선점을 찾는 노력이 바로 '설계 요소 분석'의 핵심 활동이라 할 수 있다.

[그림 A-87] 'Step-9.2. 설계 요소 분석(가설 검정-정량적 분석: 사실 분석)' 예

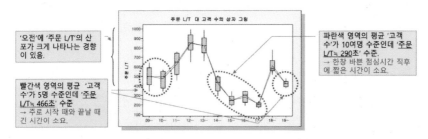

'사실 분석'에 대한 심도는 '근본 원인(Root Cause)'이 밝혀질 때까지 파헤치는 게 정석이나 그 끝이 어디인지는 분석하는 리더의 역량과 판단에 달려 있다. 본 예의 경우 한 단계 더 들어가면, 오전 시작 시점과 끝나는 시점에 구체적으로 주방 담당자들이 어떻게 대응하고 있는지 관찰 데이터를 보강하거나 점심 직후에는 재료 등의 준비 상태가 어느 수준에 이르러 있기에 빠른 여운이 계속되는지 등을 추가 분석할 수 있다. '설계 요소 분석'은 '분석의 심도'가 깊어야 프로세스의 명확한 설계(또는 개선)점을 파악할 수 있으며, '상세 설계'에서 구체화에 유리하다. 다음은 '분석 4-블록'의 '블록-③'의 경우에 대해 알아보자.

가설 검정(정량적 분석) – 블록 ③: t – 검정/분산 분석

분석은 [그림 A – 88]의 '분석 4 – 블록' 중 '블록 – ③'에 해당하며, 통계 도구들이 가장 많이 몰려 있는 블록이기도 하다. 특히 기업인들이 쉽게 활용하도록 '분석 세부 로드맵'을 마련하고 있다. 매우 유용한 결과물이 아닐 수 없으며, 통계 분석을 대중화하는 데 가장 큰 공을 세운 흐름도이기도 하다. '블록 – ③'의 도구들은 '분석 세부 로드맵'을 통해 쉽게 선택할 수 있으며, 미니탭 활용을 안내하는 내비게이션 역할도 한다. 따라서 리더는 데이터에 맞는 분석법을 찾고 결과를 얻는 능력만 있어도 일단 해석은 가능하다.

[그림 A – 88] 분석 4 – 블록(t-검정/분산 분석)

X \ Y	연속 자료	이산 자료
연속 자료	✓ 그래프: 산점도 ✓ 통 계: 상관 분석 회귀 분석 ①	② ✓ 그래프: 파레토 차트, 기타 ✓ 통 계: 로지스틱 회귀 분석
이산 자료 (범주 자료)	③ ✓ 그래프: 상자 그림, 히스토그램, 다변량 차트 ✓ 통 계: 등 분산 검정, t–검정, 분산 분석, 비모수 검정	④ ✓ 그래프: 막대 그래프, 기타 ✓ 통 계: 1-표본 비율 검정, 2-표본 비율 검정, 카이 제곱 검정

'블록 – ③'에 속한 통계 도구들의 분석 결과를 파워포인트에 표현하는 방법은 '분석 세부 로드맵'의 절차에 따른다. '1 – 표본 t – 검정(1 – Sample t – Test)'을 통해 분석 및 표현법에 대해 알아보자.

<u>**'1 – 표본 t – 검정'**</u>은 분석 중 가장 많이 접하는 통계 도구이다. '1 – 표본 z

－검정(1－Sample z－Test)'도 있으나 '모 표준 편차'를 실제로 알기 어려우므로 't－검정'을 많이 사용한다. 본문은 이론보다 활용 방법에 초점을 맞추고 있다. 우선 다음 [그림 A－89]의 데이터가 수집되었고, 가설은 "반찬제공 소요 시간이 30.5초인가?"를 검정한다고 하자. 이때 정확한 가설은 다음 식 (A.9)와 같다.

$$H_o: \mu_{Measure} = 30.5$$
$$H_a: \mu_{Measure} \neq 30.5 \tag{A.9}$$

프로세스에서의 모든 데이터 수집은 불가능하므로 표집을 하게 되고, 따라서 '$\mu_{Measure}$'는 '표본이 속한 모집단의 평균'으로 해석한다. 즉, 이 평균이 목표로 정한 '30.5초'인지를 확인(검정)하는 분석이다. 상황 파악을 위해 [그림 A－89]에 '기술 통계량'을 포함하였다.

[그림 A－89] '반찬제공 소요 시간(초)' 데이터와 '기술 통계량' 예

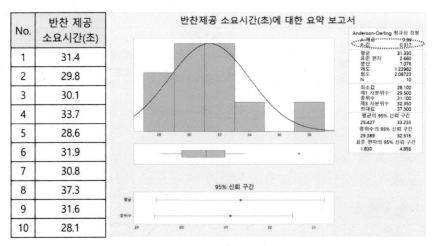

검정은 '분석 세부 로드맵'에 따라 이루어지며 구체적으론 다음 [그림 A -
90]의 굵은 선 경로와 같다.

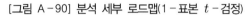

[그림 A - 90] 분석 세부 로드맵(1 - 표본 t - 검정)

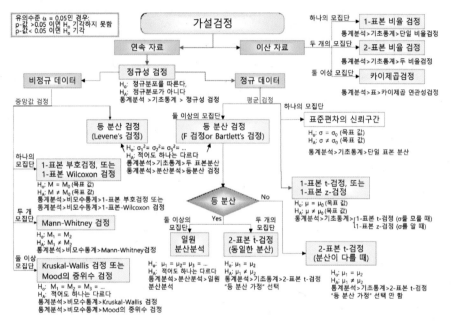

[그림 A - 90]의 경로를 설명하면, 우선 '소요 시간' 데이터가 '연속 자료'이
므로 '정규성 검정'을 수행한다. [그림 A - 89]의 '기술 통계량'에서 이미 '$p -$
값'이 '0.317'로 '정규 분포'하므로 '정규 데이터' 쪽을 선택한다. 다시 '소요
시간' 데이터가 하나의 열로 이루어져 있으므로 '하나의 모집단(1 - Sample)'
방향을 선택하고, 모평균이 '30.5초'인지의 분석이므로 '1 - 표본 t - 검정, 또
는 1 - 표본 z - 검정'에 이른다. 물론 모집단의 '표준 편차'가 알려져 있지 않

으므로 '1－표본 t－검정'을 선택한다. 그 바로 아래에는 미니탭의 「통계분석 (S)>기초 통계(B)>1－표본 t 검정(1)…」에서 분석하도록 안내한다. 통계 분석 도구와 미니탭 위치를 확인했으므로 이어 미니탭을 통해 결과를 얻고 해석하는 일만 남았다. 교육 중에 필자는 이 과정을 '손가락 관절 운동'이라고 표현한다. 그만큼 단순하고 쉬운 작업이라는 뜻에서다. 앞서 설명한 바와 같이 미니탭에는 '대립 가설'을 입력한다. 그래야 미니탭도 상황을 정확히 인지하고 원하는 결과를 출력해준다. 이해를 돕기 위해 미니탭에 정보를 입력하는 과정을 상세히 설명해보겠다. 우선 가설을 정확히 알아야 하고, 또 이 중 대립 가설이 중요하다고 하였다. 따라서 가설을 세울 때는 '대립 가설'을 먼저 설정한다. 본 예의 가설을 다시 상기하면 다음 식 (A.10)과 같다.

$$H_o: \mu_{Measure} = 30.5$$
$$H_a: \mu_{Measure} \neq 30.5 \qquad\qquad (A.10)$$

미니탭의 위치와 '대화 상자' 입력 결과는 다음 [그림 A－91]과 같다.

[그림 A－91] '1－표본 t－검정' 미니탭 입력 예

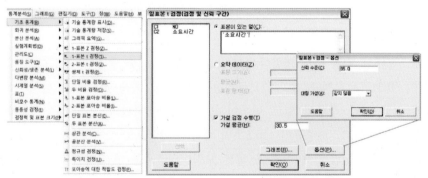

[그림 A‑91]에서 설정한 '대립 가설'과 '대화 상자' 입력 결과를 비교하면 다음과 같은 대응 관계가 있음을 알 수 있다.

- 대립 가설의 '$\mu_{Measure}$' '대화 상자' 내 '표본이 있는 열(C)'에 입력한 '소요 시간'에 대응. 즉, "'소요 시간' 열의 평균이"로 해석.
- 대립 가설의 '30.5' '대화 상자' 내 '가설 검정 수행(T)'의 '가설 평균(H)'에 입력한 '30.5'에 대응. 즉, 앞에 있는 해석과 말을 연결하면 "'소요 시간' 열의 평균이 30.5 와"로 해석.
- 대립 가설의 '≠' '대화 상자' 내 '대립 가설(A)'에서 선택한 '같지 않음'에 대응. 즉, 앞에 있는 해석과 말을 연결하면 "'소요 시간' 열의 평균이 30.5와 같지 않다." [신뢰 수준 95%(즉, 유의 수준 5%)에서]가 됨.

'소요 시간' 열의 평균은 그들의 모집단으로부터 추출한 '표본 평균'이므로 가설의 '$\mu_{Measure}$'를 대변하고, 따라서 '표본 평균'이 '30.5초'와 통계적으로 같은 지 여부를 판단하면 검정은 완료된다('신뢰 수준 95%'에서). '대립 가설'에 따라 미니탭 '대화 상자'의 입력이 결정되는 점에 주목하기 바란다. [그림 A‑92]는 최종 정리한 결과를 보여준다.

[그림 A‑92]에서 '분석 세부 로드맵'에 따라 처음에 '정규성 검정' 결과가 들어왔다. 물론 정규성이 확보되지 않으면 '분석 세부 로드맵'의 왼쪽인 '비정규데이터'로 방향을 잡거나 또는 정규성이 예상이 됨에도 비정규로 나오면 분석 과정에 그 원인을 규명하는 '사실 분석'이 필요하다. '상자 그림'을 통해 'H_o'인 '30.5'가 '95% 신뢰 구간(상자 그림 아래쪽 파란색 선분)' 안에 위치하고 있음을 알 수 있다. '정규성'을 보이고 있으나 '이상점' 한 개가 관찰되므로 추가적인 '사실 분석'을 통해 규명 여부를 판단해야 한다. 통계적 결론은 "유의 수준 5%에서 p‑값이 '0.350'이므로 귀무 가설을 기각하지 못함. 즉, 95%

자신감을 갖고 표본의 평균이 30.5초가 될 것"이란 결론을 내린다. 물론 '이상 점'에 대한 '사실 분석'이나 추가 확인이 필요한 사항에 대해서는 '분석의 심 도'를 높인다. 다음은 '등 분산 검정'이 요구되는 '2 – 표본 t – 검정'에 대해 알 아보자.

[그림 A – 92] 'Step – 9.2. 설계 요소 분석(가설 검정 – 정량적 분석: 1 – 표본 t – 검정)' 예

Step-9. 상위수준 설계
  Step-9.2. 설계요소 분석(가설검정_정량적 분석)

검정 10. '반찬제공 소요시간'이 '30.5초'인가?

◆ **분석방향:** 현재 반찬을 제공하고 있는 '소요시간'의 평균이 향후 관리를 위한 '30.5초'에 해당되는지 확 인하고자 검정을 수행함.

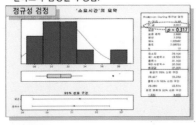

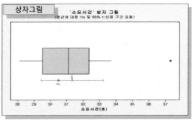

가설검정

일표본 T 검정: 소요시간
mu = 30.5 대 not = 30.5의 검정

변수	N	평균	표준 편차	SE 평균	95% CI	T	P
소요시간	10	31.3300	2.6600	0.8412	(29.4271, 33.2329)	0.99	0.350

■ 유의수준 0.05에서 P-값이 0.350으로 귀무가설을 기각할 수 없음.
■ 즉, '반찬제공 소요시간'은 관리수준인 '30.5초' 수준으로 파악됨.

PS-Lab
Problem Solving Laboratory

'**2 – 표본 t – 검정**'은 비교 대상이 두 개이므로 미니탭 '워크 시트'에 두 개 열 데이터가 준비돼야 한다. '분석 세부 로드맵' 관점에서 다음 [그림 A – 93]과 같이 굵은 화살표로 연결되는 경로를 따른다.

[그림 A - 93] 분석 세부 로드맵(2-표본 t-검정)

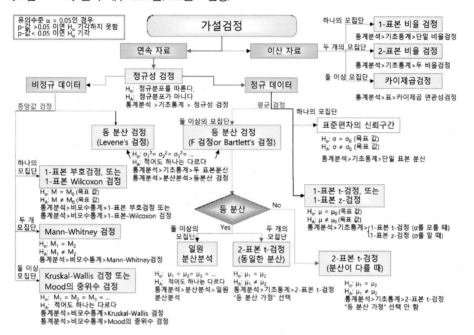

두 집단을 비교하려면 사전에 세 가지가 전제돼야 한다. 즉, '분포의 모양', '분산', '평균'이다. 이들 중 하나라도 다르면 표본들이 나온 두 집단은 서로 다른 '모집단'이다. 따라서 두 집단의 '평균'이 같은지 다른지 비교하기 위해서는 우선 '분포의 모양'인 정규성이 둘 다 만족돼야 하고, 다음은 '분산'이 통계적으로 차이가 없어야 하며(단, '2 - 표본 t - 검정'에 한해 '분산'이 달라도 '평균' 비교가 가능), 이 전제 조건들이 만족된 상황에서야 비로소 '평균'의 차이 여부를 확인할 수 있다. '정규성 검정'은 「통계분석(S)>기초 통계(B)>그래픽 요약(G)…, 또는 정규성 검정(N)…」에서 수행한다. 이 작업이 완료되면 '등 분산 검정'을 수행한다. '등 분산 검정', 즉 두 집단의 분산이 같은지 다른

지를 확인하려면 미니탭에 2개의 경로가 있다. 하나는 「통계분석(<u>S</u>)>기초 통계(<u>B</u>)>두 표본 분산(<u>A</u>)…」이고 다른 하나는 「통계분석(<u>S</u>)>기초 통계(<u>B</u>)>분산분석(<u>A</u>)>등 분산 검정(<u>V</u>)…」이다. 통상 기초 통계량들이 몰려 있는 이점 때문에 전자의 경로를 선호한다. '등 분산 검정'의 가설은 다음 식 (A.11)과 같다.

$$H_o: \sigma^2_1 - \sigma^2_2 = 0$$
$$H_a: \sigma^2_1 - \sigma^2_2 \neq 0 \tag{A.11}$$

가설을 표현할 때 다음 식 (A.12)도 쓸 수 있다.

$$H_o: \sigma^2_1 = \sigma^2_2$$
$$H_a: \sigma^2_1 \neq \sigma^2_2 \tag{A.12}$$

그러나 미니탭에 입력을 위해서는 식 (A.11)이 유리하므로 가설 설정에 사용할 것을 권장한다. 비교를 수행할 데이터인 다음 [표 A‒40]은 타 분식집의 '라면 준비 시간'과 동일한지 확인하는 용도로 수집되었다(고 가정한다). 또 '정규성 검정' 결과 두 데이터 모두 '정규 분포'함을 확인하였다. 따라서 이어질 검정은 '등 분산 검정'이 될 것이다.

[표 A‒40] '2-표본 t-검정'을 위한 '라면 준비 시간' 데이터(분)

당 분식집	23.17	23.21	20.38	21.98	24.01	22.95	21.97	23.35	22.83	22.57
경쟁 분식집	17.34	15.89	17.06	16.16	16.47	16.15	15.95	16.03	16.77	14.60

다음 [그림 A‒94]는 '등 분산 검정'의 미니탭 위치와 '대화 상자' 입력 결

과를 보여준다.

[그림 A-94] '등 분산 검정' 미니탭 입력 예(2-표본 t-검정)

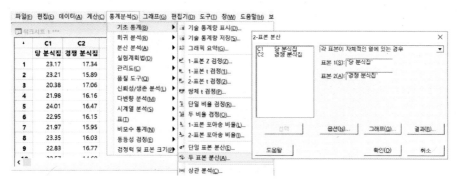

비교할 대상이 세 개 이상인 경우는 '대화 상자'의 '두 표본이 모두 한 열에 있음'을 선택하나 본 예에서는 2개의 집단만 비교하므로 '각 표본이 자체적인 열에 있는 경우'를 선택한다. 가설에서 '$\sigma^2_1 - \sigma^2_2$'처럼 'σ^2_1'을 먼저 적었으므로 '대화 상자'의 '표본 1($\underline{S}$):'에 '당 분식집'을 입력한다. 그러나 반대로 가설이 '$\sigma^2_2 - \sigma^2_1$'으로 설정되면 '대화 상자'도 '표본 1($\underline{S}$):'에 '경쟁 분식집'을 먼저 입력한다. '대화 상자'에 입력한 상황은 미니탭이 "'당 분식집'의 데이터 분산에서 '경쟁 분식집'의 데이터 분산을 빼면 '0'이 아니다(또는 두 분산은 차이가 있다)"로 인식한다. 즉, 대립 가설을 그대로 입력한 상태이다. 검정 수행 결과는 다음 [그림 A-95]와 같다.

　[그림 A-95]에서 두 데이터 군이 '정규 분포'이므로 'F-검정'을 확인한다. 만일 하나라도 '정규 분포'하지 않으면 'Levene(라벤느)의 검정'을 확인하나 현재는 출력되지 않았다('대화 상자/옵션'에서 '정규성 가정'을 선택했으므로). 또 '정규 분포'를 보였더라도 분산을 비교하는 대상이 세 개 이상이면 'F-검

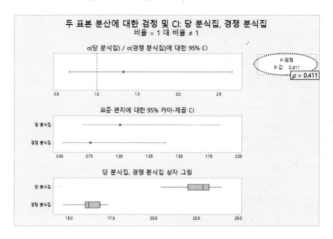

정'은 자동으로 'Bartlett의 검정'으로 대체된다. 단지 검정 식이 바뀌는 것이므로 별도의 고민은 불필요하다. 미니탭이 알아서 처리한다(패키지 사용의 편리!). 결과를 보면 'F-검정'의 'p-값'이 '0.411'이다. 따라서 통계적 결론은 "유의 수준 0.05에서 p-값이 0.411이므로 귀무 가설을 기각할 수 없다. 즉, 두 분식집의 '라면 준비 시간' 산포는 차이가 있다고 보기 어렵다"이다. [그림 A-95]의 중간 두 개 직선은 'F-분포의 95% 신뢰 구간'을 나타내며 이 선들이 겹치지 않으면 미니탭의 'p-값'은 '0.05'보다 작은 결과로 나타난다. 현재 그래프는 두 '신뢰 구간'이 상당 부분 겹쳐 있음을 알 수 있다. 지금까지의 과정을 통해 '분석 세부 로드맵' 관점에서 두 집단의 '분포 모양'도 '정규 분포'로 동일하고, '산포'도 차이가 없으므로 이제 비교할 대상은 '평균'만 남았음을 알 수 있다. 이때 데이터 군이 둘이므로 '2-표본 t-검정(2-Sample t-Test)'이 필요하다.

[그림 A-93]의 '분석 세부 로드맵'을 보면 '2-표본 t-검정(동일한 분산)'과 '2-표본 t-검정(분산이 다를 때)'으로 구분돼 있는데 이는 미니탭의 입력

'대화 상자'는 같으면서 단지 '등 분산 여부'만 체크하도록 돼 있다. '분산'이 달라도 '평균 검정'은 가능하다는 얘기다. '평균 검정'에 대해 알아보자.

'평균 검정'을 위해 앞서 했던 바와 같이 '대립 가설'이 필요하다. 우선 가설을 세우면 다음 식 (A.13)과 같다.

$$H_o:\ \mu_1 - \mu_2 = 0$$
$$H_a:\ \mu_1 - \mu_2 \neq 0 \qquad\qquad (A.13)$$

물론 '산포'의 경우와 동일하게 가설을 다음과 같이도 표현한다.

$$H_o:\ \mu_1 = \mu_2$$
$$H_a:\ \mu_1 \neq \mu_2 \qquad\qquad (A.14)$$

그러나 미니탭은 식 (A.13)의 표현(대립 가설)대로 입력하므로 특별한 사유가 없는 한 식 (A.13)의 표현을 따른다. 다음 [그림 A – 96]은 미니탭의 위치와 '대화 상자' 입력을 보여준다.

[그림 A – 96] '2-표본 t-검정' 미니탭 입력 예

'대화 상자'를 보면 '각 표본이 자체적인 열에 있는 경우'를 선택한 후 '당 분식집'과 '경쟁 분식집' 열을 각각 입력한다. ' 옵션(N)... '에서 '등 분산 가정 (E)'이 체크돼 있다. 분산이 동일하다는 이전의 결과를 반영한 것이다. 만일 분산이 다른 상태에서 '평균의 차이 여부'를 검정하려면 이 항목을 체크하지 않는다. ' 옵션(N)... '에는 '귀무 가설에서의 차이(H)'는 '0.0'이, '대립 가설(A)' 은 '차이≠귀무 가설에서의 차이'가 선택돼 있다. '대립 가설'인 '$\mu_1 - \mu_2 \neq 0$' 을 상기하면 '대화 상자' 표현은 "당 분식집의 평균에서 경쟁 분식집의 평균 을 뺀 결과가 '0.0'과 같지 않음"이다. 정확히 '대립 가설'을 설명하고 있음을 알 수 있다. 만일 '대립 가설'이 '$\mu_2 - \mu_1 \neq 0$'처럼 'μ_2'와 'μ_1'을 바꿔 설정하면 '대화 상자'의 입력 순서도 바뀌어야 한다. 항상 설정한 가설과 미니탭 입력이 동일하도록 올바른 입력 법에 익숙해지기 바란다. 미니탭 결과는 다음 [그림 A-97]과 같다.

[그림 A-97] '2-표본 t-검정' 결과

	N	평균	표준 편차	평균의 표준 오차
2-표본 T-검정 및 CI: 당 분식집, 경쟁 분식집				
당 분식집	10	22.64	1.01	0.32
경쟁 분식집	10	16.242	0.758	0.24

차이 = u(당 분식집) - u(경쟁 분식집)

차이 추정치: 6.400

차이의 95% CI: (5.563, 7.237)

차이의 T-검정=0(대≠): T-값=16.06 P-값=0.000 DF=18

통계적 결론은 "유의 수준 0.05에서 p-값이 0.000이므로 대립 가설 채택, 즉 두 분식집 간 '라면 준비 시간'은 차이가 있으며 '경쟁 분식집'이 '당 분식집'에 비해 약 6.4분 짧음"으로 표현한다. 다음 [그림 A-98]은 파워포인트로 구성한 결과이다.

[그림 A-98] 'Step-9.2. 설계 요소 분석(가설 검정-정량적 분석: 2-표본 t-검정)' 예

Step-9. 상위수준 설계
Step-9.2. 설계요소 분석(가설검정_정량적 분석)

검정 10. 두 분식집 간 '라면 준비 시간'에 차이가 있는가?

♠ 분석방향: '당 분식집'과 '경쟁 분식집'의 고객이 라면을 주문한 뒤 기다리는 '평균 대기 시간'에 차이가 있는지 알아보기 위해 '2-표본 t-검정'을 수행함.

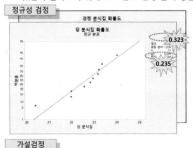

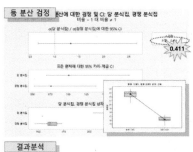

정규성 검정

가설검정

이표본 T 검정 및 CI: 당 분식집, 경쟁 분식집

당 분식집   N   평균   표준 편차   SE 평균
당 분식집   10 22.64   1.01   0.32
경쟁 분식집 10 16.242 0.758   0.24

차이 = u (당 분식집) - u (경쟁 분식집)
차이 추정치: 6.4, 차이의 95% CI: (5.56294, 7.23706)
차이의 T-검정 = 0 (대 ≠): T-값 = 16.06 P-값 = 0.000 DF = 18

등 분산 검정

결과분석

■ 유의수준 0.05에서 p-값이 0.000이므로 대립가설 채택.
■ 즉, '라면 준비시간'은 '경쟁 분식집'이 '당 분식집'에 비해 약 6.4분 빠른 것으로 파악됨.

PS-Lab
Problem Solving Laboratory

일단 '사실 분석'으로 들어가기에 앞서 전 과정을 관망하기 위해 '분석 세부 로드맵'의 '정규성 검정 → 등 분산 검정 → 2-표본 t-검정' 순으로 한 장표에 표현하였다. 예에서는 두 분식집 간 '라면 준비 시간' 데이터가 각각 '정규 분포'한다는 것과, 그 둘의 '산포' 차이가 없다는 결과를 보여준다. 또 '2-표본 t-검정'을 수행한 결과 '경쟁 분식집'이 '당 분식집'에 비해 '약 6.4

분' 빠르다는 결론을 얻었으며, 이 같은 통계적 결론은 향후 왜 이런 차이가 발생했는지 추가 분석의 길을 열어둔다. 예는 이것으로 마무리하지만 만일 다음에 이어질 '사실 분석'이 수행된다면 두 분식집의 환경적 특징이나 운영 담당자의 관리 수준 등, '라면 준비 시간' 차이가 발생하는 '근본 원인'을 찾아가는 과정이 담길 것이다. 그로부터 '라면 준비 시간'의 차이를 극복할 '개선 방향'이 산출물로 나온다. 다시 한번 강조하지만 예에서 보인 초기 분석은 수박으로 치면 품질에 영향을 주는 내부의 문제점을 찾아내기 위해 겉껍질에서 약간 파고든 수준에 불과하다. 진짜 본 게임(분석)은 이어지는 '사실 분석'에서 결정되며, 그렇게 파고든 분석으로부터 얻어지는 '개선 방향'은 더욱 구체적인 개선(설계) 기회를 제공한다. 통계적으로 '유의하다', '유의하지 않다'로 끝내버리는 분석은 지양해야 한다는 점 명심하기 바란다.

지금까지는 한 개 데이터 군(1 – Sample)의 평균이 특정 값과 일치하는지 여부와, 두 개 데이터 군(2 – Sample)의 평균이 통계적으로 같은지에 대한 검정을 수행하였다. 다음은 비교 데이터 군이 2개 이상(2개는 '2 – 표본 t – 검정'에서 다루므로 주로 세 개 이상이 대상임)인 경우의 평균 검정을 수행하는 방법에 대해 알아보자. 바로 익히 잘 알려진 '분산 분석(ANOVA)'이다.

'**분산 분석(ANOVA)**'은 처음 접하는 리더들에게 오해를 많이 사는 분석법이다. '분산 분석'을 "분산을 분석하는 도구"로 이해하기 십상이다. '분산 분석'은 1920년대 초 R. A. Fisher에 의해 소개된 '평균을 검정'하는 통계 도구이다. 기본 접근이 '분산'을 이용하기 때문인데 영문인 'ANOVA(**A**nalysis **of** **Va**riance)'를 직역하면 "분산을 이용한 평균의 차이 분석법"이다. 이 방법이 발표되기 전에는 예를 들어 3개 데이터군의 평균을 비교할 때 '2 – 표본 t – 검정'으로 'A와 B', 'B와 C', 'A와 C' 등으로 검정한 뒤 결론을 유도해야 하지만 평균의 차이가 없다는 가설을 기각하지 않을 확률(말이 복잡하면 '평균들이 통계적으로 동일할 확률'쯤 된다. 통상 귀무 가설을 '채택'한다거나, 평균들이 '똑같다'라는 표현은 쓰지 않는다)은 '$0.95^3 \fallingdotseq 0.8574$(유의 수준 0.05, 3 개의 동일한 평균을 가진 모집단에서의 표집으로 가정, 이때 세 번의 '2 – 표본 t – 검정'이 필요함)'가 되며, 차이가 없다는 가설 중 적어도 하나를 기각할 확률은 '$1 - 0.8574 \fallingdotseq 0.143$'이다. 좀 복잡한 과정이긴 하나 결론적으로 모든 경우에 있어 '귀무 가설'이 옳다는 것을 알 경우 '2 – 표본 t – 검정'으로는 '제 1종 오류'를 범할 가능성이 약 14.3%나 된다. 만일 5개 표본들의 평균 차이를 검정하면 '제1종 오류'를 범할 확률은 약 '40%'로 증가한다. 따라서 이를 보완하고 또 두 개 이상 데이터 군의 평균을 합리적으로 비교하기 위해 소개된 것이 '분산 분석'이다. 이론에 대해서는 『Be the Solver_확증적 자료 분석 (CDA)』편을 참조하기 바라고, 본문은 분석 과정만 다룰 것이다. 동일한 고객 요청 사항에 대해 3명의 담당자가 서비스한 '소요 시간'을 수집한 뒤 차이가 있는지를 확인하려고 한다. 수집한 데이터는 다음 [표 A – 41]과 같다(단위 '분').

[표 A – 41] '분산 분석'을 위한 데이터(분)

담당자 A	7.0	7.2	8.5	7.8	7.5	6.2
담당자 B	7.3	7.9	7.5	8.0	9.5	8.2
담당자 C	7.3	6.7	7.0	7.5	6.2	7.2

우선 가설은 다음 식 (A.15)와 같다. 즉,

H_o: $\mu_1 = \mu_2 = \mu_3$

H_a: 모든 μ_j가 동일한 것은 아니다(또는).

적어도 하나의 μ_j가 다른 것과 차이가 있다(또는).

H_o가 아니다. (A.15)

'대립 가설'은 세 표본들 중 한 개라도 다른 표본 집단과 평균의 차이가 확인되면 다르다고 판단해야 하므로 '$\mu_1 \neq \mu_2 \neq \mu_3$'와 같이 표현하지 않는다. 즉, 한 개의 평균이 다른 두 표본들의 평균과 다를 수도 있고, 세 개 집단의 평균이 모두 다를 수도 있다. 어느 상황이든 차이가 있다는 결론이 나오면 미니탭이 보여줄 'p-값'은 '유의 수준, 0.05'보다 작은 값이 나온다. '귀무 가설'은 모집단들의 평균이 모두 동일할 것이라는 기존의 가설을 부호로 표시한 것이다. 비교 대상이 두 개 이상이므로 '분산 분석'을 통해 평균의 차이를 검정해야 하나 그 전에 '분석 세부 로드맵'에서 지정한 미리 확인할 사항들을 점검한다. 점검은 다음 [그림 A-99]에서 굵은 화살표로 표시한 경로를 따라 이루어진다.

[그림 A-99] 분석 세부 로드맵('분산 분석' 경로)

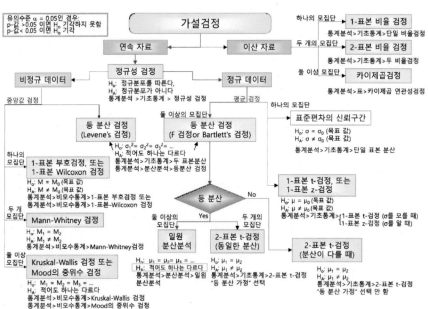

　[그림 A-99]의 경로에 따르면 '정규성 검정'을 통해 세 개 표본 모두 '정

규 분포'하는지 확인하고, '등 분산 검정'을 수행해서 역시 '분산'이 통계적으로 차이가 없음을 확인한다. 그때야 비로소 평균의 차이 여부를 검정하는 '분산 분석'에 이른다. '일원 분산 분석'의 '일원'은 'One‑way'의 번역으로 '한 개 인자(One‑way)'를 뜻한다. 한 개 인자 내 수 개의 수준들의 평균을 비교하는 도구이다. 만일 두 개 인자 내 수준들의 평균을 비교하면 '이원(Two‑way)'이 될 것이다. 또 '분석 세부 로드맵'에서 '일원 분산 분석'의 아래에 쓰인 '대립 가설'이 '적어도 하나는 다르다'로 되어 있는데(굵은 하늘색 사각형) 이와 같이 '적어도'를 사용하는 경우와 앞서 설명했던 '모든'의 표현을 사용하는 두 가지 경우가 있다[식 (A.15) 참조]. 의미는 동일하므로 편리한 것을 사용한다. 다음 [그림 A‑100]은 파워포인트 작성 예이다.

[그림 A‑100] 'Step‑9.2. 설계 요소 분석(가설 검정‑정량적 분석: 분산 분석)' 예

Step-9. 상위수준 설계
Step-9.2. 설계요소 분석(가설검정_정량적 분석)

검정 10. '담당자'간 '서비스 대응 소요 시간'에 차이가 있는가?

◆ 분석방향: 고객의 주문 요청에 대해 3명의 담당자가 서비스하는 데 소요되는 시간에 차이가 있는지를 확인하고, 숙련된 Know-how가 있으면 서로 공유할 목적으로 분석 수행함.

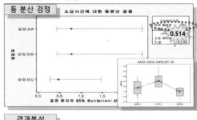

가설검정

일원 분산 분석: 담당자 A, 담당자 B, 담당자 C

분산 분석

출처	DF	Adj SS	Adj MS	F-값	P-값
요인	2	3.621	1.8106	3.81	0.046
오차	15	7.135	0.4757		
총계	17	10.756			

평균

요인	N	평균	표준 편차	95% CI
담당자 A	6	7.367	0.776	(6.767, 7.967)
담당자 B	6	8.067	0.776	(7.467, 8.667)
담당자 C	6	6.983	0.471	(6.383, 7.583)

합동 표준 편차 = 0.689686

결과분석

- 유의수준 0.05에서 P-값이 0.046으로 대립가설 채택. 즉, 담당자간 서비스 시간에 차이가 있는 것으로 판단됨.
- '담당자 C'가 '담당자 B'에 약 1분 정도 빨리 처리하고 있으며, 실무적인 차원에서 어떤 특징이 있는지 추가 분석 수행.

[그림 A - 100]은 [그림 A - 99]의 '분석 세부 로드맵'의 '(분포) 모양 → 산포 → 평균'의 검정 순으로 작성됐음을 알 수 있다. 물론 본 통계적 결론은 수박 껍질에 준한 초기 분석으로 받아들여야 할 것이다. 결과에서 '담당자 C'가 '담당자 B'보다 '약 1분'가량 업무를 빨리 처리하며, 통계적으로 의미를 갖는 것으로 파악되었다. 그러나 수치 해석에서 1분이라는 소요 시간이 실제 업무 환경에서도 과연 큰 차이라고 받아들여질 수 있는지 의심해봐야 하며, 정말 의미가 있으면 '담당자 C'의 업무 노하우를 정밀하게 추적해서 다른 담당자에게 전파될 수 있도록 '개선 방향'을 정립한다. 이 같은 추가 분석 과정을 '사실 분석'이라 했으며, 과정의 심도가 깊어질수록 과제 품질도 비례해서 좋아진다. 본 '분산 분석' 예의 결과에서 추가 분석의 필요성을 언급하였다. 장표의 오른쪽 아래에 '계속'이라는 화살표가 '사실 분석'이 연속해서 이루어질 것임을 암시한다. 그러나 본문에서 별도의 추가 설명은 하지 않겠으나 각 담당자의 업무 처리 과정을 관찰 분석하거나, '상세 프로세스 맵'을 인터뷰를 통해 작성한 뒤 그들 간 차이점 분석(Gap 분석) 등의 이후 과정이 포함될 수 있다. 물론 최종 산출물은 '상위 수준 또는 상세 설계'에서 수행할 '설계(또는 개선) 방향'을 도출하는 일이다. 명심하기 바란다.

가설 검정(정량적 분석) - 블록 ④: 비율 검정

'비율 검정'은 다음 [그림 A - 101], '분석 4 - 블록'의 '블록 - ④'에 해당한다. 따라서 '분석 세부 로드맵'을 활용한다. 한 개의 비율을 특정 비율과 비교하기 위한 '1 - 표본 비율 검정(1 - Proportion Test)', 두 개의 비율을 비교하기 위한 '2 - 표본 비율 검정(2 - Proportion Test)' 그리고 세 개 이상(두 개도 가능하나 '2 - 표본 비율'이 있으므로)의 비율을 비교하기 위한 '카이 제곱 검정 (Chi - square Test)'들이 구성 항목들이다.

[그림 A - 101] 분석 4 - 블록(비율 검정)

		Y	
		연속 자료	이산 자료
X	연속 자료	✓ 그래프: 산점도 ✓ 통　계: 상관 분석 　　　　회귀 분석　　①	② ✓ 그래프: 파레토 차트, 기타 ✓ 통　계: 로지스틱 회귀 분석
	이산 자료 (범주 자료)	③ ✓ 그래프: 상자 그림, 히스토그 램, 다변량 차트 ✓ 통　계: 등 분산 검정, t-검정, 분산 분석, 비모수 검정	④ ✓ 그래프: 막대 그래프, 기타 ✓ 통　계: 1-표본 비율 검정, 2-표 본 비율 검정, 카이 제곱 검정

[그림 A - 64]의 '분석 세부 로드맵'상 위치는 '비율 검정' 모두 '이산 자료'에 속하므로 이전의 '연속 자료' 경로와 구분돼 있다. 또 '(분포) 모양'과 '산포'에서 자유로워 상대적으로 검정 과정이 단순하다. '연속 자료' 경우 표본군이 1개일 경우의 '1 - 표본 z(또는 t) - 검정', 2개인 경우의 '2 - 표본 t - 검정', 2개 이상인 경우의 '분산 분석(ANOVA)'과 일대일로 대응해서 '1 - 표본 비율 검정', '2 - 표본 비율 검정', '카이 제곱 검정'이 각각 존재한다. 이 같은 대응 관계는 '연속 자료' 중 '정규 분포'가 아닌 경우의 '중앙값' 검정 경로인 '비모수 검정(Non - parametric)'에도 그대로 적용된다. 다음 [그림 A - 102]는 '비율 검정'의 '분석 세부 로드맵'상 위치를 보여준다.

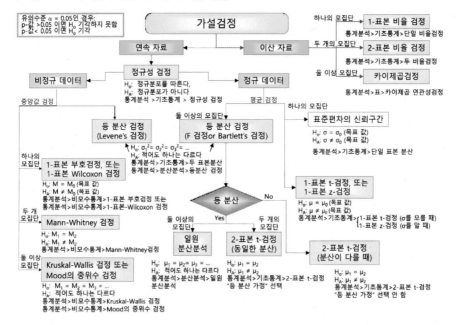

　'1-표본 비율 검정(1-Proportion Test)'은 예로써 조사 대상 109개 중 오류가 3개 나왔을 때, 이것이 현 관리 수준인 '3.4%'라고 할 수 있는지 등을 확인하는 검정법이다. 109개 중 3개면 약 2.75%이며, '비율'이 한 개이므로 '1-표본 비율'의 표현을 쓴다. 실제 예를 들어보자. 어느 프로세스의 합격률이 '98%'로 관리되고 있다. 만일 이 프로세스에서 '55건'의 표본을 추출한 뒤 '합격/불합격'을 평가했을 때, 합격이 '53건'으로 나왔으면 프로세스의 변동 또는 합격률이 기존에 비해 변했다고 할 수 있을까? 검정을 위해 가장 먼저 수행할 일은 가설의 설정이다('대립 가설'을 먼저 설정하는 습관을 들인다. 미니탭에 '대립 가설'의 내용을 입력한다고 설명한 바 있다). 예의 경우는 다음 식 (A.16)과 같다.

$$H_o: \ p = 0.98$$
$$H_a: \ p \neq 0.98 \qquad\qquad\qquad (A.16)$$

식 (A.16)에서 'p'는 '모 비율'을 뜻하며, 그 '모 비율' 중에서 한 개의 '표본 비율'인 '0.964(=53÷55)'를 현재 얻었다. 즉, '모 비율'의 대표성을 갖는 이 한 개의 합격률을 이용해 현재 관리 수준인 '0.98'로 볼 수 있는지를 확인하는 과정이다. 미니탭에 입력하는 절차는 다음 [그림 A-103]과 같다. '대립 가설' 내용을 입력한다는 사실 꼭 명심하자.

[그림 A-103] '1-표본 비율 검정'의 미니탭 입력 예

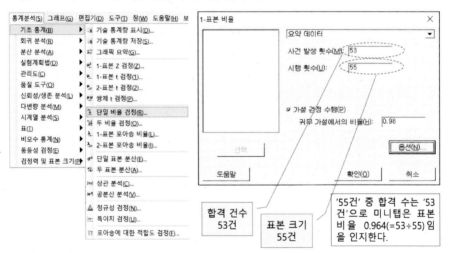

우선 미니탭에서 '1-표본 비율 검정'을 선택한 후 '대화 상자' 내 '시행 횟수(U):'는 '55'와, '사건 발생 횟수(M):'는 '53'을 입력한다. 이로부터 미니탭은 표본 비율이 '0.964'임을 인식한다. '대립 가설'을 대응시키면, 'p'라는 '모 비율'을 대표하는 수치가 입력된 것이다. 다음은 관리 수준인 '0.98'과 '$\neq$'를

미니탭에 알려야 하므로 이들을 입력하기 위해 '옵션(N)...'을 누른다. 그 외에 '0.98'과 동일한지 또는 차이가 있는지를 판단하기 위한 기준인 '유의 수준'도 입력한다. 다음 [그림 A - 104]는 입력 결과를 보여준다.

[그림 A - 104] '1 - 표본 비율 검정' 미니탭 입력 예(옵션)

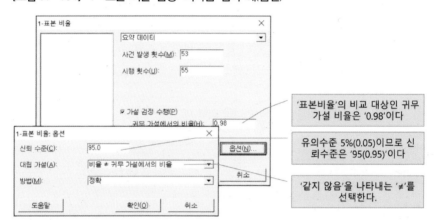

'신뢰 수준(C)'의 '95.0'은 '유의 수준, 5%(0.05)'를 설정한 결과이다. 자주 적용하므로 '디폴트(Default)'로 돼 있다. '대립 가설(A)'의 '같지 않음'인 '≠' 을 선택한다. 앞서 설명한 대로 '대립 가설'을 그대로 입력하고 있다. 입력 순 서대로 현 검정 과정을 말로 고쳐 쓰면, "표본 55개 중 합격 건수 53개가 나 오는 집단의 모 비율(합격률)은 유의 수준 '0.05'에서 검정 비율 '0.98'과 같지 않다"이다. 최종 결과는 다음 [그림 A - 105]와 같다.

[그림 A - 105]의 결과에서 '95% CI', 즉 '신뢰 수준 95%'에서의 '신뢰 구 간'은 '0.874736~0.995565'이고, 그 사이에 표본 비율 '0.963636'이 포함돼 있으므로 차이가 있을 것이란 '대립 가설'을 기각한다. 결과에 대한 일반적 표 현은 "유의 수준 0.05에서 p - 값이 '0.631'이므로 '귀무 가설'을 기각할 수 없

[그림 A－105] '1－표본 비율 검정' 검정 결과

일 표본 비율에 대한 검정 및 CI

p＝0.98 대 p not＝0.98의 검정

표본	X	N	표본 p	95% CI	정확한 P－값
1	53	55	0.963636	(0.874736, 0.995565)	0.631

다. 즉, 현재 프로세스의 합격률은 98%를 유지한다고 판단한다"로 결론짓는
다. 지금까지의 과정을 파워포인트로 정리하면 다음 [그림 A－106]과 같다.

[그림 A－106] 'Step－9.2. 설계 요소 분석(가설 검정－정량적 분석: 1－표본 비율 검정)' 예

Step-9. 상위수준 설계
  Step-9.2. 설계요소 분석(가설검정_정량적 분석)

검정 10. 현재의 '합격률'이 98%라고 할 수 있는가?

♠ **분석방향**: 현 프로세스의 합격률이 '98%'인지를 확인하기 위해 55건의 표본을 추출하여 합/불 판정을
수행한 결과 53건의 합격 건수를 얻음. 이 결과를 토대로 검정한 결과는 다음과 같음.

불량유형		
불합격표본	**내 용**	**비 고**
1	항목 중 '거래 일자' 누락	3월 12일 거래명세
2	항목 중 '거래 대상' 오타	3월 16일 거래명세

가설검정
일표본 비율에 대한 검정 및 CI
p = 0.98 대 p not = 0.98 의 검정
표본 X N 표본 p 95% CI 정확한 P-값
1 53 55 0.963636 (0.874736, 0.995565) 0.631

결과분석

• 유의수준 0.05에서 P-값이 0.631로 귀무가설을 기각하지 못함. 즉, 현재 프로세스의 합격률이 98% 수준이 아
니라는 어떠한 증거도 발견하지 못함.
• 95% 신뢰구간이 0.875 ～ 0.996 사이로 구간 폭이 다소 넓은 것으로 판단되며, 표본크기에 기인하는 것으로 해
석됨. 이에 대해서는 표본이 추가 수집되는 '상세설계 단계'에서 재확인할 계획임.
• 문제가 되었던 3월 12일자 및 3월 16일자 명세에 대해서는 다음 장에 추가분석(사실분석) 수행.

필요에 따라 '사실 분석'이 추가로 수행될 수 있으나 본문은 통계 분석까지만 표현하였다. 또 [그림 A‒106]의 결과를 내는 데 소요된 '55건'의 '표본 크기'가 적정한지도 반드시 확인해야 한다. 이를 위해 미니탭 「통계 분석(S)>검정력 및 표본 크기(P)>단일 비율 검정(P)…」에서 결과를 얻으면 '988건(검정력 0.9 가정 시)'이 나온다. 무려 '933건'이나 더 필요하다. 실무적으로 이 상황을 극복하는 여러 접근 방법이 있겠으나 별도의 설명은 생략한다. 단 검정 후 '적정 표본 크기'를 고려하는 것은 꼭 실천하기 바란다. 다음으로 '2‒표본 비율 검정(2‒Proportion Test)'이 있으나, 두 개 비율의 차이를 검정하는 것만 다를 뿐 '2‒표본 t‒검정'과 유사하므로 2개 이상의 비율을 검정하는 '카이 제곱 검정'에 대해 알아보자.

 '카이 제곱 검정(Chi‒Square Test)'은 '분산 분석(ANOVA)'과 동일한 상황인 2개 이상의 그룹을 비교 검정하는 데 유리하다. 단지 '평균' 대신 '비율'의 사용이 다를 뿐이다. 두 개의 비율은 '2‒표본 비율 검정'이 있으므로, '분산 분석(ANOVA)'이 그랬듯이 통상 세 개 이상의 비율을 비교/검정하는 데 적합하다. '카이 제곱 검정'의 용법에 대해 가장 혼란스러운 경우가 '적합도 검정'과 '독립성 검정', '동질성 검정' 등 세 가지 쓰임인데, 이들에 대해 간략히 설명하면 다음과 같다.

 ① 적합도 검정(Tests of Goodness‒of‒Fit): '적합도 검정'은 현재 수집한 '이산 자료(관측 도수)'들이 '정규 분포 모집단' 또는 '이항 분포 모집단'이나 '포아송 분포 모집단' 등 어느 하나의 모집단에서 왔다고 가정할 때(가설), 정말 그런지 확인하는 검정이다. 검정 방법은 현재 수집된 '이산 자료'와, 가정된 분포일 경우 예상되는 빈도(기대 도수)를 계산하여 '카이 제곱 검정' 수순을 밟는다. 미니탭은 '13버전'과 달리 '14버전'부터 「통계 분석(S)>표(T)>카이 제곱 적합도 검정(단일 변수)(G)…」에 해당 기능이 포함돼 있으나 활용에 있어서는 좀 더 깊이

있는 사전 이해가 요구된다. 본문에 사례를 들어 과정을 설명하는 것은 범위를 약간 벗어나고, 또 다행스럽게도 현업에서 '적합도 검정'에 대한 실무적인 활용도도 높지 않아 설명은 생략한다.

② **독립성 검정(Tests of Independence):** '독립성 검정'은 두 가지 분류 기준들이 서로 독립적인지에 대한 '귀무 가설'을 검정한다. 여기서 '분류 기준'이란 '요인(Factor)'이며, '서로 독립인가?'란 두 요인 간 관련성이 없음(귀무 가설)을 의미한다. 따라서 '독립성 검정'의 특징 중 하나는 동일 모집단으로부터 추출한 표본을 연구 대상이 되는 기준으로 분류한 뒤 검정하는 과정으로 이뤄진다.

이해를 돕기 위해 예를 들면, '오류 유형(A, B, C)'과 '분류 대상(가, 나, 다)'의 두 요인 간 관련성을 알아보기 위해 '500건'의 자료를 수집했다고 가정하자. 이때 다음 [표 A-42]와 같이 표로 분류할 수 있으며, 각 셀의 숫자는 '오류 유형'과 '분류 대상'의 각 수준별 관련된 빈도수이다. 따라서 '행'과 '열'의 합은 연구자가 조정한 것이 아니라 우연히 나타난 숫자이다.

[표 A-42] '카이 제곱 검정'의 '독립성 검정' 예

		분류 대상			합계	
		가	나	다		
오류 유형	A	92	76	57	225	우연히 나타난 합
	B	15	64	38	117	
	C	78	22	58	158	
합 계		185	162	153	500	

우연히 나타난 합

[표 A-42]는 '500건'의 자료로 구성되었으며 동일 모집단에서 추출한 단일 표본이다. 이때 분류(요인)인 '오류 유형'과 '분류 대상'이 서로 관계하는지 또

는 관계가 없는지(독립인지)를 확인하는 검정 절차가 진행된다. 따라서 가설을 세울 때 표현은 다음 식 (A.17)과 같다.

$$H_0 : \text{'조립 설비'와 '불량 유형(의 발생 빈도)'은 서로 독립이다. (A.17)}$$
$$H_A : \text{두 요인은 독립이 아니다.}$$

③ 동질성 검정(Tests of Homogeneity): '동질성 검정'은 몇 개의 모집단으로부터 독립적인 표본을 추출하되, 한 분류(요인)의 합을 고정시키고 다른 분류는 확률적으로 할당되도록 하는 검정이다. 예를 들면, '토익 합격률'이 서로 높다고 주장하는 '사업부(A, B, C)'에서 실제 '합격 등급(1등급, 2등급, 3등급)' 비율을 알아보기 위해 사업부 A '90명', 사업부 B '75명', 사업부 C '86명'을 표집해 해당 '합격 등급'을 분류한 뒤 다음 [표 A-43]과 같이 표로 정리했다(고 가정하자).

[표 A-43] '카이 제곱 검정'의 '동질성 검정' 예

		합격등급			합계	
		1등급	2등급	3등급		
사업부	A	15	36	39	90	← 사전에 정해진 합
	B	9	21	45	75	
	C	27	29	30	86	
합계		51	86	114	251	

우연히 나타난 합

[표 A-43]은 앞서 설명한 대로 '열의 합'은 우연, 즉 확률적으로 할당된 결과이다. '동질성 검정'은 '사업부'별로 분류된 표본들의 분포가 서로 동질의 것인가(즉, 모집단은 서로 다르지만 등급별 비율이 동등한가?)를 확인하는 절차이다.

따라서 '독립성 검정'에서와 달리 가설은 다음 식 (A.18)과 같이 표현한다.

$$H_0 : 3개\ 모집단(사업부\,A,\ 사업무\,B,\ 사업부\,C)은 \qquad (A.18)$$
$$'합격\ 등급'의\ 비율이\ 동일하다.$$
$$H_A : 3개\ 모집단은\,'합격\ 등급'의\ 비율이\ 동일하지\ 않다.$$

'카이 제곱 검정(Chi - Square Test)'은 타 비율 검정과 달리 미니탭에 입력하는 방법에 약간의 차이가 있다. 예를 들면, A - 유형에 대해 '150개 중 10개의 오류'와, B - 유형의 '230개 중 15개의 오류'가 추출됐다고 가정하자. 두 비율 간 우열을 검정하려는 목적이 있을 때 검정 도구는 외관상 '2 - 표본 비율 검정'이 적합하다. 이때 검정을 위해 미니탭에 입력하는 방법은 다음 [그림 A - 107]과 같이 두 개 경로가 가능하다.

[그림 A - 107] '2 - 표본 비율 검정'의 미니탭 입력 방법 예

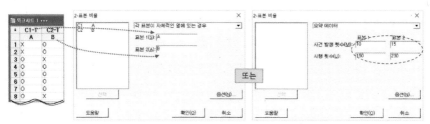

워크 시트에 '양호(O)', '오류(X)' 등 실제 또는 '요약 데이터'에 '전체 개수'와 '오류 개
평가 결과를 기록한 뒤, 미니탭에 해당 열 수'를 구분하여 미니탭에 입력.
을 입력.

[그림 A - 107]에서 맨 왼쪽의 '워크 시트'는 A - 유형 '150개'와 B - 유형 '230개' 모두를 개별 검사해서 '양호('O'로 표시)'와 '오류('X'로 표시)'로 기록한 것이다. 이때 '2 - 표본 비율 검정'의 왼쪽 '대화 상자'는 '각 표본이 자체적인 열에 있는 경우'를 선택한 뒤 '워크 시트'의 두 개 열들을 해당란에 각각 입력한다.

또는 오른쪽 '대화 상자'처럼 '요약 데이터'를 선택한 후 '전체 개수'와 '오류 개수'를 해당란에 입력한다. 물론 결과는 같다.

그러나 '카이 제곱 검정'은 '150개 중 10개의 오류'가 있으면 '150개'를 '양호 수'와 '오류 수'로 나누어 입력한다. 예를 들면, A-유형 경우 '양호 140개(150개 중), 오류 10개'가 되고, B-유형의 경우는 '양호 215개(230개 중), 오류 15개'가 된다. 입력 결과는 다음 [표 A-44]와 같다.

[표 A-44] '카이 제곱 검정' 입력 예(한 개 요인)

	C1-T	C2	C3
	유형	양호	오류
1	A	140	10
2	B	215	15

[표 A-44]에서 '워크 시트'의 '유형' 열은 분석 결과에 영향을 미치지 않는다. 과제 지도 중 가끔 보는 경우지만 '양호', '오류'로 이원화해서 등록하지 않고 '전체 개수'와 '오류 개수'로 입력한 뒤 결과 해석을 하는 잘못된 사례도 종종 있다.

'카이 제곱 검정'의 또 다른 입력 예가 있다. [표 A-44] 경우 '유형'을 '양호'와 '오류'로 나누었으므로 '요인 → 유형'이고, '수준 → A, B'로 하나의 '요인'에 '수준'이 2개(A, B)인 경우였다. 반면, 만일 '요인'이 '사람'과 '(서비스) 방법'이고, 각 수준은 전자가 '5개(5명을 조사)', 후자가 3개(3개의 서비스 방법이 있음)라고 가정하자. 이때 '사람'별 '(서비스) 방법'에 대한 '서비스 요청 건수'를 수집했다고 할 때, '카이 제곱 검정'을 위해 '워크 시트' 입력은 다음 [표 A-45]와 같다.

[표 A-45]에서 '카이 제곱 검정'은 입력 방향에 영향 받지 않는다. 다만 오른쪽처럼 수준이 많은 요인을 행보다 열 쪽에 배치하는 것이 눈에 잘 들어와 선호된다.

[표 A-45] '카이 제곱 검정' 입력 예(두 개 요인, 다 수준)

	C1-T	C2	C3	C4	C5	C6
	방법	홍길동	이유리	김철수	이영희	강감산
1	A	13	5	8	21	43
2	B	18	10	36	56	29
3	C	16	16	35	51	10

워크시트 3

	C1-T	C2	C3	C4
	담당자	A	B	C
1	홍길동	13	18	16
2	이유리	5	10	16
3	김철수	8	36	35
4	이영희	21	56	51
5	강감산	43	29	10

'카이 제곱 검정'은 실 업무에 많이 쓰인다. 주로 3개 이상 수준의 비율 검정에 적합하다. 간단한 예로써 '서비스 유형'별 부적합 자료－A: 150개 중 7개 부적합, B: 232개 중 17개 부적합, C: 185개 중 3개 부적합－인 자료를 수집했다고 가정하자. 결과를 보면서 학습하는 것이 도움 되므로 '가설'과 미니탭 경로 위치 및 그 결과를 나타내면 다음 식 (A.19) 및 [그림 A-108]과 같다.

$$H_0 : p_A = p_B = p_C \qquad \text{(A.19)}$$
$$H_A : \text{모든 } p_i \text{가 동일한 것은 아니다.}$$

[그림 A-108] '카이 제곱 검정' 분석 결과 예

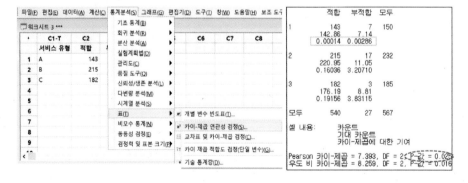

[그림 A-108]과 같이 서비스 유형 A, B, C의 각 '부적합률'이 적어도 하나 이상의 다른 '부적합률'과 통계적 차이를 보이는지 확인하기 위해 '카이 제곱 검정'을 수행한 결과, "유의 수준 0.05에서 p-값이 0.025로 대립 가설을 채택"하였다. 다음 [그림 A-109]는 눈으로 '부적합률'을 쉽게 비교하기 위한 '막대그래프'이다.

[그림 A-109] '카이 제곱 검정' 결과 예(막대그래프)

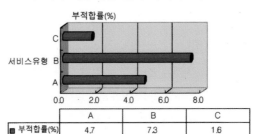

	A	B	C
■ 부적합률(%)	4.7	7.3	1.6

'서비스 C'의 '부적합률'이 '약 1.6%'로 가장 작으며, 이 비율이 타 '부적합률'과 통계적 차이를 유발하고 있다. 이때 'A'의 '4.7%'와 'B'의 '7.3%' 간 차이인 '약 2.6%'는 차이가 없다고 봐야 할까? '카이 제곱 검정'은 비율들을 묶어서 검정하므로 유의한 결과가 어느 수준들 간 비율 차이인지 명확히 할 필요가 있다. 이 문제를 해결하기 위해 유의한 결과에 가장 영향력 있는 'C'를 빼고 나머지 것들로 재검정을 수행한다.[66] 과정은 다음 [표 A-46]과 같다.

---

66) 차이가 나는 비율을 뺄 때, 보통 개별 '기여 값'이 다른 것과 크거나 작은 것을 선택한다. [그림 A-108]에서 '서비스 A'의 적합과 부적합 각각의 기여(하늘색 사각형으로 강조)는 '0.00014', '0.00286'으로 다른 제품들의 '기여 값'보다 크게 작음을 알 수 있다. 그러나 참고 사항이다.

[표 A-46]에서 우선 가장 차이 난다고 의심되는 'C' 데이터를 타 열로 옮겨놓은 뒤 나머지 두 비율을 대상으로 재검정한 결과가 오른쪽 '세션 창'이다. 해석은 "유의 수준 0.05에서 p-값이 0.295로 귀무 가설을 기각할 수 없다", 즉 두 서비스 유형의 부적합률 차이가 '2.6%[7.3%(B)-4.7%(A)]'임에도 "통계적으로 차이가 있다고 보기는 어렵다"이다. 따라서 최종 결론은 '서비스 유형 C'의 '부적합률'이 타 그룹에 비해 유난히 높거나 낮다고 볼 수 있으며, 막대그래프상으로 후자의 상황임을 확인할 수 있다. 이 같은 과정을 최초 분석과 비교해 편의상 '2차 분석'이라고 명명한다.

만일 예와 같이 '3개 비율'을 검정하는 대신 '4개' 또는 그 이상의 비율을 검정할 경우, 1차 검정에서 유의한 차이가 있으면 '2차 분석'은 어떻게 진행될까? 통계적 차이를 유발할 것으로 예상되는 비율을 하나씩 옮기면서 재검정해 나가면 유의한 차이가 없는 그룹만 남으므로 '동종 그룹'과 옮겨서 모아진 '이종 그룹'으로 구분된다. 또 만일 '이종 그룹'에 대한 검정에서 다시 유의한 결과가 나오면 결국 '이종 그룹' 내에서도 '동종'과 '이종'으로 재분류될 것이며, 이렇게 해석해 나가면 유의한 차이를 보이는 핵심 비율을 구분해낼 수 있다.

다음 [그림 A-110]은 지금까지의 과정을 '파워포인트'로 정리한 결과이다.

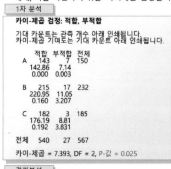

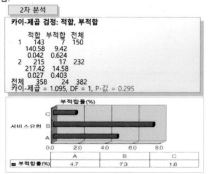

[그림 A – 110]으로부터 '1차 분석'을 통해 '서비스 유형'별 '부적합률' 차이가 있음이 확인됐고, 연이은 '2차 분석'으로 '서비스 유형 C'의 '부적합률'이 다른 서비스의 '부적합률'과 유의한 차이가 있음을 알았다. 또 '부적합률 차이'를 눈으로 확인하기 위해 막대그래프를 사용했다. 만일 차이 나는 이유를 규명하려면 이후 '사실 분석'이 필요하다.

앞서 '카이 제곱 검정'은 수집한 자료를 통계적으로 압축한 'p – 값' 하나로 '부적합률'의 차이 여부를 판정하였다. 그러나 '1, 2차 분석' 결과의 미니탭 '세션 창'을 보면 숫자들이 규칙적으로 배열돼 있고, 각각이 통계적 의미를 담고 있단 느낌을 받는다. 따라서 이들 수치의 의미와 해석에 대한 학습이 필요하다. 다음 [그림 A – 111]은 각 영역의 정의와 산정 과정을 나타낸다.

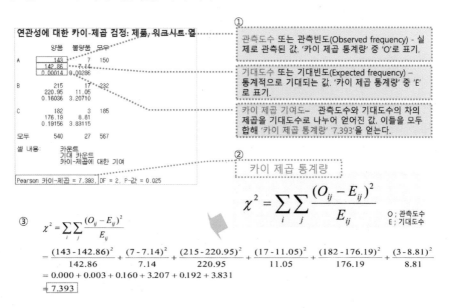

[그림 A - 111]의 '①'에서 '143'은 '관측 도수'로 현재 수집된 '적합의 표본 크기'다. 그 외에 계산 값들인 '기대 도수'와 '카이 제곱 기여도'가 있다.

두 번째 '142.86'은 '기대 도수'로 "기대되는 도수, 즉 개수"를 의미한다. 예를 들어, '서비스 유형 A'의 적합 개수는 수집된 대로 '143개'지만 통계적으로 기대되는 도수는 '142.86'이다. 동일하게 '서비스 유형 B'의 적합 '관측 도수'인 '215개'는 기대되는 개수가 '220.95개', 그 바로 아래 '서비스 유형 C'의 '182개'는 '176.19개'가 기대된다. 물론 '부적합' 열도 상황은 같다. 이제 남은 일은 '기대 도수'를 어떻게 얻느냐이다.

'기대 도수'는 예를 들어, '서비스 유형 A'를 [그림 A - 111]의 수집 환경과 동일한 상태에서 계속 표집했을 때 얻은 '평균 도수'이다. 즉, '기대 도수'는

'평균적으로 기대되는 도수'이다. 그러나 이 값을 얻기 위해 무수히 많은 확인 절차를 거치는 것은 비현실적이므로 현재 상황에서 다음 [그림 A-112]와 같이 추정한다.

[그림 A-112] '카이 제곱 검정'의 기댓값 계산

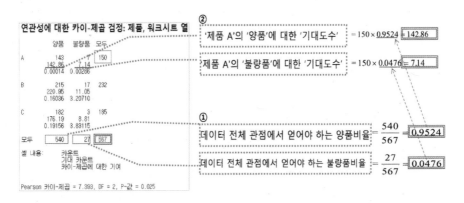

[그림 A-112]에서 '①'을 보면, 전체 데이터 개수가 '567개'이므로 이 값으로 전체 적합 개수인 '540'과, 전체 부적합 개수인 '27'을 각각 나눈다. 이렇게 얻어진 '0.9524'와 '0.0476'은 적어도 이 시스템에서 얻어질 수 있는(또는 기대되는) '평균 적합 비율'과 '평균 부적합 비율'이다. 이들을 '②'와 같이 각 서비스 유형의 전체 개수(서비스 A=150개, 서비스 B=232개, 서비스 C=185개)에 곱하면, 각 서비스 유형의 '적합'에 대한 '기대 도수'와 '부적합'에 대한 '기대 도수'를 얻는다.

'기대 도수'가 얻어지면 [그림 A-112]에서 언급한 '카이 제곱 기여도'를 산정할 수 있다. 산정 식과 과정은 [그림 A-111]의 '②'와 '③'에 잘 나타나 있다. 따라서 '카이 제곱 통계량'인 '7.393'을 최종으로 얻는다. 이제 미니탭

'세션 창'의 남아 있는 '$DF=2$'에 대해 알아보자. 'DF'는 잘 알려진 대로 '자유도(Degree of Freedom)'이며, '세션 창' 출력은 다음 [표 A-47]과 같다.

[표 A-47] '카이 제곱 검정'의 자유도(DF)

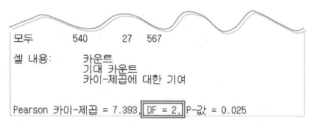

'자유도'는 물리, 화학, 통계 등 다양한 분야에서 쓰이는 용어다. 백과사전의 정의를 빌리면 "주어진 조건하에서 자유롭게 변화할 수 있는 점수, 변인의 수 또는 한 변인의 범주의 수이다. 기호는 'df'를 사용한다. 통계 분석에서는 '제한 조건의 수'와 '표본 크기'의 영향을 받는다"로 설명된다. 이 중 맨 뒤의 "통계 분석에서 '제한 조건의 수'와 '표본 크기'의 영향을 받는다"에 주목하면 [표 A-47]에서 왜 '$DF=2$'가 나왔는지 이해할 수 있다. 다음 [표 A-48]을 보자.

[표 A-48] '카이 제곱 검정'의 '자유도' 설명을 위한 데이터

서비스 유형	적합	부적합	합계
A	143	7	150
B	215	17	232
C	182	3	185
합	540	27	567

[표 A-48]에서 각 서비스 유형의 합계인 '150', '232', '185'를 알고 있는

한, 각 서비스 유형의 '적합 수'만 알면 '부적합 수'는 자동적으로 알 수 있다. 즉, 제한 조건이 '1개' 존재한다. 또 '적합'의 총합인 '540'과, '부적합' 총합인 '27'을 알고 있는 한(제한 조건) '서비스 유형 C'의 '적합 수'와 '부적합 수'는 굳이 몰라도 유도해낼 수 있다. 따라서 각 서비스 유형의 '총합'과, '적합' 및 '부적합' 총합을 알고 있는 한(제한 조건), 다음 [표 A-49]와 같이 두 개 셀 (빨간색 숫자의 셀) 정보만 있으면 다른 빈도들은 모두 알 수 있다. 즉, 두 개 셀의 빈도는 어느 수나 올 수 있지만 그 두 개가 정해지면(물론 가로, 세로 총 합이 존재하는 제한 조건하에서) 나머지는 종속되므로 이 계에서의 '자유도 (df)'는 '2(셀 2개)'이다.

[표 A-49] '카이 제곱 검정'의 '자유도' 계산

서비스 유형	적합	부적합	합계
A	143	7	150
B	215	17	232
C	182	3	185
합	540	27	567

'카이 제곱 검정'에서 '자유도'를 산정하는 일반식은 '(열의 수-1)×(행의 수-1)'로 얻는다. 남은 '$p-값=0.025$'는 분포에 대한 이해가 필요하므로 본 문에서의 설명은 생략한다.

9.2.4. 핵심 설계 요소 선정 및 산출물 정의

과제 성격별로 'Step-9.2. 설계 요소 분석'은 기술적·정성적·정량적 분석들의 조합이나 한두 개 분석 방법으로 전개될 수 있지만 분석 과정을 거치고 나면 나올 수 있는 결과들은 대체로 공통적인 모습을 보인다. 즉, '프로세스 개선 방법론'에서 흔히 얘기하는 '핵심 인자(Vital Few Xs)'들이 그것이다. 일반적으로 '프로세스 개선 방법론'에서 Analyze Phase의 결과들은 '유의성 여부'보다 심도 깊은 '사실 분석'을 통해 '개선 방향'이 도출되며, 이들 '개선 방향'이 포함된 원인 변수를 '핵심 인자'라 하였다. 이것은 '프로세스 설계 방법론'에서도 그대로 통용된다. 따라서 분석을 통해 얻은 '설계(또는 개선) 방향'들을 '설계 요소'와 함께 모두 모아 정리한 뒤 다음 '세부 로드맵'에서 해야 할일을 규정짓는 과정이 필요하다. '프로세스 개선 방법론'에서 'Step-9. 핵심인자(Vital Few Xs) 선정'과 정확히 일치하는 상황이다.

다음 [표 A-50]은 'Step-9.1. 설계 요소 발굴'에서 「9.1.5. 선별 Xs(Screened Xs)」의 [표 A-25]를 옮겨놓되 분석 결과를 추가하였다. '분석 결과의 추가'란 'Step-9.2. 설계 요소 분석'을 통해 새롭게 얻은 '산출물'들을 '추가'했다는 뜻이다. 당시 [표 A-25]의 내용들은 분석이 필요한 '설계 요소'뿐만 아니라 분석이 필요치 않고 바로 '산출물'을 요하는 항목들이 함께 있었음을 상기하기 바란다.

[표 A-50] '설계 요소 분석' 결과 종합

출처	설계 요소	설계 원칙(설계 방향)
설계 7요소	설계 인자	
제품/서비스	- 예약 접수 시간대 설정 - 예약 대상자 설정 - 예약관리대장 제작	-
프로세스	- 예약 접수~서빙완료 흐름도 설계	1시간 내 처리되도록 고려
	현 프로세스 흐름	메뉴판/물/반찬 서빙 활동 제거(식탁 내 저장)
정보시스템	- 전단지 제작 - 홈피서비스내용 작성	전단지 글자는 크고 짧게 해서 시선 집중토록

인력시스템	– 예약 관리담당자 지정	–	
설비/장비/원자재	– 유·무선전화기 성능 확인 – PC초고속인터넷 가입	가입조건 분석을 통한 최소 비용 고려	
제품/서비스	– 테이블 번호 확인	–	
...	...	...	...
	잠재 인자	**설계방향**	**설계 원칙**
Design FMEA	– 너무 바쁨	업무분담(R&R) 표준화	산출물로 '즉 실천'
	– 접수 시 잘못 이해	예약자 현황 실시간 점검토록 설계	LED 전광판 도입
	– 예약기록을 안 함		
	– 접수 시 빠트림	테이블 배정 실시간 점검토록 설계	LED 전광판 도입
	– 기록오류	고객이 본인 예약현황 확인토록 설계	예약 현황을 고객도 공유토록
	– 재료별 관리수준	달걀/대파/당근/굴 등 과학적 신선관리체계화…	
	...	...	...
	프로세스 변수	**설계방향(분석 후)**	
Process Map	– 고객 수	최적화 검증수단으로 활용. 장사시작/종료 산포관리…	
	– 예약 시간대	저녁 야간학습시간대만 예약서비스 제공	
	– 물 끓임 대기 양	오전/오후/저녁/야간별 물 끓임 양 유동관리…	
	– 고객유형	여고생 나 홀로 손님 등 단골손님 할인제…	
	– (방문) 시간대	오전 11시~오후 2시/오후 5시~7시 특별 관리…	
	– 예약 여부	예약 유도하고 예약 시 추가할인 제공…	
	– 도착 예정시간	5분 이내(라면 사전 증기 찜), 10분 이상(물만 끓임으로 대기)	

[표 A-50]에서 빨강으로 강조한 부분은 'Step-9.2. 설계 요소 분석'에서 가설 검정을 수행한 '설계 요소'와 그 결과로 얻은 '설계 방향(또는 개선 방향)'임을 나타낸다. 물론 이들에 대한 좀 더 상세하고 더 많은 결과들을 확보하고 있어야 하나 본문에서는 목록 정도로만 정리할 것이다. 다음 [그림 A-113]은 'Step-9.2. 설계 요소 분석' 결과를 파워포인트로 최종 정리한 예이다. '설계 요소'별 상세한 설계 원칙이나 구체적인 방향성 등은 첨부된 '개체 삽입' 파일에 들어 있는 것으로 가정할 것이다.

Step-9. 상위수준 설계
  Step-9.2. 설계요소 분석(핵심설계요소 선정 및 산출물 정의)

- '프로세스 흐름도'를 포함 사전 확정된 산출물 총 18 건과
- 가설검정을 통해 확보된 설계방향 및 추가 산출물 12건에 대한 종합요약.

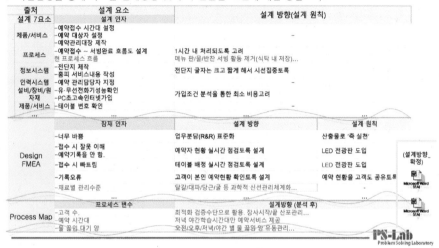

출처 설계 7요소	설계 요소 설계 인자	설계 방향(설계 원칙)
제품/서비스	-예약접수 시간대 설정 -예약 대상자 설정 -예약관리대장 제작	
프로세스	-예약접수 ~ 서빙완료 흐름도 설계 현 프로세스 흐름	1시간 내 처리되도록 고려 메뉴 판/물/반찬 서빙 활동 제거(식탁 내 저장)...
정보시스템	-전단지 제작 -홈피 서비스내용 작성	전단지 글자는 크고 짧게 해서 시선집중토록
인력시스템	-예약 관리담당자 지정	
설비/장비/원	-유·무선전화기성능확인	
자재	-PC초고속인터넷가입	가입조건 분석을 통한 최소 비용고려
제품/서비스	-테이블 번호 확인	

	잠재 인자	설계 방향	설계 원칙
	-너무 바쁨	업무분담(R&R) 표준화	산출물로 '즉 실천'
	-접수 시 잘못 이해	예약자 현황 실시간 점검토록 설계	LED 전광판 도입
Design FMEA	-예약기록을 안 함.	테이블 배정 실시간 점검토록 설계	LED 전광판 도입
	-접수 시 빠트림	고객이 본인 예약현황 확인토록 설계	예약 현황을 고객도 공유토록
	-기록오류	달걀/대파/당근/굴 등 과학적 신선관리체계화...	
	-재료별 관리수준		

(설계방향_확정)
Microsoft Word 문서

	프로세스 변수	설계방향 (분석 후)	
Process Map	-고객 수. -예약 시간대 -물 끓임 대기 양	최적화 검증수단으로 활용. 장사시작/끝 산포관리... 저녁 야간학습시간대만 예약서비스 제공 오전/오후/저녁/야간 별 물 끓임 양 유동관리...	

Microsoft Word 문서

이제 [그림 A‑113]의 목록들에 대해 최종 확정한 '설계 방향(개선, 산출물 등)'들을 '실현'시키는 일만 남았다. 물론 중간중간 필요에 의해 생겨난 '즉 실천'과 그들을 포함한 전체가 무엇인지, 또 완료된 것과 보완이 필요한 것은 무엇인지 명확한 과정 관리가 뒤따라야 한다. 다음 '세부 로드맵'인 'Step‑9.3. 설계 요소별 산출물 실현'에서는 이미 확정한 내용들에 대해 전반적인 '실현'을 수행하고 또 그 과정 중에 좀 더 세밀하고 추가적인 노력이 필요한 부분들에 대해서는 Design Phase의 '상세 설계'로 넘기는 활동이 소개된다. 이제 '상위 수준 설계'에 대한 마무리 과정을 밟아보도록 하자.

'상위 수준 설계'를 마무리 짓는 과정으로 앞서 진행한 결과물들을 집합시킨 뒤 '산출물'들을 만들어내고, 그 외에 설계 내용들을 최대한 '실현'시킨다. 여기서 못다 한 항목들은 Design Phase의 '상세 설계(Detail Design)'에서 진행할 것이다. '프로세스 설계 방법론'에서 의미하는 '산출물'이란 일반적으로 다음과 같은 정의와 특징을 갖는다.

· **산출물(産出物)** (국어사전)=산물(産物): 1. 일정한 곳에서 생산되어 나오는 물건. 2. 어떤 것에 의하여 생겨나는 사물이나 현상을 비유적으로 이르는 말.
· **과제 수행에서의 일반적 정의 및 특징**
  ☞ '산출물'이란 설계 단계에서 만들어낼 결과물을 의미.
  ☞ 산출물이 작성되면 해당 설계 요소에 대한 상위 수준 설계가 완료되었다는 것을 의미.
  ☞ 산출물은 최소한의 Summary 형태로 작성된 후 실현시키고, 그 외에 특정한 '설계 요소'에 대해서는 필요하지 않을 수도 있음.
  ☞ 선택된 설계 콘셉트의 성능과 타당성을 평가하기 충분할 정도로만 상세하면 됨.
  ☞ 성능과 타당성 예측 대신 논리적 확실성으로 대체할 수 있는 경우도 있음.

'산출물' 실현을 위해 접근할 수 있는 두 가지 방법이 있다. 하나는 'Step-9.1. 설계 요소 발굴'에서 언급한 [표 A-17]의 '설계 7요소 분류표'에 지금까지 나온 설계 요소별 '산출물'들을 배열한 뒤 각각들을 실현시키는 일이고, 다른 하나는 '핵심 기능(CTF)'으로부터 유도되어 완성한 '[그림 A-50]'의 '프로세스 맵' 각 활동에 '산출물'들을 대응시킨 뒤 역시 각각을 실현시키는 방법이다. 두 경우에 대해 예를 들어 살펴보도록 하자.

　　다음 [표 A‒51]은 '설계 7요소 분류표'에 '[표 A‒50] 설계 요소 분석 결과 종합' 내 '산출물'들을 대응시켜 정리한 결과이다.

[표 A‒51] '설계 7요소 분류표'에 '산출물'을 대응시켜 정리한 예

설계 7요소		정의	설계 인자 유형	산출물
제품/서비스	서비스	생산된 재화의 운반/배급이나 생산/소비에 필요한 노무의 제공. 여기서는 고객을 대신한 부가가치적 행위(무형적·경험적)를 의미	서비스 방법 요소	☞ 예약관리 지침서 →예약 접수 시간대: AM11~PM2시 /PM5~7시 특별관리) →예약 대상자: 여고생 →기타: 예약유도방법, 예약 시 추가할인 제도
			문서화 요소	☞ 예약관리대장
프로세스		일이 처리되는 경로. 여기서는 기존의 변경, 새로운 프로세스의 필요로 흐름(Flow)을 명시해야 하는 대상	절차적 요소	☞ 예약 접수~서빙완료 흐름도
			경제적 모형 요소	☞ 식탁 설계도/제작 발주서 →메뉴판/물/반찬 저장 공간 ☞ 장사 시작/종료 운영지침서 ☞ 물 끓임 양 운영지침서→오전/오후/저녁/야간별 물 끓임 양 유동관리 →5분 이내(라면 사전 증기 찜), 10분 이상(물만 끓임으로 대기)
정보 시스템		사람들 사이에서 지식을 전달하기 위한 모든 수단을 의미하나 여기서는 설계대상을 운영하는 데 필요한 각종 정보 인프라(IT, 매체)를 의미한다.	시장적 요소	☞ 전단지(글 크기 반영)
			컴퓨터 어플리케이션 요소	☞ 홈페이지 시안(試案) →홈피서비스 내용 작성 →고객이 본인 예약현황 확인토록 홈피 설계
인력 시스템		설계대상을 운영하고 유지시키기 위한 인적 요소를 의미한다.	조직설계 요소	☞ 업무 조직도 →예약 관리담당자 지정 →업무분담(R&R) 표준화
모델		설계대상에 요구되는 기술적, 전략적 본보기를 의미하다.	이론적 요소	☞ '주문 L/T'최적화 검증수단 →시간대별 '고객 수' vs. '주문 L/T' 상관분석(무상관 여부).

전략	설계대상에 포함될 다양한 전략적 요소를 의미한다.	전략적 요소	☞ 高충성도 고객 관리지침서 →여고생, 나 홀로 손님 등 단골손님 할인제운영 등.
설비/장비/ 원자재	설계대상을 형성하거나 지원하는 데 필요한 시설, Tool, 재료 등과 관련된 절차 등을 포함한다.	기술적 요소	☞ 통신매체 관리지침서 →유·무선전화기 성능확인법 ☞ LED 전광판 설계시안
		업체선정 요소	☞ PC초고속인터넷 견적서
		저장요소	☞ 재료 신선관리 지침서 →달걀/대파/당근/굴 등 과학적 신선관리체계화
...	...	...	...

결국 [표 A - 51]에 정리한 '산출물'들을 하나하나 '실현'시켜 나가면 '상위

[그림 A - 114] '산출물 작성' 예

<업체선정 및 식탁개조 발주서>　　　　　<고객 예약 관리대장>

수준 설계' 과정이 마무리된다. 이 외에도 과제의 규모나 성격에 따라 다양한 '설계 인자 유형'별 '산출물'들이 정리될 수 있다. [그림 A - 114]는 '식탁 내 메뉴판/물/반찬 저장 공간 제작 발주서' 및 '예약 관리 대장'에 대한 '산출물 실현' 예이며, 이들은 [표 A - 51]의 해당 위치에 '개체 삽입'으로 연결돼 있어 버튼을 마우스 포인트로 누르면 언제든지 내용을 공유할 수 있다(고 가정한다).

물론 이 외에 '전단지'라든가 '홈페이지 시안(試案) - 서비스 안내 및 예약자 관리를 위한' 또는 '업무 흐름도' 등 [표 A - 51]의 '산출물'들을 하나씩 완성해 나간다. 다음 [그림 A - 115]는 파워포인트의 '개체 삽입' 기능을 이용하여 '산출물'들을 최종 정리한 예이다.

[그림 A - 115] 'Step - 9.3. 설계 요소별 산출물 실현(설계 7요소 분류표 활용)' 예

Step-9. 상위수준 설계
Step-9.3. 설계요소 별 산출물 실현(설계 7요소 분류표 활용)

설계 7요소		정의	설계인자 유형	산출물
제품/서비스	서비스	생산된 재화의 운반/배급이나 생산/소비에 필요한 노무의 제공. 여기서는 고객을 대신한 부가가치적 행위(무형적, 경험적)를 의미	서비스 방법요소	☞ 예약관리 지침서 →예약접수시간 대; AM11~ PM2시/ PM5~ 7시 특별관리) →예약 대상자 ;여고생 →기타;예약유도방법, 예약 시 추가할인제도
			문서화 요소	☞ 예약관리대장
			절차적 요소	☞ 예약접수 ~ 서빙완료 흐름도
프로세스		일이 처리되는 경로. 여기서는 기존의 변경, 새로운 프로세스의 필요로 흐름(Flow)을 명시해야 하는 대상.	경제적 모형요소	☞ 식탁 설계도/ 제작 발주서 →메뉴 판/물/반찬 저장 공간 ☞ 장사시작/ 종료 운영지침서. ☞ 물 끓임 양 운영지침서 →오전/오후/저녁/야간 별 물 끓임 양 유동관리. →5분 이내(라면 사전 증기 찜), 10분 이상(물만 끓임으로 대기)
정보 시스템		사람들 사이에서 지식을 전달하기 위한 모든 수단을 의미하나 여기서는 설계대상을 운영하는데 필요한 각종 정보 인프라(IT, 매체)를 의미한다.	시장적 요소,	☞ 전단지(글 크기 반영)
			컴퓨터 어플리케이션 요소	☞ 홈페이지 시안 (試案) →홈피 서비스내용 작성 →고객이 본인 예약현황 확인토록 홈피 설계
인력 시스템		설계대상을 운영하고 유지시키기 위한 인적 요소를 의미한다.	조직설계요소	☞ 업무 조직도 →예약 관리담당자 지정 →업무분담(R&R) 표준화

[그림 A-115]의 맨 오른쪽 열에 '산출물'인 각종 문서나 프로세스, 반찬별 신선도 유지 절차서 등이 포함돼 있다(고 가정한다). '개체 삽입'한 내용물들의 일부를 드러내면 다음 [그림 A-116]과 같다.

[그림 A-116] '설계 요소별 산출물 목록'과 실현된 '산출물(개체 삽입)' 예

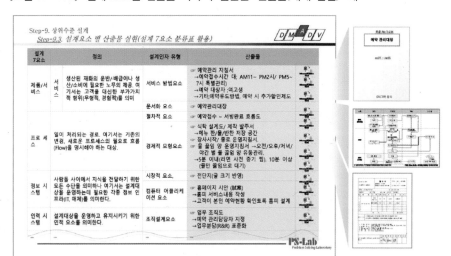

다음에는 두 번째 표현법인 '프로세스 맵'을 이용한 방법에 대해 알아보자.

9.3.2. '프로세스 맵'을 이용한 방법

현재 '프로세스 설계'를 하고 있는 만큼 설계 과정에 나온 '산출물'들은 프로세스 활동 어딘가에 적용될 것이란 기본 가정이 성립한다. 따라서 '[표 A-50] 설계 요소 분석 결과 종합' 내 '산출물'들을 [그림 A-50]에 소개한 '전체

프로세스 맵'에 대응시켜 정리한 뒤, '산출물 실현'을 수행한다. 다음 [그림 A-117]은 실현할 '산출물'들을 '프로세스 맵'에 대응시켜 정리한 예이다.

[그림 A-117] '프로세스 맵'에 '산출물'들을 대응시켜 정리한 예

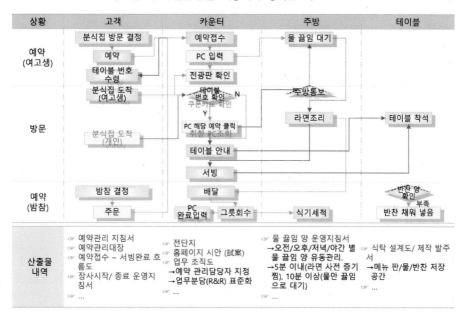

[그림 A-117]에서 알 수 있는 바와 같이 각 '프로세스 활동(Activity)'과 해당 '산출물'들을 연계시켜 정리하였다(편의를 위해 '고객/카운터/주방/테이블' 별로 모아서 정리했으나 각 '활동'별로 정리하는 것도 가능할 것임). 이 같은 결과는 '산출물'들이 어느 활동에서 필요하고 관리되어야 하는지를 함께 보여 주고 있어 팀원이나 사업부장 또는 제3자에게 내용을 전달할 때 매우 유익하 다. 다음 [그림 A-118]은 파워포인트로 작성한 예이다.

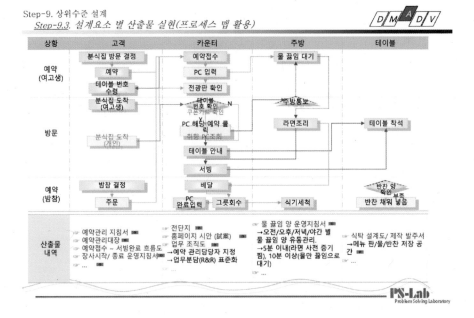

[그림 A‑118]에서 아래쪽 '산출물 내역' 내 버튼(분홍색 작은 사각형)은 실현된 '산출물' 파일이 '개체 삽입'돼 있음을 나타낸다. 따라서 마우스 클릭을 통해 내용을 언제든 확인할 수 있다. '산출물' 예는 앞서 설명한 [그림 A‑114] 및 [그림 A‑116]과 동일하므로 별도의 설명은 생략한다.

지금까지의 과정은 주로 문서로서의 '산출물'을 실현하는 데 초점을 맞추었으나 경우에 따라서는 '실험 계획(Design of Experiment)'이나 '회귀 분석(Regression Analysis)'과 같이 '$Y = f(X)$'를 통해 '제어 인자'들의 '최적 조건'을 구현할 수도 있다. 그러나 '제어 인자'를 통한 최적화는 Design Phase인 '상세 설계(Detail Design)'에서 다루기로 하고 이어지는 '세부 로드맵'인 'Step‑9.4. 상위 수준 설계 검토'에 대해 알아보자.

  '설계를 검토한다'는 현재까지 진행한 작업이 제대로 되었는지, 그리고 올바른 방향으로 가고 있는지 확인하는 절차이다. 따라서 여러 사람들의 의견뿐 아니라 검토하는 방법이나 참여자들의 구성 등 사전에 고려해야 할 사항들이 많은 것도 사실이다. 수년 전 한 금융사의 과제 수행 중 '프로세스 설계 검토'에 대한 팀 회의 때 일이다. 사업부장을 비롯하여 팀원 및 관련 부서 담당자들까지 모두 참석하여 과제의 중요도를 실감케 하는 자리였다. 그런데 바쁜 시간을 내서 많은 사람들이 참석했음에도 정작 운영은 분위기를 충분히 이끌어갈 만큼 매끄럽지 못했다. 수행한 내용들을 보고 주변부서 담당자들의 이견이 올라오기 시작했고 한 가지 주제에 대해 1시간 이상 핵심 없이 떠도는 상태가 지속되었다. 한 번 반기(?)를 든 타 부서 담당자는 정작 과제 리더의 확신 없는 답변에 더욱 기를 내기 시작했고, 검토를 해서 좋은 방향으로 이끌어내는 자리인지 성토하는 자리인지 분간이 가지 않을 지경에 이르렀다. 두어 시간이 지나자 다른 회의 등으로 자리를 뜨는 사람들이 생겨났고 결국 '상위 수준 설계'를 검토하는 자리는 공허한 울림만 남긴 채 아무 수확도 얻지 못하고 끝나버렸다. 대안 없는 성토는 의미가 없다. 목적을 갖고 모였으면 작은 결과라도 나왔어야 했다. 그러기 위해서는 목적과 상황에 맞는 운영 수준도 함께 고려해야 한다.

  '상위 수준 설계 검토'는 일반적으로 '설계 능력'을 '평가'하는 데 맞춰져 있다. 즉, 현재까지 진행된 결과를 토대로 Measure Phase에서 'Y'들의 '현 수준'과 '목표 수준'의 '간격(Gap)'이 얼마나 좁혀졌는지 확인하는 데 초점을 둔다. 다음 [그림 A-119]는 '설계 검토'에 대한 흐름을 보여준다.

[그림 A-119] '설계 검토' 흐름 예

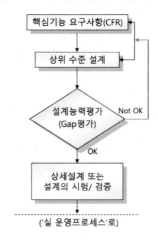

[그림 A-119]의 마름모꼴에서 판단이 이뤄지며 만일 '핵심 기능 요구 사항(CFR)'을 만족하지 못하면 '상위 수준 설계'로 다시 돌아가지만, 만족하면 다음 '세부 로드맵'인 '상세 설계'로 넘어간다. 그럼 현 위치에서 구체적으로 해야 할 활동은 무엇일까?

[그림 A-119]의 '핵심 기능 요구 사항(CFR)'들이 'Y'들을 대변하는 반면 지금껏 만들어놓은 '산출물'들은 'X'들을 대변한다. 따라서 설계를 제대로 했는지 확인하는 절차는 개념적으론 간단하다. 즉 '$Y = f(X)$'의 관계식으로부터 원하는 수준(목표 수준)에 도달했는지(또는 할 것인지)를 검증해내면 될 일이다. 이 관계식을 '전이 함수(Transfer Function)'라고 한다. 따라서 '프로세스 설계 방법론'에서는 '상위 수준 설계 검토'에서 '전이 함수'를 개발하는 방법을 논하는 게 일반적이다. 그런데 또 문제가 있다. '$Y = f(X)$'를 어떻게 만들어야 할지 난감하다. '점도'와 '온도'의 관계처럼 딱 떨어져 구현되는 상황은 아니기 때문이다. 적어도 '프로세스 설계 방법론'에서는 그렇다. 과거에는 이같은 한계 때문에 과연 '프로세스 설계 방법론'의 전개가 가능할지에 대해 의

문을 제기하곤 했었다. 그러나 다양한 해법이 제시되면서 정량화 방법론들이 개발되거나 응용되었고, 이들을 실제 활용하는 수준에까지 이르렀다. 그러나 꼭 함수적인 접근법만이 유일한 해법은 아니다. 앞서 모 금융사의 과제 예에서처럼 관련 담당자들이 모두 모여 의견 내고 문제점을 드러내 보완하는 방법도 적절한 접근법이다. '설계 능력 평가'를 유형별로 모두 모아 정리하면 다음 [그림 A-120]과 같다.

[그림 A-120] '설계 능력 평가' 방법

[그림 A-120]에서 '분석적 방법'은 실질적인 '$Y = f(X)$'를, '시뮬레이션'은 '랜덤 데이터'를 통해 성과의 추정을, 'Prototype'은 간단히 만들거나 구성하는 방식이, 끝으로 '설계 검토(Design Review)'는 여러 사람이 모여 수행하는 접근법이다.

그러나 경험으로 비추어볼 때 Analyze Phase에서 '전이 함수'를 찾거나 '설계 능력 평가'를 위한 시뮬레이션 등을 수행하면 <u>첫째</u>, Analyze Phase의 분량이 많아져 제한된 기간 내에 완료가 어렵거나 내용의 부실화 가능성, <u>둘째</u>, 설계 윤곽이 Analyze Phase에서 대부분 드러남에 따라 최적화인 '상세 설계(Design Phase)'의 수행 당위성(또는 역할)이 줄고, <u>셋째</u>, '제품 설계 방법론'처럼 Design Phase에서 '공차 설계(Parameter Design)'의 개념 도입으로 '최적화'가 부각되는 것과 달리, '프로세스 설계 방법론'의 Design Phase는 특별히 '최적화' 활동이 뚜렷하게 드러나지 않는 등의 문제점이 있다. 따라서 멘토링 때 'Step‒9.4. 상위 수준 설계 검토'는 말 그대로 '설계 검토(Design Review)'로 끝내고 '전이 함수'는 주요한 설계 과정으로 보고 Design Phase 초입에서 수행하도록 유도한다. 이 경우 훨씬 현실적이고 분량의 균형을 이루는 등 전개가 매끄러운 특징이 있다. 또, 'Analyze Phase', 'Design Phase'의 구분만 있을 뿐 '세부 로드맵'상으로 서로 연결돼 있어 큰 변화라고 할 필요도 없다. 따라서 [그림 A‒120]에서 논한 '설계 능력 평가'는 Design Phase로 넘기되, 본 '세부 로드맵'은 지금까지 수행한 '상위 수준 설계'를 '설계 검토(DR: Design Review)'하는 선에서 마무리할 것이다. 또 Phase 마무리 시점임을 감안해 'Scorecard'를 작성한다. 이때 '가설 검정'으로부터 확인한 '상위 수준 설계 방향' 및 '산출물'들을 토대로 'Scorecard'가 작성될 경우 일부 추정은 불가피하다. 그러나 [그림 A‒120]에 소개한 '분석적 방법'이 가능하면 정량적인 'Scorecard 작성'도 가능하다. 이제 '설계 검토(앞으로 도구임을 부각시키기 위해 영문인 'DR'로 적을 것임)'에 대해 알아보자.

'DR'은 기술 분야인 연구 개발에서 흔히 쓰는 용어다. 유사한 용어로 'Tollgate Review'가 있으며, 여하간 이 관문을 통과해야 새로운 고속도로로 진입할 수 있다. 기본적인 사전 준비 내용과 절차 등은 다음과 같다.

· 평가 기준 및 목표치 설정
· 설계 검토 참가자 선정
· 설계 검토 Check List/평가 Sheet 개발 및 준비
· 데이터 수집 과정 및 분석 결과 준비
· 향후 활동 계획 협의 및 문서화
· 설계 검토 진행에 대한 개선 사항 검토

그러나 경험해본 리더라면 잘 알다시피 현실 세계에서는 위와 같은 교과서적인 접근은 잘 먹혀들지 않는다. 우선 참석자들이 리더만큼 깊이 있게 고민한 사람들이 아니기 때문에 세세한 내용을 이해하고 의견을 개진할 수준까지가는 데 오래 걸릴뿐더러, 심하면 정해진 시간 내에 파악은커녕 그냥 앉아 있다 '내가 왜 불려왔지?' 하고 내심 갸우뚱하며 걸어 나가기 일쑤다. 내용을 단시간 내 파악하지 못하므로 원활한 대화가 있을 리 만무하다. 따라서 'DR'을할 때 정해진 시간 안에 목적하는 바를 얻기 위해서는 사전 준비가 필수적인데 그중 가장 중요한 것이 '**Process Map**'과 '**FMEA**'를 활용하는 것이다. 'Process Map'에 대해서는 [그림 A - 37]과 [그림 A - 39]에서 논한 바 있으며, 'FMEA'에 대해서는 [그림 A - 59]와 [그림 A - 60]에서 설명한 바 있다. 진행은 다음과 같은 절차를 따른다.

1) 과제 개요 설명

과제가 왜 진행되었는지에 대한 배경을 짧게 설명한다. Define Phase 'Step - 1.1. 과제 선정 배경기술'을 중심으로 요약해서 전달하되, 필요시 'Step - 2.1. 문제 기술'과 'Step - 2.2. 목표 기술' 정도를 추가한다. 10분을 넘지 않도록하고, 시간 내 과제 수행 취지를 충분히 전달할 수 있도록 'Story Line'을 구성하되 장표는 2장 정도로 압축하고 가급적 시각화시킨다.

2) 개선 전/후의 '프로세스 맵'을 비교해서 보여준다.

당위성을 설명했으면 본론으로 바로 들어간다. 이를 위해 개선의 가장 핵심인 'To - Be Process Map'을 보여주고 왜 그렇게 가도록 설계했는지 추가되거나 변경된 '활동(Activity)'을 중심으로 기존 프로세스와의 차이점에 대해 명확하게 설명한다. 이때 문장으로 기술된 화면보다는 '프로세스 맵' 자체를 띄워놓고 내용을 전달하는 것이 효과적이다. 소요 시간은 10분 내외로 한다.

3) 'FMEA'를 최대로 활용한다.

프로세스에 대한 설명이 끝났으면 질의응답 없이 바로 FMEA를 띄워놓고 예상되는 잠재 문제점(Potential Failure Modes)과 영향(Potential Effects), 원인(Potential Causes) 등을 설명하고 개선 과정과 'RPN 재평가' 결과를 공유해서 위험도가 낮아졌음을 알린다. 이때, 도출된 FMEA 내용을 하나하나 설명하기보다 'RPN'이 높은 주요 항목들에 대해서만 요령 있게 전달해서 향후 문제점이 예상되지만 사전에 충분히 해결하기 위한 노력이 있었고 계속 그러리라는 의지를 알리도록 한다. 이런 분위기는 참석자들로 하여금 'DR'이 논쟁이 아닌 문제점 찾기에 주력할 것이라는 생각을 갖게 하는 데 일조할 것이다.

4) 문제점 등을 협의하고 나온 내용들은 팀원이 기록한다.

참석자들에게 내용 파악을 위한 질문이나 예상되는 문제점을 자연스럽게 말하도록 하고, 나온 내용들에 대해서는 FMEA에 기록한 뒤 개선이 따를 것임을 시사한다. 따라서 가급적 문제점과 해결책까지 말해 줄 수 있도록 유도하고, 팀원 중 한 명에게 모든 내용들을 기록하도록 한다. 이때 프로젝터 화면상 FMEA를 띄워놓고 나오는 의견을 하나하나 기록하는 모습은 좋은 방법이 아니다. 참석자들이 글자가 쓰이는 것에 이목이 집중돼 의견개진에 소홀할 수 있기 때문이다. 본문 예인 '라면 판매 프로세스 설계를 통한 매출 30% 향상' 과제로 본 과정을 설명해보자. 우선 다음 [그림 A-121]은 Analyze Phase 'Step-9.2. 설계 요소 분석' 후 정리한 [표 A-50] 중 '잠재 인자' 부분만을 옮긴 것이다.

[그림 A-121]에서 'Design FMEA'로부터 얻은 '접수 시 빠트리거나 기록 오류' 등으로 손님 방문 시 예약 여부를 확인 못 해 라면 제공 시간이 길어지거나 만족도가 저하되는 문제를 없애고자 '즉 실천'성으로 'LED 전광판 도입'을 결정한 바 있다. 당시는 'Step-9.1. 설계 요소 발굴' 과정에 있었으며,

[그림 A-121] '잠재 인자' 중 '즉 실천'으로 결정된 '설계 방향' 예

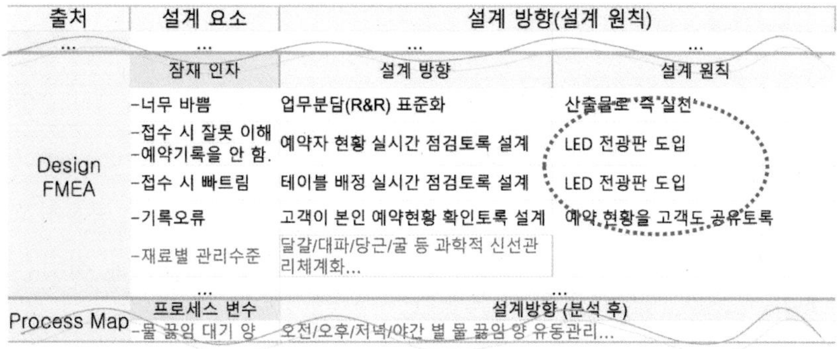

출처	설계 요소	설계 방향(설계 원칙)		
...	...	...		
	잠재 인자	설계 방향	설계 원칙	
Design FMEA	-너무 바쁨	업무분담(R&R) 표준화	산출물로 '즉' 실천	
	-접수 시 잘못 이해 -예약기록을 안 함.	예약자 현황 실시간 점검토록 설계	LED 전광판 도입	
	-접수 시 빠트림	테이블 배정 실시간 점검토록 설계	LED 전광판 도입	
	-기록오류	고객이 본인 예약현황 확인토록 설계	예약 현황을 고객도 공유토록	
	-재료별 관리수준	달걀/대파/당근/굴 등 과학적 신선관리체계화...		
	...		...	
Process Map	프로세스 변수 -물 끓임 대기 양	설계방향 (분석 후) 오전/오후/저녁/야간 별 물 끓임 양 유동관리...		

LED 전광판 구매 비용이나 설치비 등을 고려하지 않고 가장 효과적인 방안만을 결정한 결과였다(고 가정한다). 이것을 DR 중 여러 관련 담당자들과 검토하는 과정에 '비용' 문제가 지적되었고, 'LED 전광판'보다는 '인터넷 기반 예약 자동 접수 시스템'을 도입하는 것이 어떻겠냐는 의견이 제시되었다. PC가 있는 상태에서 홈페이지를 운영하고, 외부에서 전화나 인터넷으로 예약을 해올 때 자동으로 홈페이지 해당란에 예약 기록이 뜨게끔 설계된 시스템이다. 또, 통신회선만 PC와 연결하면 되므로 비용도 매우 저렴한 것으로 알려져 있다(고 가정한다). 변경된 내용을 요약하면 다음 [그림 A-122]와 같으며, 결정

[그림 A-122] 'DR'에서 수정된 '설계 방향' 예

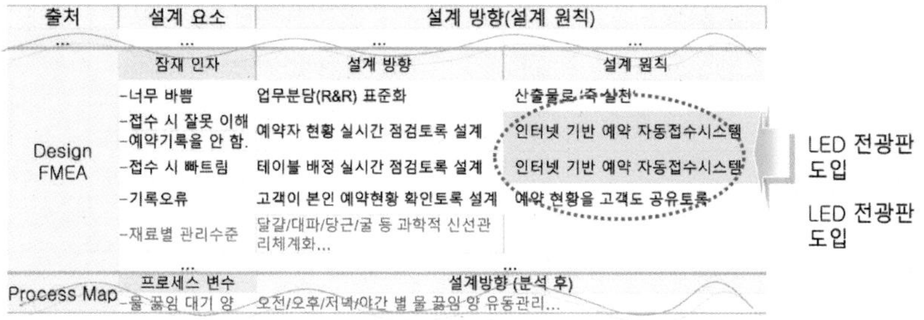

출처	설계 요소	설계 방향(설계 원칙)		
	잠재 인자	설계 방향	설계 원칙	
Design FMEA	-너무 바쁨	업무분담(R&R) 표준화	산출물로 '즉' 실천	
	-접수 시 잘못 이해 -예약기록을 안 함.	예약자 현황 실시간 점검토록 설계	인터넷 기반 예약 자동접수시스템	LED 전광판 도입
	-접수 시 빠트림	테이블 배정 실시간 점검토록 설계	인터넷 기반 예약 자동접수시스템	LED 전광판 도입
	-기록오류	고객이 본인 예약현황 확인토록 설계	예약 현황을 고객도 공유토록	
	-재료별 관리수준	달걀/대파/당근/굴 등 과학적 신선관리체계화...		
Process Map	프로세스 변수 -물 끓임 대기 양	설계방향 (분석 후) 오전/오후/저녁/야간 별 물 끓임 양 유동관리...		

내용은 Design FMEA를 갱신하고 이후부터는 'LED 전광판 도입'이 아닌 '인터넷 기반 예약 자동 접수 시스템'으로 최적화가 진행될 것이다.

5) 'DR'이 끝난 뒤 'FMEA'를 기록하고 공유한다.

끝난 뒤 기록된 내용을 'FMEA'에 옮겨 정리하고, 이슈화시킬 수 있는 것들에 대해 요약한다. 정리 결과는 메일 등을 이용해 참석자들에게 공유하고, 향후 어떤 일정을 갖고 보완이 이루어지는지에 대해 알린다. 이때 자연스럽게 다음 'DR' 일정을 공지하도록 한다.

'Step-9.4. 상위 수준 설계 검토'를 장표화하면 다음 [그림 A-123]과 같다.

[그림 A-123] 'Step-9.4. 상위 수준 설계 검토(DR 수행)' 예

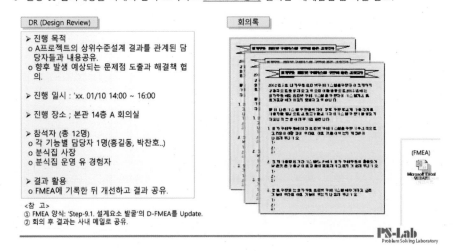

[그림 A‐123]은 분량을 최소화하기 위해 'DR 일정'과 '회의록'으로만 정리하였고, 'FMEA'는 '개체 삽입' 기능을 이용해 첨부하였다(고 가정한다). 물론 'FMEA'에는 DR에서 새롭게 정리된 [그림 A‐122] 내용도 포함돼 있다. 다음 [표 A‐52]는 Measure Phase의 [표 M‐44]에서 정리한 'Scorecard'를 갱신(Update)한 결과이다.

[표 A‐52] 내 '주문 L/T'의 경우, Analyze Phase [그림 A‐71]에서의 '프로세스 분석' 결과 '활동(Activity)'을 '제거(Eliminate)' 또는 '결합(Combine)'하는 효과로 '약 448초' 이상의 단축 효과를 얻고, [그림 A‐76]에서 '김연아 직원'의 '주방 관리 체계화' 지원으로 '약 20초', [그림 A‐86, 87]의 오전/오후 시간대 평균 시간 축소로 약 '120초' 등 '총 588초'의 단축 결과를 얻었다

[표 A‐52] 'Step‐9.4. 상위 수준 설계 검토' 예(Scorecard 작성)

Ys	중요도	단위	T.F. Y/N	성과 표준		프로세스 능력				목표	비고
				LSL	USL	M	A	D	V		
주문 L/T	12	초	N	–	600	– 4.46	4.42			180s	M: 946.7초 A: 358.7초
라면 준비시간	9	초	N	–	300	– 7.47	0.78			240s	M: 700.9초 A: 265초
나 홀로 손님 맛 만족도	8	점	N	●아이템: 라면당 설문 ●기회: 설문당 8개 항목 ●결점: 3점 이하		1.88	1.54			5만 DPMO	M: 35만 DPMO A: 6만 2천 DPMO
라커피점 반응도	6	점	N	60	–	2.53	5.28			85	A: 86 목표달성
밤참 주문비율	3	%	N	●아이템: 주문배달 1건 ●불량의 정의: ① 20시 이내 배달 건 ② 20시 이후 배달 시 라면 미포함		0.05	– 1.33			15%	M: 약 6% A: 9.2%

☐ T.F.: Transfer Function
☐ '프로세스 능력'은 '시그마 수준'으로 통일함.
☐ Measure Phase는 1.5Shift 적용

(고 가정한다). '표준 편차'가 '상위 수준 설계' 전과 동일하다고 가정하면 '시그마 수준'은 약 '4.42'가 될 것으로 기대된다. 현 데이터가 단기이므로 '1.5 Shift'는 고려하지 않는다. '나 홀로 손님 맛 만족도' 경우, [그림 A - 65~67, 72~73]의 분석 결과, 야채 신선도 유지 방안 마련, 유기농 재배 야채 사용 등의 효과로 만족도 간이 조사 결과 '28만 8천 DPMO'의 감소 효과를 얻어 '6만 2천 DPMO'가 되었다(고 가정한다). '나 홀로 손님 맛 만족도'는 설문 특성상 100점 가까이 올리기는 매우 어려우므로 목표를 '5만 DPMO'로 설정하고 있어 설사 목표 달성이 되더라도 '1.64 시그마 수준'에 그칠 것이다. 따라서 이 경우는 '시그마 수준'은 참고로 보고 'DPMO'로 목표 달성 여부를 확인하도록 한다. 특히, '라면 준비 시간'의 '시그마 수준'이 낮은 이유는 '표준 편차'를 기존과 동일하다고 가정한 데서 온 결과인데 앞으로 '상세 설계' 시 '산포' 축소까지 고려해야 함을 암시한다. 그 외의 'Y'들에 대해서도 '가설 검정' 결과를 토대로 유사하게 접근하여 [표 A - 52]의 결과를 얻었다(고 가정한다). [표 A - 52]의 4번째 열 'T.F.'는 'Transfer Function', 즉 '전이 함수의 유무'를 묻고 있으며, Design Phase 초반에 수행하므로 현재까지는 'N'으로 처리하고 있다.

지금까지 기나긴 Analyze Phase가 진행돼 왔다. 이제 본 결과를 토대로 최적화 개념인 Design Phase로 넘어가 프로세스 설계의 완성도를 높여보자.

Design

Design Phase는 Analyze Phase의 결과인 '상위 수준 설계'의 완성도를 높이는 활동이 핵심이다. '제품 설계 방법론'은 최적화를 위한 다양한 '실험 계획'이 진행될 것이나 '프로세스 설계 방법론'은 과제에 따라 최적화 접근이 모호한 부분도 있다. 그러나 '세부 로드맵'의 흐름을 통해 본인이 수행 중인 과제 경우 필요한 부분과 필요치 않은 부분은 충분히 구별할 수 있다. 과제 난이도가 높은 과제라면 제시된 '세부 로드맵' 전체를 따라야 한다.

'Design Phase'는 Analyze Phase에서 완성한 '상위 수준 설계'를 가져와 세세한 부분까지 마무리함으로써 설계의 완성도를 최고조로 높이는 과정이 핵심이다. GE에서 로드맵이 태동할 때는 'DMADV'이었지만 국내에 들어오면서 'Optimize Phase'가 추가돼 'DMAD(O)V'가 일반화됐다. 중간의 괄호는 필수 사항이라기보다 과제 유형에 따른 선택 사항임을 표현한 것인데, 경험적으로 'Design Phase'에 'Optimize Phase'를 포함하는 것, 즉 원래의 로드맵인 'DMADV'면 충분한 것으로 판단한다. 따라서 본문은 'DMAD(O)V'가 아닌 'DMADV'로 전개한다.

Analyze Phase 후반부에서 언급했듯 'Design Phase' 초기인 'Step-10. 전이 함수 개발'에서 전체 목차의 기능을 보여주되 '세부 로드맵' 관점에서 'Step-10.1. 전이 함수 확정'을 두어 과제 전체 'Y'와 'Xs' 간 관계식을 도출하고 설계의 적합성을 평가한다. 다음 'Step-10.2. 핵심 설계 요소 보완'에서 '전이 함수'의 개발로부터 '상세 설계(Detail Design)'를 위해 추가되거나 보완이 필요한 '설계 요소(Design Element)'를 나열하고, 이어지는 'Step-11. 상세 설계'에서 'Step-11.1. 상세 설계 계획 수립'을 한 뒤 지금까지의 결과를 바탕으로 'Step-11.2. 상세 설계 수행'을 실시한다. 최종 활동인 'Step-12. 설계 최적화'는 '상세 설계' 내용뿐만 아니라 '상위 수준 설계'를 아우르는 전체적인 설계의 완성도를 점검한다. 이를 위해 'Step-12.1. 설계 검증_Plan', 'Step-12.2. 설계 검증 Do/Check', 'Step-12.3. 설계 검증 Act' 순으로 설계 최적화 상태를 검증한다.

사실 설계 과제를 수행하다 보면 '상위 수준 설계'와 '상세 설계'의 경계가 모호한 것이 현실이다. 그러나 '설계 과제'에서 그나마 경계를 구분 짓는 합리적인 방법은 '전이 함수 마련'을 기준으로 삼을 수 있다. 즉, 수리적 평가가 이루어지기 전의 모든 활동은 '상위 수준 설계' 영역으로, '전이 함수'가 개발되어 수리적 평가가 가능하고 이를 근거로 미세한 설계가 이루어지는 모든 활동은 '상세 설계' 영역으로 간주하는 것이다. 물론 과제에 따라 '전이 함수'가 필요치 않은 경우 경계 구분에 약간의 혼선은 감내해야 한다.

Design Phase의 첫 단추를 꿰는 '전이 함수 개발'로 들어가기에 앞서 한 가지 확인하고 넘어갈 일이 있다. '프로세스 설계 로드맵' 경우 출처(기업 사무국에서 만들어진 교재, 컨설팅 회사에서 만들어진 교재 등)별로 그 흐름을 표시하는 데 약간의 차이가 있다. 즉, '15 – Step'의 '총론'은 비슷한데 '각론'인 '세부 로드맵'에서 제목의 표현이나 전개가 다를 수 있다. 어느 것이 옳고 그른지 이분법적 논리로 가리기보다 리더가 가장 이해하기 쉽고 업무 환경에 잘 맞는 접근법이 어느 것인지 결정해 활용하는 것이 좋다. 그러기 위해서는 논리가 명확한 로드맵을 확실하게 익힘으로써 약간 변형된 로드맵과 마주쳤을 때 그들의 특징과 장·단점을 스스로 비교하며 응용할 수 있는 능력을 스스로 배양시켜 나간다.

Step-10. 전이 함수 개발

'전이 함수?' 참 어려운 단어다. 설계 방법론에 입문하면서 다양하고 격조 있는 용어들을 마주칠 때마다 그 의미를 따지는데 많은 시간을 할애하던 필자에게 이 '전이 함수' 역시 오랫동안 괴롭힘을 준 아류들 중 하나로 기억된다. 도대체 그 실체가 뭘까? 가장 쉽게 알아볼 수 있는 방법이 인터넷 용어 검색이다. "헉! 그런데 용어 정의가 없다?" '전이 함수'라는 용어는 쓰이고 있긴 한데 '시계열 분석'의 일종 같기도 하고, 또는 무슨 공학에서 쓰이는 용어 같기도 하고…. 아무튼 '정의'는 없다. 한국통계학회 '통계학 용어 대조표'를 두드린 결과 영문으로 'Transfer Function'으로 돼 있어 이를 토대로 검색해보았더니 유일하게 '위키피디아 사전'에서 "수학적 표현이며, 선형 시간 – 변환 시스템의 입력과 출력 간 시간 또는 공간 주파수식으로 나타낸~"이라나. 정상적인 머리로는 이해하기 어려운 낱말들로 구성돼 적어도 일반 기업인 영역은 아닌 듯싶다. 인터넷 검색 중 'Transfer Function'이 '전달 함수'로도 쓰이고 있는 것 같아 이 단어로 검색한 결과 "아, 있다. 있어!" 국어사전에 다음과 같이 쓰여 있는 걸 발견했다.

> · **전달 함수** (국어사전) [명사][북한어]〈컴퓨터〉영 초기 조건일 때에, 입구 신호의 라플라스 변환과 출구 신호의 라플라스 변환의 비. 곧, 요소 또는 체계의 신호 변환 특성을 복소수 구역에서 교시한 함수이다.

그런데 왜 해필 '북한어'일까? 그도 찝찝하지만 설명 역시 영 마음에 와 닿지 않는다. 경영 혁신이 도입되면서 선량한 직장인들에게 '통계'니 '확률'이니 하는 폭탄을 안긴 것도 열 받는데 거기다 '라플라스 변환'이나 '복소수 구역'

등이라니. 이런 걸 써먹다간 직장인들의 총궐기대회나 총파업이 일어날지도 모를 일이다. 물론 '경영 혁신' 역시 영원히 묻혀버릴 게 뻔하다. 그 이후 구글이나 다른 포털의 검색 기능을 모두 뒤져보았지만 충족시킬 만한 답변은 얻을 수 없었다. 도대체 무슨 용어인데 이리 꼭꼭 숨겨둔 걸 찾아서 쓰고 있는 걸까? 20여 년 전인가 버스를 탈 때 현금 대신 '토큰'이란 것을 도입한 적이 있었다. 그런데 그 용어가 외국에서조차 잘 쓰이지 않음에도 누군가 영어 사전에서 찾아 적용하게 됐다는 후문이었다. 처음 단어를 적용할 때 그만큼 신중해야 하는데 적용 후 잘못을 알아도 되돌리기는 매우 어렵다. 인터넷을 한참 뒤지고 있던 필자는 'Transfer Function'의 다른 해석인 '이송 함수'라는 단어를 찾아냈다. 이걸로 다시 검색한 결과 'IT 용어 사전'에서 다음과 같은 정의를 발견할 수 있었다.

> ・이송 함수(Transfer Function, 移送函數) (IT용어사전) ① 주어진 시스템에서 시간이나 공간상의 두 상이한 점에서 물리적 조건들 간의 관계 또는 중간에 게재되는 시간이나 공간의 역할을 설명해주는 수학적 표현 식. ② 한 값에서 다른 유형의 값으로 변환하는 데 사용되는 함수.

이전의 용어 정의들을 그대로 담고 있지만 일단 표현이 좀 부드러워 차라리 나아 보였다. 그 외에 인터넷상에서 '전이 함수'의 영어 표현이 'Transition Function'으로도 간혹 쓰이고 있음도 알게 되었다. 이들을 모두 종합하면 다음과 같다.

> ・전이 함수(통계학 용어 대조표)≒전달함수(국어사전, 대한수학회)≒이송함수(IT용어사전)≒추이함수(대한수학회)≒Transfer Function(위키피디아, 통계학 용어 대조표, 대한수학회)≒Transition Function(대한수학회).

와! 희한하다. 영어 단어는 분명 'Transfer Function'쯤 될 것 같은데 번역은 출처마다 제각각인 것도 그렇지만 인터넷 검색 결과로 미루어 짐작건대 분명 공통된 용도로 쓰이는 단어임에도 출처마다 정의가 이렇게까지 다르다니! 쓰는 사람들이 각자 알아서 써버린 형국이 아닌가 싶다. 과연 설계 과제를 위해 가져다 쓸 만한 용어인지도 의심스럽다. 그러나 용어 정의는 최우선적으로 '한국통계학회'의 '통계학 용어 대조표'를 따른다고 선언했는지라, 일단 '전이 함수(Transfer Function)'로 통일할 것이다. 그리고 그 용어 해석은 'IT 용어 사전'에서 풀어 쓴 '이송 함수'의 것을 가져다 활용할 것이다(완전히 조립품이 되었다!). 지금까지 용어 하나 설명하는 데 소중한 지면을 할애한 것은 그만큼 기본적인 것들이 갖춰져 있지 않음을 역설적으로 표현해본 것이다. 기업인들이 체계적으로 학습하며 새로운 지식을 습득하는 일이 얼마나 어려운지 간접적으로 알 수 있다. 용어 정의를 아는 것만으로도 기본 역량은 거뜬히 갖추고도 남는다. 그러나 그마저도 우리에겐 벅찬 게 현실이다. 거기다 기대 수준은 최고 전문가라니…. 결론적으로 본문에서는 '전이 함수'를 다음과 같이 정의하고 계속 활용할 것이다.

> · 전이 함수(Transfer Function) (IT용어사전) ① 주어진 시스템에서 시간이나 공간상의 두 상이한 점에서 물리적 조건들 간의 관계 또는 중간에 게재되는 시간이나 공간의 역할을 설명해주는 수학적 표현식. ② 한 값에서 다른 유형의 값으로 변환하는 데 사용되는 함수.

이제 '전이 함수'의 용어를 'X와 Y 간의 관계식' 정도로 이해했으면 'Step－10.1. 전이 함수 확정'에서는 이들의 종류와 활용법 그리고 사례 등에 대해 알아보고, 'Step－10.2. 핵심 설계 요소 보완'에서 그를 토대로 '상세 설계'를 위한 사전 준비가 어떻게 이루어지는지에 대해 학습해보도록 하자.

Step-10.1. 전이 함수(Transfer Function) 확정

'프로세스 설계 방법론'에서 가장 어려움을 호소하는 영역들 중 하나이다. 왜냐하면 과제 수행의 '계량화' 과정이 수반되기 때문인데, 통상 간접이나 서비스 영역에서 업무의 '계량화' 작업은 낯설게 느껴지거나 정립하는 데 매우 부정적인 입장을 고수한다. 그러나 '설계'는 처음부터 완료까지 뭔가를 계속 만드는 과정이다. 따라서 '설계의 완성도'와 '수행자 또는 의사 결정자' 간 성공 수준을 중간중간 가늠할 매개체가 필요하다. 즉, '전이 함수'의 '정의'에 따르면 "~두 상이한 점에서 물리적 조건들 간의 관계~"에 따라 '두 상이한 점' 중 하나는 '설계의 완성도', 다른 하나는 '수행자 또는 의사 결정자'에 빗댈 경우 이들 물리적 조건을 연결할 '수학적 표현 식'이 요구된다.

[그림 D-1] '매개체' 역할로서의 '전이 함수' 예

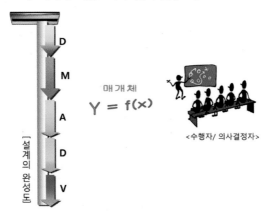

[그림 D-1]을 보면 로드맵 'DMADV'의 진행을 거치면서 '설계의 완성도'가 높아질수록 그 수준을 평가할 '수행자 또는 의사 결정자'와의 연결 고리인 '매개체'가 중요해짐을 시각적으로 보여준다. 즉, '수학적 표현 식' '$Y = f(X)$'가 절실하다. '전이 함수'의 필요 배경에 대해서는 충분히 설명했으므로 이제 그들의 종류와 구체화 방법에 대해 알아보자. 잘 알려진 기본 유형들에 '발생 확률형', '시간형', '만족도형'이 있으며, 그 외에 과제 성격에 따라 다양한 접근법인 '기타형'이 있다.

10.1.1. 전이 함수 개발 – '발생 확률형'

주요 사건을 'Event Tree'로 전개한 뒤 각 활동들의 '발생 확률'을 구해 수학적 표현 식을 얻는 방법이다. 확률 분야에서는 '조건부 확률(Conditional Probability)'의 개념이며, '사건 A가 일어났다는 제약 아래에 사건 B가 일어나는 확률'을 의미한다. 다음의 활동들에 대해 '전이 함수'를 구해보도록 하자.

[그림 D-2] '발생 확률형'의 '전이 함수' 예

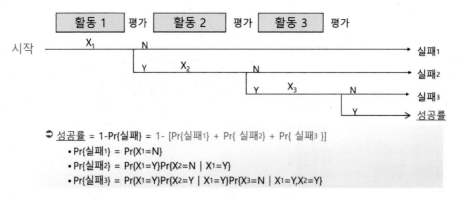

➥ 성공률 = 1-Pr{실패} = 1- [Pr{실패$_1$} + Pr{ 실패$_2$} + Pr{ 실패$_3$ }]
- Pr{실패$_1$} = Pr{X$_1$=N}
- Pr{실패$_2$} = Pr{X$_1$=Y}Pr{X$_2$=N | X$_1$=Y}
- Pr{실패$_3$} = Pr{X$_1$=Y}Pr{X$_2$=Y | X$_1$=Y}Pr{X$_3$=N | X$_1$=Y,X$_2$=Y}

'발생 확률형'의 '전이 함수' 개발은 다음과 같은 기본 요건을 갖추고 있어야 한다.

- 1) 프로세스 맵핑이 가능하고,
- 2) 각 '활동(Activity)'별 '수율(또는 불량률, 성공률, 확률 등)'의 파악이 가능한 경우.

[그림 D-2]의 '시작' 단계에 '100건'의 입력이 들어가서 '활동 1'의 특성인 'X1'을 '평가'한 결과 '4건'이 'N'으로 갔다면 '실패 1 = 0.04(= 4÷100)'이다. 또 '실패 2'는 '활동 2'에 '96건'이 유입한 상태에서 'N'으로 '6건'이 선별되면 '0.0625(= 6÷96)'이다. 계속해서 '실패 3'은 '활동 3'에 '90건'이 유입한 상태에서 '7건'이 'N'으로 분류되면 '0.0778(= 7÷90)'이 된다. 결국 맨 나중의 '성공률'은 다음 식 (D.1)과 같이 산정된다.

$$
\begin{aligned}
\text{성공률} &= 1 - \Pr\{\text{실패}\} = 1 - [\Pr\{\text{실패}_1\} + \Pr\{\text{실패}_2\} + \Pr\{\text{실패}_3\}] \\
&= 1 - [0.04 + 0.0625 + 0.0778] \\
&= 1 - 0.1803 \\
&= \mathbf{\underline{0.8197}}
\end{aligned}
\tag{D.1}
$$

'실패 1~3'은 표본을 추출할 때마다 다른 값을 가질 것이므로(즉, 변하므로) 확률적 접근이 맞고, 따라서 이 경우의 일반화된 '전이 함수'는 [그림 D-2]나 식 [D.1]에서 언급한 바와 같이 다음으로 요약된다.

$$
\begin{aligned}
\text{Y(성공률)} &= 1 - \Pr\{\text{실패}\} \\
&= 1 - [\Pr\{\text{실패}_1\} + \Pr\{\text{실패}_2\} + \Pr\{\text{실패}_3\}]
\end{aligned}
\tag{D.2}
$$

만일 [그림 D-2]의 각 '활동'이 설계 대상이고, 이들을 아우르는 '전이 함수'로부터 목표 'Y(성공률)'가 달성되기 어렵다는 결론에 이르면 조치가 필요하다. 그리고 이들 조치 내용은 다시 새로운 '설계 요소'로 추가돼야 한다. 따라서 새로운 최적화 활동을 '상세 설계'에서 수행하게 되며 설계 완성도를 한층 높이는 계기로 작용한다.

그러나 꼭 '조건부 확률'만이 '전이 함수'로서 가능한 것은 아니다. 「6.4.2. 프로세스 능력 평가」에서 '수율'에 대한 '시스마 수준' 산정에 '초기 수율(Y_{FT}, First Time Yield, or First Pass Yield)', '누적 수율(Y_{RT}, Rolled Throughput Yield)', '최종 수율(Y_F, Final Yield, or Traditional Yield)', '표준화 수율(Y_{NOR}, Normalized Yield)' 등을 소개했으며, 이들 또한 '전이 함수' 개발의 응용에 활용할 수 있다. 그러나 적용을 위해서는 가장 큰 제약인 각 '활동(Activity)'의 확률(또는 수율, 성공률, 불량률 등)을 구해낼 수 있느냐가 관건이다. 설계 중에는 데이터 수집에 장벽이 많기 때문이다. 따라서 이 방법을 100% 온전하게 적용하려는 의도보다 기본 개념을 이해하고 응용하려는 노력이 훨씬 더 중요하다.

10.1.2. 전이 함수 개발-'시간형'

'시간 단축'을 목표로 하는 설계 과제 경우, 각 '활동(Activity)'의 예상 시간을 추정해서 설계 목표가 달성될 것인지에 대해 '전이 함수'를 활용한다. 예를 들어 다음 [그림 D-3]과 같은 '프로세스 맵'을 가정하자.

[그림 D-3]에서 각 '활동' 내 '처리 소요 시간'을 'X_{t1}~X_{t5}'라고 할 때, 전체에 해당하는 '구매 처리 시간'은 각 '활동'의 '평균 소요 시간'을 모두 더하면 얻을 수 있다. 물론 병목이 예상되거나 타 '활동'에 비해 소요 시간이 긴 경우

구매요청 x_{t1}	→	구매오더 생성 x_{t2}	→	발주 x_{t3}	→	발주확인 x_{t4}	→	입고 x_{t5}

전이 함수 개발

⊃ 구매 처리시간 = 구매요청 소요시간(x_{t1}) + 구매오더 생성시간(x_{t2}) +

발주 소요시간(x_{t3}) + 발주확인 소요시간(x_{t4}) + 입고 소요시간(x_{t5})

는 해결을 위한 추가 설계가 필요하며, 이들은 또 다른 '설계 요소'로서 요약된 후 '상세 설계' 대상으로 삼는다. 만일 각 '활동'이 과거의 경험적 데이터나 설문, 벤치마킹 등을 통해 분포로서 알려져 있으면 미니탭을 이용해 '랜덤 데이터'를 발생시켜 분포 간 합으로 처리할 수도 있다. 예를 들어 [그림 D-3]의 각 '활동'별 '소요 시간'이 '삼각형 분포'67)로 설명되며, 이들이 다음 [표 D-1]과 같다고 하자(단, '입고(X_{t5})'는 발주 후 입고까지 운송에 필요한 '소요 시간'으로 설계 범위에서 벗어나 제외시킨 것으로 가정한다).

[표 D-1] 각 '활동'별 추정 '소요 시간(분)'

활동(Activity)	최솟값	최빈값	최댓값
구매 요청(Xt1)	5	9.7	18
구매 오더 생성(Xt2)	2	4.3	9.5
발주(Xt3)	14.3	28.3	40.9
발주 확인(Xt4)	1.5	11.6	15.2
입고(Xt5)	40,320	49,320	57,600

$$\underline{구매\ 처리\ 시간} = X_{t1}(5,\ 9.7,\ 18) + X_{t2}(2,\ 4.3,\ 9.5) + \qquad (D.3)$$
$$X_{t3}(14.3,\ 28.3,\ 40.9) + X_{t4}(1.5,\ 11.6,\ 15.2)$$

---

67) 설계 초기에는 각 '활동'의 예상 소요 시간을 정확히 알아내는 일은 현실적으로 제약이 많으며, 주로 경험, 설문, 벤치마킹 등을 통해 최솟값, 최빈값, 최댓값 정도 얻는 게 일반적이다. 따라서 정보를 설명하는 데 적합한 '삼각형 분포'로부터 시작해서 최적의 분포를 찾아 들어가는 방법이 선호된다.

'삼각형 분포'로 가정하고 미니탭을 이용해 '랜덤 데이터' 생성을 다음 [그림 D-4]와 같이 처리한다.

[그림 D-4] '삼각형 분포'의 '랜덤 데이터' 생성 예

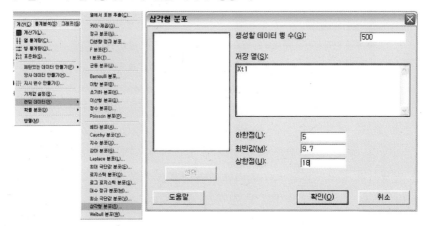

계산 과정 및 결과는 다음 [그림 D-5]와 같다.

[그림 D-5] '랜덤 데이터' 생성 결과 및 '구매 처리 시간' 산정 예

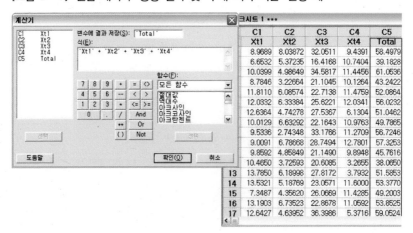

[그림 D-5]에서 '삼각형 분포'의 합으로 나타난 결과는 열 'Total'에 저장
돼 있으며, 이 수준이 현재의 '설계 능력'을 반영하는 지표 역할을 한다.
'Total' 열을 미니탭 「통계분석(S)>기초 통계(B)>그래픽 요약(G)…」에서 정리
한 결과를 다음 [그림 D-6]에 나타냈다. '랜덤 데이터'이므로 수행할 때마다
매번 다른 결과가 나오나 전체적인 분포의 모습과 대푯값 등을 확인하는 데는
별문제가 없다. 만일 Measure Phase에서의 'Y'에 대한 목표 값에 미치지 못
하면 '설계 요소'를 추가 도출한 후 '상세 설계'에서 최적화를 수행한다.

[그림 D-6] '구매 처리 시간(Total 열)'에 대한 '그래픽 요약' 예

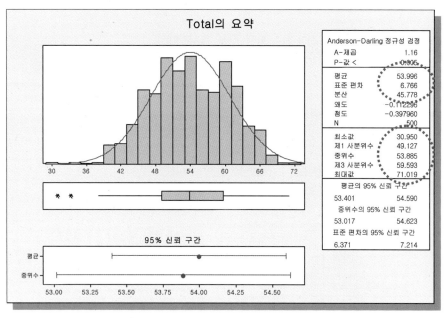

다음 [그림 D-7], [그림 D-8]은 '구매 처리 시간'에 대한 파워포인트 작
성 예이다. 우선 [그림 D-7]은 'Step-10.1. 전이 함수 확정' 작성 예를 나타

낸다.

[그림 D‑7]에서 '프로세스 맵'과 조사한 '소요 시간' 및 '전이 함수'를 상단에 위치시켰고, 그를 통해 확인된 '평균 소요 시간'이 '약 54분'으로 추정된다는 것과, '산포'에 대한 추가 분석을 통해 '설계 요소'의 도출 필요성을 강조하고 있다. 장표 오른쪽 아래에 다음 장으로 넘어가는 화살표를 두어 '전이 함수' 개발로 '설계 요소' 도출 과정이 계속됨을 예고한다. [그림 D‑8]은 '전이 함수' 개발로 알게 된 '평균'과 '산포'의 예상되는 문제점으로부터 원인을 찾는 과정과 상세 설계에서 다룰 최적화 대상, 즉 '설계 요소'를 설명한 예이다.

[그림 D‑7] 'Step‑10.1. 전이 함수 확정' 작성 예(시간형)

Step-10. 전이함수 개발
 Step-10.1. 전이함수(Transfer Function) 확정

● 'Y'인 '구매 처리시간'의 상세설계를 위한 '시간 형' <u>'전이 함수' 개발</u>.
● 결과로부터 '설계요소' 추가도출.

Process Flow 및 전이 함수

구매요청		구매오더 생성		발주		발주확인		입고
$x_{t1}(5,9.7,18)$		$x_{t2}(2,4.3,9.5)$		$x_{t3}(14.3,28.3,40.9)$		$x_{t4}(1.5,11.6,15.2)$		x_{t5}

↻ 구매처리시간 = 구매요청 소요시간(x_{t1}) + 구매오더 생성시간(x_{t2}) + 발주 소요시간(x_{t3}) +

발주확인 소요시간(x_{t4}) + 입고소요시간(x_{t5})

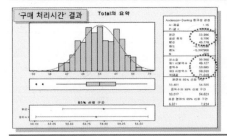

'구매 처리시간' 결과   Total의 요약

• 정규분포를 따르지 않은 점을 고려, '중위수 (Median)'의 95% 신뢰구간을 보면 '53.017~54.623'로 산술평균인 약 54분 수준으로 예측됨.

• 목표인 평균 '45분'을 달성하기 위해 각 활동 중 최빈값이 상대적으로 높은 '발주>발주확인>구매요청' 순으로 시간단축을 위한 '설계 요소'추가도출(다음 장 계속).

• '산포' 영향에 대한 추가분석 수행.

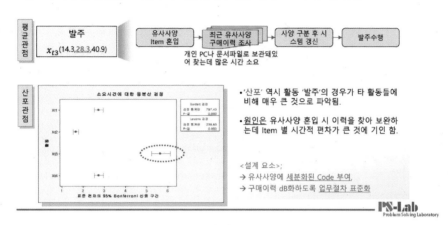

[그림 D-8]에서 '발주' 활동의 평균이 큰 이유를 찾기 위해 현재의 '상세 프로세스 맵'을 그려본 결과 '유사 사양 Item 혼입'의 경우 빈도도 높으려니와 이력 관리가 안 돼 그를 구분하는 데 많은 시간이 소요됨을 알게 되었고(또는 예상되고), '산포' 역시 조사 시 Item별 시간적 편차가 큰 것으로 확인되었다(고 가정한다). 따라서 장표 오른쪽 아래에 추가로 필요한 '설계 요소'를 '유사 Item의 세분화된 Code부여' 및 '변경 이력을 dB화하도록 업무 절차 표준화'로 확정하였다. 이들은 다음 '세부 로드맵'인 'Step-10.2. 핵심 설계 요소 보완'으로 넘겨 정리한 후 'Step-11. 상세 설계'에서 최적화가 진행될 것이다. 추가로 만일 [그림 D-3]에서 각 '활동(Activity)'의 '소요 시간'이 '정규 분포'로 가정되면 '최솟값, 최빈값, 최댓값' 대신 '평균'과 '표준 편차'의 정보가 필

요할 것이며, 이들은 '정규 분포의 가법성'을 통해 좀 더 쉽게 평가될 수 있다. 다음은 '만족도형'에 대해 알아보자.

10.1.3. 전이 함수 개발 – '만족도형'

'만족도형'은 '프로세스 설계 방법론'에서 'Y'로 자주 등장하는 '○○ 만족도'와 관련한 '전이 함수'다. 이 개념을 좀 더 확장하면 'SERVQUAL 모형'에 이르는데 '프로세스 설계 방법론'에서의 사용 빈도가 높으므로 이에 대한 탄생 배경과 용도를 잠깐 설명한 뒤 과제 수행에 응용해보도록 하자.

서비스가 좋으면 고객의 만족도가 올라가리라는 것은 경험적으로 충분히 예상할 수 있다. 따라서 '고객 만족도'와 연계된 '서비스 품질'을 어떻게 측정하고 관리할 수 있는지에 대한 연구가 Parasuraman, Zeithaml, & Berry(이하 줄여서 'PZB'라고 명명)에 의해 1985년, 1988년, 1991년의 3단계 연구 기간을 거쳐 완성되었다. 우선 1단계 연구에서 PZB는 탐색적 연구를 통해 10개의 '평가 차원'[68]을 '서비스 품질'의 개념적 정의로 설정하였다. 요약하면 다음 [표 D-2]와 같다.

[표 D-2] '서비스 품질'을 평가하는 10가지 차원(연구 1단계)

No	10개 평가 차원	내 용
1	유형성	물리적 시설, 장비, 직원, 자료의 외양
2	신뢰성	약속한 서비스를 믿을 수 있고 정확하게 수행하는 능력
3	대응성	고객을 기꺼이 돕고 신속한 서비스를 제공하려 하는 것
4	능력	필요한 기술소유 여부와 서비스를 수행할 지식소유 여부
5	예절	일선 근무자의 정중함, 존경, 배려, 친근함

---

68) '차원'이란 단어가 리더들에게 다소 낯설게 느껴질 수 있다. 쉬운 표현인 '항목'으로 대체해서 사용해도 무방하다.

6	신빙성	서비스 제공자의 신뢰성, 정직성
7	안전성	위험, 의심의 가능성이 없는 것
8	가용성	접촉 가능성과 접촉 용이성
9	커뮤니케이션	고객들이 이해하기 쉬운 고객 언어로 이야기하는 것, 고객의 말에 귀 기울이는 것
10	고객이해	고객의 욕구를 알기 위해 노력하는 것

다음 2단계로 상품 유지 보수, 은행, 장거리 전화, 증권, 신용 카드사를 대상으로 고객의 지각을 측정할 수 있는 도구 개발을 위해 정량적 탐색 연구를 시작하였는데, 이때 10개 평가 차원을 대표하는 97개의 문항을 만들어 사용하였다. 연구 결과 10개의 차원 간 상관관계가 있는 것으로 나타나 최종 5개의 서비스 품질 차원으로 통합하였는데 이것을 고객의 지각과 기대를 측정할 하위 22개 문항과 함께 정리한 표가 다음 [표 D-3]이다.[69]

[표 D-3] '서비스 품질'을 평가하는 5가지 차원(연구 2단계)

5개 평가차원	No	문항
신뢰성 (Reliability) - 믿을 수 있고, 정확한 임무 수행	1	서비스의 약속시간 준수
	2	고객이 문제에 봉착했을 때 성심성의를 보임
	3	첫 번째 제대로 서비스를 수행함
	4	약속한 시간에 서비스를 제공함
	5	작은 실수조차 없는 완벽함
확신성 (Assurance) - 경쟁력, 공손함, 믿음직함, 안전성	6	고객에게 확신을 주는 직원들의 행동
	7	고객에게 주는 거래의 안정성
	8	항상 고객에게 친절한 직원
	9	고객의 어떤 문의에도 대답 가능한 직원
유형성 (Tangibles) - 물적 요소의 외형	10	현대적 시설
	11	설비의 외관
	12	직원들의 깔끔함
	13	서비스와 관련된 제반 자료(설명서, 팸플릿의 외형)

69) A. Parasuraman, V. A., Zeithaml And L. L. Berry. Delivering Quality Service, Free Press, New York, 1990, pp.181~183.

공감성 (Empathy) – 쉽게 접근, 의사소통 용이, 고객을 이해	14	고객 개인에 대한 관심
	15	고객에게 편리하게 시간대를 조절
	16	고객에게 개인적인 관심을 보이려는 직원
	17	고객에게 최대한 이익을 주려는 직원
	18	고객 욕구에 대한 직원들의 이해
반응성 (Responsiveness) – 즉각적이고 도움이 됨	19	서비스 제공시간의 정확한 약속
	20	직원들의 신속한 서비스 제공 자세
	21	직원들의 언제나 가까운 고객지원 자세
	22	아무리 바빠도 고객의 요청에 응하는 직원

일반적으로 5개 평가 차원의 영문 첫 글자를 따서 'RATER'라 부르기도 한다. 실제 이 문항들을 이용해 설문을 실시한 뒤 '서비스 품질'을 다루게 되는데 '프로세스 설계 방법론'에서도 충분히 활용할 수 있으며, 전체 적용이 불필요한 경우 연관된 항목만 골라 사용하는 응용적 접근도 가능하다. 3단계로 '서비스 품질'에 영향을 미치는 기업 내부의 요인들에 대한 연구를 시작하였는데, 이것은 고객이 지각한 품질상의 문제점을 기업 내의 결점이나 격차(Gap)와 연결시키는 개념적 모형을 개발하는 것이었다. 통상 고객의 기대와 지각과의 격차(Gap)는 다음의 다섯 가지 요인[70]에 기인한다고 보았다.

- 1) **촉진 차이(과도한 기대 수준 형성)**: 고객에게 깊은 인상을 주기 위해 실현이 불가능한 판촉 활동을 하는 경우(예: 실제로 서비스되지 않는 것을 광고로 보여주는 행위).
- 2) **이해 차이(고객 욕구에 대한 오해)**: 고객의 욕구와 우선순위를 정확히 파악하지 못할 때.
- 3) **과정 차이(부적절한 업무 과정)**: 고객이 기대하는 바를 잘 앎에도 불구하고 운영 절차나 체계로 바꾸지 못할 때.
- 4) **행동 차이(종업원의 훈련 부족)**: 직원이 서비스 절차대로 따라 하도록 충분히 훈련되지 않았을 때.
- 5) **인식 차이(고객과 기업의 인식 차이)**: 고객은 한 번 경험한 안 좋은 기억으로 그 기업의 서비스 수준이 올라가도 여전히 서비스가 낮다고 생각하는 경향이 있다.

---

70) <출처> 삼성경제연구소(SERI).

이 요인들은 과제 수행 기간 동안 '5가지 차원 22개 문항(또는 선택적으로 사용)'으로 설문을 완수한 후 '설계 요소'를 도출할 때 활용할 수 있다. '설계 요소'란 어차피 설계 과정 중 최적화의 대상이 되는 항목들이며, 기업 내 문제 발생의 원천들이기 때문이다. 이제 좀 더 현실적인 '라면 판매 프로세스 설계' 사례를 통해 '만족도형'을 알아보자. 단 SERVQUAL의 전체적인 내용은 최소화하거나 약간 변형해서 적용할 것이다. 설문의 접근법은 동일하므로 사례를 확대하거나 목적하는 바에 맞게 설문 문항 등을 조정하면 응용에 큰 제약은 없다.

Measure Phase의 '운영적 정의([표 M-32] 참조)'에 있는 '나 홀로 손님 맛 만족도'의 '전이 함수' 개발에 대해 알아보자. 'Y' 자체가 '맛'에 한정돼 있어 앞서 언급한 'SERVQUAL 모델' 적용과는 거리가 있다. 그러나 제약이 되는 '맛'을 빼버리면 '나 홀로 오는 손님들의 분식집에 대한 (서비스) 만족도'가 중요해지고, 이 경우 '맛+서비스' 항목들로 설문 구성이 가능하다. 본문은 [표 M-32]의 '운영적 정의'에 따라 '전체적인 맛의 조화', '국물 맛', '면발의 쫄깃함', '향', '건더기 수프의 양', '전체 양', '가격대비 만족도', '합성 첨가물 포함 정도' 등 총 8개 항목들[71]을 기반으로 한 응용 모델을 소개한다.

Analyze Phase 중 식 (A.2)에서 '나 홀로 손님 맛 만족도'와 '핵심 기능 (CTF)' 간 다음의 관계가 있음을 정의한 바 있다.

(D.4) 'Y'인 '나 홀로 손님 맛 만족도'와 '핵심 기능'과의 함수 관계

Y_3(나 홀로 손님 맛 만족도) $= f$(라면상태를 유지한다, 설문을 주기적으로 받는다, 비용을 줄인다, 개인별 취향을 모은다, 재료관리 수준을 높인다)

---

71) 스포츠 서울 닷컴(2009.01.08.)의 설문 조사 기사를 인용.

다음 [표 D-4]는 'Y', '핵심 기능(CTF)', '설문 항목(Xs)'들 간 관계를 한 눈에 파악하기 쉽게 정리한 표이다.

[표 D-4] 'Y', '핵심 기능(CTF)', '설문 항목(Xs)' 정리 예

Y	핵심 기능(CTF)	설문 문항(Xs)	비고
나 홀로 손님 맛 만족도	라면상태를 유지한다.	1. 전체적인 맛의 조화	-5점 척도 -3점 이하 결점
		2. 면발의 쫄깃함	
	설문을 주기적으로 받는다.	-	
	비용을 줄인다.	3. 가격대비 만족도	
	개인별 취향을 모은다.	4. 국물 맛	
		5. 향	
		6. 건더기 수프의 양	
		7. 전체 양	
	재료관리 수준을 높인다.	8. 합성 첨가물 포함정도	

'설문 항목(Xs)'은 출처에 따라 '설계 인자'로 정의하기도 한다. 또 '설문 항목'을 필자가 임의로 정하기보다 가능한 한 공식 자료를 활용하기 위해 실제 라면 생산 업체에서 사용하는 내용들을 반영하였다(실제 '스포츠 닷컴'의 조사 자료를 인용함). 설문은 그 대상과 일정 등 계획을 수립한 뒤 수집 자료를 '운영적 정의'와 '성과 표준'에 맞춰 평가한다. 단 그에 앞서 '상대적 중요도'가 산정돼야 한다. 이 값은 '전이 함수' 개발 시 각 'X'들의 '계수'로 활용된다. 다음 [그림 D-9]는 '상대적 중요도'와 '만족도' 조사 결과로부터 '전이 함수'를 개발한 예를 보여준다.

[그림 D-9]에서 각 '핵심 기능(CTF)'과 '설문 항목(Xs)'별 중요도는 'AHP(Analytic Hierarchy Process)'나 '쌍 비교(Pair-wise Comparison)'를 통해 얻어지나 과정은 생략한다. 다만 '핵심 기능'이나 '설문 항목' 내 모든 '중

요도' 합이 '1'이 되게끔 조정하는 것이 평가에 유리하다('핵심 기능' 예: 0.23
+ 0.18 + 0.32 + 0.27 = 1). [그림 D - 9]의 오른쪽 각 '설문 항목'별 '전체 중요
도'는 '핵심 기능'과 '설문 항목' 중요도를 곱해서 얻는다(X1 예: 0.23×0.68 =
0.1564). 이때 '전체 중요도'는 '전이 함수'의 계수로 활용한다.

[그림 D - 9] '만족도형' 전이 함수 개발 예

Y	핵심기능(CTF)	설문항목(Xs)		전체 중요도	만족도
	라면상태를 유지한다	전체적인 맛의 조화 면발의 쫄깃함	X1	0.1564	3.1
			X2	0.0736	2.9
	비용을 줄인다	가격대비 만족도	X3	0.1800	2.6
나 홀로 손님 맛 만족도	개인별 취향을 모은다	국물 맛	X4	0.1184	3.0
		향	X5	0.0448	2.1
		건더기 스프의 양	X6	0.0288	3.0
		전체 양	X7	0.1280	1.8
	재료관리 수준을 높인다	합성 첨가물 포함 정도	X8	0.2700	1.0

$$Y = 0.1564X_1 + 0.0736X_2 + 0.1800X_3 + 0.1184X_4 + 0.0448X_5 + 0.0288X_6 + 0.1280X_7 + 0.2700X_8$$

[그림 D - 9]의 맨 오른쪽에 위치한 '만족도'는 설문을 통해 얻어진 각 항목
별 '평균 점수'이다. '5점'에 근접할수록 '전이 함수'의 'Y(나 홀로 손님 맛 만
족도)' 값이 증가하리라는 것을 쉽게 예상할 수 있다. 만일 'Y'의 최댓값이 '5
점'이 나오도록 하려면 계수를 규격화한다. 그러나 어차피 각 'X'의 최대가 '5
점'이므로 'Y' 역시 최댓값이 존재하고, 따라서 'Y'가 '망목 특성'인 경우 '계
수'의 규격화 없이 그대로 활용이 가능하다. 다음 [그림 D - 10]은 한 단계 더
분석적으로 접근하기 위해 '전체 중요도'와 '만족도' 간 '산점도'를 작성한 예
이다.

[그림 D-10] '만족도' 대 '전체 중요도' 간 산점도

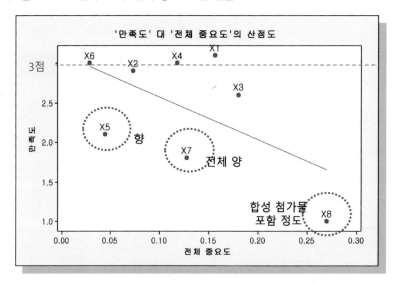

[그림 D-10]에서 빨간 원으로 표시한 항목들은 '만족도'가 '2점 이하'로 낮은 것들이며, 특히 'X8(합성 첨가물 포함 정도)'은 고객이 인지하는 '중요도'에 비해 '만족도'는 상당히 낮은 양상을 보인다. 최근 친환경에 대한 욕구가 증대되고 있는 점을 감안하면 이 항목의 만족도 향상에 중요한 '설계 요소'가 도출돼야 한다. 또 'X7(전체 양)'은 'Y'가 '나 홀로 손님 맛 만족도'처럼 혼자 오는 고객과 관계하는 만큼 '양'의 고려도 매우 중요함을 알려준다.

[그림 D-10]에서 '3점' 이상의 설문 항목들 모두 '3점' 근처에 몰려 있다. 즉, 조사한 '설문 항목(Xs)'들의 전체적인 만족도가 높지 않음을 알 수 있다. '산점도'를 토대로 팀원들과의 심도 있는 토의가 수반된다면 '상세 설계'에서 어떤 최적화 활동을 수행해야 할지 정리해내는 일은 그리 어렵지 않다. 다음 [그림 D-11]은 '만족도형'의 파워포인트 작성 예를 보여준다.

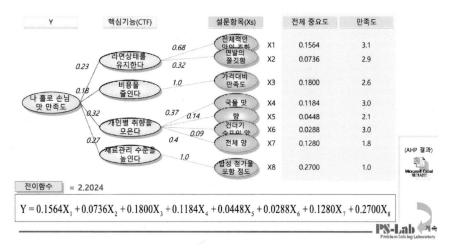

Step-10. 전이함수 개발
Step-10.1. 전이함수(*Transfer Function*) 확정

◆ 'Y'인 '나 홀로 손님 맛 만족도'의 '핵심기능' 및 '설계항목'들에 대한 '전체 중요도' 대비 '만족도' 평가결과.

$$Y = 0.1564X_1 + 0.0736X_2 + 0.1800X_3 + 0.1184X_4 + 0.0448X_5 + 0.0288X_6 + 0.1280X_7 + 0.2700X_8$$

[그림 D-11]에서 '전체 중요도'를 '계수'로 적용해 '전이 함수'를 도출했으며, 'X'들에 설문 결과인 '만족도'를 입력함으로써 현재의 '나 홀로 손님 맛 만족도' 경우 약 '2.2점(장표 아래 빨간 숫자)'을 얻었다. 'X'들에 최고점인 '5'를 입력한 결과는 최대 '5점'이 나오므로 약 '2.8(≒5-2.20)점'의 격차가 존재한다. 이 값은 얼마나 더 노력해야 하는지를 가늠하는 지표로 쓰인다.

'AHP'를 이용한 '중요도' 산정 과정은 '개체 삽입'으로 첨부해놓았다(고 가정한다). 다음 [그림 D-12]는 [그림 D-11]에 대한 '산점도' 결과이다.

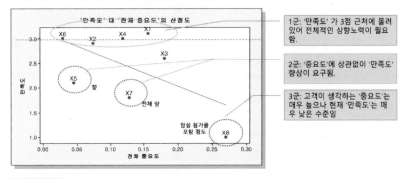

Step-10. 전이함수 개발
Step-10.1. 전이함수(Transfer Function) 확정

🔹 '전체 중요도' 대비 '만족도'에 대한 산점도 작성.

[그림 D - 12]의 '산점도'에서 층별을 통해 정확히 어느 작업이 수행돼야 하는지를 확인한다. '1군'은 '만족도'가 '3점' 이상이지만 '3점'대에 대부분 몰려 있어 전체적인 상향의 필요성을(주로 맛과 관련돼 있어 전문 조리사에게 일정 기간 연수하는 방안 추진), '2군'은 '만족도'가 '2점'대로 낮지만 주로 내부적인 조정을 통해 향상시킬 수 있음을(원가 고려하면서 원하는 고객에게 많은 양을 제공 등), '3군'은 고객이 매우 중요하게 생각하는 항목(X8: 합성 첨가물 포함 정도)으로 값을 "올리더라도 천연 조미료나 유기농을 사용하는 방안"을 검토하였다(고 가정한다). 이들 역시 'Step - 10.2. 핵심 설계 요소 보완'에서 정리한 후 'Step - 11. 상세 설계'에서 최적화가 수행될 것이다. 다음은 끝으로 '기타형'엔 어떤 것들이 있는지 알아보자.

본문에서의 '기타형'은 중요도가 떨어지거나 사용 빈도가 낮은 방법들을 모아뒀다기보다 앞서 예시한 항목들보다 약간 더 수학적인 사고가 필요하거나 또는 아예 그 수준이 너무 높아 함수적 실체를 가늠하기 어려운 유형들의 예이다. 그 외에 논하지 않았거나 아직 발견되지 않은 다양한 방법론까지를 흔히 '기타 등등'으로 처리하는 편리성도 고려하였다. 유형들을 대략 정리하면 다음과 같은 것들이 포함된다.[72)]

- 1) **선형계획법**: 하나의 목표 달성을 위해 한정된 자원을 최적 배분하는 방법.
- 2) **DEA(Data Envelopment Analysis)**: '수리 계획법'을 이용하여 경영 실적의 상대적 효율성을 사후적으로 평가하는 방법. 공공 부문 조직이나 병원, 은행 등의 효율성 평가 등에 활용됨.
- 3) **수송 모형(Transportation Method)**: '선형 계획법'의 일종으로 복수의 공급지인 생산지로부터 복수의 수요지인 목적지까지 재화 또는 서비스를 최소의 비용으로 수송하기 위해 사용되는 방법.
- 4) **할당 모형**: 기업의 경영 관리에 있어서 다양한 생산 자원이나 종업원을 여러 업무에 할당해야 하는 문제를 해결하는 데 사용되는 방법.
- 5) **목표 계획법**: '선형 계획법'과 같이 하나의 목적 함수를 최대화 또는 최소화하려는 것이 아니고, 복수 목표 간에 존재하는 (+)와 (-)의 편차를 주어진 제한 조건에서 최소화하고자 하는 방법.
- 6) 그 외 정수계획법, 네트워크모형, 재고모형, 수요예측, 비선형계획법, 게임이론, 마코브 분석, 대기행렬모형, 동적계획법, 시뮬레이션 등 다양한 접근법이 존재한다.

예시한 유형들 중 '선형 계획법'과 '시뮬레이션'에 대해 간단히 알아보고 나

---

72) 여기서 논한 유형과 정의는 『EXCEL 활용 의사결정』, 박광태·김민철 공저, 박영사의 내용을 참고하였다.

머지 것들에 대해서는 관련 서적이나 문헌 등을 참조하기 바란다.

'**선형 계획법**'은 '국어사전'이나 '네이버 백과사전'에 정의가 잘돼 있으며 후자의 출처를 빌리면 "…(중략) 한정된 자원을 어떻게 해야 가장 유효적절하게 각종 용도에 배분할 수 있는가 하는 최적 배치와 생산 계획의 문제, 한정된 총소득액의 최적 배분, 몇몇 발송 지역에서부터 몇몇 목적지로 상품을 운송할 때 그 운임을 최소화하는 수송 문제 등, 1차 부등식이라는 제약하에서 어떤 목적을 최대화 또는 최소화하려는 문제에 모두 적용된다. …(중략)"라고 설명한다. 정의 중 핵심 단어를 고르면 "1차 부등식이라는 제약"과 "최대화 또는 최소화"로 압축할 수 있다. 즉, '어느 조건(Xs)들이 주어진 상황에서 목적하는 변수(Y)를 최대화 또는 최소화하는 문제'에 적용한다. '선형 계획법'을 본문의 예인 '라면 판매 프로세스 설계'에 적용해보자.

'전이 함수'를 개발하기 위해 우선 '상황 설정'이 필요하다. 즉, 어느 변수들을 고려해야 하는가이다. 앞서 예시한 '시간형'이나 '만족도형' 경우 당초 '라면 판매 프로세스 설계를 통한 매출 30% 향상' 과제처럼 '매출'인 'Big Y'와의 관련성을 설명하는 데는 매우 부족하였다. 현재는 다음 식 (D.5)와 같은 관련성을 염두에 둬야 한다.

$$\text{Big Y(매출: 30\% 향상)} \propto f(\underline{Y_i}) \propto f(\underline{CTF_i}) \propto f(\underline{설계\ 요소_i}) \qquad \text{(D.5)}$$

여기서, $Y_i \rightarrow$ 라면 준비 시간, 주문 L/T, 나 홀로 손님 맛 만족도,
라커피점 반응도, 밤참 주문 비율

지금까지는 식 (D.5)의 밑줄 친 부분에 대해서만 논의되었을 뿐 'Big Y(매출: 30% 향상)'는 언급한 적이 없다. 그러나 '선형 계획법'으로 '전이 함수'를 유도하면 자연스럽게 과제 목표인 '매출'과의 연계성을 통해 'CTQ Flow-up'의 접근이 가능하다. 다음과 같이 상황을 가정해보자.

(상황) 재료의 신선도를 고려할 때 하루 동안의 매출 관리가 중요하며, 따라서 이익을 최대로 하기 위한 당일 '최적 조리 양'에 관심이 있다고 가정하자. 주요 메뉴는 라면이며, [표 M‒44]를 참조했을 때, 여고생을 대상으로 한 '라면 준비 시간'은 목표 180초(조리 110초, 서빙 70초), 일반인을 대상으로 한 '주문 L/T'는 목표 240초(조리 185초, 서빙 55초) 수준이다. 또 현재의 직원으로는 하루 동안 조리에 총 30,000초, 서빙에 18,000초가 소요된다. 빨리 대응해야 하는 여고생용 라면은 1개 팔면 800원 이익을, 일반인 경우는 조금 적은 700원 이익을 남긴다(단, 현재 여고생 대상 '라면 준비 시간'은 946.7초, 일반인의 '주문 L/T'는 700.9초이다).

상황 설정에 맞는 '최적 조리 양'을 구하기 위한 '선형 계획법 모형(전이 함수)'은 다음 식 (D.6)과 같다. 이때 식 (D.5)에서 '5개 Y'들 중 '조리 양'과 관련된 '라면 준비 시간'과 '주문 L/T'만을 활용하였다.

$$
\begin{aligned}
&\text{최대화} && Z = 800X + 700Y && \text{(총 이익)} \\
&\text{제약조건} && 110X + 185Y \leq 30{,}000 && \text{(조리)} \\
& && 70X + 55Y \leq 18{,}000 && \text{(서빙)} \\
& && X,\ Y \geq 0 \\
&&& \text{(X; 여고생용 라면 조리 양, Y; 일반인용 라면 조리 양)}
\end{aligned}
$$

(D.6)

이익을 극대화하기 위한 '최적 조리 양'을 구하기 위해 엑셀의 '해 찾기' 기능을 활용한다.[73] 다음 [그림 D‒13]은 설정된 '상황'을 참조하여 엑셀에 기본 값들을 입력한 예이다.

[그림 D‒13]에서 '0'인 셀들은 '선형 계획법'을 통해 얻어질 값들이고, 그

73) 『EXCEL 활용 의사결정』, 박광태·김민철 공저, 박영사, pp.9∼17 참고.

외는 '상황'에서 제시한 숫자들의 입력이다. 계산 과정은 주어진 조건에서 최대의 '총 이익'을 구한 뒤 그에 맞는 '최적 조리 양' 및 투입 시간인 '총 사용자원'을 얻는다. 각각에 들어가는 수식을 정리하면 다음 식 (D.7)과 같다.

[그림 D-13] '최적 판매량' 산정을 위한 '선형 계획법' 입력 예

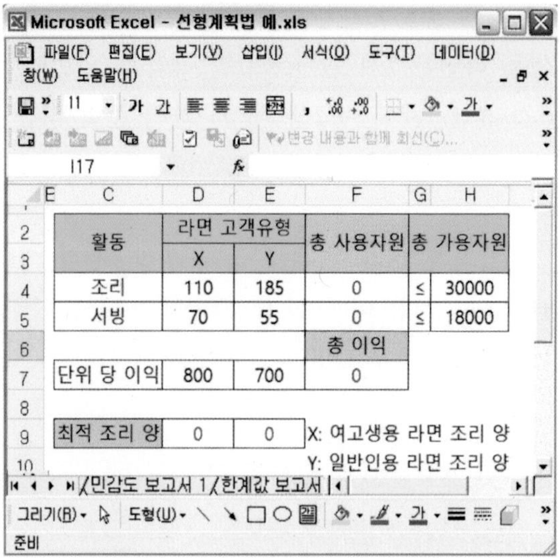

셀 D4 =SUMPRODUCT(B4:C4,$B$9:$C$9)
셀 D5 =SUMPRODUCT(B5:C5,$B$9:$C$9)
셀 D7 =SUMPRODUCT(B7:C7,B9:C9)

셀 B9, C9 는 수식 없음.   (D.7)

마우스를 시트 'D7'에 찍은 상태에서 엑셀 '데이터' 탭의 '해 찾기[또는 구엑셀 경우 '도구(T)>해 찾기(V)…']로 들어간다. 다음 [그림 D-14]는 '대화상자'에 입력한 예이다.

[그림 D-14] 엑셀 '해 찾기' 입력('옵션' 포함) 예

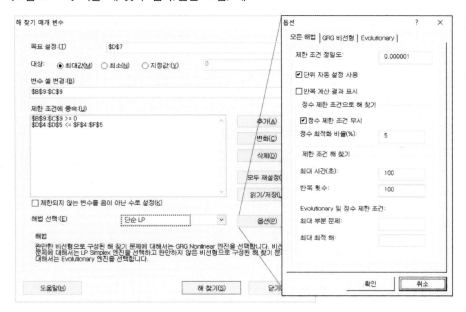

'목표 설정:(T)'은 'D7', 즉 '총 이익'을 나타내고(셀을 찍고 들어왔으므로 자동 지정됨), '대상'은 '총 이익'이 '망대 특성'이므로 '최대값(M)'을 지정한다. '변수 셀 변경:(B)'은 '최적 생산량' 2개 셀이 지정되고, '제한 조건에 종속:(U)'은 '최적 생산량'이 '음수'가 되지 않음과, '총 사용 자원'이 '상황'에서 제시한 '총 가용 자원'을 넘지 않는다는 제약을 나타낸다. 그 외에 '해법 선택:(E)'은 '선형 모형'인 '단순 LP'를 선택한다. '해 찾기(S)'를 실행하면 다음 [그림 D-15]가 나타난다.

[그림 D-15]의 '대화 상자'에서 '보고서' 내 "해답"을 지정하고 '확인'을 누르면 '결과 값'과 함께 워크시트명 "해답 보고서"가 생성된다. 다음 [그림 D-16]은 최종 얻어진 엑셀의 결과 화면이다.

[그림 D-15] 엑셀 '해 찾기 결과' 대화 상자 예

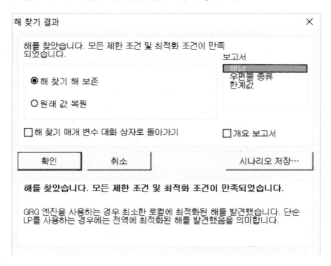

[그림 D-16] 최대 '총 이익' 및 '최적 생산량' 결과 예(개선 수준)

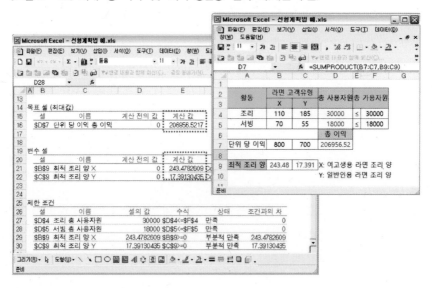

[그림 D-16]의 오른쪽 결과 화면으로부터 '총 이익'은 약 '20만 원' 수준을, 이때 '여고생용 라면 조리 양'이 '약 243그릇', '일반인용 라면 조리 양'은 '약 17그릇' 정도 예상된다. '총 사용 자원'은 '조리'와 '서빙' 모두 '총 가용 자원(시간)' 전체를 투입한 것으로 나타났다(그림의 워크시트인 '해답 보고서'는 이들을 정리한 표로 자동 생성됨). 숫자상으로 '여고생용 라면'에 들어가는 자원(시간)이 짧고, '단위당 이익'도 높으므로 최대 이익을 위해 '일반인용 라면'보다 '조리 양'이 증가하는 것은 예상한 결과이다. 다음 [그림 D-17]은 '상황'에서 주어진 프로세스 설계 전(개선 전) 자원을 입력했을 때의 최대 이익을 구한 결과이다(개선 결과와 비교하기 위해 '현 수준'을 산정한 경우임).

[그림 D-17] 최대 '총 이익' 및 '최적 생산량' 결과(현 수준)

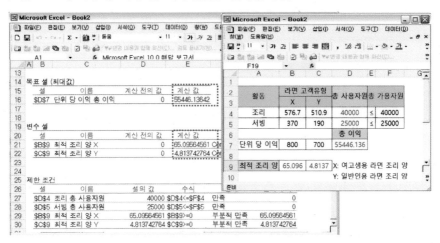

[그림 D-17]에서 '총 이익'은 약 '55,000원' 수준이고, 여고생용 라면 조리 양은 '약 65그릇', 일반인은 '약 5그릇' 수준이다. 종합하면 설계 목표를 달성할 경우 '조리 양' 증대는 물론 '총 이익'이 '55,000 → 200,000원'으로 약 4

배 정도 급격한 증가가 예상된다. 이대로 갈 경우 매출 목표인 '30% 향상'은 무난할 것으로 보인다. 따라서 현실에 맞는 최적화된 접근을 'Step-11. 상세 설계'에서 진행하도록 한다. 예를 들어 '라면 주문 시간'의 주체인 여고생들은 하루에 걸쳐 방문하기보다 야간 학습이라는 특정 시간대에 몰릴 것이므로 '243그릇'을 짧은 시간 동안 어떻게 판매해야 할지에 많은 고민이 필요하다. '선형 계획법'에 대한 접근은 이상으로 마무리하고 다음은 '시뮬레이션'에 대해 알아보자.

'시뮬레이션'은 '프로세스 설계'에 있어 단비와 같은 존재다. 수학적인 접근보다 현재의 프로세스와 향후 프로세스만 있으면 그 효과 정도를 눈으로 확인할 수 있다. 또 여러 변수를 거의 실시간으로 조정해가며 변화된 모습도 쉽게 추적할 수 있다. 필자는 90년도 후반부에 미국 SBTI社로부터 '제품 설계 방법론'을 교육받으며 '프로세스 설계'를 위한 PC 기반 시뮬레이터를 처음 접했었다. 우선 '프로세스 맵'을 자유롭게 그리는 것도 좋았지만 각종 변수의 적용과 수준들의 변동에 따른 시간, 비용, 최적 자원 등의 결과 값을 거의 실시간으로 추정할 수 있어 단번에 그 효용성을 실감하였다. 그러나 문제는 프로그램 구입 가격이 약 3,000만 원대로 높고, 또 사용법을 익히는 데 많은 노력과 시간을 요하는 단점이 있었다. 가능한 모든 변수들을 고려해 입력해야만 실제와 유사한 결과에 접근할 수 있는 것도 그렇고, 더욱 큰 문제는 실제 프로세스 운영 실태를 제공된 함수로 코딩하는 게 여간 어렵게 느껴지는 것이 아니었다. 그러나 최근에는 'i-Grafx'라는 전용 프로세스 시뮬레이터가 시판 중에 있다. 한글 버전이며 미니탭과 연동돼 자원들의 최적화까지 소위 딱 알맞은 프로그램이면서 가격도 과거에 비하면 매우 저렴한 편이다. 그러나 문제는 매뉴얼을 통해 기능들을 현실에 맞게 표현하는 과정이 만만치 않다는 데 있다.

'i-Grafx'는 교보생명의 '민원 처리 프로세스'나 삼성코닝정밀유리에서 제품 이송 프로세스 최적화 등 수차례 활용하였으며, 정량적인 예측용으로는 고무적인 결과를 얻었다. 또 제3자에게 내용 전달도 매우 쉬워 담당자들도 흡족한 평가를 하였으나 지속적으로 전파하는 데는 한계가 있었다. 그것은 앞서 말했듯이 사전에 많은 학습 기간의 필요성과 각종 함수 처리 등이 난제로 여겨진다.

본문에서는 프로세스 시뮬레이션의 필요성은 강조하되 'i‒Grafx' 같은 시뮬레이터가 있다는 정보 제공과, 그의 간단한 모습 및 결과 화면 정도로 요약하고 넘어갈 것이다. 만일 시뮬레이터를 활용한다면 실질적인 '전이 함수'는 프로그램 논리에 의해 구성되므로 굳이 수식화는 필요치 않다. 다음 [그림 D‒18]은 'i‒Grafx'를 이용한 프로세스 시뮬레이션 화면을 나타낸다.

[그림 D‒18] 프로세스 시뮬레이션 예

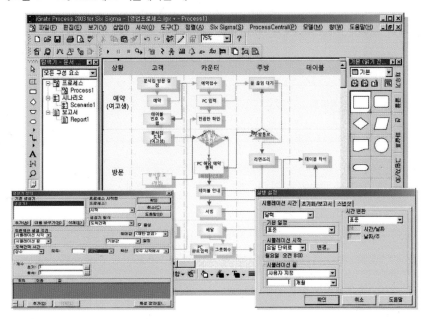

[그림 D‒18]에서 각종 설정 화면과 프로세스 설계 화면을 볼 수 있으며,

실질적인 ‘전이 함수’는 프로그램 속에 포함돼 있는 것으로 간주할 수 있다. 다음 [그림 D－19]는 결과 화면(보고서 화면)을 나타낸다.

[그림 D－19] 프로세스 시뮬레이션 결과 화면 예(보고서)

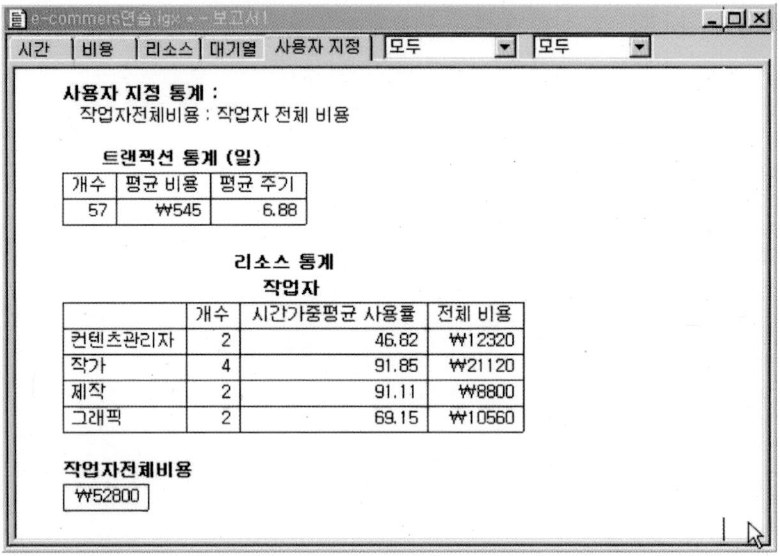

개수	평균 비용	평균 주기
57	₩545	6.88

	개수	시간가중평균 사용률	전체 비용
컨텐츠관리자	2	46.82	₩12320
작가	4	91.85	₩21120
제작	2	91.11	₩8800
그래픽	2	69.15	₩10560

[그림 D－19]를 보면 다양한 결과 값들이 얻어지고, 또 변수 조정을 통해 어느 활동을 얼마만큼 조정해야 전체 목표를 달성할 수 있는지에 대한 즉각적인 확인도 가능하다. 이런 도구들의 사용은 필요에 의해 결정할 문제이므로 과제 유형별로 잘 판단해서 활용하기 바란다. 파워포인트로 작성한 예는 생략하고 이 정도에서 ‘Step－10.1. 전이 함수(Transfer Function) 확정’을 마무리한다. 이제 다음 ‘세부 로드맵’인 ‘Step－10.2. 핵심 설계 요소 보완’으로 넘어가 보도록 하자.

'설계 요소(Design Element)'는 이미 'Step－9. 상위 수준 설계'의 '세부 로드맵'인 'Step－9.1. 설계 요소 발굴'에서 상세히 다룬 바 있다. '프로세스 개선 방법론'에서는 'Step－6. 잠재 원인 변수의 발굴'에서 '변수'를 한 번 도출한 뒤 이어지는 Analyze나 Improve Phase에서 추가로 원인 변수가 발견되면 'Step－6. 잠재 원인 변수의 발굴'로 다시 돌아가 보완하면 그만이다. 이후부터는 추가된 '변수'에 대해 '검정'과 '최적화'가 반복된다. 그러나 '프로세스 설계 방법론' 경우 프로세스를 만들어가는 과정이 '상위 수준 설계'와 '상세 설계'로 구분돼 진행되는 만큼 '설계 요소'를 발굴하는 시점과 그 상세함에 차이가 있을 수 있다. 쉽게 얘기하면 설계 단계가 두 개 있으므로 '설계 요소'도 두 번 발굴한다고 생각하면 편리하다. 다만 흐름을 타고 전개되므로 Design Phase에서의 '설계 요소'는 Analyze Phase에서의 그것과 어느 정도 구분되는 것도 사실이다. 굳이 특징을 설명하면 다음과 같다.

- 1) 상위 수준 설계에서 미처 고려치 못한 하위 구조의 상세 설계 요소가 확인된 경우
  (예: '전이 함수 개발'로부터 나온 [그림 D－8] 'Code 체계화' 등).
- 2) 예상치 못한 위험이 발견되어 설계 요소의 보완 필요성이 제기된 경우
  (예: [표 A－25]의 '프로세스 변수'로 '고객 유형(여고생, 나 홀로, 대학생)'이 선정되었으나 주변 재개발 확정으로 여학교의 이전이 검토된 경우 등).
- 3) 기존에 고려한 프로세스나 방법 등에 대해 변경 필요성이 나타난 경우
  (예: [표 A－20]의 '잠재 인자' 예시 중 '접수 시 빠트림(접수 누락률)'을 줄이기 위해 고객이 방문하면 서로 확인 가능하도록 'LED 전광판'을 도입하기로 했으나, 훨씬 저렴하고 관리가 용이한 '인터넷 기반 자동 접수 시스템' 도입으로 변경됨 등).

Analyze Phase의 [표 A – 25]와 [그림 A – 56]에서 처음 발굴된 '설계 요소'들을 종합하였고, 이들은 '가설 검정'이 필요한 것과 그렇지 않은 것들로 구분한 뒤 분석 과정을 거쳐 '핵심 인자'로 재분류되었다([표 A – 50], [그림 A – 113]). 또, Design Phase에서 '전이 함수' 개발로 새롭게 얻은 '설계 요소'들이 추가되었다. 이제 이들 모두를 대상으로 '상세 설계'에서 어떤 상세한 작업을 수행할 것인지 결정해야 한다. 'Step – 9.3. 설계 요소별 산출물 정의'에서 처리 완결된 항목들은 제외하고 나머지만으로 정리한 결과가 다음 [표 D – 5]이다.

[표 D – 5] 보완된 '설계 요소' 예

출처 설계 7요소	설계 요소 설계 인자	설계방향(설계 원칙)	
…	…	…	…
	잠재 인자	설계방향	설계 원칙
Design FMEA	– 너무 바쁨	업무분담(R&R) 표준화	산출물로 '즉 실천'
	– 접수 시 잘못 이해	전화 예약고객→홈페이지 인터넷예약으로 유도	인터넷 기반 예약 자동접수시스템
	– 예약기록을 안 함		
	– 접수 시 빠트림		
	– 기록오류	고객이 본인 예약현황 확인토록 설계	예약 현황을 고객도 공유토록
	– 재료별 관리수준	달걀/대파/당근/ 굴 등 과학적 신선관리체계화…	
	…	…	…
Process Map	프로세스 변수	설계방향	
	– 고객 수	최적화 검증수단으로 활용. 장사 시작/끝 산포관리…	
	– 예약시간 대	저녁 야간학습시간대만 예약서비스 제공	
	…	…	
전이 함수	설문항목	설계방향(분석 후)	
	– 전체적인 맛의 조화 – 면발의 쫄깃함 – 국물 맛 – 건더기 수프 양	전문조리사에게 일정기간 연수 추진	
	– 합성 첨가물 포함 정도	천연 조미료와 유기농 야채 도입, 판가높임	
	…		

[표 D‑5]에서 빨간색으로 표기한 항목들이 '상세 설계' 대상임을 나타낸다. 이미 'Step‑9.3. 설계 요소별 산출물 실현'에서 마무리된 항목들은 '상위 수준 설계'가 완료된 것으로 보고 '상세 설계'에는 포함시키지 않는다. 단지 변경됐거나 새롭게 추가한 '설계 요소'들만 '상세 설계' 대상에 포함시킨다(표에서 빨간색 항목 참조). [표 D‑5]의 'Design FMEA' 내 '인터넷 기반 예약 자동 접수 시스템'은 'Step‑9.4. 상위 수준 설계 검토'에서 'DR' 동안 새롭게 수정된 내용이었다. '설계 방향'은 '테이블 배정 및 예약자 현황 실시간 점검토록 설계'에서 '전화 예약 고객을 인터넷 예약 고객으로 유도'하는 방향으로 선회했었다([그림 A‑121], [그림 A‑122] 참조). 다음 [그림 D‑20]은 파워포인트 작성 예이다.

[그림 D‑20] 'Step‑10.2. 핵심 설계 요소 보완' 작성 예

Step-10. 전이함수 개발
Step-10.2. 핵심설계요소 보완

◆ '상위수준 설계', '전이함수 개발'로부터 '상세설계'를 위한 '핵심설계요소' 및 '설계방향'을 다음과 같이 최종 요약함.

출처 설계 7요소	설계요소 설계인자	설계방향(설계원칙)	
...	...	...	
	잠재인자	설계방향	설계원칙
Design FMEA	-너무 바쁨 -접수 시 잘못 이해 -예약기록을 안 함 -접수 시 빠트림	업무분담(R&R) 표준화 전화 예약고객 → 홈 페이지 인터넷 예약으로 유도	산출물로 '즉 실현' 인터넷 기반 예약 자동접수시스템
	-기록오류	고객이 본인 예약현황 확인토록 설계	예약 현황을 고객도 공유토록
	-재료별 관리수준	달걀/대파/당근/굴 등 과학적 신선관리체계화...	-
	...	...	...
	프로세스 변수	설계방향	
Process Map	-고객 수 -예약 시간대	최적화 검증수단으로 활용. 장사시작/끝 산포관리... 저녁 야간학습시간대만 예약서비스 제공	
추가 전이함수	설문항목	설계방향 (분석 후)	
	-전체적인 맛의 조화 -면발의 쫄깃함 -국물 맛 -건더기 수프 양	전문조리사에게 일정기간 연수 추진	
	-합성 첨가물 포함 정도	천연 조미료와 유기농 야채 도입, 판가높임	
	...		

PS-Lab
Problem Solving Laboratory

[그림 D‑20]에 '설계 방향'이 바뀐 항목과 '추가'로 강조한, 즉 새롭게 반영된 항목들을 표현하고 있다. 이제 [그림 D‑20]을 'Step‑11. 상세 설계'로 넘겨 이후를 진행해보도록 하자. 이후의 '세부 로드맵'은 '상세 설계'이다.

Step-11. 상세 설계

　　　　　'상세 설계(Detail Design)'는 단어 표현 그대로 "상세하게 설계한다"이다. 간혹 상세하게 설계하는 '대상'이 무엇인지 정확하게 규정짓지 못해 본인이 생각했던 개선 내용들을 선후 관계없이 잔뜩 쌓아 놓기 일쑤다. '상세 설계'는 설계를 마무리하는 과정이다. 마무리하려는 대상은 앞서 벌여놓았던 많은 미완성의 작업들이며, 이들을 찾아내 깔끔하게 정리하는 활동이 핵심이다. 그렇다면 '앞서 벌여놓았던 많은 미완성의 작업'이란 무엇일까? 바로 '상위 수준 설계'에서 좀 더 세밀하게 정의해야 할 것들, 그리고 '전이 함수'를 개발하면서 새롭게 드러난 것들을 포함한다. 이 관계를 개요도로 정리하면 다음 [그림 D-21]과 같다.

[그림 D-21] '상세 설계'의 개요도

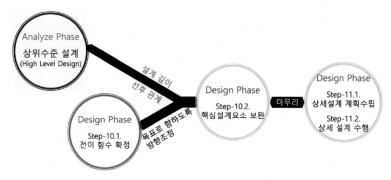

　　[그림 D-21]의 **'설계 깊이'**는 '상위 수준 설계'가 전체적인 윤곽을 잡는 작업이고 그러다 보면 아주 세부적인 내용들까지 규정짓긴 어렵다. 즉, '작업의 정도'가 곧 '깊이'이다. 예를 들어, '상위 수준 설계'에서 '○○ 업무 절차 표준화'를 '산출물'로 얻었으면, '상세 설계'는 그 내부를 채울 '업무의 정의',

'업무 범위', '담당자 자격 요건' 등 세부적인 사항들을 규정짓거나, 또는 '프로세스 맵'에서 '상위 수준 프로세스'를 작성했으면 '하위 수준 프로세스'로 세분화하는 작업 등을 지칭한다. 또 **'선후 관계'**는 '상위 수준 설계'에서 '프로세스 차트'나 '데이터 흐름도', '개체 관계도' 등 윤곽을 형성하는 시스템 설계에 치중한 후 그와 연계된 '업무 매뉴얼', '설비 배치', '직무 기술서' 등의 후행 작업이 수행되면 '상위 수준 설계'와 '상세 설계' 간 '선후 관계'가 성립한다. 즉, 기초 작업을 해놓고 이후 공사를 진행하는 것과 비유된다.

[그림 D-21]의 또 다른 시작점이 '전이 함수'이다. 앞서 'Step-10'에서 여러 유형들을 소개했지만 '전이 함수 개발'은 단순히 함수 관계만을 정립하기보다 그 과정 속에서 목표 달성에 장애가 되거나 부족한 요소들을 미리 적출하는 기능까지 포함한다. 이들 모두의 고려는 결국 설계 중인 프로세스의 완성도를 높이는 데 기여한다. 그렇다면 '상위 수준 설계'에서 이미 구체화 작업까지 완료한 경우는 '상세 설계'에서 어떻게 처리해야 할까? 이 경우는 '깊이' 측면과, '선후 관계' 측면 모두에 해당하지 않으므로 그 상태 그대로 완료한 것으로 본다. 쉽게 말해 '상세 설계' 과정은 생략한다. '로드맵' 사용의 의미는 일을 빠트리지 않고 체계적으로 한다는 뜻이지 할 필요 없는 일을 계속 받아 처리한다는 의미는 어디에도 없다. 전개상 불필요한 '세부 로드맵'은 과감히 생략한다.

'상세 설계'를 위해서는 '상위 수준 설계'에서 넘어온 항목들은 무엇이며, '전이 함수' 개발 중에 추가된 것들이 무엇인지 규정하고, 이들을 어떤 방법으로 구체화할지를 계획하게 되는데 이 작업은 'Step-11.1. 상세 설계 계획 수립'에서, 또 그 계획의 내용과 도구들을 토대로 하나하나 세부적인 마무리 설계를 진행하는데 이 과정은 'Step-11.2. 상세 설계 수행'에서 이루어진다. 출처에 따라서는 '상세 설계 검증'을 하기도 하는데 이보다는 일단 설계가 마무리된 것으로 간주하고, 'Step-12. 설계 검증'에서 '상위 수준 설계'를 포함한 전체적인 설계 검토가 이뤄지는 것이 로드맵 중복을 피할 수 있어 효율적이다. 특히 '프로세스 개선 방법론'의 'Step - 12. 결과 검증'과도 일대일 대응 관계가 성립돼 '방법론(정확히는 로드맵)'을 이해하는 데 일조할 수 있다.

본론으로 들어가기에 앞서 '설계 요소' 유형별로 '상세 설계' 때 쓰일 '도구'들을 소개할 것이다. 그래야 'Step - 11.1. 상세 설계 계획 수립'과 'Step - 11.2. 상세 설계 수행'이 원활이 이행될 수 있다. 지금부터 설명하는 도구들은 '프로세스 개선 방법론'의 Improve Phase에 포함된 내용을 일부 편집해서 옮겼음을 미리 알려둔다.

'상세 설계'를 위한 방법과 관련 도구들을 개요도로 정리하면 다음 [그림 D - 22]와 같다. '프로세스 개선 방법론'에서는 '개선 체계도'로 명명했으나 본문은 설계 과정임을 감안해 '상세 설계 체계도'74)로 부를 것이다. 전체를 이해하는 데 상당히 중요한 만큼 확실히 익혀두도록 하자.

[그림 D - 22] 상세 설계 체계도

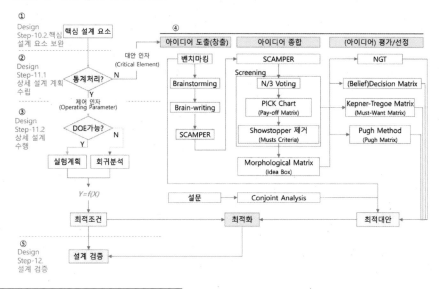

---

74) '프로세스 개선 방법론'의 Improve Phase에 소개돼 있다.

- **영역 ①** Design Phase 'Step-10.2. 핵심 설계 요소 보완'으로, 여기서 종합된 '핵심 설계 요소'들과 '설계 방향'들이 'Step-11.1. 상세 설계 계획 수립'으로 넘겨진다.
- **영역 ②** Design Phase 'Step-11.1. 상세 설계 계획 수립'으로, '핵심 설계 요소'가 통계 처리가 가능하면 아래 방향으로, 그렇지 않으면 오른쪽 방향으로의 계획을 수립한다. 통상 전자의 '핵심 설계 요소'를 '제어 인자(Operating Parameter)', 후자의 경우를 '대안 인자(Critical Element)'라고 한다. 예를 들면 '제어 인자'는 '핵심 설계 요소' 중 '담당자', '양식 종류', '처리 방법', 조절 가능한 '시간' 등을 말하며, 이들은 데이터 수집이 가능하고, 또 수집된 데이터를 모아서 계산(통계)해야 하므로 그에 부합되는 도구들을 활용한다. 반대로 '대안 인자'는 '일의 순서', '운영 방안' 등과 같이 데이터를 처리해서 최적화하기보다 프로세스 환경에 가장 적합한 대안을 찾는다. '대안 인자' 역시 그에 걸맞은 도구들이 활용된다. 따라서 '상세 설계 계획'은 인자의 성향에 맞도록 적합하게 수립돼야 한다.
- **영역 ③** Design Phase 'Step-11.2. 상세 설계 수행'으로, 통계 처리가 가능한 '제어 인자'들의 '최적 조건'을 찾아준다. 즉, 프로세스에서 'Y'의 목표 달성에 필요한 정확한 'X 값'을 찾는다. 이를 수행하기 위해 우선 'DOE가 가능한가?'라는 판단이 필요한데, 여기서의 'DOE(Design of Experiment)'는 '실험 계획'이지만 '협의의 의미'로 사용한다. 즉, '인자'와 '수준'을 정한 뒤 미니탭을 통해 그 결과를 해석하는 정도를 나타낸다. 'DOE'를 할 수 있다는 것은 그를 수행할 자원(인력, 측정 시스템 등)이 있고, 시간이 허용되며, 실험할 수 있는 실험실의 각종 환경 또는 지원 등이 가능하다는 뜻이다. 경우에 따라서는 한 번 실험을 수행하는 데 막대한 자금이 들거나, 실험의 높은 난이도 또는 실험 환경이 구비돼 있지 못해 애당초 시작조차 어려운 지경도 허다하다. 만일 'DOE'가 가능하면 'Yes'의 경로인 '실험 계획'으로 들어간다. 여기서의 '실험 계획'은 '광의의 개념'이며, '요인 설계(Factorial Design)'나 '다구치 방법(Taguchi Method)'과 같이 통계 도구의 선정부터, 수행 인력, 기간, 표집과 같은 전반적인 계획을 수립한다. 이런 활동을 통해 의도적인 데이터의 수집(의도된 실험을 통해 결과가 얻어지므로)이 가능하며, 이로부터 외부 잡음이 최소화된 'Y=f(X)'의 관계식을 얻는다. 또 이 관계식으로부터 프로세스에서 원하는 'Y' 값에 대한 정확한 'X'의 '최적 조건'도 최종 확보한다. 그런데 만일 'DOE'가 가능하지 않으면 어떻게 'Y=f(X)'를 얻어낼 수 있을까? 바로 과거 'X'와 'Y' 데이터를 수집해 '회귀 분석'을 수행한다. 물론 다양한 환경 잡음이 섞여 있어 '실험 계획'에 비해 정밀도가 떨어지나 실제 프로세스에서 얻어진 만큼 '최적 조건'을 확보하는 데는 별문제가 없다. '실험 계획'과 '회귀 분석'을 통해 'Y=f(X)'를 얻으면, 미니탭 기능을 이용해 원하는 'Y'에 대한 'X' 값들을 구한다.

아이디어 도출(창출): Design Phase 'Step-10.2. 핵심 설계 요소 보완'에서 정리된 '설계 방향'이 입력으로 들어오며, 프로세스를 최적화할 구체적인 안들을 도출한다. '아이디어 도출'은 안(案)들의 '질'보다는 '양'에 관심이 있으므로 세부 과정은 대안들을 증폭시키는 쪽으로 전개한다. 도구들을 간단히 소개하면 다음과 같다.

☞ 벤치마킹: 내부와 외부 프로세스 벤치마킹이 있으며, 전개 흐름은 '계획 (Plan)-측정(Measure)-학습(Learn)-적용(Apply)'으로 진행한다. 입력으로 들어온 '설계 방향'에 대해 벤치마킹을 수행해서 바로 프로세스에 적용할 수 있으면 '최적 대안'이 될 것이므로 오른쪽 아래의 '최적 대안'으로 직접 연결돼 있다. 그러나 한편으로 벤치마킹 내용이 부족하거나 프로세스 적용을 위해 추가 고려가 필요한 경우 다음 도구인 '브레인스토밍'으로 들어간다.

☞ 브레인스토밍(Brainstorming): 미국의 광고회사 BBDO(Batten, Barton, Durstine and Osborn)사의 창립자 중 한 사람인 알렉스 F. 오즈번(Alex F. Osborn)이 1939년 자사 사원들과 함께 개발한 도구이다. 브레인스토밍은

'Step – 10.2. 핵심 설계 요소 보완'에서 넘어온 '설계 방향'에 대해 독립적으로 대안들을 뽑는 용도로도 쓰이며, 또는 벤치마킹과 연계해 내/외부의 수집된 안(案)들에 대해 프로세스에 가장 적합한 추가 대안들을 창출하는 용도로 활용할 수 있다. 이 경우가 양을 증폭하는 용도이다.

☞ 브레인라이팅(Brain – writing): "머리(Brain)에 들어 있는 아이디어를 글로 적는다(Writing)"란 의미로 붙여진 이름이다. 브레인스토밍을 통한 대안 도출이 제약받을 때 개개인별로 편안하게 생각하는 시간을 주면서 그 결과물을 종이에 적도록 유도하는 방식이다. 체계도상에서는 브레인스토밍으로부터 나온 항목들을 종이에 적은 뒤, 각 아이디어별로 두어 개씩 추가 파생시키도록 함으로써 현재까지의 양을 2~3배로 증폭시킨다. 물론 '설계 방향'에 대해 독립적 활용도 가능하다.

[그림 D–23] 'Brain – writing' 개념도

☞ SCAMPER: 아이디어 창출 도구들 중 하나이다. 브레인스토밍이 사고의 제약 없이 다양한 안을 마음껏 도출해내는 데 비해, 'SCAMPER'는 사고의 영역을 일정하게 제시함으로써 다소 구체적인 안들이 나올 수 있도록 유도한

다. 'SCAMPER'는 영어 단어의 첫 자들 모임으로 'S‒Substitute(대체)', 'C‒Combine(결합 또는 혼합)', 'A‒Adapt(다른 상황이나 분야에 적용)', 'M‒Modify(수정)', 'P‒Put to Other Uses(다른 용도로 사용)', 'E‒Eliminate(제거)', 'R‒Reverse(전도)'를 나타낸다. 그 외에 'M' 경우는 'Magnify(확대)'나 'Minify(축소)'로도 사용되며, 'R'은 'Rearrange(재배열)'도 가능하다. 체계도상에서는 '브레인라이팅'까지 나온 대안들을 'SCAMPER'의 해당하는 항목에 재배치시킨 뒤, 그 수가 가장 적은 'SCAMPER' 항목을 골라 추가로 아이디어들을 도출한다(양을 늘려 나감). 이 과정까지 진행하면 교육 중 실습 2시간 동안 하나의 '설계 방향'에 대해 150~250개 정도의 안들이 나온다. 그야말로 질보다 양적인 부분에서는 가히 성공적이라 할 수 있다. 여기까지 정리되면, 다음 과정인 '아이디어 종합'으로 넘어간다. 다음 [표 D‒6]은 'SCAMPER 양식' 예이다.

[표 D‒6] 'SCAMPER' 양식

SCAMPER	
구 분	도 출 내 용
Substitute	
Combine	
Adapt	
Modify	
Put to Other uses	
Eliminate	
Reverse	

아이디어 종합: 도출한 많은 양의 아이디어들을 선별해서 프로세스에 유용한 안들로 구체화해 나가는 과정이다. 일단 이전의 '아이디어 도출(창출)'에서 나온 안들이 'SCAMPER'에 정리돼 있을 것이므로 이를 가져온 뒤 이후 도구인 'N/3 Voting'부터 진행한다. 'N/3 Voting', 'Pay-Off Matrix', 'Musts Criteria'들은 도출한 대안들 중 유용한 안들을 걸러내는 성격이 강하므로 하나로 묶어 '선별'의 의미인 'Screening'으로 명명하였다. 다음은 각 도구들과 그 관계에 대한 설명이다.

☞ N/3 Voting: 교육 중에 'N/3'가 무엇을 의미하는지 질문을 던지곤 한다. 대부분이 조금 고민하다 포기하기 십상인데, 힌트는 그 뒤 단어인 'Voting'에 있다. '투표한다'는 뜻이므로 'N/3'을 유추하면 도출한 대안들 중 투표를 통해 'N÷3'씩 뽑아내겠다는 의미다. '투표'를 통해 진행하는 만큼 빠르게 선별되리라는 것을 짐작할 수 있다. 이 작업을 두세 번 거치면 불필요한 많은 양의 안들이 제거될 것이다. 다음, 남은 대안들을 갖고 좀 더 정밀한 '선별(Screening)' 과정으로 들어간다.

☞ Pick Chart(Pay-off Matrix): 도출한 대안들을 '적용하는 데 드는 노력'과, '적용 후 예상 효과'라는 두 가지 측면에서 선별하는 도구이다. 대안들의

[그림 D-24] 'PICK Chart(Pay-off Matrix)' 예

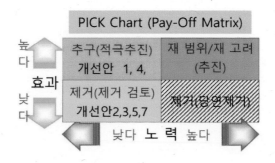

수가 적을 때는 바로 '최적 대안'을 찾는 용도로도 쓰인다. 분류 중 '노력'이 적게 들면서, '효과'가 큰 대안들이 1순위로 선별되며, '노력'이 많이 들고 '효과'가 큰 경우는 선별 2순위로 구분한다. 주로 '효과'가 큰 대안들에 대해 이후 연계 도구인 'Musts Criteria'로 넘긴다.

☞ <u>Showstopper 제거(Musts Criteria)</u>: 굳이 우리말로 표현하면 '반드시 충족돼야 하는 요구 조건' 또는 '필수 요건' 정도로 해석된다. 즉, 선정한 대안들 중 '법률', '회사의 정책', '고객의 요구', '사업의 필요' 등에 저촉되면 우선순위에서 제외한다. 여기까지 정리된 대안들이 '최적 대안' 후보들이며 이후 과정인 '(아이디어) 평가/선정'으로 넘겨 가장 적합한 안을 선정한다. 그러나 대안들을 시스템적으로 고려할 필요가 있으면 'Idea Box'로 넘겨 구체화 과정을 거친 뒤 '(아이디어) 평가/선정'을 수행한다(아래 'Idea Box' 참조).

☞ <u>Morphological Matrix(Idea Box)</u>: 대안들을 세분화한 뒤 그들을 다시 종합해서 새로운 대안들을 만들어내는 도구이다. 예를 들어보자. 만일 Analyze Phase 'Step－9.2. 설계 요소 분석'에서 '사실 분석' 결과, 입사 3년 미만 신입 직원들의 '업무 오류율'이 매우 높음을 알게 되었고, 이를 개선하기 위한 '설계 방향'으로 '신입 직원에 대한 오류 선별 교육 방안을 수립'하는 것으로 정했다고 하자. 또 Design Phase의 '아이디어 도출(창출)'과 '아이디어 종합' 결과 '교육 주기는 반기별로 하자', '교재는 사내 제작으로', '강사는 외부에서', 교육 장소는 집중력을 향상시킬 수 있도록 '외부 연수원에서' 등이 정리됐다면, 사실 교육 체계란 이들이 합쳐져 하나의 모습이 돼야 한다. 또 '교육 주기'나 '강사' 등은 추가적인 선택 사항이 나올 수 있으므로 다음 [표 D－7]과 같이 'Idea Box'를 통해 정리한다. 그다음 다양한 조합 안들을 팀 회의를 통해 결정한다([표 D－7]의 '1～3안'). 참고로 '열'의 제목을 'Parameter', '행'의 분류된 항목들을 'Variation'이라고 한다.

[표 D-7] 'Idea Box' 예

Idea Box Variation \ Parameter	교재제작	강사	교육장소	교육주기	
1	사내	사외	사외 연수원	반기	→1 안
2	사외	사내(비용고려)	사내(비용고려)		→2 안
3	사내+사외	사내+사외			→3 안

(아이디어) 평가/선정: '아이디어 종합'에서 최종 선별한 대안들을 평가해서 '최적 대안'을 뽑는다. '상세 설계 체계도'에 나와 있는 도구들은 연속해서 사용하는 것은 아니고 하나만 선택해 활용하며, 아래로 갈수록 위계가 높음을 의미한다. 따라서 대안들의 유형이나 상황에 따라 적절한 '평가/선정 도구'를 사용한다.

☞ NGT(Nominal Group Technique): 소수의 대안들에 대한 우선순위를 매기거나 '최적 대안'을 선정하는 단순한 도구이다. 팀원 간 상호 의견 교환 없이 부여된 대안들에 각자가 점수를 매겨 총합이 가장 큰 대안을 선정하는 방식이다. '의견 교환이 없다'는 의미에서 '명목적(Nominal)'이란 명칭이 붙었다. 흔히 알고 있는 'Multi-voting'과 흡사하다. 다음 [표 D-8]은 그 예를 보여준다. 이하 도구들의 자세한 용법은 『Be the Solver_정성적 자료 분석(QDA)』 편을 참고하기 바란다.

[표 D-8] 'NGT' 작성 예

NGT (Nominal Group Technique)

구 분	대안 1	대안 2	대안 3	대안 4	대안 5
팀원1	7	7	3	1	2
팀원2	8	6	5	5	3
팀원3	9	8	2	3	2
평점	24	21	10	9	7

☞ Decision Matrix: '임계치 결정법' 또는 'Criteria – Based Selection Matrix'라고도 불린다. 'NGT'에서 한 단계 진보한 것은 'Criteria', 즉 '평가 기준'[75]이 추가된다. '평가 기준'은 프로세스에 최적합한 대안을 골라내기 위해 팀원들과 신중히 선정하는 것이 중요하다. 예를 들면, 운영에 예상되는 '비용', 적용에 드는 '노력', 예상되는 '효과', 최적화까지의 '소요 시간' 등 핵심 사항들을 고려해서 도출한 뒤 평가에 반영한다. 다음 [표 D – 9]는 그 예이다.

[표 D – 9] 'Decision Matrix' 작성 예

개선항목	품목별 정보공유 체계화						
구분	항목	1안		2안		3안	
Criteria	대상품목 주기 부서 통보	A품목 분기 해당부서 차월 계획		C품목 분기 해당부서 현황+차월계획		B품목 반기 해당부서+관리부서 현황	
	가중치	점수	가중점수	점수	가중점수	점수	가중점수
1.효과	10	5	50	10	100	3	30
2.난이도	3	1	3	5	15	5	15
3.노력도	8	1	8	3	24	3	24
4.투자비용	1	1	1	1	1	1	1
5.실행주기	5	5	25	5	25	5	25
종합평점	-		87		165		95
평점순위	-	3순위		1순위		2순위	

☞ Kepner-Tregoe Matrix(Must – Want Matrix): 'Decision Matrix'와 유사하나, 차이점은 'Criteria'를 'Must'와 'Want'로 구분해놓고, 'Must' 항목에 모두 포함한 대안들 중, 'Want' 조건에서 가장 높은 평점을 얻은 대안을 선정한다. 예를 들면 집을 구매한다고 할 때, 'Must' 조건은 '근저당 설정 없을 것', '1억 이하일 것', '내부 인테리어가 돼 있을 것' 그리고 'Want' 조건은 '조용할 것', '역세권일 것', '학교가 가까울 것' 등이 해당한다. 다음 [표 D – 10]의

---

75) '임계치 결정법'의 '임계치'에 해당한다.

예에서 '2안'은 '근저당 설정 유/무'와 '내부 인테리어'의 항목에 'X' 표를 받아 일단 'Want' 조건 평가에 포함시키지 않았음을 알 수 있다.

[표 D−10] 'Kepner-Tregoe Matrix(Must−Want Matrix)' 예

1안 -10년 된 복도식 아파트(00위치)   2안 –다세대로 세 수입가능   3안 – 교외 단독 주택

Must 조건		1안		2안		3안
근저당설정 유/무		O		X		O
1억 이하		O		O		O
내부 인테리어		O		X		O

Want 조건	가중치	1안 (최적대안)		2안		3안	
조용한 분위기	8	2	16			3	24
근처에 좋은 학교	10	5	50			6	60
역세권일 것	4	2	8			2	8
대형마트 있을 것	5	7	35			1	5
합	-	-	109				97

☞ **Pugh Matrix**: 대안을 평가하는 도구 중 위계가 가장 높고, 특히 설계 과제 경우, '최적 콘셉트 설계'를 선정하는 용도로 활용된다('Step－8.2. 최적 콘셉트 평가/선정' 참조). '평가 기준(Criteria)'은 동일하게 적용되나 평가 방법에 차이가 있다. 즉, 'Datum'이라고 하는 '기준 안'이 있어 설계한 대안들을 '평가 기준(Criteria)'별로 '기준 안(Datum)'과 비교하여 유리하면 '＋'를, 불리하면 '－'를, 동일하면 's(Same)'를 표시한다. 여기서 '기준 안'은 현재 사용 중인 '프로세스'나 '상품'을 지칭한다.

평가기준(Criteria)	가중치	기준안	Concept 1	Concept 2	Concept 3	Concept 4
부품구매 용이성			+	S	+	+
서비스 만족도			S	S	S	+
Time to Market		D	+	-	+	+
추진 소요비용		A	-	-	+	-
안정화 소요시간		T	-	S		+
운영용이성		U	-	S	-	S
내부고객만족도		M	+	-	+	+
인원 지원 능력			S	S	S	S
변경 영향도			+	+	+	+
+ 합			4	1	5	6
- 합			3	3	2	1
계			1	-2	3	5

　[표 D-11]에서 각 대안들을 '기준 안(Datum)'과 비교 후 '+합'에서 '-합'을 뺀 결과 값들 중 가장 큰 값을 얻은 대안을 '최적 대안'으로 선정한다. 그런데 'Pugh Matrix'가 여기서 끝을 내면 여타 다른 '평가/선정 도구'들과 차별화됐다고 보기 어렵다. 선정한 'Concept 4'에 대해 '평가 기준'의 '추진 소요 비용' 측면에서 '기준 안'보다 열세인 것을 알 수 있으며('-'이므로), 그와 반대로 우선순위에서는 밀렸지만 'Concept 3' 경우 '추진 소요 비용'이 '+'임을 확인할 수 있다. 이때 'Concept 3'의 구조를 추가적으로 연구하여 그 장점을 'Concept 4'에 접목시키는 시도를 하게 되는데 이와 같은 과정이 반복적으로 일어나면서 대안의 완성도를 높여간다. 즉, 이전 도구들과 같이 최초 결정된 대안들 중 가장 좋은 것이 선정되는 대신, 부족한 구조를 가장 유리한 쪽으로 개선해간다는 것이 차이점이며, 이런 관계로 'Pugh Matrix'를 'Hybrid Concept Design'이라고 부르기도 한다. 필요하다면 표의 '가중치' 열에 '평가 기준(Criteria)'별 '상대적 중요도'를 입력하고 평가에 반영할 수도 있다.

　☞ Conjoint Analysis: '다구치 방법(Taguchi Method)'과 같이 수준들의 최적 조합을 구하여 '최적 대안'을 결정하는 방법이나, 주로 서비스 부문의 고객

선호도나 마케팅 영역의 시장 점유율 예측, 가격 반응 함수와 시장 점유율을 이용한 최적 가격 선택, 시장 점유율과 브랜드 효용을 이용한 개별 브랜드의 값 등을 구하는 데 이용한다. 처리에 필요한 데이터는 '설문'을 통해 수집되는 것이 차이점이다. 용어와 해석의 복잡성으로 분석과 해석 과정은 생략한다 ('Step – 8.2. 최적 콘셉트 평가/선정' 참조).

- **최적화** '최적 대안'이 파악되면, 그것이 실제 프로세스를 어떻게 변화시키는지 시각적으로 보여주는 과정이다. 배치가 바뀌는 것이면 '기존'과 '변화된 모습'을 비교해서 그 차이를 보이거나, 표준이 바뀌면 어느 부분이 어떻게 바뀌는지를 문장, 사진, 그림 등 모든 수단을 동원하여 그 변화된 모습을 확인시켜 준다. 이를 통해 무엇이 좋아지는지, 즉 '기대 효과'를 기술함으로써 실질적인 설계의 성과를 최종적으로 정리한다. 사례는 'Step – 11.2. 상세 설계 수행'에서 소개한다.
- **영역 ⑤** Design Phase 'Step – 12. 설계 검증' 과정으로, '최적 조건' 또는 '최적 대안'들을 모두 모아 Measure Phase에서 정해진 'Y'의 목표 달성 여부를 확인한다. 물론 그 방법은 '재현 실험'부터 '시뮬레이션', 'Trend 분석' 등 객관성을 확보하는 방법이면 모두 가능하며, 필요하다면 그들을 적절하게 응용하면서 개선 정도를 파악한다.

지금까지 Design Phase를 진행하는 데 필요한 '상세 설계 체계도'를 설명하였다. 이 정도 이해하고 또 다른 사람에게 설명할 수 있는 수준이면 충분한 능력을 갖추었다고 볼 수 있다. 다음은 Design Phase의 두 개 Step(Step – 11, Step – 12)들에 대해 사례를 통한 학습을 진행해보자.

Step – 11.1. 상세 설계 계획 수립

이 과정은 과제 목표를 달성하기 위해 향후 전개될 'Step – 11.2. 상세 설계 수행'의 '목차' 기능을 담당한다. 따라서 가능하면 요약되고 정리된 모습으로 전체의 전개가 눈에 들어올 수 있도록 표현하는 것이 중요하다. 통상 다음과 같은 고려 사항을 염두에 둘 필요가 있으며, 이들 모두가 만족될 수 있도록 구성한다.

① '세부 로드맵' 관점에서 앞뒤 연계성을 고려: '세부 로드맵'들은 물의 흐름처럼 단절됨 없이 연계성을 가져야 한다. 따라서 매 '세부 로드맵'별로 얻어진 산출물은 다음 '세부 로드맵'의 입력으로 들어가는 소위 주고 −받는 관계가 성립해야 한다. 예를 들어 Design Phase의 'Step − 10.2. 핵심 설계 요소 보완'의 산출물인 '설계 방향'들을 다음 '세부 로드맵'의 어디에선가 받아주는 모습이 관찰돼야 한다.

[그림 D − 25] 'Step − 11.1. 상세 설계 계획 수립'으로 넘겨야 할 내용

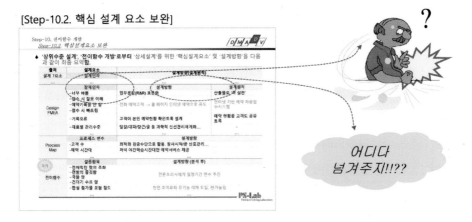

② **'핵심 설계 요소'의 유형을 고려:** '설계 요소'의 유형은 알려진 바와 같이 '제어 인자(Operating Parameter)', '대안 인자(Critical Element)', '즉 실천(Quick Fix) 인자'로 구분하며, 최적화 과정은 이들 인자의 유형에 따라 차이가 있다. 특히 '프로세스 설계 방법론'에서는 '대안 인자'가 대부분을 차지하며, '실험 계획' 같은 수치적 접근은 먼 나라 이야기가 될 수 있다. 따라서 '상세 설계 계획 수립'에서도 이들을 명확하게 구분하는 것이 바람직하다.

[그림 D – 26] '설계 요소'의 유형

∅ 제어인자(Operating Parameter)
  • 실험계획법(DOE)
∅ 대안인자(Critical Element)
  • 브레인스토밍(Brainstorming)
  • 벤치마킹(Bench Marking)
  • 등등
∅ 즉 실천(Quick fix) 인자

차라리
실험계획이
쉽겠어!

③ **'설계 방향'을 최적화할 때 유사성을 고려:** '핵심 설계 요소'별로 하나씩 '설계 방향'을 최적화(상세 설계)해 나가면 전체 개선 모습을 파악하기 어렵다. 즉, Define Phase의 'Step – 2. 과제 정의'에서 언급한 '프로세스 범위'가 유한하기 때문에 Process, 시스템, 표준화 등 이곳저곳을 반복해서 '상세 설계'할 경우, 부분의 최적화만을 보여주는 모양새가 된다. 따라서 도출된 '설계 방향'들을 'Process 설계', '시스템 설계', '표준화 설계' 등 유형별로 묶어 '상세 설계'에 들어가면 프로세스 전체 또는 시스템 전체가 어떻게 변화할 것인지 파악하는 데 매우 유리하다.

[그림 D-27] '설계 방향'들의 유사성 고려

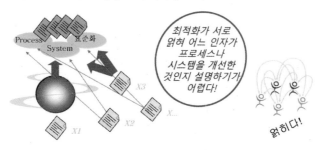

앞에서 설명한 고려 사항 모두를 수용하는 '상세 설계 계획 수립'은 다음 [그림 D-28]과 같이 한 장표에 표현함으로써 해결할 수 있다.

[그림 D-28] 'Step-11.1. 상세 설계 계획 수립' 작성 예

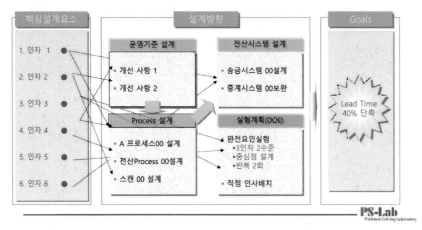

이해를 돕기 위해 다음 [그림 D‑29]에 각 영역별로 상세한 설명을 달아놓다.

[그림 D‑29] 'Step‑11.1. 상세 설계 계획 수립' 작성 방법

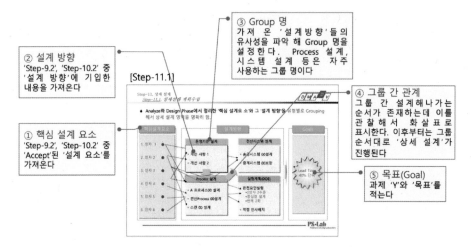

① '핵심 설계 요소' 영역: Analyze Phase 'Step‑9.2. 설계 요소 분석(핵심 설계 요소 선정 및 산출물 정의)'과 Design Phase 'Step‑10.2. 핵심 설계 요소 보완'에서 '핵심 설계 요소'들을 가져와 배열한다. '설계 방향'이 존재하면 모두 입력 대상이다.

② '설계 방향' 영역: '①'의 '핵심 설계 요소'로부터 나온 '설계 방향'들을 가져와 배열한다.

③ 'Group명' 영역: '설계 방향'들은 그 유형이 '프로세스'나 '시스템', '운영 표준', '교육 체계화' 등이 될 수 있으며, '제어 인자'의 경우는 '실험 계획' 등이 해당한다. 설계는 프로세스별, 시스템별, 운영 표준별 또는 실험 계획 등 그룹으로 모아 묶으면 변화될 모습들을 한눈에 파악하는

데 큰 도움을 준다. 즉, '설계 요소' 자체를 최적화하는 개념보다 '설계 방향'을 최적화하는 전개가 현실적으로 타당하며, 따라서 유형별로 묶은 뒤 다음의 'Step-11.2. 상세 설계 수행'으로 넘겨주는 것이 바람직하다. '그룹명'은 유사한 '설계 방향'들을 모아놓은 뒤 적절하게 작명한다.

④ '그룹 간 관계' 영역: '그룹명'을 부여하면 전개 순서의 윤곽이 드러난다. 예를 들어 [그림 D-29]에서와 같이 '운영 기준 설계', '프로세스 설계', '전산 시스템 설계' 및 '실험 계획'의 그룹들이 있을 때, '운영 기준을 먼저 마련하고, 그를 토대로 프로세스를 정립한 뒤, 전산 시스템을 프로세스에 맞춰 개발'하는 식의 그룹 간 개선 활동의 절차가 성립한다. '실험 계획'은 이 절차가 끝난 뒤 수행하거나 중요도 순에서 우선순위가 높으면 이들보다 앞서 수행하도록 배치한다. 이것은 그대로 'Step-11.2. 상세 설계 수행'의 전개 순서로 활용하며(목차 기능), 흐름 파악이 쉽도록 화살표로 표시한다.

⑤ 'Goals' 영역: Measure Phase 'Step-6.3 Scorecard 작성'에서 설정한 '목표'를 기술함으로써 현재까지 정리한 '설계 방향'을 통해 충분히 목표 달성이 가능한지 검토한다. 일단 '상세 설계'가 진행되면 해야 할 일이 많으므로 중간중간 목표 달성 여부를 확인할 기회는 현저하게 줄어든다. 이 시점에 팀원들과 충분한 사전 검토를 거치도록 하고 미흡할 시 Analyze Phase로 돌아가 추가 분석을 통해 '설계 방향'을 재도출하거나, 필요하면 'Step-9.1. 설계 요소 발굴'에서 변수의 추가 여부를 판단한다.

'Step-11.1. 상세 설계 계획 수립'이 마무리되면, Design Phase의 핵심 활동인 'Step-11.2. 상세 설계 수행'으로 들어간다. [그림 D-30]은 '라면 판매 프로세스 설계'의 '상세 설계 계획 수립'을 보여주는 예이며, 지금까지의 설명을 이해하는 데 많은 도움을 줄 것이다.

[그림 D-30] 'Step-11.1. 상세 설계 계획 수립' 작성 예(라면 판매 프로세스 설계)

Step-11. 상세 설계
  Step-11.1. 상세설계 계획수립

● Analyze와 Design Phase에서 정리한 '핵심 설계요 소'와 그 '설계 방향'을 유형별로 Grouping
  해서 상세 설계 영역을 명확히 함.

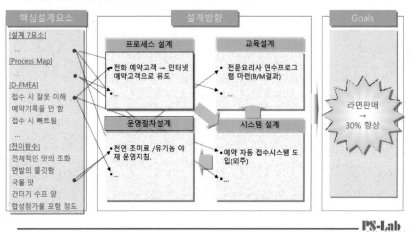

'Step-10.2. 핵심 설계 요소 보완'에서 정리한 '설계 요소'와 '설계 방향'
들을 유형별로 묶어 그룹핑했으며(편의상 일부만 표기함), 적합한 '그룹명'도
부여했다. 얇은 점선 화살표는 '설계 방향'이 어느 '설계 요소'를 분석해서
도출된 것인지 그 이력을 보여주며, 그룹 간 화살표(연두색)는 이후에 전개될
'Step-11.2. 상세 설계 수행'의 전개 순서를 나타낸다(목차 기능). 이들 '설
계 방향'을 검토해서 'Goals'의 '목표' 수준을 달성할 수 있는지 다음 '세부
로드맵'으로 넘어가기 전 팀원들과 재확인하는 것도 잊어서는 안 될 사항이
다. 이제 수립한 계획을 바탕으로 'Step-11.2. 상세 설계 수행'에 대해 알아
보자.

표현 그대로 이전 '세부 로드맵'에서 수립한 'Step - 11.1. 상세 설계 계획 수립'을 진행한다. '[그림 D - 22] 상세 설계 체계도' 경우처럼 '제어 인자'와 '대안 인자'별 상세 설계 과정에 차이가 있으므로 각각의 예를 들어 설명할 것이다.

11.2.1. 제어 인자(Operating Parameter) 예

우선 [그림 D - 30]의 '프로세스 설계' 그룹을 보면 '전화 예약 고객 → 인터넷 예약 고객으로 유도'하기 위해 타 업체를 벤치마킹하였다(고 가정한다). 그 결과 전화 예약 중 잠시 대기 중인 고객에게 인터넷 이용을 유도하는 '안내 멘트 활용 방안'과, 계속 누적해서 확보하고 있는 전화번호를 이용한 '안내 메시지(SMS) 활용 방안'에 대해 검토하게 되었다. 효과가 크면 둘 모두를 활용할 수 있겠으나 경제적인 이유 등으로 한 가지 방법만을 선택해야 할 때 과연 효용성이 있는지 '실험 계획(DOE)'으로 검토해보고자 한다. [그림 D - 31]은 이 같은 경우에 필요한 절차와 도구를 확인하기 위해 '[그림 D - 22] 상세 설계 체계도'를 다시 가져와 해당 경로를 표시한 예이다(빨간 선 경로 참조).

우선 검토된 내용은 '안내 멘트 유무(한다, 안 한다)'와 'SMS 적용 여부(한다, 안 한다)'를 '제어 인자'로 보고 '실험 계획'을 통해 그 효과를 확인한다. '실험 계획'을 수행하기 위해서는 기본적으로 'P - D - C - A Cycle(Plan - Do - Check - Act)'로 진행하는 것이 편리하다. '데밍 사이클(Deming Cycle)'이라고도 하며 현장에서 문제 해결을 위해 쓰이는 단순 로드맵 정도로 이해하면 좋

[그림 D-31] 상세 설계 체계도('실험 계획' 예)

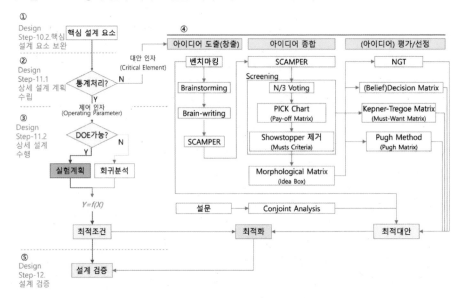

겠다. 'Plan'은 '수행할 실험에 대한 전반적 계획 수립'을, 'Do'는 '수행 과정'을, 'Check'는 '수행된 결과에 대한 분석'을, 'Act'는 '분석 결과를 토대로 개선이나 문제점 보완'을 수행한다. '데밍 사이클'의 '사이클'이란 만일 결과가 불충분하다고 판단되면 'Plan'을 다시 세운 뒤 수행을 반복할 수 있다는 의미다. 특히, 'Do'의 '수행 과정'은 파워포인트 장표로 보여줄 수 없으므로 수행한 결과물, 즉 데이터를 첨부하는 것으로 대신한다. 책 초두에 도구(Tools)들은 각 '세부 로드맵'에 붙어 있다고 했으며, 'P-D-C-A Cycle' 역시 '세부 로드맵'에 붙어 있는 하나의 도구로 간주한다. 'P-D-C-A Cycle'은 또 'Step-12. 설계 검증'과, Verify Phase의 'Step-14. 실효성 검증'에서도 기본으로 사용된다. 활용에 대해서는 해당 '세부 로드맵'에서 보완 설명이 있을 것이다. 다음 [그림 D-32]는 '실험 계획(DOE)'에 대한 장표 작성 예를 보여준다.

[그림 D-32] 'Step-11.2. 상세 설계 수행(Plan)' 작성 예

Step-11. 상세 설계
  Step-11.2. 상세설계 수행(Plan)   D M A D V

프로세스 설계 – 전화 예약고객 → 인터넷 예약고객으로 유도

핵심설계요소(Vital Few Xs) : 접수 시 잘못 이해, 예약기록을 안 함, 접수 시 빠트림

목 적

전화 예약고객→ 인터넷 예약 유도를 위해 벤치마킹을 수행한 결과, 전화대기 중 '안내 멘트 적용'과 기 확보 및
누적되고 있는 전화번호의 'SMS 활용' 에 대한 효과를 측정. 경제성을 고려 가능하면 하나만 적용할 수 있는지
를 확인하는데 초점을 둠. 확정되면 예약 프로세스를 상세 설계하는 데 활용.

실험계획

Level 선정	X1: 안내 멘트	한다	-	안 한다
	X2: SMS 적용	한다	-	안 한다
Response선정	Y(효과점수)	10명의 관련 인을 대상 (고객 6명, 예약담당자 2명, 사외전문가 2명)		•7점 척도
요인설계	①	2인자 2수준 완전요인설계 (Two-level full factorial design)		
	②	응답자 'Block' 처리		
	③	총 실험 수= 2 x 2 x 10 = 40회		
실험방법	실험기간	2xxx. x. x ~ 00.00 (5일간)		
	장소	응답자 방문해서 인터뷰로 진행		
	기 타	고객경우 실험의도를 사전 설명하고 적극적인 응답자를 대상 사외 전문가는 대기업 고객상담 유 경험자를 섭외		

PS-Lab 계속
Problem Solving Laboratory

　[그림 D-32]에서 우선 '세부 로드맵'의 제목은 "Step-11.2. 상세 설계 수
행(Plan)"이며 괄호 속 'Plan'은 앞서 설명했던 'P-D-C-A Cycle'의 첫
시작임을 나타낸다. 그 아래 쓰인 "프로세스 설계"는 '그룹명'이고, "전화 예
약 고객 → 인터넷 예약 고객으로 유도"는 '설계 방향', 그 아래 "핵심 설계
요소(Vital Few Xs)"는 '설계 방향'을 이끌어낸 '설계 요소'를 나타낸다('접수
시 잘못 이해' 등). 그다음은 실험의 "목적"을 기술하고 있다. 즉, 벤치마킹을
통해, 예약 손님이 전화상 잠시 대기하는 중에 "인터넷 활용으로의 '안내 멘
트'를 주는 방법"과, "기존 확보된 전화번호를 이용한 'SMS 활용' 방법"을
수집한 바 있으며, "경제적 제약으로 둘 중 하나만 선택해야" 함을 알리고 있
다. 이에 '완전 요인 설계'를 수행하고, '실험 계획' 결과를 바탕으로 예약 프

로세스의 상세 설계가 이어진다(고 가정한다). [그림 D-32]의 중간에 "실험
계획"은 실험을 위해 정해져야 하는 것들에 대해 상세하게 기술하고 있으
니 참고하기 바란다. 다음 [그림 D-33]은 이어지는 '상세 설계 수행(Do)'
예이다.

[그림 D-33] 'Step-11.2. 상세 설계 수행(Do)' 작성 예

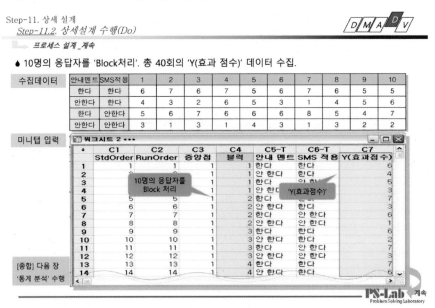

[그림 D-33]에서 제목의 "Step-11.2. 상세 설계 수행(Do)"은 'P-D-C-
A Cycle'의 'Do', 즉 '실험 계획을 수행하라'는 의미다. 그러나 실제 수행 과
정을 장표에 보여줄 수 없으므로 수행한 결과 값들로 대체했다. 본 예의 경우
'Y'인 '효과 점수'의 각 처리(Treatment)별 측정값을 기록하고 있다. 자료는
자세한 설명이 있을수록 품질이 높아진다. 예에서는 'Block'에 대해 자세히 설

명하고 있다('Block'이 '응답자'를 대상으로 하고 있음 및 Block 열 위치를 설
명 선으로 지정). 또 매 장표의 첫 줄에 수행할 내용을 요약함으로써 이해가
쉽도록 배려하고 있으며, 맨 끝 줄에는 산출물에 대한 '종합' 설명이 있어 다
음 장에서 수행할 추가 활동도 예견할 수 있다. 이런 구조는 모든 장표에 공
통으로 적용한다. 다음 [그림 D-34]는 '실험 계획' 수행에 대한 분석 결과를
정리한 예이다.

[그림 D-34] 'Step-11.2. 상세 설계 수행(Check)' 작성 예

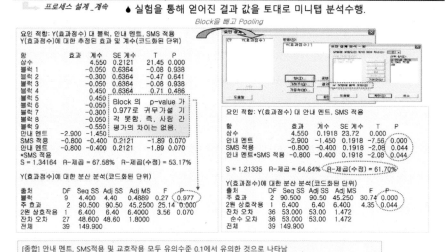

[그림 D-34]의 맨 위쪽 제목에 "Step-11.2. 상세 설계 수행(Check)"은
'P-D-C-A Cycle'의 'Check', 즉 '분석'을 나타낸다. 통계 결과에서 '분
산 분석(ANOVA)'은 아래에서부터 위로 해석하는 것이 바람직하다. 참고로

'ANOVA'는 전체 결과를 조망하기에 좋은 통계 도구이다. 우선 '블록'이 모두 유의하지 않은 것으로 나타났다. 이것은 "응답자 간 영향력이 없다"고 해석하며, 원하는 바이기도 하다. '안내 멘트 유무'와 'SMS 적용 여부'의 효과를 알려는 게 목적인데 사람들 간 영향이 포함되는 것은 바람직하지 않다. '블록'이 유의하지 않은 경우 우선적으로 '병합(Pooling)' 대상으로 삼는다. '병합'은 유의하지 않은 항들을 모형에서 제외(오차로 간주 또는 오차에 병합)한다는 의미로, 'Y'에 영향력이 별로 없음을 시사한다. '병합(Pooling)'의 미니탭 과정과 결과를 함께 실었다.[76] 모형식이 본 데이터를 얼마나 잘 설명하는지를 보여주는 'R-제곱(수정)'은 '61.7%'로 낮은 수준이 아님을 알 수 있다. 그 외의 각 항들에 대한 유의성 검정을 통해 '주 효과' 및 '이요인 상호작용'[77]은 '유의 수준, 0.1'에서 모두 유의한 것으로 관찰된다. '실험 계획'에서는 '유의 수준'을 '0.05' 대신에 '0.1'을 적용하는 경우가 많으며, [그림 D-34] 경우 '주 효과'인 'SMS 적용 여부'와 '이요인 상호작용' 모두를 모형에 포함시킨다. 이로써 'Y'와 'Xs'의 관계식인 'Y=f(x)'가 얻어졌다.

기타 '주 효과'들에 대한 그래프와 '이요인 상호작용'의 그래프를 수치 결과와 비교 관찰할 수 있도록 장표에 포함시켰다. 그래프상으로는 상호작용의 영향이 미미한 것으로 보일 수 있어 항상 통계량과 함께 해석하는 습관을 갖는다. 다음 [그림 D-35]는 그래프 분석을 통해 '안내 멘트'만을 사용하는 것으로 최종 결론을 내린 예이다.

---

76) 대화상자 '요인 설계 분석-항' 내 빨간 점선 사각표시 부분이 모형 식에 '블록'을 포함하고 있다는 의미며, 이때 '√' 표시를 없애면 '병합(모형에서 빠지는 동시에 오차에 병합)'이 진행된다. 이들이 갖고 있는 변동 값들은 'ANOVA'의 '오차 항'에 포함된다. 자세한 해석은 『Be the Solver_확증적 자료 분석(CDA)』 편을 참고하기 바란다.
77) 미니탭에서는 '2원 상호작용'으로, 또 출처에 따라 '2원 교호작용' 등으로 표현하고 있으나 한국통계학회 '통계학 용어 대조표'에는 '이요인 상호작용'으로 돼 있어 그대로 옮겨놓았다.

Step-11. 상세 설계
  Step-11.2. 상세설계 수행*(Check)*

  프로세스 설계_계속   ● 그래프 분석을 통한 결과정리.

'주 효과도(Main Effect Plot)', '상호작용 효과도(Interaction Plot)'를 통한 결과 해석.

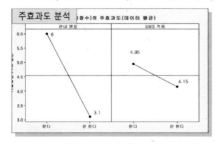

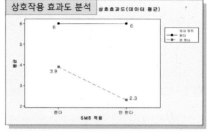

<주 효과도 해석>
@ '안내 멘트' :
  '한다'와 '인 한다' 경우 약 2.9점 차이가 남.
@ 'SMS 적용' :
  '한다'와 '인 한다' 경우 약 0.8점 차이가 남.

<상호작용 효과도 해석>
@ '안내 멘트'를 할 경우 :
  SMS여부와 관계없이 Y는 일정한 값을 유지(6점).
@ '안내 멘트'를 안 할 경우 :
  SMS의 여부에 따라 Y에 큰 차이를 보임.

[종합] 안내 Ment 적용만을 개선대상으로 함

PS-Lab
Problem Solving Laboratory

[그림 D-35]의 '주 효과도'에서 '안내 멘트'의 기울기가 급하다는 것은 '상대적으로 영향력이 크다'는 것을 알 수 있고, '상호 효과도'에서 'SMS 적용 여부'에 관계없이 '안내 멘트'는 높고 일정한 수준(6점)을 유지하고 있음도 확인할 수 있다. 따라서 두 항목이 더해졌을 때 상승효과가 없으면 굳이 모두를 적용하는 것은 옳지 않으며, '안내 멘트'면 충분하다는 결론에 이른다. [그림 D-36]은 '실험 계획' 결과로부터 마련된 '상세 설계' 내역의 예이다.

[그림 D-36]의 맨 위쪽 제목에 "Step-11.2. 상세 설계 수행(Act)"은 'P-D-C-A Cycle'의 'Act', 즉 '실행'을 의미하며, '실험 계획' 결과에 대해 '상세 설계'를 수행한다. [그림 D-36]에서 '상세 설계'는 '안내 멘트' 문구를 어떻

게 넣을 것인지에 대한 내용(그림 내 '안내 멘토' 참조)과, 'To‑Be 프로세스 작성'으로 진행됐음을 알 수 있다. 붉은 타원 점선은 고객이 전화 대기 중 듣게 될 '안내 멘트'로 만일 인터넷 예약을 한다면 "10% 할인 혜택이 있음"을 강조하고 있다. "프로세스 상세 설계"에서는 '예약 접수' 흐름을 좀 더 상세하게 구현하고 있으며, 더불어 '제거'되는 활동도 표시하고 있다. 각종 산출물인 '예약 운영 지침서'나 '프로세스 맵' 등은 별도로 마련하는 것으로 가정하고 여기서는 이 정도에서 마무리한다.

[그림 D‑36] 'Step‑11.2. 상세 설계 수행(Act)' 작성 예

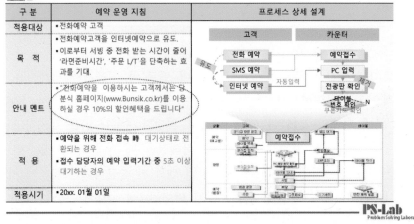

'제어 인자'의 또 다른 '최적 조건' 도출 과정에 '회귀 분석'이 있으며, 의도 적인 실험을 통한 'DOE'와는 달리 실험이 불가하거나 매우 어려운 상황일

때, '과거 데이터(Historical Data)'를 수집하여 접근하는 방법이다. 그러나 데이터가 얻어진 이후부터는 지금까지 설명한 흐름과 유사하므로 본문에서의 설명은 생략한다. 다음은 '대안 인자'의 '최적 대안' 도출 과정에 대해 알아보자.

11.2.2. 대안 인자(Critical Element) 예

'[그림 D-22] 상세 설계 체계도'를 참고하면, '통계 처리'가 불필요한 '설계 방향'은 '아이디어 도출(창출) → 아이디어 종합 → (아이디어) 평가/선정'의 흐름을 탄다. 유의할 사항은 앞서 강조한 대로 이 흐름에 띄울 항목은 '인자' 자체가 아니라 'Step-10.2. 핵심 설계 요소 보완'에서 정리한 '설계 방향'이라는 점이다. '설계 방향'은 Analyze Phase와 Design Phase 초반까지의 수행을 통해 무엇을 설계해야 하는지 구체적으로 지정한 내용이었다. 따라서 이렇게 얻어진 산출물, 즉 '설계 방향'이 '상세 설계' 대상이 돼야 한다. '상세 설계'엔 '세부 로드맵'의 앞뒤 활동 간 관계, 부작용 여부, 관리 편리성, 효율 등의 평가도 포함한다. 따라서 '설계 방향'과 '동시에 고려할 항목'들을 모두 감안한 안들이 도출되고, 이들을 다시 다듬고 보완해서 그들 중 '최적 대안'을 선정함으로써 최적화의 기반을 마련한다. 과거에는 통계 처리에만 골몰한 나머지 '대안 인자'들의 표현 방법에 익숙지 않아 Design Phase 진행이 부실한 경우가 많았다.

지금까지 사례로 보인 '라면 판매 프로세스 설계를 통한 매출 30% 향상' 과제를 중심으로 설명해보자. 우선 '[그림 D-30] Step-11.1. 상세 설계 계획 수립'에서 선보인 예들 중 그룹명 '교육 설계' 내 "전문 요리사 연수 프로그램"의 '상세 설계'에 대해 알아보자.

'설계 방향'인 '전문 요리사 연수 프로그램'이 도출된 배경은 '10.1.3. 전이 함수 개발-만족도형'에 근거한다. '만족도'를 높이기 위해 '8개 항목(X1~

X8)'들의 수준 향상이 요구됐으며, 벤치마킹을 수행한 결과 전문 요리사에게 연수하는 교육 프로그램이 필요하다는 결론에 이르렀고, 이어 구체 방안에 대한 '상세 설계'가 현재 진행 중이다. 이전과 동일하게 '상세 설계 체계도'상의 활용 가능한 도구들 위치를 다음 [그림 D-37]에 굵은 화살표로 표시하였다.

[그림 D-37] 상세 설계 체계도('대안 인자'에 대한 활용 도구 예)

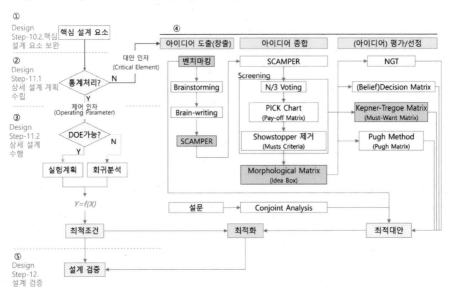

'대안 인자'의 '최적 대안'을 찾아가는 과정은 공통적으로 '아이디어 도출 (창출) → 아이디어 종합 → (아이디어) 평가/선정'이지만 [그림 D-37]에서와 같이 '벤치마킹'을 포함해 '브레인스토밍', 'SCAMPER', 'N/3 Voting', 'NGT' 등 모든 도구들을 활용할 필요는 없다. 왜냐하면 '상세 설계' 대안들을 확보하기 위해 '벤치마킹~Idea Box'까지 화살표를 따라 전체를 실행할 수도 있지만 대부분의 과제가 그들 중 일부만으로 대안들을 충분히 도출할 수 있기 때문이

다. 따라서 [그림 D-37]의 '상세 설계 체계도'에서 색으로 채워진 도구들과 같이 '아이디어 도출(창출)' 중 도구 1개(SCAMPER를 지칭, 단 '벤치마킹'은 '설계 방향'을 내놓을 때 이미 사용한 바 있어 색으로 함께 표시하였음), '아이디어 종합' 중 도구 1개(Idea Box) 및 '(아이디어) 평가/선정' 중 도구 1개(Must-Want Matrix) 씩을 상황에 맞게 선택해 사용한다. 도구(Tools)가 선정되면 흐름에 맞도록 장표를 구성한다. 다음 [그림 D-38]은 '최적 대안'을 선정하기까지의 과정을 나타낸 예이다.

[그림 D-38] 'Step-11.2. 상세 설계 수행' 작성 예(SCAMPER/Idea Box)

Step-11. 상세 설계
  Step-11.2. 상세설계 수행   D M A D V

교육설계 – 전문요리사 연수프로그램 마련

핵심설계요소(Vital Few Xs);[전이함수]전체적인 맛의 조화, 면발의 쫄깃함, 국물 맛, 건더기 수프 양, 합성첨가물 포함 정도

아이디어 도출: SCAMPER

구 분	도 출 내 용
Substitute	요리전문 컨설팅 업체에 교육연수를 모두 위탁하자
Combine	주방장 교체 시에만 외부 위탁연수하고, 나머지 직원은 내부 전파교육 실시
	전문요리사+식품영향 학 전문가에게 주방장 연수교육 지원
	외부 위탁연수와 타 분식점 벤치마킹을 결합하여 주기적으로 실시
Adapt	전문 요리사와 계약해서 주기적으로 보수교육 및 내부점검 실시
	타 분식점 벤치마킹을 국내외로 확대하고 동향을 주기적으로 점검.
	식품영양학 전문가에게 주방장 연수교육지원
Modify	연수 주기를 연 1회로 고정
	주방장 채용 시 전문성 확인
Eliminate	기존 라면조리법은 폐기하고 8개 항목을 중심으로 한 주기적 관리체계 도입.

아이디어 종합: Idea Box

< 질문사항 >
■ Parameter:
• 교육방법
• 위탁분야
• 교육주기
• 관리체계

	교육방법	위탁분야	교육주기	관리체계	대안
1	전면 위탁	요리전문 컨설팅 업체	연 1회	전문 요리사 위주의 채용 체계화	1안
2	주방장 교체 시만 위탁+내부 전파교육	전문요리부문+식품 학	영양 반기마다	맛 만족도 8개 항목 관리도입	2안
3	타 국내외 분식점 B/M	전문요리 문	분기마다	전문요리사 채용+8개항목 관리화	3안
4	위탁+타 국내외 분식점 B/M				4안

Design Phase의 '전이 함수 확정'으로부터 '핵심 설계 요소'들이 발굴되었고 이들로부터 '설계 방향'이 도출되었다. 또, 이것은 'Step‒11.1. 상세 설계 계획 수립'에서 '교육 설계'라는 그룹명으로 정리되었음을 [그림 D‒38]의 장표 상단 제목에서 알 수 있다. '최적 대안'을 찾아가는 과정은 '아이디어 도출 (창출) → 아이디어 종합 → (아이디어) 평가/선정'에 포함된 각 도구인 'SCAMPER → Idea Box → Must‒Want Matrix'를 활용하고 있다. 과정을 요약하면 '전문 요리사 연수 프로그램'을 어떻게 마련할 것인가에 대해 'SCAMPER'로 아이디어를 도출하였고, 이로부터 4개의 'Parameter'를 끄집어 냈다. 물론 각각에 대한 'Variation'을 추가로 도출한 후 이들을 'Idea Box'에 종합해서 정리하였다. 이렇게 모아진 정보로 가장 좋은 조합을 찾기 위한 또 한 번의 팀원 협의가 있었으며, 최종적으로 4개의 대안이 창출됐음을 알 수 있다. 'Idea Box'는 'Parameter'가 10개, 'Variation'이 10개면 10^{10}의 조합, 즉 100억 개의 '대안 창출'이 가능하다. 따라서 임의 체계를 필요로 하는 대안은 'Idea Box'를 통해 실현이 가능하다([그림 D‒38] 예는 '4×3×3×3=108개 조합'이 가능). 또 실제 과제를 수행하다 보면 개선해야 할 내용뿐만 아니라 '도형'이나 '개념도', 또는 특정 부위의 '구조도' 등도 함께 포함시켜 평가할 필요가 있으며, 이들 모두를 혼합해서 'Variation'으로 표현할 수도 있다. 예를 들면, '구매 방법'의 '대량 구매‒소량 구매‒필요 시 구매'의 내용과 '외형 모양'인 '□, △, ☆'의 그림 등이 함께 공존하는 식이다. 모양만으로 이루어지는 'Idea Box'를 'Morphological Matrix(또는 Chart)'라고 설명한 바 있다. [그림 D‒39]는 이어지는 '(아이디어) 평가/선정'의 예이다.

[그림 D‒39]에서 내용 파악이 용이하도록 소제목에 "평가/선정: Must‒Want Matrix"와 같이 세부 단계와 도구를 함께 기술하였다. 3개의 'Must 조건'을 모두 만족하는 '2안'과 '4안'이 'Want 조건'을 평가할 우선 대상자로 선정되었으며, 'Want 조건'의 최종 평가를 통해 '4안'이 '최적 대안'으로 결정되

Step-11. 상세 설계
  Step-11.2. 상세설계 수행

전문요리사 연수 프로그램 마련_계속

평가/선정 : *Must-Want Matrix*

Must 조건		<1안> • 타 국내외 분식점 B/M • 전문요리부문+식품영양학 • 반기마다 • 전문요리사 위주의 채용 체계화	<2안> • 주방장 교체 시만 위탁 + 내부 전파교육 • 요리전문 컨설팅업체 • 연 1회 • 맛 만족도 8개 항목 관리 도입	<3안> • 전면 위탁 • 전문 요리부문 • 반기마다 • 전문요리사 채용+8개 항목 관리화	<4안> • 위탁+타 국내외 분식점 B/M • 전문요리부문+식품영양학 • 분기마다 • 전문요리사 채용+8개 항목 관리화
연수비용 연 500만 이하		X	O	X	O
적용 1달 이내 가능		O	O	O	O
사내직원 만장일치 여부			O		O
		국외 벤치마킹 경우 연수비용 1천만 이상 발생	-	전면위탁으로 비용 1천5백 이상 발생	

최적대안

Want 조건	가중치	1안		2안		3안		4안	
적용의 주기성	0.2			6	1.2			5	1.0
연수의 지속성	0.2			6	1.2			10	2.0
운영의 용이성	0.1			2	0.2			9	0.9
만족도 기여 정도	0.2			4	0.8			7	1.4
매출 기여 정도	0.3			5	1.5			8	2.4
합					4.9				7.7

단, '4안' 경우 '국내외 분식점 벤치마킹'을 '국내'로만 변경. 국외는 위탁업체를 활용토록 결정.

PS-Lab
Problem Solving Laboratory

었다. 이 도구는 'Must 조건'과 'Want 조건'에 따라 선정 결과가 좌지우지되므로 조건을 선정할 때 팀원들의 신중한 판단이 요구된다. 또 결과 값의 합이 서로 비슷해서 변별력이 떨어지거나 전체적으로 점수가 낮아 대안들의 적합성에 의심이 가는 경우, 또는 특정 점수의 비중이 너무 커서 '가중치'의 의미가 퇴색하는 경우 등 상황별 분석을 통해 보완 사항이 없는지 주의 깊게 관찰한다. 아무리 단순한 도구라도 사용하는 사람의 의지와 노력에 따라 그 가치가 크게 달라진다는 점을 명심하자. 다음 [그림 D-40]은 '상세 설계 결과 및 산출물'과 '기대 효과'의 예를 보여준다.

[그림 D-40]은 우선 시각화를 강조하기 위해 각 '상세 설계' 요약과 함께, 원문을 볼 수 있도록 연결 버튼을 설치하였다. 이와 같이 문서로 된 '산출물'들은 파워포인트에 '개체 삽입(Embedding)'함으로써 상시 관리가 가능하다.

Step-11. 상세 설계
 Step-11.2. 상세설계 수행

전문요리사 연수 프로그램 마련_계속

상세 설계

Parameter	최적 대안	상세 설계 내용(산출물 포함)	기 대 효 과
교육 방법	위탁+타 국내 분식점 B/M	• 위탁기관 계약서: 10년 이상 사업이 유지되고 있으며, 분기별 전문가 대응이 가능한 기관에 한정(년 계약). • 국내 B/M대상 분식점 Map: 지역별 유명 분식점의 Map/연락처를 제작하고 주기적으로 갱신(B/M 시 활용). 계약서 분식점 Map	최소 6% 추가 매출 예상됨.(근거; 지난 6개월간 맛 불만족으로 이탈된 고객 수가 매출환산 약 6% 점유)
위탁 분야	전문요리부문+ 식품영양학	• 분식집에서 필요한 참고요리 리스트: 라면 맛 만족도를 높이기 위한 응용 가능 요리를 조사하여 dB화. • 체질에 맞는 영양학 관점의 가이드 로드-맵: 고객 자신의 체질에 맞는 영양가 높은 라면을 시식할 수 있도록 부 재료와 연계된 로드-맵 제작(지속 갱신). 참고 요리 리스트 영양학 가이드 로드-맵	
교육 주기	분기마다	• 계획대비 실적 표: 본 양식을 제작하여 실적을 관리. 실적 표	
관리 체계	전문요리사 채용+8개 항목 관리화	• 전문 요리사 채용: 연수와 식품영양적 관리를 소화할 수 있는 요리사 채용(경력 8년 이상). • 맛 만족도 평가 시트: 8개 항목을 분기마다 고객으로부터 점검할 수 있는 시트 제작. 평가 후 분석 등 수행. 평가 시트	

PS-Lab
Problem Solving Laboratory

[그림 D - 41] 파워포인트 '개체 삽입' 대화 상자

참고로 [그림 D-41]은 파워포인트의 '개체 삽입' 대화 상자를 나타낸다('개체 삽입'된 파일은 항상 과제 본문과 함께하므로 최상의 관리 수준을 유지할 수 있다.).

[그림 D-37]~[그림 D-40]의 예와는 별도로 '상세 설계 체계도'에 소개된 도구들의 다양한 조합도 가능한데, 이들에 대해서는 다음 [그림 D-42]를 참조하고 자세한 설명은 생략한다.

[그림 D-42] '대안 인자'의 '상세 설계'를 위한 도구들 '사용 조합' 예

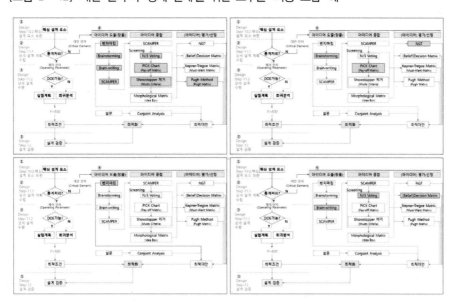

[그림 D-42]에서 시계 방향으로 '전체 도구를 활용한 예' → 'Brainstorming/ Pay-off Matrix/NGT를 활용한 예' → 'Brain-writing/N3 Voting/Decision Matrix를 활용한 예' → '벤치마킹만 활용한 예' 등 다양한 조합이 가능하므로 필요에 따라 선택할 수 있는 능력의 배양이 필요하다. 다음 [그림 D-43]

은 'Brainstorming/Pay‑off Matrix/NGT를 활용한 경우'의 예로 『Be the Solver_프로세스 개선 방법론』편의 내용을 편집해서 옮겨놓은 것이다. 참고하기 바란다.

[그림 D‑43] 'Step‑11.2. 상세 설계 수행' 작성 예(Brainstorming/Pay‑off Matrix/NGT)

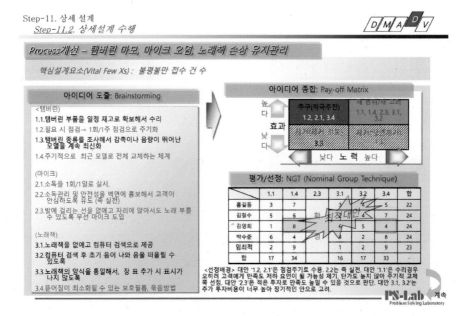

지금까지 '제어 인자'와 '대안 인자'별 '설계 방향'에 대한 '상세 설계' 과정을 설명하였다. '라면 판매 프로세스 설계'의 예들이 단순한 사항들이라 표현도 단순하다는 느낌이 들 수 있으나 도구 활용을 위한 예를 보여주는 것이 목적이므로 리더 여러분이 본인 과제에 잘 응용해주기 바란다. 또 다년간 멘토링 과정에서 검증된 결과물이므로 교육이나 사내 멘토링 때 충분히 활용하고, 각자의 영역에서 연구하는 자세로 훨씬 나은 성과를 얻어내기 바란다.

Step-12. 설계 검증

본 '세부 로드맵'은 '프로세스 개선 방법론'의 'Step-12. 결과 검증'과 매우 유사한 과정으로, 내용을 그대로 빌리면 'Step-11. 상세 설계'에서 완성된 각종 설계 내용들의 목표 달성 수준을 종합적으로 평가한다. 여기서 '평가'라 함은 과제 지표인 'Y'의 향상 정도를 파악하는 것인데, 본 과정이 '프로세스 설계'이므로 'Y'의 평가 수준은 원칙적으로 '6시그마 수준'을 달성해야 한다. 경험적으로 '6시그마 수준'을 달성하는 빈도는 그리 높은 편은 아니다. 그러나 '6시그마 수준'에 미달하더라도 현업에서 사용하는 측도(%, ~율 등)로 환산했을 때 목표 수준 이상을 대부분 달성해야 한다. 예를 들어 적은 양의 채택률 상승을 보였지만 단위당 절감 금액이 커서 목표액을 충분히 달성할 수도 있고, 또는 시간 등의 특성들은 프로세스별로 몇 분을 줄이는 것도 큰 개선인 데 반해 '시그마 수준'으로 표현할 경우 개선 폭이 상대적으로 저평가되는 경우 등이다. 따라서 '시그마 수준'은 물론 현업에서 사용하고 있는 측도도 함께 표기하는 것이 바람직하다.

초두에 '설계 검증'이 '프로세스 개선 방법론'의 '결과 검증'과 매우 유사하다고 했는데 이 표현은 완벽하게 동일하다는 뜻은 아니다. '프로세스 개선 방법론'의 개념은 현존하는 대상(상품이든, 프로세스든)의 일부를 최적화하는 경우며 전체 속의 일부이므로 그동안의 운영 방식으로 지속적 관리가 자연스레 보장되는 반면, '프로세스 설계'에서는 새롭게 만든 것이 현재에도 문제가 없어야 할뿐더러, 향후에도 문제없이 잘 돌아가리란 확신을 줘야 한다. 그렇지 않으면 의사 결정권자는 확대 적용을 주저하게 될는지도 모른다. 따라서 이 시점에 확인해야 할 사항은 단순히 '프로세스 개선 방법론'의 '결과 검증'뿐만 아니라 향후 미래의 품질에도 확신을 줄 수 있는 '그 무엇'까지를 검증해낼 필요가 있다. 이것을 구체적으로 표현하면 <u>첫째</u>, '상세 설계' 결과를 반영한 Y

들의 수준은 얼마나 향상되었는지(물론 가정이 많이 포함될 것이다), 둘째, 가까운 미래의 환경 변화에 대비한 마련책은 있는지, 셋째, 들어가는 '비용 대비 편익'을 산정해서 과연 투자할 가치가 있는 것인지 등이 포함된다. 도구적인 측면에서 첫째는 'Scorecard 작성', 둘째는 '민감도 분석(Sensitivity Analysis)', 셋째는 '비용 편익 분석(Cost-Benefit Analysis)'이 대표적이다. 셋 모두가 기본적으로 필요한 것은 당연하지만 과제의 성격이나 상황에 따라 선택해 쓸 수도 있다. 그러나 'Scorecard'만은 반드시 포함시킨다.

'설계 검증'을 수행하는 기본 과정은 'P‐D‐C‐A Cycle'을 따른다. 그러므로 전체적인 계획을 세우는 'Step‐12.1. 설계 검증_Plan', 계획대로 추진해서 얻은 결과의 수집 및 분석까지를 포함한 'Step‐12.2. 설계 검증_Do/Check', 여기서 'Scorecard 분석', '민감도 분석', '비용 편익 분석'이 이루어진다. 또 밝혀진 문제점을 보완하고 확인하는 'Step‐12.3. 설계 검증_Act'로 마무리한다. 경우에 따라서는 이 과정을 끝낸 뒤 '위험 평가(Risk Assessment)'가 이루어지나 이어지는 'Verify Phase' 초반에 동일한 '세부 로드맵'이 있어 설명은 그쪽으로 넘긴다. 이제 '세부 로드맵'에 대해 하나씩 살펴보자.

Step‐12.1. 설계 검증_Plan

본격적인 '설계 검증'에 들어가기 전 '어느 항목들이 어떤 순서로 진행될 것인지'에 대한 요약 정보를 제공한다. 따라서 'Step‐12.2. 설계 검증_Do/Check'에서 전개될 내용(또는 목록)들이 담길 것이다. 다음 [그림 D‐44]는 파워포인트로 작성된 예를 보여준다.

Step-12. 설계 검증
  Step-12.1. 설계 검증_Plan

♦ 'Step-9. 상위수준 설계' 및 'Step-11. 상세설계' 내용을 요약하고, 이들이 'Y'
  들을 얼마나 향상시킬 것인지 검증하기 위한 계획을 수립.
※설문은 Measure Phase에서 수행한 방법과 동일하게 진행.

검증 항목	그룹명	설계 방향	상세 설계(최적화)	검증 방법	관련 Ys
1. Ys의 수준향상 평가	프로세스 설계	•전화 예약고객 → 인터넷 예약고객으로 유도	•안내 멘트 도입(전화예약 고객→인터넷 고객으로 전환시키기 위해) ☞산출물; 예약운영지침, 상세 프로세스 맵(예약관련)	시뮬레이션	주문 L/T
	교육 설계	•전문요리사 연수프로그램 마련(B/M결과)	•전문요리사 연수 프로그램 ✓위탁+타 국내외 분석점 B/M ✓전문요리부문+식품영양학 ✓분기마다 ✓전문요리사 채용+8개 항목 관리화 ☞산출물; '분식점 Map' 외 5종 ([그림 D-40] 참조)	설문 (표본추출)	나 홀로 고객 맛 만족도
	운영차수 설계	•천연 조미료 /유기농 야채 유통지침.	•천연 조미료/유기농 야채 전문 업체와 협약 즉납체계 구축(유기농 야채 즉납체계는 상위수준 설계에서 이미 이루어짐) ☞산출물; 조미료/야채 유통관리 지침서 외 3종	설문 (표본추출)	나 홀로 고객 맛 만족도
	시스템 설계	•예약 자동접수시스템 도입(외주)	•인터넷 예약 시 PC관리프로그램과 연동토록 구성 ☞산출물; DFD (Data Flow Diagram) 외 5종	시뮬레이션	주문 L/T
2. (미래 환경변화에 따른) 자원의 배분			•전이함수를 이용한 민감도 시뮬레이션	민감도 분석	매출
3. 비용/편익의 최적화			•재무적 접근을 통한 비용/편익분석	비용/편익분석	매출

PS-Lab
Problem Solving Laboratory

Design Phase의 '상세 설계' 내용들이 전체적으로 정리돼야 그로부터 향상된 '수준'을 파악할 수 있다. 따라서 이들을 정리하는 일부터 시작한다. [그림 D-44]의 각 '열(Column)'이 어떤 역할을 하는지 요약하면 다음과 같다.

·**검증 항목** '상세 설계' 수행 후 어느 항목을 검증해야 하는가를 정해준다. 예에서는 3 가지로 규정하고 있는데 첫째는 '<u>Y관점</u>'이다. 'Ys의 수준 향상 평가'로써 Analyze Phase의 '상위 수준 설계' 이후 최적화된 내용을 토대로 'Y'들의 향상 정도를 파악하는 것이 목적이다. 둘째는 '<u>미래 관점</u>'이다. '(미래 환경 변화에 따른) 자원의 배분'으로 현재까지 확정된 사항들이 가까운 미래에 어떤 이유로든 변동이 불가피할 경우 수익을 유지하기 위해 자원의 재분배를 어떻게 해야 하는가를 평가한다. '전이 함수'를 이용한 사후 분석으로서 통상 '민감도 분석(관련되는 변수들이 변할 때 Y가 얼마나 민감하게 변하는가에 대한 평가)'이라고 한다. 셋째는 '<u>재무 관점</u>'이다. '비용/편익의 최적화'로 새로 설계된 결과에 투입될 '비용' 대비 얻게 되는 '편익'이 적정한지를 평가한다.

- **그룹명/설계 방향** 'Ys의 수준 향상 평가'에만 적용되는 내용으로 [그림 D-20]의 '(상세) 설계 방향'과 그들을 그룹으로 묶은 [그림 D-30] 내 '그룹명'을 일컫는다.
- **상세 설계(최적화)** 'Step-11.2. 상세 설계 수행'에서 얻은 결과들을 요약한다. 이들로부터 무엇을 검증해야 하는가가 구체화된다.
- **검증 방법** '설계 검증'은 지금까지의 설계된 결과가 Measure Phase에서 언급한 Ys의 수준을 얼마나 올려놓았는가를 평가한다. 따라서 각각의 '상세 설계(최적화)'별 'Y'의 향상 정도를 확인할 '방법'이 요구된다. 통상, 'Pilot Test', '시뮬레이션', '추이 분석', '설문' 등의 방법들이 동원되거나 다양한 '추정' 방법들이 사용된다. 만일 아무리 생각해도 검증할 방법이 없으면 그 '상세 설계(최적화)' 내용은 'Ys'에 간접적인 영향을 주는 '체질 개선 효과'로 평가한다.
- **관련 Ys** '상세 설계(최적화)'가 어떤 'Ys'에 상승효과를 주는지 알기 위해 관련된 'Y'를 기술한다. 만일 관련된 지표가 없으면 간접적으로 영향을 주는 '체질 개선 효과'로 간주되고, 이때 '검증 방법'은 공란으로 남긴다.

　　보통 파워포인트 장표 하나면 'Step-12.1. 설계 검증_Plan'이 가능하지만 'Pilot Test'나 '시뮬레이션' 등 상세 계획이 있으면 장표를 추가한다. 다음은 이 계획을 바탕으로 실행이 이루어지는 'Step-12.2. 설계 검증_Do/Check'에 대해 알아보자.

Step-12.2. 설계 검증_Do/Check

　　'Step-12.1. 설계 검증_Plan'에서 정리된 내용을 중심으로 하나씩 검증을 수행한다. 우선 언급된 'Ys의 수준 향상 평가_시뮬레이션'과 '미래 환경 변화에 따른 자원의 배분_민감도 분석' 및 '비용/편익의 최적화_비용/편익 분석'에 대해 자세히 알아보자.

12.2.1. Ys의 수준 향상 평가_시뮬레이션

[그림 D-44]의 '설계 검증_Plan'에서 "그룹명: 프로세스 설계" 내 첫 번째 '상세 설계(최적화)'는 "실험 계획"이었으며, 이것의 기대 효과는 [그림 D-36]에 암시한 바 있다. 즉, "전화 예약 손님을 인터넷 예약으로 유도함으로써 서빙 중 예약 처리에 들어가던 시간을 최소화하고 따라서 '주문 L/T'나 '라면 준비 시간'의 단축 효과를 꾀한다"가 설계 핵심이다. 그러나 '시간 단축' 효과가 얼마인지는 실질적으로 과거에 수행된 적이 없으므로 'Y'들인 '주문 L/T'나 '라면 준비 시간'의 향상 정도를 파악하는 것은 사실상 어렵다. 결국 데이터가 없으므로 '추정'이 필요한데 그렇다고 근거 없이 '○○초만큼 줄어들 것이다'라고 해버리면 누구도 그 성과를 인정하지 않을 것이다. 따라서 '추정'도 잘해야 한다. 예를 들면 며칠간만 '전화 예약 소요 시간'을 관찰해 데이터를

[표 D-12] '주문 L/T'와 '라면 준비 시간'을 추정하기 위한 관찰 데이터 예

전화예약	예약대응시간	주문 L/T(초)		라면 준비시간(초)		비고
	a	b	b-a	c	c-a	
1	62초	175	113	231	169	
2	–	118	118	127	127	서빙 중에 예약전화가 걸려오는 상황을 관찰
3	–	89	89	103	103	
4	68초	227	159	193	125	
5	–	91	91	92	92	1. 야간학습이 겹치는 가장 바쁜 저녁 1시간 동안을 관찰
6	55초	205	150	197	142	
7	50초	198	148	227	177	2. 서빙 중의 예약전화 (a)는 '주문 L/T(b)'와 '라면 준비 시간 (c)'을 증가시키게 됨.
8	–	68	68	118	118	
9	–	71	71	95	95	
10	83초	304	221	164	81	

수집해보는 것이다. 물론 바쁜 시간대에서 얻어진 자료가 효과적일 것이나 지금과 같은 상황은 예약에 소요되는 시간의 산포가 그리 크지 않을 것이므로 적절한 계획하에 데이터를 수집한다. 물론 이와 같은 '데이터 수집'은 처한 상황에 따라 합리적으로 대응하는 것이 중요하다. [표 D-12]는 10회에 걸쳐 '주문 L/T'와 '라면 준비 시간'의 효과를 측정한 데이터이며, 이로부터 Analyze Phase 대비 향상 정도를 추정한다(고 가정한다).

[표 D-12]를 보자. 야간 학습이 있는 저녁에 관찰된 결과이며, 표에서 '열 a'로부터 총 '5회'의 예약 전화가 걸려왔음을 알 수 있다. 이들 중 '전화 예약-1'의 '주문 L/T'는 '175초(열 b)'로 측정됐으며, 만일 이 전화가 걸려오지 않았다면, 즉 '인터넷 예약'으로 관리되고 있었다면 'b-a'인 '113초'가 되었을 것이다(또는 추정할 수 있다). '라면 준비 시간' 역시 동일하게 유추할 수 있는데, '운영적 정의'에 의하면 '방문한 여고생이 예약 고객임을 확인한 시점부터 서빙이 완료된 시점'이며, 동일하게 예약 고객 확인이나 서빙 중 타 여고생으로부터 당일 예약이 들어온다면 현 방문 고객에 대한 서빙 시간은 그만큼 지연될 것이다. 이것 역시 '인터넷 예약'으로 전환되면 실질적인 '라면 준비 시간'은 'c-a'가 될 것이다(또는 추정할 수 있다). 예약 전화가 걸려오지 않았던 경우는 측정값 그대로 옮긴다. 현재의 과정은 '전화 예약' 전체가 '인터넷 예약'으로 전환되었음을 전제하고 있으나 향후 상황을 '낙관적·중도적·비관적'으로 구분하여 전체 '예약 고객'의 약 95% 이상이 '인터넷 예약'인 경우, 70% 이상인 경우, 그 미만인 경우 등으로 나누어 Scorecard를 작성하는 것도 좋은 방법이다. '인터넷 예약 비율'을 높이기 위한 이벤트나 홍보 등에 대해서도 사전 철저하게 기획돼야 함은 물론이다. 본문에서는 대상이 주로 여고생인 만큼 이벤트나 홍보를 통해 95% 이상의 '인터넷 예약 비율'을 유지할 수 있다고 가정할 것이다. 추가로 이 같은 방법 외에 주문 접수부터 서빙 완료까지를 '활동'의 단계로 나눈 뒤 각 '활동'의 소요 시간을 구하면 '10.1.2. 전이 함

수 개발_시간형'에서 논한 방법으로도 접근할 수 있다. 그러나 [표 D-12]의 측정 시간을 '활동'별로 분해해서 측정하는 차이점만 있으므로 별도의 설명은 생략한다.[78] 다음 [그림 D-45]는 [표 D-12]의 '주문 L/T(열 b-a)'와 '라면 준비 시간(열 c-a)'에 대한 '프로세스 능력'을 평가한 결과이다.

[그림 D-45] '주문 L/T'와 '라면 주문 시간'에 대한 시그마 수준 평가 예

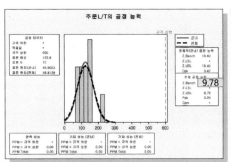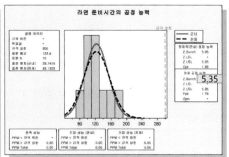

[그림 D-45]에서 '인터넷 예약 시스템' 도입으로 '소요 시간'은 거의 '0'에 가깝다는 가정하에 개선 수준은 '5 시그마 수준'을 넘는 큰 폭의 변화를 예견할 수 있다(고 가정한다). 참고로 그림의 '프로세스 능력'은 앞서 Analyze Phase와의 비교를 위해 '불편화 상수'는 사용하지 않았다. 이 결과를 파워포인트로 작성하면 다음 [그림 D-46]이다.

[그림 D-46]에서 'Do', 즉 '수행'은 보여줄 수 없으므로 수행 결과물인 '데이터'로 대체하였고, 'Check'는 그를 토대로 '단기 시그마 수준(1.5Shift 고려 안 함)'을 얻은 것으로 표현하였다. 주의할 사항은 [그림 D-46]의 결과는

---

78) '전이 함수_시간형'의 접근은 각 '활동'별 시간이 얻어지므로 '랜덤데이터 생성'이나 'Crystal Ball' 등의 시뮬레이션 도구들을 활용해서 정량적인 결과를 얻을 수 있다. 그러나 본문의 범위를 넘어가므로 관심 있는 독자는 관련 서적을 참고하기 바란다.

'[그림 D‒30] Step‒11.1. 상세 설계 계획 수립 작성 예'에 기술된 '설계 방향' 한두 개의 최적화로 나타난 것이 아니라 생략된('…'의 표기에 포함된) '설계 방향'까지를 모두 포함해서 나타난 결과라는 점이다.

[그림 D‒46] 'Step‒12.2. 설계 검증_Do/Check' 작성 예(Ys의 수준 평가)

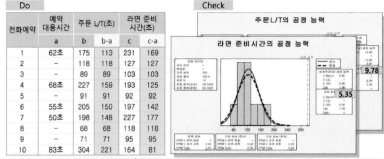

그 외에 '나 홀로 손님 맛 만족도'는 최적화된 내용을 토대로 간이적인 설문을 통해 향상 정도를 파악할 수 있으나 본문에서의 설명은 생략한다. 평가예에 대해서는 Measure Phase「6.4.2. 프로세스 능력 평가」내 '만족도 평가'를 참조하기 바란다. 나머지 'Y'들에 대한 전체적인 프로세스 능력은 상황에 맞는 방법을 통해 추정 또는 산정한 것으로 간주하고 다음 [표 D‒13]의 'Scorecard'를 얻었다(고 가정한다).

Ys	중요도	단위	T.F. Y/N	성과 표준		프로세스 능력				목표	비고
				LSL	USL	M	A	D	V		
주문 L/T	12	초	Y	−	600	− 4.46	4.42	9.78	−	180s	M: 946.7초 A: 358.7초 D: 122.8초
라면 준비시간	9	초	Y	−	300	− 7.47	0.78	5.35	−	240s	M: 700.9초 A: 265초 D: 122.9초
나 홀로 손님 맛 만족도	8	점	Y	• 아이템: 라면당 설문 • 기회: 설문당 8개 항목 • 결점: 3점 이하		1.88	1.54	2.03	−	5만 DPMO	M: 35만 DPMO A: 6만 2천 DPMO D: 2만 1천 DPMO
라커피점 반응도	6	점	Y	60	−	2.53	5.28	5.28	−	85	A: 86 (목표달성)
밤참 주문비율	3	%	Y	• 아이템: 주문배달 1건 • 불량의 정의: ① 20시 이내 배달 건 ② 20시 이후 배달 시 라면 미포함		0.05	− 1.33	− 0.94	−	15%	M: 약 6% A: 9.2% D: 17.4%

□ T.F. : Transfer Function
□ '프로세스 능력'은 '시그마 수준'으로 통일함.
□ Measure Phase는 1.5Shift 적용

[표 D−13]에서 열 'T.F. Y/N'은 '전이 함수'가 모두 활용된 것으로 간주하고 'Y'로 통일하였다. 여기까지를 'Step−12.2. 설계 검증_Check/Do'로 보고, 파워포인트 작성은 'Step−12.3. 설계 검증_Act'에서 예를 들 것이다. 이제 [그림 D−44]의 두 번째인 '(미래 환경 변화에 따른) 자원의 배분_민감도 분석'에 대해 알아보자.

12.2.2. 미래 환경 변화에 따른 자원의 배분_민감도 분석

'민감도 분석'은 상황과 도구에 따라 다양하게 사례화할 수 있으나 설명의 편리를 위해 'Step - 10.1. 전이 함수 확정' 중 「10.1.4. 전이 함수 개발_기타형」에서 다루었던 '선형 계획법'을 연장해서 설명하도록 하겠다. '민감도 분석(Sensitivity Analysis)'이란 "(네이버 용어사전) 미래의 상황이 불확실한 상황이라면 이용되는 모든 변수가 확실한 상황임을 가정하고 분석하는 자본 예산은 오류를 발생시킨다. 이러한 오류를 감소시키기 위하여 다른 조건이 일정한 경우에 어느 한 투입 요소가 변동할 때 그 투자안의 순 현재 가치가 어느 정도 변동하는가를 분석하는 것을 민감도 분석이라고 한다(생략)…"이다. 좀 더 요약하면 결과를 얻는 데 관여한 변수들이 어디까지 변해야 우리가 얻은 결과가 흔들리는지 사전에 파악해보고 문제가 심각하면 미리 대처해보자는 의미다. 우선 과정을 상기하는 차원에서 [그림 D - 15]를 다시 가져왔다.

[그림 D - 47] 엑셀 '해 찾기 결과' 예

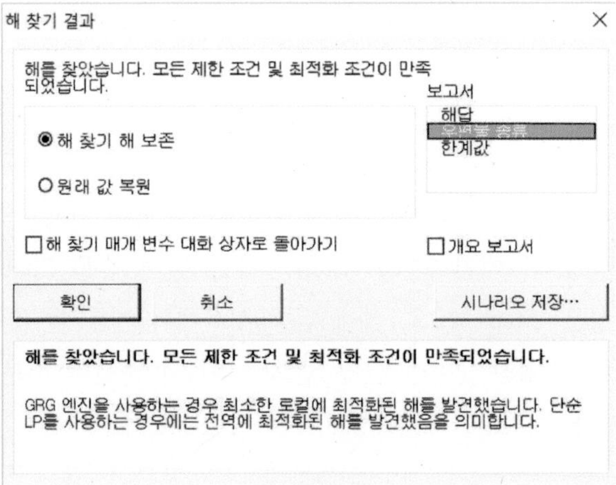

[그림 D-47] 이전의 과정은 「10.1.4. 전이 함수 개발_기타형」을 참고하고, 본문은 '해 찾기 결과'의 '대화 상자'부터 시작하자. 우선 그림에서처럼 '우편물 종류(이전 버전 엑셀은 '민감도')'를 선택하고 '확인'을 누른다. 결과는 다음 [그림 D-48]과 같이 '민감도 보고서' 워크시트가 생성된다.

[그림 D-48] 엑셀의 '민감도 분석 결과' 예

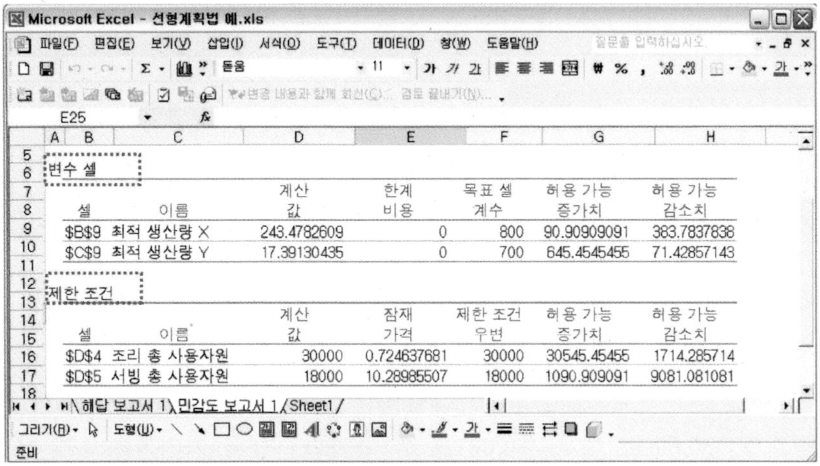

[그림 D-48]의 '**변수 셀**' 내 '<u>한계 비용(Reduces Cost)</u>'은 '의사 결정 변수(X, Y)'[79]의 '단위당 공헌 이익률 증가분'을 의미한다. 말이 다소 어려워 보충 설명하면 'X'나 'Y'가 '최적 해'에서 '0'이면(즉, '조리 양'이 전혀 없으면) 식 (D.6)에서 무의미한 상태가 된다. 필요에 의해 도입한 변수가 전혀 역할을 못 하면 곤란하므로 의미 있게 만들어줄 필요가 있는데 이때 참고할 항목이 '한계 비용'이다. '한계 비용'이 양의 값이면 그만큼 이익(공헌 이익률)을 개선해

---

79) [그림 D-16] 최대 '총 이익' 및 '최적 조리 양' 결과(목표) 예에서 'X'는 '여고생용 라면 조리 양(≡'라면 준비 시간'에 대응)', 'Y'는 '일반인용 라면 조리 양(≡'주문 L/T'에 대응)'에 각각 해당한다.

야만 '최적 해'에 들어갈 수 있다는 뜻이다. [그림 D-48]에서 두 변수에 대한 '한계 비용'이 모두 '0'이므로 이미 의사 결정 변수 'X'와 'Y'가 모두 최적 해에 포함돼 있음을 나타내며, 따라서 별도의 개선 활동은 필요치 않다(고 판단한다). 다음 '허용 가능 증가치(또는 감소치)'는 최적해가 유지되는 해당 변수의 '단위당 공헌 이익률의 변화'를 나타낸다. 풀어 쓰면 '최적 조리 양 X' 계수가 '800원'이므로 하한은 '416.22(= 800 - 383.78)', 상한은 '890.9(= 800 + 90.9)'이며, 이것은 'X'의 '단위당 공헌 이익률'이 '416.22~890.9' 사이에 있는 한 '최적해(X = 243, Y = 17)'는 변화하지 않는다는 의미다. 이 얘기는 'X의 공헌 이익률'이 상기 범위에 있으면 '총 이익'에도 큰 영향을 미치지 않는다는 것인데, 거꾸로 가까운 미래에 '공헌 이익률'이 변해서 언급된 범위를 벗어날 경우(또는 그럴 가능성이 있을 경우) '총 이익'의 변화가 불가피하다는 것을 시사한다. 즉 사전 대처가 가능한 정보를 제공하고 있다.

　'제한 조건(Constraints)' 내 '잠재 가격(Shadow Price)'은 제약 조건의 자원 양(여기서는 초로 표현된 '시간')이 한 단위 변할 때, '목적 함수 값(총 이익)'의 변화량을 나타낸다. 예를 들어 [그림 D-48]에서 '조리'에 대한 제한 조건이 현재의 '30,000초'에서 '30,001초'로 변하면 '잠재 가격'이 '0.72'이므로 '총 이익'은 약 '0.72원' 오른다는 것을 의미한다. 거꾸로 제한 조건 '30,000초'가 '29,999초'로 감소하면, '총 이익'은 약 '0.72원' 감소할 것이다. 이와 같은 '잠재 가격'은 시장에서 자원 한 단위가 '0.72원' 미만이면 자원을 추가 구매하여 생산에 활용할 때, 한 단위의 '수익'이 '비용'보다 높으므로 이익 증대 효과를 볼 수 있다. 또 현재의 자원 중에서 '잠재 가격'이 높은 자원 양을 우선 구입해서 이익을 증대시키는 등의 의사 결정 용도로도 활용할 수 있다. 두 번째 '허용 가능 증가치(또는 감소치)'는 우변 상수 값(Right Hand Side, 여기서는 제약 조건인 30,000초, 18,000초)이 일정 범위에 있으면 최적해가 유지되는 영역을 설정해준다. 예를 들어 'X'의 제약 조건 우변인 '30,000초'의 하한은 '28,285.71(= 30,000 - 1714.29)'이고, 상한은 '60,545.45(= 30,000 + 30,545.45)'이므로 만일 '제약 조건 우변'이 '28,285.71~60,545.45' 사이에 있는 한 현재의 '최적해(X = 243, Y = 17)'는 변하지 않는다고 판단한다.

지금까지 확보한 결과에 대해 변수들의 허용 범위가 '최적 해'에 미치는 영향을 파악해보았다. 향후 발생 가능한 변화에 대해 사전 대처할 수 있는 능력을 배양하고, 이익을 극대화할 수 있는 방안을 모색하는 데 활용하기 바란다. 다음 [그림 D-49]는 '라면 판매 프로세스 설계' 과제의 '민감도 분석'을 수행한 파워포인트 장표를 나타낸다.

[그림 D-49] 'Step-12.2. 설계 검증_Do/Check' 작성 예(민감도 분석)

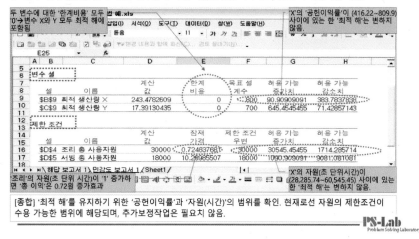

다음은 '재무 분석'에 대해 알아보자.

12.2.3. 비용/편익의 최적화_비용/편익 분석(Cost – Benefit Analysis)

지금까지 접해보지 못한 용어가 나왔다. 바로 '비용 – 편익'이다. '비용 – 편익'은 합성 용어다. 혹자는 '비용 – 효과'로도 쓰며, 간혹 '편익 – 비용'으로 뒤집어 쓰기도 한다. 이번 기회에 용어 정의에 대해 확실히 해두고 이들이 '프로세스 설계' 과제에서 어떤 효용성을 가지는지에 대해서도 알아보자. 다음은 사전에 정의된 내용을 옮겨놓은 것이다.

· **비용 편익 분석(Cost – benefit Analysis, 費用便益分析)**   (국어사전) 〈경제〉 어떤 안 (案)을 실현하는 데 필요한 비용과 그로 인하여 얻어지는 편익을 평가, 대비함으로써 그 안의 채택 여부를 결정하는 방법.
(네이버 용어사전) 여러 정책대안 가운데 목표 달성에 가장 효과적인 대안을 찾기 위해 각 대안이 초래할 비용과 편익을 비교·분석하는 기법을 말한다. 즉, 어떤 프로젝트와 관련된 편익과 비용들을 모두 금전적 가치로 환산한 다음 이 결과를 토대로 프로젝트의 소망성을 평가하는 방법을 말한다. 각 대안의 비교에는 비용편익비(費用便益比, B/C ratio), 순현재가치(純現在價値, net present value), 내부수익률(內部收益率, IRR) 등의 기준이 사용된다.

'국어사전' 정의가 바로 와 닿지 않아 '네이버 용어사전'을 추가하였다. 공통적으로는 '얻고자 하는바' 대비 들어가는 '비용'을 평가하는 것인데, '네이버 용어사전'의 파란색 굵은 글씨로 표시한 '금전적 가치'라고 하는 어구에 집중할 필요가 있다. 즉, 실현하려고 하는 '목표'와 그를 위해 투입되는 '비용' 모두가 '금전적 가치'로 평가될 수 있어 객관적이고 효과적인 의사 결정을 유도할 수 있다. 이들 방법을 세분화하면 '비용 편익 비', '순 현재 가치', '내부 수익률'이 있으며, 특히 후자 두 경우에 대해서는 사례와 함께 그 쓰임새를

자세히 학습할 것이다. 그 외에 '손익 분기점 분석'도 의사 결정을 위해 좋은 정보를 제공하는데 이에 대해서는 별도의 서적 등을 참고하기 바란다.

앞서 설명한 '비용 편익 분석'에 반해 혼동해서 쓰이지만 정의 자체가 다른 '비용 효과 분석'이 있다. 다음은 그 용어 정의이며, 참고로 '국어사전'에는 없어 '네이버 용어사전'의 것을 옮겨놓았다.

· <u>비용 효과 분석(Cost－effectiveness Analysis, 費用效果分析)</u> (네이버 용어사전)
여러 정책대안 가운데 가장 효과적인 대안을 찾기 위해 각 대안이 초래할 비용과 산출 효과를 비교·분석하는 기법을 말한다. 이 기법은 특정 프로젝트에 투입되는 비용들은 금전적 가치로 환산하나, 그 프로젝트로부터 얻게 되는 편익 또는 산출은 **금전적 가치로 환산하지 않고** 산출물 그대로 분석에 활용하는 특징을 지닌다. 이 기법은 산출물을 금전적 가치로 환산하기 어렵거나, 산출물이 동일한 사업의 평가에 주로 이용되고 있다.

'비용 편익 분석'과의 확연한 차이는 실현하려고 하는 '목표'가 '금전적 가치'로 환산되지 않는 대신 그를 위해 투자될 '비용'은 확인할 수 있다는 것이다. 예를 들면 '고객 만족도 1점 향상'이라는 목표를 두고 프로세스를 설계한다고 할 때 '목표' 자체는 금전적 가치의 환산이 어렵거나 또는 불필요할 수 있다. 따라서 '목표'는 정성적 형태 그대로 두고 단지 그를 실현하기 위한 여러 대안 중('활동'의 추가나 IT 시스템 등을 새롭게 들이는 등의 비용이 고려될 것임) 금전적으로 환산된 최소의 비용 또는 합리적인 비용의 것을 비교해서 선택하는 접근법이다. 이제 '비용 편익 분석' 중 '순 현재 가치'와 '내부 수익률'에 대해 알아보자.

순 현재 가치(純現在價值, Net Present Value, NPV): '위키백과'와 '네이버 용어사전'에 정의가 수록돼 있고 그중 설명이 잘돼 있는 하나를 골라 다음에 옮겨놓았다.

· <u>순 현재 가치 (NPV)</u> (네이버 용어사전) 순 현재 가치란 효율적인 사업선정을 위한
방법 가운데 하나로, 투자 사업으로부터 사업의 최종연도까지 얻게 되는 순 편익(편익-
비용)의 흐름을 현재가치로 계산하여 이를 합계한 것이다.
어떤 자산의 <u>NPV가 0보다 크면 투자 시 기업가치의 순 증가가 발생하므로 투자가치
가 있는 것으로 평가하며, NPV가 0보다 작으면 투자 시 기업가치의 순 감소가 발생
하므로 투자가치가 없는 것으로 평가한다.</u> 또한 NPV가 극대화되도록 투자함으로써
기업가치 극대화를 달성할 수 있다.
이때 동일한 기준시점에서 상호비교가 가능하도록 적절한 할인율을 선택하여 현재가치
를 환산한다. 할인율은 시장이자율, 기업할인율, 정부차입이자율, 사회적 할인율, 공공
투자사업의 기준할인율 등이 있다.
순현재가치는 계획된 사업의 경제성을 가늠하는 척도로 대안선택 시 정확한 기준을 제
시해주고 계산이 용이하여 교통사업의 경제성 분석 시 보편적으로 이용되는 방법이다.

글로 봐서는 도저히 감이 안 잡힐 수 있어 내용이 압축된 수식을 '위키백
과'에서 참고하여 다음 식 (D.8)에 옮겨놓았다.

$$NPV = -\,C_0 + \sum_{t=1}^{N} \frac{C_t}{(1+r)^t} \qquad\qquad \text{(D.8)}$$

t: 현금 흐름의 기간
N: 사업의 전체 기간
r: 할인율
C_t: 시간 t에서의 순 현금흐름(초기 투자를 강조하기 위해 C_0를 명시하기도 한다)

식이 다소 복잡하게 느껴질 수 있으나 간단한 사례를 이용하면 어렵지만은 않
다. 그 전에 '할인율('r'로 표기돼 있음)'의 이해가 필요해 정의를 다음에 실었다.

· <u>할인율(割引率, Discount rate)</u> 〈국어사전〉〈경제〉 어음을 할인할 때 빼는 이율.

‘할인율’을 간단히 설명하면, A라는 사람이 물품을 구매한 뒤 대금 1,000원을 현금으로 주지 않고 한 달 뒤에 임의 방법으로 지불하겠다는 ‘(약속) 어음’을 대신 주었다고 하자. 이때 ‘어음’을 받은 납품 업자는 또 다른 하청 업체에게 대금을 지불할 목적으로 그 ‘어음’을 은행에 가져가 현금으로 바꾸려고 한다. 이 상황에서 은행의 입장을 보면 한 달 뒤 A라는 사람이 부도가 나거나나 몰라라 사라져버리면 1,000원을 날리게 되므로 위험을 감수한다는 논리를 들어 100원을 뗀 900원을 제시했다면 이때 할인율은 ‘10%’가 된다. 즉, 한 달 뒤라는 미래의 현금(Cash Flow)을 현재 가치로 환산하면 위험 부담을 감안해 900원으로 판단하는 것이다. 위험도가 높을수록 할인율은 높아질 것이고 이 경우 현재 가치는 작아지며, 반대 경우 현재 가치는 높아진다. 투자자의 입장에서는 미래의 현금(Cash Flow), 즉 예상 수익 금액을 현재 금액으로 바꾼 뒤 사업에 대한 평가를 하는데 이때 주어진 할인율이 작을수록 현재 가치가 커지므로 향후 사업의 수익성이 좋을 것이라 판단하게 된다.

이제 ‘순 현재 가치’를 설명하기 위해 ‘라면 판매 프로세스 설계’의 ‘Y’들 중 ‘라커피점 반응도’를 예로 들어보자. 이 지표는 [표 M-32]에서 ‘라커피 전문점에 대한 손님 반응도 점수’로서 ‘운영적 정의’된 바 있으며 ‘5점 척도’를 ‘100점’으로 환산하여 평가한다. ‘라커피 전문점’은 현재 분식 공간의 반을 인테리어 투자를 통해 커피 전문점이 들어선 복합 판매 공간으로 탈바꿈시킴으로써 매출을 올려보겠다는 아이디어에 기반을 두고 있다. 이때 다음과 같은 상황이 예상된다고 가정하자.

(상황) 분식집 사장은 라커피 전문점을 통해 향후 4년간 연 2,250만 원의 수익[80]을 예상하고 내부 인테리어를 위해 4,000만 원을 투자했다(고 가정한다). 할인율이 15%라고 가정할 때 이 투자의 '순 현재 가치'는 얼마일까?

식 (D.8)을 적용한 계산 과정과 결과는 다음 식 (D.9)와 같다.

$$NPV = -40,000,000 + \frac{22,500,000}{(1+0.15)} + \frac{22,500,000}{(1+0.15)^2} + \frac{22,500,000}{(1+0.15)^3} + \frac{22,500,000}{(1+0.15)^4} \quad \text{(D.9)}$$
$$= 24,237,013.2$$

'순 현재 가치(NPV)'에 대한 평가는 이어질 '내부 수익률(IRR)'을 산정한 뒤 함께 해석하는 것으로 하고 지금부터는 '내부 수익률'에 대해 알아보자.

내부 수익률(內部收益率, Internal Rate of Return, IRR): 다음은 '위키백과' 사전에 실린 용어 정의를 옮겨놓은 것이다.

> · **내부 수익률**(Internal Rate of Return): 어떤 사업에 대해 사업기간 동안의 현금수익 흐름을 현재가치로 환산하여 합한 값이 투자지출과 같아지도록 할인하는 이자율을 말한다. 내부수익률법이란 투자에 관한 의사결정에서 내부수익률을 고려하는 방법이다. 내부수익률과 자본 비용을 비교하여 수익률이 높으면 투자로부터 수익을 얻을 수 있다. 여러 개의 투자 안이 있을 때에는 수익률이 높은 쪽을 투자하는 것이 유리하다.

주어진 식은 다음 (D.10)과 같다.

---

80) 라면을 주문한 고객 중 커피를 선호하는 수(커피 판매 수)를 가정한 후 1년 예상금액을 산정함.

$$NPV = -C_0 + \sum_{t=0}^{N} \frac{C_t}{(1+r)^t} = 0 \qquad (D.10)$$

식 (D.10)의 생김새는 '순 현재 가치(NPV)'와 동일하다. 단지 그 계산 값이 '0'이 되는 '$r(=\text{IRR})$'을 찾는 과정이 다를 뿐이다. 왜 '0'이 되도록 설정할까? 식 (D.10)에서 'C_0', 즉 '투자 금액'과 향후 '현금 흐름'이 같아지는 '$r(=\text{IRR})$'을 구하는 문제로, 덧붙이면 '내부 수익률'이 시장에서 자금을 차입할 때의 이자율보다 크면 투자 안을 실행하는데, 그래야만 돈을 빌려서 투자해도 예상되는 수익이 이자 비용보다 크므로 이자 비용을 지급하고도 이익이 남을 것이다. 만약에 이자율이 사전에 기업가가 설정한 '내부 수익률'보다 크면 투자 안을 실행했을 때의 이익보다 이자 비용이 더 크게 되므로, 이자 비용을 지급하면 오히려 손실이 나 투자 안을 기각하는 선택을 하게 된다. 식 (D.9)의 상황에 대한 '내부 수익률(IRR)'을 구하는 과정과 결과가 다음 식 (D.11)에 나타나 있다.

$$NPV = -40{,}000{,}000 + \frac{22{,}500{,}000}{(1+r)} + \frac{22{,}500{,}000}{(1+r)^2} + \frac{22{,}500{,}000}{(1+r)^3} + \frac{22{,}500{,}000}{(1+r)^4} \quad (D.11)$$
$$= 0, \quad \therefore r \risingdotseq 0.427$$

설정한 상황에 대해 '내부 수익률(IRR)'은 약 '42.7%'를 얻었으며, 만일 4년간의 미래 예상 수익이 매년 달라진다면 식 (D.11)의 분자만 그에 맞도록 변경시킨다. 또, 계산 과정은 식 전체를 'r'로 풀어헤쳐 정리해 나가는 방법으로는 답을 얻을 수 없다. 식 (D.11)을 그대로 엑셀에 입력한 뒤 'r' 값을 임의로 변경시키면서 우변이 '0'이 되는 값을 찾는 것이 효율적이다.

이제 남은 것은 '순 현재 가치'와 '내부 수익률'을 이용해 과연 커피 판매 공간을 확보할 가치가 있는지에 대한 판단을 할 때에 이르렀다. 앞서 정리된 식

(D.9)와 식 (D.11)을 표에 정리하고 의사 결정을 위한 지침을 따라보도록 하자.

[표 D-14] 투자에 대한 의사결정 지침 예

평가	순 현재 가치(NPV)	내부 수익률(IRR)	비고
Base Case	24.2백만	42.7%	'r'은 '할인율' 설정된 '상황'에서 r = 15%
투자 매력적	> 0	> r	
투자 보통	= 0	= r	
투자 거절	< 0	< r	

결국 매출을 올리기 위해 선택한 '라커피점 운영 방안'은 투자 관점에선 '투자 매력적'이라고 판단한다. 물론 내부 인테리어와 서비스, 커피 품질 등을

[그림 D-50] 'Step-12.2. 설계 검증_Do/Check' 작성 예(비용 편익 분석)

Step-12. 설계 검증
Step-12.2. 설계 검증_Do/Check　　　　　　　　　　D M A **D V**

(비용편익 분석)

◆ '순 현재가치'와 '내부수익률' 분석을 통해 투자 대비 편익의 결과가 적합한지를 검증. 필요 시 '민감도 분석' 수행(산정과정과 결과는 '개체삽입' 기능사용해서 포함시킴).

　※ 향후 4년간 연 예상수익 2,260만, 라커피점 인테리어 투자비용 4천만, 할인율 15% 가정.

순 현재가치

$$NPV = -G_i + \sum_{t=1}^{N} \frac{G}{(1+r)^t} \qquad NPV = -40,000,000 + \frac{22,600,000}{(1+0.16)} + \frac{22,600,000}{(1+0.16)^2} + \frac{22,600,000}{(1+0.16)^3} + \frac{22,600,000}{(1+0.16)^4}$$
$$= 24,237,013.2$$

내부수익률

$$NPV = -G_i + \sum_{t=1}^{N} \frac{G}{(1+r)^t} = 0 \qquad NPV = -40,000,000 + \frac{22,600,000}{(1+r)} + \frac{22,600,000}{(1+r)^2} + \frac{22,600,000}{(1+r)^3} + \frac{22,600,000}{(1+r)^4}$$
$$= 0. \therefore r = 0.427$$

평 가

평 가	순 현재가치(NPV)	내부수익률(IRR)	비고
Base Case	24.2백만	42.7%	
투자 매력적	> 0	> r	r = 할인율
투자 보통	= 0	= r	
투자 거절	< 0	< r	

(산정과정)
Microsoft Excel
유사시트

[종합] '순 현재가치'와 '내부 수익률' 산정을 통해 투자가 적합한 평가를 얻음. 각 재무항목별 변동에 대한 '민감도 분석' 추가 수행.

PS-Lab 계속
Problem Solving Laboratory

통한 고객의 만족도도 고려돼야 하며, 이것은 'Y'인 '라커피점 반응도'를 통해 파악될 것이다. [그림 D-50]은 '비용 편익 분석'에 대한 파워포인트 작성 예이다.

이제 남은 것은 '순 현재 가치'와 '내부 수익률'을 이용한 **'민감도 분석'**이다. 즉, 미래의 다양한 환경 변화 속에서 어느 정도의 수익 구조를 유지할 수 있는지 평가하는 일인데 이것은 변수들을 예상되는 환경 값으로 설정함으로써 확인할 수 있다. '상황'과 그에 대한 결과가 [표 D-15]에 나타나 있다.

(상황) 분식집 사장은 라면 판매 향상을 위해 4,000만 원을 투자하려고 한다. 그에 따른 미래의 상황이 아래와 같다고 가정할 때 '순 현재 가치'와 '내부 수익률'을 구하고 표에 주어진 환경 변화에 대한 민감도 분석을 수행하라(할인율=15%, 4년간 매출과 비용이 일정하다고 가정한다).

- 판가(커피)=₩ 800
- 판매량=45,000개/년(하루 150컵, 월 25일 영업, 12개월)
- 재료비=₩ 160/컵
- 노무비=₩ 85/컵
- 고정비=₩ 500만/년

다음 [표 D-15]는 '상황'에 대한 4차년 동안의 현금 흐름(Cash Flow)을 나타낸다.

[표 D-15] 현금 흐름(Cash Flow) 요약(단위: 천 원)

구분＼연도	0차년	1차년	2차년	3차년	4차년	비고
판매액	–	36,000	36,000	36,000	36,000	할인율 (r)＝15%
변동비	–	11,025	11,025	11,025	11,025	
고정비	–	5,000	5,000	5,000	5,000	
투자금액	40,000	–	–	–	–	
순 현금흐름	– 40,000	19,975	19,975	19,975	19,975	

산정한 현금 흐름을 통해 '순 현재 가치'와 '내부 수익률'을 구한 뒤 '판매량', '투자 금액', '변동비(재료비만)', '고정비'의 변동에 대한 '민감도 분석' 수행 결과는 다음 [표 D-16]에 정리하였다(계산 과정은 생략하고 결과만 입력함).

[표 D-16] 'NPV'와 'IRR'의 '민감도 분석' 결과 예

평가	순 현재 가치(NPV)	내부 수익률(IRR)	판단
Base Case	₩ 17,028,193	약 35%	팀원과 결과를 활용하여 미래 대비를 위한 회의 진행
판매량 25% 감소	(₩ 797,578)	약 14%	
투자 2배 증가	(₩ 22,971,807)	약 – 0.05%	
재료비 10% 상승	₩ 14,972,608	약 32.5%	
고정비 10% 상승	₩ 15,600,704	약 33.2%	

'민감도 분석'을 토대로 향후 실질적인 변동이 예상되면 단가 조정이나 투자액 조정 등의 조치를 통해 '투자 매력적'이 유지될 수 있도록 팀원들과 협의한다. [표 D-16] 경우 '재료비'나 '고정비' 등의 변동에 대해서는 큰 문제가 없을 것으로 예상되나 '판매량 급감' 상황이 발생하면 타격이 예상되므로 이에 영향이 될 요소를 미리 점검하고 사전 대비책을 마련할 필요가 있다. 계

산 과정과 '매력적'을 판단하기 위한 추가적인 설명은 생략한다. 이제 검증 단계의 끝 관문인 'Step‑12.3. 설계 검증_Act'로 넘어가도록 하자.

Step‑12.3. 설계 검증_Act

'Do/Check'에서 문제가 발견된 경우 해결책을 마련한 뒤, 본 'Act'에서 보완한다. 만일 사안이 중대하면 'P‑D‑C‑A Cycle'처럼 'Plan'부터 다시 시작한다. 문제가 모두 해결되면 개선된 '프로세스 능력'을 평가/예측한다. 다음 [그림 D‑51]은 수행된 'Act'의 예이다.

[그림 D‑51] 'Step‑12.3. 설계 검증_Act' 작성 예(Scorecard 작성)

Step-12. 설계 검증
Step-12.2. 설계 검증_Act

DMADV

♠ 'Do/Check'단계의 '비용편익분석_민감도 분석'에서 매출 20%이상의 급감이 발생할 경우 예상되는 타격을 막기 위해 발생 가능한 상황을 고려한 뒤 대비책 마련. 끝으로 Scorecard 작성.

발생 가능한 상황

상 황	발생 가능성 / 예상 영향	해결책
학교 방학	10 / 9	주변 도서관/독서실 학생 홍보
야간학습시간 변경	4 / 3	시간대 변경 발생 시 유연하게 대차할 수 있는 역할분담 및 대응방안 매뉴얼 마련.
대학 기숙사 완공	6 / 7	잔류학생 홍보 및 마니아 층 유도

Scorecard 작성

Ys	중요도	단위	T.F. Y/N	성과표준 LSL	성과표준 USL	M	A	D	V	목표	비고
주문 L/T	12	초	Y	-	600	-4.46	4.42	9.78	-	180s	M;946.7초 A;358.7초 D;122.8초
라면 준비시간	9	초	Y		300	-7.47	0.78	5.35	-	240s	M;700.9초 A;265초 D;122.9초
나 홀로 손님 밋 만족도	8	점	Y	•단위;라면 당 설문 •기회;설문 당 8개 항목 •결점; 3점 이하		1.88	1.54	2.03	-	5만 DPMO	M;35만 DPMO A;6만 2천 DPMO D;2만 1천 DPMO
라커피점 반응도	6	점	Y	60	-	2.53	5.28	5.28	-	85	A;86(목표달성)
밤참 주문비율	3	%	Y	•단위;주문배달 1건 •불량; ①20시 이내 배달 건 ②20시 이후 배달 시 라면 미포함		0.05	-1.33	-0.94	-	15%	M; 약 6% A; 9.2% D; 17.4%

(산정과정)

Microsoft Excel 워크시트

PS-Lab
Problem Solving Laboratory

[그림 D - 51]에서는 편의상 '비용 편익 분석_민감도 분석'의 '판매량 급감'에 대해 발생 가능한 사건과 대비책을 마련하는 선에서 정리하였고, Scorecard는 「12.2.1. Ys의 수준 향상 평가_시뮬레이션」의 결과를 옮겨놓았다. '상세 설계'를 통해 Ys들의 목표는 대부분 달성한 것으로 가정하고, 만일 불만족한 결과를 얻었다면 당연히 앞서 진행된 '세부 로드맵'을 거꾸로 거슬러 올라가며 하나하나 되짚는 노력도 경주해야 한다. 또 목표 달성이 되었더라도 추가되는 이슈나 문제 제기에 대해서는 팀원 회의를 거쳐 보완하는 활동이 요구된다.

이제 '프로세스 설계 방법론'의 최종 활동인 Verify Phase로 넘어가 '세부 로드맵'과 사례들에 대해 알아보자.

（Ⅵ）

Verify

Verify Phase는 설계한 프로세스가 실제로 잘 작동하는지를 확인하는 활동이다. 따라서 모든 초점은 실질적인 관점에서 파악되고 평가하는 데 맞춰져 있다. '프로세스 개선 방법론'과 유사하지만 '이관'에 따른 고려가 신중하게 검토될 필요가 있다. 그 이유는 새롭게 설계된 프로세스이므로 최초 적용 단계에서 많은 문제점이 유발될 수 있기 때문이다.

　　'Verify'의 사전적 정의는 "증명[입증]하다, <사실·행위 등이 예언·약속 등을> 실증하다"이다. 그런데 이와 유사한 단어로 'Validate'가 있다. '설계 방법론 로드맵'에 익숙한 리더면 한 번쯤 의구심을 갖거나 질문을 하는 경우가 있는데 바로 'Verify'와 'Validate'의 차이점에 대해서다. 'Validate' 역시 "정당성을 입증하다, 실증하다"로 의미상 차이가 없기 때문이다. 그런데 왜 이런 질문을 하는 것일까? 왜냐하면 똑같은 '설계 로드맵'이지만 'Verify'가 'DMADV'에 속해 있는 반면, 'Validate'는 'DIDOV'에 속해 있기 때문이다(참고로 'DIDOV'는 '연구 개발 방법론'임).

　　같은 '검증한다'지만 기술한 차이점이 존재하는 이유는 추측건대 두 가지로 요약된다. 하나는 '개요 단계'에서 '로드맵의 탄생 배경'을 설명할 때 'DIDOV'는 기존 서비스 부문 등에 주로 써오던 'DMADV'와의 차별성을 갖기 위해 단어 자체를 달리 가져갔을 가능성과, 다른 하나는 영어 자체의 정의(뉘앙스라고 해야 맞을 듯싶다)에 따른다고 볼 수 있다. 'Verify'는 상품을 좀 더 검사하거나 시험들을 수행해서 정확성이나 진실을 테스트하는 느낌이 강한 반면, 'Validate'는 대상에 대해 진실이라고 선언하고 공식적인 인가를 인정한다는 의미가 강하다. 이 때문에 'Verify'는 설계의 품질 특성들이 규격에 부합하는지를 평가하고, 'Validate'는 고객의 시각에서 만족할 만한 결과물을 제공할 수 있는지의 '품질 보증 프로세스 검증'에 집중한다.[81]

　　'DMADV'는 기존 프로세스가 존재하는 상황에서 부족한 부분을 개선할 목적으로 설계의 필요성을 느낄 때('Small Change'로도 불린다) 적합한 로드맵인 반면, 'DIDOV'는 프로세스가 존재하지 않는 최초 개발에 적용('Big Change'로 불린다)한다. 존재하는 프로세스의 문제점이 확인되면 심도 있게 검사해서

---

81) P. G. Maropoulos 외 "Design verification and validation in product lifecycle", CIRP-598; No. of Pages 20 참조.

검증해내는 작업이 필요하며, 프로세스가 없는 최초 개발이면 그 필요성과 추진을 선언하고 결과에 대해 공식적인 인가를 받는 과정이 필요하기 때문이다.

'Verify Phase'에서는 무슨 활동을 하는 걸까? 말 그대로 "실증 또는 검증한다"이다. 그러나 '검증'에 대한 얘기라면 이미 한 번 거쳐 온 상태다. 'Step – 12. 설계 검증'이 그것이다. 그러나 확연한 차이점이 있는데 'Step – 12. 설계 검증'은 설계된 결과물이 최적의 환경에서 문제없이 잘 돌아가고, 또 목표를 달성해낼 것이라 기대하는 반면, 'Verify'에서는 실제 프로세스를 운영해보면서 추가적인 개선점이 없는가를 검증한다. 즉, 최적의 좋은 환경(시뮬레이션, 간단한 상황 설정 등)에서는 단기 데이터만 얻을 수 있어 기껏해야 단기성과를 예측할 수 있지만, Verify Phase에서는 1달 이상의 실제 프로세스 운영 기간을 거치며(실상은 긴 기간은 아니더라도) 장기 성향의 성과 예측을 할 수 있는 특징이 있다. 따라서 **'Verify Phase'는 실제 프로세스를 운영할 때 어느 수준을 유지할 수 있는지를 검증하는 데 관심과 초점이 맞춰져 있다.** '프로세스 개선 방법론'의 'Control Phase'와 의미상 동일하다.

프로그램을 개발하는 과제를 생각해보자. 핵심 활동은 프로그램 언어를 사용해 원하는 출력(정보 등)을 얻는 것이 목적이므로 프로그램상 '오류'가 없고, 또 빠르면서 정확하게 작동하도록 개발하는 것이 핵심이다. 따라서 개발은 크게 '개발 단계'와 '운영 단계'로 나뉜다. 프로그램을 '개발'했으면 실 서버에 적용해 잘 돌아가는지 '운영' 수준을 확인한다. 그러나 이때 예상치 못한 문제점이 발생해서 실 서버에 들어 있던 많은 데이터가 손상 받으면 어떻게 될까? 아마 개발자는 상사나 고객으로부터 뭔 일을 당해도 크게 당할 것이다. 이와 같은 문제를 방지하기 위해 '개발 단계'와 '운영 단계' 사이에 '이관(Staging) 단계'[82]를 두는데, 이것은 '개발 단계 → 개발/테스트 서버', '이관 단계 → 스테이징 서버(또는 Pre – production 서버)' 그리고 끝으로 '운영 단계 → 실 서

---

82) Verify Phase에서 실제 운영자인 'Process Owner'에게 설계 결과를 넘겨주는 '이관'과는 다른 의미임.

버'의 작업 환경을 거치도록 해서 혹시 있을지도 모르는 개발 프로그램의 안 좋은 영향을 사전 차단하고, 신뢰성을 검증하기 위한 안전장치를 둔다. 굳이 예를 들은 프로그램 개발 과정과 현재의 '프로세스 설계' 과정을 비교하면 '개 발 단계'는 'DMAD'에, '운영 단계'는 'Verify'에 대응한다. 이때 '이관 (Staging) 단계'처럼 중간 검증 과정은 어디에 대응할까?

설계한 프로세스를 바로 실 환경에 적용하는 데는 부담이 따를 수밖에 없 다. 예상하지 못한 문제점이 다방면으로 쏟아져 나올 수 있기 때문이며 누구 도 그렇지 않을 것이라 장담하기 어렵다. 따라서 대부분의 '설계 방법론 로드 맵(DMADV든, DIDOV든)'에서는 Verify Phase의 첫 번째 활동으로 'Pilot 실 행'을 넣어 마치 실 서버로 가기 직전의 '이관 단계' 기능을 수행한다. 이것은 실 환경에 적용 전 조금 안전한 유사 환경에서 사전 검증해보자는 의미가 내 포돼 있다. 그러나 본문에서는 이 활동을 빼고 '프로세스 개선 방법론'과 동일 한 '잠재 문제 분석(PPA, Potential Problem Analysis)'을 두도록 구조화하였 다. 왜냐하면 실제 과제를 수행해보면 'Design Phase'의 'Step – 12. 설계 검 증'과 'Verify Phase'의 'Step – 13. Pilot 실행' 및 'Step – 14. 실효성 검증'의 활동이 현실적으로 중복돼 활동의 의미가 퇴색하기 때문이다. 따라서 중복의 문 제를 없애고 기존 'Pilot' 기능을 유지하기 위해서는 'Design Phase'의 'Step – 12. 설계 검증'에 'Pilot' 기능을 부여하고, 실 환경에의 검증은 Verify Phase 'Step – 14. 실효성 검증'에서 수행한다. 또 프로그램 개발에서의 '이관 단계 (Staging)'에 해당하는 중간 검증은 'Step – 13. 관리 계획 수립' 내 'Step – 13.1. 잠재 문제 분석'에서 처리하도록 정리하였다. 이렇게 하면, '프로세스 개 선 방법론'과 동일한 '세부 로드맵'으로 구성돼 로드맵 간 호환성을 극대화할 수 있다. 한마디로 '프로세스 개선 방법론'과 동일하면서 '프로세스 설계 방법 론'의 기능을 모두 수용할 수 있게 된다. 따라서 앞으로 'Verify Phase'는 '프 로세스 개선 방법론' 내 'Control Phase'의 '세부 로드맵'과 동일하게 전개하되 내용은 '프로세스 설계 방법론'의 필요성에 맞도록 구성할 것이다.

이제 'Verify Phase'에서 해야 할 일에 대해 구체적으로 생각해보자. 이 Phase는 'Design Phase'와의 연속선상에 있다. Design Phase 'Step‑12. 설계 검증'에서 수행한 내용을 되돌아보면 '상세 설계(최적화)' 내역들을 모두 모아 목표로 했던 'Y'의 값이 나오는지와, 미래 환경 변화를 고려한 자원의 고려 및 재무적 관점의 투자 적합성 등에 대한 평가가 이루어졌다. 그러나 활동들 대다수는 실 환경에서 이루어졌다기보다 최적의 가공된 또는 시뮬레이션 환경 에서 수행되는 게 일반적이다. 물론 실 환경에 바로 적용해 검증할 수 있으면 'Verify Phase'의 일부 '세부 로드맵'과의 병합도 가능하다. 만일 최적의 환경 이나 시뮬레이션을 통해 최적화 내용이 검증되면 동일한 결과가 실 환경에서 도 나올 수 있는가를 확인해야 하며 바로 이런 이유 때문에 'Verify Phase'가 필요하다. 즉, **'Verify Phase'는 '실 환경에서의 검증'** 또는 제조의 용어를 굳 이 빌리자면 **'양산성 검증'**으로 요약할 수 있다.

이제 'Verify Phase'의 활동 목적이 '실 환경에서의 검증'이면, Design Phase 'Step‑11. 상세 설계'에서 확정된 내용들을 들고 실 환경에 바로 적용 해서 결과를 관찰할 일만 남은 걸까? 실제 환경은 예측할 수 없는 많은 외부 변수들로 꽉 차 있다. 만일 이들에 의해 최적화 내용들이 영향을 받아 제 역 할을 해내지 못하면 더 말할 것도 없이 목표 달성은 그만두고라도 고객의 불 만 증대나 예상치 못한 손실로 오히려 안 한 만 못한 결과를 초래할 수도 있 다. 다행이 여태껏 공포(?)스러운 경험을 하진 않았지만 충분히 일어날 수 있 는 사건이기 때문에 실제 환경에 최적화 내용을 적용하기 전 무엇인가 해야만 한다. 이것이 **'PPA(Potential Problem Analysis)'**가 필요한 이유이다. 대형 사 고를 완전히 차단할 수는 없지만 최소화하거나 미리 막아보자는 의도가 깔려 있다. 따라서 'Verify Phase'의 시작은 바로 이 'PPA'부터 수행하며 매우 중 요한 과정이므로 대충 넘어가거나 빠트려서는 절대 안 된다는 점을 명심하자.

'PPA' 과정은 Verify Phase 'Step - 13. 관리 계획 수립' 초기에 바로 수행한다. 'PPA' 내용 중에는 문제의 심각성이 큰 경우 '감소 방안'이 마련되는데, 이때 '예상 문제'가 '감소 방안'에 의해 미리 제거되지 않으면 '최적화 내용'을 실제 프로세스에 적용한 후 대형 사고가 발생할 수 있다. 따라서 '감소 방안'대로 수행하는 과정을 '실수 방지('Mistake Proofing' 또는 'Fool Proofing')'라고 한다. 즉, 시스템적으로 완전히 예상 문제를 차단해야만 '최적화 내용'이 적용됐을 때 목표하는 바를 실현할 수 있다. 이 작업이 마무리되면 이어 '관리 계획(Control Plan)'을 수립하는데, 바로 'Deming Cycle'인 'P - D - C - A Cycle'이 시작된다.

'관리 계획'은 최적화 내용을 유지하기 위해 관련 'X's'들을 어느 방법으로 관리할 것이며, 또 문제 발생의 확인법과 그 처리에 대해 기술한 양식이다. 설계자가 '최적화 내용'이 적용된 관련 프로세스 모두를 관리/감독할 수는 없으므로 생산 운영 담당자에게 설계한 것은 무엇이며, 유지시키기 위해 어떻게 관리해야 하는지를 조목조목 알려줘야 할 때 유용한 문서이다. '관리 계획'에 대해서는 'Step - 13. 관리 계획 수립'에서 또 한번 설명이 있을 것이다. 이 과정이 끝나면 'Step - 14. 실효성 검증'으로도 들어간다.

'Step - 14. 실효성 검증'은 'P - D - C - A Cycle'의 'D - C - A' 활동에 해당한다. 따라서 Design Phase에서 형성된 '최적화 내용'을 실 환경에 적용할 때도 'Step - 12. 설계 검증'과 동일한 'Plan - Do - Check - Act'로 구성돼 있다. 'Act'에서는 최종 'Scorecard'가 작성될 것이며, 향후 설계된 프로세스를 실제 환경에 적용할 때 어느 정도 수준이 될 것인가에 대한 추정과 또 과제로부터 'Y'들이 얼마만큼 향상되었는지 등의 정보를 획득하게 된다. 여기까지가 과제의 실질적인 완료 단계이며, 나머지는 재무적 효과나 이관을 위한 작업 및 사업부장 승인 등 문서화 활동이 수반된다. 'Step - 15. 이관/승인'에 대해서는 해당 시점에 설명할 것이다. 이제부터 Verify Phase의 각 '세부 로드맵'별 내용에 대해 알아보자.

Step-13. 관리 계획 수립

　　　　　해야 할 '세부 로드맵'을 간단히 서술하면 '잠재 문제 분석(PPA) → 실수 방지(Mistake Proofing) → 관리 계획 수립 → 표준화'의 순이다. 'Step-13.1. 잠재 문제 분석(PPA, Potential Problem Analysis)'은 앞서 개요 단계에서 설명한 바와 같이 최적화 내용을 실제 환경에 적용하기 전 예상되는 문제점을 도출해서 '감소 방안'을 이끌어낼 목적으로, 다음 'Step-13.2. 실수 방지'는 예상 문제가 발생하지 않도록 시스템적으로 완전히 차단시키는 일종의 개선 활동을, 'Step-13.3. 관리 계획 작성'은 문제점들 제거 후 적용된 '최적화 내용'이 지속적으로 운영돼야 목표 달성이 가능할 것이므로 특정 항목들을 선정하여 관리할 계획서를 작성하며, 끝으로 'Step-13.4. 표준화'는 '관리 계획서'상의 새롭게 정립된 내용들을 일종의 법제화함으로써 누구든지, 또 언제든지 일정하게 활용 가능한 체제를 만드는 데 있다. '프로세스 개선 방법론'의 'Control Phase Step-13'과 흐름상의 차이점은 없으며[83] 단지 프로세스 설계 경우 새롭게 설계된 특성상 변경점이 훨씬 더 많을 것이므로 점검할 대상의 규모가 상대적으로 매우 크다는 점과, 그들 간의 복잡한 유기적 관계를 고려해야 하는 차이점이 있다. 만일 '제품 설계 방법론'인 경우 '신뢰성 관점'의 접근이 추가될 수 있지만 '프로세스 설계'에서의 신뢰성적 접근은 빈도가 그리 높은 편은 아니다. 이제 '세부 로드맵'에 대해 하나하나 관찰해보도록 하자.

---

83) '프로세스 개선 방법론', '제품 설계 방법론' 모두를 쉽게 숙지할 수 있도록 동일 내용으로 구성하였다.

Design Phase에서 마련된 '상세 설계(최적화) 내용'을 실제 프로세스에서 검증하기 위해서는 현재 운영 중인 프로세스의 변경이 불가피하다. 따라서 새롭게 설계된 내용들을 바로 적용했을 때 나타날 위험들을 감수하기보다 사전에 잠재된 문제점들을 적출해서 제거해보자는 활동이 의미가 있는데 이를 통칭해서 '잠재 문제 분석'이라 부른다.

[그림 V-1] 시간(Time)-성과(Performance)-잠재 위험(Risk)의 개요도

[그림 V-1][84])의 왼쪽 그림은 'X-축'의 '시간(Time)'에 따른 'Y-축'의 '성과(Performance)'는 계속 향상돼 가고 있는 반면, 예상치 못한 '잠재 위험(Potential Risk)'으로부터 '허용 가능한 변동(Acceptable Variation)'이 발생하고 있고, 이로 인해 '목표(Target)'에서 벗어나는 일들이 반복되고 있음을 보여준다(지그재그 선). 그러나 만일 '위험'이 지속적으로 관리된다면(오른쪽 그림) 실질적인 활동은 산포가 최소화된 상태에서 '목표(Target)' 근처에 유지되는 안정된 결과를 보일 것이다.

'위험'을 지속적이고 체계적으로 관리할 수 있는 가장 권장할 만한 방법은

---

84) GE의 DFSS 개요 설명 자료에서 인용함.

역시 'FMEA(Failure Mode & Effect Analysis)' 사용이라고 단언한다. 'FMEA' 는 Analyze Phase 'Step - 9.1. 설계 요소 발굴'에서 '고장 모드'를 적출하거나, '잠재 인자'를 발굴하는 용도로 소개된 바 있다. '[그림 A - 31] Design FMEA 양식 예'처럼 각 열(Column) 이름에 'Potential(잠재적)'이란 단어가 공통적으로 들어 있는데 이것은 'FMEA' 용법이 일을 수행하기 직전에 작성해서 문제가 발생하기 전에 차단시키도록 개발된 도구이기 때문이다. 따라서 **지금까지 설계된 '프로세스'를 실제로 운영해야 하는 현 속성상 'FMEA'는 사전 위험 평가와 그 해결을 위해 가장 적합하면서 반드시 활용해야 할 도구이다.** '프로세스 개선 방법론' 경우 FMEA를 간략화한 '표를 이용한 방법'과 'FMEA를 이용한 방법' 두 가지를 제안해 선택하도록 했지만 '프로세스 설계' 과제는 변화의 정도가 크므로 'FMEA'만 사용할 것을 권장한다.

이제 'FMEA'를 현 Verify Phase에서 어떻게 접목시켜 사용하는지 알아보자. 'FMEA'는 현시점에서 새롭게 시작하는 것은 아니다. 과제 수행 중 Analyze Phase에서 협의의 의미로 사용했든 본래의 용도로 활용했든 그때의 'FMEA'를 그대로 가져와 내용을 추가해 나간다. 대부분의 교재에서 'FMEA'를 '살아 있는 문서'라고 표현하는데 그 이유는 상품 또는 프로세스가 존재하는 한 그 안의 5M - 1I - 1E(Man, Machine, Material, Method, Measurement, Information, Environment) 중 하나 이상이 변경될 때, 이후 무슨 일이 벌어질 것인지 위험 평가용으로 계속해서 내용을 추가하며 사용하는 문서이기 때문이다. Design Phase에서 프로세스의 '상세 설계(최적화) 내용'이 프로세스의 변경을 암시하고 있으므로 현재의 과정은 'FMEA' 본래 용도 그대로 활용된다고 볼 수 있다. 물론 기존 내용과의 차별화를 위해 신규로 삽입됐다는 표식을 해두거나 이력을 남겨두는 것이 중요하다.

단, Analysis Phase에서의 FMEA 용도와 달리 **Verify Phase**에서는 **'Design FMEA'**가 아닌 **'Process FMEA'를 사용하는 것이 큰 차이점이다.** 좀 더 구체적

으로 설명하면 우선 '프로세스 개선 방법론'을 생각해보자.[85] 이것은 현재 운영 중인 프로세스의 문제점 중 영향력이 큰 유형을 골라내 효율화시키는 방법론이다. 따라서 Measure Phase에서 '잠재 원인 변수의 발굴'을 수행할 때 'FMEA'는 'Process FMEA'를 사용한다. 프로세스가 존재하기 때문에 가능한 일이다. 그러나 '설계'에서는 다르다. 동일하게 Analyze Phase 'Step‐9.1. 설계 요소 발굴'에서 'FMEA'가 사용되지만 이때는 'Design FMEA'를 사용하였다. 왜냐하면 프로세스를 만드는 과정이기 때문이며, 따라서 'FMEA 양식' 첫 열에 '핵심 기능(CTF, Critical to Function)'을 입력한 뒤 전개하였다. 그러나 지금은 상황이 다른데 이미 '프로세스 맵'이 구성돼 있기 때문이다. 예를 들어 '[그림 A‐38]'에서 '핵심 기능(CTF)'별 맵을 구성한 뒤 '[그림 A‐39] 설계 요소 발굴을 위한 전체 맵 구성'에서 전체 'Process Map'을 1차적으로 완성하였고, 이후 Design Phase '[그림 D‐36] Step‐11.2. 상세 설계 수행(Act) 작성 예'에서 좀 더 보완한 최적화된 '프로세스 맵'을 보유한 상태다. 또, 실 환경에 적용하는 것은 이 '프로세스 맵'이므로 향후 무슨 위험이 존재할 것인지 도출하기 위해서는 당연히 'Process FMEA'가 필수적이다. 다음 [표 Ⅴ‐1]은 'Process FMEA'의 일반 양식을 나타낸다.

[표 Ⅴ‐1]에서 점선 원으로 표시한 열 이름은 'Process Function(Step)'이며, 괄호 속 'Step'이란 프로세스의 '활동(Activity)'을 의미한다. 이 '열'에 입력을 위해서는 '프로세스 맵'이 필요하며, '[그림 D‐36] Step‐11.2. 상세 설계 수행(Act) 작성 예'에서 최종적인 맵을 완성한 바 있다(고 가정한다). 따라서 이것부터 가져다 놓고 '위험 평가'를 수행하는 것이 순서이다. 다음은 본 과제를 통해 최종 설계된 '프로세스 맵'을 옮겨놓은 것이다.[86]

---

85) 프로세스 설계 과정은 '프로세스 개선 방법론'과 많은 부분에서 공통점이 있다. 이것은 설계 완료 후 운영에서 나타나는 비효율성은 '프로세스 개선' 측면에서 처리돼야 하기 때문이다. 따라서 '프로세스 개선 방법론' 도구들의 용법과의 차이점을 설명하는 것은 일반적인 일이다.
86) 로드맵 학습이 목적이므로 [그림 Ⅴ‐2]의 '상세 설계'를 최종 산출물로 보고 이후를 전개할 것이다.

#	Process Function (Step)	Potential Failure Modes (process defects)	Potential Failure Effects (Y's)	S E V	C l a s s	Potential Causes of Failure (X's)	O C C	Current Process Controls	D E T	R P N	Recommend Actions	Responsible Person & Target Date	Taken Actions	S E V	O C C	D E T	R P N
1																	
2																	
3																	
4																	
5																	
6																	
7																	

[그림 Ⅴ-2] 현재까지 확정된 프로세스 맵 예(위험 관리를 위한 FMEA 입력용)

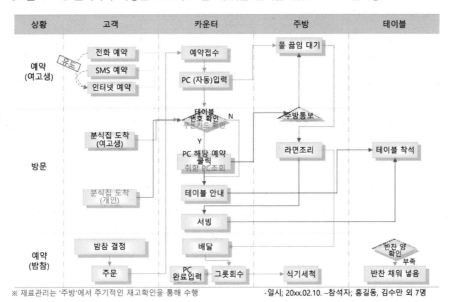

※ 재료관리는 '주방'에서 주기적인 재고확인을 통해 수행　　　-일시; 20xx.02.10. -참석자; 홍길동, 김수만 외 7명

[그림 V-2]는 Design Phase에서 '상세 설계'를 거쳐 최종 완료된 '프로세스 맵'이다(라고 가정한다.). 그러나 어디까지나 '현재까지'라는 수식어가 붙는다. 이 맵이 완전할 것이라 판단하고 있지만 사실은 'Step-9.2. 설계 요소 발굴'의 '[그림 A-34] FMEA 역할 개념도'처럼 전체 골격을 와해시킬 수 있는 중간중간의 공백이 존재할 수 있으며, 이를 메우기 위한(완성도를 높이기 위한) 과정이 FMEA를 통해 이루어진다. 이제 이 프로세스 맵의 완성도를 높이기 위해, 또는 숨어 있는 잠재 문제(위험)를 드러내기 위해 다음 [그림 V-3]과 같이 FMEA를 사용하였다(고 가정한다).

[그림 V-3] 잠재 문제 분석(P-FMEA 사용) 예

Process Function (Step)	Potential Failure Modes (process defects)	Potential Failure Effects (Y's)	S E V	Potential Causes of Failure (X's)	O C C	Current Process Controls	D E T	R P N	Recommend Actions	Responsible Person & Target Date	Taken Actions	S E V	O C C	D E T	R P N
인터넷 예약	인터넷 다운	예약접수 불가	10	S/W 오류	2	PM 1회/분기	5	100	원격제어 서비스 도입	~3/1,박찬호	연간계약	10	2	1	20
...				...		...			...	...					
예약접수	접수누락	예약접수 불가	10	접촉불량	3	점검없음	2	60	...	...		10	3	2	60
...				...		...			...	...					
물끓임 대기	양이 많음	가스손실	6	수요예측미숙	6	데이터만 확보	3	108	정확도 향상 과제 수행	~4/30,홍길동		6	2	1	12

[그림 V-3]은 간단히 기술하였으나 경험상 1시간 정도만 투자하면 약 200여 개의 '잠재 고장 모드'를 열거해낼 수 있다. 중요한 사건만 골라서 입력하는 것은 좋은 접근법이 아니다. 질보다는 양 위주로 도출하되 평가는 'RPN'으로 결정하도록 한다. 이미 용법에 대해서는 'Step-9.1. 설계 요소 발굴'에서 설명했으므로 생략하고, 다만 한 가지 확실하게 강조할 사항은 다양한 부문의 사람들이 모여 진행해달라는 것이다. 설계한 프로세스가 앞으로 실행될 때 그와 관계된 사람들은 족히 수십에서 많으면 수백 명이 될 수 있다. 그들 모두

를 필요로 하지는 않지만 적어도 핵심적인 사람들의 참여는 필수적이라 할 수 있다. 왜냐하면 '잠재 문제'를 도출하는 자리이기 때문이다. [그림 V-3]에서 빨간 사각형으로 표시한 영역은 'FMEA 재평가'이며, 'Taken Actions', 즉 실제 잠재 위험을 감소시킨 활동이 무엇인지 그 결과에 따라 'OCC(발생도)'나 'DET(검출도)'가 줄어들 것이므로 'RPN' 역시 현저히 감소된다.

참고로 재평가에서 '심각도(SEV)'는 감소 방안 수행 전과 동일한 값을 갖는다. '아이들의 불장난으로 불이 났든, 전기 누전으로 불이 났든' 일단 불이 나면 그 심각성은 동일하다고 판단한다. 잠재된 문제의 위험을 감소시키기 위한 활동은 '발생도(OCC, Occurrence)'를 낮추거나 '검출도(Detection)'를 높이는 것이지 '심각도(SEV, Severity)'를 조절하는 것은 아니기 때문이다(불가능한 것은 아니나 현실적으로 제약이 많다). 이 '심각도'를 낮출 수 있는 유일한 방법은 맨 첫 열의 입력란, 즉 Process Step을 제거하거나 구조를 바꾸는 것 등이다. '프로세스 활동(Step)'이 없으면 '고장 모드'도 없을 것이며, 그에 따른 '영향'도 존재하지 않는다. '설계 또는 개선 방향(Recommended Actions)'은 '발생도(OCC)'가 높으면 '설계 변경'을, '검출도(DET)'가 높으면 '프로세스 개선'을 수행한다. 그 외에 [그림 V-3]의 'Taken Actions' 내 파워포인트 아이콘이 포함돼 있는데 이것은 파일이 '개체 삽입'된 결과이며, 만일 잠재 문제를 제거하기 위해 '프로세스 개선 방법론'이나 '설계 방법론' 또는 '빠른 해결 방법론(단기성 과제)'을 수행했으면 그 과정과 결과 내용을 파일로 아예 첨부해놓음으로써 관리의 효율성과 효과성을 높인다. 즉, FMEA의 행 하나하나가 또 다른 과제가 될 수 있다.

'잠재 문제 분석(PPA)'을 완료하면 추천된 개선 방안별로 실제 개선을 이행한다. 이 작업은 '실수 방지'가 담당한다. 'FMEA'의 파워포인트 작성 예는 'Step-9.1. 설계 요소 발굴'의 [그림 A-35]를 참조하고 여기서는 생략한다.

기업 교재를 보면 Verify Phase 초반에 항상 '실수 방지' 내용이 포함돼 있다. 가끔 교육 중에 '실수 방지'가 로드맵과 어떻게 연계되는지 질문을 받곤 한다. 답은 앞서 설명처럼 '잠재 문제 분석'의 '감소 방안'을 적용할 때 쓰는 도구이다. 물론 이 외에 Measure나 Analyze 또는 Design Phase 어디에서든 '실수 방지'의 적용이 가능하며, '즉 실천'에도 활용될 수 있다. 용어의 탄생 배경과 정의는 다음과 같다.

· **실수 방지**(Poka-yoke, ポカヨケ)[87]   (WIKIPEDIA) 포카요케는 일본어이며 영문 번역 시 'Fail-safing' 또는 'Mistake-proofing'을 의미한다. 린 생산 방식의 한 수법으로 설비 운영자가 실수(Poka)하지 않게(Yokeru) 도움을 주는 역할을 한다. 주목적은 설비 운영자들이 만들어낼 인적 오류(Human Errors)를 예방하거나, 보정 또는 주의를 끌도록 함으로써 제품 결점을 제거하는 데 있다. 이 개념은 '도요다 생산 시스템'의 일부를 담당한 시게오 신고(Shigeo Shingo)에 의해 형식화되었으며, 초기에는 'Baka-yoke'로 불렸으나 그 의미가 'Fool-proofing'(or 'Idiot-proofing')과 같이 '바보' 또는 '얼간이'로 되어 있어 좀 더 온화한 표현인 'Poka-yoke'로 변경되었다. (생략)….

'실수 방지'는 다양한 감소 방안이나 개선 방안들에 대해 세세하게 어떻게 하라는 식의 방법을 알려주지는 않는다(센서 사용이나 평가 대상 배치 등의 예들이 소개되고 있으나 모든 경우에 적용될 수는 없음). 단지 인적 오류를 완전히 차단시킬 수 있는 방법이면 모두 포함된다. 따라서 예상되는 문제를 완전히 차단시킬 수 있는 방법을 팀원들과 깊이 있게 고민하여 해법을 찾는

---

87) 추가 정보에 대해서는 인터넷에서 검색하기 바람.

일이 중요하다. [그림 V-4]는 앞에서 논한 '잠재 문제'에 대한 '실수 방지'를 파워포인트로 작성한 예이다.

[그림 V-4] 'Step-13.2. 실수 방지' 예

Step-13. 관리계획 수립
 Step-13.2. 실수방지

D M A D V

◆ FMEA 분석으로부터 PC S/W 오류 시 정상복구에 4시간~2일 정도의 많은 시간이 소요됨에 따라 주기적 사전점검과 실시간 바로 서비스를 통해 시간지연을 최소화하는 체계 구축.

☞ 업체평가/ 시스템 상세개요/계약서에 대해서는 개체삽입 참조.

잠재문제	Row No	Potential Cause (Xs)	Potential Failure Mode	Potential Effects (Ys)	원격제어시스템 개요도
	No.1	S/W 오류로	인터넷이 다운되어	예약접수 불가	
Recommend Actions	원격제어 서비스 도입				< 실시간 PC오류 제어 For-U 시스템 >
Taken Actions	전문 원격제어 서비스 업체(원격Sys.com)와 연간계약 체결				
실수방지 내용설명	1) 상세상황; 고객예약 및 확인 등을 위해 사용되는 PC가 사용자가 다 수고, 또 사용에 미숙한 직원들이 다른 프로그램을 잘 못 수행하거 나 예상치 못한 오류를 자주 발생시킴. 2) 영향; PC가 멈추거나 제 기능을 상실하는 결과가 나타나며, 이로 인 해 '주문 L/T'나 '라면준비시간' 등에 직접적인 영향을 줌. 3) 발생빈도는 높지 않는 수준이나 한 번 발생하면 짧게는 4시간에서 길게는 2일 정도의 복구기간이 소요됨. → 서비스 업체 조사결과 PC오류 발생 시 실시간으로 보정해 주는 원 격제어기술을 가진 3개의 벤처기업 접촉한 후 기술, 서비스, 대비건 적 부분을 두고 비교. → 최종적으로 3개 부문, 특히 '오닐Sys 社' 경우 PC오류 발생 후 원격 수리가 아닌 매일 두 시간 간격으로 오류여부를 확인해서 처리해 주는 추가 서비스 제공. → 최종적으로 가격이 저렴하면서 서비스기술이 앞선 '오닐Sys社'로 최 종 확정하고 연간계약서 작성				
				문서	업체평가서 시스템상세개요 계약서

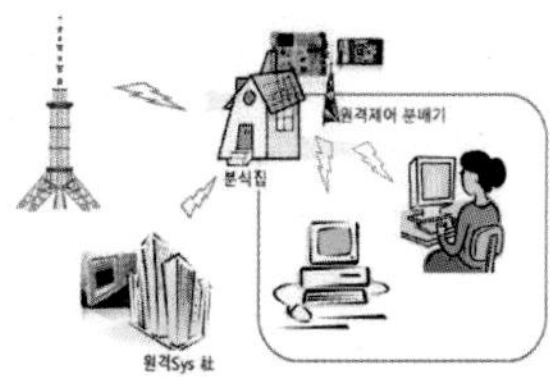

PS-Lab
Problem Solving Laboratory

[그림 V-4]를 보면 표 왼쪽 열에 '잠재 문제'가 있고, 이는 'FMEA'에서 적출된 "S/W 오류로 인터넷이 다운되어 예약 접수 불가"라는 사건을 기술한 후 그 아래에 개선 내용인 '실수 방지 내용 설명', 오른쪽 '개요도' 및 관련된 문서(업체 평가서, 시스템 상세 개요도, 계약서 등)를 기록하고 있다. 즉, 적출된 문제를 해결하기 위해 매일 2시간 간격으로 PC 오류를 원격 검사 및 수정해줄 수 있는 '바로 서비스' 업체와 연간 계약을 맺음으로써 상당한 시간 손실과 노력을 줄이는 체계를 마련하였다. 한마디로 직원들이 PC 오류에 반응할

시간을 최소화하고, 혹 잘못된 운영으로 문제를 야기해도 2시간 간격 또는 신고 시 바로 실시간 처리해줌으로써 PC 관리에 신경 쓰지 않도록 시스템화한 예이다(라고 가정한다).

지금까지 진행한 '잠재 문제 분석'과 그 '개선'을 통해 '최적화 내용'을 실제 프로세스에 적용할 수 있으면 이제는 '최적화 내용'이 잘 운영되는지를 확인할 '항목'들을 선정하고, 어떻게 관리할지를 정립한다. 이것이 '관리 계획 수립'이다. 따라서 다음 '세부 로드맵'인 '관리 계획 수립'에 대해 알아보자.

Step-13.3. 관리 계획(Control Plan) 작성

'관리 계획'에서 '관리(Control)'란 단어의 의미를 되새길 필요가 있다. '관리'는 'X'를 대상으로 사용되는 용어이다. 또 'Y'는 기본적으로 'X'들이 결정되면 따라서 결정되는 속성을 가지므로(그래서 '종속 변수'라고 한다), 'X'들만 꽉 잡고 있으면 무엇이 잘못되고 무엇이 고쳐져야 하는지를 알게 되는데 이것이 곧 '관리(Control)'다. 'Y'는 예정대로 잘 가고 있는지 쳐다보는 '모니터링(Monitoring)' 대상이므로 보고 있다가 문제가 발생하면 그에 영향을 주는 'X'를 찾아 보정하는 작업이 이어진다. 결과적으로 '관리 계획'을 수립하기 위해서는 대상이 되는 'X'들이 필요하며 이들을 총칭해서 '관리 항목'이라고 한다.

그러나 '관리 항목'의 의미를 '세부 로드맵'의 시각에서 바라보면 약간 다른 해석을 할 수 있다. 즉, 지금까지 로드맵을 쭉 거쳐 온 이유는 새로운 비즈니스에 필요한 프로세스를 정립(설계)하는 데 있었다. 또 이 시점은 설계한 프로세스를 실 환경에서 시운전해보고 예상치 못한 다양한 문제점들을 확인해서 처리하는 과정이 핵심이다. 그런데 프로세스가 제대로 운영되고 있는지 여부는 어떻게 알 수 있을까? 문제가 전혀 드러나 있지 않다고 해서 '프로세스가 안정적이다'라고 할 수도 없고, 또 잘못된 문제가 드러나더라도 어느 '상세 설계' 여파 때문인지 모르면 그 역시 문제다. 따라서 '관리 항목'이란 '상세 설계' 하나하나가 제대로 작동하고 있는지 관찰할 수 있는 특성이라야 의미가 생긴다. 이 때문에 '관리 항목' 설정은 팀원들이 모두 모여 '상세 설계'가 무엇이고, 그를 대변시킬 특성이 무엇인지, 또 시간에 따른 모니터링이 가능한지 고민하는 시간이 필요하다.

이제 '관리 항목'이 될 수 있는 후보들에 대해 알아보자. Measure Phase에서 과제 지표인 'Y'를 '운영적 정의'하고(Step – 6.3. Ys 결정), 그의 수준을 평가했으며(Step – 6.4. Scorecard 작성), Analyze Phase에서 수준을 향상시키기 위한 'X'를 발굴하였다(Step – 9.1. 설계 요소 발굴). 또 그들이 정말 'Y'를 흔들어대는 변수들인지 확인하기 위해 'Y'에 맞춰보는 '검정'을 수행해서 '설계 방향'을 이끌어냈고(Step – 9.2. 설계 요소 분석), 이 결과를 토대로 'Step – 9.3. 설계 요소별 산출물 실현'과 Design Phase 'Step – 11. 상세 설계' 등 프로세스에 적합한 구체화 및 최적화 과정을 거쳤다. 이렇게 많은 시간과 노력을 투입해서 결론지은 최적화 이후에 가장 중요하게 해야 할 일은 또 무엇일까? 바로 프로세스를 고치기 전의 상태로 다시 돌아가는 것을 방지하는 일이다. 많은 시간과 노력 끝에 얻은 결실이 한순간에 개선 전 상태로 회귀하거나 설계 내용이 왜곡되거나 하는 일로 프로세스 관리에 영향을 줘서는 안 될 일이다. 따라서 '관리 항목' 후보들은 '최적화 내용'이 프로세스에서 잘 운영되고 있는지를 관찰할 수 있는 '특성'이 돼야 하며, 가장 우선순위가 높은 대상은 최적화의 기원이 되는 '핵심 설계 요소(Vital Few X's)'들이다.

고려해볼 만한 또 하나의 후보가 있는데 바로 Verify Phase 초반에 진행된 '잠재 문제 분석(Potential Problem Analysis)'이다. '잠재 문제 분석'이란 최적화 내용을 실제 프로세스에 적용하기 위해 예상되는 장애 요인들을 도출해서 사전에 처리하자는 활동이었다. 여기서 '장애 요인'이란 최적화를 실제 프로세스에 적용할 때 앞에서 가로막는 커튼에 비유될 수 있다. 그 커튼을 제거해야 실제 프로세스로의 적용이 가능하므로 '실수 방지' 차원에서 다시 커튼이 드리워지지 않도록 시스템적으로 완전히 차단해야 한다. 따라서 일단 제거된 문제들이 다시 드리워지지 않도록 또는 나타난다고 해도 바로 발견해서 원상 복귀시키는 접근이 필요한데 이를 위해 관련된 특성들을 찾아 '관리 항목'에 반영한다. 예를 들어, 업무 절차가 바뀌어 담당자가 새롭게 지켜야 할 상황이 발생한 경우면, '업무 절차 표준 준수율'을 설정해 바뀐 절차가 유지되는지 주기적으로 점검하거나, [그림 V-4]의 예처럼 'S/W 오류 발생' 시 계약한 업체가 그것을 정상화하는 데 소요된 '오류 보정 시간'을 두어 얼마나 빠르고 정확하게 대응하고 있는지 확인하는 일 등이다. 물론 '관리 항목'이 나올 수 있는 출처는 '핵심 설계 요소'나 '잠재 문제 분석' 외에 '즉 실천' 중에 관리의

[그림 V-5] 'Step-13.3. 관리 계획 작성' 예

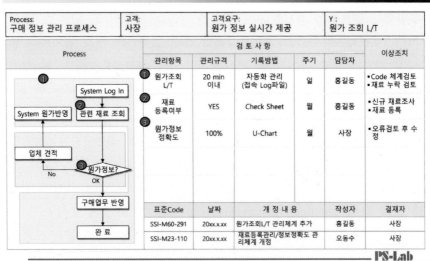

필요성이 있다고 판단하거나, Process Owner의 조언 등 다양한 경로를 통해서도 결정될 수 있다. 다만 앞서 언급한 '핵심 설계 요소'나 '잠재 문제 분석' 등을 통해 고려되는 항목이 '관리 항목'으로서 주요한 경우가 많다.

'관리 항목'이 결정되면 '관리 계획(Control Plan)'을 수립하는데 가장 일반적으로 사용되는 [그림 V-5]의 양식을 통해 설명해 나갈 것이다(만일 ISO 9000, QS 9000 등을 인증 받은 경우 요구된 표준 관리 양식이 있을 것이나 본문은 학습 목적으로 단순한 양식을 사용함).

'관리 계획'인 [그림 V-5] 내 각 항목들을 상세하게 설명하면 다음과 같다.

· **상단의 'Process', '고객', '고객 요구', 'Y'** 관리 계획 수립을 위한 기본 정보를 적는 난이다. 'Process 맵'은 Define Phase 'Step-2. 과제 정의'의 '범위 기술' 중 '프로세스 범위'의 '시작'과 '끝'을 보고 작성한다. 또는 관련 프로세스가 표준화되어 있으면 당연히 표준 프로세스를 기술한다. 단, 최적화가 이루어진 영역이 포함돼야 작성의 의미가 있다.

· **관리 항목** 기본적으로 'Y'도 포함한다. 'Y'와 'X'가 각각 '모니터링'과 '관리'라는 용어로 구분되는 하나 관찰을 함께 해야 해석에 유리하다. 프로세스의 어느 단계에서 측정돼야 하는지 알리기 위해 '원 숫자'로 '프로세스 단계-관리 항목'을 대응시켰다.

· **관리 규격** '규격(Specification)'에 해당한다. '연속 자료'는 '망목 특성', '망대 특성', '망소 특성'별로 'LSL(Lower Spec. Limit), USL(Upper Spec. Limit)'이 입력돼야 한다. '단위'를 함께 표기하거나 필요하면 별도의 열을 삽입하는 것도 가능하다. '관리 항목'이 '~여부', '~유무' 등이면, 'Yes/No' 또는 'O/X' 등이 관리 규격이다.

· **기록 방법** 가장 중요한 정보로 다음과 같은 유형들이 사용된다.

  ☞ <u>관리도(Control Chart)</u> → 특성 관리에 가장 강력한 도구이며 알려진 바와 같이 '연속형 관리도($\bar{x}$-R Chart, I-MR Chart 등)'와 '이산형 관리도(p Chart, np Chart, u Chart, c Chart)'가 있다. 시간에 따라 타점하므로 측정 주기가 짧을수록 실시간에 가깝게 관리할 수 있는 장점이 있다. '평균'과 '산포', '그룹 간 변동'과 '그룹 내 변동' 모두를 시각적으로 관찰할 수 있으며, 프로세스가 '관리 상태'에 있는지를 판단하는 척도로 활용한다.

☞ Check List(또는 Check Sheet) → '관리도'는 특성이 수치인 경우에 매우 유용한 관리 도구이나 수치로 얻을 수 없는 특성들은 점검 사항들을 기입한 '체크 시트'를 사용해서 주기적으로 관리해 나갈 수 있다. 항목별로 '√' 기호를 쓰거나, '5점 척도' 등 상황에 맞게 표준화해서 활용한다.

☞ 자동화 관리 → 업무에 IT 시스템 활용률이 높아짐에 따라 개선 영역도 시스템 내에 존재하는 경우가 많으며, 따라서 '최적화 내용'의 관리 역시 시스템 내에서 이루어지도록 조치할 수 있다. 데이터 수집과 결과 산정 및 기록 등의 업무 부담에서 자유로울 수 있어 바람직한 방향이라 할 수 있다.

☞ Audit → 성격이 다를 수 있지만 도출된 '관리 항목'이 주기성이 없거나 타 부문에 걸쳐 고려돼야 하는 경우, 또는 전사적인 규모에서 접근이 필요한 경우 'Audit'라는 명목으로 해당 특성의 관리 상태를 확인한다. 단, 'Audit'는 자주하기보다 분기 또는 반기 등 평가 주기가 통상 길다는 단점이 있고 부분적으로 시행이 어려우므로 전사 또는 부문에서 운영 중인 'Audit 체계'가 있으면 이를 최대로 활용하는 것도 좋은 방법이다.

· 주기 '측정 주기'를 말하며, 짧을수록 문제 발생 시 검출해 내기가 수월하나 투입 시간이나 자원을 고려해야 하므로 '관리 항목'에 적합한 주기를 선택한다. 그러나 한 달을 넘어서면 문제 발생을 검출해낼 기회가 크게 줄어들므로 가급적 피하는 게 좋다. '주기' 내에 '표본 크기' 열을 삽입해서 관리할 수 있으므로 상황에 맞게 양식을 편집해 사용한다.

· 이상 조치 '관리도'의 경우는 기본적으로 검정 대상인 8개('이산형 관리도'는 4개 검정 항목으로 구성됨) 중 1개 이상이 발생되면 상응한 조치를 취하도록 돼 있고, 그 외 '관리 항목'들에 대해서는 상황에 맞는 조치 기준을 설정해놓도록 한다.

· 하단의 **'표준 Code'**, **'날짜'**, **'개정 내용'**, **'작성자'**, **'결재자'** '최적화 내용'이 기존 프로세스를 변경시켰으므로 관련 표준들의 개정(표준이 있는 경우) 또는 제정(표준이 없는 경우)이 요구된다. 필요한 제·개정 사항을 요약하는 난이다.

'관리 계획서'가 작성되면 곧바로 제·개정된 표준들에 대해 어느 내용들이 변경되었는지 파워포인트 장표를 추가한다. 이에 대해서는 'Step – 13.4. 표준화'에서 다룰 것이다. 다음 [그림 V – 6]은 '라면 판매 프로세스 설계'의 '관리 계획'과 '제·개정 표준'에 대한 예를 보여준다.

[그림 V – 6] 'Step – 13.3. 관리 계획 작성' 예

Step-13. 관리계획 수립
Step-13.3. 관리계획 작성

Process: 라면 판매 프로세스	고객: Step-4.3. 고객선정. 대학생, 여고생 외	고객요구: Step-6.1. CTQ 도출. 개인 전용라면 제공, 빠른 대응 등	Ys : Step-6.2. Ys 결정. 라면준비 시간, 주문L/T, 나 홀로 맛 만족도, 라/커피점 반응도, 밤참주문비율

Process	검토 사항					이상조치
	관리항목	관리규격	기록방법	주기	담당자	
① 라면준비시간	300초 이하	X_{bar}- R 관리도	매일	홍길동	• 이상점 조치 • 원인분석 후 즉 개선
② 주문 L/T	600초 이하	X_{bar}- R 관리도	매일	박찬호	• 이상점 조치 • 원인분석 후 즉 개선
③ 나 홀로 맛 만족도	설문 4점 이 상	엑셀기록	주 1회	박세리	• 3점 이하 지속개 선
④ ...	...	...	...	...	...
⑤ PC오류 정상화 시간	계획 대 실 적 100%	I –MR 관리도	발생 時	홍길동	• 계약업체 협의
...	...	...	...	...	...

표준Code	날짜	제·개정 내용	작성자	결재자	표준
BNJ-04	20xx.x.xx	시간/만족도 평가 / 관리지침	박세리	사장	

PS-Lab
Problem Solving Laboratory

회사마다 다양한 관리 계획 양식이 있을 것이며, 분량도 [그림 V – 6]보다는 훨씬 많을 것이나 본문은 최소화된 형태로 꾸며보았다. 상단의 Process명인 '라면 판매 프로세스'는 Define Phase의 'Step – 2. 과제 정의' 내 '범위 기술'에서 가져왔으며, '고객/고객요구/Y'는 Measure Phase 'Step – 4.3. 고객 선정/Step – 6.2. CTQ 선정/Step – 6.3. Ys 결정'에서 가져왔다. 'Process 흐름도'는 'Step – 11.2. 상세 설계 수행'의 최종 결과물을 가져와 간략하게 요약하였다(고 가정한다.). '관리 항목'은 각 프로세스 영역에 '원 숫자'로 위치를 확인토록 하였다. 'Ys'은 기본적으로 '관리 항목'에 포함시켰으며, 그 외의

'관리 항목'들에 대해서는 편리상 '…'으로 대체하였다. '관리 계획' 하단에 새로 제정될 '표준 문서'에 대한 기록이 있으며, 관련 내용은 다음 절에서 다룬다.

Step − 13.4. 표준화

'설계 과제'는 기존 프로세스가 바뀌거나 또는 없던 프로세스가 새롭게 탄생하는 것이므로 그에 맞는 표준 문서가 다량 발생하는 것은 당연하다. '표준'의 국어사전적 정의는 "사물의 정도나 성격 따위를 알기 위한 근거나 기준"이며, '표준화'는 "사물의 정도, 성격 따위를 알기 위한 근거나 기준을 마련함 ▷ 행동 양식의 표준화"이다. 통계적으로는 '산포를 줄이려는 노력' 정도가 될 듯싶다.

'세부 로드맵' 관점에서 '표준 문서'의 발생 위치는 어디쯤 될까? 물론 다양한 위치에서 '표준화'가 이뤄지지만 아무래도 프로세스 설계가 마무리되는 시점이 가능성도 높다. 좀 더 구체적으론 프로세스를 운영하려는 시점 직전이 표준화 요구가 가장 높을 때다. 이때의 '세부 로드맵'은 'Step − 13.3. 관리 계획 작성'이 해당하며, 연결 고리는 [그림 Ⅴ − 6]의 '관리 계획' 하단에 기술된 '표준 문서 제·개정'과 관계한다. '프로세스 운영'의 의미는 '프로세스'가 제대로 흘러가는지 누군가 관리한다는 것을 전제하며, 그러려면 '관리 계획서'에 제시된 '관리 항목'들을 관찰해야 하고, 따라서 '행동 양식의 표준화'가 뒤따른다. [그림 Ⅴ − 6]의 하단에 표준들의 목록을 편의상 한 개만 표기했으나 실제는 상당한 양이 포함될 것이며, 이들 모두는 장표에 '개체 삽입'한 것으로 가정한다. 다음 [그림 Ⅴ − 7]은 [그림 Ⅴ − 6]에 표기했던 표준의 작성 예이다 (로 가정한다).

[그림 V - 7] 'Step - 13.4. 표준화' 작성 예(라면 판매 프로세스 설계)

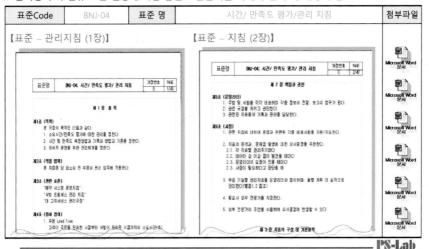

설계 과제 경우 표준들의 제·개정이 '프로세스 개선 방법론'과 비교해 훨씬 다양하고 양도 많을 것이므로 목록 표를 이용해 정리한 뒤 각각에 대해 '개체 삽입'으로 처리한다. 여기까지가 'Step - 13. 관리 계획 수립'이며, 표준 관련 사항들은 회사 고유의 제·개정 절차와 양식 및 운영 체계가 있으므로 흐름 관점에서 간략하게만 소개하였다. 다음에 이어질 내용은 이렇게 수립된 계획을 그대로 실행하는 일인데, 따라서 '실효성 검증'으로 연결된다.

Step - 14. 실효성 검증

　　　　　　　　　　'실효성 검증'은 앞서 Verify Phase 초두에 설명한 바와 같이 'Plan - Do - Check - Act' Cycle 중 'Plan'의 연장이며, 개념적으로 '프로세스 개선 방법론'과 동일하나 다음과 같은 특징들이 있다. 첫째, '프로세스 개선 방법론'이 현 프로세스에 '최적화 내용'을 적용하며 관찰할 수 있는 반면, '설계 방법론'은 변화 폭이 크거나 새로운 프로세스이므로 실제 적용 시 많은 제약이 따른다. 둘째, '관리 계획 수립'이 'Plan'에 대응하므로 '실효성 검증'은 '실행', 즉 'Do'에 해당되나 15 - Step 관점에서 'Check' 와 'Act'를 넣을 위치가 없어, 'Do - Check - Act'를 현 'Step - 14'에서 모두 수행한다. 이것은 '프로세스 개선 방법론'과 차이가 없으나 '설계 방법론'은 관찰할 'Y'가 다수이므로 관리 규모가 몇 배 더 큰 차이점이 있다.

　'P - D - C - A Cycle'만 봐서는 Design Phase 'Step - 12. 설계 검증'에서 수행한 과정과 정확히 일치한다. 다만 차이점은 지향하는바, 즉 목적이 다른데 'Step - 12. 설계 검증'은 최적의 환경 조건에서 얻은 데이터(단기 데이터)로 목표 달성 여부를 판단하므로 단기 성과적 측면에 초점을 맞춘 반면(그래서 이론적으로 '6시그마 수준'이 나오기를 기대했었다), 'Step - 14'에서는 양산 또는 실제 프로세스에 최소 3주 이상 적용함으로써 마치 장기적 성향의 데이터를 통해 향후 이런 추이로 전개될 것이란 결론을 얻는다. '상세 설계(최적화) 내용'이 실제 프로세스에서 다양한 잡음과 예상치 못한 환경 등에 최소 3주 이상 노출되는 것은 마치 장기 데이터를 확보한다는 의미(물론 여전히 장기 데이터로서는 부족하겠지만)로 해석한다. 따라서 산정한 '프로세스 능력'은 이론적으로 '4.5 시그마 수준'이 돼야 한다. 그래야 '단기 시그마 수준＝장기 시그마 수준＋1.5'를 통해 'Step - 12. 설계 검증'의 '6시그마 수준'과 일치한다.

　초두에 설명했던 바와 같이 '프로세스 설계 방법론'은 실 환경에 적용해 장기적인 효과를 예측하고 또 예상치 못한 현실적 문제들을 드러내 개선하는 데 목적을 둔다. 그러나 과제를 수행하는 입장에서는 많은 난관에 봉착하기 마련이다. 예를 들면, 짧게는 한 달에서 길게는 6개월 이상까지 소요되는 고객 승인 문제라든가, IT 시스템의 보완이 필요해 개발하는 데만 2~3달의 추가 시간이 소요되는 경우, 타 프로세스와 얽혀 있어 실제 프로세스 변경을 단시일 내에 이루기 불가한 경우 등이다. 따라서 다양한 예상 발생 문제들을 찾는 일도 리더가 해야 할 중요 역할 중 하나이다. 제조 부문에서는 'Scale – up'이란 표현을 쓰는데 'Step – 12. 설계 검증'과 비교해 '표본 크기(양)'를 더욱 늘려 검증한다는 의미다. 양이 늘어나면 그만큼 잠재해 있던 문제들을 발견할 가능성도 높아진다. 그러나 양도 중요하지만 다양한 잡음의 영향을 경험할 수 있도록 '시간'도 함께 늘려야 의미가 있음을 명심하자. 다음은 'Step – 14. 실효성 검증'에서 가장 유용하게 활용되는 도구인 '통계적 프로세스 관리(SPC, Statistical Process Control)'를 소개한다.

Step – 14.1. 실효성 검증_Do

본 '세부 로드맵'은 [그림 V – 6]의 'Step – 13.3. 관리 계획 작성' 내 '기록 방법' 열과 관계한다. 일반적으로 '관리 항목'을 과학적으로 관리하기 위해 '관리도'의 필요성을 역설하고 있으며, 실 환경에서의 점검을 위해서는 이에 대한 학습이 선행돼야 한다.

통계적 프로세스 관리(SPC, Statistical Process Control)

'통계적 프로세스 관리(SPC)'의 백과사전적 정의는 "관리도(Control Chart)

사용을 통해 프로세스를 모니터링하는 효과적인 방법으로 이것의 가장 큰 장점은 프로세스 중심과 변동 둘 다를 동시에 모니터할 능력이 있다"이다. 통용되는 용어는 '통계적 공정 관리'처럼 '공정'이란 단어가 들어가나 이는 주로 제조 부문에 적용돼 붙여진 이름이며, 분야에 관계없이 데이터가 있는 경우면 언제든지 적용할 수 있는 도구다. 따라서 본문에서는 이후부터 '공정'보다 '프로세스'로 고쳐 사용할 것이다. 'SPC'는 1924년에 슈와르츠(Walter A. Shewhart)에 의해 처음 고안되었다. 당시 슈와르츠는 벨 전화연구소에 근무하고 있었으며, 주로 제조 공정의 품질을 눈으로 확인하던 수준에서 '통계적'이라는 용어는 호감을 갖기에 충분한 매력이 있었다. 이 매력에 푹 빠진 자가 있었는데 바로 데밍(W. Edwards Deming)이었다. SPC의 탄생 배경에 대해서는 『Be the Solver_ 통계적 품질 관리(관리도, 프로세스 능력 중심)』편을 참고하기 바란다.

프로세스 관리에 있어 'SPC'가 '관리도'라는 도구를 통해 모니터링하는 체계를 이루고 있으므로 이제부터 '관리도'엔 어떤 것들이 있고, 또 어떻게 쓰이는지 알아보자. 그러나 세세한 설명은 피하면서 가급적 필요하다고 판단되는 부분들에 대해서만 설명을 이어갈 것이다. [그림 V-8]은 '데이터 유형'과 '표본 크기'에 따른 '관리도 선정 로드맵'을 나타낸다.

우선 [그림 V-8]에서 로드맵의 맨 처음 판단 단계인 '① 결점에 대해 실수 방지(MP)를 할 수 있는가?'는 '실수 방지(MP, Mistake Proofing)'가 관리의 필요 없이 시스템적으로 문제의 근원, 즉 결점 발생을 원천적으로 차단하는 도구이므로, 만일 '실수 방지'적 접근이 가능하면 굳이 '관리도'를 사용할 필요가 없다. '실수 방지'는 'SPC(통계적 프로세스 관리)' 차원은 아니지만 관리 도구 측면에서 묶어 고려하는 것이 효과적이다. 다음 두 번째 판단인 '② 개선용/가동·정지용?'은 생산 라인에서 쓰이는 도구로 간단히 용도만 설명하면, 현 제조 프로세스의 상황이 문제가 큰지 작은지만 판단하여 생산을 지속하거나 멈춰야 하는 활동이 중요할 경우, '가동·정지' 방향으로 가서 해당 기법인 '사전 관리(Pre‒Control)'[88]를 실행한다. 다시 [그림 V‒8]로 돌아가 다섯 번째 단계인 '⑤ 연속 자료?'는 '관리도'가 기본적으로 '연속형 관리도'와 '이산형 관리도'로 구분되는 만큼 '데이터 유형'을 판단하기 위한 과정이다. '연속 자료'면 다시 '⑥ 부분군 크기가〉1?'을 판단해야 하는데 만일 1개라면 ('0'개는 의미 없음) 관리도 중 한 개의 데이터로 관리가 이루어지는 'I‒MR 관리도'를 선택한다. 참고로 '부분군(Subgroup)'은 한 번 표본 추출할 때의 '표본 크기'를 나타낸다. 1개보다 큰 경우에는 데이터 수(부분군 크기〉8?)에 따라 '$\bar{x}‒s$ 관리도'와 '$\bar{x}‒R$ 관리도'가 있고, 특수한 목적의 관리도가 필요하면 'EWMA‒관리도'나 'CuSum‒관리도' 등을 활용한다. 만일 '이산 자료'

[그림 V‒8] 관리도 선정 로드맵

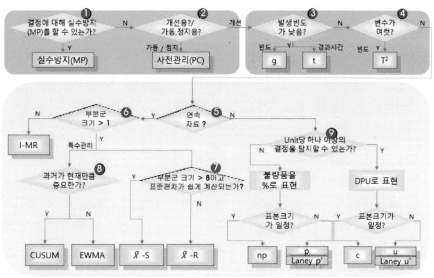

---

88) '사전 관리'에 대한 설명이 있어야 하나 본문에서는 생략한다. 관심 있는 리더는 『Be the Solver_'프로세스 개선 방법론'』편을 참조하기 바란다.

면 '불량 특성'과 '결점 특성'에 따라 'p - 관리도'나 'np - 관리도', 또는 'c - 관리도'나 'u - 관리도'를 각각 선택한다. 이들 외에 '③ 발생 빈도가 낮음?'은 발생 빈도가 극히 희소한 사건에 적합한 'g 또는 t - 관리도'라든가, '④ 변수가 여럿?'은 프로세스에서 관리도가 여럿 있을 때 판단 오류를 줄이기 위해 한 번에 묶어 관리하는 'T^2 - 관리도'를 나타낸다. 이제부터 대표적인 '관리도'로부터 프로세스가 어떻게 관리되는지 간단히 알아보도록 하자.

'연속형 관리도' 중 'I - MR 관리도'나 '$\bar{x} - s$ 관리도', '$\bar{x} - R$ 관리도' 등은 데이터가 1개이거나 그 이상인 차이만 있을 뿐 근본적으로 관리도상 표현과 해석이 같으므로 가장 일반적으로 사용되는 '$\bar{x} - R$ 관리도'를 대표로 설명하겠다. 그 외의 'EWMA - 관리도'나 'CuSum - 관리도'는 특수 목적으로 사용되므로 일단 설명에서 제외시켰다. 또 '이산형 관리도' 역시 'np - 관리도'는 '개수[$N \times (n/N)$ 형태로, 결국 단위는 '개수'가 됨]'로, 'p - 관리도'는 '비율('p'는 비율이란 뜻인 'Proportion'의 첫 자를 의미)'의 차이만 있을 뿐 표현이나 해석이 동일하므로 함께 설명하면서 차이점에 역점을 둘 것이다. '결점 특성'인 'c - 관리도'와 'u - 관리도'에서도 단순히 결점만 입력하는 'c - 관리도'와 결점률을 관리하는 'u - 관리도'의 차이만 있으므로 역시 함께 설명하되 차이점만 강조할 것이다.

① 연속형 '$\bar{x} - R$ 관리도'

'$\bar{x} - R$ 관리도'는 명칭에서 알 수 있는 바와 같이 '$\bar{x}$(평균)'와 'R(범위)'을 시간에 따라 타점해 나가는 '연속형 관리도'이다. 프로세스를 관리하고 있거나 새롭게 관리해야 할 프로세스가 생겼다고 가정하자. 어느 경우든 관리를 위한 대상, 즉 특성(또는 변수, 구체적으로는 'Xs'들일 것임)들이 존재할 것이고, '연속 자료'이므로 프로세스로부터 일정 '표본 크기(Sample Size)'만큼 주기적으로 '표집(Sampling)'을 해야 한다. 이때 '표본 크기'가 '8개' 이상으로 충분하면 '평균'은 물론 '표준 편차' 계산도 용이하므로 '$\bar{x}-s$ 관리도'가 활용되지만 경험적으로 현업에서 많은 수의 표본을 추출하는 것이 시간적·경제적으로 제약이 따르며, 따라서 통상 '5개' 내외의 경우가 대부분을 차지한다. '표본 크기=5개'는 통계적 오차를 줄일 수 있는 최소한의 개수로 알려져 있다. 임의 특성에 대한 10일 동안의 데이터가 다음 [표 V-2]와 같을 때, '$\bar{x}-R$ 관리도'의 작성과 그 해석에 대해 알아보자.

[표 V-2] '$\bar{x}-R$ 관리도'용 데이터

	1일	2일	3일	4일	5일	6일	7일	8일	9일	10일
1	19.70	22.80	20.30	21.10	19.60	19.10	22.80	19.00	20.70	18.50
2	21.70	21.30	21.60	19.50	20.00	20.60	22.20	20.50	21.00	21.20
3	21.20	21.80	21.90	20.80	20.90	20.80	23.20	20.30	20.50	19.40
4	22.30	21.50	20.20	20.30	19.30	21.60	23.00	19.20	19.10	16.50
5	23.00	21.90	22.10	19.80	20.80	19.80	22.80	20.10	20.60	17.60	전체평균
X_bar	21.58	21.86	21.22	20.30	20.12	20.38	22.80	19.82	20.38	18.64	20.71
R	3.30	1.50	1.90	1.60	1.60	2.50	1.00	1.50	1.90	4.70	2.15

[그림 V-9] '$\bar{x}-R$ 관리도'의 미니탭 입력 위치 예

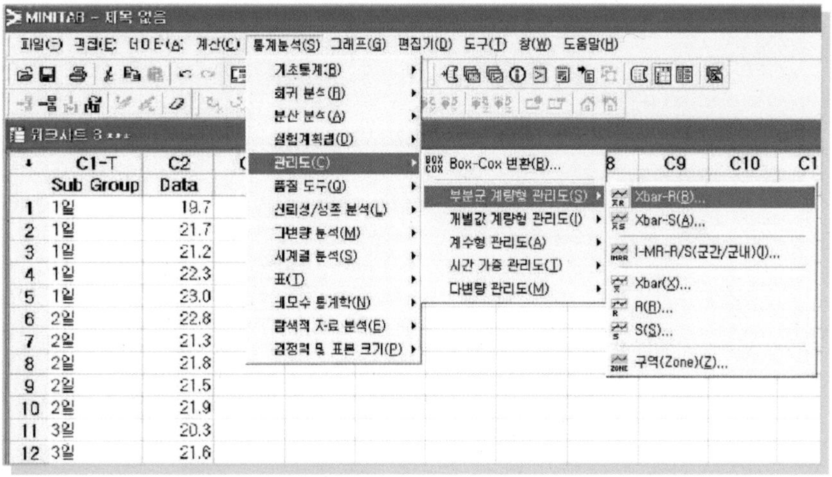

먼저 결과를 보자. [그림 Ⅴ-9]는 미니탭 경로인 「통계 분석(S)>관리도(C)>
부분군 계량형 관리도(S)>Xbar-R(B)…」을 보여준다.

다음 [그림 Ⅴ-10]은 '대화 상자'의 입력 상태를 나타낸다. 입력 시 'Xbar-
R 옵션(P)…/검정 탭'으로 들어가 8가지 '검정 항목'을 모두 선택한다. 8개 중
부합하는 현상이 나타나면 관리도상에 그 해당 현상의 번호(1~8)가 찍힌다.
이 경우 프로세스에 이상이 있다고 판단하고 적절한 조치를 취한다.

[그림 Ⅴ-10] '$\bar{x}-R$ 관리도'의 '검정 항목' 대화 상자

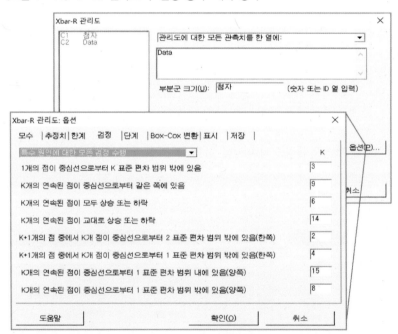

[그림 Ⅴ-10]에서 '대화 상자'의 '부분군 크기(U):'엔 열 이름 '첨자'가 들
어 있으나 [표 Ⅴ-2]에 보인 바와 같이 '부분군 크기'가 '5개'이므로 열 이름

대신 숫자 '5'를 입력해도 결과는 같다. 다음 [그림 Ⅴ-11]은 실행 결과를 나타낸다('$\bar{x}$ - 관리도', 'R - 관리도'의 '중심선'과 [표 Ⅴ-2]의 '전체 평균'이 일치함에 주목하라).

[그림 Ⅴ-11] '$\bar{x} - R$ 관리도' 결과 예

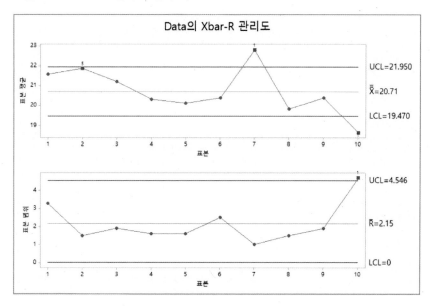

'$\bar{x}$ - 관리도([그림 Ⅴ-11]의 위쪽 관리도)'에서 '2일', '7일', '10일'에 관리도상 이상이 있는 것으로 나타났으며, 따라서 '관리 이탈 상태(불안정함)'에 있음을 알 수 있다. '2일'째의 숫자 '5'는 "2개의 점이 3개의 점 중에서 중심선으로부터 '2 표준 편차' 범위 밖에 있음(한쪽)"에 해당하는 결과로, '7일'과 '10일'의 숫자 '1'은 "한 개의 점이 중심선으로부터 '3.0 표준 편차' 범위 밖에 있음"에 해당하기 때문에 찍혔다. 개선은 불안정 요소인 '1'을 최우선적으

로 해결한다. 다음 [그림 V-12]는 '$\bar{x}-R$ 옵션(P)' 내 '검정' 대상인 8개 항목을 나타내며, 특히 빨간 점선 사각형은 [그림 V-11]의 관리도에 찍힌 번호가 의미하는 내용들이다.

[그림 V-12] '$\bar{x}-R$ 관리도' '검정' 예

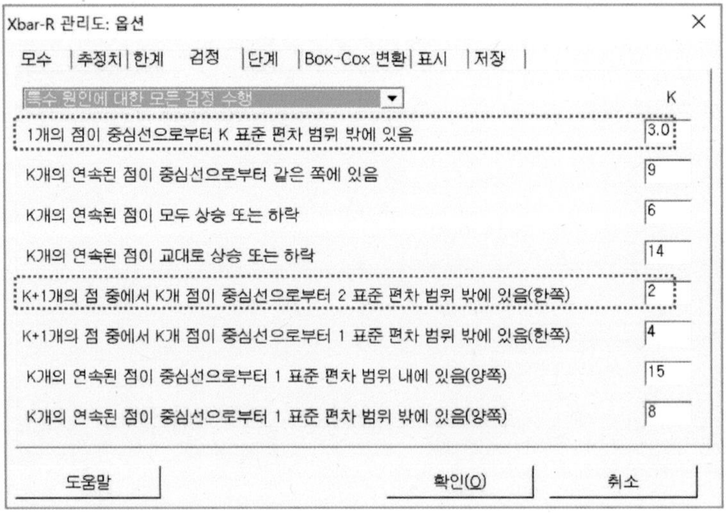

'R-관리도' 역시 '10일'째 데이터가 'UCL(Upper Control Limit)'을 넘었으며, 'R-관리도'가 '그룹 내 변동', 즉 각 집단의 '범위(최댓값-최솟값)'를 나타내므로 표집상의 문제나, 프로세스 내의 이상 유무를 파악해서 문제가 발견되면 조치한다. '$\bar{x}-R$ 관리도'는 통계적 관점에서 '두 개의 기본 원리'들이 작용한다. 다소 복잡할 수 있지만 앞서 학습했던 내용들을 참고하면서 두 원리들에 대해 파악해보는 시간을 가져보자.[89] '그룹 간 변동과 그룹 내 변동의

---

89) 상세한 통계적 접근은 『Be the Solver_확증적 자료 분석(CDA)』편'을 참고하기 바란다. 본문에서는 원리

해석'과 'UCL/LCL의 설정 원리(중심 극한 정리)' 및 '중심선±3×표준 편차를 벗어나는 이상점들에 대한 해석(가설 검정)'에 대해 알아볼 것이다.

'**그룹 간 변동과 그룹 내 변동의 해석**'은 과제 수행 중 접하는 각종 통계 도구들을 이해하는 데 중요한 기초 역할을 한다. 이 원리로 해석이 가능한 통계 도구는 '프로세스 능력 분석', 'ANOVA', '회귀 분석', '실험 계획', '관리도' 등인데 본문에서는 '관리도'에 대해서만 알아본다. 앞서 '$\overline{x} - R$ 관리도'를 작성하는 데 사용한 데이터를 다시 가져와보자.

[표 V-3] '그룹 내/그룹 간 변동 해석' 예

	1일	2일	3일	4일	5일	6일	7일	8일	9일	10일	
1	19.70	22.80	20.30	21.10	19.60	19.10	22.80	19.00	20.70	18.50	
2	21.70	21.30	21.60	19.50	20.00	20.60	22.20	20.50	21.00	21.20	
3	21.20	2 그룹 내 변동			20.90	20.80	23.20	20.30	20.50	19.40	
4	22.30	21.50	20.20	20.30	19.30	21.60	23.00	19.20	19.10	16.50	
5	23.00	21.90	22.10	19.80	20.80	19.80	22.80	20.10	20.60	17.60	전체평균
X_bar	21.58	21.86	21.22	20.30	20.12	20.38	22.80	19.82	20.38	18.64	20.71

그룹 간 변동

임의 데이터가 부분군으로 이루어져 있을 경우, 그들 집단의 변동은 다음 식 (V.1)과 같은 항등식에 의해 설명된다. 즉,

$$\sum_{ij}(x_{ij} - \overline{\overline{x}})^2 = \sum_{ij}(x_{ij} - \overline{x_j})^2 + \sum_{j}n_j(\overline{x_j} - \overline{\overline{x}})^2 \qquad \text{(V.1)}$$

총 변동 = 그룹 내 변동 + 그룹 간 변동

와 결과 위주로 설명하되 최소화시켜 전개될 것이다.

'총 변동'은 '각 데이터'와 '전체 평균'과의 차를, '그룹 내 변동'은 '각 부분군 데이터'와 해당 '부분군 평균'과의 차를, 끝으로, '그룹 간 변동'은 '각 부분군 평균'과 '전체 평균'과의 차를 통해서 얻는다. 이들 각 항들은 데이터 쌍별로 얻어진 값들을 모두 더해서(Σ) 하나의 값으로 변동 크기를 표현한다. 이렇게 '총 변동'은 '그룹 내 변동'과 '그룹 간 변동'으로 나뉘며 관리도는 둘 모두를 시각적으로 관찰할 수 있게 돕는다.

'그룹 내 변동'에 대해 알아보자. 매일 5개 데이터를 주변의 영향이 최소화되도록 표집하면 5개들 간 값들의 차이는 별로 크지 않다. 즉, 그룹 내(5개들 간) 변동은 극소화가 될 것인데 이같이 짧은 기간에 주변의 영향이 최소화되도록 추출한 표본을 '합리적 부분군(Rational Subgroup)'이라고 한다. 그러나 '합리적 부분군' 내에서도 여전히 값들의 차이는 존재한다. 사실 이런 미세한 변동을 유발시키는 원인은 찾아내기가 매우 어려우며 우연히 영향을 주는 원인들이라 해서 그들을 총칭해 '우연 원인(Chance Cause, Random Cause)'이라고 한다. 또 이런 미세한 변동(또는 산포)을 줄이기 위해서는 상당한 기술력과 자원이 들므로 다분히 경영자적 문제로 귀결된다. 누군가 활동을 위한 시간과 투입 비용에 대해 의사 결정을 해줘야 하기 때문이다. 또 매우 높은 수준의 기술적 접근이 요구되므로 '기술적 문제'라고 표현한다.

반면에 '그룹 간 변동'은 매일매일 부분군 평균의 차이를 관찰하는 것으로, 만일 그 평균 간의 차이가 극명하게 드러나면 프로세스상에 예기치 못한 문제가 발생한 것으로 판단할 수 있다. 부분군 간 평균의 차가 극명하게 차이가 난다는 것은 잘 관리되던 프로세스 내에 5M‐1I‐1E(Man, Machine, Material, Method, Measurement, Information, Environment) 중 일부에 갑작스러운 변화가 일어난 것으로 해석할 수 있으며, 이런 원인들을 총칭해서 '이상 원인(Assignable Cause)'에 의한 영향이라고 한다. 또 정상적인 '관리 상태'에서 벗어난 것이므로 '관리적 문제'라고도 한다. 다음 [표 Ⅴ‐4]는 '그룹 내 변동의 우연 원인'과 '그룹 간 변동의 이상 원인'을 대표하는 표현들을 모아 정리한 것이다.

[표 Ⅴ-4] '우연 원인'과 '이상 원인'의 비교

그룹 내 변동의 우연 원인	정상	변동 폭 작음	복합적	기술적 문제	항상 존재	안정
그룹 간 변동의 이상 원인	비정상	변동 폭 큼	특정요소	관리적 문제	항상 존재하지 않음	불안정

'우연 원인'이 프로세스 내 늘 존재한다는 것과, '이상 원인'이 5M-1I-1E의 원치 않는 변경에 의한 것으로 요약된다면 [표 Ⅴ-4] 내 용어들을 서로 관련지어 연상할 수 있다. 다음 [그림 Ⅴ-13]은 '$\bar{x}-R$ 관리도'의 결과와 각 데이터들 간의 관계를 보여준다.

[그림 Ⅴ-13] 데이터(부분 군)와 미니탭 결과의 관계

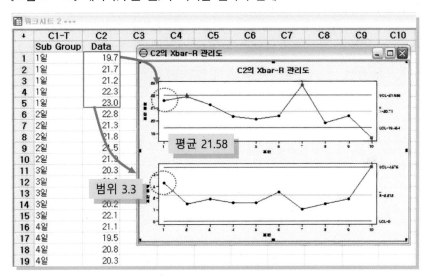

관리도 예를 보면, 1일 차 부분군의 '평균'이 '$\bar{x}$ - 관리도'에 찍히고, 부분군의 '범위(최댓값 - 최솟값)'는 'R - 관리도'에 찍혀 나간다. 따라서 '$\bar{x}$ - 관리도'는 '그룹 간 변동'을, 'R - 관리도'는 '그룹 내 변동'을 시각적으로 확인할 수 있다. 이와 같이 '연속형 관리도'는 수집된 데이터의 '총 변동'을 '그룹 내 변동'과 '그룹 간 변동'으로 분해하여 해석이 용이한 정보를 제공한다. '그룹 내 변동'은 표집 시 '합리적 부분군'이 될 수 있도록 해야 한다. 만일 예의 '7일 차'와 같이 관리 한계선을 벗어나는 경우 '표집'에 이상이 있거나 프로세스의 단기적 변동이 클 가능성을 암시하므로 시급한 원인 파악이 요구된다. 만일 원인 파악 후 개선이 있었다면 재발 방지책을 마련한 뒤 관리도로부터 타점을 제외하고 다시 그릴 수 있다. 또, '그룹 내 변동'이 우선적으로 '관리 상태'를 유지해야 '그룹 간 변동'의 해석에 의미가 생긴다.

'**UCL/LCL**'의 **설정 원리**는 바로 '중심 극한 정리'에 기반을 둔다. '중심 극한 정리'는 "모집단으로부터 추출된 표본 평균의 분포는 그 중심이 모집단 평균 'μ'와 같고, 그 표준 편차('표준 오차'라 함)는 '모 표준 편차'를 표본 크기의 제곱근으로 나눈, 즉 '$\sigma/\sqrt{n}$'와 같다"이다. '중심 극한 정리'를 설명하는 것은 많은 지면을 할애해야 하고, 또 로드맵을 설명하려는 당초 목적에서도 벗어나므로 관련 내용을 상세히 다룬 서적[90]을 참조하기 바란다. 본문은 개념도를 활용하는 정도로 하고 그 결과만을 활용해서 'UCL LCL'의 산출 배경을 설명하는 데 집중할 것이다. 다음 [그림 V - 14]는 '중심 극한 정리'를 설명하는 개요도이다('**Be the Solver**' 시리즈에 공통 사용된 개요도임).

[그림 V - 14]의 개념도와 같이 정규 분포하는 모집단 ~N(u, σ²)에서 '표본 크기, n개'씩 계속 표집한다. 이어 각각의 표본들의 평균을 구한 뒤(여기서 사과의 직경을 측정하는 것으로 상상해도 좋다), 이 값들로 히스토그램을 그리면

---

90) 『Be the Solver_확증적 자료 분석(CDA)』편의 '두 번째 원리' 참조.

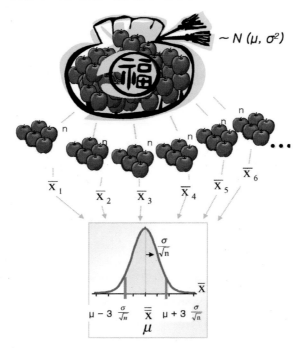

[그림 V-14] '중심 극한 정리' 개요도

그 결과는 정규 분포를 하며, 평균은 모평균인 'μ(개념도에서는 편의상 '$\overline{x}$'도 함께 표기)'와 같고, 그 '표준 편차(표준 오차)'는 앞서 설명한 '중심 극한 정리'와 같이 '$\sigma/\sqrt{n}$'가 된다. '$\overline{x}-R$ 관리도'는 표본들의 평균을 타점하므로 결국 그들의 전체 분포는 '중심 극한 정리'에 따라 '중심 값'과 '표준 편차'가 결정된다. 따라서 'UCL/LCL'은 중심으로부터 '±3 표준 편차'만큼 떨어진 위치를 설정한다고 했으므로 'UCL=$\mu+3\frac{\sigma}{\sqrt{n}}$'와 'LCL=$\mu-3\frac{\sigma}{\sqrt{n}}$'가 된다. 다음 [그림 V-15]는 '관리도'와 '표본 분포' 및 'UCL/LCL'의 관계를 보여준다.

[그림 Ⅴ-15] '관리 한계(Control Limit)' 설정 예

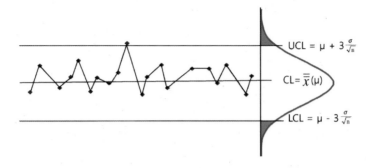

그런데 문제가 있다. 현업에서는 대부분 '모 표준 편차'인 'σ'를 모른다. 따라서 'σ'를 추정해야 하는데 이 값은 '$\overline{R}/d_2$'로 얻는다. 여기서 '$\overline{R}$'는 각 부분군의 '범위(최댓값-최솟값)'를 평균한 값이며, 'd_2'는 '표본 크기'에 따라 결정되는 상수(www.minitab.com에서 파일명 'UnbiasingConstantsc4d2d3d4.pdf'를 검색, 또는 미니탭 '도움말' 참조)로, '모 표준 편차'를 추정하기 위해 마련된 통계량이다. 따라서 현업에서 실제 'UCL/LCL'을 구하면 최종적인 산정 식은 다음 식 (V.2)와 같다.

$$UCL = \overline{\overline{x}} + (\frac{3}{\sqrt{n}})(\frac{\overline{R}}{d_2}) \qquad (V.2)$$
$$CL = \overline{\overline{x}}$$
$$LCL = \overline{\overline{x}} - (\frac{3}{\sqrt{n}})(\frac{\overline{R}}{d_2})$$

'중심선±3×표준 편차'를 벗어나는 이상점들에 대한 해석(가설 검정)은 Analyze Phase 'Step-9.2. 설계 요소 분석'에서 주로 논했던 '가설 검정'에

대한 내용을 담고 있다. '가설 검정'이란 '가설'을 세운 뒤 그에 대한 '검정', 즉 객관적 자료를 근거로 어느 생각이 맞을 것인지 확인하는 작업이다. 따라서 우선 가설인 '귀무 가설(Null Hypothesis)' 및 '대립 가설(Alternative Hypothesis)'이 있어야 하고, 판단에 필요한 기준인 '유의 수준(Significance Level)'이 있어야 하며, '유의 수준'과 비교할 측정치인 '통계량(Statistics)'이 필요하다. 이 중 '유의 수준'은 '0.1, 0.05, 0.01'이 있으며, '0.05'가 관습적으로 가장 많이 사용된다. 그러나 '관리도'에서는 기본적으로 '3×표준 편차' 패러다임이 적용되며, 이것은 프로세스 관리 중 '±3×표준 편차'를 벗어나는 값들이 조치의 대상이 된다는 것을 의미한다. 즉, '관리도'에서 부분군의 평균이 '±3×표준 편차'를 벗어나면 '이상점'이 되므로, '±3×표준 편차'를 벗어나는 넓이(또는 확률)가 '유의 수준'이다. 미니탭으로 이 영역을 계산하면 다음 [그림 V‒16]과 같다.

[그림 V‒16] '관리도'에서의 '유의 수준' 계산

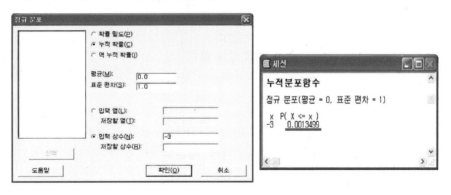

'-3×표준 편차'를 벗어날 확률이 '0.0013499'이며, 타점될 부분군 평균이 '±3×표준 편차' 위 또는 아래 어디로든 갈 수 있으므로 두 확률을 더해 약

'0.0027(또는 0.27%)'이 얻어진다. 이 값이 관리도에서의 '유의 수준'이다(0.05 또는 5%에 익숙한 리더라면 0.27%에도 익숙해져야 할 것이다). '유의 수준'과 '관리도'와의 관계를 [그림 V-17]에 나타냈다.

[그림 V-17] '관리도'에서의 '유의 수준' 산정

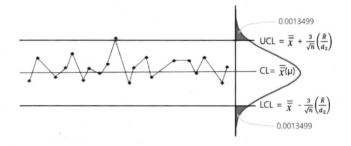

이어 관리도에서 검정을 수행하기 위해 '가설'이 필요한데 식 (V.3)과 같이 설정한다. 즉,

$$H_o : 관리상태에 있다. \hspace{2cm} (V.3)$$
$$H_A : 관리상태에 있지 않다.$$

앞서 설명한 바와 같이 '관리 상태에 있지 않는 경우'는 미니탭에서 '8개의 항목'으로 규정돼 있다고 하였다. 따라서 이들의 상황을 확률로 표현할 때 '유의 수준'인 '0.0027(또는 0.27%)'보다 작으면 '대립 가설'을, 그 반대이면 '귀무 가설'을 선택한다. 다음 [그림 V-18]에 8개 검정 항목을 다시 기술하였다(미니탭 「통계분석(S)>관리도(C)>부분군 계량형 관리도(S)>Xbar-R(B)…」).

[그림 V-18] '$\overline{x}-R$ 관리도'의 '검정 항목'

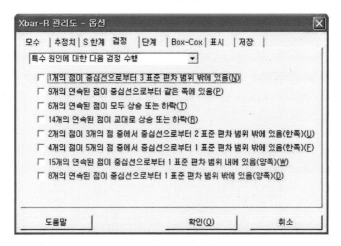

관리도 체계는 1984~1985년 넬슨(Nelson)에 의해서 처음 사용되었으며, 각각의 발생 확률(p-value)이 '±3×표준 편차'를 기준으로 한 '유의 수준(0.27%)'보다 작다는 것을 전제로 한 것이다. 그러나 다음의 넬슨(1985)이 언급한 말91)을 참고하면 확률을 통한 검정에 크게 얽매일 필요는 없을 것 같다.

"이상 신호를 감지하는 데 필요한 확률은 아주 정확하게 고려될 필요는 없다. 왜냐하면 확률은 정규성과 독립성이 결여됐다는 가정을 기반으로 산정되기 때문이다(즉, 8개 항목 중 하나가 발생했다는 것은 이미 정규성·독립성이 훼손된 것이므로). 따라서 검정 항목들은 확률이라기보다는 단순히 개선 활동을 위한 실천 규칙으로 받아들여야 한다. 가능성은 낮지만 프로세스가 관리 상태에 있지 않아도 이와 같은 8개 검정 항목들 중 어떤 것도 잡히지 않을 수 있음을 명심해야 한다. ─

---

91) SAS/Qc User's Guide, Version 7-1의 'Part 9. The Capability Procedure' 내 'Interpreting Standard Tests for Special Causes'에 기술된 내용을 참고함.

[이하 원문] the probabilities quoted for getting false signals should not be considered to be very accurate since the probabilities are based on assumptions of normality and independence that may not be satisfied. Consequently, he recommends that the tests should be viewed as simply practical rules for action rather than tests having specific probabilities associated with them. Nelson cautions that it is possible, though unlikely, for a process to be out of control yet not show any signals from these eight tests. -"

② 이산형 'np – 관리도', 'p – 관리도'

'p – 관리도'는 '비율'을 타점으로 하는 관리도이다. '비율'은 전체 대 발생된 개수(불량 개수든, 관심 있어 하는 사건의 개수든)를 나타내므로 결국 몇 개인지를 세어야 하는 '이산형 관리도' 중 하나이다. '이산형 관리도'를 선택할 때 다음 [그림 V – 19]와 같은 간단한 '이산형 관리도 선정 4 – 블록'을 사용한다.

[그림 V – 19] 이산형 관리도 선정 4 – 블록

앞서 설명한 바와 같이 'np – 관리도'는 '개수'로 타점하므로 '부분군 크기'가 다르면 관리도상에서 부분군 차이를 감지해낼 수 없다. 따라서 '부분군 크

기'가 일정한 경우에 쓰이는 반면 'p - 관리도'는 그 '비율'을 타점하므로 '부분군 크기'가 달라도 관계없다. 다음 [그림 V - 20]은 동일한 데이터로 두 관리도를 그린 후 차이점을 설명한 예이다(미니탭 '이항포아송분석.mtw' 사용[92]).

[그림 V - 20] 'np - 관리도'와 'p - 관리도' 비교

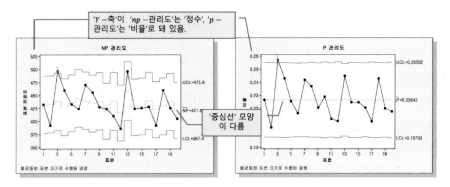

설명 선의 내용처럼 'np - 관리도'는 Y축이 '개수'로 돼 있는 반면, 'p - 관리도'는 1보다 작은 '비율'로 돼 있음을 알 수 있다. '관리 한계(관리 상한, 관리 하한)'들이 오르내리는 이유는 산식에 '비율 평균'인 '$\bar{p}$'와, '부분군 크기' 'n'이 들어 있는데, 이 중 비율 '$\bar{p}$' 값이 '총 불량품 수÷총 검사 개수'로 일정한 반면, '부분군 크기(n_i)'가 타점별로 차이 나기 때문이다[식 (V.4) 참조]. 또 'np - 관리도' 경우 '관리 한계'뿐만 아니라 '중심선(CL, Center Line)'도 오르내리는데, 이 역시 'np', 즉 '각 부분군 크기×전체 불량률' 중, '각 부분군 크기'가 변동하는 데 기인한다. 식 (V.4)는 각각의 산식을 나타낸다.

---

92) 미니탭 Ver. 14 이하 버전 경우 'Bpcapa.mtw'로 돼 있다.

$$[p-\text{관리도}] \qquad\qquad [np-\text{관리도}] \qquad\qquad\qquad (\text{V.4})$$

$$UCL = \bar{p} + 3\sqrt{\frac{\bar{p}(1-\bar{p})}{n_i}} \qquad UCL = n_i\bar{p} + 3\sqrt{n_i\bar{p}(1-\bar{p})}$$

$$CL = \bar{p} \qquad\qquad\qquad CL = n_i\bar{p}$$

$$LCL = \bar{p} - 3\sqrt{\frac{\bar{p}(1-\bar{p})}{n_i}} \qquad LCL = n_i\bar{p} - 3\sqrt{n_i\bar{p}(1-\bar{p})}$$

$$\therefore \bar{p} = \frac{\text{총 불량품 수}}{\text{총 검사 개수}} = \frac{\sum x_i}{\sum n_i} \ , \ n_i : \text{각 '부분군 크기'}$$

‘관리 하한(Lower Control Limit)’인 ‘LCL’은 계산상으로 음수가 나올 수 있으나 ‘불량률’ 경우 의미가 없으므로 미니탭은 자동 ‘0’으로 설정한다. 다음 [그림 V - 21]은 ‘np - 관리도’에 대한 3번째 타점의 ‘중심선’ 계산 예이다.

[그림 V - 21] ‘np - 관리도’의 중심선 계산 예

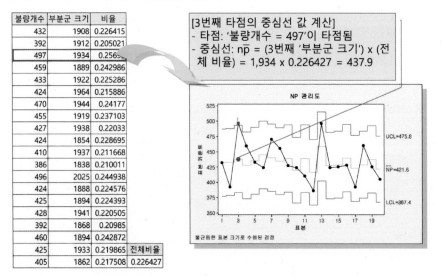

불량개수	부분군 크기	비율	
432	1908	0.226415	
392	1912	0.205021	
497	1934	0.2565...	
459	1889	0.242986	
433	1922	0.225286	
424	1964	0.215886	
470	1944	0.24177	
455	1919	0.237103	
427	1938	0.22033	
424	1854	0.228695	
410	1937	0.211668	
386	1838	0.210011	
496	2025	0.244938	
424	1888	0.224576	
425	1894	0.224393	
428	1941	0.220505	
392	1868	0.20985	
460	1894	0.242872	
425	1933	0.219865	전체비율
405	1862	0.217508	0.226427

[3번째 타점의 중심선 값 계산]
- 타점: ‘불량개수 = 497’이 타점됨
- 중심선: n$\bar{p}$ = (3번째 ‘부분군 크기’) x (전체 비율) = 1,934 x 0.226427 = 437.9

③ 이산형 'c-관리도', 'u-관리도'

'c-관리도'는 결점의 수만을 그대로 타점한다. 이것은 미니탭 입력 과정에도 나타나는데 [그림 V-22]가 그 예이다(미니탭 '이항포아송분석.mtw' 사용).

[그림 V-22] 'c-관리도' 입력 예

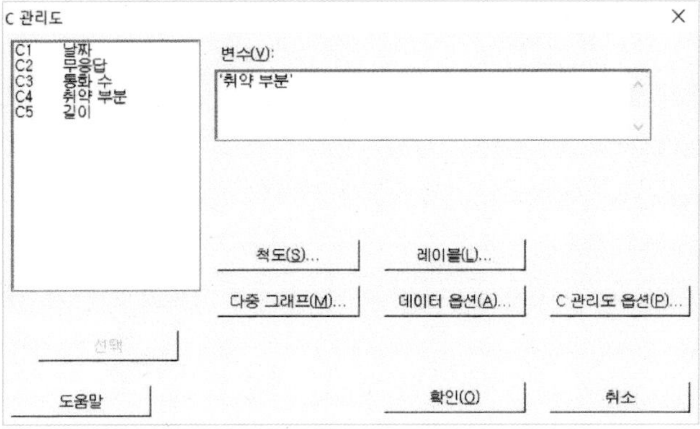

미니탭의 「통계 분석(S)>관리도(C)>계수형 관리도(A)>C(C)…」에 들어간 결과이며, 결점 수 열(C4; Weak Spots)만 '변수(V)'에 입력하도록 돼 있고, '부분군 크기' 등을 넣는 입력창은 존재하지 않는다. '부분군 크기'가 일정하다면 굳이 분모에 넣어 비율로 관리할 필요가 없으므로 '결점 수'만 입력하며, 결과 그래프의 'Y축'은 'np-관리도'와 마찬가지로 '개수(정수)'가 나온다. 이와는 달리 'u-관리도'는 '부분군 크기'를 입력하는 창이 있으며, 이것은 결과 그래프의 'Y축'이 비율로 나타남을 의미한다. 그러나 'p-관리도'와의 큰 차이점이 있는데 결점은 1단위(Unit)에 1개 이상 발생할 수 있으므로 'Y축'에 1보다 큰 값이 나올 수 있는 반면, 'p-관리도'는 1이 넘는 숫자는 나올 수 없다. 다음 [그림 V-23]은 'c-관리도'와 'u-관리도'를 비교한 것이다.

[그림 V-23] 'c-관리도'와 'u-관리도' 비교

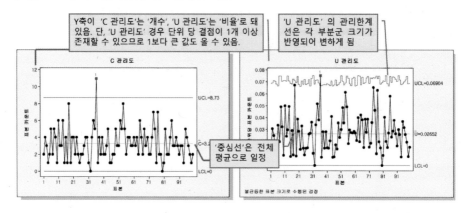

'관리 한계'와 '중심선'은 다음 (V.5)의 산식에 근거하므로 참고하기 바란다.

$$[c-관리도] \qquad\qquad [u-관리도] \qquad\qquad (V.5)$$
$$UCL = \overline{c} + 3\sqrt{\overline{c}} \qquad\qquad UCL = \overline{u} + 3\sqrt{\overline{u}/n_i}$$
$$CL = \overline{c} \qquad\qquad\qquad CL = \overline{u}$$
$$LCL = \overline{c} - 3\sqrt{\overline{c}} \qquad\qquad LCL = \overline{u} - 3\sqrt{\overline{u}/n_i}$$

$$\therefore \overline{c} = \frac{\sum x_i}{데이터\,셀\,수} \;, \qquad \overline{u} = \sum x_i / \sum n_i, \; 'n_i'은 부분군 크기$$

'관리 한계'와 '중심선' 산식에서와 같이 'c-관리도'는 일정한 데 비해 'u-관리도'는 '부분군 크기, n_i'이 들어가 있어 매 타점에 '관리 한계'가 변동됨을 알 수 있다. 관리도에 대한 설명은 이 정도로 마무리하고 다음 '세부 로드맵'인 'Step-14.2. 실효성 검증_Check'에 대해 알아보자.

'Step-14. 실효성 검증'은 'P-D-C-A Cycle'의 'Do-Check-Act'를 포함한다. 따라서 설계 내용들을 실제 프로세스에 적용하면서 'Step-13. 관리 계획 수립'을 이행해 나간다. 이때 '관리 계획'의 '기록 방법'에 표기한 도구들로 '관리 항목(X's)'과 'Y'의 시간에 따른 경향을 기록한다. 이 결과물을 파워포인트에 붙이면 바로 'Step-14.1. 실효성 검증_Do'가 실행된 것으로 본다. 다음은 'Step-14.2. 실효성 검증_Check'로, 실행된 결과물(관리도, 체크 시트, IT 기록물 등)을 분석하고, 실 환경 적용 중 문제점이 관찰되면 이를 해결하는 '세부 로드맵'인 'Step-14.3. 실효성 검증_Act/장기 능력 평가'로 넘겨 실제 프로세스에서의 운영성 또는 적용성을 향상시킨다.

만일 '최적화 내용'을 실제 프로세스에 적용 중 새롭게 고려할 사항이 생기면 'Plan'인 'Step-13.3 관리 계획 작성'으로 돌아가 '관리 항목' 등의 추가 또는 보완을 거쳐 'Do-Check-Act'를 반복한다. 문제가 더 이상 발생하지 않을 것으로 판단되면 'Step-14. 실효성 검증'에서 얻어진 'Y' 데이터를 통해 '프로세스 능력'을 산정한다. 그 후 Measure Phase 'Step-6.4. Scorecard 작성'에서의 '현 수준' 및 'Step-12.3. 설계 검증_Act'에서의 '단기 능력' 결과와 비교해 그 향상 정도를 확인한다. 이론적으로는 '4.5 시그마 수준'이 나오며, 이에 '1.5'를 더해 'Step-12.3. 설계 검증_Act'에서의 단기 능력인 '6시그마 수준'과 일치돼야 한다. 3~4주간의 수행 결과가 장기 데이터로 간주될 수는 없지만 나름대로 프로세스의 변동을 경험했다는 의미에서 장기 성향의 데이터로 간주하고 '프로세스 능력'을 평가한다. 다음 [그림 V-24]는 'Do'와 'Check'의 결과를 정리한 예이다.

[그림 V-24] 'Step-14.1/14.2. 실효성 검증_Do/Check' 예

Step-14. 실효성 검증
Step-14.1/14.2. 실효성 검증_Do/Check

| D | M | A | D | V |

◆ Step-13 .관리계획 수립'에서 작성된 '관리계획' 항목 중 '라면준비시간'에 대해 실제 프로세스
  에서의 개선안 적용성을 평가함.

	검토 사항				이상 조치
관리항목	관리규격	기록방법	표본크기/주기	담당자	
라면준비시간	300초 이하	X$_{bar}$- R 관리도	4/매일	홍길동	•이상점 조치 •원인분석 후 즉 개선
주문 L/T	600초 이하	X$_{bar}$- R 관리도	4/매일	박찬호	•이상점 조치 •원인분석 후 즉 개선
...	...	...	...	...	

일	#1	#2	#3	#4
1일	179.78	167.12	193.59	173.65
2일	219.86	183.16	169.05	154.01
3일	197.24	200.76	175.89	185.13
4일	206.16	179.68	181.72	175.11
5일	170.19	180.11	183.32	201.62
6일	176.60	194.67	402.33	186.63
7일	188.02	215.32	167.71	133.72
8일	200.26	191.78	203.87	204.00
9일	208.58	213.19	186.72	144.00
10일	159.98	184.50	188.56	186.81
11일	138.51	152.08	199.42	198.22
12일	188.89	181.92	194.55	211.44
13일	188.25	174.21	185.15	182.28
14일	168.91	146.47	187.99	200.22
15일	162.93	175.49	183.50	181.11
16일	197.36	194.88	155.66	196.24
17일	171.21	224.65	166.31	179.07
18일	173.19	190.05	201.89	179.95
19일	203.27	160.03	196.11	179.62
20일	190.56	207.98	184.07	155.21

S1, ... S4의 Xbar-R 관리도

검증 6일째 담당자 입력 오류로 이상치 발생(R-관리도를 통해 6일째 데이터 4개가 문제가 있음을 예측할 수 있음).
→인적오류로 확인됨에 따라 입력 시 주의토록 교육강화

인적오류의 이상치 제외 시 관리상태로 파악되었으며, 이를 토대로 '라면준비시간'에 대한 프로세스 능력 평가.

PS-Lab 계속
Problem Solving Laboratory

[그림 V-24]의 '관리 계획'은 자료 내용을 쉽게 파악할 수 있도록 'Step-13.3. 관리 계획 작성'의 것을 옮겨놓았다. 'Y'의 하나인 '라면 준비 시간'에 대해 20일에 걸쳐 각 일자별 부분군 크기 4개씩, 총 80개의 데이터를 수집하였다. 앞서 설명한 바와 같이 수행 과정은 보여줄 수 없으므로 수행 결과인 데이터를 붙임으로써 'Do' 과정을 대신하였다. 이어 'Check', 즉 '분석'을 수행한다. '$\bar{x}-R$ 관리도' 결과 6일째 부분군에서 관리 상한을 넘어가는 타점이 관찰되었다. 조사 결과 담당자의 '입력 오류'로 생긴 데이터로(R-관리도에서 관리 상한을 벗어나는 것으로부터 '입력 오류'의 가능성을 예견할 수 있다), 교육을 통한 재발 방지책을 마련하였다(고 가정한다). 이와 같이 원인이 밝혀지고 재발 방지책이 마련된 경우는 이상점을 제거하고 관리도를 다시 그린다.

본 예에서 관찰해야 할 그 외의 '관리 항목'들이 여럿 있으나 어떻게 전개할 것인가를 설명하는 과정이므로 나머지는 생략한다.

Step-14.3. 실효성 검증_Act/장기능력평가

다음 [그림 V-25]는 'Step-14.3. 실효성 검증_Act/장기 능력 평가'를 표현한 장표이다.

[그림 V-25] 'Step-14.3. 실효성 검증_Act/장기 능력 평가' 예

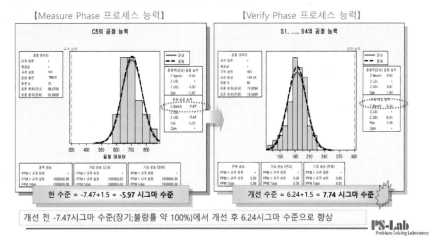

만일 이전 'Check' 과정에서 예상치 못한 문제점 등이 발견되어 큰 규모의

추가 조치가 요구될 경우 다시 'Plan'으로 돌아가 'P – D – C – A Cycle'을 반복한다. 그러나 사안이 단순하고, 즉 해결이 가능하면 본 'Act'에서 처리 후 재발 방지책을 마련한 뒤 '프로세스 능력'을 평가한다. 물론 Verify Phase가 불과 1달 내외의 기간으로 장기적 수행 결과로 보기는 어렵지만 실제 프로세스에 적용해서 나름대로의 다양한 환경을 경험한 것으로 보고, 미니탭 내 '전체 공정 능력'의 '시그마 수준'에 '1.5'를 더해 Measure 결과와 비교한다. 이론적으로는 Design Phase 'Step – 12. 설계 검증'의 '6시그마 수준'과 여기서의 '1.5'를 더한 값이 일치해야 함을 몇 차례 설명한 바 있다. 이와 같은 '실효성 검증' 결과를 토대로 '장기 프로세스 능력'을 예측하기 위한 평가는 [그림 V – 25]와 같다. 물론 약 20여 일간의 수행 결과이므로 장기성을 예측하기에는 여전히 부족하나 과제 수행 기간 내에 할 수 있는 최선임을 인정해야 한다.

기간 내 완료하지 못한 내용들에 대해서는 'Step – 15. 이관/승인'에서 '실행 계획'이란 장표를 추가하여 '언제까지/누구 담당으로/무엇을' 할 것인가를 '간트 차트(Gantt Chart)' 등으로 명시하는 것이 중요하다. 이에 대해서는 'Step – 15'에서 보충 설명할 것이다. [그림 V – 26]은 '라면 판매 프로세스 설계' 과제의 'Y'들에 대한 수준 평가 결과를 나타낸다.

[그림 V – 26]에서 'Step – 14.3. 실효성 검증_Act/장기 능력 평가' 수행 후 일정 기간 표집 데이터로 'Y'별 '프로세스 능력'을 평가하였으며, 각각의 수율을 '표준화 수율(Y_{NOR}, Normalized Yield)'로 통합하여 전체 약 '2.0 시그마 수준'의 값을 얻었다. 통합했을 때 '시그마 수준'이 낮은 이유는 '밤참 주문 비율'의 목표가 '15%(즉, 목표 수율이 15%가 됨)'이므로 목표 달성을 해도 불량률이 85%나 되는 데 기인한다. 이것은 단지 5개의 'Y'들을 대표하는 의미로서만 유용하다. [그림 V – 26]에서 '주문 L/T', '라면 준비 시간', '라커피점 반응도'는 '연속 자료'인 '정규 분포'를, '나 홀로 손님 맛 만족도'는 '이산 자료'의 '결점 특성'으로 'DPO 방법'을, 끝으로 '밤참 주문 비율'은

[그림 V - 26] 실효성 검증 후 '프로세스 능력' 평가 예(라면 판매 프로세스 설계)

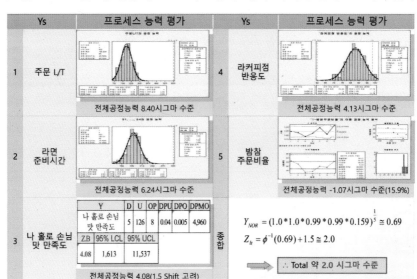

'이산 자료'의 '불량 특성'으로 '이항 분포'를 사용한 예이다. 파워포인트로의 작성은 생략한다. [그림 V - 27]은 'Step - 14.3. 실효성 검증_Act/장기 능력 평가' 후 최종 'Scorecard'를 작성한 결과이다. 물론 [그림 V - 26]의 결과가 그대로 반영되었다.

[그림 V - 27]의 'Scorecard'를 보면 'M - A - D - V' 각 Phase별로 설계의 완성도가 어떻게 높아지는지 한눈에 파악할 수 있다. 단, '밤참 주문 비율'의 '시그마 수준'만이 음수인 ' - 1.07'로 능력이 없는 것으로 나타났으나 이것은 '목표'가 전체 판매 건수의 '15%' 점유를 지양하고 있기 때문에 생긴 일이다. 물론 적절한 '운영적 정의'를 통해 '6시그마 수준'으로의 변환이 가능하지만 실제 관리 지표인 '%'를 함께 사용함으로써 정보의 왜곡을 방지할 수 있다. '실제 관리 지표'의 선택은 '6시그마 수준' 달성이라는 본래의 목표보다 과정

의 향상 정도를 측정하는 데 의미를 둔다.

[그림 V-27] 'Step-14.3. 실효성 검증_Act/장기 능력 평가' 예

Step-14. 실효성 검증
Step-14.3. 실효성 검증_Act/장기능력평가

♦ 상세설계(최적화) 내용들을 일정기간 실제 프로세스에 적용 후, 'Y'별 데이터를 표본추출하여 프로세스 능력을 평가함(자세한 산정과정은 '개체삽입' 참조할 것)

Scorecard 작성

Ys	중요도	단위	T.F. Y/N	성과표준 LSL	성과표준 USL	M	A	D	V	목표	비고
주문 L/T	12	초	Y	-	600	-4.46	4.42	9.78	5.02	180s	M: 946.7초 A: 358.7초 D: 122.8초 V: 182.23초
라면 준비시간	9	초	Y	-	300	-7.47	0.78	5.35	6.24	240s	M: 700.9초 A: 265초 D: 122.9초 V: 184.04초
나 홀로 손님 맛 만족도	8	점	Y	·단위:라면 당 설문 ·기회:설문 당 8개 항목 ·결점: 3점 이하		1.88	1.54	2.03	2.58	5만 DPMO	M: 35만 DPMO A: 6만 2천 DPMO D: 2만 1천 DPMO V: 5000 DPMO
라커피점 반응도	6	점	Y	60	-	2.53	5.28	5.28	4.13	85	A: 86(목표달성) V: 87.42
밤참 주문비율	3	%	Y	·단위:주문배달 1건 ·불량: ①20시 이내 배달 건 ②20시 이후 배달 시 라면 미포함		0.05	-1.33	-0.94	-1.07	15%	M: 약 6% A: 9.2% D: 17.4% V: 15.9%

☐ T.F.; Transfer Function   ☐ '프로세스능력'은 '시그마수준'으로 통일함.   ☐ Measure단계는 1.5Shift 적용

'주문 L/T'와 '라커피점 반응도'는 목표값에 약간 미달하였으나, 산포를 고려한 시그마수준 관점에선 매우 만족스러운 결과를 얻음. 타 'Y'들은 모두 목표 초과 달성함.

(산정과정)
Microsoft Excel
위 1table

PS-Lab
Problem Solving Laboratory

실제 과제 수행에서는 [그림 V-27]의 예처럼 각 Phase별 'Y'들의 산뜻한 향상은 기대하기 어렵다. '프로세스 설계' 활동을 한다고 해서 반드시 좋은 결과가 나온다고 주장하기보다 "성공 확률을 높인다"라고 표현하는 게 옳다. 따라서 기대 수준에 못 미쳤을 때 지나온 과정 중 문제가 있었던 위치를 얼마나 빨리 찾아내는가와 또 얼마나 빨리 보완하고 제 위치로 돌아오는가에 집중해야 한다. Verify Phase의 'Step-14. 실효성 검증'이 완료되었으면 다음은 과제의 최종 마무리 활동인 'Step-15. 이관/승인'으로 넘어간다.

Step - 15. 이관/승인

　　　　　　　'최적화 내용'을 실제 프로세스에 최소 3주에서 1달가량(물론 그 이상도 가능하다) 적용해본 후 개선 효과가 만족할 만한 수준이면 수행 결과를 문서화하고 필요한 인력들과 공유한다. 향후 지속적인 관리를 위해 해당 'P/O(Process Owner)'에게로의 이관 및 사업부장의 최종 승인 절차를 거친다. 물론 다년간 과제 관리를 해온 회사의 경우 IT 시스템이 기본적으로 갖춰져 있어 문서화와 공유, 승인 및 사후 관리까지 한 번에 이뤄지고 있는 게 현실이다. 따라서 현시점에 중요하게 고려해야 할 항목들을 요약하면 'Step - 15.1. 가치/효과 평가', 'Step - 15.2. 실행 계획서 작성', 'Step - 15.3. 과제 이관', 'Step - 15.4. 마무리/승인'과 같은 활동들이 포함된다. 이들의 내용과 표현법에 대해 알아보자.

Step - 15.1. 가치/효과 평가

　'Step - 14. 실효성 검증'에서 과제 지표인 'Y'의 '프로세스 능력'을 평가하였으나, 그 향상 정도에 따른 '재무성과'는 산정하지 않았다. 물론 'Y'들의 평가 후 바로 '재무성과'를 파악해서 마무리하는 것도 한 방법이나, 최종적으로 그 효과를 종합하고 강조한다는 차원에서 'Step - 15. 이관/승인' 초기에 언급하는 것이 바람직하다. '설계 과제'는 완료 후 바로 '재무성과'와 직결되지 않기 때문에 '가치 평가'를 추가하여 'Step - 15.1'을 '가치/효과 평가'로 명명하였다. 여기서 '가치 평가'란 과제 수행 결과물에 대한 '재무적 관점'의 평가를 의미하며, 주로 'Step - 10.1. 전이 함수 확정'과 'Step - 12.2. 설계 검증_Do/Check'에서의 결과물을 이용해서 정리한다. 다음 [그림 V - 28]은 '라면 판매 프로세스 설계'의 'Step – 15.1. 가치/효과 평가'에 대한 예이다. 만일 '가치 평가'가 아닌 '재무성과' 평가가 가능하면 '재무 담당자'를 통해 정확한 산출 근거를 마련한다.

[그림 V – 28] 'Step – 15.1. 가치/효과 평가' 예('총 이익' 및 '최적 조리 양' 추정)

◆ 'Step-10.1. 전이함수 확정'에서의 '선형계획법'과, 'Step-12.2. 설계 검증_Do/Check'에서의 '비용/편익 분석'의 내용을 요약하면 다음과 같다 ('총 이익' 및 '최적 조리 양' 추정).

'선형계획법'을 이용한 '총 이익' 및 '최적 조리양' 추정

(상황 가정)
- 여고생 대상 '라면 준비시간'은 목표 180초(조리 110초, 서빙 70초), 일반인 대상 '주문 L/T'는 목표 240초(조리 185초, 서빙 55초) 수준.
- 또 현재 하루 자원은 조리에 총 30,000초, 서빙에 18,000초가 소요.
- 여고생용 라면은 1개 팔면 800원 이익을, 일반인 경우는 700원 이익을 남김(단, 현재 여고생 대상 '라면 준비시간'은 946.7초, 일반인의 '주문 L/T'는 700.9초이다).

(개선 전)

활동	라면 고객유형		총 사용자원	총 가용자원
	X	Y		
조리	576.7	510.9	40000	≤ 40000
서빙	370	190	25000	≤ 25000

			총 이익	
단위 당 이익	800	700	55446.136	

| 최적 조리양 | 65.096 | 4.8137 | | |

X; 여고생용 라면 조리양
Y; 일반인용 라면 조리양

(개선 후)

활동	라면 고객유형		총 사용자원	총 가용자원
	X	Y		
조리	110	185	30000	≤ 30000
서빙	70	55	18000	≤ 18000

			총 이익	
단위 당 이익	800	700	206,957	

| 최적 조리양 | 243.48 | 17.391 | | |

X; 여고생용 라면 조리양
Y; 일반인용 라면 조리양

[종합] 총 이익; 개선 전 약 55,000 원 → 개선 후 약 20만원으로 향상되고
       최적 조리 양; 개선 전 여고생, 일반인 각각 65, 5 그릇 → 개선 후 243, 17 그릇으로 증가

PS-Lab 계속
Problem Solving Laboratory

[그림 V – 28]은 'Step – 10.1. 전이 함수 확정'에서 '선형 계획법'을 이용한 '총 이익' 및 '최적 조리 양'에 대한 정량적 결과를 가져온 예이다. '총 이익'이 설계 전 '55,000원' 수준에서 약 '20만 원' 수준으로 향상될 수 있음을 시사하고 있다. 다음 [그림 V – 29]는 'Step – 12.2. 설계 검증_Do/Check'에서 이루어진 '투자 적합성'을 평가한 예이다.

[그림 V - 29] 'Step - 15.1. 가치/효과 평가' 예('투자 적합성' 평가)

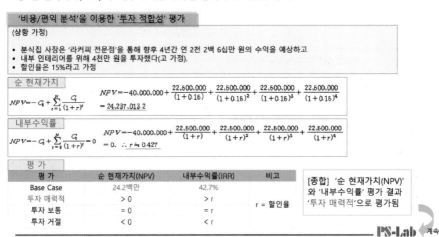

Step-15. 이관/승인
Step-15.1. 가치/효과평가

● 'Step-12.2. 설계 검증'에서의 '비용/편익의 최적화_비용/편익 분석'의 내용을 요약. '비용/편익분석' 중 '순 현재가치(NPV)'와 '내부 수익률' 추정을 통해 투자 적합성 평가.

'비용/편익 분석'을 이용한 '투자 적합성' 평가

(상황 가정)

- 분식집 사장은 '라커피 전문점'을 통해 향후 4년간 연 2천 2백 6십만 원의 수익을 예상하고
- 내부 인테리어를 위해 4천만 원을 투자했다(고 가정).
- 할인율은 15%라고 가정

순 현재가치
$$NPV = -C_0 + \sum_{t=1}^{K} \frac{C_t}{(1+r)^t} = -40,000,000 + \frac{22,500,000}{(1+0.15)} + \frac{22,500,000}{(1+0.15)^2} + \frac{22,500,000}{(1+0.15)^3} + \frac{22,500,000}{(1+0.15)^4}$$
$$= 24,237,013.2$$

내부수익률
$$NPV = -C_0 + \sum_{t=1}^{K} \frac{C_t}{(1+r)^t} = 0 = -40,000,000 + \frac{22,500,000}{(1+r)} + \frac{22,500,000}{(1+r)^2} + \frac{22,500,000}{(1+r)^3} + \frac{22,500,000}{(1+r)^4}$$
$$= 0, \quad \therefore r \approx 0.427$$

평가

평가	순 현재가치(NPV)	내부수익률(IRR)	비고
Base Case	24.2백만	42.7%	
투자 매력적	> 0	> r	
투자 보통	= 0	= r	r = 할인율
투자 거절	< 0	< r	

[종합] '순 현재가치(NPV)'
와 '내부수익률' 평가 결과
'투자 매력적'으로 평가됨

PS-Lab 계속
Problem Solving Laboratory

　　[그림 V - 29]에서 '비용/편익 분석', 즉 '순 현재 가치(NPV)'와 '내부 수익률(IRR)' 산정을 통해 '투자 매력적'이란 결과를 얻었으며, 과제 추진의 당위성을 뒷받침하고 있다. 다음 [그림 V - 30]은 '비용/편익 분석' 결과를 이용해 향후 있을지도 모를 변수들의 영향이 '내부 수익률'에 어떤 변화를 야기하는지 알아보기 위한 '민감도 분석' 예이다.

　　'비용/편익 분석('순 현재 가치'와 '내부 수익률')'을 이용한 '민감도 분석'으로부터 향후 '판매량' 변동 시 '내부 수익률'이 급격히 떨어질 것으로 예견된다. 이에 '상세 설계(최적화) 내용'을 프로세스에 적용한 후 정상 운영하면서 주의 깊은 관리, 또는 사전 대책이 강구될 필요가 있다.

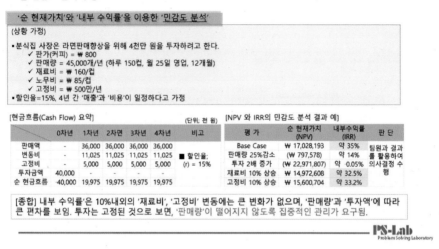

Step-15. 이관/승인
 Step-15.1. 가치/효과평가

♠ 'Step-12.2. 설계 검증' 에서의 '비용/편익 분석' 결과('순 현재가치'와 '내부수익률')로부터, 이를 이용한 민감도 분석 수행.

'순 현재가치'와 '내부 수익률'을 이용한 '민감도 분석'

(상황 가정)
▪ 분식집 사장은 라면판매향상을 위해 4천만 원을 투자하려고 한다.
　　✓ 판가(커피) = ₩ 800
　　✓ 판매량 = 45,000개/년 (하루 150컵, 월 25일 영업, 12개월)
　　✓ 재료비 = ₩ 160/컵
　　✓ 노무비 = ₩ 85/컵
　　✓ 고정비 = ₩ 500만/년
▪ 할인율=15%, 4년 간 '매출'과 '비용'이 일정하다고 가정

[현금흐름(Cash Flow) 요약]　　　　　　　(단위: 천 원)

	0차년	1차년	2차면	3차년	4차년	비고
판매액	-	36,000	36,000	36,000	36,000	
변동비	-	11,025	11,025	11,025	11,025	■ 할인율:
고정비	-	5,000	5,000	5,000	5,000	(r) = 15%
투자금액	40,000	-	-	-	-	
순 현금흐름	40,000	19,975	19,975	19,975	19,975	

[NPV 와 IRR의 민감도 분석 결과 예]

평 가	순 현재가치 (NPV)	내부수익률 (IRR)	판 단
Base Case	₩ 17,028,193	약 35%	팀원과 결과
판매량 25%감소	(₩ 797,578)	약 14%	를 활용하여
투자 2배 증가	(₩ 22,971,807)	약 0.05%	의사결정 수
재료비 10% 상승	₩ 14,972,608	약 32.5%	행
고정비 10% 상승	₩ 15,600,704	약 33.2%	

[종합] 내부 수익률'은 10%내외의 '재료비', '고정비' 변동에는 큰 변화가 없으며, '판매량'과 '투자액'에 따라 큰 편차를 보임. 투자는 고정된 것으로 보면, '판매량'이 떨어지지 않도록 집중적인 관리가 요구됨.

PS-Lab
Problem Solving Laboratory

　　본 '세부 로드맵'에서는 수행한 과제의 '가치' 또는 '효과'를 다양한 관점에서 산출하고 표현하는 데 주력한다. 산출 결과가 납득할 만한 수준이 돼야 만 수개월간의 노력이 꽃을 피울 수 있기 때문이다. 다음은 'Step-15.2. 실행 계획서 작성'에 대해 알아보자.

Step-15.2. 실행 계획서 작성

　　'프로세스 개선' 과제와 달리 '프로세스 설계' 과제는 짧게는 6개월에서 길게는 12개월 정도 수행되는 게 보통이다. 현재는 프로세스를 새롭게 만드는

과정이므로 적용과 운영 중에 부가적인 일들이 다양하게 발생한다. 예를 들면 '상세 설계(최적화) 내용'을 적용하기 위해 필요한 설비 구매와 입고가 사정상 지연되거나 개선 내용이 고객의 승인을 요하는 경우, 또는 전산 화면의 개발/수정을 위한 IT 개발 담당자와의 일정 협의 지연 등이다. '프로세스 개선 방법론'과 상황은 유사하나 정도의 차이가 존재한다. 따라서 확정된 사안들에 대해서는 '간트 차트' 등을 통해 언제, 누가, 어떻게 완료할 것인지를 명확하게 명시한 뒤 완료 승인을 요청한다.

그러나 국내 '설계 과제' 수행 경험도 20여 년이 넘어서고 있고, 따라서 이런 문제도 극복해내려는 움직임이 있다. 즉, 과제 성격이 초반에 드러나므로 지연 사안들을 감안해 개선 우선순위를 둔 뒤 수행 기간 내에 관련 담당자들과 협의를 거쳐 작업을 미리 걸어두거나, 그것도 어려우면 과제 수행 전 사전 협의를 통해 필요한 시점에 바로 작업에 투입될 수 있는 환경을 조성해두는 예 등이다. 여하간 모든 필요한 활동은 과제 수행 기간 내에 완료하는 것이 원칙이며 불가항력으로 발생하는 추가 내역은 최소화될 수 있도록 사전 준비를 철저히 한다. [그림 Ⅴ-31]은 '라면 판매 프로세스 설계' 과제의 '실행 계획서' 작성 예이다.

[그림 Ⅴ-31]에서 시간이 소요되는 설치 작업이나 물품 제작 등 주로 외주성 활동들이 추가 일정으로 짜여 있다. 장표 아래쪽에는 각 활동별 '계획 대 실적'을 관찰할 '간트 차트'가 준비돼 있으며, 세부적인 기록과 관리는 장표 오른쪽에 '개체 삽입'된 파일 내에서 이루어진다(고 가정한다).

이 '세부 로드맵'이 완료되는 시점에 사업부장과 팀원은 물론 P/O(Process Owner), 관계 부서 담당자들과 회의를 거쳐 프로세스 설계의 완성도를 평가한다. 설계자 스스로가 설계 프로세스를 직접 운영하는 일은 매우 드물다. 그 이유는 최소 6개월 이상 수행되고 참여 팀원들도 상당수인 과제가 본인 업무에만 국한된 것이면 이미 과제 선정 때부터 배제될 가능성이 매우 높기 때문이

Step-15. 이관/승인
Step-15.2. 실행 계획서 작성

DMADV

● 과제완료 후 타 부서와 협의를 통해 일정 별 완료할 사항들을 정리하고, 담당자의 책임과 수행관리를 명확히 하고자 실행계획서를 아래와 같이 작성함 (일정관리 표는 개체삽입).

실행계획서

마무리 해야 할 사항	일정 시작	일정 종료	담당부서	담당자	비고
라/커피점 인테리어 작업	200x. 1.5	200x. 2.15	㈜성우 인테리어	김OO	
채소 신선도 관리를 위한 리모델링	200x. 12.12	200x. 1.30	㈜성우 인테리어	홍OO	
통신/PC 인터페이스 작업	200x. 1.4	200x. 1.8	광속PC	홍OO/마OO	
만족도 조사를 위한 설문지 작성	200x. 1.16	200x.2.2	설문닷컴	김XX	외주
밤참배달을 위한 전단지 제작	200x. 2.10	200x. 2.17	최고인쇄	신XX	
라면/커피 전문점 소개책자 제작	200x. 2.10	200x. 2.17	최고인쇄	마OO/ 황OO	
테이블 반찬용기 제작	200x. 1.18	200x. 2.10	㈜성우 인테리어	이OO	
내부 인력 교육실시	200x. 1.4	200x. 2.20	사장	이OO/리더	
...	...	...	...	...	

일정관리 표

마무리 해야 할 사항	12월	1월	2월	3월	4월	5월	6월
라/커피점 인테리어 작업		·······▶					
채소 신선도 관리를 위한 리모델링	·······▶						
통신/PC 인터페이스 작업		▶					
만족도 조사를 위한 설문지 작성		·······▶					
밤참배달을 위한 전단지 제작			·······▶				
...	...	...	...	...	...	...	...

(간트차트)
Microsoft Excel
워크시트

PS-Lab
Problem Solving Laboratory

다. 이것은 프로세스가 타 부문이나 부서들과 얽혀 있고, 따라서 '설계'와 '운영'은 분리할 필요가 있으며, 만일 '운영자'들이 설계 내용에 거부감을 표시하거나 극단적으로 합당한 이유를 들어 수용 불가 방침을 고수한다면 큰 난관에 봉착할 수 있다. 물론 이 같은 사태는 극히 드문 일이나 현업의 환경을 고려치 않으면(즉, 사전 협의나 수용 과정이 부족하면) 이관 후에 있을지도 모를 다양한 장애물과 마주칠 수 있다. 철저한 사전 준비만이 최선의 선택임을 인식해야 한다.

이전 '세부 로드맵'인 'Step - 15.2. 실행 계획서 작성'이 끝나면 사실 설계 과정은 마무리된 셈이며, 이제 실 운영 담당자들에게 넘겨 프로세스를 가동하는 일만 남았다. 이때 필요한 것이 바로 모든 과정의 '성문화'인데, 말로 전달하는 내용은 조직 내에선 존재 가치가 없기 때문이다. 결국 과제 수행 결과의 모든 것은 '문서'를 통해 정리돼야 하며, 작성 시 내 맘대로 적어서는 공유나 보존에 애로 사항이 많을 것이므로 가급적 회사에서 마련된 표준에 근거하는 것이 중요하다. '이관 절차'는 다시 '문서화 → 공유 → 학습 → 이전'으로 나뉘며, 다음 [그림 Ⅴ-32]는 이를 도식화한 예이다.

[그림 Ⅴ-32] 이관 절차 및 단계별 활동 개요도

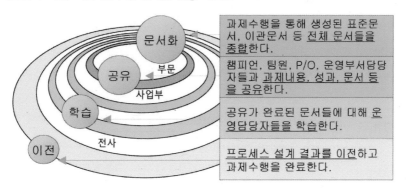

'**문서화**'는 앞으로 프로세스를 운영하게 될 담당자들에게 빠른 시간 안에 그동안의 노하우를 체득시킬 목적으로 과제 수행에 대한 영구적인 기록을 제시한다. 그리고 설계된 내용과 이론적 근거 등으로부터 동일 문제가 재발하는 것을 방지하게 하며, 과제 수행 팀이 획득한 지식을 보관하고 공유하는 일을

보장할 목적으로 진행한다. 작성할 문서를 분류하면 다음 [표 V-5]로 요약할 수 있다.

[표 V-5] 문서 분류 예

문서유형	분류 (수준별)	내용	비교집단	
			대학교	국가
표준문서	그룹공통	그룹, 자매회사 제 규정의 전형이 되는 규정	학칙	헌법
	규정(전사)	회사의 기본조직 등 전사적인 중요업무의 운영, 제도에 관한 사항을 정한 것	규정(학사운영규정)	법률
	규칙(사업부)	규정의 구속을 받으면서 각 부문(사업부, 공장)의 특성에 맞는 업무수행방법을 정한 것	세칙	조례
	세칙	규정, 규칙에 준하여 그 실시에 필요한 세부 사항을 정한 것	내규	규칙
	규격	제품, 반제품, 부품, 원재료 등에 요구되는 각종 특성, 성능, 치수, 작업방법, 검사, 시험방법, 포장, 표시, 단위, 기호 등의 규격	-	명령
	기준	규정, 규칙, 규격에서 정한 내용을 시행하기 위하여 필요한 구체적인 방법이나 절차 등을 알기 쉽게 해설한 안내서의 총칭. 요령, 기준, 표준 등으로 불리기도 함. 주로 업무, 기술, 자재, 검사, 공정, 작업표준 등이 속함.	지침	-
과제수행 관련 문서		DMADV 각 Phase별로 작성된 파워포인트 파일 내 과제 기술서, Y정의서, Baseline 검토서, X들의 목록, 상세 설계 내역, 관리 계획, 재무성과, 차기 수행 과제 등 이관에 필요한 문서들이 속함.		
기타 문서		대외적인 문서(고객사 승인서, 추가 요청 VOC, 법적 문서, 외부 공문, 고객방문일지, 각종 계약서 등)		

수행된 과제에서 만들어진 문서가 [표 V-5]의 표준 분류 중 어디에 해당되는지, 또 그 분류에 속해 있는 회사 내 표준들이 어떤 것들이 있는지 사전에 알 수 있으면 문서들의 정리가 한결 손쉬워진다. 팀원들과 함께 분류표를 관찰하며 누락된 것은 없는지, 추가할 표준은 없는지 등을 협의한다. 참고로

'표준 문서'의 분류를 시각화시키면 '수준별', '국면별', '주제별'로 나눈 뒤 다음 [그림 V-33]과 같이 나타낼 수 있다. [표 V-5]의 분류와 비교하면 이해에 도움 된다.

[그림 V-33] 표준 분류 체계(수준, 국면, 주제별 분류) 예

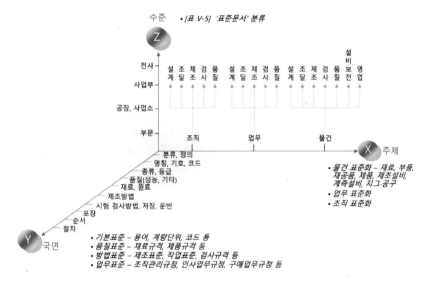

여기서 '수준'은 '회사 내 표준 적용 영역(전사, 사업부 등)'을, '국면'은 사내 표준에서 열거하는 '요구 사항(규정 항목)'을, 끝으로 '주제'는 '거시적인 구분(조직, 업무, 물건)'을 나타낸다.

문서의 표준화가 마무리되면 [표 V-5] 내 '과제 수행 관련 문서'나 '기타 문서'들을 파악해서 정리한다. 전자는 파워포인트 내에 대부분 포함돼 있으므로 필요에 따라 요약해서 업무에 활용한다. 다음 [그림 V-34]는 '문서화'의 파워포인트 작성 예이다.

[그림 V-34] 'Step-15.3. 과제 이관(문서화)' 작성 예

Step-15. 이관/승인
Step-15.3. 과제이관(문서화)

◆ 과제수행 중 발생된 모든 문서들을 '분류체계'에 맞춰 누락여부를 확인한 뒤, 보완이 필요하거나 추가가 요구되는 문서를 다음과 같이 작성 완료함.

문서 유형	분류 (수준별)	내용	(참고) 비교집단	
			대학교	국가
표준 문서	그룹공통	해당사항 없음	학칙	헌법
	규정(전사)	해당사항 없음	규정(학사운영 규정)	법률
	규칙(사업부)	해당사항 없음	세칙	조례
	세칙	해당사항 없음	내규	규칙
	규격	• 물 끓임 온도 관리규격서	-	명령
	기준	• 시간/만족도 평가 / 관리지침 • 예약관리 지침서 • 예약관리대장 • 예약접수~서빙완료 흐름도 • 장사시작/종료 운영지침 • 업무 조직도 • 물 끓임 양 운영지침	지침	-
과제수행 관련문서		• 업무 조직도 • Y정의서, Baseline 검토서, 관리계획, 효과평가서 등은 과제 PPT파일 참조.		
기타 문서		• 식탁 설계도/제작 발주서 • 홈페이지 시안 • 전단지 시안		

(문서모음)

PS-Lab
Problem Solving Laboratory

'과제 수행 관련 문서'나 '기타 문서'를 제외한 표준류 대부분은 'Step-9.3. 설계 요소별 산출물 실현(프로세스 맵 활용)'에서 가져왔다. 또 완료한 문서들은 장표 오른쪽에 '개체 삽입시켜 놓았다(고 가정한다).

'**공유**'는 1차 확정된 문서들을 'P/O' 또는 실제 프로세스를 운영할 담당자들에게 공개하고, 필요하면 사전 조율이나 보완을 하는 절차이다. 과제 리더 혼자의 전유물처럼 추진해서 향후 운영자들에게 건네주면 무슨 일이 벌어질지 충분히 짐작이 갈 것이다. 아마 메일이나 전화통이 불이 날 것이다. 모든 관계자들이 한자리에 모일 수 있도록 사전에 회의 일정과 취지를 명확하게 공지하고 일정에 맞춰 추진한다. '공유'에 대해서는 회사마다 정해진 프로세스가 있으므로 이 정도에서 마무리한다.

'**학습**'은 확정된 표준 및 관련 문서들을 'P/O'나 프로세스 운영자들에게 전파 또는 교육하는 절차이다. 표준으로 등록했다 해도 리더를 포함한 팀원 몇 명만이 새롭게 적용될 프로세스 운영 규칙들을 알고 있으면 아무리 완전한 문서화가 이루어졌다 해도 정상적 운영을 보장할 순 없다. 다음 [표 V-6]은 학습 관리를 위한 양식 예이다.

[표 V-6] 학습을 위한 계획 및 관리 양식 예

	학습 계획 및 관리 양식							
교육 명							No.	
No.	참석자	부서명	사 번	시작일	완료일	참석여부	비 고	강사
1								
2								
3								
4								
5								
6								
7								
8								
9								
10								

이제 '이관'만 남았다. '이관' 전 내부적으로 최종 마무리할 내용을 확인하고 이후 사업부장 '승인'을 거쳐 과제를 종료한다. 끝으로 과제 '마무리' 및 '승인'에 대해 알아보자.

Step-15.4. 마무리/승인

'마무리/승인'은 크게 2가지 작업으로 압축할 수 있다. 하나는 '과제 관리

시스템(PMS, Project Management System)'에 등록하는 일이고, 다른 하나는 '차기 제안 과제를 요약'하는 일이다.

'**PMS 등록**'은 단순히 '등록'의 의미만 있는 것은 아니다. IT 시스템의 존재 이유가 자료의 저장과 여러 사람들의 접근성을 높이는 데 있으므로 '문서'의 포함/열람, 필요한 직원들과의 '공유' 및 전산 결재인 '승인'을 하나의 화면으로 통합하는 데 중요한 역할을 한다. 따라서 PMS 내 'Verify Phase' 최종 입력 화면에 내용들을 입력한 뒤, 그 화면을 캡처 후 과제 장표에 삽입함으로써 한 장의 캡처 화면으로 '문서화(자료들이 포함돼 있으므로)/공유/승인'의 전 과정이 "어떻게 정리할까?"라고 하는 의문점을 한 번에 말끔히 씻어준다.

만일 PMS가 없으면 회사 내 정해진 절차를 따른다. 다음 [그림 V-35]는

[그림 V-35] 'Step-15.4. 마무리/승인' 작성 예

PMS를 이용한 과제 마무리를 파워포인트 한 장에 표현한 예이다.

끝으로 '**차기 제안 과제 요약**'이다. 리더가 과제를 수행하는 동안 적어도 짧게는 6개월에서 길게는 1년까지 한 분야에만 집중하는 기회를 갖는다. 이렇게 한 영역에 집중하다 보면 다른 직원들이 보지 못한 프로세스 내 문제점들을 발견할 수 있고, 좀 더 좋은 방향으로 개선할 수 있는 아이디어를 발굴할 수도 있다. 그러나 과제 수행 기간 동안에는 자원 부족이나 시간의 제약 또는 과제 범위에서 벗어남 등으로 개선에 포함시키지 못하고 그대로 방치해두는 일들이 비일비재하다. 이런 내용들을 다른 직원들이 알아내기 위해서는 적어도 비슷한 기간 동안의 시간과 노력이 요구되는 만큼 매우 귀중한 자산에 속한다. 따라서 리더 본인이 차기 과제로 수행할 수도 있겠으나 그와 같은 내용

[그림 V − 36] 'Step − 15.4. 차기 제안 과제 요약' 작성 예

Step-15. 이관/승인
Step-15.4. 차기 제안과제 요약   DMADV

♦ **과제 수행기간 동안** 향후 추가적인 과제 수행이 필요할 것으로 예상되는 내용들을 정리함. 빠른 해결이 가능한 과제 3건과, 설계 과제 1건을 다음과 같이 제안함.

➤ 현현 과제에서 해결하지 못한 Issue
　'나 홀로 손님 맛 만족도'에 대해서는 개별적 취향을 고려해 라면 조리가 가능했으나 일반인들을 위한 라면 음식에 대해서는 물 양, 양념 양, 익히는 시간 등에 대한 최적화 구현은 미흡한 상태임. 최적조건을 구현하여 항상 일정한 맛의 산포를 유지시킬 수 있는 접근이 필요함(실험 계획 과제).

➤ 현 과제의 성과 창출을 저해하는 Neck 요인
　자체적으로 연수원이나 다양한 교육운영이 어려워 외부기관 등을 활용한 아웃소싱이 불가피하며, 이에 따라 비용, 장소 섭외 등의 어려운 점이 있음. 최소의 비용과, 일정 수준의 연수원 확보 등 교육여건과 재무상태를 고려해서 적합한 운영을 할 수 있는 규격화된 체계가 마련되었으면 함 (빠른 해결 과제).

➤ 부분적 별도 최적화 항목
　신입사원의 업무적응기간 단축을 위한 커리큘럼은 만족할 만한 수준이나, 경력직까지는 확대하지 못함. 경력사원들의 업무적응기간 단축을 위해서도 종합적인 커리큘럼 마련이 필요할 것으로 보임(빠른 해결 과제).

➤ 시간적으로 오래 걸리는 별도 개선 검토/추진 사항
　교육 과정 명, 내용, 일정, 장소, 기타 운영 등의 공유가 현재는 수작업과 공문 등을 통해 이루어지고 있으나, 본인에 맞는 교육을 임직원이 직접 선택하고 교육 현황을 각자가 모니터링 할 수 있도록 IT시스템의 개발이 필수적임(설계 과제).

들을 상세하게 정리해놓음으로써 다른 리더들이 과제 선정 때 참고할 수 있도록 배려한다. 표현 방법에는 규칙이 없으나 제3자가 쉽게 이해할 수 있도록 가급적 상세하게 기술하는 것이 좋다. [그림 V-36]은 가정된 상황을 통한 작성 예이다.

이 외에도 과제 완료를 위해 필요한 내용이 있으면 추가해도 무방하나, 각 장표의 목적과 그와 관련한 내용이 정확하게 표현되고 전달될 수 있도록 노력한다. 왜 이 장표가 여기에 있는지 그 존재 이유를 모르는 결과물들은 과제 수행에서 얘기하는 실체, 즉 '로드맵'을 혼란스럽게 하는 요인이 되기 때문이다. 끝으로 각자의 분야에서 본 책을 통해 큰 성과가 이루어지길 기원한다.

송인식 ──────────────────────────────────

(현)PS-Lab 컨설팅 대표

한양대학교 물리학과 졸업
삼성 SDI 디스플레이연구소 선임연구원
한국 능률협회 컨설팅 6시그마 전문위원
네모 시그마 그룹 수석 컨설턴트
삼정 KPMG 전략컨설팅 그룹 상무

인터넷 강의: http://www.youtube.com/c/송인식PSLab
이메일: labper1@ps-lab.co.kr

※ 도서 내 데이터 및 템플릿은 PS-Lab(www.ps-lab.co.kr)에서 무료로 받아보실 수 있습니다.

Be the Solver

**프로세스
설계 방법론**

초판인쇄 2017년 12월 21일
초판발행 2017년 12월 21일

지은이 송인식
펴낸이 채종준
펴낸곳 한국학술정보㈜
주소 경기도 파주시 회동길 230(문발동)
전화 031) 908-3181(대표)
팩스 031) 908-3189
홈페이지 http://ebook.kstudy.com
전자우편 출판사업부 publish@kstudy.com
등록 제일산-115호(2000. 6. 19)

ISBN 978-89-268-8198-9 94320